戦国越中外史

盛永宏太郎

桂書房

はじめに

広辞苑《こうじえん》によれば日本《にほん》の戦国時代《せんごくじだい》は応仁《おうにん》の乱《らん》に始《はじ》まるとあるが、その応仁《おうにん》の乱《らん》は突如《とつじょ》として勃発《ぼっぱつ》したものではなく、その戦乱《せんらん》のそもそもは嘉吉《かきつ》元年（一四四一年）に嘉吉《かきつ》の乱《らん》を惹《ひ》き起《おこ》した当時《とうじ》の幕府将軍《ばくふしょうぐん》による独裁政治《どくさいせいじ》に起因《きいん》しているように思《おも》われる。

また戦国時代《せんごくじだい》の終《お》わりは、これも広辞苑《こうじえん》では織田信長《おだのぶなが》が天下統一《てんかとういつ》に乗《の》り出《だ》すまでとあるが、これにて戦乱《せんらん》が治《おさ》まった訳《わけ》ではなく、越中《えっちゅう》を含《ふく》めてこの後《のち》も日本各地《にほんかくち》で戦乱《せんらん》が相次《あいつ》いだ。

全国規模《ぜんこくきぼ》の戦乱《せんらん》が治《おさ》まったのは徳川家康《とくがわいえやす》が大坂冬《おおさかふゆ》の陣《じん》と大坂夏《おおさかなつ》の陣《じん》と云《い》い伝《つた》わる二度《にど》の戦闘《せんとう》で豊臣家《とよとみけ》を滅《ほろ》ぼし、朝廷《ちょうてい》に願《ねが》い出《で》て元号《げんごう》が元和《げんな》に改《あらた》まったのに併《あわ》せて天下《てんか》に禁中並《きんちゅうなら》びに公家諸法度《くげしょはっと》と武家諸法度《ぶけしょはっと》を公布《こうふ》して公家《くげ》・武家等支配者階層《ぶけとうしはいしゃかいそう》の行動《こうどう》を厳《きび》しく規制《きせい》した元和《げんな》元年（一六一五年）以降《いこう》の事《こと》である。

そこで本書《ほんしょ》ではこの嘉吉《かきつ》の乱《らん》より始《はじ》めて元和《げんな》元年迄《まで》の一七四年間の越中国守護《えっちゅうこくしゅご》・守護代《しゅごだい》や荘《しょう》

園地頭《えんじとう》・代官《だいかん》、武将《ぶしょう》、豪族等《ごうぞくなど》に加《くわ》えて、越中《えっちゅう》に例《たと》え間接的《かんせつてき》にでも関《かか》わりを持《も》った当時《とうじ》の幕府《ばくふ》重鎮《じゅうちん》や武将《ぶしょう》も含《ふく》めて、越中国内外《えっちゅうこくないがい》で起《お》こった出来事《できごと》を書《か》き認《したた》めれば当時《とうじ》の越中支配者層《えっちゅうしはいしゃそう》の様子《ようす》の少《すこ》しは窺《うかが》えるのではないかと想《おも》い、年代順《ねんだいじゅん》になるように時代《じだい》を追《お》って著《あら》わしてみた。（但し、複数の武将が複数の場所でほぼ同時に始めた事象については、どちらかを後にせざるを得ないので、後になった事象はその文章の初めに（〇〇頁〇〇～〇〇行目の続き）と注釈を付して文章が連続して読み取れるよう勉めた）

本書《ほんしょ》の中身《なかみ》については二〇一五年に筆者《ひっしゃ》が桂書房《かつらしょぼう》の御世話《おせわ》で出版《しゅっぱん》した『越嵐《えつらん》』を基《もと》にして越中国《えっちゅうこく》に関《かか》わる事項《じこう》を中心《ちゅうしん》にまとめた。戦国時代当初《せんごくじだいとうしょ》の越中国守護《えっちゅうこくしゅご》（統治者）は幕府《ばくふ》の重鎮《じゅうちん》であって、越中国《えっちゅうこく》には居住《きょじゅう》せず京都《きょうと》の幕府御所近《ばくふごしょちか》くに屋形《やかた》を持《も》ち、越中国《えっちゅうこく》には守護代《しゅごだい》を置《お》いて国《くに》の統治《とうち》を委任《いにん》していた。

また応仁《おうにん》の乱以後《らんいご》は戦乱《せんらん》が全国《ぜんこく》に拡散《かくさん》して武力《ぶりょく》のある領主《りょうしゅ》が隣国《りんこく》を侵犯《しんぱん》し、領有支配《りょうゆうしはい》するのが常態化《じょうたいか》した。越中《えっちゅう》を含《ふく》む北陸《ほくりく》では特《とく》に一向宗《いっこうしゅう》（浄土真宗本願寺派の当時の通称）が爆発的《ばくはつてき》に普及《ふきゅう》して守護《しゅご》・守護代《しゅごだい》に勝《まさ》るとも劣《おと》らぬ影響力《えいきょうりょく》を有《ゆう》するようになった。

特《とく》に越中国《えっちゅうこく》の守護《しゅご》は幕府《ばくふ》の重鎮《じゅうちん》ではあったが、応仁《おうにん》の乱《らん》以後《いご》の幕府《ばくふ》の勢力《せいりょく》は有《あ》って無《な》きが如《ごと》きに落《お》ちぶれて隣国《りんこく》や一向宗派《いっこうしゅうは》からの干渉《かんしょう》が常態化《じょうたいか》し、越中《えっちゅう》の守護《しゅご》（統治者）の勢力《せいりょく》も同様《どうよう》で、やがては隣国《りんこく》の強力《きょうりょく》領主《りょうしゅ》や一向一揆《いっこういっき》の直接統治《ちょくせつとうち》を受《う》けるようになった。その強力《きょうりょく》領主《りょうしゅ》の代《だい》表《ひょう》が隣国越後《りんこくえちご》の長尾為景《ながおためかげ》・謙信《けんしん》の二代《にだい》に渡《わた》る越中国統治《えっちゅうこくとうち》であり、織田信長家臣《おだのぶながかしん》の佐々成政《さっさなりまさ》であり前田利家《まえだとしいえ》であった。また織田信長横死後《おだのぶながおうしご》に天下《てんか》を取《と》った豊臣秀吉《とよとみひでよし》や徳川家康《とくがわいえやす》も直接間接《ちょくせつかんせつ》に越《えっ》中国統治《ちゅうこくとうち》に影響《えいきょう》を及《およぼ》した。また別途《べっと》、一向宗《いっこうしゅう》の加賀《かが》一向宗三山大寺《いっこうしゅうさんざんだいじ》や歴代門主《れきだいもんしゅ》の支配《しはい》も常《つね》に受《う》けていて越中国《えっちゅうこく》の統治《とうち》に影響《えいきょう》を与《あた》えた。

これらの越中国《えっちゅうこく》を支配《しはい》した隣国領主《りんこくりょうしゅ》が他国《たこく》に遠征《えんせい》に出《で》かける場合《ばあい》には、当然《とうぜん》のことながら多《た》数《すう》の兵卒《へいそつ》が必要《ひつよう》となるが、この兵卒《へいそつ》の多《おお》くは雇《やと》われ農夫《のうふ》であり、名《な》も残《のこ》らない最下級《さいかきゅう》の軍人《ぐんじん》であった。越中国《えっちゅうこく》でも生活《せいかつ》が苦《くる》しく食《く》うに事欠《ことか》く農民《のうみん》の多《おお》くは兵卒募集《へいそつぼしゅう》に応募《おうぼ》していたと思《おも》われるので（例えば本書の応仁の乱36頁3～4行目参照）、越中国《えっちゅうこく》には関《かか》わりのない戦乱《せんらん》であっても越中国《えっちゅうこく》を支配《しはい》する領主《りょうしゅ》の他国《たこく》への遠征《えんせい》には越中兵《えっちゅうへい》の幾《いく》らかは関《かか》わっているものと見込《みこ》んで、その戦乱《せんらん》の大要《たいよう》も本書《ほんしょ》に書《か》き加《くわ》えた。

尚《なお》、本書《ほんしょ》に登場《とうじょう》する関係者《かんけいしゃ》の氏名《しめい》は読者諸氏《どくしゃしょし》のご先祖《せんぞ》に関《かか》わりのある方《かた》もお有《あ》りと思《おも》い、著名《ちょめい》な歴史書《れきししょ》(群書類従や史籍集覧、応仁前記、同後記、信長公記、等々及び富山県史や各市町村史など)に掲載《けいさい》の名《な》前《まえ》に限《かぎ》っては全《すべ》て記載《きさい》するように勉《つと》めた。但《ただ》し原文《げんぶん》が通称名《つうしょうめい》の場合《ばあい》は判《わか》る範囲《はんい》で現在風《げんざいふう》の実名《じつめい》に直《なお》して記《しる》した。(例えば佐々成政の通称名は内藏助《くらのすけ》、前田利家の通称名は又左衛門《またざえもん》)

またこれら当事者《とうじしゃ》が事《こと》に当《あ》たったときの胸《むね》の内《うち》は想像《そうぞう》する以外《いがい》に術《すべ》がない。そこで本書《ほんしょ》では掲《けい》載諸将《さいしょしょう》の行動《こうどう》は先《さき》に記《しる》した歴史書《れきししょ》に倣《なら》ったが胸《むね》の内《うち》は著者《ちょしゃ》の想像《そうぞう》を交《まじ》えて書《か》き下《くだ》した。特《とく》に本能《ほんのう》寺《じ》の変《へん》を起《お》こした明智光秀《あけちみつひで》の行動《こうどう》は先《さき》の歴史書《れきししょ》に倣《なら》ったが光秀《みつひで》の本能寺《ほんのうじ》の変《へん》を起《お》こす迄《まで》の胸《むね》の内《うち》の大半《たいはん》は筆者《ひっしゃ》が光秀《みつひで》の胸《むね》の内《うち》を想像《そうぞう》して表《あらわ》したので予《あらかじ》めお断《ことわ》りする。

著者《ちょしゃ》が本書執筆《ほんしょしっぴつ》に参考《さんこう》にした図書等《としょなど》は筆者《ひっしゃ》が二〇一五年に桂書房《かつらしょぼう》の御世話《おせわ》で出版《しゅっぱん》した越嵐《えつらん》の後《あと》書《が》きに記《しる》したので興味《きょうみ》がお有《あ》りであればご覧戴《らんいただ》きたい。

戦国越中外史　目次

戦国越中外史

第一章　嘉吉の乱と畠山家内乱

この章《しょう》では何故《なにゆえ》に戦国時代《せんごくじだい》と称《しょう》する我《わ》が日ノ本《ひのもと》（蝦夷と琉球を除く当時の日本を仮に日ノ本と記す）の隅《すみ》から隅《すみ》まで戦乱《せんらん》に明《あ》け暮《く》れるようになったかを発生源《はっせいげん》となった幕府《ばくふ》の状況《じょうきょう》を中心《ちゅうしん》に伝《つた》える。

一・嘉吉の乱

この節《せつ》は専《もっぱ》ら室町幕府内《むろまちばくふない》の出来事《できごと》であって越中国《えっちゅうこく》に直接関《ちょくせつかか》わる人物《じんぶつ》も出来事《できごと》もない。しかし、この嘉吉《かきつ》の乱《らん》が以後《いご》の越中国《えっちゅうこく》も含《ふく》む日ノ本全体《ひのもとぜんたい》を覆《おお》った戦国時代《せんごくじだい》に移《うつ》る起爆剤《きばくざい》になったのではないかと思《おも》うので敢《あ》えてこの「乱《らん》」が何故起《なぜお》きたかの大要《たいよう》をこの節《せつ》で伝《つた》える。

室町幕府《むろまちばくふ》が最《もっと》も隆盛《りゅうせい》を誇《ほこ》った三代将軍足利義満《さんだいしょうぐんあしかがよしみつ》の代《よ》の応永《おうえい》元年（一三九四年）に義満《よしみつ》は将軍《しょうぐん》の座《ざ》を家督《かとく》（後継《あとつぎ》）の義持《よしもち》に譲《ゆず》って隠居《いんきょ》した。だが幕府《ばくふ》の実権《じっけん》は握《にぎ》り続《つづ》け、更《さら》に加《くわ》えて同年に朝廷《ちょうてい》の最高官位《さいこうかんい》である太政大臣《だじょうだいじん》にも就《つ》いて位人臣《くらいじんしん》を極《きわ》めた。ところが応永《おうえい》十五年（一四〇八年）に忽然《こつぜん》と死没《しぼつ》した。

既《すで》に将軍《しょうぐん》の座《ざ》を譲《ゆず》られていた四代将軍義持《よんだいしょうぐんよしもち》は応永《おうえい》三十年（一四二三年）に一粒種《ひとつぶだね》の子《こ》を元服《げんぷく》させて義量《よしかず》と名乗《なの》らせ、前将軍《ぜんしょうぐん》に倣《なら》い将軍《しょうぐん》の座《ざ》を義量《よしかず》に譲《ゆず》って隠居《いんきょ》した。ところがその義量《よしかず》も応永《おうえい》三十二年（一四二五年）に僅《わず》か十九歳で儚《はかな》くも死没《しぼつ》した。義量《よしかず》には子《こ》が無《な》く、隠居《いんきょ》していた義持《よしもち》も不治《ふじ》の病《やまい》に罹《かか》っていて後継《あとつぎ》も決《き》めずに正長《しょうちょう》元年（一四二八年）に病没《びょうぼつ》した。

将軍家《しょうぐんけ》の宿老《しゅくろう》は已《や》む無《な》く次期将軍《じきしょうぐん》を決《き》めるのに、当時《とうじ》、神判《しんぱん》と称《しょう》して広《ひろ》く行《おこ》われていた籤引《くじび》きを行《おこな》った。籤《くじ》に当《あ》たったのは前将軍義持《ぜんしょうぐんよしもち》の弟《おとうと》で僧職《そうしょく》に就《つ》いていた義教《よしのり》だ。宿老達《しゅくろうたち》は義教《よしのり》を還俗《げんぞく》させて六代将軍《しょうぐん》に推戴《すいたい》した。

ところでこの義教《よしのり》が将軍《しょうぐん》になるまでの十数年間は、四代将軍義持《しょうぐんよしもち》が病弱《びょうじゃく》で政《まつりごと》に向《む》き合《あ》えず、その後《のち》に将軍《しょうぐん》になった未《ま》だ未熟《みじゅく》な義量《よしかず》も共《とも》に幕府《ばくふ》を治《おさ》める力量《りきりょう》と気概《きがい》に欠《か》け、更《さら》には補佐《ほさ》する忠《ちゅう》臣《しん》・賢臣《けんしん》も現《あらわ》れなかったので幕府《ばくふ》の宿老等《しゅくろうら》は政《まつりごと》を牛耳《ぎゅうじ》って己《おのれ》の栄華《えいが》を恣《ほしいまま》に暮《くら》らした。

六代将軍《しょうぐん》になった義教《よしのり》はこの頽廃《たいはい》した幕府《ばくふ》を憂《うれ》いて幕府中興《ばくふちゅうこう》を志《こころざ》した。それには先《ま》ず強権化《きょうけんか》して傍若無人《ぼうじゃくぶじん》に振舞《ふるま》う幕府宿老達《ばくふしゅくろうたち》の勢力《せいりょく》を削《そ》がねばならぬと覚悟《かくご》して独裁政治《どくさいせいじ》を強行《きょうこう》し、家臣《かしん》団弾圧《だんだんあつ》に乗《の》り出《だ》した。

嘉吉《かきつ》元年（一四四一年）、義教《よしのり》は先《ま》ず幕府《ばくふ》で最《もっと》も栄華《えいが》を誇《ほこ》る三管家《さんかんけ》（将軍の補佐役を兼ねた幕府の政務長官役を管領と言い、畠山、細川、斯波の三家がこの役を担った。この三家を世間は三管家と称した）の畠山家《はたけやまけ》に眼《め》を付《つ》け、当主《とうしゅ》の持国《もちくに》を勘気追放《かんきついほう》（勘当して幕府から追放）し、家督《かとく》（後継）を庶弟《しょてい》（側室が生んだ弟）の持永《もちなが》に代《か》えた。失脚《しっきゃく》した持国《もちくに》は長年管領《ながねんかんれい》を務《つと》めて、本領《ほんりょう》（代々受け継いでいる当家の領土）の河内国《かわちこく》（大阪府東部）の他《ほか》に守護領《しゅごりょう》（当国の警務と軍事を長官として治める領土で、移管を受けた幕府領以外の荘園の経済支配権はない）として越中《えっちゅう》（富山県）紀伊《きい》（和歌山県）山城《やましろ》（京都府南部）三国《さんごく》を治《おさ》める幕府《ばくふ》の重鎮《じゅうちん》であったが、将軍《しょうぐん》の意向《いこう》一つで本領《ほんりょう》の河内国《かわちこく》（前掲）に蟄居《ちっきょ》（閉門謹慎）させられた。

次《つ》いで義教《よしのり》は四職家《ししきけ》（幕府の軍事と警察を兼ねた長官を侍所別当と言い、赤松・一色・京極・山名の四家が担当した。この四家を四職家と称した）の赤松満祐《あかまつみつすけ》に眼《め》を付《つ》けて、
「近習《きんしゅう》の赤松貞村《あかまつさだむら》（赤松家庶流（分家）の出自）に代《か》えようか」と呟《つぶや》きながら思案《しあん》した。これを近習《きんしゅう》が耳《みみ》にして噂《うわさ》した。この噂《うわさ》が赤松満祐《あかまつみつすけ》の耳《みみ》に入《はい》って恐怖《きょうふ》し、如何《どう》したものかと思案《しあん》した。
丁度《ちょうど》この頃《ころ》、将軍義教《しょうぐんよしのり》は鎌倉府《かまくらふ》（関東以北の諸国を統治するために、室町幕府から独立して鎌倉に創った幕府）の関東管領《かんとうかんれい》（鎌倉幕府管領）上杉憲実《うえすぎのりざね》に命《めい》じて鎌倉公方《かまくらくぼう》（鎌倉幕府の将軍）の足利持氏《あしかがもちうじ》（鎌倉四代将軍）を攻《せ》め殺《ころ》して鎌倉府《かまくらふ》を廃止《はいし》し、関東以北《かんとういほく》も室町幕府《むろまちばくふ》の直轄地《ちょっかつち》（直接管轄地）にしたところだ。幕府《ばくふ》侍所《さむらいどころ》では鎌倉府平定《かまくらふへいてい》の盛大《せいだい》な宴《うたげ》を催《もよお》そうと話《はな》し合《あ》っていたところだった。満祐《みつすけ》は
「これぞ天佑《てんゆう》（天の助け）」と閃《ひらめ》いて幕府御所《ばくふごしょ》に出仕《しゅっし》し、将軍義教《しょうぐんよしのり》に面会《めんかい》を求《もと》めて
「この度《たび》の鎌倉府平定《かまくらふへいてい》は誠《まこと》に祝着至極《しゅうちゃくしごく》。ついては拙宅《せったく》にて祝賀《しゅくが》の宴《うたげ》を催《もよお》したく侍所一同《さむらいどころいちどう》の賛《さん》同《どう》も得《え》て御座《ござ》る。公方様《くぼうさま》（将軍の敬称）におかれても是非《ぜひ》にお運《はこ》びを頂《いただ》きたくお願《ねが》いに参上《さんじょう》した次《し》第《だい》」と申《もう》し出《で》て自宅《じたく》に宴会用《えんかいよう》の御殿《ごてん》を新築《しんちく》した。

嘉吉元年《かきつ》（一四四一年）六月の宴《うたげ》の当日《とうじつ》、将軍義教《しょうぐんよしのり》は満祐《みつすけ》の新築成《しんちくな》った御殿《ごてん》に招待《しょうたい》されて宴《うたげ》が始《はじ》まった。庭先《にわさき》では田楽《でんがく》や猿楽《さるがく》が面白可笑《おもしろおか》しく舞《ま》い演《えん》じられた。

宴《うたげ》が酣《たけなわ》となり将軍《しょうぐん》も側近《そっきん》も皆《みな》、機嫌《きげん》よく酔《よ》いが回《まわ》ったところを当主《とうしゅ》の満祐《みつすけ》が見計《みはか》らい、刺客《しきゃく》（暗殺者）を放《はな》って将軍一行《しょうぐんいっこう》を皆殺《みなごろ》しにした。将軍《しょうぐん》を弑逆《しいぎゃく》（主殺《あるじごろ》し）して無事《ぶじ》に済《す》む筈《はず》がない。赤松《あかまつ》満祐《みつすけ》は京都《きょう》（現在の京都市の領域より遥かに狭いので以後、当時の京都を仮に「きょう」とルビする）の屋形《やかた》を出奔《しゅっぽん》して自領《じりょう》の播磨国《はりまこく》（兵庫県南西部）に逃《に》げ落《お》ちた。

幕府《ばくふ》は赤松討伐《あかまつとうばつ》を赤松家《あかまつけ》と同格《どうかく》で幕府四識《ばくふししき》の山名持豊《やまなもちとよ》（入道して宗全。以後宗全）に命《めい》じた。宗全《そうぜん》は一族郎党《いちぞくろうとう》と侍所《さむらいどころ》の諸将諸卒《しょしょうしょそつ》を挙《あ》げて率《ひき》いて播磨国《はりまこく》に攻《せ》め入《い》り、赤松居城《あかまつきょじょう》の書写山坂本城《しょしゃざんさかもとじょう》を攻《せ》め落《お》とした。満祐《みつすけ》は一族《いちぞく》と共《とも》に詰城《つめしろ》（根城）の木山城《きやまじょう》に移《うつ》って籠城《ろうじょう》し、一族《いちぞく》六十九名と共《とも》に切腹《せっぷく》して果《は》てた。山名宗全《やまなそうぜん》はこの戦功《せんこう》で自領《じりょう》の但馬国《たじまこく》（兵庫県北部）と備後国《びんごこく》（広島県東部）、安芸国《あきこく》（広島県西部）、伊賀国《いがこく》（三重県西部）に加《くわ》えて、赤松領《あかまつりょう》であった播磨国《はりまこく》（兵庫県南西部）と備前国《びぜんこく》（岡山県東南部）、美作国《みまさかこく》（岡山県東北部）も領有《りょうゆう》して天下一《てんかいち》の大々名《だいだいみょう》に伸《の》し上《あ》がった。

加賀国の状況と赤松家再興

ここで少《すこ》し余談《よだん》になるが、この後《のち》の応仁《おうにん》の乱《らん》とそれ以後《いご》の越中国《えっちゅうこく》にも直接関《ちょくせつかか》わる加賀国《かがこく》富樫《とがし》・赤松《あかまつ》両家《りょうけ》の守護領国争奪攻防戦《しゅごりょうごくそうだつこうぼうせん》の概要《がいよう》を伝《つた》える。

将軍義教《しょうぐんよしのり》の世《よ》の加賀国守護《かがこくしゅご》は富樫満春《とがしみつはる》で嫡男《ちゃくなん》は持春《もちはる》、次男《じなん》は教家《のりいえ》、三男《さんなん》は泰高《やすたか》といった。満春《みつはる》の後《あと》は持春《もちはる》が継《つ》いだが、子《こ》が無《な》い儘《まま》に没《ぼっ》したので弟《おとうと》の教家《のりいえ》が後《あと》を継《つ》いだ。泰高《やすたか》は教家《のりいえ》の名代《みょうだい》として幕府《ばくふ》に出仕《しゅっし》した。当時《とうじ》の管領細川持之《かんれいほそかわもちゆき》は富樫泰高《とがしやすたか》を身贔屓《みびいき》して泰高《やすたか》を加賀国守護《かがこくしゅご》にするよう将《しょう》軍義教《ぐんよしのり》に口利《くちき》きした。富樫教家《とがしのりいえ》は将軍《しょうぐん》の勘気《かんき》を受《う》けて守護《しゅご》を廃《はい》され、替《かわ》って泰高《やすたか》が加賀国守護《かがこくしゅご》に就《つ》いた。ところがこの直後《ちょくご》に嘉吉《かきつ》の乱《らん》が起《お》こって混乱《こんらん》し、加賀国守護《かがこくしゅご》の座《ざ》を巡《めぐ》って富樫家《とがしけ》は教家《のりいえ》派《は》と泰高派《やすたかは》に別《わか》れて相続争《そうぞくあらそ》いが起《お》こった。

文安《ぶんあん》二年（一四四五年）、時《とき》の管領細川勝元《かんれいほそかわかつもと》は教家派《のりいえは》（教家はこの時、既に死没していた）を助《たす》けて加賀《かが》国《こく》を二分《にぶん》し、北加賀国《きたかがこく》を教家《のりいえ》の孫《まご》で未《ま》だ幼少《ようしょう》だが利発《りはつ》と評判《ひょうばん》の政親《まさちか》（病弱の成春の子）に与《あた》え、南《みなみ》加賀国《かがこく》は泰高《やすたか》の領《りょう》としたので争《あらそ》いは治《おさ》まった。

そしてまた、先程《さきほど》まで語《かた》り継《つ》いだ一家滅亡《いっかめつぼう》の赤松家《あかまつけ》であるが、これより十数年後の長禄《ちょうろく》二年（一四五八年）に、赤松家《あかまつけ》の遺臣《いしん》が後南朝《ごなんちょう》（南北朝統一後に出来た南朝）に忍《しの》び込《こ》み、三種《さんしゅ》の神器《じんぎ》の八尺瓊勾玉《やさかにのまがたま》を奪取《だっしゅ》し、幕府《ばくふ》を通《とお》して北朝《ほくちょう》に献上《けんじょう》した。この活躍《かつやく》を当時《とうじ》の管領《かんれい》の細川勝元《ほそかわかつもと》が愛《め》でて、未《ま》だ五歳の赤松正則《あかまつまさのり》に北加賀国《きたかがこく》を与《あた》えて赤松家《あかまつけ》を復興《ふっこう》させた。北加賀国守護《きたかがこくしゅご》で未《ま》だ幼《おさな》い政親《まさちか》は父《ちち》の成春《しげはる》と共《とも》に赤松家《あかまつけ》の入国《にゅうこく》を拒《こば》んだが、赤松家《あかまつけ》の家臣《かしん》が大挙《たいきょ》して討《う》ち入《い》って苦《く》も無《な》く北加賀国《きたかがこく》を乗《の》っ取《と》ってしまった。政親《まさちか》は家臣《かしん》を置《お》き去《ざ》りにして父《ちち》の成春《しげはる》と共《とも》に越前国《えちぜんこく》に逃《に》げ落《お》ちた。病弱《びょうじゃく》の成春《しげはる》は越前国《えちぜんこく》で失意《しつい》の内《うち》に死没《しぼつ》した。

後《のち》に応仁《おうにん》の乱《らん》が始《はじ》まり、北加賀《きたかが》を占拠《せんきょ》していた赤松家臣《あかまつかしん》は乱《らん》に加《くわ》わる為《ため》に総《すべ》べて上洛《じょうらく》した。この隙《すき》を衝《つ》いて、旧富樫家《きゅうとがしけ》の家臣団《かしんだん》は北加賀《きたかが》を占拠《せんきょ》した。そして主君《しゅくん》には教家《のりいえ》の孫《まご》で且《かつ》、政親《まさちか》の弟《おとうと》の幸千代《こうちよ》を名目上《めいもくじょう》の主君《しゅくん》に担《かつ》いで北加賀《きたかが》を制覇《せいは》した。

元《もと》・北加賀領主《きたかがりょうしゅ》だった政親《まさちか》は、赤松家《あかまつけ》が北加賀《きたかが》に討《う》ち入《い》った時《とき》には父《ちち》の成春《しげはる》と共《とも》に北加賀《きたかが》を逃《のが》れて一時越前国《いちじえちぜんこく》に隠棲《いんせい》していたが、この頃《ころ》は南加賀《みなみかが》に移《うつ》って泰高《やすたか》に養《やしな》われていた。この後《のち》に泰《やす》高《たか》は老齢《ろうれい》で隠居《いんきょ》し、政親《まさちか》が泰高《やすたか》から南加賀国《みなみかがこく》を譲《ゆず》られて守護《しゅご》の座《ざ》についていた。

北加賀《きたかが》を手《て》に入《い》れた富樫家家臣団《とがしけかしんだん》にとって、嘗《かつ》て赤松家《あかまつけ》の北加賀討《きたかがう》ち入《い》りに際《さい》して家臣団《かしんだん》を置《お》き去《ざ》りにして一人《ひとり》逃《に》げ出《だ》した富樫政親《とがしまさちか》が許《ゆる》せず、事々《ことごと》に南加賀《みなみかが》の政親《まさちか》に逆《さか》らった。

話《はなし》は元《もと》に戻《もど》る（5頁4行目の続き）。将軍義教《しょうぐんよしのり》が横死《おうし》して子《こ》の義勝《よしかつ》が僅《わず》か九歳《きゅうさい》で跡《あと》を継《つ》ぎ、七代《しちだい》将軍《しょうぐん》になったが翌年《よくねん》、儚《はかな》くも病死《びょうし》した。将軍義勝《しょうぐんよしかつ》の跡《あと》は弟《おとうと》の義政《よしまさ》が継《つ》いだ。

二、畠山家騒動

この節《せつ》で登場《とうじょう》する幕府《ばくふ》重臣《じゅうしん》の畠山持国《はたけやまもちくに》は京都在住《きょうざいじゅう》の越中国守護《えっちゅうこくしゅご》である。家臣《かしん》の神保長誠《じんぼながのぶ》と遊《ゆ》佐長直《さながなお》も共《とも》に越中国出身《えっちゅうこくしゅっしん》だ。この長誠《ながのぶ》と長直《ながなお》は二人共《とも》、応仁《おうにん》の乱《らん》に於《お》ける主要人物《しゅようじんぶつ》であるので、以後《いご》の第一章はこの第二節も含《ふく》めて京《きょう》都での状況《じょうきょう》と騒動《そうどう》であるが、この二名の動向《どうこう》と活躍《かつやく》も合《あ》わせ加《くわ》えて伝《つた》える。（越中国での活躍は第二章で伝える）

畠山家隆盛

八代将軍《しょうぐん》になった義政《よしまさ》の幼名《ようめい》は三寅丸《みとらまる》。永享《えいきょう》八年（一四三六年）正月二日の生《う》まれ。兄義勝《あによしかつ》の早世《そうせい》（若死）で嘉吉《かきつ》三年（一四四三年）、わずか八歳で幼名《ようめい》の儘将軍《ましょうぐん》になった。義政《よしまさ》は幼時《ようじ》は幕府政所《ばくふまんどころ》執事《しつじ》（政務に参与する上級役人）の平貞親《たいらさだちか》に育《そだ》てられた。義政《よしまさ》は貞親《さだちか》を「御父《おとう》」と呼《よ》んで甘《あま》えた。義政《よしまさ》の母《はは》は六代将軍義教《しょうぐんよしのり》の側室《そくしつ》の日野重子《ひのしげこ》。義政《よしまさ》は母《はは》には頭《あたま》が上《あ》がらなかった。

時《とき》の管領《かんれい》は畠山持国《はたけやまもちくに》。翌々年《よくよくねん》の文安《ぶんあん》二年（一四四五年）、老衰《ろうすい》のためと称《しょう》して五十歳で管領《かんれい》を細川勝元《ほそかわかつもと》に譲《ゆず》った。勝元《かつもと》の父持之《ちちもちゆき》は嘉吉《かきつ》二年（一四四二年）に死没《しぼっ》していた。このときの勝元《かつもと》は未《ま》だ十三歳、我儘一杯《わがままいっぱい》、世間知《せけんし》らずの儘《まま》で家督《かとく》（跡目）を継《つ》いだ。そして十六歳で管領《かんれい》になった。

将軍《しょうぐん》も管領《かんれい》も共《とも》に若年未熟《じゃくねんみじゅく》だ。日野重子《ひのしげこ》と平貞親《たいらさだちか》は将軍義政《しょうぐんよしまさ》を操《あやつ》って、幕府《ばくふ》の政《まつりごと》（政治）を私《わたくし》（私物化）した。

この頃《ころ》の畠山持国《はたけやまもちくに》は剃髪入道《ていはつにゅうどう》して徳本《とくほん》と名乗《なの》った（以後徳本）。徳本《とくほん》は気儘《きまま》に細川勝元《ほそかわかつもと》から管領《かんれい》を取《と》り上《あ》げて、再《ふたた》び管領《かんれい》になった。取《と》り上《あ》げられた勝元《かつもと》は徳本《とくほん》を恨《うら》んだ。だがこの時《とき》は未《ま》だ無《む》力《りょく》で、やむなく徳本《とくほん》に管領《かんれい》を返《かえ》した。この件《けん》がやがて幕府《ばくふ》を揺《ゆ》るがす大騒動《おおそうどう》の下地《したじ》になった。それはさておき、畠山家《はたけやまけ》で御家騒動《おいえそうどう》の火種《ひだね》が生《しょう》じた。

畠山徳本《はたけやまとくほん》は老齢《ろうれい》になるまで子《こ》が無《な》かった。そこで徳本《とくほん》の弟《おとうと》の畠山持富《はたけやまもちとみ》の子《こ》の政長《まさなが》を養子《ようし》にして、畠山家《はたけやまけ》の家督《かとく》にしていた。ところが間《ま》もなく妾腹《しょうふく》（妾の腹）に子《こ》ができた。義就《よしなり》だ（幼名は次郎）。年老《としお》いてからの子《こ》はまた格別《かくべつ》だ。徳本《とくほん》は義就《よしなり》を溺愛《できあい》した。

文安《ぶんあん》五年（一四四八年）、徳本《とくほん》は畠山家《はたけやまけ》の家督《かとく》を政長《まさなが》から十二歳になった義就《よしなり》に取《と》り換《か》えた。

宝徳《ほうとく》元年（一四四九年）、足利将軍家《あしかがしょうぐんけ》では三寅丸《みとらまる》が十五歳になり、元服《げんぷく》して義成《よしなり》と名乗《なの》った。そして間《ま》もなく義政《よしまさ》と改名《かいめい》した。畠山徳本《はたけやまとくほん》の溺愛《できあい》を受《う》けて家督《かとく》に付《つ》いた義就《よしなり》は、我儘一杯《わがままいっぱい》に育《そだ》った上《うえ》に、気性《きしょう》が荒《あら》くて家人皆《かじんみな》に疎《うと》まれた。

この頃《ころ》の畠山家《はたけやまけ》は絶頂期《ぜっちょうき》だ。宝徳《ほうとく》二年（一四五〇年）、畠山徳本《はたけやまとくほん》は山城国《やましろこく》（京都府南部）を守護領《しゅごりょう》に加《くわ》えた。また大和国《やまとこく》（奈良県）の筒井《つつい》、古市《ふるいち》や越智《おち》らの豪族《ごうぞく》と主従関係《しゅじゅうかんけい》を結《むす》んだ。畠山家《はたけやまけ》は河《かわ》内《ち》・越中《えっちゅう》・伊勢《いせ》（三重県中央部）に加《くわ》えて山城国《やましろこく》も守護領国《しゅごりょうごく》とし、大和国《やまとこく》も傘下《さんか》に置《お》く、誠《まこと》に天下《てんか》無双《むそう》の大々名《だいだいみょう》になった。

畠山家　家督争い

神保長誠《じんぼながのぶ》はその昔《むかし》、元服《げんぷく》する年頃《としごろ》を迎《むか》えて父越中守《ちちえっちゅうのかみ》に従《したが》って越中《えっちゅう》を出国《しゅっこく》して上洛《じょうらく》し、主君《しゅくん》の畠山宗家《はたけやまそうけ》に参上《さんじょう》した。そして畠山家《はたけやまけ》当主《とうしゅ》の徳本《とくほん》の下《もと》に伺候《しこう》し、元服《げんぷく》の烏帽子親《えぼしおや》（仮親）になって貰《もら》った。徳本《とくほん》から以後《いご》、畠山家《はたけやまけ》家督《かとく》の政長《まさなが》の付《つ》き人《びと》として仕《つか》えるよう下命《かめい》を受《う》け、政長《まさなが》の諱《いみな》（実名）の一字《いちじ》を貰《もら》って長誠《ながのぶ》と名乗《なの》った。以後《いご》、神保長誠《じんぼながのぶ》は政長《まさなが》の直臣《じきしん》として文武《ぶんぶ》に励《はげ》み、この頃《ころ》は畠山家《はたけやまけ》の新進気鋭《しんしんきえい》の家臣《かしん》として家中一同《かちゅういちどう》に注目《ちゅうもく》されていた。その神保《じんぼ》をはじめ同《おな》じく政長直臣《まさながじきしん》の遊佐長直《ゆさながなお》等家人《らかじん》は皆《みな》、家督《かとく》を外《はず》された苦労人《くろうにん》の政長《まさなが》を慕《した》った。それで義就《よしなり》を失脚《しっきゃく》させて政長《まさなが》を畠山家《はたけやまけ》の家督《かとく》に据《す》えようと集《あつ》まり密《ひそ》かに談合《だんごう》した。その談合《だんごう》が発覚《はっかく》した。

享徳《きょうとく》三年（一四五四年）四月、畠山徳本《はたけやまとくほん》は密議談合《みつぎだんごう》の場《ば》となった京都《きょうと》の神保屋形《じんぼやかた》を襲撃《しゅうげき》した。

京《きょう》都神保《じんぼ》宗家《そうけ》の次郎左衛門《じろうざえもん》は切腹《せっぷく》し、越中守護代《えっちゅうしゅごだい》の神保越中守《じんぼえっちゅうのかみ》（長誠の父）は殺《ころ》された。畠山政長《はたけやままさなが》は細川勝元《ほそかわかつもと》屋形《やかた》に逃《に》げ込《こ》んで匿《かくま》われた。首謀者《しゅぼうしゃ》の一人《ひとり》で若手代表格《わかてだいひょうかく》の神保長誠《じんぼながのぶ》（越中婦負・射水両郡守護代の神保越中守の家督）と、同《おな》じく若手代表格《わかてだいひょうかく》の遊佐長直《ゆさながなお》（越中砺波郡守護代）は幕府四職家《ばくふしきけ》の山名宗全《やまなそうぜん》の屋形《やかた》に逃《に》げ込《こ》んだ。神保長誠《じんぼながのぶ》と遊佐長直《ゆさながなお》は畠山政長《はたけやままさなが》の同意《どうい》を得《え》て畠山政長《はたけやままさなが》を家督《かとく》に戻《もど》す訴訟《そしょう》を起《おこ》した。細川勝元《ほそかわかつもと》は畠山徳本《はたけやまとくほん》が何《なに》かと眼《め》の上《うえ》の瘤《こぶ》（目障り）だったので舅《しゅうと》の山名宗全《やまなそうぜん》（宗全の娘が勝元の嫁）と相談《そうだん》してこの訴訟《そしょう》を助《たす》けた。

　この時《とき》の将軍義政《しょうぐんよしまさ》は十九歳。何時《いつ》も近習《きんしゅう》の三人を傍《そば》に置《お》いて遊興《ゆうきょう》に耽《ふけ》った。この三人とは幕府《ばくふ》四職家《しきけ》の赤松家《あかまつけ》から分《わ》かれた有馬持家《ありまもちいえ》と大納言烏丸資任《だいなごんからすますけとう》、義政《よしまさ》の乳母《うば》だった今参局《いままいりのつぼね》。

　将軍義政《しょうぐんよしまさ》は生来気《せいらいき》まぐれだ。世《よ》の中《なか》の動《うご》きは天運《てんうん》によって決《き》められていて将軍《しょうぐん》といえども人間《にんげん》の力《ちから》では動《うご》かしようのないものと達観《たっかん》していた。だから政治《せいじ》には関心《かんしん》が無《な》く幕府《ばくふ》の決済《けっさい》でさえも「良《よ》きに計《はか》らえ」としばしば気儘《きまま》にこの三人に預《あず》けた。三人は賄賂《わいろ》を取《と》って政道《せいどう》を歪《ゆが》めた。世間《せけん》はこの三人を三魔《さんま》と呼《よ》んで忌《い》み嫌《きら》い恐《おそ》れた。三人の呼《よ》び名《な》には共《とも》に「ま」の字《じ》が付《つ》いていた。

畠山家《はたけやまけ》の訴訟《そしょう》は、将軍家《しょうぐんけ》がこのような頽廃《たいはい》した頃《ころ》に起《お》こった。将軍義政《しょうぐんよしまさ》は気儘《きまま》に訴訟《そしょう》を聞《き》き入《い》れて畠山義就《はたけやまよしなり》を勘気追放《かんきついほう》し、替《か》わって畠山政長《はたけやままさなが》を取《と》り立《た》てた。畠山政長《はたけやままさなが》は上意《じょうい》を受《う》けて畠山家《はたけやまけ》の家督《かとく》に就《つ》いた。

畠山家本領《はたけやまけほんりょう》の河内国守護代遊佐国助《かわちこくしゅごだいゆさくにすけ》は家臣団《かしんだん》の謀議《ぼうぎ》には加《くわ》わらず、主君《しゅくん》への忠節《ちゅうせつ》を旨《むね》として畠《はたけ》山徳本《やまとくほん》と義就父子《よしなりふし》に従《したが》った。ここに河内遊佐総本家《かわちゆさそうほんけ》の義就派《よしなりは》と京都遊佐総本家《きょうゆさそうほんけ》の分家《ぶんけ》で越中砺《えっちゅうと》波郡守護代家《なみぐんしゅごだいけ》の遊佐長直《ゆさながなお》の政長派《まさながは》は二つに分《わ》かれた。この両家《りょうけ》の家臣達《かしんたち》も二つに分《わ》かれた。そして子々孫々《ししそんそん》の争《あらそ》いが始《はじ》まった。同・享徳《きょうとく》三年（一四五四年）八月、越中砺波郡《えっちゅうとなみぐん》と婦負《ねい》・射水両郡《いみずりょうぐん》守護代家《しゅごだいけ》の各家《かくいえ》を継《つ》いだ遊佐長直《ゆさながなお》と神保長誠《じんぼながのぶ》、並《なら》びに在京政長派《ざいきょうまさながは》の血気盛《けっきさか》んな若者達《わかものたち》は三管家《さんかんけ》の細川勝元《ほそかわかつもと》の支援《しえん》を受《う》けて、一体《いったい》となって畠山宗家《はたけやまそうけ》の屋形《やかた》を襲撃《しゅうげき》した。

畠山家分裂

畠山徳本《はたけやまとくほん》は自《みずか》ら屋形《やかた》を焼《や》いて建仁寺《けんにんじ》（京都五山の一寺）に蟄居《ちっきょ》した。畠山義就《はたけやまよしなり》も身《み》の危険《きけん》を感《かん》じて、遊佐国助《ゆさくにすけ》らと大和国《やまとこく》（奈良県）に逃《に》げ落《お》ちた。大和《やまと》の越智家栄《おちいえひで》は嘗《かつ》て失脚《しっきゃく》したとき、徳本《とくほん》に復活《ふっかつ》を許《ゆる》されて領地《りょうち》を安堵《あんど》（保証）された。徳本《とくほん》が没落《ぼつらく》すれば自分《じぶん》の領地《りょうち》も危《あやう》くなる。だから一族《いちぞく》を挙《あ》げて義就《よしなり》に味方《みかた》した。義就《よしなり》は幕府政所執事《ばくふまんどころしつじ》の平貞親《たいらさだちか》に賄賂《わいろ》を贈《おく》って、将軍家《しょうぐんけ》に赦免《しゃめん》を願《ねが》い出《で》た。翌《よく》・康正《こうしょう》元年（一四五五年）、畠山政長《はたけやままさなが》は罪無《つみな》くして将軍義政《しょうぐんよしまさ》に勘気追放《かんきついほう》され、河内国《かわちこく》の自領《じりょう》に蟄居《ちっきょ》させられた。替《かわ》って義就《よしなり》は赦免《しゃめん》された。義就《よしなり》は将軍義政《しょうぐんよしまさ》の御教書《みきょうしょ》（親書通達）を手《て》に入《い》れて政長追討軍《まさながついとうぐん》を募《つの》り、河内《かわち》へ進軍《しんぐん》した。細川勝元《ほそかわかつもと》は政長《まさなが》を支援《しえん》しようと大和《やまと》の筒井光宜《つついてるのぶ》に軍勢《ぐんぜい》を貸《か》して、越智家栄《おちいえひで》の所領《しょりょう》を攻撃《こうげき》させた。家栄《いえひで》が弱《よわ》まればそれだけ政長《まさなが》が助《たす》かる。家栄勢《いえひでぜい》は何《なに》しろ政長攻撃《まさながこうげき》の中心勢力《ちゅうしんせいりょく》だ。大和国《やまとこく》の筒井光宜《つついてるのぶ》は河内《かわち》に落《お》ちた政長《まさなが》を全力《ぜんりょく》で味方《みかた》した。光宜《てるのぶ》は嘗《かつ》て家栄《いえひで》と争《あらそ》い、畠山徳本《はたけやまとくほん》に失脚《しっきゃく》させられて領地《りょうち》を失《うしな》った。それを根《ね》に持《も》ち、光宜《てるのぶ》は徳本《とくほん》と義就父子《よしなりふし》を恨《うら》んだ。同・元年（一四五五年）徳本《とくほん》は五十八歳で死没《しぼっ》した。畠山義就《はたけやまよしなり》は晴《は》れて畠山家《はたけやまけ》の家督《かとく》を相続《そうぞく》して河内《かわち》・越中《えっちゅう》・紀伊《きい》と山城国《やましろこく》の守護《しゅご》になった。

丁度《ちょうど》この年《とし》、将軍義政《しょうぐんよしまさ》は嫁《よめ》を娶《めと》った。日野富子《ひのとみこ》だ。富子《とみこ》は日野重政《ひのしげまさ》の娘《むすめ》で大納言日野勝光《だいなごんひのかつみつ》の妹《いもうと》だった。細川勝元《ほそかわかつもと》はこの日野勝光《ひのかつみつ》とも謀《はか》って政長赦免《まさながしゃめん》を将軍家《しょうぐんけ》に願《ねが》い出《で》た。寛正《かんしょう》元年（一四六〇年）、畠山義就《はたけやまよしなり》は又々将軍家《またまたしょうぐんけ》から追放処分《ついほうしょぶん》を受《う》けた。

畠山政長《はたけやままさなが》が代《か》わって畠山家《はたけやまけ》の家督《かとく》に収《おさ》まり、河内《かわち》・越中《えっちゅう》・紀伊《きい》・山城各国《やましろかっこく》の守護《しゅご》になった。

同年九月、政長《まさなが》は朝廷《ちょうてい》に働《はたら》きかけて義就追討《よしなりついとう》の宣旨《せんじ》を受《う》けた。幕府侍所《ばくふさむらいどころ》も幕府《ばくふ》の軍勢《ぐんぜい》を政長《まさなが》に付《つ》けて支援《しえん》した。政長《まさなが》は畠山勢《はたけやまぜい》に加《くわ》えて幕府軍《ばくふぐん》も率《ひき》い威風堂々《いふうどうどう》と進軍《しんぐん》して義就《よしなり》の居城《きょじょう》の河内国《かわちこく》若江城《わかえじょう》（東大阪市）に向《む》かった。大和国《やまとこく》の筒井光宣《つついてるのぶ》も馳《は》せ参《さん》じて政長勢《まさながぜい》に加《くわ》わった。

政長《まさなが》は河内国《かわちこく》に到着《とうちゃく》して、小勢《こぜい》の先陣《せんじん》を若江城《わかえじょう》に向《む》かわせ様子《ようす》を探《さぐ》らせた。別途《べっと》、敵《てき》に気付《きづ》かれぬように先陣《せんじん》とは間《ま》を置《お》いて遊撃隊《ゆうげきたい》も若江城《わかえじょう》に向《む》かわせた。

畠山義就《はたけやまよしなり》は畠山政長《はたけやままさなが》の先陣勢《せんじんぜい》が少《すく》なくて統制《とうせい》も取《と》れていないのを見《み》て初戦《しょせん》の勝利《しょうり》を確信《かくしん》し、遊《ゆ》佐国助《さくにすけ》と越智備中《おちびっちゅう》に命《めい》じて夜討《ようち》を仕掛《しか》けさせた。政長《まさなが》はこれを予期《よき》して遊撃隊《ゆうげきたい》を送《おく》ったのだ。予《よ》想《そう》が的中《てきちゅう》した。寄《よ》せ手《て》は先陣《せんじん》と遊撃隊《ゆうげきたい》が示《しめ》し合《あわ》せた上《うえ》で総力《そうりょく》を挙《あ》げて義就《よしなり》の夜討勢《ようちぜい》を押《お》し包《つつ》んだ。夜討勢《ようちぜい》は予期《よき》に反《はん》して多勢《たぜい》の将兵《しょうへい》が待《ま》ち構《かま》えているのを見《み》て腰《こし》を抜《ぬ》かした。そこを突《つ》かれて散々《さんざん》に討《う》ち負《ま》かされ、遊佐国助《ゆさくにすけ》や越智備中《おちびっちゅう》をはじめ誉田《こんだ》や三河《みかわ》ら数百名が討死《うちじに》した。

畠山義就《はたけやまよしなり》は若江城《わかえじょう》を落《お》ちて詰城《つめしろ》の嶽山城《だけやまじょう》（富田林市）に籠城《ろうじょう》した。大和国《やまとこく》の越智家栄《おちいえひで》は義就勢《よしなりぜい》を救《すく》おうと援軍《えんぐん》を率《ひき》いて嶽山《だけやま》の近《ちか》くの金胎寺城《きんたいじじょう》（富田林市）に入《はい》った。

政長勢《まさながぜい》は気安《きやす》くは手《て》が出《だ》せなくなって持久戦《じきゅうせん》になった。畠山政長《はたけやままさなが》は大和国《やまとこく》の筒井光宣《つついてるのぶ》の策《さく》を用《もち》い、嶽山南方《だけやまなんぽう》の国見峠《くにみとうげ》に陣《じん》を張《は》って嶽山城《だけやまじょう》へ入《はい》る兵糧《ひょうろう》を止《と》めた。畠山義就《はたけやまよしなり》は兵糧《ひょうりょう》が尽《つ》きて籠《ろう》城《じょう》出来《でき》なくなった。同年三月、遂《つい》に城《しろ》を捨《す》てて紀伊国《きいこく》を目指《めざ》して落《お》ち延《の》びた。

義就《よしなり》は一旦《いったん》、別荘地《べっそうち》の生地《いくじ》ガ館《やかた》（海南市大野中）に辿《たど》り着《つ》いて一同と談合《だんごう》した。一同は「高野山《こうやさん》の宗徒《しゅうと》を頼《たよ》れば五年や十年は無事《ぶじ》に隠《かく》れ通《とお》せよう」と義就《よしなり》に高野山《こうやさん》行《ゆ》きを薦《すす》めた。義就《よしなり》は薦《すす》めに従《したが》って領国《りょうごく》の紀伊国《きいこく》から大和国吉野《やまとこくよしの》に隠《かく》れた。

政長《まさなが》は河内《かわち》の若江城《わかえじょう》に遊佐長直《ゆさながなお》を残《のこ》し、自身《じしん》は上洛《じょうらく》（上京）して幕府御所《ばくふごしょ》に出仕《しゅっし》した。

寛正《かんしょう》五年（一四六四年）、政長《まさなが》は細川勝元《ほそかわかつもと》に引《ひ》き立《た》てられて管領《かんれい》になった。政長《まさなが》は勝元《かつもと》から受《う》けた大恩《だいおん》を肝《きも》に銘《めい》じて生涯《しょうがい》、勝元《かつもと》とは水魚《すいぎょ》の交《まじ》わり（切っても切れない親しい仲）を貫《つらぬ》いた。

三．寛正の大飢饉

話《はなし》は多少《たしょう》前後《ぜんご》する。長禄《ちょうろく》三年（一四五九年）、春先《はるさき》から夏《なつ》にかけて、全国的《ぜんこくてき》に日照《ひで》りが続《つづ》き、秋《あき》に入《はい》ると一転《いってん》して低温《ていおん》と長雨《ながあめ》が続《つづ》いた。更《さら》に暴風《ぼうふう》と虫害《ちゅうがい》も加《くわ》わり、これが翌《よく》・寛正《かんしょう》元年（一四六〇年）も続《つづ》いて日《ひ》ノ本中《もとじゅう》、空前絶後《くうぜんぜつご》の大凶作《だいきょうさく》になった。特《とく》に近畿《きんき》・北陸《ほくりく》・山陰諸国《さんいんしょこく》の被害《ひがい》が大《おお》きく「世上《せじょう》、三の二（3分の2）が餓死《がし》に及《およ》ぶ」と言《い》い伝《つた》わる空前絶後《くうぜんぜつご》の大飢饉《だいききん》になった。全国《ぜんこく》の百《ひゃく》姓《しょう》（農民）には領主《りょうしゅ》からの救済《きゅうさい》は一切《いっさい》なく、年貢《ねんぐ》（小作料・地代）だけは厳《きび》しく取《と》り立《た》てられた。何《ど》処《こ》の百姓《ひゃくしょう》も荘園《しょうえん》では生《い》きていけなくなって、座《ざ》して死《し》を待《ま》つよりは荘園《しょうえん》を集団脱走《しゅうだんだっそう》して流浪《るろう》した。そして野山《のやま》に分《わ》け入《い》って口《くち》にできる山野草《さんやそう》は手当《てあ》たり次第《しだい》に取《と》り尽《つ》くして食《た》べた。それでも飢《う》えは癒《いや》せない。流民《るみん》は誰《だれ》云《い》うとなく「オラトコの米《こめ》は皆《みな》、領主様《りょうしゅさま》のオラッシャル京都《みやこ》に運《はこ》ばれトルンヤト」「京都《みやこ》は米《こめ》で溢《あふ》れトルトナ」と噂《うわさ》しあった。流民《るみん》は日《ひ》ごとに京都《きょう》に集《あつ》まった。

京《きょう》都では、流民《るみん》に対《たい》する施《ほどこ》しは何《なに》もなかった。公家《くげ》や豪族《ごうぞく》、幕府《ばくふ》や朝廷《ちょうてい》でさえも何《なん》の救済策《きゅうさいさく》も取《と》らなかった。僅《わず》かに願阿弥《がんなみ》（浄土宗一派の時宗の僧で越中国の漁師の生まれ。著名な勧進聖《かんじんひじり》で南禅寺仏殿の再建や清水寺を再建）が賀茂《かも》の河原《かわら》に救済小屋《きゅうさいこや》を建《た》てて粥《かゆ》の施《ほどこ》しを行《おこな》った。だが群《むら》がり集《あつ》まる飢餓人《きがにん》の多《おお》さに資金《しきん》が途絶《とだ》えて沙汰止《さたや》みになった。明《あ》けて寛正《かんしょう》二年（一四六一年）、京《きょう》都は食《しょく》に飢《う》えた流《る》浪《ろう》の民《たみ》で溢《あふ》れた。流民《るみん》は皆《みな》、顔《かお》は青《あお》く浮腫《むく》み、眼《め》が塞《ふさ》がって足《あし》は腫《は》れあがり、手足《てあし》の化膿《かのう》した傷口《きずぐち》は破《やぶ》れ爛《ただ》れて膿《うみ》が流《なが》れ出《で》た。青膨《あおぶく》れして賀茂《かも》の河原《かわら》と云《い》わず、路上《ろじょう》と言《い》わず、あちこちに蹲《うずくま》って蠅《はえ》やウジ虫《むし》が群《むら》がった。ギョロリと動《うご》いた虚《うつ》ろな眼《め》もやがては動《うご》かなくなってそのまま息絶《いきた》えた。この年《とし》、京《きょう》都で飢《う》え死《じに》した者《もの》、八万二千人。京都中《きょうじゅう》に死臭《ししゅう》が漂《ただよ》った。

加《くわ》えて京《きょう》都では土一揆《つちいっき》（最下層民の武装蜂起）が横行《おうこう》し、地下人《じげにん》（最下層の民）が神社《じんじゃ》、仏閣《ぶっかく》や富豪《ふごう》の屋形《やかた》に押《お》し入《い》って略奪放火《りゃくだつほうか》の限《かぎ》りを尽《つ》くした。食《く》い詰《つ》めた京都近辺《きょうきんぺん》の在郷《ざいごう》（田舎）の人々《ひとびと》も、この騒《さわ》ぎに倣《なら》って略奪強盗《りゃくだつごうとう》に走《はし》った。京《きょう》都は混乱《こんらん》の巷《ちまた》と化《か》した。

寛正《かんしょう》三年（一四六二年）から四年（一四六三年）にかけても全国各地《ぜんこくかくち》で飢饉《ききん》が延々《えんえん》と続《つづ》いた。全国《ぜんこく》の荘園農地《しょうえんのうち》も百姓《ひゃくしょう》の逃亡《とうぼう》で荒《あ》れ果《は》てて野垂《のた》れ死《じに》する者《もの》、幾《いく》千万人とも数知《かずし》れず、天下《てんか》尽《ことごと》く死《し》に絶《た》えるかに見《み》えた。京《きょう》都でも全国各地《ぜんこくかくち》の荘園《しょうえん》から入る年貢《ねんぐ》が途絶《とだ》えて食糧《しょくりょう》は欠乏《けつぼう》した。将軍家《しょうぐんけ》の一族一門《いちぞくいちもん》も困窮《こんきゅう》した。世間《せけん》は「寛正《かんしょう》の大飢饉《だいききん》」と呼《よ》んで後世《こうせい》にその惨状《さんじょう》を伝《つた》えた。

四．将軍義政夫人富子と将軍家の家督義視

寛正《かんしょう》五年（一四六四年）冬《ふゆ》、将軍義政《しょうぐんよしまさ》は三十歳になった。義政《よしまさ》と御台所《みだいどころ》（将軍正室の敬称）富子《とみこ》の間《あいだ》に子《こ》が未《ま》だ無《な》かった。義政《よしまさ》はこの頃《ころ》になって、漸《よう》くこの大飢饉《だいききん》の惨状《さんじょう》の重大《じゅうだい》さに気付《きづ》いて戸《と》惑《まど》った。そしてこの世《よ》を変《か》えるには自分《じぶん》が引退《いんたい》するより他《ほか》にないと思《おも》った。この頃《ころ》、天変地異《てんぺんちい》を鎮《しず》めるには天下《てんか》の主《あるじ》が交代《こうたい》しなければならないという迷信《めいしん》があった。義政《よしまさ》はこの迷信《めいしん》を思《おも》い出《だ》してこの前《まえ》まで管領《かんれい》だった細川勝元《ほそかわかつもと》に相談《そうだん》した。この頃《ころ》の勝元《かつもと》は若江城《わかえじょう》から凱旋《がいせん》した畠山政長《はたけやままさなが》を取《と》り立《た》てて管領《かんれい》を政長《まさなが》に譲《ゆず》っていた。勝元《かつもと》は義政《よしまさ》の弟《おとうと》の僧侶《そうりょ》に将軍《しょうぐん》を譲《ゆず》るよう進言《しんげん》した。

将軍義政《しょうぐんよしまさ》は自分《じぶん》の弟《おとうと》で当時《とうじ》、浄土寺《じょうどじ》の新門主《しんもんしゅ》になっていた義尋《ぎじん》を還俗《げんぞく》させて、将軍家《しょうぐんけ》の家督《かとく》にした。この時代《じだい》の京《きょう》都の上流階級《じょうりゅうかいきゅう》は何処《どこ》も家督一人《かとくひとり》を残《のこ》して、他《た》の子《こ》は皆《みな》、幼《おさな》い内《うち》に仏門《ぶつもん》に入《い》れた。相続争《そうぞくあらそ》いを未然《みぜん》に防《ふせ》ぐために将軍家《しょうぐんけ》も例外《れいがい》でなかった。

義尋《ぎじん》は還俗《げんぞく》して足利義視《あしかがよしみ》と名乗《なの》った。義視《よしみ》はこの時《とき》二十六歳。室町《むろまち》の幕府御所《ばくふごしょ》に隣接《りんせつ》する今出《いまで》川《がわ》に屋敷《やしき》を構《かま》えた。世間《せけん》は「今出川殿《いまでがわどの》」と呼《よ》んだ。

将軍義政夫人《しょうぐんよしまさふじん》の富子《とみこ》は義視《よしみ》を家督《かとく》にしたことに憤慨《ふんがい》して幕府御所《ばくふごしょ》を抜《ぬ》け出《だ》し、乳母《うば》が出仕《しゅっし》する宮中《きゅうちゅう》の局《つぼね》に隠《かく》れた。やがて何事《なにごと》も無《な》かったように幕府御所《ばくふごしょ》に帰《かえ》った。

寛正《かんしょう》六年（一四六五年）十一月、富子《とみこ》は男子《だんし》を出産《しゅっさん》した。世間《せけん》の人々《ひとびと》は「あれは宮中《きゅうちゅう》で宿《やど》した不義《ふぎ》の子《こ》だ」と噂《うわさ》した。富子《とみこ》は息子《むすこ》が誕生《たんじょう》してからは、何《なん》としても義視《よしみ》を退《の》けて我《わ》が子《こ》を家督《かとく》にしたいと念《ねん》じた。だが将軍義政《しょうぐんよしまさ》は聞《き》き入《い》れない。富子《とみこ》は密《ひそ》かに山名宗全《やまなそうぜん》に文《ふみ》を送《おく》って協力《きょうりょく》を求《もと》めた。

宗全《そうぜん》は権力並《けんりょくなら》ぶ者無《ものな》き大々名《だいだいみょう》だ。富子《とみこ》の文《ふみ》を開《ひら》き見《み》て考《かんが》えた。

「今《いま》、我《わ》が意《い》に従《したが》わぬ者《もの》は細川勝元《ほそかわかつもと》ただ一人《ひとり》。勝元《かつもと》は我《わ》が婿《むこ》だが、意《い》に逆《さか》らって我《わ》が播磨国《はりまこく》（兵庫県南西部）を取《と》り戻《もど》そうと念《ねん》ずる赤松政則《あかまつまさのり》を寵愛贔屓《ちょうあいひいき》する。許《ゆる》し難《がた》いことながら、故無《ゆえな》くして勝《かっ》手《て》に勝元《かつもと》を退治《たいじ》することも出来《でき》ぬが…」と呟《つぶや》いた。

話《はなし》は脇《わき》に逸《そ》れるが、これには次《つぎ》の様《よう》な訳《わけ》があった。

赤松政則《あかまつまさのり》は嘉吉《かきつ》の乱《らん》で山名宗全《やまなそうぜん》に攻《せ》め滅《ほろ》ぼされた赤松満祐《あかまつみつすけ》の弟《おとうと》の満則《みつのり》の孫《まご》だ。赤松家《あかまつけ》の旧臣《きゅうしん》、石見《いわみ》と中村《なかむら》が赤松家再興《あかまつけさいこう》を願《ねが》って、長禄《ちょうろく》二年（一四五八年）に大和国吉野《やまとこくよしの》の後南朝方《ごなんちょうがた》（南北朝統一後に再建の南朝）御所《ごしょ》に忍《しの》び込《こ》み、朝廷《ちょうてい》に代々伝《だいだいつた》わる八尺瓊勾玉《やさかにのまがたま》（三種の神器の一つ）を奪取《だっしゅ》して幕府《ばくふ》に献上《けんじょう》した。この功績《こうせき》を愛《め》でて細川勝元《ほそかわかつもと》は将軍義政《しょうぐんよしまさ》に取《と》りなして赤松家《あかまつけ》の再興《さいこう》を許《ゆる》し、赤松政則《あかまつまさのり》に領地《りょうち》として加賀国《かがこく》（石川県）の北半分《きたはんぶん》を与《あた》えた（7頁4行目参照）。

政則《まさのり》は赤松家《あかまつけ》を復興《ふっこう》し、その勢《いきお》いを駆《か》って山名宗全《やまなそうぜん》に奪《うば》われた領国《りょうごく》を回復《かいふく》しようと励《はげ》んだ。

五．細川勝元と山名宗全の対立

話《はなし》は元《もと》に戻《もど》る（前頁1～3行目の続き）。山名宗全《やまなそうぜん》は己《おのれ》を無視《むし》する細川勝元《ほそかわかつもと》の態度《たいど》を苦々《にがにが》しく思《おも》い失脚《しっきゃく》させようと腐心《ふしん》していたが、今《いま》が当《まさ》にその時《とき》「時節到来《じせつとうらい》」と歓《よろこ》んで御台所富子《みだいどころとみこ》に「若君《わかぎみ》の御事《おんこと》については向後《こうご》（今後）は御心《おこころ》を安《やす》く思《おぼ》し召《め》し給《たま》え」と返事《へんじ》した。宗全《そうぜん》は胸《むね》の内《うち》で「畠山義就《はたけやまよしなり》が赦免《しゃめん》になれば畠山政長《はたけやままさなが》が失脚《しっきゃく》し、政長《まさなが》が失脚《しっきゃく》すれば彼《かれ》と一味同心《いちみどうしん》の細川勝元《ほそかわかつもと》の連座《れんざ》も免《まぬが》れぬ」と考《かんが》えた。そこで宗全《そうぜん》は禅尼《ぜんに》で姉《あね》の安清院《あんせいいん》を折《おり》に触《ふ》れて富子《とみこ》の下《もと》に参上《さんじょう》させて、「義就《よしなり》が赦免《しゃめん》に成《な》れば若君《わかぎみ》の右手《めて》（役立つ手）となる」と口説《くど》かせた。間《ま》もなく京都《きょう》に忽然《こつぜん》として「公方様《くぼうさま》（将軍）が御舎弟《ごしゃてい》の今出川公《いまでがわこう》（足利義視）を討伐《とうばつ》なさる」という噂《うわさ》が流《なが》れた。足利義視《あしかがよしみ》は今出川《いまでがわ》の屋形《やかた》を慌《あわ》てて抜《ぬ》け出《だ》して細川勝元《ほそかわかつもと》の屋敷《やしき》に逃《のが》れ隠《かく》れた。

文正《ぶんしょう》元年（一四六六年）九月、勝元《かつもと》は将軍義政《しょうぐんよしまさ》に迫《せま》って政所執事《まんどころしつじ》の平貞親《たいらさだちか》を幕府《ばくふ》から追放《ついほう》した。貞親《さだちか》は将軍義政《しょうぐんよしまさ》を幼少《ようしょう》の頃《ころ》より養育《よういく》した義政《よしまさ》の側近中《そっきんちゅう》の側近《そっきん》だった。貞親《さだちか》は富子《とみこ》の意《い》を受《う》けて、義政《よしまさ》に義視《よしみ》討伐《とうばつ》を進言《しんげん》した。その進言《しんげん》が漏《も》れて勝元《かつもと》の知《し》るところとなり、貞親追放《さだちかついほう》の手《て》を先《さき》に打《う》ったのだ。突然《とつぜん》のことで山名宗全《やまなそうぜん》は貞親《さだちか》を庇《かば》えなかった。宗全《そうぜん》は御台所富子《みだいどころとみこ》に「かくなる上《うえ》は外《そと》に漏《も》らさぬように畠山義就《はたけやまよしなり》の赦免《しゃめん》を将軍義政《しょうぐんよしまさ》に口説《くど》かれよ」と言《い》い送《おく》った。

同年、畠山義就《はたけやまよしなり》は富子《とみこ》の口利《くちき》きで赦免《しゃめん》された。義就《よしなり》は熊野《くまの》の北山《きたやま》（熊野市）から出国《しゅっこく》して河内国《かわちこく》（大阪府東部）に入《はい》った。河内《かわち》では遊佐長直《ゆさながなお》の手勢《てぜい》に阻《はば》まれた。

だが、勇猛果敢《ゆうもうかかん》な義就《よしなり》の姿《すがた》を見《み》て長直勢《ながなおぜい》は恐《おそ》れをなし一戦《いっせん》も交《まじ》えずに逃《に》げ去《さ》ったので、義就《よしなり》は易々《やすやす》と河内国《かわちこく》に入国《にゅうこく》した。そして遊佐国助《ゆさくにすけ》の遺子《いし》を元服《げんぷく》させて遊佐河内守《ゆさかわちのかみ》を名乗《なの》らせ、河内国守《かわちこくしゅ》護代《ごだい》に任《にん》じて遊佐長直《ゆさながなお》が逃《に》げ捨《す》てた若江城《わかえじょう》（東大阪市）に入《い》れ守《まも》らせた。

同年十一月、畠山義就《はたけやまよしなり》は五千の兵《へい》を従《したが》えて帰洛《きらく》（帰京）した。山名宗全《やまなそうぜん》は出迎《でむか》えて終夜《しゅうや》の酒宴《しゅえん》を張《は》った。京童《きょうわらべ》は、「右衛門佐《うえもんのすけ》（義就の官名）戴《いただ》くものぞ二《ふた》つある山名《やまな》の足《あし》と御所《ごしょ》の杯《さかずき》」と落書《らくしょ》（批判をこめた歌）して畠山義就《はたけやまよしなり》を嘲《あざけ》った。

畠山家騒動拡大と将軍家並びに細川・山名両家の対応

応仁《おうにん》元年（一四六七年）正月二日は将軍《しょうぐん》が管領家《かんれいけ》を訪《おとず》れるのが恒例行事《こうれいぎょうじ》だ。ところが突然《とつぜん》、御《み》台所《だいどころ》富子《とみこ》の口利《くちき》きで「管領《かんれい》畠山政長《はたけやままさなが》は勘気《かんき》（勘当）を被《こうむ》る。御成《おな》りは中止《ちゅうし》」の触《ふ》れが出《で》た。

これを伝《つた》え聞《き》いて畠山義就《はたけやまよしなり》は喜《よろこ》んだ。

「政長《まさなが》が御勘気《ごかんき》を被《こうむ》ったからには速《すみ》やかに領国《りょうごく》に蟄居《ちっきょ》すべし。在洛《ざいらく》（在京）は許《ゆる》さぬ。畠山屋形《はたけやまやかた》は元々《もともと》義就《よしなり》の屋形《やかた》なれば、即刻《そっこく》政長《まさなが》を追《お》い出《だ》して彼《か》の屋形《やかた》に引《ひ》き移《うつ》る」と家臣《かしん》に触《ふ》れを出《だ》した。

家臣《かしん》の誉田《こんだ》、隅屋《すみや》や甲斐達《かいたち》は直《ただ》ちに討《う》ち入《い》りの支度《したく》に掛《かか》った。

畠山政長《はたけやままさなが》の執事《しつじ》（家老）だった越中国婦負《えっちゅうこくねい》・射水《いみず》両郡守護代《りょうぐんしゅごだい》の神保長誠《じんぼながのぶ》はこれを伝《つた》え聞《き》いて「義就《よしなり》の在所《ざいしょ》（居場所）を蹴散《けち》らす手間《てま》が省《はぶ》けたわ。我《われ》も春日万里小路《かすがまでのこうじ》の仏陀寺《ぶつだじ》（現・京都御苑の南東部付近か）に移《うつ》って畠山屋形《はたけやまやかた》と堀《ほり》を一つにし、櫓《やぐら》も立《た》てて待《ま》ち受《う》けると致《いた》そう」と言《い》い、自分《じぶん》の住《す》まいを畠山家《はたけやまけ》の隣《となり》に移《うつ》して用心《ようじん》を怠《おこた》らなかった。細川勝元《ほそかわかつもと》も心配《しんぱい》して畠山政長《はたけやままさなが》を助勢《じょせい》した。

畠山義就《はたけやまよしなり》は事《こと》が大《おお》きくなり過《す》ぎて屋形《やかた》の明《あ》け渡《わた》しを求《もと》めることが出来《でき》なくなった。

同年《どうねん》正月十五日、山名宗全《やまなそうぜん》は室町《むろまち》の幕府御所《ばくふごしょ》に出仕《しゅっし》して一味同心《いちみどうしん》の大名《だいみょう》を集《あつ》めた。また、今出《いまで》川《がわ》の足利義視《あしかがよしみ》屋形《やかた》へも使者《ししゃ》を出《だ》して、「即刻《そっこく》、幕府御所《ばくふごしょ》まで参上《さんじょう》されたし」と伝《つた》えた。

山名宗全《やまなそうぜん》は足利義視《あしかがよしみ》の到着《とうちゃく》を待《ま》ち、嫡子《ちゃくし》の山名政豊《やまなまさとよ》や畠山義就《はたけやまよしなり》に加《くわ》え、越前《えちぜん》（福井県北東部）と尾張《おわり》（愛知県西部）・遠江《とおとうみ》（静岡県西部）三国守護《さんごくしゅご》の斯波義廉《しばよしかど》、能登国《のとこく》（石川県北部）守護《しゅご》の畠山義統《はたけやまよしむね》、伊勢《いせ》（三重県北中部）と若狭国《わかさこく》（福井県南西部）守護《しゅご》の一色義直《いっしきよしなお》、近江国《おうみこく》（滋賀県）守護《しゅご》の六角高頼《ろっかくたかより》、北《きた》加賀国《かがこく》（石川県中部）の富樫幸千代《とがしこうちよ》など、諸国《しょこく》の守護大名《しゅごだいみょう》三十余名《よめい》を従《したが》えて将軍義政《しょうぐんよしまさ》の御前《ごぜん》に参《さん》上《じょう》した。そして、

「畠山義就《はたけやまよしなり》が赦免《しゃめん》を受《う》けて万里小路《までのこうじ》の畠山屋形《はたけやまやかた》に移《うつ》ろうとすると、細川勝元《ほそかわかつもと》が畠山政長《はたけやままさなが》を贔屓《ひいき》して、力《ちから》を尽《つ》くしてこれを拒《こば》む。上意《じょうい》に背《そむ》くなされ様《よう》なれば、上使《じょうし》をもって仔細《しさい》を問《と》うて下《くだ》され」

と強訴《ごうそ》した。将軍義政《しょうぐんよしまさ》は承知《しょうち》して上使《じょうし》を立《た》て、畠山屋形《はたけやまやかた》の明《あ》け渡《わた》しを命《めい》じた。しかし細川勝元《ほそかわかつもと》は

「返答《へんとう》は当方《とうほう》より別途《べっと》申《もう》し上《あ》げる」と伝《つた》えて、将軍《しょうぐん》の命《めい》には服《ふく》さなかった。

幕府御所《ばくふごしょ》では山名宗全《やまなそうぜん》と一味同心《いちみどうしん》の大名《だいみょう》が細川方《ほそかわがた》より不心得《ふこころえ》な兵共《へいども》が乱入《らんにゅう》して来《こ》ないかと昼《ひる》

も夜《よる》も警護《けいご》の兵《へい》を出《だ》して用心《ようじん》を怠《おこた》らなかった。

細川方《ほそかわがた》も幕府《ばくふ》御所《ごしょ》より討手《うって》が来《く》るかと心配《しんぱい》して、細川一族《ほそかわいちぞく》をはじめ南加賀《みなみかが》の富樫政親《とがしまさちか》と北加賀《きたかが》の赤松政則《あかまつまさのり》（7頁4〜6行目参照）、京極持清《きょうごくもちきよ》、武田信賢《たけだのぶかた》、山名是豊《やまなこれとよ》らが細川勝元《ほそかわかつもと》の屋形《やかた》に詰《つ》めかけた。山名是豊《やまなこれとよ》は山名宗全《やまなそうぜん》の一族《いちぞく》だが、その昔相続《むかしそうぞく》の時《とき》に細川勝元《ほそかわかつもと》に恩《おん》を受《う》けていたので細川方《ほそかわがた》に加担《かたん》していた。

山名宗全《やまなそうぜん》は宮中《きゅうちゅう》と幕府御所《ばくふごしょ》の警護《けいご》を名目《めいもく》にして兵《へい》を出《だ》し、主上《しゅじょう》（天皇）と将軍《しょうぐん》を手中《しゅちゅう》に収《おさ》めた。そして宗全自身《そうぜんじしん》も室町《むろまち》の幕府御所《ばくふごしょ》に居《きょ》を移《うつ》した。宗全《そうぜん》はしきりに「政長《まさなが》と勝元《かつもと》を共《とも》に退治《たいじ》しなくては天下《てんか》が治《おさ》まりませぬ」と将軍《しょうぐん》に言上《ごんじょう》した。だが将軍義政《しょうぐんよしまさ》は承諾《しょうだく》しない。そこで宗全《そうぜん》は先《ま》ずは畠山義就《はたけやまよしなり》の手勢《てぜい》のみで畠山屋形《はたけやまやかた》を襲撃《しゅうげき》させようとした。

将軍義政《しょうぐんよしまさ》は「斯《か》くの如《ごと》く互《たが》いに戦《たたか》えば天下《てんか》悉《ことごと》くが騒乱《そうらん》となるは必定《ひつじょう》」と心配《しんぱい》して「この度《たび》の混乱《こんらん》は畠山家《はたけやまけ》の内輪《うちわ》もめに過《す》ぎず」と断《だん》じて、他家《たけ》が争《あらそ》いに介入《かいにゅう》することを固《かた》く禁《きん》じた。

将軍義政《しょうぐんよしまさ》は幕府御所《ばくふごしょ》に居《きょ》を移《うつ》した宗全《そうぜん》にも直接《ちょくせつ》「軍勢《ぐんぜい》の移動禁止《いどうきんし》」を言《い》い渡《わた》した。

山名宗全《やまなそうぜん》は将軍義政《しょうぐんよしまさ》の独断裁可《どくだんさいか》に憤《いきどお》った。畠山義就《はたけやまよしなり》は宗全《そうぜん》の好意《こうい》に感謝《かんしゃ》しながらも、「明日《あす》は畠山屋形《はたけやまやかた》に押《お》し寄《よ》せて政長《まさなが》と雌雄《しゆう》を決《けっ》する所存《しょぞん》。ご覧候《らんそうら》へ」と言《い》って宗全《そうぜん》を宥《なだ》めた。

義政《よしまさ》はまた、使者《ししゃ》を勝元《かつもと》の屋形《やかた》へ出向《でむ》かせ、勝元《かつもと》に「軍勢《ぐんぜい》の移動禁止《いどうきんし》」を申《もう》し渡《わた》して、「もし政長《まさなが》に合力《ごうりき》あれば、公方《くぼう》（将軍）の御敵《おんてき》として必《かなら》ず成敗《せいばい》が下《くだ》ることで御座《ござ》ろう」と伝《つた》えた。

勝元《かつもと》は一向《いっこう》に聞《き》き入《い》れようとはしなかった。将軍義政《しょうぐんよしまさ》は今出川《いまでがわ》の足利義視《あしかがよしみ》に依頼《いらい》して、細川教春《ほそかわのりはる》を再度遣《さいどつか》わした。教春《のりはる》は勝元《かつもと》の伯父《おじ》の細川道賢《ほそかわどうけん》を伴《ともな》って勝元《かつもと》を諫《いさ》めた。漸《ようや》く勝元《かつもと》は了承《りょうしょう》して政長《まさなが》への合力《ごうりき》を断念《だんねん》した。そしてその仔細《しさい》を畠山政長屋形《はたけやままさながやかた》に伝《つた》えた。

畠山政長屋形《はたけやままさながやかた》では細川家《ほそかわけ》からの注進《ちゅうしん》を受《う》けて話《はな》し合《あ》いが続《つづ》いた。神保長誠《じんぼながのぶ》は政長《まさなが》に「細川殿《ほそかわどの》の助勢《じょせい》があれば京極殿《きょうごくどの》の合力《ごうりき》もあろうと存《ぞん》ずるが、事態《じたい》がこうなればこの屋形《やかた》はただの要害無《ようがいな》き野原《のはら》の一軒家《いっけんや》に同《おな》じで至《いた》って守《まも》り難《がた》い。さればこの屋形《やかた》は捨《す》てて上御霊社《かみごりょうしゃ》（上京区）へ移《うつ》り住《す》み、藪《やぶ》を楯《たて》にとって戦《たたか》ったら宜《よろ》しいかと存《ぞん》ずる」と薦《すす》めた。そして一同に向《む》かって「もし、難儀《なんぎ》に及《およ》ぶとも、上御霊社《かみごりょうしゃ》ならば後《うし》ろは細川屋形《ほそかわやかた》でござる。勝元殿《かつもとどの》が喩《たと》え見放《みはな》すとも、彼《か》の屋形《やかた》の安富民部《やすとみみんぶ》はそれがしの盟友《めいゆう》なれば、よもや見放《みはな》すことはなかろうと存《ぞん》ずる。万《まん》一《いち》、戦《いくさ》に敗《やぶ》れたときは宮中《きゅうちゅう》に乱《みだ》れ入《い》って主上《しゅじょう》（天皇）を取《と》り奉《たてまつ》って戦《たたか》えば一味《いちみ》の方々皆《かたがたみな》、参《まい》られるべし」と言《い》い張《は》って皆《みな》の同意《どうい》を求《もと》めた。畠山政長《はたけやままさなが》は長誠《ながのぶ》の意見《いけん》に同意《どうい》した。

畠山家内乱

応仁《おうにん》元年（一四六七年）正月十七日夜《よる》、畠山政長《はたけやままさなが》は畠山屋形《はたけやまやかた》に火《ひ》を掛《か》けて遊佐《ゆさ》や神保《じんぼ》及《およ》び大和国《やまとこく》から応援《おうえん》に駆《か》けつけた筒井光宣《つついみつのぶ》らと共《とも》に御霊《ごりょう》の森《もり》に移《うつ》って陣立《じんだて》（軍勢の配置）した。

山名宗全《やまなそうぜん》は畠山政長《はたけやままさなが》が宮中《きゅうちゅう》へ乱入《らんにゅう》するのを恐《おそ》れて供回《ともまわ》りの警護《けいご》を厳重《げんじゅう》に整《ととの》え、三種《さんしゅ》の神器《じんぎ》と共《とも》に主上《しゅじょう》（天皇）を幕府御所《ばくふごしょ》へ移《うつ》した。

翌《よく》十八日早朝《そうちょう》、畠山義就《はたけやまよしなり》は政長《まさなが》が屋形《やかた》に火《ひ》をかけて退《の》いたのを見《み》て「勝《か》ちに乗《の》るは戦《いくさ》の習《なら》い」と、軍勢《ぐんぜい》を引《ひ》き連《つ》れて御霊《ごりょう》の社《やしろ》へ押《お》し寄《よ》せた。この森《もり》は南《みなみ》は相国寺《しょうこくじ》の藪《やぶ》と大堀《おおほり》で西《にし》は細川屋敷《ほそかわやしき》に連《つら》なっている。寄《よ》せ手《て》は南《みなみ》と西《にし》を避《さ》けて北《きた》と東《ひがし》から攻《せ》め寄《よ》せた。

畠山義就方《はたけやまよしなりがた》の遊佐河内守《ゆさかわちのかみ》が真《ま》っ先《さき》に攻《せ》め込《こ》んだ。遊佐《ゆさ》の従卒《じゅうそつ》も皆競《みなきそ》って攻《せ》め込《こ》み鳥居《とりい》の脇《わき》の家々《いえいえ》に火《ひ》をかけた。たまたま風《かぜ》が逆《ぎゃく》になって寄《よ》せ手《て》に向《む》かって炎《ほのお》や煙《けむり》が吹《ふ》き寄《よ》せた。寄《よ》せ手《て》は煙《けむり》で前後《ぜんご》が見《み》えなくなり進退《しんたい》を失《うしな》った。そこに社《やしろ》の森《もり》より守《まも》り手《て》の射手《いて》が、矢《や》を雨《あめ》あられと射《い》かけて、多数《たすう》の寄《よ》せ手《て》を射殺《いころ》した。

寄《よ》せ手《て》は新《あら》たな勢《ぜい》に入《い》れ替《か》わって攻《せ》め込《こ》んだ。守《まも》り手《て》の畠山政長勢《はたけやままさながぜい》は小勢《こぜい》だが血気盛《けっきさか》んな者《もの》ばかり。益々勇《ますますいさ》んで渡《わた》り合《あ》った。

夕闇《ゆうやみ》が迫《せま》り夜《よる》になった。寄《よ》せ手《て》も守《まも》り手《て》も夜戦《よいくさ》は不利《ふり》と断《だん》じて、どちらからともなく軍勢《ぐんぜい》を引《ひ》いてこの日一日《ひいちにち》の戦《いくさ》が終《お》わった。

この夜《よ》、神保長誠《じんぼながのぶ》は細川屋形《ほそかわやかた》へ使者《ししゃ》を立《た》てて細川家臣《ほそかわかしん》の安富元綱《やすとみもとつな》に「上意《じょうい》に従《したが》う故《ゆえ》、合力《ごうりき》は願《ねが》わぬ。ただ、酒樽《さかたる》を一荷《いっか》賜《たまわ》りたい。主君《しゅくん》の政長《まさなが》に献上《けんじょう》して最期《さいご》の酒宴《しゅえん》を催《もよお》したく御座《ござ》れば」と申《もう》し込《こ》んだ。

安富元綱《やすとみもとつな》は使者《ししゃ》から受《う》け取《と》った文《ふみ》を細川勝元《ほそかわかつもと》に差《さ》し出《だ》した。細川勝元《ほそかわかつもと》は神保《じんぼ》の文《ふみ》を見《み》て

「我《われ》は元《もと》より政長《まさなが》とは一心同体《いっしんどうたい》なれども、今《いま》は公方《くぼう》と今出川公《いまでがわこう》始《はじ》め禁裏《きんり》（宮中）までもが皆《みな》、山《やま》名《な》に取《と》り籠《こ》められて、この勝元《かつもと》が動《うご》けばたちまち朝敵《ちょうてき》の汚名《おめい》が着《き》せられる。かくなる上《うえ》は将来《やがて》を慮《おもんばか》り、政長《まさなが》に自害《じがい》の真似《まね》をさせて退《の》かせるに如《し》くはなし。然《さ》すれば敵《てき》も油断《ゆだん》あるべし。そこを突《つ》いて公方《くぼう》を手《て》にすれば後《あと》は我等《われら》が思《おも》いの儘《まま》になるべし。山名《やまな》と義就《よしなり》を公方《くぼう》の御敵《おんてき》に落《お》として追《つい》討《とう》の御教書《みきょうしょ》を申《もう》し受《う》け、退治《たいじ》すればそれまでのこと。政長《まさなが》もこの思慮《しりょ》はあるべし。神保《じんぼ》には、ただ鏑矢《かぶらや》を一本渡《いっぽんわた》して返《かえ》されよ」と申《もう》し付《つ》けた。

神保長誠《じんぼながのぶ》は細川勝元方《ほそかわかつもとがた》より渡《わた》された鏑矢《かぶらや》を主君《しゅくん》の畠山政長《はたけやままさなが》の前《まえ》に差《さ》し出《だ》した。鏑矢《かぶらや》は殺傷《さっしょう》の矢《や》ではなくて射《い》れば笛《ふえ》の様《よう》な音《おと》を発《はっ》する合図《あいず》の矢《や》だ。畠山政長《はたけやままさなが》はその意《い》を直《す》ぐに悟《さと》って

「これは後日《ごじつ》を期《き》して、戦《たたか》うことなく一旦《いったん》はここから飛《と》び出《だ》せとの合図《あいず》の矢《や》なるぞ」と言《い》い、

「即刻《そっこく》、今日討死《きょううちじに》した敵味方《てきみかた》の骸《むくろ》を社《やしろ》の拝殿《はいでん》に集《あつ》め、火《ひ》を放《はな》って焼《や》き立《た》てよ」と下知《げち》して社《やしろ》に火《ひ》を懸《か》け、何処《いずこ》とも知《し》れずに逃《に》げ落《お》ちた。

畠山義就方《はたけやまよしなりがた》の士卒《しそつ》は戦《いくさ》に疲《つか》れて休《やす》んだところに、社《やしろ》が燃《も》え上《あ》がるのを見《み》て喜《よろこ》び勇《いさ》んで攻《せ》め込《こ》ん

だ。焼《や》け落《お》ちた拝殿《はいでん》の跡《あと》から多数《たすう》の骸《むくろ》が出《で》た。寄《よ》せ手《て》の士卒《しそつ》は皆《みな》、畠山政長《はたけやままさなが》が終日拝殿《しゅうじつはいでん》で合戦《かっせん》の指揮《しき》をしているのを見《み》ていたので「定《さだ》めてこの中《なか》に政長《まさなが》の骸《むくろ》もあるに相違《そうい》なし」と決《き》め込《こ》み畠山《はたけやま》義就《よしなり》には「政長亡《まさながほろ》ぶ」と報告《ほうこく》した。

畠山義就《はたけやまよしなり》は喜《よろこ》んで幕府御所《ばくふごしょ》へ引《ひ》き上《あ》げて勝利《しょうり》を告《つ》げ、宗全《そうぜん》は祝勝《しゅくしょう》の宴《うたげ》を催《もよお》した。

京都《きょう》の人々《ひとびと》は畠山政長《はたけやままさなが》が亡《ほろ》んだのを憐《あわ》れみ、且《か》つ細川勝元《ほそかわかつもと》が救《すく》わなかったのを非難《ひなん》して「細川《ほそかわ》の水無瀬《みなせ》を知《し》らで頼《たの》み来《き》て畠山田《はたけやまだ》は焼《や》けて果《は》てたる」と落書《らくしょ》（批判をこめた歌）した。また思慮深《しりょぶか》い世間《せけん》の人々《ひとびと》は「勝元《かつもと》は忠臣《ちゅうしん》なり。恥辱《ちじょく》に耐《た》えて公儀《こうぎ》を守《まも》る。後日《ごじつ》に向《む》けて必《かなら》ず深《ふか》き謀《はか》りごともあるべし」と噂《うわさ》した。

応仁《おうにん》元年（一四六七年）正月《しょうがつ》二十日、主上《しゅじょう》は禁裏《きんり》へ帰還《きかん》。今出川《いまでがわ》の足利義視《あしかがよしみ》は厳重《げんじゅう》な供廻《ともまわ》りを従《したが》えて警護《けいご》した。山名宗全《やまなそうぜん》や畠山義就《はたけやまよしなり》の他《ほか》、一味《いちみ》の面々《めんめん》は皆愁眉《みなしゅうび》（シカメ面）を開《ひら》いて喜《よろこ》び「この上《うえ》は何事《なにごと》かあるべき」と話《はな》し合《あ》って、面々《めんめん》の諸勢《しょぜい》は皆帰国《みなきこく》の途《と》についた。

第二章　応仁の乱

話《はなし》は畠山家《はたけやまけ》の内乱《ないらん》から全国《ぜんこく》の守護大名《しゅごだいみょう》を巻《ま》き込《こ》んだ幕府三管家《ばくふさんかんけ》細川勝元《ほそかわかつもと》と幕府四識家《ばくふししきけ》山名宗全《やまなそうぜん》の争《あらそ》いに移《うつ》る。この節《せつ》において幕府関連《ばくふかんれん》の諸将《しょしょう》と越中国有縁《えっちゅうこくうえん》の諸将《しょしょう》以外《いがい》の諸将《しょしょう》については、詳《くわ》しく語《かた》ると膨大《ぼうだい》になり過《す》ぎるので「応仁《おうにん》の乱《らん》」の全体像《ぜんたいぞう》が判《わか》る程度《ていど》に留《とど》めて伝《つた》える。

一．細川・山名両家の武装対立

応仁《おうにん》元年（一四六七年）三月三日の節句《せっく》の日《ひ》には室町《むろまち》の幕府御所《ばくふごしょ》から今出川御殿《いまでがわごてん》までの通《とお》りを二《に》町《ちょう》（1町は約100ｍ）余《あま》り、衣装《いしょう》を凝《こ》らして飾《かざ》り立《た》てた行列《ぎょうれつ》があった。行列《ぎょうれつ》には山名宗全《やまなそうぜん》を始《はじ》め山名《やまな》一族《いちぞく》の面々《めんめん》や、各国守護大名《かっこくしゅごだいみょう》の斯波《しば》・畠山《はたけやま》・一色《いっしき》・土岐《とき》・六角《ろっかく》等《ら》とその従者《じゅうしゃ》凡《およ》そ三千人。何《いず》れも山名方《やまながた》の面々《めんめん》だ。その壮観《そうかん》たるや京都《きょう》の人々《ひとびと》の眼《め》を奪《うば》った。

細川方《ほそかわがた》の大名《だいみょう》には幕府御所《ばくふごしょ》からの招待《しょうたい》はなかった。そこで細川家《ほそかわけ》の主《おも》だった一族郎党《いちぞくろうとう》は寄《よ》り集まって密《ひそ》かに談合《だんごう》（相談）した。細川道賢《ほそかわどうけん》は

「山名宗全《やまなそうぜん》の公儀《こうぎ》を蔑《ないがしろ》にした恣《ほしいまま》の振《ふ》る舞《ま》いは許《ゆる》されるものに非《あら》ず。剰《あまつさえ》（そればかりか）先般《せんぱん》、当《とう》家《け》は公命《こうめい》を固《かた》く守《まも》って畠山政長《はたけやままさなが》を救《すく》わぬが故《ゆえ》に却《かえ》って世間《せけん》の嘲《あざけ》りを受《う》け、心外《しんがい》の恥辱《ちじょく》を被《こうむ》ったは慙愧《ざんき》の極《きわ》み。断《だん》じて討《う》つべし。早々《そうそう》に兵《へい》を起《お》こしたまえ」と甥《おい》の勝元《かつもと》に涙《なみだ》ながらに訴《うった》えた。

細川勝元《ほそかわかつもと》の家臣《かしん》の香川《かがわ》、内藤《ないとう》や安富《やすとみ》らも皆奮《みなふる》い立《た》って同調《どうちょう》した。勝元《かつもと》も涙《なみだ》して

「御尤《ごもっと》も。某《それがし》もその覚悟《かくご》はあるが、先般《せんぱん》は主上《しゅじょう》（天皇）と公方《くぼう》（将軍）を共《とも》に山名《やまな》に取《と》られて心《こころ》ならずも政長《まさなが》を救《すく》えずに過《す》ごしたは当方《とうほう》の全《まった》くの不覚《ふかく》。宗全《そうぜん》が警戒《けいかい》を解《と》いた今《いま》こそ当《まさ》に時節到来《じせつとうらい》、汚名《おめい》を濯《すす》ぐ好機《こうき》」と了承《りょうしょう》した。

細川勝元《ほそかわかつもと》と山名宗全《やまなそうぜん》は元々《もともと》は婿《むこ》と舅《しゅうと》の仲《なか》だ。勝元《かつもと》は宗全《そうぜん》の娘《むすめ》を嫁《よめ》にしていた。日頃《ひごろ》、両家《りょうけ》の家《か》

臣一同《しんいちどう》は軒《のき》を並《なら》べて和《なご》やかに往来《ゆきき》した。このことがあってからは、俄《にわ》かに細川方《ほそかわがた》は心《こころ》を隔《へだ》てて、屋敷《やしき》の境《さかい》には堀《ほり》をほり塀《へい》を打《う》った。京童《きょうわらべ》や山名方《やまながた》はこれを見《み》て「畠山政長《はたけやままさなが》を御霊《ごりょう》の森《もり》で救《すく》わず、天下《てんか》の嘲《あざけ》りを受《う》けて、今《いま》また戦《いくさ》の支度《したく》とは臆病者《おくびょうもの》の「賊後《ぞくご》の弓《ゆみ》」（賊が去ってから弓を引くという臆病者の例え）か」と冷笑《れいしょう》した。

畠山政長《はたけやままさなが》は大和国吉野《やまとこくよしの》に隠棲《いんせい》していたが、噂《うわさ》を聞《き》き譜代《ふだい》の残党《ざんとう》を集《あつ》めて細川勝元《ほそかわかつもと》の下《もと》へ馳《は》せ参《さん》じた。遊佐《ゆさ》、神保《じんぼ》も粉河寺《このかわでら》（紀の川市の古刹）より出《で》て政長勢《まさながぜい》に加《くわ》わった。勝元《かつもと》は喜《よろこ》んで政長《まさなが》を右《う》翼《よく》（上位《じょうい》）の大将《たいしょう》に任《にん》じた。

斯波家内乱

斯波家《しばけ》は三管家《さんかんけ》の一つで尾張国《おわりこく》（愛知県西部）と遠江国《とおとうみこく》（静岡県西部）、越前国《えちぜんこく》（福井県北部）は斯波《しば》家《け》の守護領《しゅごりょう》だ。将軍義政《しょうぐんよしまさ》の代《だい》になって後継《あとつ》ぎが亡《な》くなり、一族《いちぞく》が寄《よ》り集《あつ》まって談合《だんごう》し大野《おおの》家《け》の義《よし》敏《とし》に斯波宗家《しばそうけ》を継《つ》がせた。だがこの義敏《よしとし》はやがて将軍義政《しょうぐんよしまさ》から勘気《かんき》を受《う》けて幕府《ばくふ》から追放《ついほう》されたので、替《かわ》って渋川家《しぶかわけ》の義廉《よしかど》に斯波宗家《しばそうけ》を継《つ》がせた。

怒《いか》った義敏《よしとし》は細川勝元《ほそかわかつもと》の助《たす》けを得《え》て尾張国《おわりこく》に攻《せ》め込《こ》んだ。義廉《よしかど》は宗全《そうぜん》の後援《こうえん》を得《え》て反撃《はんげき》に出《で》た。丁度《ちょうど》この時《とき》に細川《ほそかわ》と山名《やまな》から各々《おのおの》に上洛参陣《じょうらくさんじん》の命《めい》が下《くだ》り、共《とも》に陣《じん》を京都《きょう》に急《いそ》ぎ帰《かえ》した。

全国の諸将京都へ出陣

他《ほか》にも細川勝元《ほそかわかつもと》の後押《あとお》しで、美濃国《みのこく》（岐阜県南部）守護《しゅご》の土岐《とき》一族《いちぞく》の世保《よやす》が伊勢国《いせこく》（三重県）に侵入《しんにゅう》して乱《らん》を起《お》こした。伊勢国《いせこく》は山名勢《やまなぜい》の一色《いっしき》の領地《りょうち》だ。世保《よやす》の舅《しゅうと》で亀山城主《かめやまじょうしゅ》（三重県亀山市）の関《せき》も乱《らん》に同調《どうちょう》したが、後《うし》ろ盾《だて》の勝元《かつもと》から上洛参陣《じょうらくさんじん》の命《めい》が届《とど》き、共《とも》に急《いそ》ぎ京都《きょう》へ馳《は》せ上《のぼ》った。

若狭国《わかさこく》は一色義直《いっしきよしなお》の領地《りょうち》だ。ここに勝元《かつもと》の支援《しえん》を受《う》けた武田信賢《たけだのぶかた》が攻《せ》め入《い》って義直勢《よしなおぜい》を追《お》い出《だ》した。ここでも京都《きょう》の異変《いへん》の報《ほう》を得《え》て、軍勢《ぐんぜい》を引《ひ》き連《つ》れ、それぞれ京都《きょう》へ急《いそ》いだ。

京都《きょう》では細川勝元《ほそかわかつもと》が摂津《せっつ》（大阪府北中部と兵庫県南東部）・丹波《たんば》（京都府中部、兵庫県、大阪府境部）・土佐《とさ》（高知県）・讃岐《さぬき》（香川県）などの家臣《かしん》六万人を京都《きょう》に集《あつ》めた。細川一族《ほそかわいちぞく》の細川成之《ほそかわしげゆき》は阿波《あわ》（徳島県）・

三河《みかわ》（愛知県東部）の勢《ぜい》八千人、同・勝久《かつひさ》は備中《びっちゅう》（岡山県西部）の勢《ぜい》四千人、同・成春《しげはる》は淡路《あわじ》（淡路島）の勢《ぜい》二千人、同・護政《もりまさ》は和泉《いずみ》（大阪府南西部）の勢《ぜい》二千人を集《あつ》めた。この他《ほか》にも斯波義敏《しばよしとし》は越前《えちぜん》（福井県北部）より五百人、畠山政長《はたけやままさなが》は紀伊《きい》（三重県中央部）・河内《かわち》（大阪府東部）・越中《えっちゅう》（富山県）の勢《ぜい》五百人、京極持清《きょうごくもちきよ》は出雲《いずも》（島根県東部）・飛騨《ひだ》（岐阜県北部）・近江《おうみ》（滋賀県）の勢《ぜい》一万人、赤松政則《あかまつまさのり》は北加賀《きたかが》（石川県中部）と播磨《はりま》（兵庫県南西部）・備前《びぜん》（岡山県東南部）・美作《みまさか》（岡山県東北部）の勢《ぜい》五百人、富樫政親《とがしまさちか》は南加賀《みなみかが》の勢《ぜい》五百人、武田国信《たけだくにのぶ》は安芸《あき》（広島県西部）・若狭《わかさ》（福井県南西部）の勢《ぜい》三千人、その他《た》、諸国《しょこく》の同心《どうしん》の勢《ぜい》六万人、都合《つごう》十六万千五百人が上洛《じょうらく》して細川方《ほそかわがた》に集《あつ》まった。京都《きょうと》は細川方《ほそかわがた》の兵《へい》で埋《う》まった。

山名宗全《やまなそうぜん》は細川方《ほそかわがた》の様子《ようす》を聞《き》き及《およ》んで、負《ま》けてなるかと同《おな》じく軍勢《ぐんぜい》を集《あつ》めた。総大将《そうだいしょう》の宗全《そうぜん》は、領国《りょうごく》の但馬《たじま》（兵庫県北部）・播磨《はりま》（兵庫県南西部）・備後《びんご》（広島県東部）の勢合《ぜいあ》わせて三万人、山名一族《やまないちぞく》の山名教之《やまなのりゆき》は伯耆《ほうき》（鳥取県中西部）・備前《びぜん》（岡山県東南部）の勢《ぜい》五千人、同・護豊《もりとよ》は因幡《いなば》（鳥取県東部）の勢《ぜい》三千人、同・政清《まさきよ》は美作《みまさか》（岡山県東北部）・石見《いわみ》（島根県西部）の勢《ぜい》三千人を京都《きょうと》に集《あつ》めた。この他《ほか》、斯波義廉《しばよしかど》は越前《えちぜん》（福井県北部）・尾張《おわり》（愛知県西部）・遠江《とおとうみ》（静岡県西部）の勢《ぜい》一万人、畠山義就《はたけやまよしなり》は大和《やまと》（奈良県）・河内《かわち》（大阪府東部）・熊野《くまの》（和歌山、三重各県南部）の勢《ぜい》七千人、畠山義統《はたけやまよしむね》は能登《のと》（石川県北部）の勢《ぜい》三千人、一色義直《いっしきよしなお》は丹後《たんご》（京都府北部）・伊勢《いせ》（三重県）・土佐《とさ》（高知県）の勢《ぜい》五千人、土岐《とき》成頼《なりより》は美濃《みの》（岐阜県南部）の勢《ぜい》八千人、六角高頼《ろっかくたかより》は近江《おうみ》（滋賀県）の勢《ぜい》五千人、大内政弘《おおうちまさひろ》は周防《すおう》（山口県東南部）・長門《ながと》（山口県西部）・豊前《ぶぜん》（福岡県東部）・筑前《ちくぜん》（福岡県西部）・安芸《あき》（広島県西部）・石見《いわみ》（島根県西部）の勢《ぜい》一万人、河野政道《こうのまさみち》は伊予《いよ》（愛媛県）の勢《ぜい》二千人。その他《た》、諸国《しょこく》の合力《ごうりき》一万人。山名方《やまながた》も十一万六千人を京都《きょう》に集《あつ》めた。京都《きょう》の街《まち》は両軍《りょうぐん》の兵《へい》で犇《ひし》めいた。

後《のち》の世《よ》の人々《ひとびと》は細川勝元《ほそかわかつもと》の屋形《やかた》と詰城《つめじろ》（根拠地・根城）の相国寺《しょうこくじ》が室町《むろまち》にある幕府御所《ばくふごしょ》の東方《とうほう》にあることから、細川方《ほそかわがた》を東軍《とうぐん》または東陣《ひがしじん》と言《い》い、もう一方《いっぽう》の山名宗全《やまなそうぜん》の屋形《やかた》と詰城《つめじろ》の船岡山《ふなおかやま》は幕《ばく》府御所《ふごしょ》の西方《せいほう》にあることから西軍《せいぐん》または西陣《にしじん》と言《い》って語《かた》り継《つ》いだ。

今出川義視《いまでがわよしみ》は両家《りょうけ》の騒動《そうどう》を鎮《しず》めようと自《みずか》ら細川勝元《ほそかわかつもと》と山名宗全《やまなそうぜん》の両屋形《りょうやかた》に足《あし》を運《はこ》んで「先立《さきだ》って戦《いくさ》を起《お》こす者《もの》は公方《くぼう》が自《みずか》ら成敗《せいばい》に立《た》ち向《む》かわれる。必《かなら》ず両家《りょうけ》は和睦《わぼく》せよ。これは上意《じょうい》である」と厳重《げんじゅう》に申《もう》し渡《わた》した。だが時既《ときすで》に遅《おそ》く、戦機《せんき》は既《すで》に熟《じゅく》し切《き》っていた。

二. 大乱勃発

応仁元年《おうじんがんねん》(一五七三年)五月二十五日、山名宗全《やまなそうぜん》は幕府御所西側《ばくふごしょにしがわ》の山名宗家《やまなそうけ》に陣《じん》を構《かま》え、「当勢《とうぜい》の一色屋形《いっしきやかた》よりこの山名《やまな》までを一続《ひとつづ》きにして、その中《なか》に幕府御所《ばくふごしょ》を包《つつ》み込《こ》もう。先《ま》ずは実相院《じっそういん》(当時は京都御所付近)から取《と》りかかれ」と一色義直《いっしきよしなお》に命《めい》じた。これを細川方《ほそかわがた》が漏《も》れ聞《き》いて、「謀《はか》り事《ごと》が漏《も》れるは戦《いくさ》に利《り》なしの習《なら》いなり。敵《てき》に先《さき》だって実相院《じっそういん》を乗《の》っ取《と》るべし」と細川勢《ほそかわぜい》の武田信賢《たけだのぶかた》に命《めい》じた。信賢《のぶかた》はこれを聞《き》くや素早《すばや》く手勢《てぜい》を差《さ》し向《む》けて、実相院《じっそういん》を乗《の》っ取《と》った。ここは一色義直《いっしきよしなお》の屋形《やかた》の隣《となり》で、細川勝元《ほそかわかつもと》の屋形《やかた》にも続《つづ》いていた。

一色義直《いっしきよしなお》は今《いま》、軍《ぐん》を動《うご》かせば将軍家《しょうぐんけ》から誅罰《ちゅうばつ》を受《う》けると思《おも》い恐《おそ》れて何《なん》の抵抗《ていこう》もせず、先《ま》ずは山名宗全《やまなそうぜん》と相談《そうだん》してから鬱憤《うっぷん》を晴《は》らそうと思《おも》い、幕府御所《ばくふごしょ》の裏築地《うらついじ》(土で固め瓦で屋根葺きした塀)に続《つづ》く自分《じぶん》の屋形《やかた》も打《う》ち捨《す》てて山名屋形《やまなやかた》に引《ひ》き退《の》いた。軍議《ぐんぎ》に違《たが》えて実相院《じっそういん》を手《て》に入《い》れず、自分《じぶん》の屋《や》形《かた》まで明《あ》け渡《わた》した一色義直《いっしきよしなお》は忽《たちま》ち山名方諸公《やまながたしょこう》の嘲《あざけ》りの的《まと》になった。細川勝元《ほそかわかつもと》は

「一色《いっしき》が退《の》いたからには、こちらが公方《くぼう》（将軍）を守護《しゅご》し奉《たてまつ》ろう」といって幕府御所《ばくふごしょ》に押《お》し入《い》り御所諸共《ごしょもろとも》に将軍《しょうぐん》までも手中《しゅちゅう》にした。そして将軍家《しょうぐんけ》の牙旗《がき》（征夷大将軍旗）を四脚門《しきゃくもん》（四隅に柱のある門・正門）に掲《かか》げて花《はな》の御所《ごしょ》（幕府御所の尊称兼通称名）の出入《でい》りを厳《きび》しく取《と》り締《し》まり、御所《ごしょ》で軍評《いくさひょう》定《じょう》するなど恣《ほしいまま》に振《ふ》る舞《ま》った。応仁《おうにん》元年（一四六七年）五月末《まつ》、細川勝元《ほそかわかつもと》家臣《かしん》の薬師寺《やくしじ》が細川《ほそかわ》の摂《せっ》津勢《つぜい》と共《とも》に山名《やまな》家臣《かしん》の太田垣《おおたがき》の舎宅《しゃたく》（藩邸宿舎）に太鼓《たいこ》を打《う》ち鳴《な》らして討《う》ち入《い》った。

太田垣《おおたがき》は正月《しょうがつ》に御霊《ごりょう》の合戦《かっせん》で集《あつ》めた軍勢《ぐんぜい》を皆《みな》、領国《りょうごく》へ帰《かえ》して小勢《こぜい》だった。寄《よ》せ手《て》は火矢《ひや》を射込《いこ》んで舎宅《しゃたく》をことごとく焼《や》き払《はら》った。太田垣《おおたがき》はついに打《う》ち負《ま》けて引《ひ》き退《の》いた。この後《あと》、山名方《やまながた》の舎《しゃ》宅《たく》は次々《つぎつぎ》と焼《や》き落《お》とされた。細川方《ほそかわがた》は御霊《ごりょう》の合戦《かっせん》の恥《はじ》を漱《すす》ごうと牙《きば》を剝《む》いて戦《たたか》った。

同五月、一方《いっぽう》の山名方《やまながた》の斯波義廉《しばよしかど》が家臣《かしん》の甲斐《かい》・朝倉《あさくら》・織田《おだ》ら一万余騎《よき》で、一条大宮《いちじょうおおみや》の細川《ほそかわ》勝久《かつひさ》の屋形《やかた》に攻《せ》め寄《よ》せた。勝久《かつひさ》は隣《となり》の細川成之《ほそかわしげゆき》と細川成春《ほそかわしげはる》の両屋形《りょうやかた》に救援《きゅうえん》を求《もと》めて必死《ひっし》に防戦《ぼうせん》し

た。寄《よ》せ手《て》の山名方《やまながた》に山名家臣《やまなかしん》の布施《ふせ》が加《くわ》わった。
守《まも》り手《て》の細川方《ほそかわがた》に京極《きょうごく》の一万余騎《よき》が後詰《ごづめ》して鬨《とき》の声《こえ》をあげた。寄《よ》せ手《て》は怯《ひる》んで一旦《いったん》引《ひ》きあげた。京極勢《きょうごくぜい》は細川勝久《ほそかわかつひさ》の隣《となり》の成之《しげゆき》の屋形《やかた》に入《はい》って武具《ぶぐ》を脱《ぬ》ぎ休息《きゅうそく》した。寄《よ》せ手《て》の斯波家臣《しばかしん》の朝倉《あさくら》孝景《たかかげ》はこの京極勢《きょうごくぜい》の一瞬《いっしゅん》の隙《すき》を突《つ》いて
「進《すす》めや者《もの》ども」と馬《うま》から飛《と》び降《お》りて攻《せ》め込《こ》み、瞬《また》く間《ま》に五、六人を切《き》り伏《ふ》せた。甲斐《かい》・織田《おだ》・瓜生《うりゅう》ら斯波家《しばけ》の同僚《どうりょう》も朝倉《あさくら》に負《ま》けてなるかと討《う》ち入《い》り二十七、八人を討《う》ち取《と》った。
京極勢《きょうごくぜい》は一溜《ひとた》まりもなく、雪崩《なだれ》を打《う》って逃《に》げ出《だ》して門前《もんぜん》の「堀川《ほりかわ》」に架《か》かる「戻橋《もどりばし》」を渡《わた》ろうと押《お》し合《あ》い揉《も》み合《あ》いして、橋《はし》より落《お》ちる者数《ものかず》知《し》れなかった。細川勝久《ほそかわかつひさ》の屋形《やかた》の者《もの》は驚《おどろ》いて
「何事《なにごと》だ。逃《に》げるとは汚《きたな》し。返《かえ》せ。返《かえ》せ」と罵《ののし》ったが、落武者《おちむしゃ》の耳《みみ》には聞《き》こえよう筈《はず》もなかった。
山名宗全《やまなそうぜん》は太田垣《おおたがき》の舎宅《しゃたく》が攻《せ》め落《お》とされて苦虫《にがむし》を噛《か》む思《おも》いでいたところに、朝倉孝景《あさくらたかかげ》の働《はたら》きが伝《つた》わり、忽《たちま》ち喜色満面感悦《きしょくまんめんかんえつ》して着替《きが》えの甲冑《かっちゅう》に馬《うま》・太刀《たち》を添《そ》え与《あた》えて朝倉孝景《あさくらたかかげ》を讃《たた》えた。
一条大宮《いちじょうおおみや》の細川勝久《ほそかわかつひさ》は昼夜《ちゅうや》四日の戦《いくさ》に手勢《てぜい》の過半《かはん》を失《うしな》い残兵僅《ざんぺいわず》か一千余人になった。後詰《ごづめ》の

京極勢《きょうごくぜい》も大敗《たいはい》した。それでも怯《ひる》まず四方より攻《せ》め来《きた》る敵《てき》を追《お》い返《かえ》して屋形《やかた》に立《た》て籠《こも》った。
赤松政則《あかまつまさのり》はこの時《とき》十六歳。若《わか》かれども無類《むるい》の豪《ごう》の者《もの》だ。手勢《てぜい》三百人を従《したが》えて
「備中守殿《びっちゅうのかみどの》（細川勝久の官名）を目前《もくぜん》で攻《せ》め殺《ころ》させるは我《われ》らが名折《なお》れなり。急《いそ》ぎ後詰《ごづめ》して共《とも》に討《う》ち死《じに》せんと思《おも》うが如何《いかに》」と一同《いちどう》に呼《よ》び掛《か》けて自《みずか》ら真《ま》っ先《さき》に幕府御所《ばくふごしょ》を飛《と》び出《だ》して、細川勝久屋形《ほそかわかつひさやかた》の門前《もんぜん》に駆《か》け込《こ》んだ。そして
「赤松《あかまつ》が後詰致《ごづめいた》すぞ。屋形《やかた》の方々《かたがた》、励《はげ》まれや」と大音声《だいおんじょう》を張《は》り上《あ》げた。
一条《いちじょう》の大宮猪熊《おおみやいのくま》には斯波義廉《しばよしかど》の手勢《てぜい》が陣取《じんど》っていた。ここは四方に人家《じんか》の軒端《のきば》が重《かさ》なり合《あ》った所《ところ》だ。戦《いくさ》は狭《せま》い小路《しょうじ》で始《はじ》まった。斯波勢《しばぜい》の甲斐《かい》・朝倉《あさくら》・瓜生《うりゅう》らの士卒《しそつ》は、連日《れんじつ》の戦《いくさ》で疲《つか》れ果《は》てていた。赤松《あかまつ》の新手《あらて》に切《き》り立《た》てられて廬山寺《ろざんじ》の西《にし》まで引《ひ》き退《の》いた。ここには山名教之《やまなのりゆき》の手勢《てぜい》が控《ひか》えていた。この教之勢《のりゆきぜい》が入《い》れ替《か》わって、攻《せ》め込《こ》む赤松勢《あかまつぜい》を目掛《めが》けて矢《や》を射込《いこ》んだ。真《ま》っ先《さき》を駆《か》ける赤《あか》松家臣《まつかしん》の依藤《いとう》は左手《ひだりて》の肘《ひじ》を射《い》られた。その矢《や》をへし折《お》ってさらに駆《か》け込《こ》んだ。山名教之《やまなのりゆき》の一族《いちぞく》の山名常陸介《やまなひたちのすけ》が飛《と》び出《だ》して取《と》っ組《く》み合《あ》いになった。赤松方《あかまつがた》の依藤《いとう》は矢傷《やきず》をものともせず、山名《やまな》を組《く》

み伏せて首《くび》を取《と》った。山名教之《やまなのりゆき》の郎党片山《ろうとうかたやま》が名乗《なの》って出《で》た。赤松方《あかまつがた》からは依藤《いとう》に代《か》わって明石《あかし》が勇《いさ》み出《で》た。また取《と》っ組《く》み合《あ》いになり、今度《こんど》も赤松方《あかまつがた》の明石《あかし》が組勝《くみか》って首《くび》を取《と》った。片山《かたやま》の朋輩《ほうばい》の山名孫四郎《やまなまごしろう》が飛《と》び出《だ》して明石《あかし》を組伏《くみふ》せようとしたが、これまた逆《ぎゃく》に組伏《くみふ》せられて首《くび》を取《と》られた。総《そう》じて山名方《やまながた》の一族郎党《いちぞくろうとう》二十余人《よにん》が打《う》ち取《と》られた。山名教之《やまなのりゆき》は遂《つい》にここを明《あ》け渡《わた》して引《ひ》き退《の》いた。赤松政則《あかまつまさのり》は細川勝久《ほそかわかつひさ》を屋形《やかた》から無事《ぶじ》に救《すく》い出《だ》して屋形《やかた》が山名方《やまながた》に取《と》られないように屋敷《やしき》に火《ひ》を掛《か》けた。そして勝久《かつひさ》と共《とも》に隣《となり》の細川成之《ほそかわしげゆき》の屋形《やかた》に移《うつ》って立《た》て籠《こも》った。

寄《よ》せ手《て》の山名勢《やまなぜい》は今度《こんど》は細川成之《ほそかわしげゆき》の屋形《やかた》に押《お》し掛《か》けた。この屋形《やかた》には細川領国《ほそかわりょうごく》の淡路《あわじ》と和泉《いずみ》の勢《ぜい》、及《およ》び京極勢《きょうごくぜい》の合《あ》わせて二万人が籠《こも》っていた。

寄《よ》せ手《て》は雲ノ寺《くものじ》（堀川今出川付近）に火《ひ》を掛《か》けて百万遍《ひゃくまんべん》（知恩院：現在の位置と異なる）まで焼《や》き尽《つ》くした。火《ひ》は山名宗全《やまなそうぜん》の屋形《やかた》にも飛《と》び移《うつ》って全焼《ぜんしょう》した。この火《ひ》の粉《こ》と煙《けむり》の中《なか》を敵味方《てきみかた》、一歩《いっぽ》も引《ひ》かずに戦《たたか》った。五月二十六日から二十七日まで休《やす》まず戦《たたか》った。双方《そうほう》、戦《たたか》い疲《つか》れて戦《いくさ》は小止《こや》みになり、寄《よ》せ手《て》の山名勢《やまなぜい》は細川成之《ほそかわしげゆき》の屋形付近《やかたふきん》から引《ひ》きあげた。この戦《いくさ》で成之《しげゆき》の隣《となり》の細川成春《ほそかわしげはる》の屋形《やかた》から仏心寺《ぶっしんじ》、窪之寺《くぼのじ》、大舎人《おおとねり》（宮中役人の官舎）まで残《のこ》らず焼《や》き、西《にし》は千本北野《せんぼんきたの》、西ノ京《にしのきょう》から東《ひがし》は犬《いぬ》の馬場《ばんば》、西蔵口《にしくらくち》、下《しも》は小川一条《おがわいちじょう》まで手負《てお》いや死人《しにん》で埋《う》まった。

六月に入《はい》り、諸国《しょこく》から集《あつ》まった東西両軍《とうざいりょうぐん》の悪党共《あくとうども》が徒党《ととう》を組《く》んで、中ノ御門《なかのごもん》猪熊《いのくま》の一色義直《いっしきよしなお》宅《たく》に押《お》し入《い》って狼藉《ろうぜき》の限《かぎ》りを尽《つ》くした。同時《どうじ》に吉田《よしだ》の神主《かんぬし》の邸宅《ていたく》にも押《お》し入《い》って共《とも》に火《ひ》を掛《か》けた。折《おり》から南風《みなみかぜ》が吹《ふ》いて火《ひ》は瞬《また》く間《ま》に広《ひろ》がり、南北《なんぼく》は二条《にじょう》から御霊《ごりょう》の辻《つじ》まで、東西《とうざい》は大舎人《おおとねり》から室町境《むろまちさかい》までの公家《くげ》・武家《ぶけ》の邸宅凡《ていたくおよ》そ三万戸《こ》が灰塵《かいじん》と帰《き》し、一面焼《いちめんや》け野《の》が原《はら》になった。

山名方《やまながた》は正月《しょうがつ》の御霊《ごりょう》の戦《いくさ》に勝《か》って敵《てき》を侮《あなど》り見下《みくだ》して、諸卒《しょしょつ》を皆領国《みなりょうごく》へ帰《かえ》していた。そのために、この戦《いくさ》で一色義直《いっしきよしなお》が自宅《じたく》を引《ひ》き退《の》いて屋形《やかた》はおろか幕府御所《ばくふごしょ》まで将軍義政諸共《しょうぐんよしまさもろとも》に細川方《ほそかわがた》に乗《の》っ取《と》られた。その上《うえ》、太田垣《おおたがき》の舎宅《しゃたく》まで焼《や》き落《お》とされた。そこで毎日《まいにち》、味方《みかた》の諸国《しょこく》へ急使《きゅうし》を走《はし》らせて軍勢《ぐんぜい》を呼《よ》び集《あつ》めた。

周防国大内政弘　京都へ出陣

周防国《すおうこく》の大内政弘《おおうちまさひろ》は山名宗全《やまなそうぜん》の要請《ようせい》に応《おう》じて、長門《ながと》（山口県西部）・周防《すおう》（山口県東南部）・豊前《ぶぜん》（福岡県東部）・筑前《ちくぜん》（福岡県西部）の各自領《かくじりょう》の軍兵《ぐんぺい》と伊予《いよ》（愛媛県）の河野《こうの》の兵《へい》を合《あ》わせて合計《ごうけい》三万余《よ》が昼夜《ちゅうや》を分《わ》かたず京都《きょう》を目指《めざ》して進軍《しんぐん》した。応仁《おうにん》元年六月、政弘《まさひろ》は但馬《たじま》（兵庫県北部）に入《はい》った。一同は但馬《たじま》因幡《いなば》（鳥取県東部）・伯耆《ほうき》（鳥取県中西部）・備後《びんご》（広島県東部）から一族郎党《いちぞくろうとう》が馳《は》せ参《さん》じた。一同は但馬《たじま》（兵庫県北部）から全軍揃《ぜんぐんそろ》って細川家《ほそかわけ》領国《りょうごく》の丹後《たんご》（京都府北部）に討《う》ち入《い》った。

細川家丹後守護代《ほそかわけたんごしゅごだい》の内藤《ないとう》は国境《くにさかい》の「夜久《やく》の郷《さと》」に陣《じん》を構《かま》えて命《いのち》の限《かぎ》り戦《たたか》った。だが衆寡敵《しゅうかてき》せず（寡（少）は衆（多）に敵《かな》わず）、ついに一族諸共《いちぞくもろとも》に全滅《ぜんめつ》した。京都《きょう》の細川勝元《ほそかわかつもと》はこの報《しら》せを受《う》けて「さらば摂津《せっつ》（大阪府北中部から兵庫県南東部）で塞《ふせ》ごう」と軍評定《いくさひょうじょう》（軍議）して摂津守護代《せっつしゅごだい》の秋庭《あきば》に赤松勢《あかまつぜい》を付《つ》けて急《いそ》ぎ摂津《せっつ》へ下《くだ》らせた。摂津《せっつ》に着《つ》いた秋庭《あきば》は要害《ようがい》に陣《じん》を構《かま》えて大内勢《おおうちぜい》に備《そな》えたが、大内勢《おおうちぜい》の大軍《たいぐん》は大雪崩《おおなだれ》が押《お》し寄《よ》せる勢《いきお》いで一気《いっき》に秋庭《あきば》の陣《じん》を突《つ》き破《やぶ》った。赤松勢《あかまつぜい》も大半《たいはん》は討《う》たれて播磨《はりま》（兵庫県南西部）に逃《に》げ落《お》ちた。摂津国《せっつこく》の三宅《みやけ》は秋庭《あきば》と領地争《りょうちあらそ》いをして敗《やぶ》れた恨《うら》みがあって、秋庭《あきば》を裏切《うらぎ》り大内勢《おおうちぜい》に加担《かたん》した。摂津国《せっつこく》は総《すべ》て大内勢《おおうちぜい》に平定《へいてい》された。大内政弘《おおうちまさひろ》は摂津《せっつ》の細川勢《ほそかわぜい》を平《たい》らげて心安《こころやす》く京都《きょう》へ軍《ぐん》を進《すす》めた。京都《きょう》では細川勢《ほそかわぜい》がこれを伝《つた》え聞《き》いて

「一刻《いっこく》も早《はや》く、大内《おおうち》が入洛《にゅうらく》せぬ先《さき》に斯波屋形《しばやかた》（現・三条室町付近）を攻《せ》め落《お》として、大内《おおうち》に備《そな》えなければならぬ。併《あわ》せて下京《しもきょう》への道《みち》も確保《かくほ》しなければ…」と戦評定《いくさひょうじょう》した。

細川家臣《ほそかわかしん》の武田《たけだ》・香川《かがわ》・安富《やすとみ》らは斯波屋形《しばやかた》に押《お》し寄《よ》せて、二十日間《かん》ほど攻《せ》め続《つづ》けたが、流石《さすが》に斯波義廉《しばよしかど》は天下《てんか》の名将《めいしょう》で家臣《かしん》の甲斐《かい》・朝倉《あさくら》も豪傑《ごうけつ》だ。斯波屋形《しばやかた》は落《お》ちそうになかった。

同・応仁《おうにん》元年七月二十五日、ついに大内政弘《おおうちまさひろ》が着京《ちゃっきょう》した。山名方《やまながた》は大《おお》いに喜《よろこ》んで評定《ひょうじょう》を持《も》ち

「下京《しもぎょう》の細川勢《ほそかわぜい》を追《お》い払《はら》い、斯波《しば》の屋形《やかた》を拠点《きょてん》にして禁裏《きんり》を警護《けいご》する。そして東面《とうめん》から細川《ほそかわ》の根《ね》城《じろ》の相国寺《しょうこくじ》を攻《せ》め取《と》り、併《あわ》せて御霊《ごりょう》の口《くち》の敵《てき》の通路《つうろ》も遮断《しゃだん》する」と攻《せ》め口分担《くちぶんたん》を定《さだ》めた。

一方《いっぽう》の細川方《ほそかわがた》では細川家臣《ほそかわかしん》の香川《かがわ》・安富《やすとみ》・秋庭《あきば》らが軍評定《いくさひょうじょう》に臨《のぞ》んで、

「幕府御所《ばくふごしょ》に住《す》まいする奉公衆《ほうこうしゅう》の中《なか》に、密《ひそ》かに山名《やまな》に心《こころ》を通《かよ》わす者《もの》がいる」

「彼《かれ》ら一党《いっとう》を追《お》い出《だ》さねば、当方《とうほう》の陣立《じんだ》ては敵《てき》に筒抜《つつぬ》けだ。我等《われら》は「鼎《かなえ》」（古代中国の煮焚きする三脚

付の鍋）の中《なか》の魚《さかな》で御座《ござ》るぞ」と訴《うった》えた。そして一同《いちどう》を説伏《ときふ》せた上《うえ》で、安富《やすとみ》と秋庭《あきば》の二人は兵卒《へいそつ》を率連《ひきつ》れて御所内《ごしょない》を制圧《せいあつ》し、奉公衆《ほうこうしゅう》六千人を一堂《いちどう》に集《あつ》めた。安富《やすとみ》は集《あつ》まった皆《みな》に向《む》かって「御所内《ごしょない》に謀叛《むほん》を抱《いだ》く者《もの》が潜《ひそ》むとの訴《うった》えが出《で》た。各々《おのおの》はその姓名《せいめい》を書《か》いて申《もう》し出《で》られよ。命《めい》に背《そむ》けば軍卒共《ぐんそつども》は公家《くげ》や上臈《じょうろう》、外様《とざま》の区別《くべつ》なく、住《す》まいや乗《の》り物等《ものなど》を勝手気儘《かってきまま》に見開《みひら》いて狼藉致《ろうぜきいた》すぞ」と威圧《いあつ》して脅《おど》した。

御所内《ごしょない》では皆震《みなふる》え慄《おのの》いて十二人の山名一味《やまないちみ》の名前《なまえ》を書《か》いて差《さ》し出《だ》した。十二人の公家《くげ》は「勝元《かつもと》の前《まえ》で腹《はら》を切《き》って山名《やまな》に与《くみ》せし志《こころざし》を遂《と》げよう」と喚《わめ》き叫《さけ》んだが、御所内《ごしょない》の者共《ものども》の取《と》りなしを受《う》けて自《みずか》ら御所《ごしょ》を立《た》ち去《さ》った。細川勢《ほそかわぜい》は彼《かれ》らを京《きょう》都から追放《ついほう》した。この騒動《そうどう》で「山名勢《やまなぜい》は禁中《きんちゅう》へ押《お》し入《い》り主上《しゅじょう》（天皇）を奪《うば》おうと企《くわだ》てる」との噂《うわさ》が細川方《ほそかわがた》の耳《みみ》に入《はい》った。そこで、「主上《しゅじょう》を室町《むろまち》へ遷《うつ》し奉《たてまつ》ろう」と即決《そっけつ》して細川教春《ほそかわのりはる》、赤松《あかまつ》、今川《いまがわ》、名越《なごし》、吉良《きら》らが軍勢《ぐんぜい》を引連《ひきつ》れて禁中《きんちゅう》へ出向《でむ》き、「三種《さんしゅ》の神器《じんぎ》」を先立《さきだ》てて天皇《てんのう》を室町《むろまち》の幕府《ばくふ》御所《ごしょ》へ行幸願《ぎょうこうねが》った。

同・元年九月十三日、武田信賢《たけだのぶかた》の弟《おとうと》の基綱《もとつな》は三宝院《さんぽういん》を拠点《きょてん》に禁裏《きんり》の警護《けいご》をしていた。ここは東《ひがし》陣第一《じんだいいち》の大手《おおて》だ。そこへ山名方《やまながた》の畠山義就《はたけやまよしなり》・畠山義統《はたけやまよしむね》・大内政弘《おおうちまさひろ》等の合計《ごうけい》五万の大軍《たいぐん》が押《お》し寄《よ》せた。武田基綱《たけだもとつな》は元来《がんらい》、大力《たいりき》の勇士《ゆうし》だ。三宝院《さんぽういん》の手勢《てぜい》わずか二千人。扉《とびら》を押《お》し開《ひら》いて討《う》ち入《い》る敵《てき》に対《たい》して押《お》し戻《もど》すこと十余度《よたび》。遂《つい》に力尽《ちからつ》きて三宝院《さんぽういん》は焼《や》け落《お》ちた。

寄《よ》せ手《て》は次《つ》いで浄華院《じょうけいん》に向《む》かった。ここは京極勢《きょうごくぜい》が固《かた》めていたが、ただの一撃《いちげき》で落《お》とされた。この日《ひ》の戦《いくさ》で三宝院《さんぽういん》の東西《とうざい》の公家邸《くげてい》三十余《よ》か所《しょ》、武家《ぶけ》の舎宅《しゃたく》八十余《よ》か所《しょ》が兵火《へいか》で消《き》え失《う》せた。

相国寺の攻防

下京《しもぎょう》の畠山屋形《はたけやまやかた》に居《い》た山名方《やまながた》は勢《いきお》いに乗《の》って今度《こんど》は相国寺《しょうこくじ》を攻《せ》め立《た》てた。

細川方《ほそかわがた》にとって相国寺《しょうこくじ》は詰城《つめじろ》（根城）と頼《たの》む重要拠点《じゅうようきょてん》だ。そこで「敵《てき》を一条《いちじょう》より上《かみ》へ上《あ》げては味方《みかた》が難儀《なんぎ》。御所《ごしょ》への出入《でい》りも出来《でき》なくなる」と心配《しんぱい》して、東《ひがし》は烏丸高倉御所《からすまたかくらごしょ》（将軍家の別邸）から西《にし》は伊勢因幡《いせいなば》の宿所《しゅくしょ》より三条殿《さんじょうでん》へかけて昼夜《ちゅうや》を分《わ》かたず守《まも》り固《かた》めた。相国寺《しょうこくじ》は細川勝元《ほそかわかつもと》の養子《ようし》の勝之《かつゆき》と勝元《かつもと》の重臣安富元綱《じゅうしんやすとみもとつな》の三千の軍兵《ぐんぺい》が立《た》て籠《こも》った。

同・応仁《おうにん》元年十月三日、相国寺境内《しょうこくじけいだい》には山名方《やまながた》に買収《ばいしゅう》された悪僧《あくそう》がいた。密《ひそ》かに山名方《やまながた》に指示《しじ》され境内《けいだい》の小屋《こや》に積《つ》まれた秣《まぐさ》（馬や牛の餌）や薪《たきぎ》の山《やま》に火《ひ》を掛《か》けた。火《ひ》は僧坊《そうぼう》に燃《も》え移《うつ》った。

山名方《やまながた》の相国寺攻撃《しょうこくじこうげき》はこの火《ひ》を合図《あいず》に始《はじ》まった。山名方《やまながた》の畠山義就《はたけやまよしなり》・畠山義統《はたけやまよしむね》・一色範直《いっしきのりなお》・大内政弘《おおうちまさひろ》・土岐成頼《ときなりより》・六角高頼《ろっかくたかより》らの二、三万の大軍《たいぐん》が一条室町《いちじょうむろまち》から東烏丸《ひがしからすま》・東洞院《ひがしとういん》・高倉一帯《たかくらいったい》を四、五町《ちょう》埋《う》め尽《つ》くして攻《せ》め上《のぼ》った。高倉《たかくら》の御所《ごしょ》と烏丸殿《からすまどの》を固《かた》める京極《きょうごく》・武田《たけだ》の両勢《りょうぜい》は、相国寺《しょうこくじ》に火《ひ》の手《て》が上《あが》るのを見《み》て、敵軍《てきぐん》が既《すで》に相国寺《しょうこくじ》を落《お》としたと勘違《かんちが》いし、慌《あわ》て騒《さわ》いで出雲路《いずもじ》へ引《ひ》き退《の》いた。三条殿《さんじょうでん》には伊勢国《いせこく》の関《せき》と備前国《びぜんこく》の松田《まつだ》の五百の手勢《てぜい》がいたが、ただの一戦《いっせん》にして討《う》ち負《ま》けて、松田《まつだ》は討《う》ち死《じに》し、関《せき》は叶《かな》わず引《ひ》き退《の》いた。

相国寺《しょうこくじ》を守備《しゅび》する安富元綱《やすとみもとつな》は手勢《てぜい》だけで総門《そうもん》を固《かた》め、石橋《いしばし》より攻《せ》め上《のぼ》る敵勢《てきぜい》を七〜八度まで押《お》し戻《もど》した。元綱《もとつな》は弟《おとうと》の三郎《さぶろう》を呼《よ》び寄《よ》せて、

「戦《いくさ》は今日《きょう》が天下分《てんかわ》け目《め》の大勝負《おおしょうぶ》。この門《もん》が敗《やぶ》れたとなれば主君勝元殿《しゅくんかつもとどの》の一大事《いちだいじ》にて我《われ》はここで討《う》ち死致《じにいた》す。汝《なんじ》は六郎殿《ろくろうどの》（細川勝之）に従《したが》い室町《むろまち》の幕府御所《ばくふごしょ》へ参《まい》って御屋形《おやかた》の勝元殿《かつもとどの》の供《とも》をし丹《たん》

波《ば》へ落《お》とし奉《たてまつ》れ。猶予《ゆうよ》はならぬ」と命《めい》じた。その時《とき》、東門《ひがしもん》から敵軍《てきぐん》数万が攻《せ》め入《い》った。安富元綱《やすとみもとつな》と三郎《さぶろう》その手勢《てぜい》五百は一人も去《さ》らずに敵《てき》と討《う》ち合《あ》い一人残《のこ》らず討《う》ち死《じに》した。まだ元服《げんぷく》したての細《ほそ》川勝之《かわかつゆき》は重症《じゅうしょう》を負《お》って家臣《かしん》に助《たす》け出《だ》された。赤松政則《あかまつまさのり》は敵《てき》に奪《うば》われた相国寺《しょうこくじ》を見《み》て、「敵《てき》を総門《そうもん》より追《お》い落《お》とさねば、二度と本陣《ほんじん》へ帰《かえ》らぬ」と喚《わめ》き叫《さけ》んで敵勢《てきぜい》に切《き》り込《こ》んだ。武田《たけだ》らも命《いのち》を捨《す》てて未明《みめい》より黄昏《たそがれ》まで戦《たたか》った。寄《よ》せ手《て》も守《まも》り手《て》も互《たが》いに疲《つか》れ果《は》てて共《とも》に引《ひ》き退《の》いた。

相国寺《しょうこくじ》の合戦《かっせん》に勝利《しょうり》した大内勢《おおうちぜい》はこの時《とき》、討《う》ち取《と》った首《くび》を車八両《くるまはちりょう》に積《つ》んで帰陣《きじん》した。骸《むくろ》は白雲《はくうん》の門《もん》より東今出川《ひがしいまでがわ》まで道《みち》や堀《ほり》に転《ころ》がり、その数幾《かずいく》千万とも判《わか》らぬ程《ほど》だった。

細川方《ほそかわがた》は詰城《つめじろ》と頼《たの》む相国寺《しょうこくじ》が敵《てき》に取《と》られて意気消沈《いきしょうちん》した。細川成之《ほそかわしげゆき》は屋形《やかた》の守《まも》りを堅固《けんご》にして、細川勝久《ほそかわかつひさ》を伴《ともな》い幕府御所《ばくふごしょ》に参上《さんじょう》した。御所《ごしょ》の皆々《みなみな》は将軍義政《しょうぐんよしまさ》を御所《ごしょ》から落《お》とす警護《けいご》のためだと思《おも》った。成之《しげゆき》は将軍義政《しょうぐんよしまさ》と富子《とみこ》に挨拶《あいさつ》した後《のち》、細川勝元《ほそかわかつもと》を訪《おとず》れて

「敵《てき》が相国寺《しょうこくじ》の守《まも》りを固《かた》めぬ先《さき》に諸勢《しょぜい》を向《む》かわせて、境内《けいだい》の敵《てき》を追《お》い落《お》とさねばこの御所《ごしょ》は鼎《かなえ》の中《なか》の魚《さかな》に似《に》て敵《てき》に思《おも》うが儘《まま》にされますぞ」と忠告《ちゅうこく》した。勝元《かつもと》は

「我《われ》も左様《さよう》に心得《こころえ》る。然《しか》らば誰《だれ》に命《めい》じたら宜《よろ》しいか」と尋《たず》ねた。脇《わき》に控《ひか》えた秋庭元明《あきばもとあき》が顔《かお》を上《あ》げ「畠山殿《はたけやまどの》が宜《よろ》しゅう御座《ござ》る。今《いま》、我《わ》が陣中《じんちゅう》で何《なん》十万の敵勢《てきぜい》に立《た》ち向《む》かえる大将《たいしょう》はこの人《ひと》をおいて他《ほか》には御座《ござ》りませぬ」と申《もう》し出《で》た。細川勝元《ほそかわかつもと》は眼《め》を輝《かがや》かせて頷《うなず》き、即刻畠山政長《そっこくはたけやままさなが》を呼《よ》び寄《よ》せて「相国寺《しょうこくじ》の焼《や》け跡《あと》に陣取《じんど》る敵《てき》を追《お》い落《お》とさねばこの御所《ごしょ》の備《そな》えは難儀《なんぎ》である。御身《おんみ》、軍兵《ぐんぺい》を従《したが》え大将《たいしょう》となり討《う》って出《で》て、相国寺《しょうこくじ》の敵《てき》を追《お》い払《はら》ってくれぬか。さすれば軍中第一《ぐんちゅうだいいち》の功名《こうみょう》、公私至《こうしし》上の忠節《じょうちゅうせつ》である」と言《い》って出撃《しゅつげき》を命《めい》じた。畠山政長《はたけやままさなが》は「たとえ何様《なにさま》の強敵《きょうてき》たりとも、某《それがし》が向《む》かえば敵《てき》を追《お》い払《はら》うは易《やす》きこと。なれど、去《さ》る御霊《ごりょう》の戦《いくさ》で手勢《てぜい》を使《つか》い果《は》たして、今手勢《いまてぜい》は僅《わず》かに二千。敵《てき》は二、三万。これでは如何《いか》にも心許《こころもと》ない。今少《いますこ》し某《それがし》に加勢《かぜい》を付《つ》けて下《くだ》され」と申《もう》し出《で》た。細川勝元《ほそかわかつもと》は「早速《さっそく》の承諾《しょうだく》、祝着至極《しゅうちゃくしごく》。即刻出撃《そっこくしゅつげき》して下《くだ》さればこれに過《す》ぎたる大慶《たいけい》はない。」と云《い》い、成之《しげゆき》も「不肖《ふしょう》なれども某《それがし》の家臣《かしん》の東条《とうじょう》を加勢《かぜい》に渡《わた》す故《ゆえ》、小勢《こぜい》なれども召《め》し連《つ》れて下《くだ》され」と二千の手《て》勢《ぜい》を政長《まさなが》に引《ひ》き渡《わた》した。政長《まさなが》は早速《さっそく》と家臣《かしん》に出撃命令《しゅつげきめいれい》を出《だ》して、東条《とうじょう》と共《とも》に都合《つごう》四千の軍勢《ぐんぜい》を従《したが》えて相国寺《しょうこくじ》に向《む》かった。室町《むろまち》を出《で》ると相国寺《しょうこくじ》が見《み》えた。仏殿《ぶつでん》の焼《や》け跡《あと》に六角高頼勢《ろっかくたかよりぜい》が七、八千。山門《さんもん》の焼《や》け跡《あと》にも一色勢《いっしきぜい》が七、八千。総門前《そうもんまえ》の石橋《いしばし》にも畠山義就《はたけやまよしなり》の軍勢多数《ぐんぜいたすう》がいるのが見《み》て取《と》れた。先手《さきて》の神保長誠《じんぼながのぶ》は行列《ぎょうれつ》を止《と》めて主君政長《しゅくんまさなが》の下《もと》に戻《もど》り、諸将《しょしょう》を集《あつ》めて、

「この小勢《こぜい》で敵《てき》の大軍《たいぐん》を破《やぶ》るは至難《しなん》の業《わざ》。なれどこの勢《せい》を一箇所《いっかしょ》に固《かた》めて散《ち》らさず静《しず》かに掛《か》かれば、敵《てき》は小勢《こぜい》とみて侮《あなど》り、逃《に》がさぬように広《ひろ》がって包《つつ》み込《こ》もうとするは必定《ひつじょう》。そこを乱《みだ》れず一団《いちだん》となって、一気《いっき》に切《き》り込《こ》めば何《なん》で切《き》り崩《くず》せぬことが御座《ござ》ろうか」と進言《しんげん》した。これを聞《き》いた諸将《しょしょう》は皆《みな》「オウ、オウ」と頷《うなず》き、顔《かお》を見合《みあ》わせて勇《いさ》み立《た》った。畠山政長《はたけやままさなが》も合点《がてん》した。

一同《いちどう》は楯《たて》に身《み》を隠《かく》して態《わざ》とゆっくり静《しず》かに守《まも》り手《て》の虎口《ここう》（最も危険な入り口）に進《すす》んだ。守《まも》り手《て》はそれと気付《きづ》いた。だが攻《せ》め手《て》は小勢《こぜい》で見《み》るからに今《いま》にも逃《に》げ出《だ》しそうな体《てい》たらくの有様《ありさま》だ。敵《てき》に十倍する守《まも》り手《て》は小馬鹿《こばか》にして「ワイワイ」騒《さわ》ぎ立《た》てながら、遠《とお》まきにして攻《せ》め手《て》を包《つつ》み込《こ》んだ。

畠山政長《はたけやままさなが》は頃合《ころあ》いを見《み》て、あらん限《かぎ》りの大音声《だいおんじょう》を張《は》り挙《あ》げて

「イザ！進《すす》めや者共《ものども》、突《つ》き進《すす》め」と突撃《とつげき》を命《めい》じた。攻《せ》め手《て》の四千は一斉《いっせい》に楯《たて》を投《な》げ捨《す》て喊声《かんせい》を上《あ》

げて、槍《やり》を突《つ》き付《つ》け一糸《いっし》乱《みだ》れず一団《いちだん》となって突撃《とつげき》した。群《むら》がり構《かま》える守《まも》り手《て》の六角高頼《ろっかくたかより》の勢《ぜい》は忽《たちま》ち切《き》り立《た》てられて総崩《そうくず》れとなり、右往左往《うおうさおう》しながら山門目指《さんもんめざ》して逃《に》げ出《だ》した。山門《さんもん》の一色勢《いっしきぜい》も逃《に》げ込《こ》む味方《みかた》の槍刀《やりかたな》に切《き》り伏《ふ》せられて敵《てき》との合戦《かっせん》も儘《まま》ならず、共《とも》に追《お》い立《た》てられて逃《に》げ出《だ》した。攻《せ》め手《て》の畠山政長勢《はたけやままさながぜい》と東条勢《とうじょうぜい》は数《すう》万人の敵軍《てきぐん》を四方へ追《お》い散《ち》らし、ことごとく打《う》ち勝《か》って六角《ろっかく》と一色勢《いっしきぜい》の首《くび》六百を討《う》ち取《と》った。政長《まさなが》は勝《か》ち誇《ほこ》って敵勢《てきぜい》に向《む》かい

「一昨日《いっさくじつ》、室町《むろまち》の総門《そうもん》にて車八両《くるまはちりょう》とられた首《くび》の返《かえ》しに只今《ただいま》、六角《ろっかく》と一色勢《いっしきぜい》の首《くび》六百を貰《もら》い受《う》けたり。少々不足《しょうしょうふそく》なれども堪忍致《かんにんいた》すぞ」と罵倒《ばとう》して気勢《きせい》を上《あ》げた。相国寺《しょうこくじ》の合戦《かっせん》で畠山政長《はたけやままさなが》が大勝《だいしょう》利《り》して、細川方《ほそかわがた》の詰城《つめじろ》と頼《たの》む重要拠点《じゅうようきょてん》の相国寺《しょうこくじ》を取《と》り戻《もど》した。そして御霊《ごりょう》の口《くち》までを支配《しはい》して軍《ぐん》勢《ぜい》の通路《つうろ》も確保《かくほ》した。山名勢《やまなぜい》は数度《すうど》の戦《たたか》いに疲《つか》れて、重《かさ》ねて押《お》し寄《よ》せる勢《いきお》いは消《き》え失《う》せた。ただ各々《おのおの》が屋形《やかた》の前《まえ》に堀《ほり》や塀《へい》を回《めぐ》らして直《す》ぐには破《やぶ》られぬよう備《そな》え構《かま》えを厳重《げんじゅう》にした。

洛中《らくちゅう》への出入《でい》りの七口《ななくち》は御霊《ごりょう》の口《くち》を除《のぞ》いて他《た》の六口《ろっくち》は山名方《やまながた》が押《お》さえた。斯《か》くして、双方《そうほう》の陣《じん》は互《たが》いに警護《けいご》を固《かた》め、この後《のち》はただ徒《いたずら》に守《まも》り暮《く》らした。

京都《きょう》では合戦《かっせん》が続《つづ》いて洛中《らくちゅう》は一面焼《いちめんや》け野《の》が原《はら》になり、諸大名《しょだいみょう》の屋形《やかた》は押《お》し並《な》べて焼《や》け落《お》ちた。その上《うえ》、長引《ながび》く戦《いくさ》の維持費用《いじひよう》が重《おも》く加《くわ》わり財力《ざいりょく》を使《つか》い果《は》たして困窮《こんきゅう》した。さらに加《くわ》えて諸将《しょしょう》の領《りょう》国《ごく》も乱《みだ》れて、兵卒《へいそつ》の補充《ほじゅう》や食糧《しょくりょう》の運送《うんそう》さえも思《おも》うにまかせなくなった。そこで両陣《りょうじん》の諸将《しょしょう》は「何《なに》よりも領国《りょうごく》の乱《らん》を鎮《しず》めるが先決《せんけつ》」と言《い》って櫛《くし》の歯《は》が抜《ぬ》けるように各々《おのおの》領国《りょうごく》に引《ひ》き揚《あ》げた。

京都《きょう》の公家《くげ》や武家《ぶけ》、町家達《ちょうかたち》も皆《みな》、押《お》し並《な》べて所帯《しょたい》の用品《ようひん》を残《のこ》らず使《つか》い果《は》たし、礼儀作法《れいぎさほう》は退《たい》廃《はい》して諸事混乱《しょじこんらん》、世《よ》の中《なか》は日《ひ》に日《ひ》に衰微《すいび》した。洛中洛外《らくちゅうらくがい》のみならず、諸国《しょこく》も混乱《こんらん》して五畿七道《ごきななどう》（山城・大和・河内・和泉・摂津の五畿と北陸道・東山道・東海道・山陽道・山陰道・西海道・南海道の七道の諸国）は悉《ことごと》く戦乱《せんらん》の世《よ》になった。

足利義視　山名方に寝返り

京都《きょう》で大乱《たいらん》が勃発《ぼっぱつ》した応仁《おうにん》元年（一四六七年）五月二十五日以来《いらい》、足利義視《あしかがよしみ》は将軍義政《しょうぐんよしまさ》と共《とも》に幕《ば》府御所《ふごしょ》で暮《く》らした。この間《かん》、御台所《みだいどころ》（将軍夫人）の富子《とみこ》とは折《お》り合《あ》いが悪《わる》くて気不味《きまず》く過《す》ごした。

京都《きょう》は焼《や》け野《の》が原《はら》になり戦《いくさ》も小康状態《しょうこうじょうたい》になって、足利義視《あしかがよしみ》は一旦今出川《いったんいまでがわ》御殿《ごてん》に帰《かえ》った。

同年八月、大内《おおうち》が上京《じょうきょう》して再度《さいど》、京都《きょう》は騒然《そうぜん》となった。足利義視《あしかがよしみ》は幕府御所《ばくふごしょ》の居心地《いごこち》が悪《わる》くて居辛《いづら》かったところに、将軍義政《しょうぐんよしまさ》も富子《とみこ》と義視《よしみ》の不仲《ふなか》に嫌気《いやけ》したので両者相談《りょうしゃそうだん》の上《うえ》、暫《しば》しの間《あいだ》、義《よし》視《み》が伊勢国《いせこく》 国司《こくし》の北畠具教《きたばたけとものり》を頼《たの》んで伊勢《いせ》に避難《ひなん》することにした。

翌《よく》・応仁《おうにん》二年（一四六八年）九月、足利義視《あしかがよしみ》は伊勢《いせ》から近江国石山《おうみこくいしやま》を経《へ》て園城寺《おんじょうじ》（津市、通称三井寺）に遊学《ゆうがく》した。山名宗全《やまなそうぜん》は義視《よしみ》が伊勢《いせ》を出《で》て園城寺《おんじょうじ》に入《はい》ったのを知《し》って、

「細川勝元《ほそかわかつもと》は公方《くぼう》（将軍）を見限《みかぎ》って今出川義視公《いまでがわよしみこう》を取《と》り立《た》てる」との噂《うわさ》を撒《ま》き散《ち》らした。この噂《うわさ》を将軍義政《しょうぐんよしまさ》が耳《みみ》にして、勝元《かつもと》に

「我《われ》を何《なん》とする」と詰問《きつもん》した。勝元《かつもと》は驚《おどろ》き義政《よしまさ》の疑念《ぎねん》を晴《は》らすために義視《よしみ》を出家《しゅっけ》させようとして

「今出川公《いまでがわこう》を比叡山《ひえいざん》に移《うつ》し奉《たてまつ》る」と義政《よしまさ》に申《もう》し出《で》た。

今出川公《いまでがわこう》が比叡山《ひえいざん》に入《はい》り出家《しゅっけ》するという話《はなし》は即刻《そっこく》 山名方《やまながた》にも伝《つた》わった。山名宗全《やまなそうぜん》は喜《よろこ》び

「今出川義視公《いまでがわよしみこう》が東陣《ひがしじん》を御退去《ごたいきょ》なさるならば謹《つつし》んで我《わ》が陣《じん》へお迎《むか》え致《いた》す」と言《い》って、使者《ししゃ》を立《た》て

て斯波義廉《しばよしかど》の屋形《やかた》に迎《むか》え入《い》れた。足利義視《あしかがよしみ》はこの冬《ふゆ》、名実《めいじつ》ともに幕府御所《ばくふごしょ》を抜《ぬ》けて山名方《やまながた》に加《くわ》わった。山名方《やまながた》では足利義視《あしかがよしみ》を取《と》り立《た》てて主君《しゅくん》と仰《あお》ぎ、諸大名《しょだいみょう》打《う》ち揃《そろ》って拝謁拝礼《はいえつはいれい》した。

細川勝元と山名宗全の死没と大乱全国に波及

文明《ぶんめい》五年（一四七三年）三月十九日、西軍総大将《せいぐんそうだいしょう》の山名宗全《やまなそうぜん》が七十歳で病没《びょうぼつ》した。東軍総大将《とうぐんそうだいしょう》の細川勝元《ほそかわかつもと》も同年五月十一日に未《ま》だ四十四歳の若《わか》さで病没《びょうぼつ》した。何《いず》れの葬儀《そうぎ》の日《ひ》も大変《たいへん》な雷雨《らいう》の一日《いちにち》だった。京都《きょう》の巷《ちまた》では「両雄共《りょうゆうとも》に天《てん》の怒《いか》りにお触《ふ》れなされた」と噂《うわさ》した。

「両大将《りょうたいしょう》が亡《な》くなって山名方《やまながた》は嫡子《ちゃくし》の政豊《まさとよ》が後《あと》を継《つ》いだ。細川方《ほそかわがた》も同《おな》じく嫡子《ちゃくし》の政元《まさもと》が継《つ》いだ。両者《りょうしゃ》の間《あいだ》に講和《こうわ》の機運《きうん》が高《たか》まったが、畠山義就《はたけやまよしなり》と畠山政長《はたけやままさなが》が承知《しょうち》しなかった。兎《と》に角《かく》　以後《いご》、はかばかしい戦《いくさ》はなくなった。

同年十二月、将軍義政《しょうぐんよしまさ》の嫡子《ちゃくし》は九歳で元服《げんぷく》して義尚《よしひさ》と名乗《なの》った。義政《よしまさ》は義尚《よしひさ》に将軍《しょうぐん》の座《ざ》を譲《ゆず》った。即日《そくじつ》、朝廷《ちょうてい》から宣下《せんげ》があって義尚《よしひさ》は征夷大将軍《せいいたいしょうぐん》になった。

直前将軍《ちょくぜんしょうぐん》の義政《よしまさ》は隠居所《いんきょしょ》を兼《か》ねて東山《ひがしやま》に慈照寺《じしょうじ》（通称銀閣寺）を造営《ぞうえい》しながら院政《いんせい》をとった。

文明《ぶんめい》八年（一四七六年）、幕府御所《ばくふごしょ》の西《にし》の在家《ざいけ》から出火《しゅっか》があり、折《おり》からの強風《きょうふう》に煽《あお》られて大火《たいか》になった。御所《ごしょ》は一宇《いちう》も残《のこ》さず焼失《しょうしつ》した。管領畠山政長《かんれいはたけやままさなが》は手勢《てぜい》を引《ひ》き連《つ》れて幕府御所《ばくふごしょ》の廻《まわ》りを警護《けいご》した。山名方《やまながた》の襲撃《しゅうげき》はなかった。将軍父子《しょうぐんふし》は無事《ぶじ》に小川《おがわ》の新造御所《しんぞうごしょ》に移《うつ》った。

文明《ぶんめい》九年（一四七七年）河内国《かわちこく》に突如大和《とつじょやまと》の筒井勢《つついぜい》が攻《せ》め入《い》った。山名方《やまながた》の畠山義就《はたけやまよしなり》は急《いそ》ぎ手勢《てぜい》二千を引《ひ》き連《つ》れて領国《りょうごく》の河内《かわち》へ帰《かえ》った。これを見《み》た大内政弘《おおうちまさひろ》は「今《いま》が潮時《しおどき》」と呟《つぶや》いて細川政元《ほそかわまさもと》と和睦《わぼく》し、領国周防《りょうごくすおう》に引《ひ》き上《あ》げた。山名方《やまながた》は畠山義就《はたけやまよしなり》と大内政弘《おおうちまさひろ》が戦列《せんれつ》から抜《ぬ》け落《お》ちて、山名一族《やまないちぞく》の他《ほか》は宗全《そうぜん》の婿《むこ》の六角高頼《ろっかくたかより》ただ一人《ひとり》になった。この時《とき》を待《ま》つかのように、西陣《にしじん》に大火《たいか》が起《お》こって一帯《いったい》が残《のこ》らず焼《や》け野《の》が原《はら》になった。山名一族《やまないちぞく》と六角高頼《ろっかくたかより》はこの期《き》を汐《しお》に皆《みな》、領国《りょうごく》へ引《ひ》き上《あ》げた。今出川《いまでがわ》の足利義視《あしかがよしみ》も土岐美濃守《ときみののかみ》に伴《ともな》われて下美濃《しもみの》に落《お》ちた。

京都《きょう》に平和《へいわ》が戻《もど》った。朝廷《ちょうてい》・寺院《じいん》をはじめ貴賤共々《きせんともども》に「目出度《めでた》きこと」と悦《よろこ》びあった。だがこの後《のち》、山名方《やまながた》の守護大名《しゅごだいみょう》のみならず天下《てんか》の大名《だいみょう》・小名《しょうみょう》悉《ことごと》く公儀《こうぎ》の在京勤番《ざいきょうきんばん》を行《おこな》わなくなった。諸将《しょしょう》は誰《だれ》もが皆《みな》、領国《りょうごく》に住《す》み付《つ》いて荘園《しょうえん》の横領《おうりょう》私有《しゆう》に励《はげ》み、父子兄弟《おやこきょうだい》、君臣《くんしん》互《たが》いに相《あい》争《あらそ》って、天下《てんか》六十余州《よしゅう》余《あま》す所《ところ》なく戦乱《せんらん》に明《あ》け暮《く》れる世《よ》になった。

文明《ぶんめい》五年（一四七三年）、足利義尚《あしかがよしひさ》は父義政《ちちよしまさ》から将軍《しょうぐん》の座《ざ》を譲《ゆず》り受《う》けたが、義政《よしまさ》は院政《いんせい》を執《と》って幕府《ばくふ》の実権《じっけん》は離《はな》さなかった。義政《よしまさ》の政務《せいむ》引退《いんたい》の正式表明《せいしきひょうめい》は文明《ぶんめい》十八年（一四八六年）になってからだった。義政《よしまさ》は東山《ひがしやま》の慈照寺《じしょうじ》に隠居《いんきょ》して、当時《とうじ》の人々《ひとびと》は義政《よしまさ》を東山殿《ひがしやまどの》と呼《よ》んだ

三. 大乱その後の幕府の状況

義材将軍に就任

長享《ちょうきょう》元年（一四八七年）八月、将軍足利義尚《しょうぐんあしかがよしひさ》は天下《てんか》の正道《せいどう》を正《ただ》そうと思《おも》い立《た》ち、先《ま》ずは在京勤《ざいきょうきん》番《ばん》を怠《おこた》って公儀《こうぎ》を蔑《ないがし》ろにする六角高頼《ろっかくたかより》を討伐《とうばつ》しようと近江国《おうみこく》に軍旗《ぐんき》を進《すす》めた。高頼《たかより》は公方《くぼう》の敵《てき》に

なるのを恐《おそ》れて居城《きょじょう》の観音寺城《かんのんじじょう》を抜《ぬ》け出《で》て甲賀《こうが》に隠《かく》れた。義尚《よしひさ》は嘗《かつ》て幕府草創《ばくふそうそう》のときに南朝方《なんちょうがた》の楠木正成《くすのきまさしげ》を討《う》ち、正成《まさしげ》が逃《に》げるのを放置《ほうち》して後々《のちのち》の災《わざわ》いを得《え》た話《はなし》を思《おも》い出《だ》して、「今《いま》、戦《いくさ》を収《おさ》めては「元《もと》の木阿弥《もくあみ》」（病死した大名と瓜二つの顔をした盲目の乞食坊主の木阿弥が大名の影武者として取り立てられたが、やがてご用済みとなって元の乞食坊主に戻された話）で征伐《せいばつ》した甲斐《かい》もなし」と思《おも》った。そこで陣《じん》を近江《おうみ》の坂本《さかもと》から鈎《まがり》の里《さと》（栗東市）に移《うつ》して逗留《とうりゅう》した。

義尚《よしひさ》は長陣《ながじん》の退屈《たいくつ》を紛《まぎ》らそうと美濃国《みのこく》にいた叔父《おじ》の今出川義視《いまでがわよしみ》との和睦《わぼく》を試《こころ》みた。義視《よしみ》は応仁《おうにん》の乱後半《らんこうはん》は将軍家《しょうぐんけ》と敵味方《てきみかた》に別《わか》れて文明《ぶんめい》九年（一四七七年）には下美濃《しもみの》に退去《たいきょ》していた。

長享《ちょうきょう》三年（一四八九年）春《はる》、将軍義尚《しょうぐんよしひさ》はふとした病《やまい》が元《もと》となって死没《しぼつ》した。僅《わず》か二十五歳。若《わか》くして没《ぼっ》して子《こ》がなかった。東山《ひがしやま》に隠居《いんきょ》した前将軍《ぜんしょうぐん》の義政《よしまさ》にも義尚《よしひさ》の他《ほか》に子《こ》がなかった。そこで弟《おとうと》の今出川義視《いまでがわよしみ》と和睦《わぼく》して義視《よしみ》の子《こ》の義材《よしき》を養子《ようし》にした。義材《よしき》を養子《ようし》にすることには御台所《みだいどころ》の富子《とみこ》も承知《しょうち》した。義材《よしき》はこのとき二十四歳、母《はは》は御台所富子《みだいどころとみこ》の妹《いもうと》だ。

長享《ちょうきょう》三年（一四八九年）四月、改元《かいげん》して延徳《えんとく》元年年四月、足利義材《あしかがよしき》は東山《ひがしやま》に隠居《いんきょ》した前将軍《ぜんしょうぐん》の義政《よしまさ》から征夷大将軍《せいいたいしょうぐん》の座《ざ》が譲《ゆず》られた。

翌《よく》・延徳《えんとく》二年（一四九〇年）正月七日、足利義政《あしかがよしまさ》は五十六歳で病没《びょうぼつ》した。翌《よく》三年（一四九一年）正月七日、今出川義視《いまでがわよしみ》も病没《びょうぼつ》した。「兄弟《きょうだい》の没年《ぼつねん》、年《とし》を続《つづ》け、月日《つきひ》を同《おな》じくするは稀有《けう》な事《こと》」と京都《きょう》の人々《ひとびと》は噂《うわさ》した。足利義材《あしかがよしき》は二十四歳で将軍《しょうぐん》になった。応仁《おうにん》の乱《らん》を起《お》こした諸大名《しょだいみょう》は既《すで》に次々《つぎつぎ》と死没《しぼつ》して、めぼしい大名《だいみょう》は畠山政長《はたけやままさなが》ただ一人になった。

細川政元台頭と畠山政長自害並びに廃将軍義材入牢

畠山政長《はたけやままさなが》は従《じゅ》三位左衛門督《さえもんのかみ》に昇《のぼ》った。管領《かんれい》には三度もなって、次第《しだい》に人《ひと》を人《ひと》とも思《おも》わなくなった。三管《さんかん》・四職《ししき》（管領に就く三家と侍所別当に就く四家）の幕府重鎮《ばくふじゅうちん》も皆《みな》、自分《じぶん》の目下《めした》に置《お》いた。

延徳《えんとく》二年（一四九〇年）、畠山義就《はたけやまよしなり》が病没《びょうぼつ》した。嫡子《ちゃくし》の義豊《よしとよ》が跡《あと》を継《つ》ぎ、父《ちち》に替《か》わって政長《まさなが》に逆《さか》らった。明応《めいおう》二年（一四九三年）春《はる》、政長《まさなが》は河内国《かわちこく》の畠山義豊《はたけやまよしとよ》の居城《きょじょう》の誉田城《こんだじょう》（羽曳野市）を討伐《とうばつ》した。将軍義材《しょうぐんよしき》は畠山政長《はたけやままさなが》の依頼《いらい》を受《う》けて

「畠山政長《はたけやままさなが》に助勢致《じょせいいた》さねばなるまい」と気易《きやす》く言《い》って出馬《しゅつば》した。畠山政長《はたけやままさなが》は一千騎《き》を従《したが》え、将軍《しょうぐん》義材《よしき》の供《とも》をして河内国正覚寺《かわちこくしょうかくじ》（大阪市平野区）に陣取《じんど》った。

この時《とき》の管領《かんれい》は細川政元《ほそかわまさもと》（勝元の後継）。政元《まさもと》は畠山政長《はたけやままさなが》が京《きょう》都から離《はな》れた一瞬《いっしゅん》の隙《すき》を突《つ》き、政《まさ》長《なが》の横暴《おうぼう》を憎《にく》む京極《きょうごく》、山名《やまな》や桃井《ももい》、一色《いっしき》らの幕府重鎮《ばくふじゅうちん》と語《かた》らい謀叛《むほん》の軍勢《ぐんぜい》を起《おこ》した。

細川政元《ほそかわまさもと》は誉田城《こんだじょう》の畠山義豊《はたけやまよしとよ》と気脈《きみゃく》を通《つう》じて四万の軍勢《ぐんぜい》を従《したが》え、畠山政長《はたけやままさなが》が陣取《じんど》る正覚寺《しょうかくじ》を襲《おそ》った。同年四月、河内《かわち》の正覚寺《しょうかくじ》は大軍《たいぐん》に包囲《ほうい》された。将軍義材《しょうぐんよしき》は正覚寺《しょうかくじ》を逃《に》げ落《お》ちた所《ところ》を細川《ほそかわ》家臣《かしん》に捕《とら》えられた。正覚寺《しょうかくじ》では畠山政長《はたけやままさなが》を始《はじ》め譜代家臣《ふだいかしん》の遊佐長滋《ゆさながしげ》や斎藤《さいとう》・志貴《しき》・杉原《すぎはら》らが死《し》に物狂《ものぐる》いで戦《たたか》った。けれども多勢《たぜい》に無勢《ぶぜい》で如何《いかん》ともし難《がた》かった（神保長誠はこの頃、政長の命で越中国にいて中風を発症して伏せっていた。80頁1～2行目参照）。畠山政長《はたけやままさなが》の嫡子《ちゃくし》はこのとき十三歳《さい》。尚順《ひさのぶ》と云《い》い政《まさ》長《なが》に従《したが》い正覚寺《しょうかくじ》に在陣《ざいじん》していた。政長《まさなが》は尚順《ひさのぶ》を脇《わき》に座《すわ》らせて、平助左ヱ門《たいらすけざえもん》を呼《よ》び「この子《こ》を汝《なんじ》に託《たく》すゆえ、如何《いか》なる知恵《ちえ》を廻《めぐ》らしてもこの急場《きゅうば》を抜《ぬ》け出《だ》してこの子《こ》を守《まも》り、何《なん》としてでも畠山家《はたけやまけ》を再興《さいこう》させてくれ」と頼《たの》んだ。平《たいら》は

「仰《おお》せ御尤《ごもっと》もなれども、某《それがし》今度《こんど》は最期《さいご》のお供《とも》をしようと覚悟《かくご》を固《かた》めて御座《ござ》る。若君《わかきみ》の御事《おんこと》は某《それがし》の一族《いちぞく》の平三郎左衛門《たいらさぶろうざえもん》に仰《おお》せ下《くだ》され」と返事《へんじ》して三郎左衛門《さぶろうざえもん》を呼《よ》んだ。三郎左衛門《さぶろうざえもん》も「是非《ぜひ》にも最期《さいご》のお供《とも》を仕《つかまつ》る所存《しょぞん》。若君《わかぎみ》の事《こと》は余人《よにん》に仰《おお》せ付《つ》け下《くだ》され」と断《ことわ》った。

畠山政長《はたけやままさなが》は叱《しか》ったり諭《さと》したりして、

「汝《なんじ》ら迷《まよ》い事《ごと》を申《もう》すな。死《し》を今日《こんにち》に期《き》して自害《じがい》せん事《こと》は易《やす》き事《こと》なれども、生《せい》を後日《ごじつ》に伸《の》ばして家《か》督《とく》の尚順《ひさのぶ》を護《まも》り立《た》て、世《よ》に出《だ》さんと致《いた》すは死《し》に優《まさ》る至《いた》って大切《たいせつ》な忠義《ちゅうぎ》なるぞ」と諭《さと》した。

平三郎左衛門《たいらさぶろうざえもん》は泣《な》く泣《な》く承知《しょうち》した。平《たいら》は丁度《ちょうど》この時《とき》、将軍《しょうぐん》の慰労《いろう》に来《き》ていた桂《かつら》（京都府西京区の桂にあった遊廓）の遊女《ゆうじょ》の着物《きもの》を尚順《ひさのぶ》に着《き》せて遊女《ゆうじょ》の仲間《なかま》に仕立《した》てた。尚順《ひさのぶ》は遊女《ゆうじょ》らと共《とも》に敵陣《てきじん》を通過《つうか》した。平《たいら》は遊女《ゆうじょ》の下男《げなん》に成《な》り済《す》まし、舞装束《まいしょうぞく》や鼓太鼓《つづみたいこ》を持《も》って敵陣《てきじん》を通過《つうか》した。畠山家《はたけやまけ》重《じゅう》代《だい》の名刀《めいとう》は竹筒《たけづつ》に入《い》れて背《せ》に担《かつ》いだ。敵陣《てきじん》には桂《かつら》の遊女《ゆうじょ》を知《し》る者《もの》が大勢《おおぜい》いて、不審《ふしん》に思《おも》う者《もの》や咎《とが》め立《だ》てする者《もの》もなく、尚順《ひさのぶ》の一行《いっこう》は無事《ぶじ》に敵陣《てきじん》を抜《ぬ》け出《だ》した。畠山尚順《はたけやまひさのぶ》は平三郎左衛門《たいらさぶろうざえもん》に導《みちび》かれて大和国吉野《やまとこくよしの》に隠《かく》れた。一方《いっぽう》の政長《まさなが》は…。

夜《よる》になった。畠山政長《はたけやままさなが》は陣中《じんちゅう》にいた大納言光忠卿《だいなごんみつただきょう》や家臣《かしん》一同を集《あつ》めて最期《さいご》の酒宴《しゅえん》を催《もよお》した。杯《さかずき》が一座《いちざ》の面々《めんめん》を一巡《いちじゅん》したところで一同は心静《こころしず》かに念仏《ねんぶつ》を唱《とな》えた。先《ま》ず、畠山政長《はたけやままさなが》が刀《かたな》をとり腹十文字《はらじゅうもんじ》に掻《か》き切《き》った。その刀《かたな》を大納言光忠卿《だいなごんみつただきょう》に手渡《てわた》した。光忠卿《みつただきょう》も自害《じがい》し、それより順次腹《じゅんじはら》を切《き》って二百余人一人残《のこ》らず自害《じがい》した。

管領細川政元《かんれいほそかわまさもと》は将軍義材《しょうぐんよしき》を召《め》し捕《と》って意気揚々《いきようよう》と河内《かわち》から帰洛《きらく》した。そしてこの政変《せいへん》の支援《しえん》をしてくれた元将軍御台所《もとしょうぐんみだいどころ》の富子《とみこ》を訪《たず》ねて、義材《よしき》の処分《しょぶん》を相談《そうだん》した。富子《とみこ》は自分《じぶん》の口利《くちき》きで将軍《しょうぐん》にしたのに少《すこ》しも我《わ》が意《い》に従《したが》わぬ義材《よしき》が苦々《にがにが》しかった。富子《とみこ》は義材《よしき》から将軍《しょうぐん》の座《ざ》を召《め》し上《あ》げて（解任して）幕府《ばくふ》から追放《ついほう》した。政元《まさもと》は家臣《かしん》に獄舎《ごくしゃ》を造《つく》らせて義材《よしき》を押《お》し込《こ》めた。

堀越公方次男義澄の将軍就任並びに前将軍義材の越中逃避

細川政元《ほそかわまさもと》は幕府御所《ばくふごしょ》の面々《めんめん》と談合《だんごう》して

「この世《よ》に公方《くぼう》（将軍）が居《い》なくては　叶《かの》うまい」と評定《ひょうじょう》を開《ひら》いた。ここに適任者《てきにんしゃ》が一人《ひとり》いた。

話《はなし》は少《すこ》し遡《さかのぼ》って鎌倉府《かまくらふ》に移《うつ》る。長禄《ちょうろく》元年（一四五七年）、将軍義政《しょうぐんよしまさ》は弟《おとうと》の政知《まさとも》を鎌倉《かまくら》に送《おく》って鎌《かま》倉府《くらふ》を再建《さいけん》しようとした。関東管領上杉憲実《かんとうかんれいうえすぎのりざね》は勢力《せいりょく》が削《そ》がれるのを恐《おそ》れて、政知《まさとも》の鎌倉入《かまくらい》りを拒《こば》み、伊豆《いず》の堀越《ほりこし》に御所《ごしょ》を築《きず》いて所領《しょりょう》を与《あた》え留《と》め置《お》いた。やがて応仁《おうにん》の乱《らん》が起《お》こって鎌倉府再建《かまくらふさいけん》は有耶無耶《うやむや》になった。堀越《ほりこし》に留《とど》まった足利政知《あしかがまさとも》は世間《せけん》から堀越公方《ほりこしくぼう》と呼《よ》ばれた。堀越公方《ほりこしくぼう》の政知《まさとも》には子《こ》が二人《ふたり》いた。政知《まさとも》は後妻《ごさい》の子《こ》を寵愛《ちょうあい》して、前妻《ぜんさい》の長男茶々丸《ちょうなんちゃちゃまる》を疎《うと》んじた。後妻《ごさい》は我《わ》が子《こ》の将来《しょうらい》を案《あん》じて邸内《ていない》に座敷牢《ざしきろう》を作《つく》り、茶々丸《ちゃちゃまる》を閉《と》じ込《こ》めた。延徳《えんとく》三年（一四九一年）、茶々丸《ちゃちゃまる》は旧臣《きゅうしん》の助《たす》けを得《え》て脱獄《だつごく》し、継母《ままはは》を討《う》ち殺《ころ》した。伊豆国《いずこく》は混乱《こんらん》した。隣国駿河《りんごくするが》（静岡県）の豪族《ごうぞく》で興国寺《こうこくじ》城主《じょうしゅ》の伊勢長氏《いせながうじ》は、堀越公方《ほりこしくぼう》の助勢《じょせい》を大義名分《たいぎめいぶん》にして伊豆《いず》に出兵《しゅっぺい》し、政知《まさとも》・茶々丸父子《ちゃちゃまるふし》を討《う》ち滅《ほろ》ぼして伊豆国《いずこく》を乗《の》っ取《と》り戦国大名《せんごくだいみょう》に成《な》り上《あ》がった。長氏《ながうじ》はやがて改姓《かいせい》し、入道《にゅうどう》して北条早雲《ほうじょうそううん》と号《ごう》した。堀越公方政知《ほりこしくぼうまさとも》の次男《じなん》はこの時《とき》十二歳。隣国駿河国《りんごくするがこく》の今川《いまがわ》を頼《たよ》って逃《のが》れ、やがて京都《きょう》に移《うつ》って隠棲《いんせい》した。

話《はなし》は元《もと》に戻《もど》る。細川政元《ほそかわまさもと》はこの堀越公方《ほりこしくぼう》の次男《じなん》が天竜寺《てんりゅうじ》（京都五山の一寺）にいるのを思《おも》い出《だ》し

「堀越《ほりこし》公方《くぼう》の御次男《ごじなん》は亡《な》き東山殿《ひがしやまどの》（前将軍義政）の甥御《おいご》なれば、これを公方《くぼう》に推戴《すいたい》いたそう」と発《はっ》案《あん》し、幕府《ばくふ》重鎮《じゅうちん》の賛同《さんどう》を得《え》て取《と》り立《た》てた。明応《めいおう》二年（一四九三年）、足利政知《あしかがまさとも》の次男《じなん》、足利義澄《あしかがよしずみ》は弱冠《じゃっかん》十四歳にして、細川政元《ほそかわまさもと》に取《と》り立《た》てられて征夷大将軍《せいいたいしょうぐん》になった。

ところで廃将軍《はいしょうぐん》の足利義材《あしかがよしき》は河内国正覚寺落城《かわちこくしょうかくじらくじょう》の折《おり》に、大和国《やまとこく》の筒井《つつい》を頼《たよ》って落《お》ちる所《ところ》を管《かん》領《れい》細川政元《ほそかわまさもと》の家臣《かしん》に捕《とら》えられた。政元《まさもと》は家臣《かしん》に獄舎《ごくしゃ》を造《つく》らせて義材《よしき》を押《お》し込《こ》めた。そして獄舎《ごくしゃ》には牢番《ろうばん》一人と洗濯物《せんたくもの》などの世話《せわ》をする下女一人《げじょひとり》を付《つ》けただけで、他《ほか》は誰《だれ》も近付《ちかづ》けさせなかった。

牢番《ろうばん》はやがて義材《よしき》が元将軍《もとしょうぐん》であったことを知《し》り、人柄《ひとがら》にも触《ふ》れて義材《よしき》に

「公方様《くぼうさま》の脱獄《だつごく》をお助《たす》けします故《ゆえ》、無事《ぶじ》に落《お》ち延《の》びて御運《ごうん》を開《ひら》かせ給《たま》へ。その代《か》わりに本意《ほんい》を遂《と》げられた暁《あかつき》には我《わ》が子孫《しそん》を取《と》り立《た》てて下《くだ》さりませ。我《われ》はここに残《のこ》って公方様《くぼうさま》の出獄《しゅつごく》を隠《かく》し、如何《いか》様《よう》の責《せ》め苦《く》に遭《あ》っても行方《ゆくえ》は申《もう》しませぬ」と密約《みつやく》した。そして義材《よしき》から近習《きんしゅう》の居所《いどころ》を教《おそ》わり渡《わた》りを付《つ》けた。明応《めいおう》二年（一四九三年）六月、風雨《ふうう》の烈《はげ》しい夜《よる》に足利義材《あしかがよしき》は牢番《ろうばん》の助《たす》けを得《え》て、世話《せわ》をしにきた下女《げじょ》の荷車《にぐるま》に乗《の》り、洗濯物《せんたくもの》に包《くる》まって獄舎《ごくしゃ》を抜《ぬ》け出《だ》した。牢番《ろうばん》はその後《ご》も如何《いか》にも義材《よしき》

が獄内《ごくない》に居《い》る様《よう》に振《ふ》る舞《ま》った。事《こと》が発覚《はっかく》した時《とき》には義材《よしき》は既《すで》に遠《とお》く逃《に》げ落《お》ちていた。足利義材《あしかがよしき》は煙《けむり》のように忽然《こつぜん》と獄舎《ごくしゃ》から消《き》えた。細川政元《ほそかわまさもと》は牢番《ろうばん》を責《せ》めた。牢番《ろうばん》は「天狗《てんぐ》が現《あらわ》れて、先《さき》の公方様《くぼうさま》を掠《さら》って飛《と》び去《さ》った」と言《い》い、他《ほか》は「知《し》らぬ、存《ぞん》ぜぬ」を言《い》い通《とお》した。怒《いか》った政元《まさもと》は牢番《ろうばん》を賀茂《かも》の河原《かわら》に引《ひ》き出《だ》して首《くび》を刎《は》ねた。

第三章　加賀国に宗教惣国誕生

応仁《おうにん》の乱《らん》を始《はじ》めた両軍《りょうぐん》の総大将《そうたいしょう》が文明《ぶんめい》五年に亡《な》くなり、全国《ぜんこく》から集《あつ》まった両軍《りょうぐん》の諸将《しょしょう》もヌケヌケに郷里《きょうり》に帰《かえ》って同時《どうじ》発生的《はっせいてき》に全国《ぜんこく》総《す》べてが戦国《せんごく》の世《よ》になったと第二章で伝《つた》えた。

この第三章では第二章に続《つづ》く文明《ぶんめい》五年以降《いこう》の、主《おも》に越中国《えっちゅうこく》と越中《えっちゅう》に拘《かか》わる隣国《りんごく》の戦国時代《せんごくじだい》の状況《じょうきょう》について伝《つた》える。

一・神保長誠　越中帰還時の状況と加賀富樫家の一向宗排斥

文明《ぶんめい》五年（一四七三年）、京都《きょう》では西軍《せいぐん》の山名宗全《やまなそうぜん》と東軍細川勝元《とうぐんほそかわかつもと》の両《りょう》・総大将《そうだいしょう》が三月と五月に共《とも》に死没《しぼつ》したのを期《き》に、両陣《りょうじん》の諸将《しょしょう》は「何《なに》よりも領国《りょうごく》の乱《らん》を鎮《しず》めるが先決《せんけつ》」と云《い》って櫛《くし》の歯《は》の抜《ぬ》けるように各々《おのおの》領国《りょうごく》へ引《ひ》き上《あ》げた。そしてこの頃《ころ》は「寛正《かんしょう》の大飢饉《だいききん》」（17頁以降の寛正の大飢饉を参照）と言《い》い伝《つた》わる空前絶後《くうぜんぜつご》の大飢饉《だいききん》の後遺症《こういしょう》に加《くわ》えて、応仁《おうにん》の乱《らん》に出陣《しゅつじん》した両軍《りょうぐん》の諸将《しょしょう》には長引《ながび》く戦《いくさ》の費用《ひよう》が重《おも》く加《くわ》わって、誰《だれ》もが総《す》べて財産《ざいさん》を使《つか》い果《は》たし困窮《こんきゅう》していた。

　またその諸将《しょしょう》の領国内《りょうごくない》に於《お》いては一層深刻《いっそうしんこく》で、貴賤《きせん》を問《と》わずに共《とも》に奪《うば》い合《あ》わねば生《い》き残《のこ》れない切羽詰《せっぱつ》まった事態《じたい》に陥《おちい》っていた。だから何《いず》れの諸将《しょしょう》も領国《りょうごく》に急《いそ》ぎ還《かえ》って己《おのれ》の生存確保《せいぞんかくほ》に躍起《やっき》にならざるを得《え》なかった。例《たと》えば、日ノ本各地《かくち》で所領《しょりょう》の相続争《そうぞくあらそ》いや、応仁《おうにん》の乱《らん》で領主不明《りょうしゅふめい》になった荘《しょう》園《えん》の争奪戦《そうだつせん》、その領地《りょうち》の境界争《きょうかいあらそ》い等《など》が多発《たはつ》したのだ。加《くわ》えて北陸一帯《ほくりくいったい》では越中国《えっちゅうこく》を含《ふく》めて一向《いっこう》宗《しゅう》（浄土真宗本願寺派の別称）が爆発的《ばくはつてき》に興隆《こうりゅう》して、門徒《もんと》と荘園《しょうえん》の地頭《じとう》・代官《だいかん》とのイザコザが眼《め》に余《あま》るようになった。

　在洛中《ざいらくちゅう》の越中国守護《えっちゅうこくしゅご》畠山政長《はたけやままさなが》はこれらを聞《き》き及《およ》んで憂《うれ》い、また畠山宗家《はたけやまそうけ》の相続争《そうぞくあらそ》いで政長《まさなが》に敵対《てきたい》する畠山義就勢《はたけやまよしなりぜい》が万一《まんいち》、越中《えっちゅう》を侵犯《しんぱん》する恐《おそ》れもあったので、越中国守護代《えっちゅうこくしゅごだい》神保長誠《じんぼながのぶ》を越中《えっちゅう》に帰還《きかん》させて、領内《りょうない》で不祥事《ふしょうじ》が起《お》こらぬよう治安統治《ちあんとうじ》の徹底《てってい》を下命《かめい》した。

神保長誠《じんぼながのぶ》の越中帰還《えっちゅうきかん》は父越中守《ちちえっちゅうのかみ》に従《したが》って上洛《じょうらく》して以来《いらい》の二十数年振《すうねんぶ》りだ。主君政長《しゅくんまさなが》の下命《かめい》を受《う》けた長誠《ながのぶ》は越中出身《えっちゅうしゅっしん》の家臣等《かしんら》と共《とも》に郷土《きょうど》に向《む》けて歩《ほ》を早《はや》めて、その越中《えっちゅう》の地《ち》を踏《ふ》み締《し》めた上《うえ》で、先《ま》ずは故郷《ふるさと》の守護屋形《しゅごやかた》や守護代家《しゅごだいけ》が立《た》ち並《なら》ぶ放生津《ほうしょうづ》に足《あし》を運《はこ》んだ。

守護代神保家《しゅごだいじんぼけ》は婦負《ねい》・射水《いみず》両郡《りょうぐん》の守護代《しゅごだい》を代々務《だいだいつと》めた。それで長誠《ながのぶ》は先《ま》ずは新川郡《にいかわぐん》と砺波郡《となみぐん》守護代《しゅごだい》の椎名《しいな》・遊佐《ゆさ》両家《りょうけ》の当主《とうしゅ》を放生津《ほうしょうづ》に招《まね》き、帰省《きせい》の挨拶《あいさつ》を兼《か》ねて主君政長《しゅくんまさなが》の下命《かめい》を伝《つた》えると共《とも》に、越中国内《えっちゅうこくない》の近況《きんきょう》を具《つぶさ》に聞《き》き質《ただ》して今後《こんご》の対応《たいおう》についての意見《いけん》を交《か》わした。そしてその後《ご》は領内各地《りょうないかくち》の荘園地頭《しょうえんじとう》や代官《だいかん》、豪族《ごうぞく》とも話《はな》し合《あ》いながら連日領内《れんじつりょうない》の検分《けんぶん》に費《つい》やした。

領内《りょうない》の田畑《でんはた》は寛正《かんしょう》の大飢饉《だいききん》以来《いらい》、百姓《ひゃくしょう》が大挙《たいきょ》して逃亡《とうぼう》して荒《あ》れ放題《ほうだい》になっていた。だが修復《しゅうふく》が進《すす》み、たわわに頭《こうべ》を垂《た》れた稲穂《いなほ》の田畑《でんはた》も多《おお》くあって、行《ゆ》く末《すえ》に明《あか》るい未来《みらい》が開《ひら》け始《はじ》めた様《よう》にも見《み》えた。また、主君政長公《しゅくんまさながこう》が漏《も》らしたように一向宗法主《いっこうしゅうほっす》の蓮如《れんにょ》が数年前《すうねんまえ》の文明《ぶんめい》三年（一四七一年）に加賀《かが》と国境《こっきょう》を接《せっ》する越前国細呂宜郷吉崎《えちぜんこくほそろぎごうよしさき》に坊《ぼう》を建立《こんりゅう》し、布教《ふきょう》に努《つと》めて以来《いらい》、同宗《どうしゅう》が越中《えっちゅう》の百《ひゃく》姓衆《しょうしゅう》の間《あいだ》にも爆発的《ばくはつてき》に広《ひろ》く浸透《しんとう》し、里々《さとさと》には一向宗徒《いっこうしゅうと》の「講《こう》」や「組《くみ》」と称《しょう》する集団《しゅうだん》が組織《そしき》されは出《だ》したのを己《おの》が眼《め》と耳《みみ》で確認《かくにん》した。

神保長誠《じんぼながのぶ》は領内《りょうない》の一向宗末寺《いっこうしゅうまつじ》に出入《でい》りする配下《はいか》の百姓衆《ひゃくしょうしゅう》から一向宗法主蓮如《いっこうしゅうほうすれんにょ》の教《おし》えを聞《き》き取《と》って、蓮如《れんにょ》が守護《しゅご》や地頭等《じとうら》との諍《いさか》いを厳《きび》しく諫《いさ》めていることを知《し》り、長誠自《ながのぶみずか》らも親《した》しく直接国《ちょくせつこく》内《ない》の一向宗大寺《いっこうしゅうだいじ》を放生津《ほうしょうづ》に呼《よ》んだり訪《おとず》れたりして守護地頭《しゅごじとう》や豪族《ごうぞく》と一向宗門徒《いっこうしゅうもんと》との共存《きょうぞん》の道《みち》を説《と》いて聞《き》かせると共《とも》に、法主蓮如《ほっすれんにょ》の教《おし》えも守《まも》って諍《いさか》いを起《お》こさぬように諭《さと》し回《まわ》った。

ここで暫《しば》し、この後《のち》の越中国砺波郡《えっちゅうこくとなみぐん》の統治態勢《とうじたいせい》を一変《いっぺん》させた隣国加賀《りんごくかが》の状況《じょうきょう》に話《はなし》を移《うつ》す。猶《なお》、加賀国《かがこく》が南北《なんぼく》に別《わか》れた事情《じじょう》は本書《ほんしょ》6頁《ぺーじ》10～12行目《ぎょうめ》を参照願《さんしょうねが》って話《はなし》を先《さき》に進《すす》める。

加賀《かが》の一向宗《いっこうしゅう》はこの頃《ころ》、加賀国全土《かがこくぜんど》に教線《きょうせん》を拡大《かくだい》して講《こう》や組《くみ》が組織《そしき》されつつあった。富樫政親《とがしまさちか》はこの本願寺教団保護《ほんがんじきょうだんほご》を条件《じょうけん》に加賀国奪還《かがこくだっかん》の与力《よりき》を依頼《いらい》した。

文明《ぶんめい》三年（一四七一年）に一向宗《いっこうしゅう》八代法主蓮如《ほっすれんにょ》が北陸《ほくりく》の地《ち》に新《あたら》しく築《きず》いて布教《ふきょう》の聖地《せいち》とした吉《よし》崎坊《さきぼう》が、文明《ぶんめい》六年（一四七四年）春《はる》に、たまたま南大門《みなみだいもん》の近《ちか》くからの出火《しゅっか》があって、折《おり》からの風《かぜ》に煽《あお》られ、その火《ひ》が吉崎坊《よしざきぼう》に飛《と》び火《ひ》して坊《ぼう》は全焼《ぜんしょう》した。

この頃《ころ》の文明《ぶんめい》四年（一四七二年）に越前国《えちぜんこく》に守護《しゅご》として新《あた》しく着任《ちゃくにん》してきた朝倉敏景《あさくらとしかげ》や越前《えちぜん》に亡《ぼう》命中《めいちゅう》の富樫家《とがしけ》の手《て》を借《か》りて、坊《ぼう》は瞬《また》く間《ま》に再建《さいけん》された。

そしてまた、この直前迄《ちょくぜんまで》、越前国守護《えちぜんこくしゅご》だった甲斐常治《かいつねはる》が新任守護《しんにんしゅご》の朝倉敏景《あさくらとしかげ》に越前《えちぜん》から追《お》い出《だ》されていた。追《お》い出《だ》された常治《つねはる》は山名宗全《やまなそうぜん》の西軍《せいぐん》に属《ぞく》する富樫幸千代《とがしこうちよ》勢《ぜい》を頼《たよ》って北加賀国《きたかがこく》に落《お》ちて越前奪還《えちぜんだっかん》を謀《はか》った。幸千代《こうちよ》勢《ぜい》は甲斐《かい》勢《ぜい》と一体《いったい》となり、細川勝元《ほそかわかつもと》の東軍《とうぐん》に属《ぞく》する南加賀《みなみかが》の富樫政《とがしまさ》親《ちか》を攻《せ》めた。（7頁12行目～8頁1行目参照）政親《まさちか》は敗《やぶ》れて朝倉敏景《あさくらとしかげ》を頼《たよ》り越前《えちぜん》に落《お》ちた。幸千代《こうちよ》勢《ぜい》は甲斐《かい》勢《ぜい》と共《とも》に加賀国《かがこく》全土《ぜんど》を領有《りょうゆう》した。そしてまた丁度《ちょうど》この頃《ころ》の文明《ぶんめい》六年、越前国《えちぜんこく》での朝倉《あさくら》と甲斐《かい》の領土争《りょうどあらそ》いが、美濃国《みのこく》を牛耳《ぎゅうじ》る斉藤妙椿《さいとうみょうちん》の仲介《ちゅうかい》で和解《わかい》して、甲斐家《かいけ》は加賀《かが》と越前《えちぜん》から離《はな》れて遠《とお》江国《とうみこく》に移《うつ》った。

富樫政親《とがしまさちか》は加賀《かが》から甲斐《かい》勢《ぜい》が離《はな》れたこの期《き》を逃《のが》さずに、加賀一向宗門徒《かがいっこうしゅうもんと》の与力《よりき》を得《え》て加賀《かが》に討《う》ち入《い》った。加賀《かが》では幸千代《こうちよ》を担《かつ》ぐ家臣団《かしんだん》と浄土真宗高田派《じょうどしんしゅうたかだは》専修寺門徒《せんしゅうじもんと》が迎《むか》え討《う》った。専修《せんしゅう》寺門徒《じもんと》は一向宗派《いっこうしゅうは》とは同門他派《どうもんたは》で、蓮如《れんにょ》の一向宗教団《いっこうしゅうきょうだん》に信者《しんじゃ》を奪《うば》われて存立《ぞんりつ》の危機《きき》に直面《ちょくめん》していたので、事《こと》あるごとに一向宗派《いっこうしゅうは》と対立《たいりつ》していた。

戦《いくさ》は主《おも》に一向宗門徒《いっこうしゅうもんと》と幸千代側武士団《こうちよがわぶしだん》の間《あいだ》で行《おこな》われた。一向宗門徒《いっこうしゅうもんと》は教義《きょうぎ》に従《したが》って死《し》ねば辛《つら》い現世《げんせ》から離《はな》れて必《かな》ず極楽浄土《ごくらくじょうど》に行《い》けると教《おそ》わっていたので死《し》を恐《おそ》れずに戦《たたか》った。遂《つい》に一向宗《いっこうしゅう》門徒《もんと》は幸千代居城《こうちよきょじょう》の蓮台寺城《れんだいじじょう》（小松市）を落《お》として、幸千代側武士団《こうちよがわぶしだん》を総《す》べて加賀《かが》から追《お》い出《だ》した。富樫政親《とがしまさちか》は一向宗門徒《いっこうしゅうもんと》の力《ちから》を借《か》りて加賀国全土《かがこくぜんど》を手《て》に入《い》れた。

一向宗門徒《いっこうしゅうもんと》は戦《いくさ》に勝《か》って我《わ》が世《よ》の春《はる》を謳歌《おうか》した。門徒《もんと》は自《みずか》らの力《ちから》で加賀《かが》の幸千代勢《こうちよぜい》を討《う》ち破《やぶ》り、加賀全土《かがぜんど》を手《て》にしたと思《おも》った。だから守護《しゅご》や地頭《じとう》・代官《だいかん》・豪族等《ごうぞくら》の支配権力者《しはいけんりょくしゃ》であっても見《み》くびり無視《むし》した。百姓門徒《ひゃくしょうもんと》は一向宗教団《いっこうしゅうきょうだん》の力《ちから》を誇示《こじ》して慢心《まんしん》し、領主《りょうしゅ》に年貢《ねんぐ》を納《おさ》めず賦役《ふえき》（労働役務）にも就《つ》こうとしなくなった。富樫家一族一門《とがしけいちぞくいちもん》や荘園地頭《しょうえんじとう》・代官等《だいかんら》は改《あらた》めて一向宗徒《いっこうしゅうと》の力《ちから》を再認識《さいにんしき》した。それで自《みずか》らも一向宗門徒《いっこうしゅうもんと》になって門徒《もんと》の講《こう》や組《くみ》の頭《かしら》となり、己《おのれ》の支配権力《しはいけんりょく》の維持《いじ》を図《はか》ろうとする者《もの》が相次《あいつ》いだ。

本願寺家宰《ほんがんじかさい》（事務方長官）の下間蓮崇《しもつまれんそう》はこの状況《じょうきょう》を見《み》て、本願寺《ほんがんじ》の力《ちから》を持《も》ってすれば加賀一国《かがいっこく》は乗《の》っ取《と》れると踏《ふ》み、密《ひそ》かに百姓門徒衆《ひゃくしょうもんとしゅう》を煽《あお》って一揆《いっき》を企《くわだ》て、守護《しゅご》の富樫家《とがしけ》に刃向《はむか》った。

文明《ぶんめい》七年（一四七五年）八月夜《よる》、吉崎坊《よしさきぼう》は富樫勢《とがしぜい》と専修寺高田派門徒《せんしゅうじたかだはもんと》の連合軍《れんごうぐん》に焼討《やきうち》されて一宇《いちう》も残《のこ》らず焼《や》け失《う》せた。蓮崇《れんそう》は不意《ふい》を突《つ》かれて為《な》す術《すべ》もなく茫然自失《ぼうぜんじしつ》した。

蓮如《れんにょ》は門徒衆《もんとしゅう》を煽《あお》り一揆《いっき》を企《くわだ》てた蓮崇《れんそう》を義絶《ぎぜつ》（勘当）した後《のち》、吉崎《よしさき》の港《みなと》から舟《ふね》に乗《の》って難《なん》を逃《のが》れ、山科国《やましなこく》に落《お》ち着《つ》いた。そして文明《ぶんめい》十一年（一四七九年）に山科《やましな》で本願寺《ほんがんじ》を建立《こんりゅう》した。

富樫政親《とがしまさちか》は百姓門徒《ひゃくしょうもんと》を扇動《せんどう》して領主《りょうしゅ》に刃向《はむか》わせた一向宗坊主《いっこうしゅうぼうず》の首謀者《しゅぼうしゃ》を捉《とら》えて首《くび》を刎《は》ね、なお逆《さか》らう坊主門徒《ぼうずもんと》は国外《こくがい》に追放《ついほう》した。

二、田屋河原の合戦と一向宗惣国出現

文明《ぶんめい》十三年（一四八一年）春《はる》、里《さと》の根雪《ねゆき》が漸《よう》く消《き》えた頃《ころ》、越中国砺波郡福光《えっちゅうこくとなみぐんふくみつ》（南砺市福光）の地頭《じとう》

で福光城主《ふくみつじょうしゅ》の石黒光義《いしぐろみつよし》の下《もと》に、加賀国守護《かがこくしゅご》の富樫政親《とがしまさちか》から密書《みっしょ》が届《とど》き「近年《きんねん》、一向宗《いっこうしゅう》の坊主百姓共《ぼうずひゃくしょうども》が加賀《かが》で一揆《いっき》を起《おこ》す。言語道断《ごんごどうだん》の振《ふ》る舞《ま》いにつき一撃《いちげき》をもって坊主共《ぼうずども》を追《お》い出《だ》したところ、ただ今《いま》、井波《いなみ》（南砺市井波）の瑞泉寺《ずいせんじ》に集《あつ》まって籠《こも》っている由《よし》の風聞《ふうぶん》あり。このまま放置致《ほうちいた》すは向後《こうご》（今後）の禍《わざわい》。貴殿《きでん》の軍勢《ぐんぜい》をもって即刻《そっこく》、瑞泉寺《ずいせんじ》を焼《や》き討《う》ちして坊主共《ぼうずども》の首《くび》を刎《は》ねられたし」と認《したた》めてあった。

越中国《えっちゅうこく》では文明《ぶんめい》七年の吉崎坊《よしざきぼう》焼《や》き討《う》ち以来《いらい》、加賀《かが》で一揆《いっき》を起《おこ》した百姓共《ひゃくしょうども》が時《とき》を追《お》って瑞泉寺《ずいせんじ》に集《あつ》まり、境内《けいだい》は坊主百姓共《ぼうずひゃくしょうども》で犇《ひし》めき合《あ》っていた。石黒光義《いしぐろみつよし》は一族郎党《いちぞくろうとう》を集《あつ》めて評定《ひょうじょう》し、

「近年《きんねん》、当地《とうち》では一向宗門徒《いっこうしゅうもんと》が蔓延《はびこ》り、稍《やや》もすれば我《われ》らに対《たい》しても我儘《わがまま》を働《はたら》く。その上《うえ》、加州《かしゅう》（加賀国）より瑞泉寺《ずいせんじ》へ逃《に》げ来《きた》る坊主共《ぼうずども》が溢《あふ》れて、若《も》し一揆《いっき》でも起《おこ》し、加州《かしゅう》の如《ごと》くに騒動《そうどう》になれば一大事《いちだいじ》。未《いま》だその企《くわだ》ての無《な》き内《うち》に瑞泉寺《ずいせんじ》を焼《や》き討《う》ちして、院主《いんしゅ》（院の主《ぬし》・住職：大寺には寺号だけでなく、院号や山号も持つ）と坊主共《ぼうずども》を絡《から》め取《と》らねばならぬ」と談合《だんごう》して、「この二月十八日（本書に記載の月日は総べて旧暦）に出陣《しゅつじん》」と一決《いっけつ》した。城下《じょうか》は戦《いくさ》の支度《したく》で急《きゅう》に慌《あわただ》しくなった。

福光《ふくみつ》の程近《ほどちか》く、医王山麓《いおうさんろく》の土山《どやま》に蓮如《れんにょ》が文明《ぶんめい》四年に開《ひら》いた勝興寺《しょうこうじ》があった。土山勝興寺《どやましょうこうじ》の院《いん》主《しゅ》は蓮如《れんにょ》の子《こ》の蓮乗《れんじょう》だ。蓮乗《れんじょう》は蓮如《れんにょ》の叔父《おじ》の如乗《にょじょう》の養子《ようし》になって二俣本泉寺《ふたまたほんせんじ》の院主《いんしゅ》に就《つ》き、勝興《しょうこう》寺《じ》の院主《いんしゅ》も兼《か》ねた。この勝興寺《しょうこうじ》に坊坂四郎左衛門《ぼうさかしろうざえもん》がいた。坊坂《ぼうさか》は石黒家《いしぐろけ》の傍流《ぼうりゅう》で元福光郊外《もとふくみつこうがい》の桑《くわ》山城主《やまじょうしゅ》であったが、石黒光義《いしぐろみつよし》と仲違《なかたが》いして城《しろ》を追《お》い出《だ》された。坊坂《ぼうさか》は土山勝興寺《どやましょうこうじ》を頼《たよ》って隠《かく》れ住《す》み、機会《きかい》があれば仇《かたき》を討《う》とうと狙《ねら》っていた。

坊坂《ぼうさか》は福光城下《ふくみつじょうか》が急《きゅう》に騒《さわ》がしくなって探《さぐ》りを入《い》れ、瑞泉寺焼《ずいせんじや》き討《う》ちの企《くわだ》てを知《し》り、土山《どやま》の勝《しょう》興寺《こうじ》に急《きゅう》を知《し》らせた。勝興寺《しょうこうじ》は手分《てわ》けして瑞泉寺《ずいせんじ》と加賀二俣本泉寺《かがふたまたほんせんじ》にこの大事《だいじ》を急報《きゅうほう》した。

二月十八日当日《とうじつ》になった。石黒勢《いしぐろぜい》は野村五郎《のむらごろう》・石黒次郎右衛門《いしぐろじろうえもん》の他《ほか》、天台宗門葉《てんだいしゅうもんよう》の医王山惣《いおうぜんそう》海寺《かいじ》の悪僧《あくそう》・宗徒《しゅうと》三百人など総勢《そうぜい》千六百人が福光城《ふくみつじょう》に集《あつ》まった。

先鋒《せんぽう》は野村五郎《のむらごろう》が率《ひき》いる一隊《いったい》、次《つ》いで惣海寺《そうかいじ》の悪僧《あくそう》と宗徒《しゅうと》が続《つづ》き、本隊《ほんたい》の石黒光義《いしぐろみつよし》が殿《しんがり》についた。そして全軍《ぜんぐん》、井波《いなみ》に向《む》けて押《お》し出《だ》した。

一方《いっぽう》の瑞泉寺側《ずいせんじがわ》では、既《すで》に勝興寺《しょうこうじ》から「石黒光義《いしぐろみつよし》、瑞泉寺《ずいせんじ》を討《う》つ」の報《しら》せが入《はい》っていた。瑞泉《ずいせん》寺《じ》は初代院主《しょだいいんじゅ》綽如《しゃくにょ》の子《こ》の周覚《しゅうかく》の、そのまた子《こ》の蓮欽《れんきん》が院主《いんしゅ》だ。蓮欽《れんきん》は勝興寺《しょうこうじ》からの報《しら》せを受《う》けて寺侍《てらざむらい》の竹部豊前《たけべぶぜん》をはじめ一座《いちざ》の者《もの》を集《あつ》め、

「敵《てき》が押《お》し寄《よ》せてきたら如何《どう》しよう。当寺《とうじ》は堀《ほり》も土手《どて》（土を塀の様に盛り上げて作った土塁、堤や道路等）もなく、ましてや武具《ぶぐ》の類《たぐい》さえも無《な》い」と心配《しんぱい》した。竹部《たけべ》は

「坊主門徒《ぼうずもんと》や百姓衆《ひゃくしょうしゅう》に早速《さっそく》と触《ふ》れを廻《まわ》して福光勢《ふくみつぜい》を迎《むか》え討《う》ちなされ。若《も》し戦《いくさ》に勝《か》ち運《うん》無《な》き時《とき》は栃原《とちはら》に引《ひ》き登《のぼ》ってそのまま五箇山《ごかやま》に隠《かく》れ、時節《じせつ》を待《ま》てばよし。先《ま》ずは急《いそ》ぎ坊主百姓《ぼうずひゃくしょう》に申《もう》し聞《き》かそう」と言《い》って一同《いちどう》を集《あつ》め、手分《てわ》けして近在《きんざい》は言《い》うに及《およ》ばず五箇山《ごかやま》や山田谷《やまだたに》、般若野郷《はんにゃのごう》、射水郡《いみずぐん》にも触《ふ》れを廻《まわ》した。忽《たちま》ち約《やく》五千人の百姓《ひゃくしょう》が竹槍《たけやり》、熊手《くまで》や棒《ぼう》・鎌《かま》などを持《も》って集《あつ》まった。

竹部豊前《たけべぶぜん》は瑞泉寺《ずいせんじ》に籠《こも》って敵《てき》を待《ま》つのは不利《ふり》と思《おも》った。それで坊主《ぼうず》、百姓《ひゃくしょう》らの一揆総勢《いっきそうぜい》五千人を率《ひき》いて瑞泉寺《ずいせんじ》から一里程《いちりほど》（4㎞）福光寄《ふくみつよ》りの山田川《やまだがわ》の田屋河原《たやかわら》（南砺市）にまで押《お》し出《だ》して「今《いま》や遅《おそ》し」と石黒勢《いしぐろぜい》を待《ま》ち受《う》けた。

その石黒勢《いしぐろぜい》の先鋒《せんぽう》・野村五郎《のむらごろう》が山田川《やまだがわ》の田屋河原《たやかわら》までやってきた。案《あん》に相違《そうい》して瑞泉寺勢《ずいせんじぜい》は田《た》

屋河原《やかわら》で待《ま》ち受《う》けていた。だが竹槍《たけやり》や棒《ぼう》を振《ふ》りかざした坊主《ぼうず》と百姓《ひゃくしょう》ばかりだ。大将《たいしょう》の野村《のむら》は「坊主《ぼうず》や百姓輩《ひゃくしょうばら》の事《こと》なれば、ただ一気《いっき》に蹴散《けち》らしてくれるわ」と号令《ごうれい》して、先鋒《せんぽう》五百人に二陣《にじん》の忽海寺勢《そうかいじぜい》三百人を加《くわ》え、一手《いって》となって一揆勢《いっきぜい》に切《き》り込《こ》んだ。火花《ひばな》を散《ち》らした戦《いくさ》になった。

瑞泉寺側《ずいせんじがわ》の百姓一揆勢《ひゃくしょういっきぜい》は死《し》を恐《おそ》れずに戦《たたか》った。聖戦《せいせん》で命《いのち》を失《うしな》えば必《かなら》ず来世《らいせ》は極楽《ごくらく》で暮《く》らせると教《おし》えられていた。だから現世《げんせ》の苦海《くかい》を抜け出《だ》して極楽往生《ごくらくおうじょう》しようと命《いのち》を投《な》げ出《だ》して戦《たたか》った。

この頃《ころ》、加賀《かが》の二俣本泉寺《ふたまたほんせんじ》では勝興寺《しょうこうじ》から「越中井波《えっちゅういなみ》の瑞泉寺《ずいせんじ》危《あや》うし」の報《しら》せを受《う》けて、急《いそ》いで加賀湯涌谷《かがゆわくだに》（金沢市）門徒《もんと》を呼《よ》び集《あつ》めた。二俣本泉寺《ふたまたほんせんじ》は富樫政親《とがしまさちか》の監視下《かんしか》にあった。けれども門徒《もんと》の百姓衆《ひゃくしょうしゅう》は目立《めだ》たぬように監視《かんし》の目《め》を掻《か》い潜《くぐ》って本泉寺《ほんせんじ》に集《あつ》まった。本泉寺《ほんせんじ》で密議《みつぎ》を凝《こ》らした門徒《もんと》は村《むら》へ帰《かえ》って総勢《そうぜい》二千余人《よにん》を集《あつ》め、瑞泉寺《ずいせんじ》の救援《きゅうえん》に急行《きゅうこう》した。

道中《どうちゅう》二手《ふたて》に分《わ》かれて一手《ひとて》は医王山忽海寺《いおうぜんそうかいじ》に押《お》し掛《か》けた。医王山忽海寺《いおうぜんそうかいじ》の坊主《ぼうず》・門徒《もんと》は皆《みな》、井《い》波《なみ》の瑞泉寺《ずいせんじ》に出掛《でか》けて、老僧《ろうそう》が留守《るす》をしているだけだった。本泉寺門徒衆《ほんせんじもんとしゅう》は何《なん》の抵抗《ていこう》もなく境内《けいだい》に火《ひ》を掛《か》けた。寺院《じいん》四十八坊《ぼう》は一宇《いちう》残《のこ》らず焼《や》け落《お》ちた。次《つ》いで福光城下《ふくみつじょうか》へ押《お》し出《だ》した。

話《はなし》は戻《もど》って田屋河原《たやかわら》の場面《ばめん》。突然《とつぜん》、石黒勢《いしぐろぜい》の物見《ものみ》が「大変《たいへん》で御座《ござ》る…。後《うし》ろをご覧《らん》あれ」と絶叫《ぜっきょう》した。石黒勢《いしぐろぜい》と忽海寺勢《そうかいじぜい》が一斉《いっせい》に後《うし》ろを振《ふ》り返《かえ》って驚《おどろ》いた。医王山《いおうぜん》は山一面《やまいちめん》から黒煙《こくえん》が天高《てんたか》く立《た》ち上《のぼ》っていた。忽海寺勢《そうかいじぜい》は「是《こ》は如何《いかに》」と呆気《あっけ》に取《と》られて気《き》が動顛《どうてん》した。さらに良《よ》く見《み》れば麓《ふもと》の福光城下《ふくみつじょうか》からも盛《さか》んに煙《けむり》が上《のぼ》り始《はじ》めていた。石黒勢《いしぐろぜい》も茫然自失《ぼうぜんじしつ》した。

我《われ》に返《かえ》って気《き》が付《つ》けば、はるか背後《はいご》から土煙《つちけむ》りが舞《ま》い上《あ》がって、加賀二俣本泉寺《かがふたまたほんせんじ》の瑞泉寺《ずいせんじ》救《きゅう》援勢《えんぜい》二、三千人が押《お》し寄《よ》せて来《く》るのが見《み》え隠《かく》れした。瑞泉寺《ずいせんじ》の坊主《ぼうず》百姓衆《ひゃくしょうしゅう》五千人はこれを見《み》て雄叫《おたけ》びを挙《あ》げて勇《いさ》み立《た》ち、手《て》を突《つ》き挙《あ》げて喜《よろこ》んだ。一方《いっぽう》の石黒勢《いしぐろぜい》は怖気《おじけ》づいた。たまらず我先《われさき》に逃《に》げ散《ち》って、千六百の石黒《いしぐろ》・忽海寺勢《そうかいじぜい》は総崩《そうくず》れになった。瑞泉寺《ずいせんじ》の一揆勢《いっきぜい》は逃《に》げる軍勢《ぐんぜい》を追《お》い掛《か》けて、首《くび》を取《と》ること七百余《よ》。馬《うま》、武具《ぶぐ》を奪《うば》って勝鬨《かちどき》を挙《あ》げた。

石黒光義主従《いしぐろみつよししゅじゅう》は息急《いきせ》き切《き》って福光《ふくみつ》に引《ひ》き返《かえ》した。城下《じょうか》は紅蓮《ぐれん》の炎《ほのお》に包《つつ》まれていた。城《しろ》はすでに見《み》る影《かげ》もなかった。城《しろ》に残《のこ》した妻子家族《さいしかぞく》が炎《ほのお》の中《なか》から、「お先《さき》に逝《ゆ》きまする」と言《い》っているのが瞼《まぶた》に浮《う》かんだ。石黒光義《いしぐろみつよし》は目《め》が眩《くら》んで茫然自失《ぼうぜんじしつ》した。生《い》きる気力《きりょく》が消《き》え失《う》せた。周《まわ》りを見回《みまわ》せば何時《いつ》の間《ま》にか物見《ものみ》の百姓共《ひゃくしょうども》が、付《つ》かず離《はな》れず遠巻《とおま》きにして覗《のぞ》き込《こ》んでいた。

石黒光義《いしぐろみつよし》は城《しろ》を失《うしな》い妻子家族《さいしかぞく》まで失《うしな》って、おめおめと生《い》き恥《はじ》は晒《さら》せなかった。死《し》に場所《ばしょ》を求《もと》めて彷徨《ほうこう》し、福光郊外《ふくみつこうがい》の古刹《こさつ》、聖武天皇勅願所《しょうむてんのうちょくがんしょ》と言《い》い伝《つた》わる安居寺《あんごじ》の門前《もんぜん》に辿《たど》り着《つ》いた。

石黒光義主従《いしぐろみつよししゅじゅう》三十六人は敵《てき》の百姓共《ひゃくしょうども》が遠巻《とおま》きに見守《みまも》る中《なか》、次々《つぎつぎ》と腹《はら》を切《き》って自害《じがい》した。

戦《いくさ》は終《お》わった。福光石黒家一族一門《ふくみついしぐろけいちぞくいちもん》と医王山惣海寺《いおうぜんそうかいじ》が領《りょう》した砺波郡《となみぐん》の過半《かはん》を占《し》める広大《こうだい》な荘園《しょうえん》は総《すべ》て瑞泉寺《ずいせんじ》と土山勝興寺《どやましょうこうじ》の支配下《しはいか》になって、砺波郡《となみぐん》の山田川《やまだがわ》の東側《ひがしがわ》は瑞泉寺《ずいせんじ》が領《りょう》し、西側《にしがわ》は勝興寺《しょうこうじ》が領《りょう》することになった。越中国砺波郡《えっちゅうこくとなみぐん》に一向宗坊主《いっこうしゅうぼうず》と百姓門徒《ひゃくしょうもんと》が支配《しはい》する小《ち》さな惣国《そうこく》（合議制国家）が出現《しゅつげん》した。

三. 神保長誠　中風発症

田屋河原《たやかわら》の合戦《がっせん》は守護代神保長誠《しゅごだいじんぼながのぶ》に取《と》って、全《まった》くの「寝耳《ねみみ》に水《みず》」の出来事《できごと》だった。守護代《しゅごだい》の長《おさ》を務《つと》める長誠《ながのぶ》は早速《さっそく》と砺波郡《となみぐん》の遊佐《ゆさ》と新川郡《にいかわぐん》の椎名《しいな》に声《こえ》を掛《か》けて事後《じご》の対応《たいおう》を談合《だんごう》した。

そしてこの合戦《がっせん》は砺波《となみ》の瑞泉寺《ずいせんじ》や勝興寺《しょうこうじ》が自《みずか》ら起《おこ》こした暴動《ぼうどう》ではなく、加賀国《かがこく》の一向宗一門《いっこうしゅういちもん》が働《はたら》き掛《か》けて起《お》こした一揆《いっき》であって、今《いま》、瑞《ずい》・勝両寺《しょうりょうじ》を討《う》てば北陸一帯《ほくりくいったい》の一向宗徒《いっこうしゅうと》を敵《てき》に回《まわ》して、先《さき》の見《み》えない大混乱《だいこんらん》に陥《おちい》るは必定《ひつじょう》との共通認識《きょうつうにんしき》の下《もと》に、この度《たび》は過度《かど》の一向宗徒《いっこうしゅうと》への懲罰《ちょうばつ》は避《さ》けて一旦《いったん》は現状《げんじょう》を黙認《もくにん》し、以後《いご》は騒動《そうどう》の芽《め》を摘《つ》み厳《きび》しく取《と》り締《し》まると両寺《りょうじ》に厳命《げんめい》した上《うえ》で、以後《いご》は一向宗一門《いっこうしゅういちもん》とは密接《みっせつ》な関係《かんけい》を構築《こうちく》して暴動《ぼうどう》の発生防止《はっせいぼうし》に努《つと》めることにした。

この度《たび》の田屋河原《たやかわら》の合戦《がっせん》は砺波郡《となみぐん》に限《かぎ》って起《お》きた出来事《できごと》だったので、この影響《えいきょう》を受《う》けた砺波郡《となみぐん》守護代遊佐《しゅごだいゆさ》家《け》の郡内《ぐんない》での支配力《しはいりょく》はほぼ消滅《しょうめつ》し、名前《なまえ》だけの守護代遊佐《しゅごだいゆさ》家《け》に落《お》ちぶれた。

神保長誠《じんぼながのぶ》はこの後《のち》も精力的《せいりょくてき》に以後《いご》の状況確認《じょうきょうかくにん》を行《おこな》って、騒動《そうどう》の未然防止《みぜんぼうし》と一向宗一門《いっこうしゅういちもん》との融和《ゆうわ》に努《つと》めたが、この過労《かろう》が祟《たた》ったのか明応《めいおう》二年（一四九三年）一月に中風《ちゅうぶ》（脳卒中）を発症《はっしょう》して半《はん》身不随《しんふずい》の身体《からだ》になった。このためにこの直後《ちょくご》に起《おこ》こった河内国正覚寺《かわちこくしょうかくじ》の合戦《がっせん》に馳《は》せ着《つ》けて主君《しゅくん》の畠山政長《はたけやままさなが》と黄泉路《よみじ》（冥土への道）（62頁2～4行目参照）を共《とも》にすることが出来《でき》ないでいた。

四．加賀国　富樫家滅亡

一向宗排斥

時代《じだい》は少《すこ》し遡《さかのぼ》る。文明《ぶんめい》十三年（一四八一年）越中国《えっちゅうこく》で一向宗徒《いっこうしゅうと》が砺波郡《となみぐん》の地頭石黒光義《じとういしぐろみつよし》を滅《ほろ》ぼし、砺波郡《となみぐん》の大半《たいはん》を領有《りょうゆう》して「惣国《そうこく》」を建《た》ち上《あ》げた。その勢《いきお》いを得《え》て、加賀国《かがこく》でもまた一向宗《いっこうしゅう》一門《いちもん》が勢力《せいりょく》を盛《も》り返《かえ》した。元号《げんごう》が改《あらた》まって長享《ちょうきょう》元年（一四八七年）八月。将軍義尚《しょうぐんよしひさ》は公儀《こうぎ》を蔑《ないがしろ》にして幕府《ばくふ》に出仕《しゅっし》せぬ諸国《しょこく》の守護大名《しゅごだいみょう》に制裁《せいさい》を加《くわ》えて、乱《みだ》れた天下《てんか》の政道《せいどう》を正《ただ》そうと思《おも》い立《た》った。

そこで先《ま》ずは手始《てはじ》めに自《みずか》ら近江国《おうみこく》に軍旗《ぐんき》を進《すす》めて近江国守護《おうみこくしゅご》の六角高頼《ろっかくたかより》を討伐《とうばつ》した。（57頁9行目

～58頁1行目参照）加賀国守護《かがこくしゅご》の富樫政親《とがしまさちか》は丁度《ちょうど》この時《とき》、幕府《ばくふ》に出仕中《しゅっしちゅう》だったので、将軍義尚《しょうぐんよしひさ》の六角高頼討伐《ろっかくたかよりとうばつ》に応《おう》じて槻橋《つきはし》・本折《もとおり》・倉光《くらみつ》・狩野《かのう》・大内《おおうち》・相河《あいかわ》らの家臣《かしん》を従《したが》えて将軍《しょうぐん》の旗下《きか》に加《くわ》わった。将軍義尚《しょうぐんよしひさ》は富樫政親《とがしまさちか》と若狭《わかさ》の武田信賢《たけだのぶかた》に先鋒《せんぽう》を命《めい》じて六角勢《ろっかくぜい》を討《う》った。六角高頼《ろっかくたかより》は初《はじ》めから将軍家《しょうぐんけ》と争《あらそ》う気《き》はなく、一戦《いっせん》も交《まじ》えずに甲賀《こうが》に逃《のが》れた。

富樫政親《とがしまさちか》は加賀国守護家《かがこくしゅごけ》の跡《あと》を継《つ》いで奉公始《ほうこうはじ》めの手柄《てがら》であった。将軍義尚《しょうぐんよしひさ》からは御感《ぎょかん》を得《え》て、富樫家前代未聞《とがしけぜんだいみもん》の面目《めんぼく》を施《ほどこ》した。将軍《しょうぐん》から慰労《いろう》の言葉《ことば》を受《う》けた政親《まさちか》は

「某《それがし》が領国《りょうごく》の加州《かしゅう》（加賀国）の土民《どみん》らは、一向念仏《いっこうねんぶつ》の道場《どうじょう》を建立《こんりゅう》して勤修《ごんしゅう》に励《はげ》み、肝心《かんじん》の年貢《ねんぐ》は一《ひと》粒《つぶ》だにも納《おさ》めませぬ。剰《あまつさえ》、党《とう》を結《むす》び群《むれ》を分《わか》って一揆《いっき》の組《くみ》を作《つく》るなど、我儘勝手《わがままかって》な振《ふ》る舞《ま》いが目《め》に余《あま》る次第《しだい》。是非《ぜひ》に我《わ》が隣国《りんごく》の越中《えっちゅう》・越前《えちぜん》へ御教書《みきょうしょ》（通達・親書）を下《くだ》されて、一向一揆退治《いっこういっきたいじ》の合力《ごうりき》を御下知仰《ごげちおお》せ付《つ》け下《くだ》されば有《あ》り難《がた》き幸《しあわ》せ」と言上《ごんじょう》した。そして

「上聞叶《じょうぶんかな》って両国《りょうこく》の与力《よりき》（助勢）が得《え》られたときには、即刻《そっこく》に帰国《きこく》して素望《そぼう》（普段からの望み）を達《たっ》したく、願《ねが》い奉《たてまつ》る」と加《くわ》えた。義尚《よしひさ》は政親《まさちか》に暇《いとま》を与《あた》えて、越中《えっちゅう》・越前《えちぜん》に加勢《かぜい》の下知《げち》も約束《やくそく》した。

富樫《とがし》政親《まさちか》は将軍《しょうぐん》から暇《いとま》の許《ゆる》しを得《え》て、十二月に北陸路《ほくりくじ》の深雪《しんせつ》を踏《ふ》み分《わ》けて帰国《きこく》した。

翌《よく》・長享《ちょうきょう》二年（一四八八年）春《はる》、まだ雪《ゆき》が消《き》え残《のこ》る頃《ころ》から政親《まさちか》は野々市《ののいち》（野々市市）の屋形《やかた》を立《た》ち退《の》き、家臣《かしん》一同《いちどう》と共《とも》に高尾城《たかおじょう》（金沢市）に立《た》て籠《こも》って越中《えっちゅう》・越前《えちぜん》からの与力《よりき》を待《ま》った。

政親一族《まさちかいちぞく》で押野《おしの》の富樫家信《とがしいえのぶ》、久安《ひさやす》の富樫家元《とがしいえもと》、山代《やましろ》の富樫康行《とがしやすゆき》の三家《さんけ》はそれぞれ手勢《てぜい》を引《ひ》き連《つ》れて共《とも》に籠城《ろうじょう》に加《くわ》わった。その総勢《そうぜい》一万余人《よにん》。櫓々《やぐらやぐら》に陣取《じんど》った。

加賀国中《かがこくじゅう》の一揆坊主《いっきぼうず》や百姓共《ひゃくしょうども》は恐怖《きょうふ》して富樫家家老《とがしけかろう》の山河高藤《やまかわたかふじ》を訪《たず》ね、

「先年《せんねん》、幸千代殿《こうちよどの》との戦《いくさ》の折《おり》、御屋形《おやかた》の政親様《まさちかさま》が白山山麓山内庄《はくさんさんろくやまのうちしょう》に籠《こも》られた際《さい》には、一向一揆《いっこういっき》衆《しゅう》も死力《しりょく》を尽《つ》くして御屋形様《おやかたさま》に与力《よりき》して、それで御屋形様《おやかたさま》は当国《とうこく》を平《たい》らげなされた。その間《かん》、土《ど》民《みん》は在所《ざいしょ》を追《お》い立《た》てられ、野山《のやま》に伏《ふ》して安《やす》き事《こと》は御座《ござ》りませなんだ。また農事《のうじ》をしたくとも出来《でき》ず、それで収穫《しゅうかく》も皆無《かいむ》の状態《じょうたい》。これが年貢《ねんぐ》を治《おさ》めず、賦役《ふえき》に就《つ》かざる所以《ゆえん》で御座《ござ》った。いわば公《こう》道《どう》の乱《みだ》れに寄《よ》るもので私事《わたくしごと》の所以《ゆえん》では御座《ござ》りませぬ。なれども向後《こうご》（今後）は決《けっ》して勝手《かって》は申《もう》しませぬ」と詫《わ》びを入《い》れながら、嘆《なげ》き口説《くど》いた。高藤《たかふじ》は一揆衆《いっきしゅう》の言《い》い分《ぶん》に納得《なっとく》して政親《まさちか》に、

「御屋形《おやかた》。民《たみ》は国《くに》の基《もとい》。これを成敗《せいばい》なさるは枝葉《しよう》の我《われ》らも安穏《あんのん》では済《す》まされませぬ。義《ぎ》を執《と》って国《くに》を治《おさ》め、欲《よく》を捨《す》てて民《たみ》を撫《ぶ》す。これぞ国家安泰《こっかあんたい》の正道《せいどう》。静謐《せいひつ》の前兆《ぜんちょう》では御座《ござ》らぬか」と諫言《かんげん》した。だが政親《まさちか》は将軍家《しょうぐんけ》から加勢《かせい》の下知《げち》を得《え》たので、高藤《たかふじ》の諫言《かんげん》は突《つ》っぱねて承服《しょうふく》しなかった。

一向宗徒決起

一揆勢《いっきぜい》は是非《ぜひ》なく立《た》ち帰《かえ》って、加賀《かが》の大寺《おおでら》に状況《じょうきょう》を報告《ほうこく》した。ここに加賀四郡《かがよんぐん》　長衆《おさしゅう》の木越《きごし》の光徳寺《こうとくじ》、磯部《いそべ》の願成寺《がんじょうじ》、鳥越《とりごえ》の弘願寺《ぐがんじ》、吉藤《よしふじ》の専光寺《せんこうじ》の四箇寺《よんかじ》の大坊主《だいぼうず》が集《あつ》まって「専修念仏《せんしゅうねんぶつ》は末世《まっせ》に相応《そうおう》の要法《ようほう》なり。愚鈍《ぐどん》の入道《にゅうどう》や尼《に》ら、現世《げんせ》の善因《ぜんいん》を結《むす》んで来世《らいせ》の苦報《くほう》を免《まぬが》れようとするは公務《こうむ》を費《つい》やして私志《しし》を果《は》たすに非《あら》ず。然《しか》るに大罪《たいざい》と言《い》って罪科《ざいか》に処《しょ》すべきと企《くわだ》てるは仏法《ぶっぽう》の大敵《たいてき》、王法《おうほう》の怨敵《おんてき》なり。退治《たいじ》せずば有《あ》るべからず」と評定一決《ひょうじょういっけつ》した。

坊主共《ぼうずども》は門徒《もんと》の中《なか》から須崎慶覚《すざきけいかく》と河合宣久《かわいせんきゅう》の両名《りょうめい》を大将《たいしょう》に選《えら》んだ。須崎《すざき》と河合《かわい》は若者共《わかものども》ら総勢《そうぜい》一万余人《よにん》を集《あつ》めて高尾城《たかおじょう》攻《ぜ》めの最前線《さいぜんせん》の上久安《かみひさやす》に陣《じん》を構《かま》えた。そして各地《かくち》の一向宗門徒《いっこうしゅうもんと》に一揆《いっき》蜂起《ほうき》の檄《げき》を飛《と》ばした。たちまち加賀国中《かがこくじゅう》で一揆《いっき》が蜂起《ほうき》した。

笠間家次《かさまいえつぐ》は毛皮《けがわ》ナメシを生業《なりわい》とする皮革衆《かわしゅう》七千人を率《ひき》いて野々市馬市《ののいちうまいち》に陣取《じんど》った。安吉家長《やすよしいえなが》は渡河人足《とかにんそく》の河原衆《かわらしゅう》八千人を従《したが》えて額口《ぬかぐち》に陣取《じんど》った。山本円正入道《やまもとえんしょうにゅうどう》は同輩《どうはい》十人の講《こう》の組《くみ》と併《あわ》せて一万人と山科山王林《やましなさんのうはやし》に陣取《じんど》った。高橋信重《たかはしのぶしげ》は六組の軍兵《ぐんぺい》五千人を率《ひき》いて押野山王林《おしのさんのうはやし》に陣取《じんど》った。河北郡《かほくぐん》の一揆勢《いっきぜい》は浅野大衆免《あさのだいしゅめ》に陣取《じんど》った。石川郡浜手《いしかわぐんはまて》の一揆勢《いっきぜい》は広岡山王《ひろおかさんのう》の森《もり》に陣取《じんど》った。この他《ほか》、加賀各地《かがかくち》の組衆《くみしゅう》は高尾城《たかおじょう》の周《まわ》りを取《と》り囲《かこ》んで剣戟林《けんげきはやし》の如《ごと》く、狼煙《のろし》の煙《けむり》は春《はる》の霞《かすみ》のように棚引《たなび》いた（野々市は野々市市、その他は高尾を含めて総べて金沢市）。

加賀《かが》の鶴来《つるぎ》、白山《はくさん》の天台宗徒《てんだいしゅうと》は評定《ひょうじょう》して

「国《くに》の一大事《いちだいじ》、これに過《す》ぐるはなし。国敗《くにやぶ》れ家亡《いえほろ》ぶれば、両社《りょうやしろ》とて安穏《あんのん》にはあらず。「民《たみ》は根《ね》、君《きみ》は末葉《まつよう》」なれば我等《われら》は根《ね》の民《たみ》に合力《ごうりき》あるべし」と話《はな》し合《あ》って一揆勢《いっきぜい》に味方《みかた》し、その勢《ぜい》三千余人が諏訪口《すわぐち》に陣取《じんど》った。四箇寺《よんかじ》の大坊主《だいぼうず》は元《もと》・南加賀国守護《みなみかがこくしゅご》の富樫泰高《とがしやすたか》に向《む》かって

「この度《たび》の政親殿《まさちかどの》の振《ふ》る舞《ま》いは一国《いっこく》の百姓衆《ひゃくしょうしゅう》を残《のこ》らず殺《ころ》し尽《つ》くさんとするもの。貴殿《きでん》は元《もと》は当《とう》

国《こく》の守護《しゅご》なれば、罪《つみ》なき百姓《ひゃくしょう》が皆殺《みなごろ》しにされて知《し》らぬ顔《かお》でも御座《ござ》るまい。一緒《いっしょ》に出陣《しゅつじん》なされ。それとも富樫《とがし》の高尾城《たかおじょう》に御籠《おこも》りなさるか。確《しか》と受《う》け賜《たま》わりたい」と脅《おど》しを入《い》れた。この時《とき》の大坊主《だいぼうず》の威勢《いせい》に気圧《けお》されて是非《ぜひ》なく泰高《やすたか》は一揆勢《いっきぜい》に加《くわ》わった。四箇寺《よんかじ》の一揆勢《いっきぜい》は四万人。富樫泰高《とがしやすたか》の勢《ぜい》二千人を加《くわ》えて野々市大乗寺《ののいちだいじょうじ》に陣《じん》を取《と》り、後詰《ごづめ》した。一揆《いっき》の総勢《そうぜい》は十数万人。高尾城《たかおじょう》に籠城《ろうじょう》する富樫政親勢《とがしまさちかぜい》一万人と、両陣《りょうじん》わずかに二十余町《よちょう》（一町は100ｍ余）を隔《へだ》てて睨《にら》みあった

兎角《とかく》する内《うち》に越中《えっちゅう》と越前《えちぜん》の両《りょう》・守護屋形《しゅごやかた》へ将軍家《しょうぐんけ》から御教書《みきょうしょ》が届《とど》いた。

越中国《えっちゅうこく》では守護代《しゅごだい》の神保《じんぼ》・椎名《しいな》・遊佐《ゆさ》が集《あつ》まって

「我《われ》ら公方《くぼう》（将軍）より御教書《みきょうしょ》を戴《いただ》く。加賀《かが》と越中《えっちゅう》は唇《くちびる》と歯《は》の如《ごと》き緊密《きんみつ》な仲《なか》。「唇亡《くちびるほろ》びて歯寒《はさむ》し」の例《たと》えもあればここは如何致《いかがいた》すべき」と談合《だんごう》した。そして

「新川郡《にいかわぐん》の椎名勢《しいなぜい》は竹中石見守《たけなかいわみのかみ》が大将《たいしょう》となって放生津《ほうじょうづ》の神保勢《じんぼぜい》に加《くわ》わり、射水《いみず》・婦負郡《ねいぐん》の神保《じんぼ》勢《ぜい》は稲川半太《いなかわはんた》が大将《たいしょう》になって椎名勢《しいなぜい》と共《とも》に吉江白沢《よしえはっさわ》で遊佐勢《ゆさぜい》に合《がっ》する。そして加賀《かが》に隣接《りんせつ》する砺《と》波郡《なみぐん》の遊佐勢《ゆさぜい》は田原新吾《たはらしんご》が大将《たいしょう》になり神保《じんぼ》・椎名勢《しいなぜい》と連合《れんごう》して共《とも》に蓮沼《はすぬま》（小矢部市）から加賀《かが》に討《う》

ち入《い》る」と申《もう》し合《あわ》せた。そして直《ただ》ちに軍勢《ぐんぜい》を揃《そろ》えてその勢《ぜい》、都合《つごう》三千余が蓮沼《はすぬま》から倶利伽羅《くりから》峠《とうげ》に向《む》かった。加賀《かが》の一向一揆勢《いっこういっきぜい》は驚《おどろ》いて「富樫勢《とがしぜい》と越中《えっちゅう》、越前勢《えちぜんぜい》の敵《てき》を三方《さんぽう》に受《う》ければ敗北《はいぼく》は必《ひつ》定《じょう》。ここは急《いそ》ぎ高尾《たかお》の城《しろ》を攻《せ》め落《お》とさずばなるまい。さすれば合力《ごうりき》の諸勢《しょぜい》は自《おの》ずから退散《たいさん》しよう」と評定《ひょうじょう》した。そして万一《まんいち》に備《そな》えて一揆勢《いっきぜい》の内《うち》の河北郡英田光斉寺《かほくぐんあがたこうさいじ》を総大将《そうだいしょう》にして越中口《えっちゅうぐち》に差《さ》し向《む》けた。英田勢《あがたぜい》は倶利伽羅《くりから》・笠野《かさの》・松根《まつね》の各砦《かくとりで》に陣取《じんと》って越中勢《えっちゅうぜい》に備《そな》えた。

越中勢《えっちゅうぜい》には元《もと》・富樫幸千代勢《とがしこうちよぜい》の残党《ざんとう》、阿曽《あそ》と小杉《こすぎ》が二千の兵卒《へいそつ》を率《ひき》いて加《くわ》わった。二人《ふたり》は

「我等《われら》は元《もと》、加賀《かが》の者《もの》なれば、一番合戦《いちばんかっせん》を仕《つかまつ》る」と言《い》って、倶利伽羅峠《くりからとうげ》より加賀《かが》へ乱入《らんにゅう》した。

英田光斉寺《あがたこうさいじ》の河北郡勢《かほくぐんぜい》五千は四方八方から越中勢《えっちゅうぜい》を押《お》し包《つつ》んで揉《も》み立《た》て、越中《えっちゅう》の二千の勢《ぜい》を七百にまで討《う》ち取《と》った。越中勢《えっちゅうぜい》は討《う》ち負《ま》けて、陣《じん》を払《はら》って引《ひ》きあげた。

長享《ちょうきょう》二年（一四八八年）六月五日、一揆勢《いっきぜい》は野々市大乗寺《ののいちだいじょうじ》で軍評定《いくさひょうじょう》を持《も》った。須崎入道《すざきにゅうどう》は

「この城《しろ》は容易《たやす》く力攻《ちからぜ》めする城《しろ》に非《あら》ず。糧道《りょうどう》を塞《ふさ》いで五日も十日も日《ひ》を過《す》ごせば城内《じょうない》の軍兵《ぐんぺい》は飢《う》え萎《な》える。そこを突《つ》けば我《わ》が勢《ぜい》の勝利《しょうり》は疑《うたが》い御座《ござ》らぬ」と言《い》った。木越光徳寺《きごしこうとくじ》は立《た》ち上《あ》って

「須崎殿《すざきどの》のご意見《いけん》は尤《もっと》もとも聞《き》こえるが、左《さ》に非《あら》ず。その故《ゆえ》はこれ程《ほど》の大事《だいじ》を思《おも》い立《た》つ富樫政親《とがしまさちか》なれば、さぞかし一月《ひとつき》や二月《ふたつき》の兵糧《ひょうりょう》は御座《ござ》ろう。余《あま》りに優々緩々《ゆうゆうかんかん》の攻《せ》めは当方《とうほう》の士気《しき》に拘《かか》わる。ここは即刻一気《そっこくいっき》に勝負《しょうぶ》を決《けっ》すべきときですぞ」と言《い》い張《は》った。一同は木越《きごし》の意見《いけん》を入《い》れて「思《おも》い立《た》ったが吉日《きちじつ》。即刻《そっこく》、全勢準備《ぜんぜいじゅんび》に掛《か》かって一斉攻撃《いっせいこうげき》」と一決《いっけつ》した。そこへ「高尾城《たかおじょう》は搦手《からめて》（裏門）の額口《ぬかぐち》に弱点《じゃくてん》あり」との情報《じょうほう》が入《はい》った。そこで正面《しょうめん》の久安《ひさやす》の陣《じん》の前《まえ》には見《み》せ掛《か》けの虚勢《きょせい》の陣《じん》を置《お》き、夜陰《やいん》に紛《まぎ》れて全軍《ぜんぐん》、搦手《からめて》の額口《ぬかぐち》に集《あつ》まった。

富樫家滅亡と加賀国の一向宗徒惣国化

同月七日、早朝《そうちょう》より諸陣《しょじん》の総勢《そうぜい》四万九千余《よ》が合図《あいず》の狼煙《のろし》を上《あ》げて、四方八方《しほうはっぽう》から高尾《たかお》の城《しょじん》に詰《つ》め寄《よ》せた。一方《いっぽう》の城内《じょうない》では、総攻《そうぜ》めに備《そな》えて富樫政親《とがしまさちか》は「今日《きょう》の合戦《かっせん》にて自他《じた》の存亡《ぞんぼう》が見《み》えよう。妄《みだ》りに掛《か》かるべからず。楯《たて》を一面《いちめん》に並《なら》べて射手《いて》を揃《そろ》え、諸矢《もろや》（一矢必中）に射《い》れ。一筋《ひとすじ》も無駄矢《むだや》は放《はな》つな」と下知《げち》した。

戦《いくさ》は矢戦《やいくさ》で始《はじ》まった。やがて矢種《やたね》が尽《つ》きた。寄《よ》せ手《て》の中《なか》から石黒孫左衛門《いしぐろまござえもん》が進《すす》み出《で》て

「日頃《ひごろ》の自慢《じまん》はこの時《とき》にあり。面々《めんめん》も勝負《しょうぶ》なされよ」と言《い》って、楯《たて》を投《な》げ捨《す》てて切《き》り込《こ》んだ。

城内《じょうない》からは寄《よ》せ手《て》の誘《さそ》いに乗《の》って、斎藤藤八郎《さいとうとうはちろう》と安江弥八郎《やすえやはちろう》が飛《と》び出《だ》した。双方共《そうほうとも》に入《い》り乱《みだ》れて戦《たたか》った。このとき寄《よ》せ手《て》は敵《てき》を誘《おび》き出《だ》そうと一斉《いっせい》に逃《に》げ出《だ》した。

城内《じょうない》の額《ぬか》や林《はやし》・本郷《ほんごう》・高尾《たかお》・槻橋《つきはし》・宇佐美《うさみ》・山田《やまだ》・広瀬《ひろせ》・徳光《とくみつ》・松本《まつもと》・阿曽《あそ》・奈良《なら》・松原《まつばら》・多《た》田《だ》・石田《いしだ》等《ら》が一族郎党《いちぞくろうとう》を引《ひ》き連《つ》れてここが勝負所《しょうぶどころ》と打《う》って出《で》た。

寄《よ》せ手《て》の大将《たいしょう》の須崎《すざき》・河合《かわい》両名《りょうめい》の勢《ぜい》が左右《さゆう》から気付《きづ》かれぬように敵《てき》の後《うし》ろに廻《まわ》って包《つつ》み込《こ》んだ。そして揉《も》みに揉《も》んで攻《せ》め立《た》てた。討《う》って出《で》た城内《じょうない》二千の勢《ぜい》は僅《わず》か三百にまで潰《つぶ》された。

寄《よ》せ手《て》は勝《か》ちに乗《の》って城内《じょうない》に火矢《ひや》を射込《いこ》み、塀《へい》や櫓《やぐら》を倒《たお》して喚《おめ》き叫《さけ》んで攻《せ》め込《こ》んだ。さるほどに、日《ひ》がとっぷりと暮《く》れた。城外《じょうがい》は真昼《まひる》の如《ごと》くに明々《あかあか》と篝火《かがりび》が焚《た》かれた。城内《じょうない》では城主《じょうしゅ》の富樫政《とがしまさ》親《ちか》が今日《きょう》一日の敗北《はいぼく》に落胆気落《らくたんきお》ちして

「明日《あす》は最期《さいご》の合戦《かっせん》と覚《おぼ》えたり。我《われ》に伴《ともな》わん者《もの》は名残《なごり》の酒《さけ》を酌《く》み交《か》わそうぞ」と言《い》って上下《じょうげ》の礼《れい》

儀《ぎ》を取《と》り払《はら》い、歌《うた》って舞《ま》って踊《おど》って飲《の》んだ。山河《やまかわ》三河守《みかわのかみ》は富樫政親《とがしまさちか》の前《まえ》に畏《かしこ》まって

「人《ひと》の一命《いちめい》を捨《す》てて大事《だいじ》を思《おも》い立《た》つは百年、千年も子孫《しそん》を継《つ》がんがためで御座《ござ》る。この度《たび》、腹《はら》を召《め》されれば御内儀《ごないぎ》、御子《おこ》とも霞《かすみ》と消《き》え給《たま》い、末代《まつだい》まで人《ひと》の嘲《あざけ》りを受《う》けまする。たとえ幼女《ようじょ》にても生《い》き残《のこ》り給《たま》えば、末《すえ》には繁《しげ》る御代《みよ》もあろうかと存《ぞん》ずる」と諭《さと》した。そして磯部《いそべ》、木越《きごし》の坊主《ぼうず》にねんごろに頼《たの》み込《こ》んで政親《まさちか》の内儀《ないぎ》と姫《ひめ》を城外《じょうがい》に落《お》とし、京都《きょう》に隠棲《いんせい》させた。

寄《よ》せ手《て》は夜《よ》が明《あ》けるのを今《いま》や遅《おそ》しと待《ま》ち受《う》けた。須崎慶覚《すざききょうかく》はただ一騎《いっき》で諸陣《しょじん》を見廻《みまわ》り、

「今《いま》より降人《こうじん》があれば皆《みな》、助《たす》けよ。城内《じょうない》は助《たす》かると判《わか》れば我《われ》も我《われ》もと抜《ぬ》け出《だ》すぞ。さすれば守《まも》る力《ちから》も消《き》え失《う》せるわ」と命《めい》じた。果《は》たして明《あ》け方《がた》までに過半《かはん》の者《もの》が抜《ぬ》け落《お》ちて、城内僅《じょうないわず》かに三百余《よ》人《にん》になった。遂《つい》に運命《うんめい》の朝《あさ》が来《き》た。早朝《そうちょう》から戦《いくさ》が始《はじ》まった。寄《よ》せ手《て》は十数万、守《まも》り手《て》は三百、勝《しょう》負《ぶ》は既《すで》についていた。富樫政親《とがしまさちか》は城内《じょうない》に残《のこ》った家臣《かしん》を集《あつ》めて

「あながち罪作《つみつく》りはすまいぞ。来世《らいせ》の報《むく》いを如何《いかん》せん。我《われ》も八箇所《はちかしょ》に傷《きず》を負《お》うた。今《いま》はこれまで。腹《はら》を切《き》らん。如何《いかに》」と言《い》って皆《みな》も頷《うなず》き承知《しょうち》した。宮永八郎三郎《みやながはちろうさぶろう》が主君《しゅくん》の政親《まさちか》に拝礼《はいれい》して、

「僭越《せんえつ》ながら中陰《ちゅういん》（死後の世へ辿り着くまでの四十九日間）の旅路《たびじ》の露払《つゆはら》いを仕《つかまつ》る」と言《い》って杯《さかずき》に酒《さけ》を汲《く》んで飲《の》み干《ほ》し、腹《はら》十文字に掻《か》き切《き》って

「恐《おそ》れながら勝見与次郎殿《かつみよじろうどの》へ持参《じさん》すべし」と杯《さかずき》に刀《かたな》を添《そ》え差《さ》し出《だ》して息絶《いきた》えた。勝見《かつみ》は

「あら珍《めずら》しき杯《さかずき》や」と取《と》って戴《いただ》き、同《おな》じく腹《はら》を掻《か》き切り、福益弥三郎《ふくみつやさぶろう》に差《さ》し出《だ》した。その次《つぎ》は与《よ》津屋五郎《づやごろう》、次《つぎ》は谷屋《たにや》入道《にゅうどう》・八屋籐左衛門《はちやとうざえもん》・長田三郎左衛門《おさださぶろうざえもん》・宮永左京進《みやながさきょうのしん》・沢井彦八郎《さわいひこはちろう》・安江《やすえ》和泉守《いずみのかみ》・神戸七郎《かんべしちろう》・御園筑前守《みそのちくぜんのかみ》・槻橋豊前守《つきはしぶぜんのかみ》・同《どう》・三郎左衛門《さぶろうざえもん》・同《どう》・近江守《おうみのかみ》・山河又次郎《やまかわまたじろう》・本郷《ほんごう》興春坊《こうしゅんぼう》ら次々《つぎつぎ》に切腹《せっぷく》して三十余人《よにん》、残《のこ》るは大将《たいしょう》の富樫政親《とがしまさちか》と本郷駿河守《ほんごうするがのかみ》、小姓《こしょう》の千代松丸《ちよまつまる》の三人になった。本郷駿河守《ほんごうするがのかみ》は前代未聞《ぜんだいみもん》の世慣《よな》れた者《もの》だったので

「はや浮世《うきよ》に思《おも》い置《お》くことも御座《ござ》らぬ。急《いそ》ぎ御腹《おんはら》を召《め》し給《たま》え。某《それがし》、殿《しんがり》仕《つかまつ》る」と進《すす》めた。政親《まさちか》は

「老武者《ろうむしゃ》を後《あと》に立《た》つるほど愚《おろ》か者《もの》ではないわ。若役《わかやく》に政親《まさちか》が殿腹《しっぱら》する」と云《い》って互《たが》いに譲《ゆず》らなかった。遂《つい》に駿河守《するがのかみ》が折《お》れて

「では先達仕《せんだつつかまつ》る」と腹《はら》十文字に掻《か》き切《き》って「影弱《かげよわ》き弓張月《ゆんばりつき》の程《ほど》もなく我《われ》を諌《いさ》めて入《い》るや彼《か》の

国《くに》」と読《よ》み、五十六歳の生涯《しょうがい》を閉《と》じた。その後《あと》に富樫政親《とがしまさちか》は「急《いそ》ぎ追《お》いつかん」と腹《はら》十文字に切《き》り、返《かえ》す刀《かたな》で鳩尾《みぞおち》に突《つ》き立《た》て、押《お》し下《くだ》した朱《あけ》の血刀《ちがたな》を持《も》って「五蘊《ごうん》（五体）元《もと》、空《くう》なりければ何者《なにもの》か、借《か》りて来《き》たらん借《か》りて返《かえ》さん」と詠《よ》み、刀《かたな》の切《き》っ先《さき》を口《くち》に含《ふく》んで倒《たお》れ伏《ふ》した。二十六歳の生涯《しょうがい》だった。刀《かたな》は口《くち》を貫《つらぬ》いて柄《つか》まで通《とお》った。

小姓《こしょう》の千代松丸《ちよまつまる》は死骸《しがい》の衣服《いふく》を正《ただ》して屋形《やかた》に火《ひ》を掛《か》け、その火《ひ》に飛《と》び込《こ》んで後《あと》を追《お》った。

寄《よ》せ手《て》の勢《ぜい》は火《ひ》の手《て》が上《あ》がるや乱入《らんにゅう》して政親《まさちか》の首《くび》を取《と》り、本陣《ほんじん》の大乗寺《だいじょうじ》に持《も》ち帰《かえ》って大将《たいしょう》の富樫泰高《とがしやすたか》の前《まえ》に差《さ》し出《だ》した。泰高《やすたか》は「思《おも》いきや老木《ろうぼく》の花残《はなのこ》りつつ若木《わかぎ》の桜《さくら》先ず散《ま ち》らんとは」と詠《うた》って涙《なみだ》に咽《むせ》んだ。高尾城《たかおじょう》の戦《いくさ》は終《お》わった。翌《よく》九日早朝《そうちょう》、越前口《えちぜんぐち》から「昨日《さくじつ》八日に越前《えちぜん》の若杉籐左衛門《わかすぎとうざえもん》や志比《しひ》（永平寺町）の笠松《かさまつ》・堀江《ほりえ》・南郷《なんごう》らの大将《たいしょう》が五千余騎《よき》を率《ひき》いて国境《くにざかい》の立花《たちばな》（加賀市）より乱入《らんにゅう》し、在々所々《ざいざいしょしょ》を焼《や》き払《はら》う」と注進《ちゅうしん》があった。引《ひ》き続《つづ》き越前口《えちぜんぐち》に備《そな》えていた石川郡《いしかわぐん》の浜手《はまて》の軍勢《ぐんぜい》から「今朝《けさ》九日早朝《そうちょう》に敷地《しきじ》と福田《ふくた》の両勢《りょうぜい》の七千余騎《よき》が願正《がんしょう》入道《にゅうどう》を大将《たいしょう》に立《た》てて討《う》ち出《で》て、越前勢《えちぜんぜい》と戦《たたか》う。敵軍《てきぐん》は数百人も討《う》たれて武具《ぶぐ》も捨《す》て這々《ほうほう》の体《てい》で金津《かなづ》へ引《ひ》き返《かえ》した故《ゆえ》、これなれば幾度乱入《いくどらんにゅう》あるとても大事《だいじ》なしと覚《おぼ》える。我《われ》らに越前勢《えちぜんぜい》は任《まか》せられたし」と言《い》ってきた。

越前勢《えちぜんぜい》は高尾城《たかおじょう》が落《お》ちて富樫《とがし》の滅亡《めつぼう》を知《し》り、陣《じん》を払《はら》って引《ひ》きあげた。

加賀国守護《かがこくしゅご》の富樫家《とがしけ》は滅亡《めつぼう》した。「加賀国富樫家亡《かがこくとがしけほろ》ぶ」との報告《ほうこく》を受《う》けた将軍義尚《しょうぐんよしひさ》は甚《いた》く立腹《りっぷく》して山城国《やましろこく》に移《うつ》り住《す》んだ蓮如《れんにょ》に加賀《かが》の一向坊主《いっこうぼうず》や門徒衆《もんとしゅう》を残《のこ》らず破門《はもん》せよと強要《きょうよう》した。

蓮如《れんにょ》は将軍《しょうぐん》と門徒《もんと》の板挟《いたばさ》みになって進退窮《しんたいきゅう》した。管領細川政元《かんれいほそかわまさもと》は一向宗徒《いっこうしゅうと》を味方《みかた》に付《つ》ける絶好《ぜっこう》の機会《きかい》を得《え》て将軍義尚《しょうぐんよしひさ》を取《と》りなした。義尚《よしひさ》は渋々《しぶしぶ》、以後悪行無《いごあくぎょうな》き様《よう》に叱《しか》り置《お》くことで許《ゆる》すことにした。蓮如《れんにょ》は細川政元《ほそかわまさもと》の取《と》りなしを得《え》て吉藤専光寺《よしふじせんこうじ》・木越光徳寺《きごしこうとくじ》・磯部願成寺《いそべがんじょうじ》・鳥越弘願《とりごえくがん》寺《じ》の四箇寺《よんかじ》の加賀大坊主《かがだいぼうず》に

「諸門下《しょもんか》に於《お》いて悪行《あくぎょう》を企《くわだ》てるとの由《よし》、その聞《ぶん》これに在《あ》り。言語道断《ごんごどうだん》の次第《しだい》なり。所詮《しょせん》、向後斯《こうごか》くの如《ごと》く行《おこな》いを致《いた》す輩《やから》に於《お》いては永《なが》く聖人《せいじん》の御門徒《ごもんと》を放逐致《ほうちくいた》す可《べ》し。この趣《おもむき》、固《かた》く成敗《せいばい》あるべきものなり」との「文《ふみ》」を下《くだ》すことで一件落着《いっけんらくちゃく》した。

長享《ちょうきょう》二年(一四八八年)六月、富樫泰高《とがしやすたか》は一揆勢《いっきぜい》に推《お》されて守護《しゅご》になった。そして将軍義尚《しょうぐんよしひさ》から加賀富樫家《かがとがしけ》の跡《あと》を継《つ》ぐ允許《いんきょ》を得《え》た。けれども泰高《やすたか》は名目上《めいもくじょう》の守護《しゅご》に過《す》ぎなかった。実権《じっけん》は一向《いっこう》宗《しゅう》 坊主《ぼうず》が握《にぎ》った。加賀国《かがこく》の幕藩体制《ばくはんたいせい》は事実上崩壊《じじつじょうほうかい》した。加賀国《かがこく》に一向宗徒惣国《いっこうしゅうとそうこく》(合議制国家)が誕生《たんじょう》して、加賀一国《かがいっこく》は坊主百《ぼうずひゃく》 姓衆《しょうしゅう》の天下《てんか》になった。

五．前将軍義材　越中国に逃避

加賀《かが》の状況《じょうきょう》はこれにて終《お》え、足利義材《あしかがよしき》が脱獄逃亡《だつごくとうぼう》する(64頁11行目~65頁1行目)まで話《はなし》を戻《もど》す。

義材《よしき》は亡《な》き畠山政長《はたけやままさなが》の旧臣《きゅうしん》七十余名《よめい》と近習《きんしゅう》に護《まも》られて京《きょう》都を脱出《だっしゅつ》し、近江国《おうみこく》に入《はい》った。そして琵《び》琶湖《わこ》を舟《ふね》で渡《わた》り、その昔亡父《むかしぼうふ》の今出川義視《いまでがわよしみ》と共《とも》に亡命《ぼうめい》した美濃国《みのこく》に入《はい》った。

明応《めいおう》二年(一四九三年)八月、義材《よしき》は再起《さいき》を期《き》して亡《な》き畠山政長《はたけやままさなが》の第一の忠臣《ちゅうしん》で、且《か》つ当代《とうだい》第一の猛将《もうしょう》、神保長誠《じんぼながのぶ》を頼《たよ》って越中国入《えっちゅうこくい》りした。

このとき、越中国婦負《えっちゅうこくねい》・射水両郡守護代《いみずりょうぐんしゅごだい》の神保長誠《じんぼながのぶ》は応仁《おうにん》の乱《らん》と一向一揆《いっこういっき》で荒《あ》れた越中国《えっちゅうこく》の復興《ふっこう》を主君畠山政長《しゅくんはたけやままさなが》から命《めい》ぜられて、守護屋形《しゅごやかた》がある越中国放生津《えっちゅうこくほうじょうづ》（射水市新湊）に帰《かえ》っていた。そしてこの春《はる》、中風《ちゅうふう》（脳卒中）を患《わずら》って身体《からだ》が不自由《ふじゆう》になり、河内国正覚寺《かわちこくしょうかくじ》の変《へん》（明応の政変）に馳《は》せ参《さん》じて主君畠山政長《しゅくんはたけやままさなが》と最期《さいご》を共《とも》にすることが出来《でき》ないでいた（62頁2〜4行目参照）。

神保長誠《じんぼながのぶ》は突然《とつぜん》に現《あらわ》れた直前将軍《ちょくぜんしょうぐん》の義材《よしき》を越中国放生津《えっちゅうこくほうじょうづ》に迎《むか》えた。長誠《ながのぶ》は御所《ごしょ》を造営《ぞうえい》して手厚《てあつ》く仕《つか》えた。義材《よしき》の旧臣《きゅうしん》は続々《ぞくぞく》と越中《えっちゅう》に集《あつ》まり、放生津《ほうじょうづ》は京都《きょう》のような賑《にぎ》わいになった。

同年同月、足利義材《あしかがよしき》が越中国《えっちゅうこく》に着《つ》いて間《ま》もなく、河内国《かわちこく》の畠山義豊《はたけやまよしとよ》が放《はな》った追討勢《ついとうぜい》が越中国《えっちゅうこく》に侵入《しんにゅう》して放生津《ほうじょうづ》を急襲《きゅうしゅう》した。神保勢《じんぼぜい》は油断《ゆだん》なく警護《けいご》を固《かた》めていた。越中国新川郡守護代《えっちゅうこくにいかわぐんしゅごだい》の椎《しい》名《な》と砺波郡守護代遊佐《となみぐんしゅごだいゆさ》も放生津《ほうじょうづ》に駆《か》けつけて警護《けいご》に加《くわ》わった。越中勢《えっちゅうぜい》は国《くに》を挙《あ》げて義材《よしき》の警護《けいご》に当《あ》たった。義材《よしき》は混乱《こんらん》を避《さ》けて、しばらく新川郡《にいかわぐん》の小川寺《おがわじ》（魚津市）に隠《かく》れた。そして隠棲中《いんせいちゅう》の徒然《つれづれ》を慰《なぐさ》めようと天神像《てんじんぞう》を彫《ほ》り、裏山《うらやま》に祠《ほこら》を造《つく》って納《おさ》めた。後《のち》の世《よ》は、この山《やま》を天神山《てんじんやま》と称《しょう》して親《した》しんだ。同年九月、追討勢《ついとうぜい》は越中《えっちゅう》を追《お》われて河内《かわち》へ逃《に》げ帰《かえ》った。

同年秋《あき》、放生津《ほうしょうづ》に戻《もど》った足利義材《あしかがよしき》は神保長誠《じんぼながのぶ》の下《もと》で、休《やす》む間《ま》を惜《お》しんで天下《てんか》の諸将《しょしょう》に御教書《みきょうしょ》（親書）を発《はっ》して上洛《じょうらく》の軍勢《ぐんぜい》を集《あつ》めた。隣国能登守護《りんごくのとしゅご》の畠山義元《はたけやまよしもと》と越前守護《えちぜんしゅご》の朝倉貞景《あさくらさだかげ》は自《みずか》ら放生津《じょうづ》に伺候《しこう》した。越後守護《えちごしゅご》の上杉房能《うえすぎふさよし》は名代《みょうだい》を伺候《しこう》させた。北陸諸国《ほくりくしょこく》の守護《しゅご》はすべて義材《よしき》に忠《ちゅう》誠《せい》を誓《ちか》った。（加賀国は一向宗徒惣国となって形式上の守護しかいない）

直前将軍《ちょくぜんしょうぐん》の義材《よしき》は越中《えっちゅう》・能登《のと》・越後《えちご》・越前《えちぜん》・若狭《わかさ》の軍勢《ぐんぜい》を揃《そろ》えた。けれども西国《さいごく》の諸将《しょしょう》への連絡《れんらく》は細川政元《ほそかわまさもと》に妨害《ぼうがい》されて途絶《とだ》え、義材《よしき》の上洛《じょうらく》は沙汰止《さたや》みとなった。

ところで足利義材《あしかがよしき》は将軍《しょうぐん》を廃《はい》される直前《ちょくぜん》の明応《めいおう》二年（一四九三年）の春《はる》、明《みん》から正使《せいし》を迎《むか》えて遣《けん》明船《みんせん》を出航《しゅっこう》させていた。交易《こうえき》には勘合符《かんごうふ》を用《もち》い、符《ふ》を持《も》たなくては明《みん》との交易《こうえき》が出来《でき》ない仕組《しく》みだ。遣明船《けんみんせん》の利益《りえき》は莫大《ばくだい》だ。義材《よしき》は西国《さいごく》の大内《おおうち》・大友《おおとも》・島津《しまづ》にこの勘合符《かんごうふ》を与《あた》える代《か》わりに細川《ほそかわ》追討《ついとう》の軍勢《ぐんぜい》を求《もと》めた。西国諸将《さいごくしょしょう》は何《いず》れも義材《よしき》の取引《とりひき》に応《おう》じた。

明応《めいおう》四年（一四九五年）三月、義材《よしき》は再度挙兵《さいどきょへい》の御教書《みきょうしょ》を発《はっ》した。北陸《ほくりく》の諸国《しょこく》は直《ただ》ちに応《おう》じた。西国諸国《さいごくしょこく》の大内《おおうち》・大友《おおとも》・菊池《きくち》・島津《しまづ》・相良《さがら》らも北陸勢《ほくりくぜい》に応《おう》じた。けれども近畿《きんき》の織田《おだ》・池田《いけだ》・六《ろっ》角《かく》・赤松《あかまつ》らが挙兵《きょへい》を蹴《け》って細川政元側《ほそかわまさもとがわ》に付《つ》いた。それがために政元包囲網《まさもとほういもう》が出来《でき》ず、上洛《じょうらく》はまたも実行困難《じっこうこんなん》になった。

明応《めいおう》六年（一四九七年）、後土御門天皇《ごつちみかどてんのう》は将軍家《しょうぐんけ》の事態《じたい》を案《あん》じて和議《わぎ》を仲介《ちゅうかい》した。越中国《えっちゅうこく》では神《じん》保長誠《ぼながのぶ》の代理《だいり》として鞍川《くらかわ》（氷見市）の地頭鞍川兵庫介《じとうくらかわひょうごのすけ》と吉見吉隆《よしみよしたか》が和議《わぎ》の使者《ししゃ》に立《た》った。

同年七月、鞍川《くらかわ》は数千貫《すうせんかん》（4貫で1両）の料足《りょうそく》（金銭）を携《たずさ》えて上洛《じょうらく》した。九月になって細川政元《ほそかわまさもと》の家臣《かしん》の安富《やすとみ》が越中国《えっちゅうこく》に下《くだ》り、義材《よしき》に目通《めどお》りして細川方《ほそかわがた》の和議《わぎ》受《う》け入《い》れの条件《じょうけん》を内示《ないじ》した。義《よし》材《き》は自《みずか》らの正統《せいとう》を主張《しゅちょう》して譲《ゆず》らず、交渉《こうしょう》は徒《いたずら》に時間《じかん》ばかりが過《す》ぎて進《すす》まなくなった。

明応《めいおう》七年（一四九八年）八月、足利義材《あしかがよしき》は己《おのれ》の改名《かいめい》を思《おも》い立《た》って、公家《くげ》の東坊城和長《ひがしぼうじょうかずなが》に相談《そうだん》の文《ふみ》を出《だ》した。義材《よしき》は返書《へんしょ》に認《したた》められた和長《かずなが》の勘申《かんしん》（勘案して申す）に従《したが》い、将軍復帰《しょうぐんふっき》の期待《きたい》を込《こ》めて義尹《よしただ》と改名《かいめい》した。

同年《どうねん》九月、義材《よしき》改《あらた》め義尹《よしただ》は京《きょう》都の細川方《ほそかわがた》との間《あいだ》に和議《わぎ》が成《な》ると思《おも》った。義尹《よしただ》は矢《や》も盾《たて》もたまらず越前国一乗谷《えちぜんこくいちじょうだに》の朝倉屋形《あさくらやかた》まで出向《でむ》いて結果《けっか》を待《ま》った。和睦交渉《わぼくこうしょう》は不調《ふちょう》に終《お》わった。

畠山尚順の成長

話《はなし》は畠山政長《はたけやままさなが》の遺子尚順《いしひさのぶ》のその後《ご》に移《うつ》る。（61頁8～12行目の続き）
畠山家《はたけやまけ》に木澤《きざわ》と言《い》う家臣《かしん》がいた。主君《しゅくん》が討《う》たれて浪人《ろうにん》し、和泉国堺《いずみこくさかい》の庄《しょう》（堺市）に落《お》ちた。堺《さかい》の庄《しょう》は幕府《ばくふ》の遣明船《けんみんせん》の貿易港《ぼうえきこう》で天下一《てんかいち》の賑《にぎ》わいがあった。
木澤《きざわ》は何《なん》としても主家《しゅけ》を再興《さいこう》させたいと願《ねが》って軍資金《ぐんしきん》の調達《ちょうたつ》を試《こころ》みたが、浪人《ろうにん》の身《み》では如何《いかん》ともし難《がた》かった。ある大雪《おおゆき》の夜《よる》、木澤《きざわ》は堺《さかい》の庄《しょう》の菜屋《なや》という町人《ちょうにん》の家《いえ》の前《まえ》を通《とお》りかかったが、下駄《げた》の歯《は》に雪《ゆき》が喰《く》い込《こ》んで歩《ある》けなくなった。そこで菜屋《なや》の門《もん》の柱《はしら》にコンコンと下駄《げた》を叩《たた》きつけて雪《ゆき》を落《おと》とした。すると深夜《しんや》であるのに内《うち》から戸《と》が開《あ》いて、袖《そで》を引《ひ》いて中《なか》に入《いれ》れる者《もの》があった。真《ま》っ暗《くら》闇《やみ》の中《なか》を木澤《きざわ》は怪《あや》しく思《おも》ったが、騒《さわ》がずされるままに袖《そで》を引《ひ》かれて屋敷《やしき》に入《はい》った。座敷《ざしき》の屏風《びょうぶ》の中《なか》で女房《にょうぼう》が待《ま》っていた。女房《にょうぼう》は繁々《しげしげ》と木澤《きざわ》の顔《かお》を見《み》て、呆《あき》れ果《は》てた顔《かお》をした。木澤《きざわ》は脅《おど》したり賺《すか》したりして、無理矢理事情《むりやりじじょう》を聞《き》き出《だ》すと

「ここは菜屋《なや》という町人《ちょうにん》の屋敷《やしき》で御座《ござ》います。亭主《ていしゅ》は高麗国《こうらいこく》（当時の朝鮮半島の王国）に渡航《とこう》して長々《ながなが》の留守《るす》。貴方様《あなたさま》が門《もん》を叩《たた》かれたので妾《わらわ》はてっきり恋《こい》しい人《ひと》の合図《あいず》と思《おも》い込《こ》んで戸《と》を開《あ》けさせました」と白状《はくじょう》した。木澤《きざわ》は

「某《それがし》は菜屋《なや》とは顔見知《かおみし》りの者《もの》。亭主殿《ていしゅどの》が高麗国《こうらいこく》から戻《もど》られた暁《あかつき》には、必《かなら》ず其女《そなた》の不義《ふぎ》を告《つ》げ聞《き》かそう」と脅《おど》した。菜屋《なや》の女房《にょうぼう》は

「この事《こと》、内緒《ないしょ》にして頂《いただ》ければ如何様《いかよう》の御礼《おんれい》も差《さ》し上《あ》げます」と手《て》を付《つ》き、頭《あたま》を床《ゆか》に擦《す》り付《つ》けて哀願《あいがん》した。木澤《きざわ》は納得《なっとく》せず、何《なに》も受《う》け取《と》らずに帰《かえ》った。ただ帰《かえ》りがけに床《とこ》の間《ま》にあった由緒《ゆいしょ》ありげな笛《ふえ》を一管懐中《いっかんかいちゅう》に差《さ》し込《こ》んで帰《かえ》った。女房《にょうぼう》は全《まった》く気付《きづ》かなかった。やがて菜屋《なや》の亭主《ていしゅ》が高麗国《こうらいこく》から帰《かえ》るという報《しら》せが来《き》た。菜屋《なや》の女房《にょうぼう》は屋敷《やしき》を掃除《そうじ》した。そして笛《ふえ》がないことに気《き》が付《つ》いて、木澤《きざわ》を思《おも》い出《だ》し、尋《たず》ね探《さが》して逢《あ》いに来《き》て

「あの笛《ふえ》は主人《しゅじん》が秘蔵《ひぞう》の笛《ふえ》で御座《ござ》います。無《な》くなったでは済《す》みませんので、何《なん》としてもお返《かえ》し頂《いただ》きたくお願《ねが》いします」と頼《たの》み込《こ》んだ。木澤《きざわ》は

「そこもとの不義《ふぎ》を御亭主《ごていしゅ》に告《つ》げる証拠《しょうこ》の品《しな》なれば、この笛《ふえ》は返《かえ》す訳《わけ》には参《まい》らぬ」といって追《お》い返《かえ》した。女房《にょうぼう》は困《こま》り果《は》てて実家《じっか》の臙脂屋《べにや》の父《ちち》に泣《な》き付《つ》いた。臙脂屋《べにや》は幕府《ばくふ》の財政《ざいせい》も左右《さゆう》する堺《さかい》の庄《しょう》の大富豪《だいふごう》だが、

「嫁《よめ》に出《だ》した娘《むすめ》の不始末《ふしまつ》は我《わ》が身《み》の不始末《ふしまつ》。放置《ほうち》すれば我《わ》が身《み》に災難《さいなん》が及《およ》ぶ」と呻《うめ》き、木澤《きざわ》に詫《わ》びを入《い》れようと臙脂屋《べにや》に招待《しょうたい》した。木澤《きざわ》は臙脂屋《べにや》に案内《あんない》されて、詫《わ》びを受《う》け

「某《それがし》は元管領《もとかんれい》畠山政長《はたけやままさなが》の家臣《かしん》で御座《ござ》る」と明《あ》かして、主家再興《しゅけさいこう》の援助《えんじょ》を申《もう》し出《で》た。臙脂屋《べにや》は

「貴貨居《きかお》くべし（中国戦国時代の秦《しん》の商人呂不韋《ろふい》が趙《ちょう》に人質になった秦《しん》の王子を助けたときの言葉。後にこの王子は成長して秦《しん》の始皇帝《しこうてい》になり、呂は秦の宰相《さいしょう》になった）とはこの事《こと》。若《も》し畠山家《はたけやまけ》が世《よ》に出《で》れば我家《わがや》の繁栄《はんえい》は間違《まちが》いなし」と直感《ちょっかん》して、家財《かざい》を傾《かたむ》けても畠山家再興《はたけやまけさいこう》の軍資金《ぐんしきん》は提供《ていきょう》すると約束《やくそく》した。

木澤《きざわ》は畠山旧臣《はたけやまきゅうしん》の杉原《すぎはら》・斎藤《さいとう》・志貴《しき》・丹下《たんげ》・宮崎《みやざき》・安見《やすみ》・遊佐《ゆさ》らに触《ふ》れを廻《まわ》して蜂起《ほうき》した。

明応《めいおう》七年（一四九八年）正月《しょうがつ》、畠山尚順《はたけやまひさのぶ》は木澤《きざわ》らの迎《むか》えを受《う》けて紀伊国《きいこく》から出国《しゅっこく》し、旧臣《きゅうしん》らに担《かつ》がれて河内国高屋城《かわちこくたかやじょう》を攻《せ》め落《お》とした。続《つづ》いて宿敵《しゅくてき》の畠山義豊《はたけやまよしとよ》の居城《きょじょう》の河内国平野城《かわちこくひらののじょう》を囲《かこ》み、息《いき》も

継《つ》がせず攻《せ》め立《た》てた。

平野城《ひらのじょう》は落城《らくじょう》して畠山義豊《はたけやまよしとよ》は自刃《じじん》した。畠山尚順《はたけやまひさのぶ》は父政長《ちちまさなが》の仇《かたき》を討《う》って本懐《ほんかい》を遂《と》げ、紀伊《きい》・大和《やまと》の両国《りょうごく》と本領《ほんりょう》の河内国《かわちこく》を手《て》に入《い》れた。畠山義豊《はたけやまよしとよ》の跡《あと》は子《こ》の義英《よしひで》が継《つ》いだ。

明応《めいおう》七年（一四九八年）、尚順《ひさのぶ》は河内《かわち》と大和国《やまとこく》を平定《へいてい》した後《のち》、足利義材《あしかがよしき》に目通《めどお》りしようと越中国《えっちゅうこく》へ下向《げこう》して、放生津《ほうじょうづ》に寓居《ぐうきょ》する義材《よしき》の御前《ごぜん》に参上《さんじょう》し拝謁《はいえつ》した。両人《りょうにん》が顔《かお》を合《あ》わせた途端《とたん》に、瞼《まぶた》に河内国正覚寺《かわちこくしょうかくじ》の別《わか》れの場面《ばめん》が蘇《よみがえ》って胸《むね》が詰《つ》まった。両人共《りょうにんとも》に互《たが》いに只手《ただて》を取《と》り合《あ》って涙《なみだ》に咽《むせ》んだ。尚順《ひさのぶ》は足利義材《あしかがよしき》に巡《めぐ》り会《あ》えた慶《よろこ》びの記《しる》しとして尚慶《ひさよし》と改名《かいめい》した（以後尚慶）。

神保長誠《じんぼながのぶ》は己《おのれ》の息子《むすこ》と新川郡守護代《にいかわぐんしゅごだい》の椎名《しいな》、砺波郡守護代《となみぐんしゅごだい》の遊佐《ゆさ》の若当主《わかとうしゅ》も放生津《ほうしょうづ》の御所《ごしょ》に呼《よ》んで、一同揃《いちどうそろ》って足利義材《あしかがよしき》と畠山尚慶《はたけやまひさよし》の御前《ごぜん》に参上《さんじょう》した。そして主君《しゅくん》の畠山尚慶《はたけやまひさよし》に息子《むすこ》らへ諱《いみな》を賜《たまわ》るよう願《ねが》い出《で》た。

畠山尚順改《はたけやまひさのぶあらた》め尚慶《ひさよし》は自《みずか》ら足利義材《あしかがよしき》の御前《ごぜん》で自分《じぶん》の名《な》を一字《いちじ》ずつ与《あた》えて、長誠《ながのぶ》の長男《ちょうなん》には神保慶《じんぼよし》宗《むね》、新川郡守護代《にいかわぐんしゅごだい》には椎名慶胤《しいなよしたね》、砺波郡守護代《となみぐんしゅごだい》は遊佐慶親《ゆさよしちか》と名乗《なの》らせて、改《あらた》めて越中四郡《えっちゅうよんぐん》それぞれの守護代《しゅごだい》に命《めい》じた。そして新守護代《しんしゅごだい》三名に向《む》かって、主家《しゅけ》に対《たい》する忠誠《ちゅうせい》と三家の同盟《どうめい》を誓《ちか》わせた。また加《くわ》えてこの時《とき》、同時《どうじ》に長誠《ながのぶ》の次男《じなん》にも諱《いみな》を与《あた》えて慶明《よしあき》と名乗《なの》らせた。

畠山尚慶《はたけやまひさよし》は間《ま》もなく、河内国《かわちこく》で討《う》ち取《と》った畠山義豊《はたけやまよしとよ》の跡《あと》を継《つ》いだ義英《よしひで》が蜂起《ほうき》する兆《きざ》しありとの報《しら》せがあって、急《いそ》ぎ河内《かわち》へ帰《かえ》ることになった。神保長誠《じんぼながのぶ》は次男《じなん》の慶明《よしあき》を供《とも》に付《つ》けて、自分《じぶん》に代《か》わって終生忠誠《しゅうせいちゅうせい》を尽《つ》くして仕《つか》えるよう諭《さと》した。畠山尚慶《はたけやまひさよし》は神保慶明《じんぼよしあき》を伴《ともな》って河内《かわち》へ去《さ》った。

畠山尚慶《はたけやまひさよし》は河内《かわち》へ帰《かえ》って間《ま》もなく、若《わか》くして入道《にゅうどう》して卜山《ぼくざん》と号《ごう》した（以後卜山）。

明応《めいおう》八年（一四九九年）畠山卜山《はたけやまぼくさん》は畠山義豊《はたけやまよしとよ》の子《こ》の義英《よしひで》を追放《ついほう》して紀伊《きい》・河内《かわち》・大和国《やまとこく》を制圧《せいあつ》した。足利義尹《あしかがよしただ》は卜山《ぼくさん》が畿内《きない》の諸国《しょこく》を平定《へいてい》したのに気《き》を良《よ》くして一乗谷《いちじょうだに》から更《さら》に京都《きょう》に近《ちか》い敦賀《つるが》に入《はい》り、同《どう》年十一月には北陸《ほくりく》の三千の軍勢《ぐんぜい》を率《ひき》いて近江国坂本《おうみこくさかもと》に出陣《しゅつじん》した。

近江国守護《おうみこくしゅご》の六角高頼《ろっかくたかより》は坂本《さかもと》に布陣《ふじん》した義尹《よしただ》を急襲《きゅうしゅう》した。義尹《よしただ》は散々《さんざん》に討《う》たれて丹波《たんば》に逃《のが》れ、丹波《たんば》から周防《すおう》の大内《おおうち》を頼《たよ》って西国《さいごく》に落《お》ちた。

足利義尹《あしかがよしただ》が周防《すおう》に落《お》ちて間《ま》もなくの文亀《ぶんき》元年（一五〇一年）十一月、神保長誠《じんぼながのぶ》は放生津《ほうじょうづ》（射水市）

で波乱万丈《はらんばんじょう》の生涯《しょうがい》を閉《と》じた。

第四章　越中守護代家及び一向宗一門と越後長尾家との確執

この章《しょう》は加賀国《かがこく》で守護等《しゅごなど》、国《くに》の統治者一門《とうじしゃいちもん》が一向一揆衆《いっこういっきしゅう》に滅《ほろ》ぼされて一向一揆衆惣国《いっこういっきしゅうそうこく》が出現《しゅつげん》したのを受《う》けて、北陸一帯《ほくりくいったい》で一向宗《いっこうしゅう》が目覚《まざ》ましく興隆《こうりゅう》した。その結果《けっか》、隣国《りんごく》の越中国《えっちゅうこく》でも守護《しゅご》代《だい》・地頭等《じとうら》がこの一向一揆《いっこういっき》の襲撃《しゅうげき》を受《う》けて越中国《えっちゅうこく》を追《お》い出《だ》される事態《じたい》に至《いた》った。越後国守護《えちごこくしゅご》の上杉房能《うえすぎふさよし》は越中国守護《えっちゅうこくしゅご》の畠山卜山《はたけやまぼくさん》から越中一向一揆《えっちゅういっこういっき》の討伐依頼《とうばついらい》を受《う》けて同守護代《しゅごだい》の長尾能景《ながおよしかげ》に越中国《えっちゅうこく》の一向宗撲滅《いっこうしゅうぼくめつ》を命《めい》じた。命《めい》を受《う》けて一向宗撲滅《いっこうしゅうぼくめつ》に乗《の》り出《だ》した越後国守護代《えちごこくしゅごだい》の二代に渡《わた》る一向一揆衆《いっこういっきしゅう》との一連《いちれん》の交戦顛末《こうせんてんまつ》を纏《まと》めて伝《つた》える。（謙信の活躍は次章に譲る）

一・長尾能景一向一揆討伐に越中へ出陣と戦死

越中国で一向一揆勃発と守護代・地頭等　越後国に逃避

越中国《えっちゅうこく》では文亀《ぶんき》元年（一五〇一年）に天寿《てんじゅ》を全《まっと》うした守護代《しゅごだい》の神保長誠《じんぼながのぶ》の後《あと》は慶宗《よしむね》が継《つ》いだ。慶宗《よしむね》と相前後《あいぜんご》して新川郡《にいかわぐん》と砺波郡《となみぐん》の守護代家《しゅごだいけ》も共《とも》に代替《だいがわ》りして椎名慶胤《しいなよしたね》と遊佐慶親《ゆさよしちか》も各々郡《おのおのぐん》の守《しゅ》護代《ごだい》になった。

新《あたら》しく守護代《しゅごだい》になった三名は越中御所《えっちゅうごしょ》で前将軍義尹《ぜんしょうぐんよしただ》（義材）と主君畠山尚慶《しゅくんはたけやまひさよし》の御前《ごぜん》で誓《ちか》った如《ごと》くに（100頁11行目～101頁2行目参照）一致団結《いっちだんけつ》して守護《しゅご》の畠山卜山《はたけやまぼくさん》を担《かつ》ぎ前将軍《ぜんしょうぐん》の義尹《よしただ》を支《ささ》えて、幕府管領《ばくふかんれい》の細川政元《ほそかわまさもと》に逆《さか》らった。越中国《えっちゅうこく》の地頭《じとう》・豪族《ごうぞく》も守護代《しゅごだい》に倣《なら》って前将軍義尹《ぜんしょうぐんよしただ》に与力《よりき》した。従《したが》って京都《きょう》の幕府《ばくふ》は越中人《えっちゅうじん》にとっては敵方《てきがた》になった。これを期《き》に越中人《えっちゅうじん》は皆《みな》、幕府《ばくふ》に出仕《しゅっし》しなくなり、専《もっぱ》ら領国経営《りょうごくけいえい》と軍備《ぐんび》の増強《ぞうきょう》に励《はげ》んだ。

能登国《のとこく》では畠山義統《はたけやまよしむね》が没《ぼ》して子《こ》の義元《よしもと》が守護《しゅご》になった。隣国《りんごく》の加賀《かが》では一向宗惣国《いっこうしゅうそうこく》を立《た》ち上《あ》げて（92頁4行目～93頁4行目参照）布教《ふきょう》に励《はげ》んだので能登国内《のとこくない》でも一向宗《いっこうしゅう》が興隆《こうりゅう》し出《だ》した。

義元《よしもと》は能登国《のとこく》も一向宗徒惣国《いっこうしゅうとそうこく》になるのではと恐《おそ》れて永正《えいしょう》三年（一五〇六年）、越中国守護《えっちゅうこくしゅご》や越後国守護《えちごこくしゅご》と共《とも》に一向宗排斥《いっこうしゅうはいせき》に乗《の》り出《だ》した。加賀一向宗総師《かがいっこうしゅうそうし》の若松本泉寺蓮悟《わかまつほんせんじれんご》は門徒衆《もんとしゅう》に「能登国守護《のとこくしゅご》の畠山義元《はたけやまよしもと》は北陸一帯《ほくりくいったい》の我等《われら》が仏法《ぶっぽう》を絶《た》やそうと、越後国守護《えちごこくしゅご》の上杉《うえすぎ》と画策《かくさく》しおる。例《たと》え一日なりとも本願寺《ほんがんじ》の御門徒《ごもんと》と声《こえ》を掛《か》けられた面々《めんめん》にとってはこの事態《じたい》を悔《くや》しくとも浅《あさ》ましくとも思わぬ輩《やから》は真実《しんじつ》、情《なさ》けなき心中《しんちゅう》なり。身《み》に降《ふ》りかかる火《ひ》の粉《こ》は払《はら》わねばならぬ。我等《われら》年来《ねんらい》の恩徳《おんとく》を被《こうむ》る報謝《ほうしゃ》のために、ニコニコと喜《よろこ》んで命《いのち》を捨《す》てて馳走《ちそう》するは本望《ほんもう》に非《あら》ずや」と云《い》って決起《けっき》を呼《よ》びかけた。この頃《ころ》、本泉寺《ほんせんじ》は二俣《ふたまた》から往来《おうらい》に便利《べんり》な若松《わかまつ》に移《うつ》っていた。

同年三月、加賀一向宗徒《かがいっこうしゅうと》は越中《えっちゅう》の一向宗徒《いっこうしゅうと》と示《しめ》し合《あ》わせて一斉蜂起《いっせいほうき》した。一揆勢《いっきぜい》は先《ま》ず守護《しゅご》不在《ふざい》の越中《えっちゅう》から手《て》を付《つ》けた。

越中国《えっちゅうこく》の土民百姓《どみんひゃくしょう》は皆一揆《みないっき》に加《くわ》わった。守護代《しゅごだい》や地頭配下《じとうはいか》で一向宗徒《いっこうしゅうと》の兵卒《へいそつ》や手代《てだい》（下級家臣）も主君《しゅくん》に背《そむ》いて一揆勢《いっきぜい》に加《くわ》わった。

兵卒《へいそつ》らの下級《かきゅう》家臣《かしん》は平素《へいそ》、農業《のうぎょう》を営《いとな》んだ。この家臣達《かしんたち》は一揆《いっき》に加《くわ》わらねば一向宗《いっこうしゅう》教団《きょうだん》から破門《はもん》されて村八分《むらはちぶ》（葬儀と火事以外の付き合いを総て絶つ仕来たり）になる。一揆《いっき》の長達《おさたち》は領主《りょうしゅ》から兵卒《へいそつ》を引《ひ》き抜《ぬ》き、武力《ぶりょく》を誇示《こじ》して守護代《しゅごだい》や地頭《じとう》を威圧《いあつ》した。

越中国《えっちゅうこく》の守護代《しゅごだい》や地頭《じとう》にとって全《まった》く予期《よき》せぬ事態《じたい》になった。一夜《いちや》にして屋形《やかた》の兵卒《へいそつ》や手代等《てだいら》は主《あるじ》の下《もと》を抜《ぬ》け出《だ》して敵《てき》になった。防《ふせ》ぎようがなかった。神保《じんぼ》や椎名《しいな》、遊佐《ゆさ》等の守護代《しゅごだい》の頭《あたま》に加《か》賀国守護《がこくしゅご》、富樫家《とがしけ》滅亡《めつぼう》の図《ず》が過《よ》ぎった。

神保《じんぼ》・椎名《しいな》・遊佐《ゆさ》らは戦《たたか》わずして雪崩《なだれ》を打《う》って越後国《えちごこく》に逃《に》げ遁《のが》れた。

一向一揆勢《いっこういっきぜい》は越中《えっちゅう》から支配層《しはいそう》を追《お》い出《だ》した勢《いきお》いに乗《の》って、一転西進《いってんせいしん》して越前国《えちぜんこく》を襲《おそ》った。

越前国守護《えちぜんこくしゅご》の朝倉《あさくら》は当時全国有数《とうじぜんこくゆうすう》の鍛《きた》えあげた戦国大名《せんごくだいみょう》だ。国内《こくない》は攻守《こうしゅ》の利便《りべん》を考《かんが》えて初代《しょだい》の敏景《としかげ》の頃《ころ》から全国《ぜんこく》に先駆《さきが》けて一国一城制《いっこくいちじょうせい》を取《と》った。朝倉家《あさくらけ》の家臣団《かしんだん》は一人残《のこ》らず家族諸共《かぞくもろとも》に一乗谷《いちじょうだに》（福井市）に居《きょ》を移《うつ》させて領主《りょうしゅ》の下《もと》で生活《せいかつ》させた。重臣《じゅうしん》であっても勝手《かって》は許《ゆる》さなかった。在《ざい》所《しょ》の城《しろ》は皆支城《みなしじょう》や砦《とりで》に落《おと》して城代《じょうだい》を置《お》いた。一国一城《いっこくいちじょう》になり、家臣団《かしんだん》が一緒《いっしょ》に生活《せいかつ》したので攻守《こうしゅ》の役割分担《やくわりぶんたん》が進《すす》んだ。諸将《しょしょう》は心置《こころお》きなく出陣《しゅつじん》できるようになって団結《だんけつ》は鉄壁《てっぺき》を誇《ほこ》った。

この時《とき》、永正《えいしょう》三年（一五〇六年）、朝倉貞景《あさくらさだかげ》は叔父《おじ》の朝倉宗滴《あさくらそうてき》を立《た》てて、一向一揆勢《いっこういっきぜい》に当《あ》たった。宗滴《そうてき》は一揆勢《いっきぜい》を完膚無《かんぷな》き迄《まで》に撃《う》ち破《やぶ》った。越前国内《えちぜんこくない》の一向宗大道場《いっこうしゅうだいどうじょう》の吉崎坊《よしざきぼう》や和田《わだ》の本覚寺《ほんかくじ》、藤島《ふじしま》の超勝寺《ちょうしょうじ》などの一向宗《いっこうしゅう》の大寺《だいじ》は悉《ことごと》く破却《はきゃく》して一宇《いちう》も残《のこ》さず焼《や》き払《はら》い、一向宗坊主門徒《いっこうしゅうぼうずもんと》も一人残《ひとりのこ》らず越前国《えちぜんこく》から追《お》い出《だ》した。

一向宗《いっこうしゅう》の坊主門徒《ぼうずもんと》は加賀《かが》に逃《のが》れて越前復帰《えちぜんふっき》を画策《かくさく》した。

永正《えいしょう》九年（一五一二年）、朝倉貞景《あさくらさだかげ》が病没《びょうぼつ》した。子《こ》の孝景《たかかげ》（初代敏景（改名前は孝景）の曾孫《ひまご》）が跡《あと》を継《つ》ぎ、一向宗徒《いっこうしゅうと》が越前《えちぜん》に侵入《しんにゅう》するのを防《ふせ》ぐために加越国境《かえつこっきょう》の関所《せきしょ》を総《すべ》て閉《と》じて街道《かいどう》を封鎖《ふうさ》し、一切《いっさい》の交通《こうつう》を遮断《しゃだん》した。

長尾能景　越中一向一揆勢追討と戦死

話《はなし》は越後国《えちごこく》の状況《じょうきょう》と守護代長尾家《しゅごだいながおけ》に移《うつ》る。

越後《えちご》の守護《しゅご》はこの頃《ころ》、関東管領山内上杉家《かんとうかんれいやまのうちうえすぎけ》の分家《ぶんけ》の上杉房能《うえすぎふさよし》だ。房能《ふさよし》は越後国《えちごこく》に一向宗《いっこうしゅう》の勢力《せいりょく》が及《およ》ぶのを恐《おそ》れて一向宗《いっこうしゅう》を禁《きん》じ、越中国守護《えっちゅうこくしゅご》の畠山卜山《はたけやまぼくざん》と越前国《えちぜんこく》の朝倉貞景《あさくらさだかげ》、能登国《のとこく》の畠山《はたけやま》義元《よしもと》との間《あいだ》で四箇国一向宗撲滅同盟《よんかこくいっこうしゅうぼくめつどうめい》を結《むす》んだ。

永正《えいしょう》三年（一五〇六年）四月、越後国守護上杉房能《えちごこくしゅごうえすぎふさよし》は越中国守護畠山卜山《えっちゅうこくしゅごはたけやまぼくざん》との協定《きょうてい》に従《したが》って越後国守護代《えちごこくしゅごだい》で春日山城主《かすがやまじょうしゅ》の長尾能景《ながおよしかげ》（上杉謙信の祖父）に越中一向一揆《えっちゅういっこういっき》の撲滅《ぼくめつ》を命《めい》じた。この時《とき》、勝《か》ちに乗《の》った加賀一向一揆衆《かがいっこういっきしゅう》は越中《えっちゅう》から反転《はんてん》して越前《えちぜん》の朝倉貞景攻撃《あさくらさだかげこうげき》に向《む》かい、貞景勢《さだかげぜい》と激戦《げきせん》を繰《く》り広《ひろ》げている最中《さいちゅう》で、越中国《えっちゅうこく》に残留部隊《ざんりゅうぶたい》は居《い》なかった。越中国《えっちゅうこく》の一揆衆《いっきしゅう》も加賀一向一揆衆《かがいっこういっきしゅう》と共《とも》に皆《みな》、越前国《えちぜんこく》に出陣《しゅつじん》していた。越中国守護代《えっちゅうこくしゅごだい》の神保慶宗《じんぼよしむね》と椎名慶胤《しいなよしたね》は越後《えちご》の助勢《じょせい》を得《え》て越中国《えっちゅうこく》に駆《か》け入《い》り、元《もと》の居城《きょじょう》に易々《やすやす》と帰《かえ》りついた。そして、旧領《きゅうりょう》の経略《けいりゃく》（統治）に専念《せんねん》しながら、越後長尾勢《えちごながおぜい》の後方確保《こうほうかくほ》と兵站補給《へいたんほきゅう》に当《あ》たった。遊佐慶親《ゆさよしちか》の砺波郡《となみぐん》は加賀《かが》に接《せっ》して領地《りょうち》の大半《たいはん》は井波瑞泉寺《いなみずいせんじ》と高木場勝興寺《たかこばしょうこうじ》が領有《りょうゆう》していた。勝興寺《しょうこうじ》は田屋河原《たやかわら》の合戦《かっせん》で石黒光義《いしぐろみつよし》を滅《ほろ》ぼして後《のち》、交通不便《こうつうふべん》な土山《どやま》から麓《ふもと》の高木場《たかこば》（南砺市高窪）に移《うつ》った。遊佐《ゆさ》は一向宗勢力《いっこうしゅうせいりょく》の強《つよ》い居城《きょじょう》の蓮《はす》沼城《ぬまじょう》（小矢部市）には入《はい》れず、越後勢《えちごぜい》と行動《こうどう》を共《とも》にした。

永正《えいしょう》三年（一五〇六年）八月、長尾能景《ながおよしかげ》は越中国守護代勢《えっちゅうこくしゅごだいぜい》と共《とも》に越中婦負郡寒江蓮台寺《えっちゅうねいぐんさむえれんだいじ》（富山市呉羽町）にまで押《お》し出《だ》して布陣《ふじん》し、一向一揆勢《いっこういっきぜい》と対峙《たいじ》した。

一揆勢《いっきぜい》は、次第《しだい》に圧《お》されて体制《たいせい》を立《た》て直《なお》そうと越前《えちぜん》に出陣《しゅつじん》した一揆勢《いっきぜい》を砺波郡《となみぐん》の芹谷野《せんだんの》（砺波市芹谷）まで引《ひ》き戻《もど》した。

同年九月、長尾能景《ながおよしかげ》は一揆勢《いっきぜい》の稚劣《ちれつ》な戦振《いくさぶ》りを見《み》て地理《ちり》に不案内《ふあんない》であるのを忘《わす》れて功《こう》を焦《あせ》り越《えち》後勢単独《ごぜいたんどく》で芹谷野《せんだんの》の戦場《いくさば》に繰《く》り出《だ》した。能景《よしかげ》は百姓《ひゃくしょう》ばかりの一揆勢《いっきぜい》を呑《の》んでいた。一揆勢《いっきぜい》は越後《えちご》勢《ぜい》を見《み》て逃《に》げ出《だ》した。能景《よしかげ》は一気呵成《いっきかせい》に追《お》い駆《か》けた。一揆勢《いっきぜい》は逃《に》げた。能景《よしかげ》は追《お》っ駆《か》けた。能景《よしかげ》がハッと気付《きづ》いた時《とき》には味方《みかた》の姿《すがた》は何処《どこ》にも無《な》かった。

「仕舞《しま》った」と思《おも》った時《とき》には遅《おそ》かった。谷間《たにま》からも森影《もりかげ》からも忽然《こつぜん》と一揆勢《いっきぜい》の大軍《だいぐん》が沸《わ》き出《だ》した。

長尾能景《ながおよしかげ》は芹谷野《せんだんの》で一向一揆勢《いっこういっきぜい》に首討《くびう》たれた。呆気《あっけ》ない最期《さいご》だった。

越後勢《えちごぜい》は越後《えちご》に逃《に》げ帰《かえ》った。砺波郡守護代《となみぐんしゅごだい》の遊佐慶親《ゆさよしちか》は居城《きょじょう》の蓮沼城《はすぬまじょう》に入《はい》ること叶《かな》わず越後勢《えちごぜい》と共《とも》に再《ふたた》び越後《えちご》に逃《のが》れた。

神保慶宗《じんぼよしむね》と椎名慶胤《しいなよしたね》は各々居城《おのおのきょじょう》の放生津城《ほうじょうづじょう》と松倉城《まつくらじょう》に籠《こも》った。元々神保《もともとじんぼ》や椎名《しいな》は一向宗《いっこうしゅう》に寛大《かんだい》だ。臣下《しんか》にも一向宗徒《いっこうしゅうと》が多《おお》く、越中国《えっちゅうこく》に居《い》るからには一向宗《いっこうしゅう》を受《う》け入《い》れざるを得《え》なかった。

越後勢《えちごぜい》が引《ひ》き、やがて神保《じんぼ》や椎名《しいな》は一向宗《いっこうしゅう》と和睦《わぼく》して一向宗普及《いっこうしゅうふきゅう》を黙認《もくにん》した。

山科本願寺実如《やましなほんがんじじつにょ》は越中坊主衆《えっちゅうぼうずしゅう》と越中四郡《えっちゅうよんぐん》の門徒衆《もんとしゅう》に
「この度《たび》の働《はたら》き、誠《まこと》に祝着至極《しゅうちゃくしごく》。この上《うえ》は在郷枢要《ざいごうすうよう》の地《ち》に城塞《じょうさい》を構《かま》えて活動《かつどう》の拠点《きょてん》にされたし」

と一揆《いっき》の拠点《きょてん》となる城塞造《じょうさいづく》りを指示《しじ》した。在々所々《ざいざいしょしょ》の坊主門徒《ぼうずもんと》は寄《よ》り合《あ》い、各在郷《かくざいごう》の切所《せっしょ》（要害の地）に柵《さく》を設《もう》けて城塞《じょうさい》を造《つく》った。

越中国守護《えっちゅうこくしゅご》の畠山卜山《はたけやまぼくざん》にとって一向宗徒《いっこうしゅうと》は細川政元《ほそかわまさもと》に与《くみ》する敵方《てきがた》だ。神保《じんぼ》・椎名《しいな》はこの敵方《てきがた》の一向宗徒《いっこうしゅうと》と和睦《わぼく》した。以後《いご》、越中国《えっちゅうこく》の諸将《しょしょう》と畠山卜山《はたけやまぼくざん》との間《あいだ》に溝《みぞ》が出来《でき》た。これを契機《けいき》に越《えっ》中《ちゅう》の国人《こくじん》は守護《しゅご》の畠山家《はたけやまけ》から離《はな》れて独立《どくりつ》の道《みち》を歩《あゆ》み出《だ》した。

前将軍義尹　将軍に復帰

永正《えいしょう》五年（一五〇八年）、幕府《ばくふ》管領《かんれい》細川政元《ほそかわまさもと》は雲《くも》に乗《の》って天駈《あまか》ける妖術《ようじゅつ》に凝《こ》り、天下《てんか》の政《まつりごと》を放《ほう》置《ち》したので家臣《かしん》に弑殺《しいさつ》された。以後《いご》、細川家《ほそかわけ》は相続争《そうぞくあらそ》いが続《つづ》いて細川家《ほそかわけ》は乱《みだ》れに乱《みだ》れた。

同年、細川政元《ほそかわまさもと》の死《し》を隠棲先《いんせいさき》の周防国《すおうこく》（山口県東南部）で知《し》った前将軍義尹《ぜんしょうぐんよしただ》は、時節到来《じせつとうらい》と喜《よろこ》び勇《いさ》んで西国《さいごく》の九州《きゅうしゅう》諸国守護《しょこくしゅご》の大内《おおうち》・大友《おおとも》・松浦《まつうら》・原田《はらだ》・山鹿《やまが》・秋月《あきづき》らの三万の軍勢《ぐんぜい》を伴《ともな》って京都《きょうと》に攻《せ》め上《のぼ》った。畠山卜山《はたけやまぼくさん》を始《はじ》め畿内《きない》・近畿《きんき》の諸将《しょしょう》も我《われ》も我《われ》もと義尹《よしただ》の軍勢《ぐんぜい》に加《くわ》わった。

同年七月、足利義尹《あしかがよしただ》は晴《は》れて将軍《しょうぐん》に復帰《ふっき》して義稙《よしたね》（以後義稙）と改名《かいめい》した。畠山卜山《はたけやまぼくさん》は足利義稙《あしかがよしたね》の将軍復帰《しょうぐんふっき》を期《き》に神保慶宗《じんぼよしむね》と椎名慶胤《しいなよしたね》・遊佐慶親《ゆさよしちか》に幕府《ばくふ》への出仕《しゅっし》を命《めい》じた。けれども越中国《えっちゅうこく》は神保長誠《じんぼながのぶ》が存命中《ぞんめいちゅう》の応仁《おうにん》・文明《ぶんめい》の当時《とうじ》と違《ちが》って一向一揆衆《いっこういっきしゅう》が勢力《せいりょく》を張《は》り、一向宗徒《いっこうしゅうと》に味方《みかた》した越中国諸将《えっちゅうこくしょしょう》と一向宗徒《いっこうしゅうと》に敵対《てきたい》する畠山卜山《はたけやまぼくざん》との間《あいだ》には溝《みぞ》が出来《でき》ていた。何《なに》よりも幕府《ばくふ》の威光《いこう》に陰《かげ》りが生《しょう》じて余程《よほど》の厚遇《こうぐう》がなければ諸国《しょこく》の大名《だいみょう》も幕府《ばくふ》に出仕《しゅっし》しない時代《じだい》になっていた。何処《いづこ》の国《くに》の領主《りょうしゅ》も戦国大名《せんごくだいみょう》の道《みち》を歩《あゆ》み、越中国《えっちゅうこく》でも例外《れいがい》でなかった。越中守護代《えっちゅうしゅごだい》の神保《じんぼ》・椎名《しいな》は言葉《ことば》を左右《さゆう》にして出仕《しゅっし》せず、進物《しんもつ》（贈り物）を送《おく》って義稙《よしたね》の将軍復帰《しょうぐんふっき》を祝《いわ》うに留《とど》めて、越中《えっちゅう》に留《とど》まり領国《りょうごく》経営《けいえい》に専念《せんねん》した。

義稙再度の将軍廃位と死没

将軍義稙《しょうぐんよしたね》は元来独断実行《がんらいどくだんじっこう》を本分《ほんぶん》としたが、将軍《しょうぐん》になれたのは大内義興《おおうちよしおき》の軍事力《ぐんじりょく》と細川高国《ほそかわたかくに》の管領《かんれい》としての政治力《せいじりょく》に負《お》うところが多《おお》く、義稙《よしたね》の思《おも》い通《どお》りには幕府《ばくふ》を動《うご》かせなかった。それで幕府《ばくふ》重鎮《じゅうちん》とは屡《しばしば》、衝突《しょうとつ》を繰《く》り返《かえ》した。

永正《えいしょう》十五年（一五一八年）大内義興《おおうちよしおき》が周防国《すおうこく》へ帰国《きこく》した。義稙《よしたね》が将軍《しょうぐん》に復帰《ふっき》して以来《いらい》、畿内《きない》の平和《へいわ》は義興《よしおき》の軍事力《ぐんじりょく》で保《たも》たれていた。義興《よしおき》が去《さ》って畿内《きない》はまた混乱《こんらん》した。

翌年《よくねん》、阿波国《あわこく》に逃《のが》れていた三好之長《みよしゆきなが》が細川澄元《ほそかわすみもと》を伴《ともな》い管領細川高国《かんれいほそかわたかくに》を攻《せ》めて、兵庫越水城《ひょうごこしみずじょう》を陥落《かんらく》させた。次《つ》いで摂津《せっつ》の伊丹城《いたみじょう》と池田城《いけだじょう》も相次《あいつ》いで落《お》とした。三好之長《みよしゆきなが》は将軍義稙《しょうぐんよしたね》に使者《ししゃ》を送《おく》って、逆臣細川高国《ぎゃくしんほそかわたかくに》を除《のぞ》くための挙兵《きょへい》にて、公方《くぼう》には二心《ふたこころ》なしと伝《つた》えて、巧妙《こうみょう》に将軍《しょうぐん》を敵《てき》に廻《まわ》すのを避《さ》けた。細川高国《ほそかわたかくに》は恐《おそ》れて近江《おうみ》へ逃《のが》れた。

将軍義稙《しょうぐんよしたね》は三好之長《みよしゆきなが》の上申《じょうしん》を受《う》けて細川澄元《ほそかわすみもと》と和《わ》し京都《きょう》に留《とど》まった。之長《ゆきなが》は京都《きょう》を占領《せんりょう》した。

三好家《みよしけ》の家臣《かしん》は我《わ》が世《よ》の春《はる》を謳歌《おうか》して洛中《らくちゅう》を傍若無人《ぼうじゃくぶじん》に振《ふ》る舞《ま》った。

細川高国《ほそかわたかくに》は近江《おうみ》で五万の軍勢《ぐんぜい》を集《あつ》めて三好《みよし》を討《う》った。三好之長《みよしゆきなが》の軍《ぐん》は奢《おご》りに任《まか》せた生活《せいかつ》を続《つづ》けた結果《けっか》、軍律《ぐんりつ》が乱《みだ》れて逃亡者《とうぼうしゃ》が相次《あいつ》いだ。三好之長《みよしゆきなが》は戦乱《せんらん》の中《なか》で討死《うちじに》した。

大永《たいえい》元年（一五二一年）、京都《きょう》に戻《もど》った細川高国《ほそかわたかくに》は三好之長《みよしゆきなが》に加担《かたん》した将軍義稙《しょうぐんよしたね》を見限《みかぎ》り、義澄《よしずみ》の子《こ》の義晴《よしはる》を迎《むか》えて将軍《しょうぐん》に担《かつ》いだ。高国《たかくに》は再度《さいど》管領《かんれい》になって天下《てんか》の政権《せいけん》を掌握《しょうあく》した。将軍《しょうぐん》を廃《はい》（解任）された義稙《よしたね》は細川澄元《ほそかわすみもと》と共《とも》に阿波国《あわこく》へ逃《のが》れた。澄元《すみもと》は阿波《あわ》でまもなく病死《びょうし》した。

大永《たいえい》三年（一五二三年）、将軍義稙《しょうぐんよしたね》も阿波国《あわこく》で没《ぼっ》した。義稙《よしたね》は二度《にど》まで将軍《しょうぐん》を廃《はい》されて、「流《なが》れ公《く》方《ぼう》」と世間《せけん》から蔑《さげす》まれた。

二．長尾為景　越中平定と新川郡領有

越中国の状況

時代《じだい》は応仁《おうにん》の乱直後《らんちょくご》まで遡《さかのぼ》る。

越中国内《えっちゅうこくない》は多《おお》くの寺社《じしゃ》や公家《くげ》、豪族《ごうぞく》が所有《しょゆう》する「守護使不入の権《しゅごしふにゅうのけん》」のある荘園《しょうえん》があって細《こま》かく区切《くぎ》られおり、守護《しゅご》であっても手出《てだ》しすることは幕府《ばくふ》から許《ゆる》されていなかった。この荘園《しょうえん》には荘園領主《しょうえんりょうしゅ》から統治《とうじ》を請《う》け負《お》った地頭《じとう》や代官《だいかん》がいた。ところが応仁《おうにん》の乱以降《らんいこう》、全国各地《ぜんこくかくち》が戦乱《せんらん》の場《ば》となり京都《きょう》も炎上《えんじょう》して荘園領主《しょうえんりょうしゅ》が没落《ぼつらく》したり所在不明《しょざいふめい》になったりして、年貢《ねんぐ》の納《おさ》め先《さき》がなくなった。これ幸《さいわ》いに荘園地頭《しょうえんじとう》や代官《だいかん》は荘園《しょうえん》を私有《しゆう》して勢力《せいりょく》を蓄《たくわ》えた。越中《えっちゅう》でも氷見《ひみ》の鞍川《くらかわ》・木舟《きふね》（福岡町）の石黒《いしぐろ》・城生《じょうお》（八尾町）の斎藤《さいとう》・長沢《ながさわ》（婦中町）の小島《こじま》・池田《いけだ》（立山町）の寺島《てらしま》・弓之庄《ゆんのしょう》（上市町）の土肥《どい》らは守護代《しゅごだい》に匹敵《ひってき》する勢力《せいりょく》を蓄《たくわ》えた。越中守護代《えっちゅうしゅごだい》の神保《じんぼ》・椎名《しいな》はこの地頭《じとう》、豪族《ごうぞく》らと互《たが》いに連携《れんけい》を取《と》り合《あ》って越中国《えっちゅうこく》を統治《とうじ》した。越中国《えっちゅうこく》は当時《とうじ》、足利義稙《あしかがよしたね》（改名前の名は義材）の越中《えっちゅう》

落《お》ちなどを契機《けいき》にして人口《じんこう》が激増《げきぞう》した。越中《えっちゅう》の守護代《しゅごだい》や地頭《じとう》、豪族《ごうぞく》は競《きそ》って、毎年《まいねん》荒《あ》れ狂《くる》う河川《かせん》に堤《つつみ》を築《きず》き、排水溝《はいすいこう》を掘《ほ》って新田開発《しんでんかいはつ》に励《はげ》んだ。諸国《しょこく》を流浪《るろう》して新《あたら》しく入部《にゅうぶ》した民《たみ》は我《わ》が田畑《でんぱた》を手《て》に入《い》れようと身《み》を粉《こ》にして働《はたら》いた。田畑《たはた》は飛躍的《ひやくてき》に増大《ぞうだい》した。あちこちで開墾《かいこん》が進《すす》み、今《いま》まで点在《てんざい》した在郷《ざいごう》（田舎）が接《せっ》して連《つら》なり家並《やな》みが出来《でき》た。人々《ひとびと》は次第《しだい》に不便《ふべん》な山地《さんち》から平地《へいち》に移《うつ》り住《す》んだ。越中国《えっちゅうこく》は見違《みちが》えるように開《ひら》けた。越中《えっちゅう》の守護代《しゅごだい》・地頭《じとう》らが上《うえ》から下《した》まで自《みずか》ら汗《あせ》を流《なが》して作《つく》り上《あ》げた田畑《でんぱた》だ。ここを手放《てばな》して在京《ざいきょうしゅっし》の出仕など出来《でき》るものではなかった。越中国《えっちゅうこく》の守護《しゅご》代《だい》らは、守護《しゅご》の畠山卜山《はたけやまぼくざん》の命《めい》には従《したが》わずに家臣《かしん》の育成《いくせい》と所領《しょりょう》の経営《けいえい》に励《はげ》み、幕府《ばくふ》への出仕命令《しゅっしめいれい》は無視《むし》した。ただ、遊佐慶親《ゆさよしちか》だけは居城《きょじょう》の蓮沼城《はすぬまじょう》（小矢部市）が一向一揆衆《いっこういっきしゅう》に奪《うば》われて越後《えちご》に逃《のが》れていたので、卜山《ぼくざん》の命《めい》を契機《けいき》に上洛《じょうらく》した。

永正《えいしょう》十二年（一五一五年）、畠山卜山《はたけやまぼくざん》は神保慶明《じんぼよしあき》と遊佐慶親《ゆさよしちか》の二人《ふたり》を能登国守護《のとこくしゅご》の畠山義総《はたけやまよしふさ》の下《もと》に使者《ししゃ》に立《た》てて、守護《しゅご》の命《めい》に従《したが》わぬ神保慶宗《じんぼよしむね》と椎名慶胤《しいなよしたね》の討伐《とうばつ》を依頼《いらい》した。能登国《のとこく》はこの時《とき》、守《しゅ》護《ご》の畠山義元《はたけやまよしもと》が没《ぼっ》して、甥《おい》の義総《よしふさ》（義元の弟慶致の嗣子）が守護《しゅご》に就《つ》いていた。義総《よしふさ》は畠山卜山《はたけやまぼくざん》の依《い》頼《らい》を受《う》けたが、一人で「火中《かちゅう》の栗《くり》を拾《ひろ》う」危険《きけん》は避《さ》けて越後国守護代《えちごこくしゅごだい》の長尾為景《ながおためかげ》にも伝《つた》えて共《とも》に越中《えっちゅう》を討伐《とうばつ》しようと提携《ていけい》を申《もう》し出《で》た。

越後国の状況

この項《こう》もまた時代《じだい》を多少《たしょう》遡《さかのぼ》る。

明応《めいおう》七年（一四九八年）、まだ長尾能景《ながおよしかげ》が没《ぼっ》して間《ま》もなく、越後国守護《えちごこくしゅご》の上杉房能《うえすぎふさよし》は「我《わ》が国内《こくない》に守護使不入《しゅごしふにゅう》の地《ち》があるが、守護《しゅご》の許《ゆる》しを得《え》ずして領内《りょうない》で勝手《かって》をするは国《くに》が乱《みだ》れる基《もとい》なり。越後国内《えちごこくない》にあっては以後《いご》、守護使不入《しゅごしふにゅう》の地《ち》を解消《かいしょう》して総《すべ》て守護領《しゅごりょう》に組《く》み込《こ》むべし。地頭豪族《じとうごうぞく》は速《すみ》やかに荘園《しょうえん》を差《さ》し出《だ》して守護《しゅご》に臣従《しんじゅう》せよ」と言《い》い付《つ》けて領主《りょうしゅ》の荘園《しょうえん》を召《め》し上《あ》げた。越後国内《えちごこくない》は荘園領主《しょうえんりょうしゅ》らの怨嗟《えんさ》の声《こえ》で満《み》ち溢《あふ》れて、不穏《ふおん》な空気《くうき》に覆《おお》われた。

越後国守護代《えちごこくしゅごだい》の長尾能景《ながおよしかげ》は丁度《ちょうど》そのような乱《みだ》れた国内《こくない》になる直前《ちょくぜん》に守護《しゅご》の上杉房能《うえすぎふさよし》から越中《えっちゅう》一向一揆《いっこういっき》の撲滅《ぼくめつ》を命《めい》じられた。命《めい》を受《う》けた長尾能景《ながおよしかげ》は越中国《えっちゅうこく》に出陣《しゅつじん》したが、逆《ぎゃく》に越中国《えっちゅうこく》で戦没《せんぼつ》

した。（109頁11行目参照）
永正《えいしょう》三年（一五〇六年）、長尾能景《ながおよしかげ》が戦没《せんぼつ》して子《こ》の為景《ためかげ》が越後国守護代《えちごこくしゅごだい》を継《つ》いだ。為景《ためかげ》は主君《しゅくん》の上杉房能《うえすぎふさよし》に守護使不入《しゅごしふにゅう》の権《けん》を越後《えちご》の国人《こくじん》に返《かえ》すよう諫《いさ》めた。だが逆《ぎゃく》に房能《ふさよし》の逆鱗《げきりん》（龍が怒ったときのような激しい怒り）に触《ふ》れた。上杉房能《うえすぎふさよし》は長尾為景《ながおためかげ》を誅殺《ちゅうさつ》しようと謀《はか》った。為景《ためかげ》は「今《いま》、我《われ》、房能《ふさよし》の暴虐《ぼうぎゃく》を見《み》て諫争《かんそう》を尽《つ》くすも用《もち》いられず、やむなく身《み》を引《ひ》く。忠義《ちゅうぎ》の志《こころざし》すところは天《てん》も知《し》るところなり。しかるに却《かえ》って不忠《ふちゅう》と罵《ののし》られ、咎《とが》なきに誅《ちゅう》を受《う》けるは誠《まこと》に不本意《ふほんい》。臣下《しんか》として上《かみ》を討《う》つは五逆《ごぎゃく》の罪《つみ》（主君、父母、祖父母の殺害の罪）逃《のが》れ難《がた》かれども、義《ぎ》を以《もっ》て不義《ふぎ》を罰《ばっ》し、有道《ゆうどう》を以《もっ》て無道《むどう》を正《ただ》すは殷《いん》の湯王《とうおう》、周《しゅう》の武王《ぶおう》以来《いらい》、太古《たいこ》の昔《むかし》からの例《たと》えもあることなり」と言《い》って、上杉房能《うえすぎふさよし》に反旗《はんき》を翻《ひるがえ》した。
永正《えいしょう》四年（一五〇七年）八月、長尾為景《ながおためかげ》は主君《しゅくん》の上杉房能《うえすぎふさよし》を討《う》った。越後国内《えちごこくない》で房能《ふさよし》に味方《みかた》する諸将《しょしょう》は一人《ひとり》もいなかった。為景《ためかげ》は房能《ふさよし》を苦《く》も無《な》く越後府内《えちごふない》（直江津）から追《お》い出《だ》した。
為景《ためかげ》に追《お》い出《だ》された上杉房能《うえすぎふさよし》は実兄《じっけい》の関東管領山内上杉顕定《かんとうかんれいやまのうちうえすぎあきさだ》（鎌倉の山内《やまのうち》と扇谷《おおぎがやつ》にあった両上杉家

の各呼称）を頼《たよ》り上野国《こうずけこく》（群馬県）に落《お》ちる途中《とちゅう》の天水越《あまみずごし》（松之山町）で追手《おって》に囲《かこ》まれ自刃《じじん》した。

長尾為景《ながおためかげ》は上杉房能《うえすぎふさよし》の養子《ようし》の定実《さだざね》を主君《しゅくん》に仰《あお》いだ。定実《さだざね》は越後守護家《えちごしゅごけ》の分家《ぶんけ》の上条《じょうじょう》（柏崎の旧名）上杉房実《うえすぎふさざね》の子《こ》だ。

永正《えいしょう》六年（一五〇九年）七月、関東管領《かんとうかんれい》山内上杉顕定《やまのうちうえすぎあきさだ》は関東軍《かんとうぐん》八千騎《き》を率《ひき》いて越後《えちご》を襲《おそ》い、長尾為景《ながおためかげ》を討《う》った。為景《ためかげ》は上杉定実《うえすぎさだざね》を伴《ともな》って一旦《いったん》越中境《えっちゅうさかい》まで逃《のが》れて佐渡国《さどこく》へ渡《わた》った。

長尾為景《ながおためかげ》は羽前国《うぜんこく》（山形県）守護《しゅご》の伊達尚宗《だてひさむね》の与力《よりき》を得《え》て再起《さいき》を図《はか》った。

翌《よく》・永正《えいしょう》七年（一五一〇年）、長尾為景《ながおためかげ》は越後《えちご》に出《で》てきた山内上杉顕定《やまのうちうえすぎあきさだ》を襲撃《しゅうげき》して、敗走《はいそう》する顕《あき》定《さだ》を長森原《ながもりはら》（六日町）で討《う》ち取《と》り、為景《ためかげ》は上杉定実《うえすぎさだざね》を担《かつ》いで名目上《めいもくじょう》の越後国守護《えちごこくしゅご》にした。

将軍義稙《しょうぐんよしたね》（旧名：義材）は定実《さだざね》が越後上杉家《えちごうえすぎけ》の家督《かとく》を継《つ》ぎ越後国守護《えちごこくしゅご》になるのを允許《いんきょ》した。

長尾為景《ながおためかげ》は越後国《えちごこく》の実権《じっけん》を握《にぎ》って戦国大名《せんごくだいみょう》に伸《の》し上《あ》がった。

永正《えいしょう》十年（一五一三年）九月、上杉定実《うえすぎさだざね》は越後《えちご》の豪族《ごうぞく》で定実《さだざね》の実母《じつぼ》の実家《じっか》の当主《とうしゅ》、宇佐美房忠《うさみふさただ》を頼《たの》んで、実権《じっけん》を奪《うば》った長尾為景《ながおためかげ》に反旗《はんき》を翻《ひるがえ》し、春日山城《かすがやまじょう》を討《う》とうと企《たくら》んだ。

翌《よく》・永正《えいしょう》十一年（一五一四年）五月、長尾為景《ながおためかげ》は定実《さだざね》を幽閉《ゆうへい》して宇佐美房忠《うさみふさただ》を滅《ほろ》ぼした。為景《ためかげ》は名実共《めいじつとも》に押《お》しも押《お》されもせぬ越後国《えちごこく》の戦国大名《せんごくだいみょう》になって越後国全域《えちごこくぜんいき》を支配《しはい》した。

長尾為景　越中国平定

話《はなし》は前々項《ぜんぜんこう》の終《お》わりまで戻《もど》る。（115頁12行目〜116頁2行目の続き）

長尾為景《ながおためかげ》は能登国守護《のとこくしゅご》畠山義総《はたけやましふさ》を通《とお》して越中国守護《えっちゅうこくしゅご》畠山卜山《はたけやまぼくざん》から越中守護代《えっちゅうしゅごだい》・地頭《じとう》の討伐《とうばつ》提携《ていけい》の申《もう》し出《で》を受《う》けた。為景《ためかげ》にとっては京都《きょう》に我《わ》が名《な》を知《し》らしめる絶好《ぜっこう》の機会《きかい》だ。あわよくば越《えっ》中国《ちゅうこく》の併呑《へいどん》もあり得《う》ると思《おも》って謹《つつし》んで卜山《ぼくざん》の申《もう》し出《で》を受諾《じゅだく》した。為景《ためかげ》は物見《ものみ》（密偵）を出《だ》して越《えっ》中国内《ちゅうこくない》の様子《ようす》を探《さぐ》った。すると父《ちち》・能景《よしかげ》が越中《えっちゅう》に出陣《しゅつじん》して戦死《せんし》した頃《ころ》に比《くら》べて、一向宗徒《いっこうしゅうと》は守《しゅ》護代《ごだい》と一体化《いったいか》して勢力《せいりょく》は一段《いちだん》と強大《きょうだい》になっていた。

そして丁度《ちょうど》この頃《ころ》の越前国領主《えちぜんこくりょうしゅ》の朝倉孝景《あさくらたかかげ》は一向宗徒《いっこうしゅうと》が越前《えちぜん》に侵入《しんにゅう》するのを防《ふせ》ぐために加越《かえつ》国境《こっきょう》の関所《せきしょ》を総《すべ》て閉《と》じ、街道《かいどう》を封鎖《ふうさ》して一切《いっさい》の交通《こうつう》を遮断《しゃだん》していた。（107頁8〜9行目参照）

越前《えちぜん》・加賀国境《かがこっきょう》が遮断《しゃだん》されて困《こま》ったのが京都《きょう》の公家《くげ》や寺社《じんじゃ》、豪族《ごうぞく》らだ。北陸《ほくりく》からの年貢《ねんぐ》が途絶《とだ》えてしまったので彼《かれ》らは将軍義稙《しょうぐんよしたね》に泣《な》き付《つ》いた。

永正《えいしょう》十五年（一五一八年）将軍義稙《しょうぐんよしたね》は朝倉孝景《あさくらたかかげ》に関所《せきしょ》を開《ひら》くよう命《めい》じ、同時《どうじ》に本願寺実如《ほんがんじじつにょ》には一向一揆《いっこういっき》の隣国《りんごく》への侵入禁止《しんにゅうきんし》を言《い》い渡《わた》した。本願寺実如《ほんがんじじつにょ》は将軍義稙《しょうぐんよしたね》の命《めい》を受《う》けて加賀門徒《かがもんと》に「攻戦防戦具足懸《こうせんぼうせんぐそくがけ》の禁止《きんし》」を命《めい》じた。これを知《し》った長尾為景《ながおためかげ》は

「当《まさ》に天佑《てんゆう》（天の助け）。天《てん》は我《われ》に味方《みかた》せり」と喜《よろこ》んだ。為景《ためかげ》は早速《さっそく》、加賀三山総師《かがさんざんそうし》の若松本泉寺《わかまつほんせんじ》蓮悟《れんご》に不戦協定《ふせんきょうてい》を結《むす》ぼうと呼《よ》びかけて

「越中国《えっちゅうこく》への出兵《しゅっぺい》は守護代《しゅごだい》、地頭《じとう》の討伐《とうばつ》が目的《もくてき》である故《ゆえ》、一向宗一門《いっこうしゅういちもん》は今後《こんご》も末永《すえなが》く保護《ほご》して、誓《ちか》って粗略《そりゃく》にはいたさぬ」と約束《やくそく》した。この頃《ころ》の越中《えっちゅう》の一向宗坊主門徒《いっこうしゅうぼうずもんと》は加賀三山《かがさんざん》の本泉寺《ほんせんじ》の傘下《さんか》にあった。永正《えいしょう》十六年（一五一九年）三月、長尾為景《ながおためかげ》は家臣《かしん》を集《あつ》めて軍評定《いくさひょうじょう》（軍議）して

「先年《せんねん》、越中国《えっちゅうこく》に於《お》いて父能景《ちちよしかげ》を始《はじ》め多《おお》くの越後《えちご》の士卒《しそつ》を失《うしな》ったこと、一々申《いちいちもう》さずとも、皆《みな》の記憶《きおく》に新《あら》たなところなり。今漸《いまようや》くここに辛苦《しんく》して準備万端整《じゅんびばんたんとと》のったり。遺恨《いこん》を雪《すす》ぐは今《いま》この時《とき》。

いざ越中《えっちゅう》へ討《う》ち入《い》らん」と言《い》って戦支度《いくさじたく》を始《はじ》めた。

長尾為景《ながおためかげ》は前《まえ》もって越中守護《えっちゅうしゅご》畠山卜山《はたけやまぼくざん》と能登国守護《のとこくしゅご》畠山義総《はたけやまよしふさ》の両名《りょうめい》と示《しめ》し合《あわ》せて、卜山《ぼくざん》と義総《よしふさ》の越中国出陣《えっちゅうこくしゅつじん》を待《ま》った。

永正《えいしょう》十六年（一五一九年）春《はる》、能登国守護《のとこくしゅご》の義総《よしふさ》は七尾《ななお》を出陣《しゅつじん》して能州口《のうしゅうぐち》（氷見市）に入《はい》った。

越中国守護《えっちゅうこくしゅご》の卜山《ぼくざん》は名代《みょうだい》の畠山勝王《はたけやまかつおう》を立《た》てた。勝王《かつおう》は加賀《かが》から討《う》って出《で》て蓮沼口《はすぬまぐち》（小矢部市）に陣取《じんと》った。この勝王《かつおう》は畠山義英《はたけやまよしひで》の子《こ》で、義英《よしひで》が卜山《ぼくざん》と永正《えいしょう》元年（一五〇四年）に和睦《わぼく》した時《とき》、人質《ひとじち》となって卜山《ぼくざん》の猶子《ゆうし》（元の苗字のままの養子）になっていた。この後《のち》、義英《よしひで》は永正《えいしょう》三年に細川《ほそかわ》政元《まさもと》の家臣赤沢朝経《かしんあかざわともつね》と加賀一向一揆連合軍《かがいっこういっきれんごうぐん》に敗《やぶ》れて降参《こうさん》し、卜山《ぼくざん》も敗《やぶ》れて大和《やまと》に逃《のが》れた。勝王《かつおう》は人質《ひとじち》となって河内《かわち》から加賀《かが》に連行《れんこう》されたが、永正《えいしょう》四年に細川政元《ほそかわまさもと》が横死《おうし》して（111頁3行目参照）この頃《ころ》は自由《じゆう》の身《み》であった。

長尾為景《ながおためかげ》の出陣《しゅつじん》の条件《じょうけん》が整《ととの》った。為景《ためかげ》は総力《そうりょく》を挙《あ》げて陸海《りくかい》から越中国《えっちゅうこく》に討《う》ち入《い》った。

対《たい》する越中守護代《えっちゅうしゅごだい》・豪族《ごうぞく》らは連合《れんごう》し、宮崎城《みやざきじょう》（朝日町）に守備隊《しゅびたい》を派遣《はけん》して国境防衛線《こっきょうぼうえいせん》を張《は》り、越後国《えちごこく》との交通《こうつう》を遮断《しゃだん》した。

だが宮崎城《みやざきじょう》の防衛線《ぼうえいせん》は俄《にわ》か作《づく》りで、寄《よ》せ集《あつ》めの「烏合《うごう》の衆《しゅう》」だった。越後《えちご》の大軍《たいぐん》に揉《も》み立《た》てられて一支《ひとささ》えも出来《でき》ずに風《かぜ》に吹《ふ》かれた木《こ》の葉《は》のように乱《みだ》れ散《ち》った。

為景《ためかげ》は「破竹《はちく》の勢《いきお》い」（竹を一節割ると、後は止めようもなく勢いよく割れる例え）で黒部川《くろべがわ》を押《お》し渡《わた》り、生地《いくじ》（黒部市）に陣取《じんど》って勢力《せいりょく》を誇示《こじ》した。魚津城《うおづじょう》の鈴木国重《すずきくにしげ》は堪《たま》らず城《しろ》を抜《ぬ》け出《で》して小出城《こいでじょう》（富山市水橋）に逃《に》げ込《こ》んだ。椎名慶胤《しいなよしたね》は松倉城《まつくらじょう》（魚津市）に籠城《ろうじょう》した。

長尾為景《ながおためかげ》は魚津城《うおづじょう》に入城《にゅうじょう》し、さらに鈴木国重《すずきくにしげ》を追《お》って小出城《こいでじょう》を囲《かこ》んだ。国重《くにしげ》は城《しろ》が囲《かこ》まれる先《さき》に抜《ぬ》け落《お》ちた。永正《えいしょう》十六年（一五一九年）九月、為景《ためかげ》は常願寺川《じょうがんじがわ》を渡《わた》り、新庄城《しんじょうじょう》（富山市）に軍《ぐん》を進《すす》めて、一気《いっき》にここも攻《せ》め落《お》とした。

神保慶宗《じんぼよしむね》は新庄城《しんじょうじょう》が落《お》ちたのを見《み》て居城《きょじょう》の放生津《ほうじょうづ》（新湊）を捨《す》て、根城《ねじろ》の二上山守山城《ふたがみやまもりやまじょう》（高岡市）に逃《に》げ込《こ》み籠城《ろうじょう》した。長尾為景《ながおためかげ》は放生津《ほうじょうづ》を焼《や》き尽《つ》くして、さらに二上山《ふたがみやま》の麓《ふもと》も焼《や》いた。神《じん》保慶宗《ぼよしむね》の守山城《もりやまじょう》の落城《らくじょう》は目前《もくぜん》に迫《せま》った。

この時《とき》、加賀《かが》から蓮沼口《はすぬまぐち》（小矢部市）に出陣《しゅつじん》していた畠山勝王《はたけやまかつおう》は味方《みかた》の勝利《しょうり》に気《き》が緩《ゆる》み、士卒《しそつ》も浮《う》かれて気儘《きまま》に略奪放火《りゃくだつほうか》した。勝王《かつおう》の陣《じん》の近《ちか》くの蟹谷庄高木場《かにやしょうたかこば》（福光町）には勝興寺《しょうこうじ》があった。勝興寺《しょうこうじ》はかつて土山《どやま》（福光町）にあったが、火事《かじ》を出《だ》したのを機会《きかい》に麓《ふもと》の高木場《たかこば》に移《うつ》った。勝王《かつおう》勢《ぜい》はこの勝興寺《しょうこうじ》を炎上《えんじょう》させた。

勝興寺《しょうこうじ》は加賀三山《かがさんざん》に並《なら》ぶ越中一向宗《えっちゅういっこうしゅう》の大道場《だいどうじょう》だ。越中《えっちゅう》の一向宗門徒《いっこうしゅうもんと》が騒《さわ》ぎだした。丁度《ちょうど》、季《き》節《せつ》は冬《ふゆ》に向《む》かった。日《ひ》一日《いちにち》と寒《さむ》さが募《つの》り雪《ゆき》がチラついた。

為景《ためかげ》は勝利《しょうり》を目前《もくぜん》にしたが、不測《ふそく》の事態《じたい》が起《お》こる予感《よかん》がして能登勢《のとぜい》に使者《ししゃ》を送《おく》り、来春《らいしゅん》を期《き》して越後国《えちごこく》に引《ひ》き上《あ》げた。能登国《のとこく》の義総《よしふさ》も為景《ためかげ》からの使者《ししゃ》を受《う》けて居城《きょじょう》の能登国七尾城《のとこくななおじょう》に帰陣《きじん》した。畠山勝王《はたけやまかつおう》も加賀《かが》へ引《ひ》いた。一向宗徒《いっこうしゅうと》を敵《てき》に廻《まわ》す事態《じたい》を引《ひ》き起《お》こした勝王軍《かつおうぐん》は諸勢《しょぜい》の信用《しんよう》を失《うしな》って以後顧《いごかえり》みられなくなった。

翌《よく》・永正《えいしょう》十七年（一五二〇年）、畠山卜山《はたけやまぼくざん》は一向宗徒《いっこうしゅうと》が敵《てき》に廻《まわ》るのを恐《おそ》れて、勝興寺再建《しょうこうじさいけん》のために神保慶明《じんぼよしあき》と遊佐慶親《ゆさよしちか》を派遣《はけん》して砺波郡安養寺《となみぐんあんようじ》（小矢部市）の地《ち》を寄進《きしん》した。

同年《どう》六月、長尾為景《ながおためかげ》は越中国《えっちゅうこく》に再度《さいど》討《う》ち入《い》った。今度《こんど》は戦法《せんぽう》を変《か》えて長期《ちょうき》の籠城戦《ろうじょうせん》が取《と》れないように実《みの》りの秋《あき》を未《ま》だ迎《むか》えぬ食料《しょくりょう》の端境期《はざかいき》を狙《ねら》って一気呵成《いっきかせい》に椎名勢《しいなぜい》を討《う》った。椎名慶胤《しいなよしたね》は魚津《うおづ》と松倉《まつくら》の両城《りょうじょう》を捨《す》てて新庄城《しんじょうじょう》に逃《のが》れ、神保軍《じんぼぐん》に合流《ごうりゅう》した。長尾為景《ながおためかげ》は魚津《うおづ》、松倉《まつくら》の両城《りょうじょう》を制《せい》し、守備兵《しゅびへい》を残《のこ》して一旦《いったん》越後《えちご》に凱旋《がいせん》した。

同年《どう》八月、畠山卜山《はたけやまぼくざん》は神保慶明《じんぼよしあき》と遊佐慶親《ゆさよしちか》に、能登《のと》の畠山義総《はたけやまよしふさ》の助《たす》けを得《え》て神保慶宗《じんぼよしむね》を討《う》つよう命《めい》じた。また別途《べっと》、越中《えっちゅう》の楡原《にれはら》（富山市）に使者《ししゃ》を送《おく》って、同地《どうち》で勢力《せいりょく》を張《は》る荘園豪族《しょうえんごうぞく》の斎藤藤次郎《さいとうとうじろう》を味方《みかた》に付《つ》けた。藤次郎《とうじろう》は越後《えちご》の長尾家《ながおけ》とは親戚《しんせき》の誼《よしみ》があって、長尾為景《ながおためかげ》と親《した》しく交際《こうさい》していた。その一方《いっぽう》で神保家《じんぼけ》とは平素《へいそ》から領地《りょうち》の境界争《きょうかいあらそ》いがあって仲《なか》が悪《わる》かった。それで藤次郎《とうじろう》は長《なが》尾勢《おぜい》に与《くみ》して飛騨口《ひだぐち》を塞《ふさ》ぎ、神保慶宗《じんぼよしむね》に迫《せま》った。

同年《どう》冬《ふゆ》、為景《ためかげ》は畠山卜山《はたけやまぼくざん》の名代《みょうだい》で動《うご》き出《だ》した神保慶明《じんぼよしあき》と遊佐慶親《ゆさよしちか》に応《おう》じて再度越中《さいどえっちゅう》に出陣《しゅつじん》し、水橋《みずはし》の小出城《こいでじょう》に陣《じん》を取《と》った。一方《いっぽう》、越中勢《えっちゅうぜい》の神保慶宗《じんぼよしむね》と椎名慶胤《しいなよしたね》は共《とも》に新庄城《しんじょうじょう》に入《はい》って常願寺《じょうがんじ》川《がわ》を挟《はさ》み、小出城《こいでじょう》の為景《ためかげ》と睨《にら》みあった。

長尾為景《ながおためかげ》は小出城《こいでじょう》を出《で》て常願寺川《じょうがんじがわ》を渡《わた》った。時《とき》は真冬《まふゆ》の十二月。寒風《かんぷう》吹《ふ》き荒《すさ》ぶ中《なか》を、明《あ》け方《がた》から雌雄《しゆう》を決《けっ》する激戦《げきせん》が新庄城《しんじょうじょう》で始《はじ》まった。戦《たたか》いは黄昏《たそがれ》まで続《つづ》いた。越中勢《えっちゅうぜい》は越後勢《えちごぜい》六百余《よ》を討《う》ち取《と》った。けれども越中勢《えっちゅうぜい》も椎名慶胤《しいなよしたね》をはじめ数千人が戦死《せんし》した。新庄城《しんじょうじょう》は朱に染《そ》まった。越《えっ》中勢《ちゅうぜい》は徹底抗戦《てっていこうせん》した揚句《あげく》に壊滅《かいめつ》した。

神保慶宗《じんぼよしむね》は残《のこ》り僅《わず》かの一族郎党《いちぞくろうとう》に助《たす》けられて夜陰《やいん》に紛《まぎ》れ、凍《い》てつく神通川《じんづうがわ》を渡《わた》って地吹雪《じふぶき》で足《あし》元《もと》すら見定《みさだ》め難《がた》い呉服山《ごふくやま》（呉羽山）に逃《に》げ込《こ》んだ。そして雪《ゆき》の原野《げんや》を越《こ》えて詰城《つめじろ》の二上山《ふたがみやま》を目指《めざ》した。だが頼《たの》みとする二上山守山城《ふたがみやまもりやまじょう》は既《すで》に能登《のと》の畠山勢《はたけやまぜい》の手《て》に落《お》ちていた。

神保慶宗《じんぼよしむね》は逃《に》げ場《ば》を失《うしな》った。雪降《ゆきふ》る空《そら》を見上《みあ》げて

「天《てん》（天命）なるかな」と呻《うめ》いて、一族郎党《いちぞくろうとう》と共《とも》に小《ち》さな社《やしろ》の森《もり》に入《はい》って座《すわ》り込《こ》んだ。そして甲《かっ》冑《ちゅう》を揃《そろ》って脱《ぬ》ぎ、夕刻《ゆうこく》の西《にし》の空《そら》に向《む》かって合掌《がっしょう》念仏《ねんぶつ》しながら自刃《じじん》して果《は》てた。

越後《えちご》の長尾為景《ながおためかげ》は越中国《えっちゅうこく》を制圧《せいあつ》した。為景《ためかげ》は手柄《てがら》を報告《ほうこく》しようと多胡《たご》（氷見市）に出向《でむ》いた。多胡《たご》には能登国守護《のとこくしゅご》の畠山義総《はたけやまよしふさ》が出陣《しゅつじん》していて能登勢《のとぜい》の本陣《ほんじん》になっていた。既《すで》に越中国守護《えっちゅうこくしゅご》畠《はたけ》

山卜山《やまぼくざん》の名代《みょうだい》の神保慶明《じんぼよしあき》と遊佐慶親《ゆさよしちか》も参陣《さんじん》していた。

この頃《ころ》、卜山《ぼくざん》は紀伊国《きいこく》にいて家勢《かせい》が衰《おとろ》え、遠《とお》く越中《えっちゅう》までは支配《しはい》が及《およ》ばなかった。それでこの期《き》を境《さかい》に卜山《ぼくざん》は越中国統治《えっちゅうこくとうじ》を能登国守護《のとこくしゅご》の畠山義総《はたけやまよしふさ》に委《ゆだ》ねた。

翌《よく》・大永《たいえい》元年（一五二一年）、紀伊国《きいこく》で一揆《いっき》が起《お》こった。畠山卜山《はたけやまぼくざん》は追《お》われて淡路国《あわじこく》に落《お》ちた。そして翌年淡路《よくねんあわじ》で波瀾《はらん》に満《み》ちた四十一歳の生涯《しょうがい》を閉《と》じた。河内国畠山家《かわちこくはたけやまけ》の越中《えっちゅう》での影響力《えいきょうりょく》は完《かん》全《ぜん》に消滅《しょうめつ》した。

越中新川郡　割譲

大永《たいえい》元年（一五二一年）、長尾為景《ながおためかげ》は越中国統治《えっちゅうこくとうじ》を任《まか》された能登国守護畠山家《のとこくしゅごはたけやまけ》に神保討伐《じんぼとうばつ》の恩《おん》賞《しょう》を迫《せま》った。畠山義総《はたけやまよしふさ》は渋々約束《しぶしぶやくそく》した越中国新川郡《えっちゅうこくにいかわぐん》を為景《ためかげ》に割譲《かつじょう》した。婦負《ねい》・射水両郡《いみずりょうぐん》は能登《のと》の畠山義総《はたけやまよしふさ》自身《じしん》が領有《りょうゆう》した。義総《よしふさ》は砺波郡《となみぐん》の瑞泉寺《ずいせんじ》と勝興寺《しょうこうじ》に使者《ししゃ》を立《た》て、以後《いご》は能登国畠《のとこくはたけ》山家《やまけ》を守護《しゅご》と心得《こころえ》て仰《あお》ぎ従《したが》うよう下命《かめい》した。

越中国新川郡《えっちゅうこくにいかわぐん》を領有《りょうゆう》した長尾為景《ながおためかげ》は椎名長常《しいなながつね》を目代《もくだい》に立《た》てて松倉《まつくら》に置《お》き、椎名家《しいなけ》の旧領《きゅうりょう》を安堵《あんど》した。長常《ながつね》は慶胤《よしたね》の弟《おとうと》だ。椎名長常《しいなながつね》は慶胤《よしたね》の名代《みょうだい》として屡《しばしば》上洛《じょうらく》し、また畠山卜山《はたけやまぼくざん》とも意《い》を通《つう》じていた。その後《ご》に長常《ながつね》は永正《えいしょう》三年（一五〇六年）、一向一揆《いっこういっき》に追《お》われて越中《えっちゅう》の諸将《しょしょう》と共《とも》に越後《えちご》に逃《のが》れて、そのまま越後《えちご》に居残《いのこ》り長尾家《ながおけ》の客分《きゃくぶん》に収《おさ》まっていた。

椎名長常《しいなながつね》は旧領《きゅうりょう》を安堵《あんど》（保証）されて松倉《まつくら》（魚津市）に移《うつ》った。そして慶胤《よしたね》の子《こ》の康胤《やすたね》を養育《よういく》して家督《かとく》に据《す》えた。

三．大永一向一揆

越中国領土の分割再配分

越中国《えっちゅうこく》では長尾為景《ながおためかげ》と加賀《かが》の若松本泉寺《わかまつほんせんじ》との永正《えいしょう》の不戦協定《ふせんきょうてい》（120頁6～9行目参照）によって一向宗《いっこうしゅう》が保護《ほご》された。一向宗《いっこうしゅう》が越中《えっちゅう》で爆発的《ばくはつてき》に活気付《かっきづ》いた。

大永《たいえい》二年（一五二二年）、畠山義総《はたけやまよしふさ》と長尾為景《ながおためかげ》は一向宗徒《いっこうしゅうと》の勢力《せいりょく》を恐《おそ》れて、連盟《れんめい》して越中国領《えっちゅうこくりょう》内《ない》の一向宗禁止《いっこうしゅうきんし》を布告《ふこく》した。そして一向宗門徒《いっこうしゅうもんと》に改宗《かいしゅう》を強制《きょうせい》した。従《したが》わぬ者《もの》は領内《りょうない》から追《お》い出《だ》した。越中国《えっちゅうこく》の一向宗《いっこうしゅう》は壊滅《かいめつ》の危機《きき》に立《た》った。勝興寺実玄《しょうこうじじつげん》は加賀一向宗総師《かがいっこうしゅうそうし》の蓮悟《れんご》に訴《うった》えて、加賀衆《かがしゅう》と飛騨白川郷《ひだしらかわごう》の照蓮寺門徒衆《しょうれんじもんとしゅう》の与力《よりき》を得《え》て武力蜂起《ぶりょくほうき》した。

大永《たいえい》二年（一五二二年）二月、越中一向一揆衆《えっちゅういっこういっきしゅう》は能登口《のとぐち》の多胡城《たごじょう》（氷見市）を焼《や》き払《はら》う一方《いっぽう》、新川郡内《にいかわぐんない》でも各地《かくち》の椎名《しいな》の出城《でじろ》を襲《おそ》い、越中国各地《えっちゅうこくかくち》で一向一揆衆《いっこういっきしゅう》と守護勢《しゅごぜい》との小競《こぜ》り合《あ》いが始《はじ》まった。

当時《とうじ》の管領細川高国《かんれいほそかわたかくに》は本願寺実如《ほんがんじじつにょ》と能登国守護《のとこくしゅご》畠山義総《はたけやまよしふさ》に和議《わぎ》を斡旋《あっせん》した。

翌《よく》・大永《たいえい》三年（一五二三年）、和議《わぎ》が成《な》って畠山義総《はたけやまよしふさ》は砺波郡《となみぐん》を従来通《じゅうらいとお》り瑞泉寺《ずいせんじ》と勝興寺《しょうこうじ》の領域《りょういき》として認《みと》め、射水郡《いみずぐん》の内《うち》の氷見郷《ひみごう》は能登国《のとこく》の畠山領《はたけやまりょう》に組《く》み込《こ》み、他《た》の射水郡《いみずぐん》と婦負全郡《ねいぜんぐん》は神保家《じんぼけ》家督《かとく》の神保長職《じんぼながもと》に返還《へんかん》した。

神保家《じんぼけ》は長尾為景《ながおためかげ》に討《う》たれて一族《いちぞく》の大半《たいはん》を失《うしな》ったが、慶宗《よしむね》の末子《まっし》の幼《おさな》い長職《ながもと》は長沢《ながさわ》（富山市婦中町）の豪族《ごうぞく》小島六郎左衛門《こじまろくろうざえもん》に匿《かくま》われて無事《ぶじ》だった。

小島家《こじまけ》は長沢《ながさわ》に荘園《しょうえん》を領有《りょうゆう》する豪族《ごうぞく》だ。六郎左衛門《ろくろうざえもん》の代《だい》になって、境《さかい》を接《せっ》する楡原《にれはら》の斎藤藤次郎《さいとうとうじろう》が城生《じょうお》（八尾町）に城《しろ》を築《きず》き、領地争《りょうちあらそ》いが生《しょう》じた。争《あらそ》いが嵩《こう》じて「不倶戴天《ふぐたいてん》」の仲《なか》（生かしておけない憎い仲）になった。それで長尾為景《ながおためかげ》の越中侵攻以前《えっちゅうしんこういぜん》から小島六郎左衛門《こじまろくろうざえもん》は斎藤勢《さいとうぜい》に対抗《たいこう》するために婦負郡守護代《ねいぐんしゅごだい》の神保家《じんぼけ》に臣従《しんじゅう》していた。

神保家《じんぼけ》が滅《ほろ》んだ後《のち》、神保長職《じんぼながもと》は小島六郎左衛門《こじまろくろうざえもん》に伴《ともな》われて能登《のと》の七尾《ななお》に出向《でむ》き、降伏《こうふく》して畠山義総《はたけやまよしふさ》に臣従《しんじゅう》することを誓《ちか》った。大永《たいえい》の一向一揆《いっこういっき》の後《のち》、神保《じんぼ》の旧領《きゅうりょう》は安堵《あんど》された。

射水郡《いみずぐん》の氷見郷《ひみごう》が能登領《のとりょう》になったのを期《き》に、氷見《ひみ》の地頭《じとう》の鞍川平兵衛《くらかわへいべえ》は能登国《のとこく》畠山家《はたけやまけ》の家臣《かしん》に取《と》り立《た》てられて従来通《じゅうらいどお》り氷見《ひみ》を治《おさ》めた。

四．本願寺と加賀一向宗惣国の対立

本願寺　下間頼秀・頼盛兄弟の台頭

この節《せつ》は隣国《りんごく》加賀《かが》の騒動《そうどう》であって直接《ちょくせつ》には越中《えっちゅう》の出来事《できごと》でない。だが越中《えっちゅう》の一向宗門徒《いっこうしゅうもんと》は間接的《かんせってき》には加賀一向宗三山《かがいっこうしゅうさんざん》の支配《しはい》を受《う》けていたので、ここにその大要《たいよう》を伝《つた》える。

大永《たいえい》五年（一五二五年）二月、山科本願寺《やましなほんがんじ》九代法主《きゅうだいほっす》の実如《じつにょ》が病没《びょうぼつ》した。享年《きょうねん》六十八歳。実如《じつにょ》は臨終《りんじゅう》を悟《さと》って四男の三河《みかわ》の本宗寺実円《ほんしゅうじじつえん》と、実如《じつにょ》の弟《おとうと》の近江《おうみ》の顕証寺蓮淳《けんしょうじれんじゅん》。並《なら》びに加賀《かが》三山の若松本泉寺蓮悟《まつほんせんじれんご》と松岡寺《しょうこうじ》の蓮慶《れんけい》、光教寺《こうきょうじ》の顕誓《けんせい》の五人を枕元《まくらもと》に呼《よ》んだ。この三山の蓮悟《れんご》は実如《じつにょ》の弟《おとうと》で、蓮慶《れんけい》と顕誓《けんせい》は実如《じつにょ》の甥《おい》だった。実如《じつにょ》は幼少《ようしょう》の孫《まご》の証如《しょうにょ》に跡《あと》を継《つ》がせ、その補佐《ほさ》を五人に頼《たの》んで息《いき》を引《ひ》き取《と》った。

本願寺《ほんがんじ》十代法主《ほっす》になった証如《しょうにょ》はこの時《とき》まだ僅《わず》かに十歳。この証如《しょうにょ》の父《ちち》の円如《えんにょ》は証如《しょうにょ》が誕生《たんじょう》してまもなく三十二歳の若《わか》さで大永《たいえい》二年（一五二二年）に亡《な》くなった。それで証如《しょうにょ》が跡《あと》を継《つ》ぐことになったのだ。証如《しょうにょ》の後見《こうけん》は実円《じつえん》・蓮淳《れんじゅん》・蓮悟《れんご》・蓮慶《れんけい》・顕誓《けんせい》の五人に委《ゆだ》ねられたが、この五人は本《ほん》願寺《がんじ》には住《す》まずに近江《おうみ》顕証寺《けんしょうじ》の蓮淳《れんじゅん》に任《まか》せて帰国《きこく》した。蓮淳《れんじゅん》もやがて近江《おうみ》に帰《かえ》った。以後《いご》本願寺《ほんがんじ》に証如《しょうにょ》の血《ち》の繋《つな》がる後見人《こうけんにん》が居《い》なくなった。

本願寺《ほんがんじ》は家宰《かさい》の下間頼玄《しもつまらいげん》と子《こ》の頼秀《らいしゅう》・頼盛《らいせい》兄弟《きょうだい》が取《と》り仕切《しき》った。下間家《しもつまけ》は宗祖《しゅうそ》親鸞《しんらん》の侍者《じしゃ》（側用人）だった常陸国下妻《ひたちこくしもつま》の蓮位坊《れんいぼう》に始《はじ》まる。子孫《しそん》は本願寺《ほんがんじ》の都維那《ついな》（寺の事務職）や堂宗《どうしゅう》（雑役僧）・法橋《ほっきょう》（僧の位、律師に相当）に補《ほ》されて代々《だいだい》武人《ぶじん》として帯刀《たいとう》しながら法衣《ほうい》を身《み》に着《つ》けた。そして本願《ほんがん》寺《じ》の出納《すいとう》の一切《いっさい》を取《と》り仕切《しき》って、大名《だいみょう》に匹敵《ひってき》する財力《ざいりょく》を蓄《たくわ》えた。

ところで永正《えいしょう》十五年（一五一八年）に加賀《かが》門徒衆《もんとしゅう》は本願寺《ほんがんじ》実如《じつにょ》から一揆《いっき》の禁止《きんし》を言《い》い渡《わた》されていた。（120頁5行目参照）そこで加賀《かが》一向宗《いっこうしゅう》の門徒衆《もんとしゅう》は越前国守護《えちぜんこくしゅご》の朝倉家《あさくらけ》と不戦協定《ふせんきょうてい》を結《むす》んで加《か》賀三山《がさんざん》の若松本泉寺《わかまつほんせんじ》等《など》四ケ寺《じ》と加賀四郡《かがよんぐん》の長《おさ》の吉藤専光寺《よしふじせんこうじ》等《など》四ケ寺《じ》の下《もと》に結束《けっそく》して実如《じつにょ》の遺訓《いくん》を守《まも》り続《つづ》けていた。（越中の一向宗門徒は間接的に若松本泉寺の傘下にあった）

丁度《ちょうど》この頃《ころ》、永正《えいしょう》三年に朝倉貞景《あさくらさだかげ》の焼《や》き討《う》ちを受《う》けた越前《えちぜん》の藤島超勝寺《ふじしまちょうしょうじ》実顕《じっけん》や和田本覚寺《わだほんかくじ》は加賀《かが》に逃《に》げ込《こ》んで、何《なん》としても越前《えちぜん》に攻《せ》め込《こ》もうと必死《ひっし》になっていた。そしてこの時《とき》、山科本《やましなほん》願寺《がんじ》の下間頼秀《しもつまらいしゅう》が加賀《かが》にやって来《き》てこの常態《じょうたい》を見《み》て、加賀一国《かがいっこく》に留《とど》まらず北陸一円《ほくりくいちえん》を本願寺《ほんがんじ》直《ちょっ》轄《かつ》の領国《りょうごく》にしようとの野心《やしん》を巡《めぐ》らし、密《ひそ》かに元《もと》・越前国寺院《えちぜんこくじいん》の藤島超勝寺《ふじしまちょうしょうじ》や和田本覚寺《わだほんかくじ》を誘《さそ》った。下間頼秀《しもつまらいしゅう》と超勝寺《ちょうしょうじ》実顕《じつけん》は加賀在住《かがざいじゅう》の門徒衆《もんとしゅう》や加賀《かが》の不満武家《ふまんぶけ》、野心家《やしんか》らを焚《た》きつけて加賀《かが》の隣国《りんごく》の越中《えっちゅう》や越前《えちぜん》で一揆《いっき》を起《おこ》し、中小《ちゅうしょう》の荘園横領《しょうえんおうりょう》や年貢横奪《ねんぐおうだつ》を働《はたら》いた。

下間頼秀《しもつまらいしゅう》は越中国太田保《えっちゅうこくおおたほ》に眼《め》を付《つ》けた。太田保《おおたほ》は婦負郡《ねいぐん》と新川郡《にいかわぐん》に跨《またが》る幕府《ばくふ》の広大《こうだい》な天領《てんりょう》で、当時《とうじ》は管領細川高国《かんれいほそかわたかくに》が支配《しはい》する荘園《しょうえん》だった。そしてこの頃《ころ》の細川家《ほそかわけ》では高国《たかくに》と晴元《はるもと》が当主《とうしゅ》の座《ざ》を争《あらそ》っていた。そして本願寺《ほんがんじ》は晴元《はるもと》の味方《みかた》だ。

下間頼秀《しもつまらいしゅう》は本願寺《ほんがんじ》の敵方《てきがた》の細川高国《ほそかわたかくに》が領《りょう》する越中国太田保《えっちゅうこくおおたほ》を横領《おうりょう》した。

越中守護代《えっちゅうしゅごだい》の神保長職《じんぼながもと》は失《うしな》った勢力回復《せいりょくかいふく》に邁進《まいしん》し、一向宗徒《いっこうしゅうと》とは友好関係《ゆうこうかんけい》を保《たも》って争《あらそ》いは避《さ》けようと努《つと》めていた。だがここに来《き》て、越中国内《えっちゅうこくない》での下間頼秀《しもつまらいしゅう》と加賀在住《かがざいじゅう》の越前浪人衆《えちぜんろうにんしゅう》の横《おう》暴《ぼう》が眼《め》に余《あま》った。神保長職《じんぼながもと》は加賀三山《かがさんざん》の総師《そうし》若松本泉寺《わかまつほんせんじ》に苦情《くじょう》を申《もう》し入《い》れた。加賀三山《かがさんざん》や四郡《よんぐん》の長《おさ》も、超勝寺《ちょうしょうじ》や本覚寺《ほんかくじ》などの一揆《いっき》を扇動《せんどう》する越前浪人衆《えちぜんろうにんしゅう》に手《て》を焼《や》いていた。

加賀一向宗徒と越前一向宗徒の抗争

享禄《きょうろく》四年（一五三一年）五月、若松本泉寺蓮悟《わかまつほんせんじれんご》は越前《えちぜん》の朝倉《あさくら》・加賀《かが》の富樫《とがし》・能登《のと》の畠山《はたけやま》・越中《えっちゅう》の神保《じんぼ》と椎名《しいな》・飛騨《ひだ》の内島《うちじま》の応援《おうえん》を頼《たの》んで越前藤島《えちぜんふじしま》の超勝寺実顕《ちょうしょうじじつけん》一味《いちみ》を成敗《せいばい》した。

越前浪人衆《えちぜんろうにんしゅう》は加賀《かが》の山内庄《やまのうちしょう》に逃《に》げ込《こ》んだ。山内庄《やまのうちしょう》は加賀南方《かがなんほう》の白山山麓一帯《はくさんさんろくいったい》で飛騨《ひだ》や越前《えちぜん》に接《せっ》する手取川上流全域《てどりかわじょうりゅうぜんいき》を指《さ》す広大《こうだい》な地域《ちいき》だ。加賀三山《かがさんざん》の蓮悟《れんご》は手取川《てどりかわ》から山内庄《やまのうちしょう》への出入《でい》りを封《ふう》鎖《さ》した。だが越前浪人衆《えちぜんろうにんしゅう》は密《ひそ》かに間道《かんどう》を使《つか》って通《とお》り抜《ぬ》け、近《ちか》くにあった加賀三山《かがさんざん》の一つの波佐谷《はさたに》松岡寺《しょうこうじ》を焼《や》き討《う》ちして、住職《じゅうしょく》の蓮綱《れんこう》・蓮慶父子《れんけいふし》を山内庄《やまのうちしょう》に拉致《らち》した。

加賀四郡《かがよんぐん》の長《おさ》の須崎慶覚《すざきけいかく》と河合宣久《かわいせんきゅう》は下間頼秀《しもつまらいしゅう》と越前浪人衆《えちぜんろうにんしゅう》の横暴《おうぼう》を見《み》かねて飛騨路《ひだじ》を上《のぼ》って白川郷《しらかわごう》の照蓮寺《しょうれんじ》を誘《さそ》い、山科本願寺《やましなほんがんじ》に出向《でむ》いて下間頼秀《しもつまらいしゅう》と越前浪人衆《えちぜんろうにんしゅう》の横暴《おうぼう》を訴《うった》えた。ところが本願寺《ほんがんじ》で取《と》り継《つ》ぎに出《で》た下間頼盛《しもつまらいせい》は若年法主《じゃくねんほっす》の証如《しょうにょ》に

「加賀三山《かがさんざん》の坊主共《ぼうずども》は前《ぜん》・門主《もんしゅ》の遺言《ゆいごん》に背《そむ》いて加賀《かが》を横領《おうりょう》せんと一揆《いっき》を起《おこ》して御座《ござ》る」と逆《ぎゃく》に兄《あに》の頼秀《らいしゅう》と越前衆《えちぜんしゅう》の肩《かた》を持《も》つ取《と》り継《つ》ぎをした。下間頼盛《しもつまらいせい》は頼秀《らいしゅう》の弟《おとうと》だ。

証如《しょうにょ》はこの時《とき》まだ十六歳。下間兄弟《しもつまきょうだい》の言《い》いなりだ。下間頼盛《しもつまらいせい》は証如《しょうにょ》の意向《いこう》と称《しょう》して「加賀三山及《かがさんざんおよ》び加賀四郡《かがよんぐん》の長《おさ》を追討《ついとう》せよ」と全国《ぜんこく》の一向宗徒《いっこうしゅうと》に出陣《しゅつじん》を命《めい》じた。

享禄《きょうろく》四年(一五三一年)七月、下間頼秀《しもつまらいしゅう》は三河国《みかわこく》の本宗寺門徒《ほんしゅうじもんと》の大軍《たいぐん》を引《ひ》き連《つ》れ加賀《かが》に下《くだ》って加賀山内庄《かがやまのうちしょう》の白山宮《はくさんぐう》に入《はい》り、越前衆《えちぜんしゅう》と一体《いったい》となって加賀衆《かがしゅう》に対抗《たいこう》した。世間《せけん》は越前浪人衆《えちぜんろうにんしゅう》と下《しも》間連合軍《つまれんごうぐん》を大一揆《だいいっき》と呼《よ》び、地元《じもと》の加賀衆《かがしゅう》を小一揆《しょういっき》と呼《よ》んだ。

下間頼秀《しもつまらいしゅう》と頼盛《らいせい》の率《ひき》いる大一揆《だいいっき》は勢《いきお》いに乗《の》って討《う》って出《で》て、蓮如《れんにょ》の二十三番目《ばんめ》の子《こ》の実悟《じつご》が住《じゅう》持《じ》する清沢願得寺《せいさわがんとくじ》の堂塔庫裡《どうとうくり》を一宇《いちう》も残《のこ》さず焼《や》き払《はら》った。この火《ひ》が飛《と》び移《うつ》って加賀鶴来宮《かがつるぎのみや》や白山《はくさん》宮《ぐう》に加《くわ》えて、近在一帯《きんざいいったい》の在家《ざいけ》の家屋《かおく》までが悉《ことごと》く焼亡《しょうぼう》した。

小一揆《しょういっき》の加賀坊主門徒《かがぼうずもんと》は攻《せ》めに強《つよ》いが守《まも》りに弱《よわ》かった。守《まも》る寺院《じいん》や居住地《きょじゅうち》が加賀国内《かがこくない》に点在《てんざい》していたので協力《きょうりょく》が思《おも》うにまかせない。大一揆《だいいっき》の各個攻撃《かっここうげき》を受《う》けた小一揆勢《しょういっきぜい》は自坊《じぼう》を守《まも》るのに汲々《きゅうきゅう》として、互《たが》いに助《たす》け合《あ》うゆとりを失《うしな》った。

下間兄弟《しもつまきょうだい》は尾山《おやま》（金沢市）の本願寺末寺《ほんがんじまつじ》に入《はい》って堀《ほり》や塀《へい》を廻《めぐ》らし、大一揆《だいいっき》の本山《ほんざん》を兼《か》ねた詰城《つめじろ》に仕立《した》てた。勢《いきお》いに乗《の》って若松本泉寺《わかまつほんせんじ》を攻《せ》めて焼《や》き落《お》とした。小一揆総師《しょういっきそうし》の蓮悟《れんご》は能登国守護《のとこくしゅご》の畠山義総《はたけやまよしふさ》を頼《たよ》って七尾《ななお》に落《お》ちた。加賀《かが》の名目上《めいもくじょう》の守護《しゅご》の富樫稙泰《とがしたねやす》（泰高の孫）と家督《かとく》の泰俊《やすとし》（稙泰の子）は溝江長道《みぞえながみち》を頼《たよ》って越前国金津《えちぜんこくかなづ》に落《お》ちた。

享禄《きょうろく》四年（一五三一年）八月、大一揆《だいいっき》は今度《こんど》は山田光教寺《やまだこうきょうじ》を攻《せ》めた。光教寺顕誓《こうきょうじけんせい》は越前朝倉孝景《えちぜんあさくらたかかげ》に救《すく》いを求《もと》めた。孝景《たかかげ》は能登《のと》の畠山義総《はたけやまよしふさ》と打《う》ち合《あ》わせて山田光教寺《やまだこうきょうじ》を救《すく》おうと叔父《おじ》の朝倉宗滴《あさくらそうてき》を加賀《かが》に差《さ》し向《む》けた。山田光教寺《やまだこうきょうじ》を攻《せ》めに出《で》た下間頼盛《しもつまらいせい》率《ひき》いる大一揆勢《だいいっきぜい》は、大聖寺《だいしょうじ》に陣《じん》を張《は》って朝倉宗滴《あさくらそうてき》に対峙《たいじ》した。能登国《のとこく》の畠山義総《はたけやまよしふさ》は一族《いちぞく》の畠山家俊《はたけやまいえとし》を大将《たいしょう》に立《た》てて小一揆《しょういっき》の助勢《じょせい》に向《む》かった。副将《ふくしょう》には遊佐《ゆさ》・温井《ぬくい》・神保《じんぼ》の三家老《さんかろう》。さらに越中国《えっちゅうこく》の神保長職《じんぼながもと》も加《くわ》わって加賀四郡《かがよんぐん》の長《おさ》の須崎慶覚《すざきけいかく》と河合宣久《かわいせんきゅう》を先陣《せんじん》に立《たっ》て、数万余《すうまんよ》の軍勢《ぐんぜい》が狩鹿野《かるかの》（かほく市宇ノ気）宮越《みやこし》（金沢市大野町）辺《あた》りまで押《お》し出《だ》した。大一揆《だいいっき》は腹背《ふくはい》に敵《てき》を受《う》けて窮地《きゅうち》に陥《おちい》った。ところが大一揆《だいいっき》の下間頼《しもつまらい》秀《しゅう》は戦乱《せんらん》を渡《わた》り歩《ある》いた策士《さくし》だ。密《ひそ》かに部下《ぶか》に言《い》い付《つ》けて大聖寺《だいしょうじ》の辺《あた》りで討《う》ち取《と》った敵《てき》の首数《くびすう》十を大野《おおの》と矢田《やた》（共に小松市）の湖畔《こはん》に曝《さら》して、偽《いつわ》って朝倉家《あさくらけ》大将《たいしょう》の面々《めんめん》の名前《なまえ》を大書《たいしょ》した高札《こうさつ》を掲《かか》げた。頼秀《らいしゅう》は
「能登勢《のとぜい》はこの首《くび》を見《み》て、定《さだ》めし越前勢《えちぜんぜい》が負《ま》けたと思《おも》い、臆病風《おくびょうかぜ》に吹《ふ》かれるぞ」と言《い》って不敵《ふてき》な笑《わら》いを浮《う》かべた。さらに近在近郷《きんざいきんごう》の百姓衆《ひゃくしょうしゅう》に向《む》かって
「大一揆《だいいっき》は能登《のと》を討伐《とうばつ》しようと安宅浦《あたかうら》に軍船数百艘《ぐんせんすうひゃくそう》を並《なら》べ、今浜《いまはま》（宝達志水町）目指《めざ》して船出《ふなで》した」と言《い》い触《ふ》らした。この噂《うわさ》はたちまち広《ひろ》がった。下間《しもつま》の策謀《さくぼう》が的中《てきちゅう》した。能登勢《のとぜい》は大聖寺《だいしょうじ》に向《む》かう道《みち》すがら朝倉家《あさくらけ》の大将《たいしょう》の首《くび》が杭《くい》に掛《か》けて曝《さら》されているのを見《み》た。能登勢《のとぜい》は下間頼秀《しもつまらいしゅう》の策《さく》に掛《かか》ってすっかり騙《だま》され、朝倉勢《あさくらぜい》が既《すで》に敗北《はいぼく》したと思《おも》った。更《さら》にその上《うえ》に
「下間《しもつま》が軍船《ぐんせん》を仕立《した》てて退路《たいろ》を断《た》つ」と言《い》う噂《うわさ》を耳《みみ》にした。能登勢《のとぜい》は臆病神《おくびょうがみ》に取《と》りつかれて浮足立《うきあしだ》ったところに横合《よこあ》いから下間頼秀《しもつまらいしゅう》に攻《せ》められて我《われ》を忘《わす》れ算《さん》を乱《みだ》して七尾《ななお》に逃《に》げ帰《かえ》った。
越前《えちぜん》の朝倉宗滴《あさくらそうてき》は能登勢《のとぜい》が引《ひ》いたのを伝《つた》え聞《き》いて

「形勢《けいせい》我《われ》に利《り》あらず」と悟《さと》って同《おな》じく越前《えちぜん》に引《ひ》き帰《かえ》した。光教寺《こうきょうじ》の顕誓《けんせい》は宗滴《そうてき》に従《したが》って越前《えちぜん》に逃《のが》れた。越前金津《えちぜんかなづ》に逃《に》げた富樫稙泰《とがしたねやす》も宗滴《そうてき》を慕《した》って顕誓《けんせい》らに合流《ごうりゅう》した。

丁度《ちょうど》この頃《ころ》、享禄《きょうろく》四年（一五三一年）十月、大一揆《だいいっき》に捕《と》らわれていた蓮綱《れんこう》が山内庄《やまのうちしょう》で八十二歳の生涯《しょうがい》を閉《と》じた。父蓮綱《ちちれんこう》を看取《みと》った松岡寺蓮慶《しょうこうじれんけい》は小一揆《しょういっき》の末路《まつろ》を悟《さと》り、現世《げんせ》を儚《はかな》んで九名《きゅうめい》の門徒《もんと》と共《とも》に自害《じがい》した。翌《よく》・天文《てんぶん》元年（一五三二年）、大一揆《だいいっき》の下間頼盛《しもつまらいせい》は多胡《たご》（氷見市）に出陣《しゅつじん》して自《みずか》ら能登国七尾《のとこくななお》の畠山義総《はたけやまよしふさ》を攻《せ》めた。越中勝興寺実玄《えっちゅうしょうこうじじつげん》の長男証玄《ちょうなんしょうげん》は越前超勝寺実顕《えちぜんちょうしょうじじっけん》の甥《おい》であることから強《つよ》く迫《せま》られて、やむなく大一揆《だいいっき》に味方《みかた》して能登《のと》へ進軍《しんぐん》する下間《しもつま》の軍勢《ぐんぜい》に加《くわ》わった。その途中《とちゅう》、下間《しもつま》の郎党《ろうとう》は軍務《ぐんむ》を厭《いと》う証玄《しょうげん》を疑《うたが》って

「越中勝興寺《えっちゅうしょうこうじ》の証玄《しょうげん》は敵《てき》に内通《ないつう》している」と讒言《ざんげん》した。

越前超勝寺実顕《えちぜんちょうしょうじじっけん》の次男教芳《じなんきょうほう》は大将《たいしょう》の下間《しもつま》の命《めい》を受《う》けて証玄《しょうげん》を毒殺《どくさつ》した。

加賀一向宗坊主破門と本願寺の加賀国　直轄支配

この様《よう》な時《とき》の天文《てんぶん》元年（一五三二年）八月、山科本願寺《やましなほんがんじ》で異変《いへん》が起《お》こった。本願寺《ほんがんじ》が突然《とつぜん》に近江《おうみ》の六角定頼《ろっかくさだより》と日蓮宗徒《にちれんしゅうと》の連合軍《れんごうぐん》に攻《せ》められて焼亡《しょうぼう》したのだ（次節144頁以降を参照）。法主《ほっす》の証如《しょうにょ》は摂津国大坂《せっつこくおおさか》（現在の大阪：以後大阪）の石山坊《いしやまぼう》に逃《のが》れた。下間兄弟《しもつまきょうだい》は本願寺焼亡《ほんがんじしょうぼう》の報《しら》せを受《う》けて魂《たましい》が消《き》え失《う》せるほどに動顛《どうてん》した。本願寺《ほんがんじ》あっての下間家《しもつまけ》だと下間兄弟《しもつまきょうだい》はよく知《し》っていた。頼秀《らいしゅう》と頼盛《らいせい》は船便《ふなびん》で急《いそ》ぎ加賀《かが》を後《あと》にして証如《しょうにょ》が遁《のが》れた大阪《おおさか》の石山《いしやま》に向《む》かった。

下間兄弟《しもつまきょうだい》がいなくなって戦《いくさ》は小康状態《しょうこうじょうたい》になった。加賀三山総師《かがさんざんそうし》の蓮悟《れんご》は加賀《かが》の統治権《とうじけん》を本願《ほんがん》寺法主《じほっす》に譲《ゆず》ることで大一揆《だいいっき》（本願寺勢）の軍門《ぐんもん》に下《くだ》った。講和《こうわ》が成《な》った。

越前超勝寺《えちぜんちょうしょうじ》と本覚寺《ほんかくじ》は本願寺《ほんがんじ》を後《うし》ろ楯《だて》にして加賀国《かがこく》に根《ね》を下《お》ろし、加賀一国《かがいっこく》を支配《しはい》した。

証如《しょうにょ》は加賀錯乱《かがさくらん》の責任《せきにん》を加賀三山《かがさんざん》と加賀四郡《かがよんぐん》の長《おさ》に求《もと》めた。蓮慶《れんけい》は既《すで》に自害《じがい》していた。蓮悟《れんご》、顕誓《けんせい》と須崎慶覚《すざきけいかく》、河合宣久《かわいせんきゅう》は証如《しょうにょ》の勘気《かんき》を被《こうむ》って本願寺《ほんがんじ》から追放《ついほう》された。

本願寺《ほんがんじ》の勘気《かんき》を受《う》けて破門《はもん》になった者《もの》に門徒《もんと》は、「話《はなし》をすることも眼《め》を合《あ》わすことも禁止《きんし》」と云《い》う厳《きび》しい一向宗《いっこうしゅう》の掟《おきて》があった。一緒《いっしょ》に暮《く》らしたり世話《せわ》をしたりしたことが知《し》れると自分《じぶん》も破門《はもん》されることになる。だから本願寺《ほんがんじ》の勘気《かんき》を受《う》けると、例《たと》え本願寺《ほんがんじ》の血筋《ちすじ》を引《ひ》く者《もの》であっても生計《せいけい》を立《た》てるのは容易《ようい》でなかった。多《おお》くは村八分《むらはちぶ》（葬儀と火事以外の付き合いを総べて絶つ仕来たり）となって流浪《るろう》して、挙句《あげく》の果《は》てに野垂《のた》れ死《じに》した。蓮悟《れんご》や蓮誓《れんせい》は生涯《しょうがい》加賀《かが》に帰《かえ》れなかった。特《とく》に蓮悟《れんご》は天《てん》文《ぶん》十二年（一五四三年）に和泉国堺《いずみこくさかい》での死《し》に際《さい》しても破門《はもん》が許《ゆる》されず野垂《のた》れ死《じに》の最期《さいご》だった。

威勢《いせい》を振《ふ》るった大一揆《だいいっき》の旗頭《はたがしら》の超勝寺《ちょうしょうじ》と本覚寺《ほんかくじ》も、やがて天文法華《てんもんほっけ》の乱《らん》（次節の法華一揆の項を参照）の下間兄弟《しもつまきょうだい》の責任《せきにん》に連座《れんざ》して本願寺《ほんがんじ》から勘気追放《かんきついほう》され北陸《ほくりく》からその名《な》を消《け》した。

天文《てんぶん》十五年（一五四六年）、北陸《ほくりく》の坊主門徒《ぼうずもんと》衆《しゅう》は総力《そうりょく》を挙《あ》げて加賀国金沢尾山《かがこくかなざわおやま》に壮大《そうだい》な堂《どう》を建《た》てた。堂《どう》には本願寺《ほんがんじ》から開山御影《かいさんぎょえい》（浄土真宗初代法主親鸞の肖像画）が差《さ》し下《くだ》された。

堂《どう》は堂衆《どうしゅう》が取《と》り仕切《しき》り、本願寺《ほんがんじ》から堂衆《どうしゅう》として近江国《おうみこく》の広済寺祐乗《こうさいじゆうじょう》と播磨国赤穂《はりまこくあこう》の慶信《けいしん》が派遣《はけん》されて来《き》た。堂衆《どうしゅう》は本願寺法主《ほんがんじほっす》の威光《いこう》を背《せ》に受《う》けて北陸一帯《ほくりくいったい》の門徒《もんと》を支配《しはい》した。

五．法華一揆と山科本願寺焼亡

幕府の状況と一向一揆の摂津・和泉両国蹂躙

大永《たいえい》七年（一五二七年）、管領細川高国領《かんれいほそかわたかくにりょう》の丹波国守護《たんばこくしゅご》で高国《たかくに》の弟《おとうと》の細川尹賢《ほそかわただかた》が国内《こくない》の一揆勢《いっきぜい》に追《お》われて兄《あに》の高国《たかくに》を頼《たよ》って京《きょう》都に逃《のが》れて来《き》た。丹波一揆勢《たんばいっきぜい》の波多野稙道《はたのたねみち》と柳本賢治《やなぎもとかたはる》は、尹賢《ただかた》を追《お》って京《きょう》都に攻《せ》め上《のぼ》った。稙道《たねみち》と賢治《かたはる》は香西家《こうざいけ》を継《つ》ぎ細川高国《ほそかわたかくに》の重臣《じゅうしん》となった香西元盛《こうざいもともり》の兄弟《きょうだい》だ。その元盛《もともり》が細川尹賢《ほそかわただかた》の讒言《ざんげん》で高国《たかくに》に謀殺《ぼうさつ》された。両人《りょうにん》は元盛《もともり》の仇《あだ》を討《う》とうと一揆蜂起《いっきほうき》したのだ。細川高国《ほそかわたかくに》は将軍義晴《しょうぐんよしはる》を伴《ともな》って近江《おうみ》に逃《のが》れた。

同年《どうねん》、この京《きょう》都の混乱《こんらん》を見《み》た三好元長《みよしもとなが》は、細川澄元《ほそかわすみもと》の子《こ》の未《ま》だ若年《じゃくねん》の晴元《はるもと》を伴《ともな》って阿波国《あわこく》を立《た》ち、和泉国堺《いずみこくさかい》に上陸《じょうりく》した。そして、将軍義晴《しょうぐんよしはる》の弟《おとうと》の義維《よしつな》を担《かつ》いで旗揚《はたあ》げした。元長《もとなが》は祖父之長《そふゆきなが》の轍《てつ》（113頁2～5行目参照）を踏《ふ》まぬように直《す》ぐには入京《にゅうきょう》せず、堺《さかい》に陣取《じんど》って勢力《せいりょく》を誇示《こじ》した。

堺《さかい》に出陣《しゅつじん》した細川晴元《ひそかわはるもと》と近江《おうみ》に逃《のが》れた細川高国《ほそかわたかくに》との間《あいだ》で、睨《にら》み合《あ》いが数年続《すうねんつづ》いた。幕府《ばくふ》は堺《さかい》と近江《おうみ》に二分《にぶん》した形《かたち》になった。両軍《りょうぐん》は諸国《しょこく》の大名《だいみょう》に援軍《えんぐん》を要請《ようせい》した。

享禄《きょうろく》四年（一五三一年）六月、細川高国《ほそかわたかくに》は大阪天王寺《おおさかてんのうじ》に討《う》って出《で》たが、却《かえ》って三好軍《みよしぐん》に大敗《たいはい》した。高国《たかくに》は尼崎《あまがさき》に逃《のが》れたが追《お》いつめられて、街中《まちなか》の紺屋《こんや》の藍甕《あいかめ》の中《なか》に隠《かく》れたところを捕《とら》えられて自害《じがい》させられた。近江在住《おうみざいじゅう》の将軍義晴《しょうぐんよしはる》は細川晴元《ほそかわはるもと》に和議《わぎ》を申《もう》し入《い》れた。

丁度《ちょうど》この戦乱《せんらん》で、河内国《かわちこく》の畠山義英《はたけやましひで》の家臣《かしん》で飯盛《いいもり》（四条畷市南野）城主《じょうしゅ》の木沢長政《きざわながまさ》が、細川晴元《ほそかわはるもと》に助勢《じょせい》して戦功《せんこう》を挙《あ》げた。義英《よしひで》は畠山義就《はたけやまよしなり》の孫《まご》だ。木沢長政《きざわながまさ》は細川晴元《ほそかわはるもと》に取《と》り入《い》って出世《しゅっせ》しようと企《たくら》み、晴元《はるもと》に三好元長《みよしもとなが》を讒言《ざんげん》した。細川晴元《ほそかわはるもと》はこの時《とき》まだ世間《せけん》を知《し》らぬ十九歳の青年《せいねん》だ。晴元《はるもと》にとって元長《もとなが》は眼《め》の上《うえ》の瘤《こぶ》で、何《なに》かと自分《じぶん》の意《い》を無視《むし》して権勢《けんせい》を振《ふる》るう三好元長《みよしもとなが》を恨《うら》めしく思《おも》っていた。細川晴元《ほそかわはるもと》は忠臣《ちゅうしん》の三好元長《みよしもとなが》を勘当《かんどう》した。元長《もとなが》は一族郎党《いちぞくろうとう》を引《ひ》き連《つ》れて堺《さかい》の寺《てら》に蟄居《ちっきょ》して、自《みずか》らは主君《しゅくん》に手向《てむ》かうのを避《さ》け、木沢長政《きざわながまさ》の前《まえ》の主君《しゅくん》の畠山義英《はたけやまよしひで》に実情《じつじょう》を話《はな》して長政討伐《ながまさとうばつ》を依頼《いらい》した。河内国《かわちこく》の畠山義英《はたけやまよしひで》は主家《しゅけ》に隠《かく》れて勝手《かって》に細川晴元勢《ほそかわはるもとぜい》に加《くわ》わった木沢長政《きざわながまさ》を勘当《かんどう》して討《う》っ手《て》を出《だ》し、飯盛城《いいもりじょう》を囲《かこ》んだ。長政《ながまさ》は細川晴元《ほそかわはるもと》に助勢《じょせい》を求《もと》めた。

細川晴元《ほそかわはるもと》は摂津《せっつ》・和泉《いずみ》・紀伊《きい》の軍勢《ぐんぜい》を差《さ》し向《む》けて木沢長政《きざわながまさ》を加勢《かせい》した。畠山義英《はたけやまよしひで》は細川《ほそかわ》出陣《しゅつじん》を伝《つた》え聞《き》いて囲《かこ》みを解《と》き、一旦《いったん》、誉田城《こんだじょう》（羽曳野市）に引《ひ》き上《あ》げた。翌《よく》・天文《てんぶん》元年（一五三二年）、畠《はたけ》山義英《やまよしひで》は軍備《ぐんび》を整《ととの》え直《なお》して再《ふたた》び出陣《しゅつじん》し、飯盛城《いいもりじょう》（四条畷市南野）を囲《かこ》んだ。木沢《きざわ》は再度《さいど》、細川晴元《ほそかわはるもと》に助勢《じょせい》を求《もと》めた。

丁度《ちょうど》この頃《ころ》、洛中《らくちゅう》を始《はじ》め畿内各地《きないかくち》で土一揆《つちいっき》（土民一揆）が横行《おうこう》していた。晴元《はるもと》は軍勢《ぐんぜい》を各地《かくち》に派《は》遣《けん》していて陣中《じんちゅう》に軍兵《ぐんぺい》がいなかった。晴元《はるもと》は山科本願寺《やましなほんがんじ》証如《しょうにょ》に助勢《じょせい》を求《もと》めた。証如《しょうにょ》の室《しつ》（夫人）は晴元《はるもと》の妹《いもうと》だ。晴元《はるもと》は蓮如《れんにょ》以来《いらい》の友好関係《ゆうこうかんけい》を楯《たて》に取《と》って一向宗門徒《いっこうしゅうもんと》の出撃《しゅつげき》を求《もと》めた。

証如《しょうにょ》はこの時《とき》まだ十七歳。晴元《はるもと》を助《たす》けようと気易《きやす》く大阪《おおさか》の石山坊《いしやまぼう》に移《うつ》り、摂津《せっつ》・河内《かわち》・和泉《いずみ》の門徒衆《もんとしゅう》に呼《よ》び掛《か》けて三万人を動員《どういん》した。一向宗門徒《いっこうしゅうもんと》と木沢長政《きざわながまさ》は飯盛城《いいもりじょう》を取《と》り巻《ま》く畠山義英軍《はたけやまよしひでぐん》を内外《ないがい》から示《しめ》し合《あわ》せて襲《おそ》った。畠山義英《はたけやまよしひで》は敗《やぶ》れて畠山稙長《はたけやまたねなが》の高屋城《たかやじょう》（羽曳野市古市）に逃《に》げ落《お》ちた。稙長《たねなが》は畠山卜山《はたけやまぼくざん》の嫡子《ちゃくし》だ。この頃《ころ》は既《すで》に両畠山家《りょうはたけやまけ》は和睦《わぼく》していた。一向宗門徒《いっこうしゅうもんと》は義英《よしひで》を追《お》い掛《か》けて高屋城《たかやじょう》も落《お》とした。畠山義英《はたけやまよしひで》は乱戦《らんせん》の中《なか》で落命《らくめい》し、稙長《たねなが》は逃《のが》れ落《お》ちたが、やがて病没《びょうぼつ》して史《し》上《じょう》から畠山宗家《はたけやまそうけ》の家名《かめい》が消《き》えた。

一向宗門徒《いっこうしゅうもんと》は戦勝《せんしょう》の勢《いきお》いを駆《か》って堺《さかい》の日蓮宗寺院《にちれんしゅうじいん》の顕本寺《けんぽんじ》に蟄居《ちっきょ》する三好元長《みよしもとなが》を攻《せ》めた。元長《もとなが》は一向宗徒《いっこうしゅうと》の急襲《きゅうしゅう》を受《う》けて顕本寺《けんぽんじ》で切腹《せっぷく》した。この時《とき》の三好元長《みよしもとなが》は細川晴元《ほそかわはるもと》を担《かつ》ぎ出《だ》した不《ふ》明《めい》を恥《は》じて、自分《じぶん》への怒《いか》りが嵩《こう》じ、腹《はら》からえぐり出《だ》した自分《じぶん》の腸《はらわた》を本堂《ほんどう》の天井《てんじょう》に投《な》げつけて、閻《えん》魔《ま》の形相《ぎょうそう》そのままに壮絶《そうぜつ》な最期《さいご》を遂《と》げた。

一向宗門徒《いっこうしゅうもんと》は三好元長《みよしもとなが》を討《う》ち取《と》って、勢《いきお》い留《とど》まるところを知《し》らず、河内《かわち》や和泉《いずみ》・摂津《せっつ》・大和《やまと》など畿内各地《きないかくち》で一揆《いっき》を起《おこ》した。細川晴元《ほそかわはるもと》は領国《りょうごく》の摂津《せっつ》・和泉《いずみ》を一向一揆衆《いっこういっきしゅう》に蹂躙《じゅうりん》されて畿内一円《きないいちえん》が一揆衆《いっきしゅう》に支配《しはい》されそうになり、全《まった》く予期《よき》せぬ事態《じたい》になった。細川晴元《ほそかわはるもと》は舅《しゅうと》の近江国守護《おうみこくしゅご》の六角《ろっかく》定頼《さだより》に助勢《じょせい》を要請《ようせい》した。近江国《おうみこく》も一向宗《いっこうしゅう》の隆盛《りゅうせい》な土地柄《とちがら》だ。定頼《さだより》は一向宗門徒《いっこうしゅうもんと》の家臣《かしん》に命《めい》じて山科《やましな》の証如《しょうにょ》に一揆《いっき》を収《おさ》めるよう取《と》りなしを頼《たの》んだ。証如《しょうにょ》は「一揆《いっき》は門徒衆《もんとしゅう》が勝手《かって》にしたことで、本願寺《ほんがんじ》には係《かか》わりのないこと」と言《い》って取《と》り合《あ》わなかった。

証如《しょうにょ》に無視《むし》された六角定頼《ろっかくさだより》は、洛中《らくちゅう》二十一箇寺《かじ》の法華宗《ほっけしゅう》（日蓮宗の別称）の大坊主《だいぼうず》に山科本願寺《やましなほんがんじ》焼《や》き討《う》ちを依頼《いらい》した。

法華一揆の乱

日蓮《にちれん》が興《おこ》した法華宗《ほっけしゅう》は一向宗《いっこうしゅう》と同《おな》じく鎌倉期《かまくらき》に生《う》まれた新興宗教《しんこうしゅうきょう》だが一向宗《いっこうしゅう》に出遅《でおく》れて妬《ねた》みが溜《た》まっていた。それで「洛中《らくちゅう》の大寺《たいじ》が立《た》つ」と聞《き》いて洛中洛外《らくちゅうらくがい》の法華宗徒《ほっけしゅうと》は奮《ふる》い立《た》った。

天文《てんぶん》元年（一五三二年）八月、山科本願寺《やましなほんがんじ》は法華宗門徒《ほっけしゅうもんと》数万人《すうまんにん》の急襲《きゅうしゅう》を受《う》けて焼亡《しょうぼう》した。「天文《てんもん》法華《ほっけ》の乱《らん》」の始《はじ》まりだ。本願寺法主《ほんがんじほっす》の証如《しょうにょ》は山科《やましな》から摂津国大阪《せっつこくおおさか》の石山坊《いしやまぼう》に逃《のが》れた。

証如《しょうにょ》が大阪《おおさか》の石山《いしやま》に逃《のが》れてまもなく、下間頼秀《しもつまらいしゅう》と頼盛兄弟《らいせいきょうだい》が加賀《かが》から馳《は》せ戻《もど》り、証如《しょうにょ》の無事《ぶじ》を見《み》て安堵《あんど》し、以後《いご》の一揆《いっき》に対《たい》する指揮《しき》は下間兄弟《しもつまきょうだい》が取《と》った。法華一揆《ほっけいっき》の規模《きぼ》はこの後《のち》、飛躍《ひやく》的《てき》に拡大《かくだい》した。

翌《よく》・天文《てんぶん》二年（一五三三年）、細川晴元《ほそかわはるもと》と法華一揆衆《ほっけいっきしゅう》、六角定頼《ろっかくさだより》の連合軍《れんごうぐん》はついに石山坊《いしやまぼう》を包囲《ほうい》した。証如《しょうにょ》は三好元長《みよしもとなが》の遺子《いし》の千熊丸《ちくままる》、後《のち》の三好長慶《みよしながよし》に和議《わぎ》の調停《ちょうてい》を依頼《いらい》した。長慶《ながよし》は未《ま》だ十二歳ながら文武両道《ぶんぶりょうどう》に長《た》けていた。この時《とき》、父元長《ちちもとなが》が阿波《あわ》に残《のこ》した軍兵《ぐんぺい》を組織《そしき》して既《すで》に主君《しゅくん》の晴《はる》元《もと》を凌《しの》ぐ強力《きょうりょく》な勢力《せいりょく》に仕上《しあ》げていた。京《きょう》都の乱《みだ》れを憂《うれ》いた将軍家《しょうぐんけ》の取《と》りなしを得《え》て、晴元《はるもと》は証如《しょうにょ》と和睦《わぼく》した。証如《しょうにょ》は下間兄弟《しもつまきょうだい》が「王法為本《おうほういほん》」（王の定めた法を基本と為す）と称《しょう》して一揆《いっき》を起《お》こし、天下《てんか》を取《と》る野望《やぼう》を見《み》て取《と》って兄弟《きょうだい》に責任《せきにん》を取《と》らせて本願寺《はんがんじ》教団《きょうだん》から追放《ついほう》した。

証如《しょうにょ》は本願寺《ほんがんじ》焼き討《う》ちに懲《こ》りて、諸国《しょこく》の大名《だいみょう》・領主《りょうしゅ》と友好《ゆうこう》を深《ふか》め、二度と争《あらそ》いを起《おこ》さぬよう気《き》配《くば》りした。また、本願寺《ほんがんじ》の意向《いこう》に反《はん》して大名《だいみょう》・領主《りょうしゅ》に一揆《いっき》を企《くわだ》てる坊主《ぼうず》や門徒《もんと》は厳《きび》しく勘当《かんどう》して本願寺《ほんがんじ》から追放《ついほう》した。領主《りょうしゅ》に年貢《ねんぐ》を怠《おこた》る者《もの》も破門《はもん》し、破門《はもん》した者《もの》には話《はな》し掛《か》けたり眼《め》を合《あ》わせたりすることすら禁《きん》じた。世話《せわ》をすることなどは論外《ろんがい》だ。証如《しょうにょ》は坊主門徒《ぼうずもんと》に「破門《はもん》されると村八分《むらはちぶ》になり、この世《よ》では野垂《のた》れ死《じに》するしかなく、死後《しご》も無間地獄《むけんじごく》（間断のない極限の苦しみを受ける地獄）に落《お》ちて永遠《えいえん》に浮《う》かばれないぞ」と説《と》いて教《おし》えを守《まも》らせた。

天文《てんぶん》五年（一五三六年）、証如《しょうにょ》は山科本願寺《やましなほんがんじ》を再興《さいこう》した。そして武力不介入《ぶりょくふかいにゅう》を諸国《しょこく》の大名《だいみょう》や門徒《もんと》一同《いちどう》に示《しめ》すために、公卿《くぎょう》や朝廷《ちょうてい》に取《と》り入《い》って本願寺《ほんがんじ》を勅願寺《ちょくがんじ》とし、自《みずか》らも青蓮院尊鎮《しょうれんいんそんちん》の口利《くち》きで大僧都《だいそうず》になった。証如《しょうにょ》は努《つと》めて貴族社会《きぞくしゃかい》に身《み》を置《お》くことによって、武力《ぶりょく》を用《もち》いた争《あらそ》いには係《かか》わりを持《も》たぬよう身《み》を慎《つつし》んだ。

ところで法華一揆衆《ほっけいっきしゅう》は山科本願寺《やましなほんがんじ》を焼《や》き払《はら》った後《のち》、益々勢《ますますいきお》いに乗《の》って京都《きょう》での地子銭《じしせん》（借地代）を支払《しはら》わず、比叡山延暦寺《ひえいざんえんりゃくじ》の坊主《ぼうず》の説教《せっきょう》も論破《ろんぱ》して見下《みくだ》した。

天文《てんぶん》五年（一五三六年）、山門《さんもん》（延暦寺の俗称）は幕府《ばくふ》に日蓮宗教団《にちれんしゅうきょうだん》に法華宗《ほっけしゅう》を名乗《なの》ることを禁《きん》ずるよう求《もと》めたが入《い》れられなかったので、近江《おうみ》の六角定頼《ろっかくさだより》など諸国《しょこく》の大名《だいみょう》や仏門《ぶつもん》に呼《よ》びかけて法華《ほっけ》一揆撲滅《いっきぼくめつ》の実力行使《じつりょくこうし》に出《で》た。それで京都六条《きょうとろくじょう》の本圀寺《ほんこくじ》を始《はじ》め洛中《らくちゅう》の法華宗大寺院《ほっけしゅうだいじいん》二十一箇寺《かじ》などの法華宗寺院総《ほっけしゅうじいんすべ》てが六万の大軍《だいぐん》の一斉攻撃《いっせいこうげき》を受《う》けて焼《や》き払《はら》われた。この火《ひ》が燃《も》え広《ひろ》がって、洛中《らくちゅう》は一面《いちめん》、焼《や》け野《の》が原《はら》になった。この一連《いちれん》の騒動《そうどう》を後世《こうせい》の人々《ひとびと》は「天文法華《てんぶんほっけ》の乱《らん》」と言《い》い伝《つた》えた。法華宗《ほっけしゅう》はこの後《のち》、禁宗《きんしゅう》となり、天文《てんぶん》十一年の帰洛《きらく》を許《ゆる》す勅許《ちょっきょ》が下《くだ》るまで法華宗寺院《ほっけしゅうじいん》は京都《きょう》から追放《ついほう》となった。

第五章　上杉謙信　越中・能登・加賀各国領有

一．越中能登錯乱

為景病没

話《はなし》は北陸《ほくりく》に移《うつ》る。天文《てんぶん》五年（一五三六年）、越後国守護代《えちごこくしゅごだい》の長尾為景《ながおためかげ》は六十六歳で病没《びょうぼつ》した。この時嫡男《ときちゃくなん》の晴景《はるかげ》は二十五歳。その弟《おとうと》の景虎《かげとら》（後の謙信）は未《ま》だ七歳だ。為景《ためかげ》が不治《ふじ》の病《やまい》に倒《たお》れて越後国内《えちごこくない》は急《きゅう》に不穏《ふおん》な空気《くうき》に包《つつ》まれた。為景《ためかげ》は嘗《かつ》て永正《えいしょう》四年（一五〇七年）から同《どう》七年にかけて、越後国守護《えちごこくしゅご》の上杉房能《うえすぎふさよし》や関東管領《かんとうかんれい》の山内上杉顕定《やまのうちうえすぎあきさだ》を討《う》ち滅《ほろ》ぼして、武力《ぶりょく》で越後国内《えちごこくない》の諸豪族《しょごうぞく》を屈《くっ》服臣従《ぷくしんじゅう》させた（117頁5行目～119頁2行目参照）。だから為景《ためかげ》が再起不能《さいきふのう》と判《わか》って屈服《くっぷく》していた豪族達《ごうぞくたち》の態度《たいど》が豹変《ひょうへん》したのだ。長尾為景《ながおためかげ》葬儀《そうぎ》の日《ひ》。

「上条《じょうじょう》（柏崎市）の上杉定憲《うえすぎさだのり》が越後国諸将《えちごこくしょしょう》の与力《よりき》を得《え》て挙兵《きょへい》する」との噂《うわさ》が伝《つた》わった。上杉定憲《うえすぎさだのり》は越後国守護《えちごこくしゅご》の上杉家《うえすぎけ》の分家《ぶんけ》だ。長尾家中《ながおかちゅう》は喪服《もふく》の下《した》に甲冑《かっちゅう》を纏《まと》って葬儀《そうぎ》に臨《のぞ》んだ。幸《さいわ》いに攻《せ》め手《て》の根回《ねまわ》しが不足《ふそく》して同調者《どうちょうしゃ》が集《あつ》まらず、上杉定憲《うえすぎさだのり》が途中《とちゅう》で引《ひ》き返《かえ》したので葬儀《そうぎ》は滞《とどこお》りなく終《お》えた。家督《かとく》を継《つ》いだ長尾晴景《ながおはるかげ》は病弱《びょうじゃく》の上《うえ》に余《あま》りにも凡庸《ぼんよう》に過《す》ぎて、国《くに》を治《おさ》める気概《きがい》も力量《りきりょう》もなかった。その上《うえ》、晴景《はるかげ》の下《もと》には忠臣《ちゅうしん》も賢臣《けんしん》も現《あらわ》れなかった。家臣《かしん》は私腹《しふく》を肥《こ》やすことに明《あ》け暮《く》れて越《えち》後国内《ごこくない》は混乱《こんらん》した。

越中守護代　神保長職と同・椎名康胤の抗争

越後国《えちごこく》が乱《みだ》れて、越中《えっちゅう》は越後《えちご》の干渉《かんしょう》から解放《かいほう》された。

この頃《ごろ》、越中国婦負郡《えっちゅうこくねいぐん》の神保長職《じんぼながもと》は既《すで》に成人《せいじん》に達《たっ》していた。長職《ながもと》は廃墟《はいきょ》となった亡父慶宗《ぼうふよしむね》の居城《きょじょう》の放生津《ほうじょうづ》（射水市）を見捨《みす》てて重臣《じゅうしん》の小島六郎左衛門宅《こじまろくろうざえもんたく》の長沢《ながさわ》（富山市婦中町）に程近《ほどちか》い増山《ますやま》城《じょう》（砺波市増山）に居《きょ》を移《うつ》した。そして又《また》この頃《ころ》、小島家《こじまけ》は六郎左衛門《ろくろうざえもん》が隠居《いんきょ》して職鎮《もとしげ》が跡《あと》を継《つ》ぎ、主君神保長職《しゅくんじんぼながもと》の股肱《ここう》の臣《しん》になっていた。神保長職《じんぼながもと》は応仁《おうにん》の乱《らん》で名《な》を馳《は》せた天下第一《てんかだいいち》の猛将《もうしょう》の祖父《そふ》　神保長誠《じんぼながのぶ》の血《ち》を引《ひ》き、祖父《そふ》に憧《あこが》れて天下制覇《てんかせいは》を夢見《ゆめみ》た。天下《てんか》に名《な》を成《な》すには先《ま》ず第一《だいいち》に越中国《ちゅうごく》の統一《とういつ》が肝要《かんよう》だ。長職《ながもと》は大小一揆《だいしょういっき》で荒《あ》れ果《は》てて荘園《しょうえん》の持《も》ち主《ぬし》が曖昧《あいまい》になった太田保《おおたほ》（富山市）に眼《め》を付《つ》けた。太田保《おおたほ》は元《もと》は幕府《ばくふ》の天領《てんりょう》だったが、大小一揆《だいしょういっき》の後《のち》に荘園領主《しょうえんりょうしゅ》になった三管《さんかん》家《け》の細川家《ほそかわけ》も分裂《ぶんれつ》して、今《いま》は領主不明《りょうしゅふめい》の状態《じょうたい》だ。その太田保《おおたほ》は越中婦負《えっちゅうねい》・新川両郡《にいかわりょうぐん》の境界線《きょうかいせん》に接《せっ》した新川郡内《にいかわぐんない》に位置《いち》する広大《こうだい》な荘園《しょうえん》で、その頃《ころ》の境界《きょうかい》は神通川《じんづうがわ》を経《へ》て熊野川《くまのがわ》を遡《さかのぼ》る線《せん》だった。

そしてその太田保《おおたほ》のある新川郡《にいかわぐん》は椎名康胤《しいなやすたね》の領分《りょうぶん》だが、荘園《しょうえん》には「守護使不入《しゅごしふにゅう》の権《けん》」があって荘《しょう》園領主《えんりょうしゅ》の私有地《しゆうち》だ。だから守護代《しゅごだい》であっても直接統治《ちょくせつとうじ》は出来《でき》なかった。

天文《てんぶん》十二年（一五四三年）、神保長職《じんぼながもと》はこの太田保《おおたほ》に接《せっ》する新川郡堀江庄《にいかわぐんほりえしょう》と井見庄《いみしょう》の荘園豪族《しょうえんごうぞく》で弓之庄《ゆみのしょう》（上市町）城主《じょうしゅ》の土肥平右衛門《どいへいうえもん》を誘《さそ》って太田保《おおたほ》を乗《の》っ取《と》った。

越中新川郡《えっちゅうにいかわぐん》は大永《たいえい》の協定《きょうてい》（126頁9行目参照）以後《いご》、越後《えちご》の長尾家《ながおけ》の所領《しょりょう》となったが、為景《ためかげ》は椎名《しいな》長常《ながつね》を目代《もくだい》（代官）に取《と》り立《た》てて、実質的《じっしつてき》には椎名家《しいなけ》に新川郡《にいかわぐん》の統治《とうじ》を任《まか》せた。そしてこの頃《ころ》は椎名慶胤《しいなよしたね》の遺子《いし》の康胤《やすたね》が長常《ながつね》から譲《ゆず》られて新川郡《にいかわぐん》の目代《もくだい》になっていた。

椎名康胤《しいなやすたね》は神保長職《じんぼながもと》の太田保《おおたほ》横奪《おうだつ》を怒《いか》って、越後《えちご》の長尾家《ながおけ》に神保《じんぼ》の横暴《おうぼう》を注進《ちゅうしん》した。けれども為景《ためかげ》の跡《あと》を継《つ》いだ晴景《はるかげ》には越中《えっちゅう》に出陣《しゅつじん》して神保《じんぼ》を討《う》つ気概《きがい》がなく、武力《ぶりょく》の備《そな》えもなかった。

椎名康胤《しいなやすたね》は越後勢《えちごぜい》の助勢《じょせい》が得《え》られず、代《か》わって神保家《じんぼけ》の仇敵《きゅうてき》の城生城《じょうおじょう》（八尾町）の斎藤藤次郎《さいとうとうじろう》を誘《さそ》って気脈《きみゃく》を通《つう》じて神保長職《じんぼながもと》を討《う》った。

神保長職《じんぼながもと》は常願寺川《じょうがんじがわ》を前《まえ》にした新庄城《しんじょうじょう》（富山市）に入《はい》って椎名康胤《しいなやすたね》に対峙《たいじ》し、増山城《ますやまじょう》との中間《ちゅうかん》地点《ちてん》で交通《こうつう》の要衝《ようしょう》の富山《とやま》にも新《あら》たに城《しろ》を築《きず》いた。富山城《とやまじょう》は神通川《じんづうがわ》に土川《どかわ》と、いたち川《がわ》が合流《ごうりゅう》する三方《さんぽう》が川《かわ》に囲《かこ》まれた地点《ちてん》だ。攻《せ》めやすく守《まも》りやすい誠《まこと》に天然要害《てんねんようがい》の城《しろ》に仕上《しあ》がった。

神保長職《じんぼながもと》は新庄城《しんじょうじょう》と富山城《とやまじょう》を行《ゆ》き来《き》して常願寺川《じょうがんじがわ》以西《いせい》の新川郡《にいかわぐん》から椎名勢《しいなぜい》を一人《ひとり》残《のこ》らず追《お》い出《だ》した。椎名康胤《しいなやすたね》は反撃《はんげき》した。戦《いくさ》は一進一退《いっしんいったい》して膠着状態《こうちゃくじょうたい》になった。康胤《やすたね》は形勢逆転《けいせいぎゃくてん》を狙《ねら》って敵側《てきがわ》の弱点《じゃくてん》を突《つ》き、神保《じんぼ》と手《て》を組《く》んだ弓之庄城《ゆみのしょうじょう》（上市町）の土肥平右衛門《どいへいうえもん》を攻《せ》めた。平右衛門《へいうえもん》は分家《ぶんけ》の有沢館《ありさわやかた》(富山市)の有沢長俊《ありさわながとし》に助勢《じょせい》を求《もと》めて、総力《そうりょく》を挙《あ》げて防戦《ぼうせん》した。だが、遂《つい》に叶《かな》わず、城《しろ》を捨《す》てて神保《じんぼ》の重臣寺島《じゅうしんてらしま》の居城《きょじょう》の池田城《いけだじょう》(立山町)に逃《に》げ込《こ》んだ。

椎名康胤《しいなやすたね》は勢《いきお》いに乗《の》って城生城《じょうおじょう》(八尾町)の斎藤藤次郎《さいとうとうじろう》に神保《じんぼ》の背後《はいご》を突《つ》くよう依頼《いらい》した。藤次郎《とうじろう》はこの頃《ころ》、楡原《にれはら》から城生《じょうお》に移《うつ》ったので、神保《じんぼ》の家臣《かしん》、長沢《ながさわ》(婦中町)の小島《こじま》と領域《りょういき》が接《せっ》するようになり何《なに》かともめ事《ごと》が絶《た》えなかった。神保長職《じんぼながもと》は斎藤藤次郎《さいとうとうじろう》の不穏《ふおん》な動《うご》きを察知《さっち》して、長沢《ながさわ》の小《こ》島職鎮《じまもとしげ》に城生城《じょうおじょう》を攻《せ》めさせた。職鎮《もとしげ》は神保《じんぼ》の命《めい》を受《う》けて、日頃《ひごろ》の鬱憤《うっぷん》を晴《は》らすのはこの時《とき》とばかりに全軍《ぜんぐん》を挙《あ》げて城生城《じょうおじょう》に攻《せ》め込《こ》んだ。

斎藤藤次郎《さいとうとうじろう》は新装成《しんそうな》った城《しろ》が敵《てき》の手《て》に渡《わた》るのを恐《おそ》れて城門《じょうもん》を閉《と》じ籠城《ろうじょう》した。職鎮《もとしげ》は城生《じょうお》に通《つう》じる道《みち》を総《すべ》て封鎖《ふうさ》して兵糧攻《ひょうろうぜ》めにした。藤次郎《とうじろう》は隣国《りんごく》の飛騨国吉城郡《ひだこくよしきぐん》の江馬時盛《えまときもり》に援軍《えんぐん》を要請《ようせい》した。神保長職《じんぼながもと》は斎藤《さいとう》が城《しろ》に籠《こも》って留守《るす》になった楡原《にれはら》に入《はい》り、飛騨街道《ひだかいどう》を封鎖《ふうさ》して江馬時盛《えまときもり》との連《れん》絡《らく》を絶《た》った。藤次郎《とうじろう》の籠城《ろうじょう》は丸《まる》一年以上《いじょう》も続《つづ》いた。越中国内《えっちゅうこくない》の戦乱《せんらん》が続《つづ》いて、越中《えっちゅう》に荘園《しょうえん》をもつ在京《ざいきょう》の領主《りょうしゅ》に年貢《ねんぐ》が入《はい》らなくなった。そこで本願寺法主《ほんがんじほっす》の証如《しょうにょ》に、戦闘停止《せんとうていし》の調停《ちょうてい》をして貰《もら》えないかと泣《な》き付《つ》いた。証如《しょうにょ》は能登《のと》の畠山義続《はたけやまよしつぐ》に相談《そうだん》した。義続《よしつぐ》は越中《えっちゅう》の神保《じんぼ》と椎名《しいな》の双方《そうほう》に戦闘《せんとう》停止《ていし》を命《めい》じた。神保長職《じんぼながもと》と椎名康胤《しいなやすたね》にとっては食《く》うか食《く》われるかの引《ひ》くに引《ひ》けない戦《いくさ》だった。だが戦《いくさ》に疲《つか》れて互《たが》いに余力《よりょく》を無《な》くしていた。どちらも一時的《いちじてき》に講和《こうわ》に応《おう》じて畠山義続《はたけやまよしつぐ》の顔《かお》を立《た》てた。だが小競《こぜ》り合《あ》いは続《つづ》いて絶《た》えて無《な》くなることはなかった。

能登温井総貞と遊佐続光の抗争並びに越中氷見鞍川家の滅亡

一方《いっぽう》、この頃《ころ》の能登国《のとこく》では…。

天文《てんぶん》十四年（一五四五年）、能登《のと》で繁栄《はんえい》を築《きず》いた守護《しゅご》の畠山義総《はたけやまよしふさ》が没《ぼっ》して義続《よしつぐ》が跡《あと》を継《つ》いだ。この能登国《のとこく》でも錯乱《さくらん》が起《おこ》った。畠山義総《はたけやまよしふさ》が没《ぼっ》したのを聞《き》きつけて国外《こくがい》に追放《ついほう》されていた義総《よしふさ》の義弟《ぎてい》の畠山駿河《はたけやまするが》が加賀《かが》から戻《もど》って相続争《そうぞくあらそ》いを起《おこ》した。だがこの時《とき》は未《ま》だ「積善《せきぜん》の家《いえ》に余慶《よけい》あり」で、能登《のと》には義総《よしふさ》の遺徳《いとく》が残《のこ》っており、義総側近《よしふさそっきん》の温井総貞《ぬくいふささだ》が奮戦《ふんせん》して駿河《するが》を能登《のと》から追《お》い出《だ》した。

畠山義続《はたけやまよしつぐ》は温井総貞《ぬくいふささだ》の手柄《てがら》を賞《しょう》して重用《ちょうよう》した。総貞《ふささだ》は主君義続《しゅくんよしつぐ》の寵愛《ちょうあい》を良《よ》いことに、次第《しだい》に譜《ふ》代《だい》の重臣《じゅうしん》を見下《みくだ》した。総貞《ふささだ》は先代《せんだい》の畠山義総《はたけやまよしふさ》に引上《ひきあ》げてもらった新参者《しんざんもの》だ。

畠山家《はたけやまけ》第一の重臣遊佐続光《じゅうしんゆさつぐみつ》は温井一人《ぬくいひとり》が重用《ちょうよう》されて面白《おもしろ》くなかった。天文《てんぶん》十九年（一五五〇年）、続光《つぐみつ》は石動山天平寺《せきどうざんてんぴょうじ》の天台宗徒《てんだいしゅうと》や一向宗徒《いっこうしゅうと》と内通《ないつう》して温井討伐《ぬくいとうばつ》の旗《はた》を揚《あ》げた。

氷見《ひみ》の鞍川清房《くらかわきよふさ》・清経《きよつね》父子《ふし》は大永《たいえい》元年の協定以降《きょうていいこう》、能登《のと》畠山家《はたけやまけ》に仕《つか》える畠山家《はたけやまけ》の新参者《しんざんもの》（129頁8〜9行目参照）だ。鞍川《くらかわ》父子《ふし》は遊佐続光《ゆさつぐみつ》から一党《いっとう》に加《くわ》わるよう要請《ようせい》を受《う》けた。鞍川清房《くらかわきよふさ》にとっては能登《のと》の重臣遊佐続光《じゅうしんゆさつぐみつ》に取《と》り入《い》る千載一遇《せんざいいちぐう》の好機《こうき》を得《え》たと思《おも》って、喜《よろこ》び勇《いさ》んで軍勢《ぐんぜい》六百を揃《そろ》え能登《のと》に出陣《しゅつじん》した。

長続連《ちょうつぐつら》は温井総貞《ぬくいふささだ》に味方《みかた》して、鞍川父子《くらかわふし》を能登国七尾《のとこくななお》城下《じょうか》の天神河原《てんじんかわら》（七尾市）で待《ま》ち受《う》けた。長続連《ちょうつぐつら》の子《こ》の綱連《つなつら》や温井慶長《ぬくいよしなが》も手勢《てぜい》を連《つ》れて加勢《かせい》した。七尾勢《ななおぜい》は日《ひ》を追《お》って大勢《おおぜい》に膨《ふく》れ上《あ》がった。七尾《ななお》に出陣《しゅつじん》した鞍川勢《くらかわぜい》は怖気付《おじけづ》いて、戦《たたか》わずして逃《に》げ出《だ》した。七尾勢《ななおぜい》は勝《か》ちに乗《の》って、息《いき》も継《つ》がずに追《お》っ掛《か》けた。鞍川父子《くらかわふし》は居城《きょじょう》の氷見《ひみ》の鞍川《くらかわ》も捨《す》てて、総崩《そうくず》れになって逃《に》げた。能登《のと》勢《ぜい》は石塚《いしづか》（高岡市）で氷見勢《ひみぜい》に追《お》い付《つ》いた。双方入《そうほうい》り乱《みだ》れての討《う》ち合《あ》いになったが「衆寡敵《しゅうかてき》せず」

（衆《しゅう》（多）に寡《か》（少）は敵《かな》わず）。氷見勢《ひみぜい》は敗《やぶ》れて鞍川父子《くらかわふし》は乱戦《らんせん》の中《なか》で討死《うちじに》した。

翌《よく》・天文《てんぶん》二十年（一五五一年）、擾乱《じょうらん》を見《み》かねた領主《りょうしゅ》の畠山義続《はたけやましつぐ》は仲裁《ちゅうさい》に乗《の》り出《だ》した。遊佐《ゆさ》と温《ぬく》井《い》は、今後《こんご》は何事《なにごと》によらず協力《きょうりょく》して事《こと》に当《あ》たることで合意《ごうい》した。能登《のと》畠山家《はたけやまけ》の内紛《ないふん》は治《おさ》まった。一人《ひとり》、越中《えっちゅう》氷見《ひみ》の鞍川父子《くらかわふし》が戦没《せんぼつ》して、氷見《ひみ》から鞍川家《くらかわけ》の名《な》が消《き》えた。

能登《のと》の先君《せんくん》畠山義総《はたけやまよしふさ》は重臣《じゅうしん》と新興《しんこう》の家臣団《かしんだん》を優《すぐ》れた手腕《しゅわん》で使《つか》い分《わ》けて、重臣《じゅうしん》が跋扈《ばっこ》するのを未然《みぜん》に防《ふせ》いだ。この度《たび》、義続《よしつぐ》は新旧《しんきゅう》家臣団《かしんだん》の融和《ゆうわ》に努《つと》めたが、これ以降《いこう》　畠山家《はたけやまけ》新旧　重臣《しんきゅうじゅうしん》の遊佐続光《ゆさつぐみつ》・温井総貞《ぬくいふささだ》・長続連《ちょうつぐつら》・三宅総広《みやけふさひろ》・平総知《たいらふさとも》・伊丹総堅《いたみふさかた》・遊佐宗円《ゆさそうえん》の七人は結託《けったく》して国政《こくせい》を牛耳《ぎゅうじ》った。領民《りょうみん》は畠山七人衆《はたけやましちにんしゅう》と呼《よ》んだ。領主《りょうしゅ》畠山義続《はたけやまよしつぐ》の権威《けんい》は失墜《しっつい》した。

二、謙信出世

越後守護　上杉家と守護代　長尾家の内情

享禄《きょうろく》三年（一五三〇年）、上杉謙信《うえすぎけんしん》は長尾為景《ながおためかげ》の次男《じなん》として生《せい》を受《う》けた。幼名《ようめい》は虎千代《とらちよ》。元服《げんぷく》して景虎《かげとら》と名乗《なの》った。母《はは》は虎御前《とらごぜん》。古志郡栖吉《こしぐんすよし》（長岡市）城主《じょうしゅ》の長尾房景《ながおふさかげ》の娘《むすめ》だ。景虎《かげとら》は幼時《ようじ》から腕白《わんぱく》の上《うえ》に潔癖《けっぺき》が過《す》ぎて、父為景《ちちためかげ》に疎《うと》まれ林泉寺《りんせんじ》に預《あず》けられた。

天文《てんぶん》五年（一五三六年）十二月、景虎《かげとら》七歳の時《とき》に父為景《ちちためかげ》が病没《びょうぼつ》した。享年《きょうねん》六十六歳。長尾家《ながおけ》は嫡男《ちゃくなん》の晴景《はるかげ》が跡《あと》を継《つ》いだが、惰弱《だじゃく》で国《くに》を治《おさ》める気概力量《きがいりきりょう》に欠《か》けていた。

胎田常陸《てるたひたち》は長尾為景《ながおためかげ》の寵《ちょう》を受《う》けて権力《けんりょく》があった。常陸《ひたち》は晴景《はるかげ》が惰弱《だじゃく》で国政《こくせい》を見《み》ないのを見《み》て、長尾家重臣《ながおけじゅうしん》の黒田《くろだ》や金津《かなづ》らを誘《さそ》って私腹《しふく》を肥《こ》やすことに専念《せんねん》した。他《た》の家臣《かしん》らも胎田《てるた》らの行《おこな》いに倣《なら》った。

明《あ》けて天文《てんぶん》六年（一五三七年）、越後国内《えちごこくない》で長尾家《ながおけ》の影《かげ》が薄《うす》くなり国人《こくじん》は皆《みな》、元《もと》の守護家《しゅごけ》の上杉《うえすぎ》定実《さだざね》（118頁2～9行目参照）に従《したが》った。守護《しゅご》の座《ざ》は再《ふた》び名実共《めいじつとも》に上杉家《うえすぎけ》の手《て》に戻《もど》った。

上杉定実《うえすぎさだざね》には子《こ》がなかった。定実《さだざね》は羽前国《うぜんこく》（山形県）の伊達稙宗《だてたねむね》の次男実元《じなんさねもと》を養子《ようし》に望《のぞ》んだ。越《えち》後《ご》の阿賀野川以北《あがのがわいほく》の豪族《ごうぞく》（揚北衆）の本庄房長《ほんじょうふさなが》は実元《さねもと》の養子《ようし》に反対《はんたい》した。

天文《てんぶん》八年（一五三九年）、上杉定実《うえすぎさだざね》は中条藤資《なかじょうふじすけ》や伊達家《だてけ》の助勢《じょせい》を得《え》て本庄城《ほんじょうじょう》（村上市）を攻《せ》めた。本庄房長《ほんじょうふさなが》は羽前国《うぜんこく》に逃《に》げる途上《とじょう》で死没《しぼつ》した。

天文《てんぶん》九年（一五四〇年）、羽前国《うぜんこく》の伊達稙宗《だてたねむね》は次男《じなん》の伊達実元《だてさねもと》を越後《えちご》の上杉定実《うえすぎさだざね》の下《もと》に送《おく》った。上条《じょうじょう》（柏崎市）の上杉家元家老《うえすぎけもとかろう》の色部勝長《いろべかつなが》は挙兵《きょへい》して入国《にゅうこく》を拒《こば》んだ。

越後国守護上杉定実《えちごこくしゅごうえすぎさだざね》は後継《あとつ》ぎを決《き》めることさえ出来《でき》ずに争《あらそ》い事《ごと》ばかりが起《お》こって、意《い》のままにならないこの世《よ》に失望《しつぼう》した。それで越後国《えちごこく》の政《まつりごと》は守護代《しゅごだい》の長尾家《ながおけ》に委《ゆだ》ねて気儘《きまま》に隠居《いんきょ》した。

天文《てんぶん》十一年（一五四二年）、長尾家庶流《ながおけしょりゅう》の三条《さんじょう》（三条市）城主長尾俊景《じょうしゅながおとしかげ》は長尾家《ながおけ》の権臣胎田常陸《けんしんてるたひたち》に賄賂《わいろ》を贈《おく》って一味《いちみ》に加《くわ》え、越後国乗《えちごこくの》っ取《と》りを企《たくら》んだ。胎田常陸《てるたひたち》は俊景《としかげ》の誘《さそ》いに乗《の》って主君《しゅくん》の長尾《ながお》晴景《はるかげ》を幽閉《ゆうへい》し、春日山城《かすがやまじょう》（上越市）を乗《の》っ取《と》った。

長尾景虎　越後支配

長尾景虎《ながおかげとら》はこの時《とき》十三歳。栃尾城《とちおじょう》（長岡市栃尾町）にいた。栃尾《とちお》は古志《こし》、蒲原《かんばら》と共《とも》に長尾家《ながおけ》の本《ほん》領《りょう》だ。為景《ためかげ》の死後《しご》晴景《はるかげ》は本領《ほんりょう》統治《とうじ》のために本庄実乃《ほんじょうさねより》に弟《おとうと》の景虎《かげとら》を預《あず》けて栃尾城《とちおじょう》に住《す》まわせた。栃尾城下《とちおじょうか》に宇佐美定行《うさみさだゆき》がいた。好《この》んで書《しょ》を読《よ》み文武両道《ぶんぶりょうどう》に長《た》け、天文兵法《てんもんひょうほう》の道《みち》に通《つう》じていた。長尾景虎《ながおかげとら》は定行《さだゆき》の優《すぐ》れた知謀《ちぼう》に触《ふ》れて師《し》と仰《あお》いだ。定行《さだゆき》も、まだ幼《おさな》いながらに世《よ》の不正《ふせい》を見《み》過《す》ごしに出来《でき》ない激《はげ》しい気性《きしょう》の景虎《かげとら》を見《み》て「やがて天下《てんか》を制《せい》するのは必《かなら》ずやこの若《わか》だろう」と惚《ほ》れ込《こ》んだ。長尾景虎《ながおかげとら》は春日山《かすがやま》の騒動《そうどう》に胸《むね》を痛《いた》めて、幼《おさな》いながらに胎田常陸《てるたひたち》を討《う》って春日山《かすがやま》を取《と》り戻《もど》すことに腐心《ふしん》した。そして領内《りょうない》を隈《くま》なく見《み》て廻《まわ》った。ある日《ひ》米山《よねやま》に登《のぼ》った。山頂《さんちょう》からの眺《なが》めは素晴《すば》らしかった。だが景虎《かげとら》は景色《けしき》には眼《め》もくれずに一点《いってん》、府内《ふない》（府中の内：上越市直江津）を睨《にら》んで「我《われ》、やがて兵《へい》を挙《あ》げて国《くに》に帰《かえ》る時《とき》には必《かなら》ずやこの地《ち》に陣取《じんど》るべし」と独《ひと》り言《ご》ちた。この時《とき》の景虎《かげとら》は未《ま》だ十三歳。付《つ》き添《そ》う家臣《かしん》は並外《なみはず》れた景虎《かげとら》の「先見《せんけん》の明《めい》」に舌《した》を巻《ま》き肝《きも》を潰《つぶ》して、

「やがては良《よ》きご主君《しゅくん》になられるぞ」と喜《よろこ》ばぬ者《もの》はなかった。
翌《よく》・天文《てんぶん》十二年（一五四三年）、長尾景虎《ながおかげとら》は未《ま》だ十四歳にして
「国家《こっか》を毒《どく》する者《もの》はたとえ兄《あに》といえども追放致《ついほういた》さずばなるまい。況《いわん》や逆心《ぎゃくしん》を企《くわだ》てる一家旧臣《いっかきゅうしん》の者共《ものども》は即刻誅伐《そっこくちゅうばつ》せずに置《お》くものか」と言《い》って、諸将《しょしょう》に檄《げき》を飛《と》ばして挙兵《きょへい》した。
長尾景虎《ながおかげとら》は宇佐美定行《うさみさだゆき》と策《さく》を練《ね》って一千の兵《へい》を率《ひき》いて米山《よねやま》に登《のぼ》り、虚空蔵堂《こくうぞうどう》に陣取《じんど》った。長尾《ながお》家《け》を乗《の》っ取《と》った長尾俊景《ながおとしかげ》や胎田常陸《てるたひたち》らは、景虎《かげとら》が挙兵《きょへい》したのを聞《き》き知《し》って、軍兵《ぐんぺい》を率《ひき》いて米山《よねやま》に押《お》し寄《よ》せた。だがただの一戦《いっせん》にして討《う》ち負《ま》けた。景虎勢《かげとらぜい》は勝《か》ちに乗《の》って追撃《ついげき》するところを、景虎《かげとら》は強《し》いて押《お》し留《とど》めた。そして態《わざ》と昼寝《ひるね》を決《き》め込《こ》んだ。景虎《かげとら》の軍勢《ぐんぜい》は訳《わけ》も判《わか》らず追撃《ついげき》を止《と》められていきり立《た》った。やがて眼《め》を開《あ》けた景虎《かげとら》は、眼《め》を輝《かがや》かせて
「頃《ころ》やよし。いざ討《う》て」と大声《おおごえ》で言《い》って勇《いさ》み立《た》つ全軍《ぜんぐん》に追撃命令《ついげきめいれい》を出《だ》した。
長尾俊景《ながおとしかげ》の敗軍《はいぐん》の兵《へい》はこの時丁度《ときちょうど》、険阻《けんそ》な崖《がけ》を四つん這《ば》いになって逃《に》げ下《くだ》る途中《とちゅう》で手足《てあし》の自《じ》由《ゆう》を欠《か》いていた。そこを景虎勢《かげとらぜい》に追《お》いつかれ、頭《あたま》の上《うえ》から攻《せ》め立《た》てられて手向《てむ》かう術《すべ》もなく只《ただ》、

徒《いたずら》に討《う》たれるばかりだった。

長尾景虎《ながおかげとら》の地形《ちけい》を知《し》った見事《みごと》な采配《さいはい》で緒戦《ちょせん》に大勝利《だいしょうり》を収《おさ》めた。この後《のち》、景虎《かげとら》は五年をかけて越後国内《えちごこくない》を平定《へいてい》し、兄晴景《あにはるかげ》から譲《ゆず》られて越後国《えちごこく》の守護代《しゅごだい》になった。長尾景虎《ながおかげとら》の威勢《いせい》は目覚《めざ》ましかった。「朝日《あさひ》が昇《のぼ》って月影《つきかげ》消《き》える」ように守護《しゅご》の上杉定実《うえすぎさだざね》の影《かげ》は薄《うす》れて顧《かえり》みられなくなった。「越後国《えちごこく》に毘沙門天《びしゃもんてん》の生《う》まれ変《か》わりが現《あらわ》れて、一国《いっこく》を平定《へいてい》なさった」との噂《うわさ》が全国津々浦々《ぜんこくつづうらうら》に伝《つた》わった。天文《てんぶん》十九年（一五五〇年）、越後国守護上杉定実《えちごこくしゅごうえすぎさだざね》が没《ぼっ》した。定実《さだざね》には子《こ》がなく守護代《しゅごだい》の長《なが》尾景虎《おかげとら》が名実共《めいじつとも》に越後全域《えちごぜんいき》の実権《じっけん》を握《にぎ》った。時《とき》に景虎《かげとら》は未《ま》だ二十一歳。

謙信の関東出兵と上洛

天文《てんぶん》二十一年（一五五二年）関東管領山内上杉憲政《かんとうかんれいやまのうちうえすぎのりまさ》は越後国《えちごこく》の長尾景虎《ながおかげとら》に使者《ししゃ》を送《おく》って「我《われ》、積年逆賊《せきねんぎゃくぞく》の北条氏康《ほうじょううじやす》を討《う》ち滅《ほろ》ぼさんと欲《ほっ》して屡合戦《しばしばかっせん》に及《およ》ぶ。しかれども却《かえ》って敗北《はいぼく》してかくの如《ごと》くに相成《あいな》る。汝《なんじ》は速《すみ》やかに北条《ほうじょう》を退治《たいじ》し、関八州《かんはっしゅう》を平《たい》らげて我《われ》に忠勤《ちゅうきん》を尽《つ》くせ」と救《きゅう》援《えん》を求《もと》めた。憲政《のりまさ》の申し出《もうで》を受《う》けた景虎《かげとら》は生来不正《せいらいふせい》を忌《い》み嫌《きら》い、性分《しょうぶん》が潔癖《けっぺき》だったので「謹《つつし》んで命《めい》を拝受致《はいじゅいた》す。然《しか》らば雪消《ゆきげ》を待《ま》って小田原表《おだわらおもて》に上《のぼ》り、北条《ほうじょう》を討《う》ち平《たい》らげて公《こう》の鬱憤《うっぷん》を晴《は》らすべし」と答《こた》えて関東出兵《かんとうしゅっぺい》を引《ひ》き受《う》けた。

長尾景虎《ながおかげとら》は関東出兵《かんとうしゅっぺい》が己《おのれ》の野心《やしん》を満《み》たすためであると皆《みな》に思《おも》われたくなかった。野心《やしん》のために家臣《かしん》を駆《か》り出《だ》せば離反者《りはんしゃ》が出《で》る。景虎《かげとら》は天下国家《てんかこっか》のための出兵《しゅっぺい》であると家臣《かしん》に示《しめ》すために「我思《われおも》うところあって入道《にゅうどう》する」と宣言《せんげん》して仏門《ぶつもん》に帰依《きえ》し、道号《どうごう》を用《もち》いて謙信《けんしん》と名乗《なの》った。

この時謙信《ときけんしん》二十三歳。未《ま》だ妻帯《さいたい》すらしておらず子《こ》が無《な》かった。並《な》み居《い》る群臣《ぐんしん》は皆《みな》、謙信《けんしん》に子《こ》ができるのを望《のぞ》んだが、謙信《けんしん》を恐《おそ》れて、敢《あ》えて諫《いさ》める者《もの》はいなかった。長尾謙信《ながおけんしん》は早速《さっそく》、春日山《かすがやま》（上越市）の麓《ふもと》に堂《どう》を建《た》てて毘沙門天《びしゃもんてん》を安置《あんち》し、朝《あさ》な夕《ゆう》なに「我《われ》、天下《てんか》の乱《らん》を平《たい》らげて一統《いっとう》に帰《き》せんと欲《ほっ》す。若《も》しこの志《こころざし》遂《と》げること叶《かな》わねば唯《ただ》死《し》を給《たま》え」と祈《いの》り以後《いご》、肉《にく》・魚《さかな》を食《た》べず女色《じょしょく》などには眼《め》もくれぬ禁欲生活《きんよくせいかつ》に入《はい》った。そして唯只管《ただひたすら》に天下《てんか》の兵乱《へいらん》を鎮《しず》める事《こと》にのみ心血《しんけつ》を注《そそ》いだ。

天文《てんぶん》二十一年（一五五二年）三月、峠《とうげ》の雪《ゆき》が消《き》えるのを待《ま》って、謙信《けんしん》は越後国《えちごこく》の諸将《しょしょう》を引《ひ》き連《つ》れ上杉憲政《うえすぎのりまさ》に会《あ》いに上野国《こうずけこく》（群馬県）に出馬《しゅつば》して憲政《のりまさ》に拝謁《はいえつ》した。
北城丹後守《きたしろたんごのかみ》は予《あらかじ》め謙信《けんしん》に命《めい》じられて上野国平井《こうずけこくひらい》（藤岡市）に居《きょ》を移《うつ》し、上杉憲政《うえすぎのりまさ》に仕《つか》えて関東《かんとう》の様子《ようす》を具《つぶさ》に探《さぐ》っていた。謙信《けんしん》が平井《ひらい》に到着《とうちゃく》するや早速《さっそく》、馳《は》せ参《さん》じて
「当国《とうこく》に居《い》て関東《かんとう》の便《たよ》りを聞《き》きますと上野国箕輪城《こうずけこくみのわじょう》（高崎市箕輪町）の長野業正《ながのなりまさ》を始《はじ》め、君《きみ》のために心《こころ》を傾《かたむ》けて忠義《ちゅうぎ》を尽《つ》くそうと思《おも》う者《もの》が大半《たいはん》で御座《ござ》る。その他《た》も関東管領上杉憲政《かんとうかんれいうえすぎのりまさ》の家来《けらい》は大《だい》小《しょう》となく譜代《ふだい》の家来《けらい》のように君《きみ》の来駕《らいが》を待《ま》ち受《う》けて御座《ござ》る」と報《ほう》じた。そしてまた
「武蔵国《むさしこく》（東京・埼玉と神奈川の一部）の太田資正《おおたすけまさ》は既《すで》に無二《むに》の志《こころざし》をもってその情《じょう》を通《つう》じて御座《ござ》る」
と告《つ》げた。謙信《けんしん》は北城《きたしろ》の話《はなし》を聞《き》いて
「左様《さよう》の話《はなし》が誠《まこと》なれば一箇年内《いっかねんない》に関八州《かんはっしゅう》を平定《へいてい》して北条氏康《ほうじょううじやす》を退治《たいじ》せんこと掌《たなごころ》の内《うち》にあり」と言《い》って喜《よろこ》んだ。謙信《けんしん》は上杉憲政《うえすぎのりまさ》の警護《けいご》の供廻《ともまわ》りを残《のこ》して一旦越後国《いったんえちごこく》に引上《ひきあ》げた。
上杉憲政《うえすぎのりまさ》は謙信《けんしん》が直《ただ》ちに助勢《じょせい》に出向《でむ》いたのを喜《よろこ》んで幕府《ばくふ》に使者《ししゃ》を送《おく》り、朝廷《ちょうてい》に景虎《かげとら》の叙位《じょい》を願《ねが》い出《で》た。まもなく謙信《けんしん》は朝廷《ちょうてい》から弾正少弼従五位下《だんじょうしょうひつじゅうごいげ》が送《おく》られた。

翌《よく》・天文《てんぶん》二十二年（一五五三年）、北信濃国《きたしなののこく》（長野県）の戦国大名《せんごくだいみょう》村上義清《むらかみよしきよ》が、甲斐国《かいこく》（山梨県）の武田晴信信玄入道《たけだはるのぶしんげんにゅうどう》（以後信玄）に攻《せ》め込《こ》まれて越後国《えちごこく》に逃《のが》れてきた。

これより先《さき》、武田信玄《たけだしんげん》は信濃経略《しなのけいりゃく》を志《こころざ》して、天文《てんぶん》十一年（一五四二年）、諏訪《すわ》の名族《めいぞく》諏訪頼重《すわよりしげ》を滅《ほろ》ぼし、次《つ》いで天文《てんぶん》二十一年から二十二年にかけて信濃国守護《しなのこくしゅご》の小笠原長時《おがさわらながとき》や北信濃《きたしなの》の村上義《むらかみよし》清《きよ》、それに信濃国《しなのこく》きっての豪族《ごうぞく》で鴨ガ岳城《かもがだけじょう》（中野市）城主《じょうしゅ》の高梨政頼《たかなしまさより》を、相次《あいつ》いで信濃《しなの》から放逐《ほうちく》して信濃国《しなのこく》を乗《の》っ取《と》った。高梨政頼《たかなしまさより》の妻《つま》は為景《ためかげ》の妹《いもうと》で謙信《けんしん》の叔母《おば》だ。信濃国《しなのこく》の諸将《しょしょう》は越後《えちご》に逃《のが》れて謙信《けんしん》に援助《えんじょ》を求《もと》めた。謙信《けんしん》は諸将《しょしょう》に

「諸公《しょこう》は人《ひと》の上《うえ》に立《た》つ御方《おかた》にて人《ひと》の下《した》に降《くだ》る御仁《ごじん》では御座《ござ》らぬ。しかるに身《み》を屈《くっ》して我《われ》に身《み》を託《たく》すは、必《かなら》ずや我《われ》をお知《し》りだからで御座《ござ》ろう。「士《もののふ》は己《おのれ》を知《し》る者《もの》の為《ため》に死《し》す」とか。諸公《しょこう》に出会《であ》って力《ちから》を出《だ》さぬ者《もの》は大丈夫《だいじょうぶ》に非《あら》ず」と答《こた》えて快《こころよ》く援助《えんじょ》を約《やく》した。そして

「武田晴信《たけだはるのぶ》（信玄）の戦振《いくさぶ》りは如何《いか》に」と尋《たず》ねた。村上義清《むらかみよしきよ》は

「晴信《はるのぶ》の武略《ぶりゃく》は慎重《しんちょう》で、軽率《けいそつ》な戦《いくさ》は致《いた》しませせぬ。勝利《しょうり》の後《あと》はより一層用心深《いっそうようじんふか》く構《かま》えて、十里《じゅうり》（一

里は約4㎞）攻《せ》めるところは三里《さんり》或《ある》いは五里《ごり》のみ戦《たたか》うといった武道気質《ぶどうかたぎ》と見受《みう》け致《いた》す」と答《こた》えた。

謙信《けんしん》は家臣《かしん》らと眼《め》を合《あ》わせて笑《え》みを浮《う》かべ

「晴信《はるのぶ》の戦術《せんじゅつ》は最後《さいご》の勝利《しょうり》を意識《いしき》したもので、これは国《くに》を取《と》る秘術《ひじゅつ》と申《もう》すもの。なれども我等《われら》は国《くに》を取《と》ることは一向《いっこう》に構《かま》わぬ。ただ一気《いっき》の決戦勝負《けっせんしょうぶ》こそ肝要《かんよう》である。彼《か》の源九郎判官公《みなもとくろうはんがんこう》（義経）は知行《ちぎょう》は伊予一国《いよいっこく》なれども弓矢《ゆみや》の名声《めいせい》は日《ひ》の本《もと》（日本の異称）を遍《あまね》く覆《おお》っておる。我《われ》も又《また》、斯《か》く在《あ》りたきもので御座《ござ》るよ」と言《い》って重臣《じゅうしん》らに向《む》かい武田信玄《たけだしんげん》と一戦《いっせん》する旨《むね》を陣触《じんぶ》れした。

長尾謙信《ながおけんしん》は初《はじ》めての信濃出陣《しなのしゅつじん》であることを考慮《こうりょ》して短期決戦《たんきけっせん》を旨《むね》とし、兵卒《へいそつ》八千以上《いじょう》は無用《むよう》として信濃《しなの》に入国《にゅうこく》し、川中島《かわなかじま》を越《こ》えて小県郡《ちいさがたぐん》の海野平《うんのたいら》（上田市）にまで繰《く》り出《だ》した。

甲斐《かい》の武田信玄《たけだしんげん》は謙信出陣《けんしんしゅつじん》の報《しら》せを受《う》けて信玄《しんげん》も一万五千の軍勢《ぐんぜい》を出《だ》し、用心深《ようじんぶか》く構《かま》えて長《ちょう》期戦《きせん》に誘《さそ》った。謙信《けんしん》は信玄《しんげん》の並々《なみなみ》ならぬ陣立《じんだ》てを目《ま》の当《あ》たりにして生死《せいし》の決戦《けっせん》は無理《むり》と悟《さと》り、再《さい》出馬《しゅつば》を期《き》して被害《ひがい》の出《で》ぬうちに引上《ひきあ》げた。信玄《しんげん》もまた陣《じん》を返《かえ》して帰国《きこく》した。

天文《てんぶん》二十二年（一五五三年）謙信《けんしん》は初《はじ》めて上洛《じょうらく》し、叙位《じょい》の返礼《へんれい》のために朝廷《ちょうてい》に参内《さんだい》すると

「住国並《じゅうこくなら》びに隣国《りんごく》の逆賊《ぎゃくぞく》を討《う》つべし」との後奈良天皇《ごならてんのう》の綸旨《りんじ》（勅旨）が下《くだ》った。謙信《けんしん》は拝受《はいじゅ》して上洛《じょうらく》の目的《もくてき》を果《は》たした。参内《さんだい》を済《す》ませた後《のち》に京都大徳寺《きょうとだいとくじ》に参禅《さんぜん》し、高野山《こうやさん》にも足《あし》を延《の》ばして帰《き》途《と》についた。

越後長尾・甲斐武田・相模北条の三家鼎立

この様《よう》に謙信《けんしん》は信玄討伐《しんげんとうばつ》を始《はじ》めていながら上洛《じょうらく》して朝廷《ちょうてい》に参内《さんだい》した。帰国《きこく》すると越後国《えちごこく》では上《うえ》田《だ》（六日町）の長尾政景《ながおまさかげ》が反乱《はんらん》を企《くわだ》てているという噂《うわさ》が流《なが》れて騒《さわ》いでいた。謙信《けんしん》は越後国内《えちごこくない》を固《かた》め直《なお》さねばならぬ事《こと》に気付《きづ》いて、先《ま》ずは政景《まさかげ》に実姉《じっし》を娶《めあわ》せて両家《りょうけ》の融和《ゆうわ》に努《つと》めた。そしてやがて生《う》まれた喜平次顕景《きへいじあきかげ》を養子《ようし》にし、春日山《かすがやま》に迎《むか》え入《い》れて家督《かとく》に据《す》えた。顕景《あきかげ》は後《のち》に景勝《かげかつ》（以後、景勝）と改名《かいめい》した。村上義清《むらかみよしきよ》らの信濃国《しなのこく》の諸将《しょしょう》は「越後国内《えちごこくない》が平穏《へいおん》に治《おさ》まり誠《まこと》に祝着至極《しゅうちゃくしごく》。かくなる上《うえ》は我《われ》らが願《ねが》いもお忘《わす》れなく聞《き》き届《とど》けて下《くだ》され」と言上《ごんじょう》して信濃《しなの》への出兵《しゅっぺい》を望《のぞ》んだ。

天文《てんぶん》二十三年（一五五四年）、村上義清《むらかみよしきよ》らの懇請《こんせい》を受《う》けた謙信《けんしん》は今度《こんど》こそ信濃《しなの》から武田勢《たけだぜい》を追《お》い出《だ》そうと、軍勢《ぐんぜい》一万二千余《よ》を従《したが》えて信濃国善光寺平《しなのこくぜんこうじだいら》（長野市）に出陣《しゅつじん》した。武田信玄《たけだしんげん》も「謙信出兵《けんしんしゅっぺい》」の知《し》らせを受《う》けて、即座《そくざ》に大軍《たいぐん》を催《もよお》して川中島《かわなかじま》（長野市）に出陣《しゅつじん》した。謙信《けんしん》は速戦即決《そくせんそっけつ》を望《のぞ》んだが、例《れい》によって信玄《しんげん》は固《かた》く守《まも》って持久戦《じきゅうせん》に出《で》た。村上義清《むらかみよしきよ》は「晴信《はるのぶ》（武田信玄）の陣形《じんけい》を見《み》るに、公《こう》を恐《おそ》れて敢《あ》えて戦《たたか》う心《こころ》、無《な》しかと見受《みう》け致《いた》す。願《ねが》わくば某《それがし》に先駆《さきが》けのお許《ゆる》しを下《くだ》され。然《しか》らば即刻敵陣《そっこくてきじん》に駆《か》け入《い》り晴信《はるのぶ》との一騎打《いっきう》ちの勝負《しょうぶ》を致《いた》して、日頃《ひごろ》の鬱憤《うっぷん》を晴《は》らしたく御座《ござ》る」と謙信《けんしん》に申《もう》し出《で》た。脇《わき》に控《ひか》えていた宇佐美定行《うさみさだゆき》は「昨年来《さくねんらい》の晴信《はるのぶ》（武田信玄）の軍勢《ぐんぜい》はとても尋常《じんじょう》では御座《ござ》いませぬ。義清《よしきよ》などの智慮《ちりょ》では到底敵《とうていかな》いませぬ」と、義清《よしきよ》の言《げん》には従《したが》わぬよう諫言《かんげん》した。謙信《けんしん》は短期決戦《たんきけっせん》を望《のぞ》んで備《そな》えを万全《ばんぜん》に整《ととの》えた上《うえ》で、精鋭《せいえい》を選《よ》り選《すぐ》り「車懸《くるまかか》りの構《かま》え」（車輪状に構えて敵に背後を突かせぬ戦法）で武田陣《たけだじん》に攻撃《こうげき》を仕掛《しか》けた。信玄《しんげん》は「鶴翼《かくよく》の構《かま》え」（両翼を広げて敵を囲み込む戦法）で越後勢《えちごぜい》を押《お》し包《つつ》んだ。両軍《りょうぐん》は少《すく》なからず兵力《へいりょく》を損《そん》じて勝負《しょうぶ》が付《つ》かなかった。かくして対陣百余日《たいじんひゃくよにち》に及《およ》び、共《とも》に戦果《せんか》が得《え》られず駿河《するが》国《こく》（静岡県中部）の今川義元《いまがわよしもと》に調停《ちょうてい》を頼《たの》んで共《とも》に陣《じん》を帰《かえ》した。

天文《てんぶん》二十三年（一五五四年）末《まつ》、武田信玄《たけだしんげん》は越後勢《えちごぜい》に備《そな》えて相模国《さがみこく》の北条氏康《ほうじょううじやす》と駿河国《するがこく》の今川《いまがわ》義元《よしもと》とでそれぞれ娘《むすめ》を嫁《よめ》に出《だ》し合《あ》って姻戚関係《いんせきかんけい》を結《むす》び、三国同盟《さんごくどうめい》を成立《せいりつ》させた。

一方《いっぽう》の越後国《えちごこく》では幕府《ばくふ》の使者《ししゃ》として一色淡路守《いっしきあわじのかみ》と杉原兵庫頭《すぎはらひょうごのかみ》の両名《りょうめい》が下向《げこう》して来《き》た。謙信《けんしん》は丁重《ていちょう》に迎《むか》え入《い》れると両名《りょうめい》は「相州《そうしゅう》（相模国）小田原《おだわら》の氏康《うじやす》（北条）は、近年恣《きんねんほしいまま》に武威《ぶい》を振《ふ》るって鎌倉北条《かまくらほうじょう》の氏《うじ》を盗《ぬす》み号《ごう》す。加《くわ》えて関東管領上杉憲政《かんとうかんれいうえすぎのりまさ》を侵伐《しんばつ》す。憲政《のりまさ》は国《くに》を失《うしな》い浪落《ろうらく》の身《み》となるは不憫《ふびん》。上《かみ》を蔑《ないがしろ》にして私《わたくし》を専《もっぱ》らにするは無道《むどう》の極《きわみ》。天《てん》はこれを許《ゆる》さざるところなり。しかれども今《いま》、これを追討《ついとう》できるは謙信《けんしん》にあらずんば誰《たれ》かよくこれを成《な》すことを得《え》ん」と将軍義輝《しょうぐんよしてる》の口上《こうじょう》を伝《つた》えて、強《つよ》く謙信《けんしん》に北条征伐《ほうじょうせいばつ》を求《もと》めた。謙信《けんしん》は謹《つつし》んで将軍《しょうぐん》の命《めい》を拝受《はいじゅ》し、「今《いま》、忝《かたじけな》くも将軍家《しょうぐんけ》の命《めい》を戴《いただ》く。幸《さいわ》いにも関八州《かんはっしゅう》の諸将《しょしょう》は大小《だいしょう》となく過半《かはん》は某《それがし》に従《したが》って御座《ござ》る。必《かなら》ずや一、二年の内《うち》には北条氏康《ほうじょううじやす》を退治致《たいじいた》す所存《しょぞん》。関東平定《かんとうへいてい》の暁《あかつき》には上洛《じょうらく》して必《かなら》ず公方《くぼう》を拝《はい》し奉《たてまつ》る」と両使《りょうし》に応《こた》えて将軍家《しょうぐんけ》の申《もう》し出《で》を引《ひ》き受《う》けた。両使《りょうし》は二《に》、三日逗留《さんにちとうりゅう》して帰京《ききょう》した。謙《けん》信《しん》は将軍家《しょうぐんけ》への進物《しんもつ》を贈《おく》る越後《えちご》の供《とも》を両使《りょうし》に添《そ》えて、京《きょう》都まで送《おく》り届《とど》けた。

弘治《こうじ》三年（一五五七年）、武田信玄《たけだしんげん》が信濃国《しなのこく》から上野国《こうずけこく》を望《のぞ》んだ。上野国《こうずけこく》の長野業正《ながのなりまさ》は武田勢《たけだぜい》との対立《たいりつ》が避《さ》けられないと見《み》て取《と》り、上野《こうずけ》と武蔵《むさし》両国《りょうこく》の軍兵《ぐんぺい》二万を率《ひき》いて挙兵《きょへい》した。

信玄《しんげん》は上野国《こうずけこく》に出兵《しゅっぺい》して長野業正《ながのなりまさ》の居城《きょじょう》の箕輪城《みのわじょう》（高崎市）を囲《かこ》んだ。上野国平井《こうずけこくひらい》（藤岡市）の関《かん》東管領上杉憲政《とうかんれいうえすぎのりまさ》は越後《えちご》の春日山《かすがやま》に使者《ししゃ》を送《おく》って救援《きゅうえん》を求《もと》めた。謙信《けんしん》は家臣《かしん》を集《あつ》めて

「甲斐《かい》の晴信《はるのぶ》（武田信玄）が上州《じょうしゅう》（上野国の通称）に出兵《しゅっぺい》して、我《わ》が味方《みかた》の長野《ながの》の居城《きょじょう》を囲《かこ》んだ由《よし》。如何《いかに》すべきや」と評定《ひょうじょう》した。宇佐美定行《うさみさだゆき》は

「今《いま》、兵《へい》を挙《あ》げて箕輪《みのわ》の救援《きゅうえん》に向《む》かうは下《げ》の策《さく》。信州《しんしゅう》（信濃国）を突《つ》くに限《かぎ》りまする。然《さ》すれば晴《はる》信《のぶ》（武田信玄）は慌《あわ》てて信州《しんしゅう》に引《ひ》き返《かえ》すは必定《ひつじょう》。労《ろう》せずして箕輪《みのわ》は救《すく》えまする。孫子《そんし》の兵法《へいほう》に「邯《かん》鄲《たん》を救《すく》わんとして大梁《だいりょう》を突《つ》く」とあるのは当《まさ》にこのことで御座《ござ》る。この孫子《そんし》の話《はなし》をお聞《き》かせ申《もう》そうか。その昔《むかし》、合従連衡《がっしょうれんこう》の盛《さか》んな中国《ちゅうごく》の戦国時代《せんごくじだい》。趙《ちょう》の首都《しゅと》の邯鄲《かんたん》が魏《ぎ》の大軍《たいぐん》に囲《かこ》まれた。危《き》機《き》に陥《おちい》った趙王《ちょうおう》は同盟国《どうめいこく》の斉《せい》に救援《きゅうえん》を求《もと》めたので御座《ござ》る。斉《せい》は趙《ちょう》の要請《ようせい》を受《う》けて救援軍《きゅうえんぐん》を派遣《はけん》し

たが、この時《とき》の軍師《ぐんし》こそ彼《か》の有名《ゆうめい》な孫子《そんし》（孫武と孫臏の二人の孫子の内の孫臏）で御座《ござ》る。孫子《そんし》は救援《きゅうえん》軍《ぐん》の大将《たいしょう》に忠告《ちゅうこく》して「我《わ》が軍《ぐん》が邯鄲《かんたん》に向《むか》かえば必《かなら》ず魏《ぎ》の大軍《たいぐん》と衝突《しょうとつ》して、我《わ》が軍《ぐん》も無事《ぶじ》では済《す》みませぬが、その責任《せきにん》は全《すべ》て将軍《しょうぐん》が負《お》わねばなりませぬぞ。なれどこれから魏《ぎ》の都《みやこ》の大梁《だいりょう》に向《む》かうと見《み》せかければ邯鄲《かんたん》を囲《かこ》んだ魏軍《ぎぐん》は、自国《じこく》の都《みやこ》が攻《せ》められるのを見過《みす》ごしには出来《でき》ず、必《かなら》ずや慌《あわ》てて軍《ぐん》を返《かえ》すことで御座《ござ》ろう。何《なん》で見過《みす》ごしに出来《でき》ましょうや。然《さ》すれば我《わ》が軍《ぐん》は一兵《いっぺい》も損《そこ》なわずに邯鄲《かんたん》を救《すく》うことが出来《でき》ると言《い》うもの」と策《さく》を勧《すす》めた由《よし》。如何《いかが》、孫子《そんし》を見習《みなら》っては」と進言《しんげん》した。謙信《けんしん》は宇佐美定行《うさみさだゆき》の策《さく》を入《い》れて即刻《そっこく》、信州川中島《しんしゅうかわなかじま》に兵《へい》を繰《く》り出《だ》した。武田信玄《たけだしんげん》も越後勢《えちごぜい》が信濃《しなの》へ出兵《しゅっぺい》したとの報《しら》せを受《う》けて直《ただ》ちに全軍《ぜんぐん》挙《あ》げて川中島《かわなかじま》に引《ひ》き返《かえ》した。謙信《けんしん》は長野業正《ながのなりまさ》の救《きゅう》出《しゅつ》が目的《もくてき》だ。それで、しばらく睨《にら》みあっただけで被害《ひがい》の出《で》ぬうちに引《ひ》き上《あ》げた。

永禄《えいろく》元年（一五五八年）、上野国平井城《こうずけこくひらいじょう》（藤岡市）に籠《こも》った関東管領上杉憲政《かんとうかんれいうえすぎのりまさ》が北条氏康《ほうじょううじやす》に攻《せ》められて、防《ふせ》ぎきれずに越後《えちご》に逃《のが》れてきた。そして謙信《けんしん》に対面《たいめん》して

「我《われ》、積年逆徒《せきねんぎゃくと》の北条氏康《ほうじょううじやす》を討《う》ち滅《ほろ》ぼさんと欲《ほっ》して屡《しばしば》合戦《かっせん》に及《およ》ぶが却《かえ》って利《り》を失《うしな》い敗走《はいそう》して

かく相成《あいな》る。我《われ》は今《いま》、我《わ》が氏《うじ》と関東管領《かんとうかんれい》の地位《ちい》を貴公《きこう》に譲《ゆず》って隠居致《いんきょいた》す。速《すみ》やかに北条《ほうじょう》を退治《たいじ》して関八州《かんはっしゅう》を平《たいら》らげ、関東管領《かんとうかんれい》を継《つ》ぐべし」と言《い》って、上杉家《うえすぎけ》重代《じゅうだい》の太刀《たち》「天国《てんごく》」並《なら》びに上杉家《うえすぎけ》代々《だいだい》の系図《けいず》を謙信《けんしん》に譲《ゆず》った。翌《よく》・永禄《えいろく》二年（一五五九年）、長尾謙信《ながおけんしん》は再《ふたた》び上洛《じょうらく》して今度《こんど》は幕府《ばくふ》に出仕《しゅっし》した。そして将軍家《しょうぐんけ》に吉光《よしみつ》の太刀一振《たちひとふ》りと馬一匹《うまいっぴき》、黄金《おうごん》三十枚《まい》その他《た》の進物《しんもつ》を贈《おく》った。幕府《ばくふ》はこの頃《ころ》、将軍義晴《しょうぐんよしはる》が没《ぼっ》して義輝《よしてる》の世《よ》だ。幕府《ばくふ》の実権《じっけん》は細川晴元《ほそかわはるもと》の家臣《かしん》の三好長慶《みよしながよし》が握《にぎ》って、将軍義輝《しょうぐんよしてる》を脅《おど》したり、すかしたりして利用《りよう》していた。義輝《よしてる》は度々近江《たびたびおうみ》へ逃避《とうひ》した。

このような時《とき》に、長尾謙信《ながおけんしん》は態々《わざわざ》律儀《りちぎ》に上洛出仕《じょうらくしゅっし》して将軍義輝《しょうぐんよしてる》に面会《めんかい》し、上杉憲政《うえすぎのりまさ》から譲《ゆず》られた上杉《うえすぎ》の家系《かけい》を引《ひ》き継《つ》ぎ関東管領《かんとうかんれい》になることの了解《りょうかい》を求《もと》めた。将軍義輝《しょうぐんよしてる》は

「この度《たび》、北条氏康《ほうじょううじやす》退治《たいじ》のために粉骨《ふんこつ》を尽《つ》くす所《ところ》に、未《いま》だその休息《きゅうそく》の間《ま》もなく早々《そうそう》に上洛《じょうらく》すること感悦《かんえつ》に耐《た》えず。今《いま》より以後《いご》は関東管領《かんとうかんれい》たるべし」と言《い》って謙信《けんしん》の願《ねが》いを聞《き》き届《とど》けて、謙信《けんしん》に将軍《しょうぐん》と管領《かんれい》にしか許《ゆる》されていない漆塗《うるしぬ》りの網代《あじろ》の輿《こし》を使《つか》うことを許《ゆる》した。

謙信《けんしん》は幕府《ばくふ》への出仕《しゅっし》を済《す》ませて同年秋《どうねんあき》、現職《げんしょく》にある関白近衛前嗣《かんぱくこのえさきつぐ》に強《し》いて同行《どうこう》を願《ねが》い、供奉《ぐぶ》し

て越後《えちご》に帰国《きこく》した。謙信《けんしん》はこの時《とき》、上洛《じょうらく》の道《みち》を借《か》りるために加賀《かが》金沢堂《かなざわどう》と交渉《こうしょう》して、越中国《えっちゅうこく》の新川郡《にいかわぐん》で一向宗《いっこうしゅう》の布教《ふきょう》を黙認《もくにん》した。越中国《えっちゅうこく》の新川郡《にいかわぐん》はかって大永《たいえい》元年（一五二一年）の協定《きょうてい》以来《いらい》（126頁8～9行目参照）越後国《えちごこく》長尾《ながお》家《け》の領土《りょうど》だ。新川郡《にいかわぐん》は為景《ためかげ》によって一向宗《いっこうしゅう》が禁制《きんせい》になっていた。以後《いご》、再《ふたた》び越中国《えっちゅうこく》で一向宗《いっこうしゅう》が盛《さか》んになった。

三．関東管領就任

神保長職　信玄を頼み謙信に反抗

永禄《えいろく》の初《はじ》め、長尾《ながお》謙信《けんしん》は上洛《じょうらく》の道《みち》を借《か》りるために、越中国《えっちゅうこく》新川郡《にいかわぐん》領内《りょうない》で一向宗《いっこうしゅう》の普及《ふきゅう》を黙認《もくにん》すると金沢堂《かなざわどう》に約束《やくそく》した。椎名《しいな》康胤《やすたね》は謙信《けんしん》の指示《しじ》に従《したが》い、一向宗《いっこうしゅう》の普及《ふきゅう》を許《ゆる》したので一向宗《いっこうしゅう》は越《えっ》中国内《ちゅうこくない》で第二の興隆期《こうりゅうき》を迎《むか》えた。次第《しだい》に隣接《りんせつ》する越後国《えちごこく》にも一向宗《いっこうしゅう》が浸透《しんとう》しだした。

長尾《ながお》謙信《けんしん》は生来《せいらい》潔癖《けっぺき》な性分《しょうぶん》だ。天下《てんか》の乱《みだ》れを正《ただ》すために自《みずか》らも入道《にゅうどう》して女色《じょしょく》を絶《た》っていた。禁《きん》欲《よく》して初《はじ》めて神仏《しんぶつ》の加護《かご》が得《え》られるものであるのに、一向宗坊主《いっこうしゅうぼうず》は法主《ほっす》を始《はじ》め残《のこ》らず妻帯《さいたい》していた。欲《よく》に任《まか》せた不潔《ふけつ》な生活《せいかつ》をして坊主《ぼうず》が務《つと》まる筈《はず》がない。謙信《けんしん》には一向宗《いっこうしゅう》が殊《こと》の他《ほか》に邪宗邪《じゃしゅうじゃ》教《きょう》に思《おも》えて、謙信《けんしん》の肌《はだ》には合《あ》わなかった。謙信《けんしん》は越後国内《えちごこくない》がまたも一向宗《いっこうしゅう》に汚染《おせん》されて一揆《いっき》が頻《ひん》発《ぱつ》するのを恐《おそ》れ、再度越中国領内《さいどえっちゅうこくりょうない》での一向宗《いっこうしゅう》を禁《きん》じた。越中国《えっちゅうこく》の神保長職《じんぼながもと》と椎名康胤《しいなやすたね》は一向《いっこう》宗徒《しゅうと》を敵《てき》に回《まわ》すのを恐《おそ》れて、謙信《けんしん》の変節《へんせつ》には従《したが》わなかった。謙信《けんしん》は強《し》いて康胤《やすたね》を説《と》き伏《ふ》せた。椎名康胤《しいなやすたね》は新川郡《にいかわぐん》の一向宗坊主《いっこうしゅうぼうず》に因果《いんが》を言《い》い含《ふく》めて改宗《かいしゅう》させた。拒《こば》む坊主《ぼうず》は武力《ぶりょく》をもって追《お》い出《だ》した。

神保長職《じんぼながもと》は謙信《けんしん》の意向《いこう》に逆《さか》らった。好機到来《こうきとうらい》とばかりに一向宗坊主《いっこうしゅうぼうず》を焚《た》き付《つ》けて、門徒《もんと》を味《み》方《かた》に付《つ》け新川郡《にいかわぐん》の攻略《こうりゃく》に取《と》りかかった。長職《ながもと》には元々《もともと》、長尾家《ながおけ》の家臣《かしん》ではなく只《ただ》、謙信《けんしん》の威勢《いせい》に圧《お》されて椎名《しいな》と和睦《わぼく》しただけで、越中国《えっちゅうこく》を統一《とういつ》するという生涯《しょうがい》を掛《か》けた夢《ゆめ》があった。

丁度《ちょうど》この頃《ころ》の永禄《えいろく》二年（一五五九年）、甲斐《かい》の武田信玄《たけだしんげん》が幕府《ばくふ》から信濃国守護《しなのこくしゅご》を允許《いんきょ》された。信《しん》玄《げん》は新《あたら》しく攻《せ》め取《と》った信濃《しなの》が越後勢《えちごぜい》に侵《おか》されるのを恐《おそ》れて、信越国境《しんえつこっきょう》の要害《ようがい》の地《ち》の海津《かいづ》（松代町）

に城《しろ》を築《きず》く一方《いっぽう》で、「遠交近攻《えんこうきんこう》の策《さく》」（遠国と親交し、協力して近国の敵を挟み撃ちする戦略）を取《と》って越《えっ》中《ちゅう》の神保《じんぼ》を味方《みかた》にしようと企《たくら》んだ。そこで越中国《えっちゅうこく》が不穏《ふおん》になったのを幸《さいわ》いに、信玄《しんげん》は神保長職《じんぼながもと》に密使《みっし》を送《おく》って、越中全域《えっちゅうぜんいき》を領有《りょうゆう》するよう唆《そそのか》して助勢《じょせい》を申《もう》し出《で》た。敵《てき》の敵《てき》を味方《みかた》に付《つ》ける作戦《さくせん》だ。神保長職《じんぼながもと》は椎名《しいな》と事《こと》を構《かま》えるに当《あ》たり、一向宗《いっこうしゅう》の他《ほか》にも頼《たよ》りになる心強《こころづよ》い味方《みかた》が出来《でき》た。長《なが》職《もと》の重臣《じゅうしん》で池田《いけだ》（立山町）の寺島職定《てらしまもとさだ》は、飛騨《ひだ》からの詳細《しょうさい》な情報《じょうほう》を入手《にゅうしゅ》して、やがて天下《てんか》を制覇《せいは》するのは武田信玄《たけだしんげん》を置《お》いて他《た》に無《な》いと信《しん》じた。それで

「信玄《しんげん》と意《い》を結《むす》ぶは御家《おいえ》百年の計《けい》に叶《かな》うもの。まして越中制覇《えっちゅうせいは》は殿《との》の生来《せいらい》の願望《がんぼう》では御座《ござ》らぬか」と長職《ながもと》に説《と》いた。

一方《いっぽう》この頃《ころ》、長尾謙信《ながおけんしん》は関東管領《かんとうかんれい》　上杉憲政《うえすぎのりまさ》の要請《ようせい》を受《う》けて関東《かんとう》に出兵《しゅっぺい》しようとしていた。そこで留守中《るすちゅう》の越後領内《えちごりょうない》の安全《あんぜん》を考《かんが》えて不穏《ふおん》な越中《えっちゅう》に出馬《しゅつば》し、意《い》に逆《さか》らう神保《じんぼ》を討伐《とうばつ》しようと思《おも》い立《た》った。思《おも》い立《た》ったら直《す》ぐにやらねば気《き》が済《す》まないのが謙信《けんしん》だ。何時《いつ》も神出鬼没《しんしゅつきぼつ》だ。

永禄《えいろく》三年（一五六〇年）春《はる》、長尾謙信《ながおけんしん》は雪消《ゆきげ》が未《ま》だ済《す》まぬ内《うち》に越中《えっちゅう》に攻《せ》め入《い》った。新川郡《にいかわぐん》の椎名《しいな》

康胤《やすたね》は先陣《せんじん》を買《か》って出《で》て、全軍《ぜんぐん》を挙《あ》げて神保《じんぼ》を攻撃《こうげき》した。

神保長職《じんぼながもと》は、まだ山際《やまぎわ》の雪《ゆき》が消《き》え残《のこ》るこの時季《じき》に越後勢《えちごぜい》が押《お》し寄《よ》せるとは思《おも》ってもいなかった。不意《ふい》を衝《つ》かれて長職《ながもと》は一戦《いっせん》も交《まじ》えずに富山城《とやまじょう》を抜《ぬ》け出《だ》して、増山城《ますやまじょう》（砺波市）に逃《に》げ込《こ》んだ。

長尾謙信《ながおけんしん》は井波《いなみ》（南砺市）の瑞泉寺《ずいせんじ》や安養寺《あんようじ》（小矢部市）の勝興寺《しょうこうじ》に使者《ししゃ》を送《おく》って「新川郡《にいかわぐん》以外《いがい》の一向宗徒《いっこうしゅうと》には危害《きがい》を加《くわ》える者《もの》にあらず」とねんごろに伝《つた》えた。瑞泉寺《ずいせんじ》や勝興寺《しょうこうじ》は不意《ふい》を突《つ》かれて神保《じんぼ》を助《たす》けることが出来《でき》なかった。越後勢《えちごぜい》は津波《つなみ》が押《お》し寄《よ》せる勢《いき》いで増山城《ますやまじょう》に迫《せま》った。神保長職《じんぼながもと》は一支《ひとささ》えも出来《でき》ずに五箇山《ごかやま》に逃《に》げ込《こ》んだ。謙信《けんしん》は五箇山口《ごかやまぐち》の鉢伏山隠尾《はちぶせやまかくれお》（砺波市庄川町）に柵《さく》を設《もう》けて五箇山口《ごかやまぐち》を封鎖《ふうさ》した。謙信《けんしん》の関東出兵《かんとうしゅっぺい》の準備《じゅんび》は整《ととの》った。

謙信　鎌倉鶴岡八幡宮で関東管領就任

暫《しば》し余談《よだん》になるが、この年永禄《としえいろく》三年（一五六〇年）、今川義元《いまがわよしもと》が桶狭間《おけはざま》（名古屋市緑区から豊明市の一帯）の合戦《かっせん》で織田信長《おだのぶなが》に討《う》たれて陣没《じんぼつ》した。また、徳川家康《とくがわいえやす》（当時の名は松平元康）は今川家《いまがわけ》に臣従《しんじゅう》する三河国豪族《みかわこくごうぞく》の出自《しゅつじ》で天文《てんぶん》十一年（一五四二年）に岡崎城《おかざきじょう》で誕生《たんじょう》し、人質《ひとじち》として今川義元《いまがわよしもと》の下《もと》で過《す》ごしていた。この時《とき》の永禄《えいろく》三年、家康《いえやす》は今川義元《いまがわよしもと》の上洛遠征軍《じょうらくえんせいぐん》に従軍《じゅうぐん》したが、今川勢敗戦《いまがわぜいはいせん》の混《こん》乱《らん》に乗《じょう》じて生誕地《せいたんち》の岡崎《おかざき》に戻《もど》り、姓《せい》を徳川《とくがわ》に改《あらた》めて今川家《いまがわけ》から独立《どくりつ》し、松平家《まつだいらけ》の旧領《きゅうりょう》の西三河《にしみかわ》国領主《こくりょうしゅ》になった。当時《とうじ》の三河国《みかわこく》は守護《しゅご》の細川成之《ほそかわしげゆき》が没《ぼっ》して以降《いこう》は隣国《りんごく》の今川《いまがわ》や織田《おだ》、諸豪族《しょごうぞく》の草刈《くさか》り場《ば》（領地争奪の合戦場）だった。今川義元《いまがわよしもと》の跡《あと》は氏真《うじざね》が継《つ》いだ。そして同年《どうねん》、今川家《いまがわけ》と同盟《どうめい》を結《むす》ぶ北条氏康《ほうじょううじやす》が関東《かんとう》から越後勢《えちごぜい》を追《お》い出《だ》すべく関東平定《かんとうへいてい》を画策《かくさく》していた。

話《はなし》は元《もと》に戻《もど》って（前頁8行目の続き）、この年永禄《としえいろく》三年、関東管領《かんとうかんれい》を自認《じにん》する長尾謙信《ながおけんしん》は軍兵《ぐんぺい》八千を従《したが》えて上州境《じょうしゅうさかい》の三国峠《みくにとうげ》を越《こ》え、上杉憲政《うえすぎのりまさ》の隠棲《いんせい》する厩橋城《うまやばしじょう》（前橋市）に入《はい》った。

越年《えつねん》して翌《よく》・永禄《えいろく》四年（一五六一年）、謙信《けんしん》は関東管領上杉憲政《かんとうかんれいうえすぎのりまさ》の名前《なまえ》を用《もち》い、関東《かんとう》の諸大名《しょだいみょう》に北条氏康討伐令《ほうじょううじやすとうばつれい》を出《だ》して同年《どうねん》三月、関東諸大名《かんとうしょだいみょう》の軍勢《ぐんぜい》を加《くわ》え、総勢《そうぜい》十一万の軍兵《ぐんぺい》を従《したが》えて北条《ほうじょう》氏康《うじやす》の小田原城《おだわらじょう》を囲《かこ》んだ。氏康《うじやす》は取《と》り合《あ》わずに固《かた》く籠城《ろうじょう》した。

謙信《けんしん》は長陣《ながじん》は不利《ふり》と悟《さと》って囲《かこ》みを解《と》き、鎌倉《かまくら》に移《うつ》って上杉憲政《うえすぎのりまさ》と関白近衛前嗣《かんぱくこのえさきつぐ》を迎《むか》え鶴岡八幡《つるがおかはちまん》宮《ぐう》で盛大《せいだい》に管領就任式《かんれいしゅうにんしき》を催《もよお》した。長尾景虎《ながおかげとら》謙信入道《けんしんにゅうどう》は関東管領《かんとうかんれい》上杉憲政《うえすぎのりまさ》から上杉家《うえすぎけ》の相続《そうぞく》を許《ゆる》された。そして憲政《のりまさ》の諱《いみな》を貰《もら》って上杉政虎謙信入道《うえすぎまさとらけんしんにゅうどう》と名乗《なの》り、関東管領《かんとうかんれい》を譲《ゆず》り受《う》けたことを天下《てんか》に公布《こうふ》した。この直後《ちょくご》に将軍家《しょうぐんけ》からも将軍義輝《しょうぐんよしてる》の諱《いみな》が贈《おく》られて再度改名《さいどかいめい》して上杉輝虎謙信《うえすぎてるとらけんしん》入道《にゅうどう》と名乗《なの》った。以後《いご》、長尾謙信《ながおけんしん》は世間《せけん》から上杉謙信《うえすぎけんしん》と呼《よ》ばれるようになり、越後一国《えちごいっこく》の守護《しゅご》から関東以北《かんとういほく》の統括者《とうかつしゃ》である関東管領《かんとうかんれい》になった。

四. 川中島の合戦

永禄《えいろく》四年（一五六一年）、上杉謙信《うえすぎけんしん》は名実共《めいじつとも》に関東管領《かんとうかんれい》になって意気揚々《いきようよう》と帰国《きこく》した。ところが帰国《きこく》してみると、関東在陣《かんとうざいじん》の一年の間《あいだ》に信越間《しんえつかん》の情勢《じょうせい》が一変《いっぺん》していた。相模国《さがみこく》の北条氏康《ほうじょううじやす》が謙《けん》信《しん》に小田原城《おだわらじょう》を囲《かこ》まれたので、甲斐《かい》の武田信玄《たけだしんげん》に留守中《るすちゅう》の越後国《えちごこく》を攻《せ》めるよう盛《さか》んに焚《た》き付《つ》けていたのだ。信玄《しんげん》は氏康《うじやす》から言《い》われるまでもなく信濃国《しなのこく》の守護《しゅご》に就任《しゅうにん》した直後《ちょくご》から信越間《しんえつかん》の要衝《ようしょう》の地《ち》の海津《かいづ》（長野市松代町）に城《しろ》を築《きず》いて虎視眈々《こしたんたん》と越後侵入《えちごしんにゅう》の機会《きかい》を狙《ねら》っていた。

謙信《けんしん》は春日山《かすがやま》に落《お》ち着《つ》く間《ま》もなく一万三千の軍兵《ぐんぺい》を率《ひき》いて信濃国《しなののくに》に出陣《しゅつじん》し、同四年八月、犀川《さいがわ》を渡《わた》って川中島《かわなかじま》に入《はい》った。

信玄《しんげん》は二万の軍勢《ぐんぜい》を従《したが》えて川中島《かわなかじま》の茶臼山《ちゃうすやま》（篠ノ井岡田）に本陣《ほんじん》を置《お》き、海津城《かいづじょう》（松代町）と呼応《こおう》して越後勢《えちごぜい》を前後《ぜんご》から挟《はさ》み撃《う》ちにしようとした。謙信《けんしん》は軍兵《ぐんぺい》に帰心《きしん》を捨《す》てさせ決死《けっし》の覚悟《かくご》で戦《いくさ》に臨《のぞ》ませようと孫子《そんし》の兵法《へいほう》の「之《これ》を死地《しち》に陥《おとしい》れて然《しか》る後《のち》に生《い》く」に習《なら》って自《みずか》らの陣《じん》を死地《しち》に置《お》こうと決断《けつだん》し、川中島《かわなかじま》を素通《すどお》りして千曲川《ちくまがわ》の雨宮《あまみや》（更埴市）の渡《わた》しを渡《わた》り、海津城《かいづじょう》の裏《うら》の妻女山《さいじょざん》（松代町）に登《のぼ》って本陣《ほんじん》を構《かま》えた。信玄《しんげん》は直《ただ》ちに雨宮《あまみや》の渡《わた》しに陣《じん》を移《うつ》して越後勢《えちごぜい》の退路《たいろ》を断《た》った。謙信《けんしん》は退《たい》路《ろ》を断《た》たれるのは承知《しょうち》の上《うえ》だ。泰然《たいぜん》として騒《さわ》がず、心《こころ》を研《と》ぎ澄《す》まして甲斐勢《かいぜい》の士気《しき》の乱《みだ》れを待《ま》った。信玄《しんげん》は丸《まる》五日たっても越後勢《えちごぜい》が動《うご》かないのを見《み》て、逆《ぎゃく》に自軍《じぐん》の乱《みだ》れが気《き》になった。それで迂《う》回《かい》して広瀬《ひろせ》の渡《わた》し（長野市）を渡《わた》って海津城《かいづじょう》に入《はい》り、そのまま十日ほど睨《にら》み合《あ》った。武田家臣《たけだかしん》の飯《お》富虎昌《ぶとらまさ》は信玄《しんげん》に

「越後《えちご》を討《う》つは今《いま》が最善《さいぜん》」と決起《けっき》を促《うな》した。信玄《しんげん》は山本勘助《やまもとかんすけ》に意見《いけん》を求《もと》めた。勘助《かんすけ》は
「甲斐勢《かいぜい》二万を二手《ふたて》に分《わ》かち、その一手《ひとて》の一万二千を夜中《よなか》に妻女山《さいじょざん》に向《む》かわせ、未明《みめい》に乱入《らんにゅう》すれば越後勢《えちごぜい》はたとえ負《ま》けずとも必《かなら》ず川《かわ》を渡《わた》って引《ひ》き上《あ》げましょう。そこをもう一手《ひとて》の本隊《ほんたい》八千が待《ま》ち伏《ぶ》せして前後《ぜんご》から挟《はさ》み撃《う》ちにすれば、如何《いか》な謙信《けんしん》とて何《なん》で持《も》ち堪《こた》えることなど出来《でき》ましょうや。味方《みかた》は必《かなら》ず大勝利《だいしょうり》に間違《まちが》い御座《ござ》りませぬ。お屋形様《やかたさま》には本隊《ほんたい》を率《ひき》いて川中島八幡原《かわなかじまはちまんはら》にお出《で》ましを願《ねが》いまする」と言《い》った。そして続《つづ》けて
「これはキツツキが木《き》を突《つつ》いて驚《おどろ》いて飛《と》び出《で》てきた虫《むし》を取《と》るのを見《み》て編《あ》み出《だ》した「キツツキ戦《せん》法《ぽう》」で御座《ござ》る」と得意《とくい》げに解説《かいせつ》してみせた。永禄《えいろく》四年（一五六一年）九月九日、武田信玄《たけだしんげん》は山本勘《やまもとかん》助《すけ》の戦法《せんぽう》を用《もち》いて一万二千の軍勢《ぐんぜい》を勘助《かんすけ》に授《さず》けて夜中《よなか》に妻女山《さいじょざん》に向《む》かわせ、信玄自身《しんげんじしん》は残《のこ》りの八千を率《ひき》いて広瀬《ひろせ》の渡《わた》しを渡《わた》り、川中島八幡原《かわなかじまはちまんはら》（小島田町）で待伏《まちぶ》せする手筈《てはず》を整《ととの》えた。
一方《いっぽう》の上杉謙信《うえすぎけんしん》は何時《いつ》ものように妻女山《さいじょざん》の山頂《さんちょう》から甲斐軍《かいぐん》を観察《かんさつ》していた。すると甲斐軍《かいぐん》の夕《ゆう》餉《げ》の炊事《すいじ》の煙《けむり》が異常《いじょう》に多《おお》い。よく見《み》れば先鋒《せんぽう》と旗本《はたもと》の動《うご》きも奇怪《おかか》しい。謙信《けんしん》は

「明日《あす》こそは生死別《せいしわか》れの決戦《けっせん》の日《ひ》よ」と呟《つぶや》き、諸将《しょしょう》を集《あつ》めて戦評定《いくさひょうじょう》を持《も》った。そして「今夜《こんや》、敵《てき》は川《かわ》を渡《わた》って我《わ》が退路《たいろ》を絶《た》つべし。故《ゆえ》に我《わ》が軍《ぐん》も密《ひそ》かに全軍《ぜんぐん》、闇《やみ》に紛《まぎ》れて川《かわ》を渡《わた》る。暁《あかつき》と共《とも》に敵陣《てきじん》へ遮二無二《しゃにむに》突撃《とつげき》しての総攻撃《そうこうげき》だ。我《われ》も武田《たけだ》の本陣《ほんじん》へ一戦《いっせん》して必《かなら》ず晴信《はるのぶ》（武田信玄）と取《と》っ組《く》み合《あ》って刺《さ》し違《ちが》える覚悟《かくご》。明日《あす》は全軍必死《ぜんぐんひっし》の決戦《けっせん》の日《ひ》と心得《こころえ》られよ」と全軍《ぜんぐん》に触《ふ》れを出《だ》した。そして馬《うま》には枚《ばい》を噛《か》ませ、全軍夜陰《ぜんぐんやいん》に紛《まぎ》れて物音《ものおと》一つ立《た》てずに移動《いどう》して、甲斐勢《かいぜい》に気付《きづ》かれることなく雨宮《あまみや》の渡《わた》しを渡《わた》って信玄《しんげん》が待《ま》ち構《かま》えている筈《はず》の川中島《かわなかじま》に足《あし》を踏《ふ》み入《い》れた。

明《あ》けて九月十日の早朝《そうちょう》、闇《やみ》が薄《うす》れ、空《そら》が白《しら》み、霧《きり》が晴《は》れて廻《まわ》りの様子《ようす》が見《み》えてきた。甲斐勢《かいぜい》は居《い》る筈《はず》のない越後勢《えちごぜい》が眼《め》の前《まえ》に潜《ひそ》んでいるのに気付《きづ》いて肝《きも》を潰《つぶ》した。

越後勢《えちごぜい》一万三千は勇猛果敢《ゆうもうかかん》に武田軍《たけだぐん》八千の中《なか》へ突《つ》っ込《こ》んだ。一番手《いちばんて》は侍大将《さむらいたいしょう》の柿崎景家《かきざきかげいえ》、二《に》番手《ばんて》に謙信自身《けんしんじしん》が一隊《いったい》を率《ひき》いて無二無三《むにむさん》（ガムシャラ）に切《き》り込《こ》んだ。敵《てき》・味方《みかた》の軍兵《ぐんぺい》が突《つ》いたり切《き》ったりの大乱戦《だいらんせん》、味方《みかた》の大将《たいしょう》が何処《どこ》やら敵《てき》の大将《たいしょう》が何処《どこ》やら見分《みわ》けも付《つ》かなくなった。

その時萌葱色《ときもえぎいろ》の鎧《よろい》を着《つ》けて白布《はくふ》で頭《あたま》を包《つつ》み、月毛《つきげ》（白黄色の毛並）の馬《うま》に乗《の》った武者《むしゃ》が三尺程《さんしゃくほど》の太刀《たち》を抜《ぬ》き放《はな》って信玄目掛《しんげんめが》けて真一文字《まいちもんじ》に突進《とっしん》し、矢庭《やにわ》に（突然に）三太刀《さんたち》ほど切《き》り付《つ》けた。信玄《しんげん》は床几《しょうぎ》から立《た》ち上《あ》がったが、刀《かたな》を抜《ぬ》く間《ま》もなかったので咄嗟《とっさ》に軍配団扇《ぐんばいうちわ》で受《う》け止《と》めた。甲斐《かい》の旗本頭《はたもとかしら》の原虎吉《はらとらよし》が脇《わき》から飛《と》び出《だ》して信玄《しんげん》を庇《かば》い螺鈿《らでん》の槍《やり》を突《つ》き付《つ》けた。馬上《ばじょう》の武者《むしゃ》は体《たい》をかわした。ならばとその槍《やり》の穂先《ほさき》で鎧《よろい》の肩《かた》を打《う》ち付《つ》けた。これも外《はず》れて穂先《ほさき》が馬《うま》の尻《しり》に当《あ》たった。馬《うま》は棹立《さおだ》ちになってそのまま走《はし》り去《さ》った。この馬上《ばじょう》の武者《むしゃ》こそ誰《だれ》あろう謙信《けんしん》だった。越後勢《えちごぜい》は甲斐勢《かいぜい》の不意《ふい》を討《う》って大勝利《だいしょうり》の内《うち》に大方勝負《おおかたしょうぶ》が決《けっ》したかに見《み》えた。

そこへ俄《にわ》かに山本勘助《やまもとかんすけ》が率《ひき》いる一万二千の新手《あらて》の甲斐軍《かいぐん》が妻女山《さいじょざん》から雪崩《なだ》れ込《こ》んで来《き》た。勘助《かんすけ》は妻女山《さいじょざん》に攻《せ》め登《のぼ》ったが、そこは既《すで》に「蛻《もぬけ》の殻《から》」（ぬけ殻）だった。勘助《かんすけ》は策《さく》に溺《おぼ》れた自分《じぶん》に気付《きづ》いて、慌《あわ》てて本隊《ほんたい》が苦戦《くせん》している川中島《かわなかじま》に駆《か》け付《つ》けた。またも乱戦《らんせん》になった。

両軍《りょうぐん》、勝敗《しょうはい》の判《わか》らぬままに日《ひ》が暮《く》れた。双方存分《そうほうぞんぶん》に戦《たたか》った。両軍《りょうぐん》ともに圧倒的《あっとうてき》な勝利《しょうり》は得《え》られなかった。双方共《そうほうとも》に被害《ひがい》は甚大《じんだい》だ。甲斐勢《かいぜい》は武田信繁《たけだのぶしげ》、諸角昌清《もろずみまさきよ》、山本勘助《やまもとかんすけ》や初鹿源五郎《はつがげんごろう》などの諸大将《しょだいしょう》が戦死《せんし》し、軍兵《ぐんぺい》四千を失《うしな》った。越後勢《えちごぜい》も三千数百《すうひゃく》を失《うしな》った。

謙信《けんしん》はこれ以上《いじょう》の戦《いくさ》は無益《むえき》と察《さっ》した。元々《もともと》、信玄《しんげん》に恨《うら》みがあるわけではない。ましてや信濃《しなの》の国《くに》を取《と》る気《き》などは微塵《みじん》もなかった。ただ村上義清《むらかみよしきよ》に頼《たの》まれて起《おこ》した関東管領《かんとうかんれい》の意地《いじ》と体面《たいめん》を賭《か》けた戦《いくさ》だった。このままでは自軍《じぐん》も再起《さいき》不能《ふのう》になってしまう。それで四千人を討《う》ち取《と》ったことを可《よし》として大勝利《だいしょうり》を宣言《せんげん》し、勝鬨《かちどき》をあげて帰国《きこく》した。

五．越中・能登・飛騨各国および幕府の状勢

謙信　再度・再々度の越中出兵

上杉謙信《うえすぎけんしん》が越後《えちご》に帰《かえ》って一息入《ひといきい》れる間《ま》も無《な》く、越中《えっちゅう》の椎名康胤《しいなやすたね》から閉《と》じ込《こ》めた筈《はず》の神保長職《じんぼながもと》が五箇山《ごかやま》から抜《ぬ》け出《だ》して再《ふたた》び婦負郡《ねいぐん》を占領《せんりょう》したと知《し》らせてきた。

神保長職《じんぼながもと》は上杉謙信《うえすぎけんしん》が信濃《しなの》に出兵《しゅっぺい》した際《さい》に武田信玄《たけだしんげん》がとった「遠交近攻《えんこうきんこう》の策《さく》」に乗《の》って、富山《とやま》に出《で》て来《き》たのだ。謙信《けんしん》は越中《えっちゅう》富山城《とやまじょう》へ義兄《ぎけい》の長尾政景《ながおまさかげ》を送《おく》り込《こ》み、椎名康胤《しいなやすたね》や城生《じょうお》（八尾町）の

斎藤藤次郎《さいとうとうじろう》と協力《きょうりょく》して統治《とうじ》に当《あ》たらせていた。けれども神保長職《じんぼながもと》の方《ほう》が一枚上手《いちまいうわて》だった。長職《ながもと》は旧臣《きゅうしん》や一向宗徒《いっこうしゅうと》と示《しめ》し合《あわ》せて、まんまと婦負郡《ねいぐん》諸共《もろとも》に富山城《とやまじょう》も取《と》り戻《もど》した。

永禄《えいろく》五年（一五六二年）七月、謙信《けんしん》は越後勢《えちごぜい》を引《ひ》き連《つ》れて再度《さいど》越中《えっちゅう》へ出陣《しゅつじん》した。

長職《ながもと》は富山城《とやまじょう》から抜《ぬ》け出《だ》して行方《ゆくえ》を晦《くら》ました。長職《ながもと》は手向《てむ》かえさえしなければ直《す》ぐに引《ひ》き返《かえ》す謙信《けんしん》を知《し》っていた。謙信《けんしん》の関心事《かんしんじ》は越中《えっちゅう》ではなくて関東《かんとう》だ。長職《ながもと》は謙信《けんしん》の心《こころ》の奥底《おくそこ》まで読《よ》んでいた。だから謙信《けんしん》の出陣《しゅつじん》を知《し》って、またしばらく身《み》を隠《かく》した。

謙信《けんしん》は神保長職《じんぼながもと》が逃《に》げたのを見《み》て越後《えちご》に引《ひ》き返《かえ》した。長職《ながもと》は謙信《けんしん》の越後《えちご》引《ひ》き上《あ》げを待《ま》って、また富山《とやま》に出《で》て来《き》た。

永禄《えいろく》五年（一五六二年）九月、謙信《けんしん》は越中《えっちゅう》へ再出馬《さいしゅつば》した。出《で》れば逃《に》げるし、引《ひ》けば出《で》て来《く》る神《じん》保《ぼ》長職《ながもと》に謙信《けんしん》の堪忍袋《かんにんぶくろ》の緒《お》が切《き》れた。今度《こんど》こそは長職《ながもと》の息《いき》の根《ね》を止《と》めてくれようと富山城《とやまじょう》へ総攻《そうこう》撃《げき》を仕掛《しか》けた。

神保長職《じんぼながもと》は堪《たま》らずに城《しろ》を抜《ぬ》け出《だ》して呉服山《ごふくやま》（呉羽山）に立《た》て籠《こも》った。

謙信《けんしん》は付近一帯《ふきんいったい》を焼《や》き払《はら》って城《しろ》を丸裸《まるはだか》にした。落城《らくじょう》は目前《もくぜん》だ。長職《ながもと》は夜陰《やいん》に紛《まぎ》れて決死《けっし》の使者《ししゃ》を送《おく》り出《だ》して、能登国守護《のとこくしゅご》の畠山義綱《はたけやまよしつな》に泣《な》き付《つ》いた。

この頃《ころ》、能登《のと》畠山家《はたけやまけ》では…。（154頁6〜8行目の続き）

これより先《さき》の天文《てんぶん》二十年（一五五一年）、能登国《のとこく》では錯乱《さくらん》が治《おさ》まり畠山《はたけやま》七人衆《しゅう》が協力《きょうりょく》して能登国《のとこく》の統治《とうじ》を取《と》り仕切《しき》った。それから間《ま》もなくの天文《てんぶん》二十三年（一五五四年）、畠山《はたけやま》七人衆《しゅう》は又《また》、分裂《ぶんれつ》した。

最長老《さいちょうろう》の遊佐続光《ゆさつぐみつ》は温井総貞《ぬくいふささだ》に敗《やぶ》れて越後《えちご》に逃《のが》れた。続光《つぐみつ》は越後長尾家《えちごながおけ》とは祖父《そふ》の代《だい》から親《しん》交《こう》があったので越後《えちご》の助勢《じょせい》を得《え》て能登《のと》に攻《せ》め込《こ》んだが、またも大敗《たいはい》して今度《こんど》は越前《えちぜん》に逃《のが》れた。

畠山《はたけやま》七人衆《しゅう》は一変《いっぺん》して温井《ぬくい》一派《いっぱ》に加《くわ》えて神保総誠《じんぼふさのぶ》と飯川光誠《いかわみつのぶ》、三宅綱賢《みやけつなかた》が加《くわ》わった。

畠山義綱《はたけやまよしつな》は父義続《ちちよしつぐ》の隠居《いんきょ》の後《あと》を受《う》けて新領主《しんりょうしゅ》になり、長老《ちょうろう》の七人衆《しゅう》を分裂《ぶんれつ》させて再度《さいど》畠山守《はたけやましゅ》護家《ごけ》の権力《けんりょく》を取《と》り戻《もど》そうと根回《ねまわ》しした。

弘治《こうじ》元年（一五五五年）、畠山義綱《はたけやまよしつな》は飯川光誠《いかわみつのぶ》・長続連《ちょうつぐつら》と謀《はか》って、隠居《いんきょ》して院政《いんせい》をとる温井総貞《ぬくいふささだ》を暗殺《あんさつ》した。総貞《ふささだ》の家督《かとく》の温井《ぬくい》続宗《つぐむね》は加賀《かが》に逃《のが》れて畠山一門《はたけやまいちもん》の晴俊《はるとし》を担《かつ》ぎ、主君《しゅくん》に取《と》り立《た》てて加《か》賀一向一揆《がいっこういっき》と甲斐武田勢《かいたけだせい》の助勢《じょせい》を得《え》、畠山義綱《はたけやまよしつな》の居城《きょじょう》の能登七尾城《のとななおじょう》に攻《せ》め込《こ》んだ。

畠山義綱《はたけやまよしつな》は越前《えちぜん》から帰参《きさん》した遊佐続光《ゆさつぐみつ》や飯川光誠《いかわみつのぶ》、長続連《ちょうつぐつら》に守《まも》られて七尾城《ななおじょう》に籠城《ろうじょう》した。温井《ぬくい》続宗《つぐむね》は畠山晴俊《はたけやまはるとし》を担《かつ》いで勝山城《かつやまじょう》（中能登町芹川）に入《はい》り、七尾城《ななおじょう》と睨《にら》み合《あ》った。

永禄《えいろく》元年（一五五八年）、七尾城《ななおじょう》の畠山義綱《はたけやまよしつな》は越後《えちご》から援軍《えんぐん》を得《え》て勝山城《かつやまじょう》に攻《せ》め込《こ》んだ。勝山城《かつやまじょう》は落城《らくじょう》して温井一派《ぬくいいっぱ》は再度加賀《さいどかが》へ引《ひ》き退《の》いた。義綱《よしつな》はようやく政権《せいけん》を確保《かくほ》して能登《のと》の経営《けいえい》に励《はげ》んだ。畠山義綱《はたけやまよしつな》はこの様《よう》な時《とき》に神保長職《じんぼながもと》から降伏仲介《こうふくちゅうかい》の依頼《いらい》を受《う》けた。

話《はなし》は元《もと》に戻《もど》る。（前頁1～2行目の続き）

元々《もともと》、越中国婦負《えっちゅうこくねい》と射水《いみず》の両郡《りょうぐん》は大永元年《たいえいがんねん》の多胡協定《たこきょうてい》以来《いらい》（126頁8～10行目及び128頁10～11行目参照）、形式上《けいしきじょう》は能登畠山家《のとはたけやまけ》の領分《りょうぶん》だ。越後《えちご》の自由《じゆう》にさせてよい土地《とち》ではなかった。

畠山義綱《はたけやまよしつな》は神保長職《じんぼながもと》の嘆願《たんがん》を受《う》けて早速同盟関係《さっそくどうめいかんけい》にある上杉謙信《うえすぎけんしん》との仲介《ちゅうかい》の労《ろう》を取《と》った。

謙信《けんしん》は神保長職《じんぼながもと》を許《ゆる》すつもりはなかったが、丁度《ちょうど》この時《とき》、下総国古河《しもうさこくこが》（茨城県古河市）にいた前《ぜん》

関白近衛前嗣《かんぱくこのえさきつぐ》から

「北条氏康《ほうじょううじやす》と武田信玄《たけだしんげん》の連合軍《れんごうぐん》が太田資正《おおたすけまさ》の武蔵国松山城《むさしこくまつやまじょう》（埼玉県吉見町）を囲《かこ》む。大至急助勢《だいしきゅうじょせい》を乞《こ》う」と救援《きゅうえん》を求《もと》める急使《きゅうし》があった。この時《とき》、太田資正《おおたすけまさ》は上杉憲政《うえすぎのりまさ》に従《したが》い厩橋城《うまやばしじょう》（前橋市）にいて、松山城《まつやまじょう》には上杉憲政《うえすぎのりまさ》の庶子《しょし》の憲勝《のりかつ》が入《はい》って守《まも》っていた。

上杉謙信《うえすぎけんしん》は関東諸将《かんとうしょしょう》を威伏《いふく》させるために、前関白近衛前嗣《ぜんかんぱくこのえさきつぐ》に頼《たの》んで強《し》いて関東《かんとう》に居《きょ》を移《うつ》して貰《もら》っていた。だから前嗣《さきつぐ》の命《めい》とあっては知《し》らぬ顔《かお》は出来《でき》ない。上杉謙信《うえすぎけんしん》は能登畠山家《のとはたけやまけ》の取《と》りなしを幸《さいわ》いに、神保長職《じんぼながもと》の降伏《こうふく》を受《う》け入《い》れて、長職《ながもと》を陣中《じんちゅう》に召《め》し出《だ》して足下《そっか》に引《ひ》き寄《よ》せ

「以後《いご》、臣下《しんか》として忠誠《ちゅうせい》を尽《つ》くせ」と諭《さと》した。神保長職《じんぼながもと》は武田信玄《たけだしんげん》や一向宗徒《いっこうしゅうと》とは手《て》を切《き》り、謙信《けんしん》の家臣《かしん》として臣従《しんじゅう》することを誓《ちか》った。上杉謙信《うえすぎけんしん》は長職《ながもと》の降伏《こうふく》を許《ゆる》して旧領《きゅうりょう》を安堵《あんど》した。椎名《しいな》康胤《やすたね》は今度《こんど》こそ神保《じんぼ》を除《のぞ》けると思《おも》ったが、謙信《けんしん》はいともあっさりと神保《じんぼ》を許《ゆる》した。康胤《やすたね》は

「これほどにまでして越後《えちご》に尽《つ》くすは、恨《うら》み重《かさ》なる神保《じんぼ》を滅《ほろ》ぼさんがためではないか。隠忍《いんにん》して人《ひと》に降《くだ》るは何《なん》のためか」と天《てん》を仰《あお》いで残念無念《ざんねんむねん》の歯《は》ぎしりをした。謙信《けんしん》は康胤《やすたね》と溝《みぞ》が生《しょう》じるのを

恐《おそ》れて一族《いちぞく》の長尾小四郎景直《ながおこしろうかげなお》を椎名《しいな》の養子《ようし》に付《つ》け、離反《りはん》の無《な》きように見張《みは》らせた。

信玄　本願寺顕如と同盟して謙信に対抗

永禄《えいろく》五年（一五六二年）十月、上杉謙信《うえすぎけんしん》は越中《えっちゅう》から陣払《じんはら》いしてその足《あし》で雪深《ゆきふか》い三国峠《みくにとうげ》を越《こ》えて関《かん》東《とう》に急行《きゅうこう》し、十一月には厩橋城《うまやばしじょう》に入《はい》ったが、松山城《まつやまじょう》は既《すで》に落《おち》ていた。謙信《けんしん》は北条《ほうじょう》・武田《たけだ》連合軍《れんごうぐん》に伏《ふく》した関東《かんとう》の諸将《しょしょう》の城《しろ》を攻《せ》めて、元《もと》の状況《じょうきょう》に復《ふく》した上《うえ》で越後《えちご》に帰国《きこく》した。

一方《いっぽう》、甲斐《かい》の武田信玄《たけだしんげん》は神出鬼没《しんしゅつきぼつ》の上杉謙信《うえすぎけんしん》に手《て》を焼《や》いた。それで信玄《しんげん》は謙信《けんしん》を越後《えちご》に封《ふう》じ籠《こ》めようと加賀《かが》一向宗《いっこうしゅう》の金沢堂《かなざわどう》に手《て》を廻《まわ》して「一向宗《いっこうしゅう》の興隆《こうりゅう》に尽《つ》くす故《ゆえ》に、協力《きょうりょく》して越後《えちご》勢《ぜい》を越中《えっちゅう》から追《お》い出《だ》そうではないか」と提携《ていけい》を申《もう》し出《で》た。謙信《けんしん》が越中争奪《えっちゅうそうだつ》にかまけるとそれだけ信濃《しなの》や関東《かんとう》への干渉《かんしょう》が少《すく》なくなって信玄《しんげん》が助《たす》かる。

金沢堂衆《かなざわどうしゅう》は堂《どう》の創建当初《そうけんとうしょ》から前代法主《ぜんだいほっす》の証如《しょうにょ》に領主《りょうしゅ》とは争《あらそ》わぬようきつく命《めい》じられていた。証《しょう》如《にょ》は山科本願寺《やましなほんがんじ》の焼《や》き討《う》ちに懲《こ》りていた。ところが一揆《いっき》を禁《きん》じた証如《しょうにょ》は、既《すで》にこの十年ほど前《まえ》の天文《てんぶん》二十三年（一五五四年）に病没《びょうぼつ》していた。享年《きょうねん》三十九歳。

証如《しょうにょ》の跡《あと》は十二歳の顕如《けんにょ》が継《つ》いだ。顕如《けんにょ》の後見《こうけん》は祖母《そぼ》の鎮永《ちんえい》がみて証如《しょうにょ》の教《おし》えを守《まも》らせた。その顕如《けんにょ》が青年《せいねん》に成長《せいちょう》して三条公頼《さんじょうきみより》の娘《むすめ》を室《しつ》（嫁）に迎《むか》えた。顕如《けんにょ》は信玄《しんげん》と相婿《あいむこ》になったのだ。

永禄《えいろく》元年（一五六三年）、金沢堂衆《かなざわどうしゅう》の下《もと》に、憎《にく》い謙信《けんしん》を懲《こ》らしめてくれるその信玄《しんげん》から、同盟《どうめい》の話《はなし》が舞《ま》い込《こ》んだ。門徒《もんと》は法主《ほっす》の相婿《あいむこ》の信玄《しんげん》を頼《たよ》りにした。丁度《ちょうど》この頃《ころ》、飛騨国《ひだこく》が錯乱《さくらん》して聞名《もんみょう》寺《じ》を始《はじ》め末寺《まつじ》の多《おお》くの寺院《じいん》が越中《えっちゅう》に流《なが》れ込《こ》んで来《き》た。

一向宗徒　顕如の意を受け北陸各国で勢力拡大

越中《えっちゅう》の一向宗徒《いっこうしゅうと》を束《たば》ねる金沢堂衆《かなざわどうしゅう》は信玄《しんげん》の誘《さそ》いに乗《の》って聞名寺門徒《もんみょうじもんと》（八尾町）を使《つか》い、公然《こうぜん》と一向宗《いっこうしゅう》の布教《ふきょう》に乗《の》り出《だ》したので、越中国婦負《えっちゅうこくねい》・射水《いみず》両郡内《りょうぐんない》の一向宗寺院《いっこうしゅうじいん》と上杉勢《うえすぎぜい》との間《あいだ》が一《いっ》触即発《しょくそくはつ》の不穏《ふおん》な空気《くうき》になった。神保長職《じんぼながもと》は呉服山《ごふくやま》（呉羽山）の合戦《かっせん》で、上杉謙信《うえすぎけんしん》に助命嘆願《じょめいたんがん》して服従《ふくじゅう》した直後《ちょくご》だ。長職《ながもと》は謙信《けんしん》の厳命《げんめい》を受《う》けて、人《ひと》が変《か》わったように一向宗《いっこうしゅう》を排斥《はいせき》した。

謙信《けんしん》は北陸道《ほくりくどう》の一向宗《いっこうしゅう》を撲滅《ぼくめつ》するために能登国守護《のとこくしゅご》の畠山義綱《はたけやまよしつな》や越前国守護《えちぜんこくしゅご》の朝倉義景《あさくらよしかげ》と提携《ていけい》して三国同盟《さんごくどうめい》を結《むす》んだ。そして越中国《えっちゅうこく》には河田長親《かわたながちか》と柿崎景家《かきざきかげいえ》を常駐《じょうちゅう》させて、飛騨国《ひだこく》の三木《みき》と江馬《えま》には越中国《えっちゅうこく》へ武将《ぶしょう》の派遣《はけん》を求《もと》めた。

謙信《けんしん》の要請《ようせい》に応《おう》じて三木良頼《みきよしより》は塩屋秋貞《しおやあきさだ》と牛丸備前守《うしまるびぜんのかみ》を越中《えっちゅう》に送《おく》り神保長職《じんぼながもと》を助勢《じょせい》した。江《え》馬輝盛《まてるもり》も河上富信《かわかみとみのぶ》を派遣《はけん》した。飛騨《ひだ》の城主《じょうしゅ》は何《いず》れも謙信《けんしん》の依頼《いらい》を受《う》けて越中一向坊主《えっちゅういっこうぼうず》の摘発《てきはつ》・追放《ついほう》や寺坊《じぼう》の破却《はきゃく》など一向宗排斥《いっこうしゅうはいせき》に加担《かたん》した。

永禄《えいろく》七年（一五六四年）、越前《えちぜん》の朝倉義景《あさくらよしかげ》が上杉謙信《うえすぎけんしん》との同盟《どうめい》を受《う》けて南加賀《みなみかが》に出兵《しゅっぺい》して一向宗《いっこうしゅう》を弾圧《だんあつ》した。けれども加賀一向宗徒《かがいっこうしゅうと》も備《そな》えを固《かた》めていて得《う》るところが少《すく》なかった。

永禄《えいろく》八年（一五六五年）、本願寺顕如《ほんがんじけんにょ》は北陸諸国守護大名《ほくりくしょこくしゅごだいみょう》の一向宗撲滅同盟《いっこうしゅうぼくめつどうめい》に対抗《たいこう》するために信玄《しんげん》から折《おり》に触《ふ》れて申《もう》し込《こ》まれた軍事同盟《ぐんじどうめい》を受《う》け入《い》れた。本願寺顕如《ほんがんじけんにょ》は亡《な》き父証如《ちちしょうにょ》から一揆《いっき》をきつく禁《きん》じられていて、努《つと》めて各国《かっこく》の守護地頭《しゅごじとう》とは友好《ゆうこう》を保《たも》つようにとの遺言《ゆいごん》を守《まも》っていた。

だが、世《よ》の中《なか》が一変《いっぺん》して食《く》うか食《く》われるかの時代《じだい》だ。諸国《しょこく》の一向宗徒《いっこうしゅうと》は一揆《いっき》で身《み》を固《かた》めなければ、存在《そんざい》することすら出来《でき》ない世《よ》の中《なか》になっていた。血気盛《けっきさか》んな青年期《せいねんき》を迎《むか》えた顕如《けんにょ》は、金沢堂《かなざわどう》衆《しゅう》と越中《えっちゅう》の一向宗徒《いっこうしゅうと》に、武力《ぶりょく》で越後勢《えちごぜい》に対抗《たいこう》することを許《ゆる》して一向宗《いっこうしゅう》普及《ふきゅう》に全力《ぜんりょく》を挙《あ》げるよう指令《しれい》した。加賀《かが》・越中《えっちゅう》の一向宗徒《いっこうしゅうと》は法主《ほっす》のお墨付《すみつ》きを得《え》て、喜《よろこ》び勇《いさ》んで在々所々《ざいざいしょしょ》、津々浦々《つづうらうら》の組《くみ》や講《こう》に呼《よ》びかけて誰《だれ》に憚《はばか》ることなく一向宗《いっこうしゅう》の普及《ふきゅう》に励《はげ》み出《だ》した。

越中新川郡《えっちゅうにいかわぐん》領主《りょうしゅ》の椎名康胤《しいなやすたね》は、何時《いつ》しか領民《りょうみん》が残《のこ》らず一向宗《いっこうしゅう》に入信《にゅうしん》しているのに気付《きづ》いて愕《がく》然《ぜん》とした。康胤《やすたね》は謙信《けんしん》から一向宗《いっこうしゅう》の寺院《じいん》や檀家《だんか》を見《み》つけ次第《しだい》焼《や》き討《う》ちするよう命《めい》じられていた。けれども家臣達《かしんたち》でさえも一向宗《いっこうしゅう》に入信《にゅうしん》するようになって、康胤《やすたね》は素直《すなお》に謙信《けんしん》の命《めい》に服《ふく》する訳《わけ》にはいかなくなった。それで一向宗《いっこうしゅう》の郡内《ぐんない》での布教《ふきょう》を黙認《もくにん》した。

武田信玄《たけだしんげん》は康胤《やすたね》の変節《へんせつ》に付《つ》け込《こ》み信濃国《しなののくに》の領地《りょうち》の一部《いちぶ》を割譲《かつじょう》するなどの「巧言令色《こうげんれいしょく》」（媚《こ》び諂《へつら》う言葉）を用《もち》いて康胤《やすたね》に近《ちか》づいた。信玄《しんげん》は飛騨《ひだ》にも手《て》を廻《まわ》して、密《ひそ》かに江馬時盛《えまときもり》を伝《つて》に、江馬輝盛《えまてるもり》に意《い》を通《つう》じた。輝盛《てるもり》は父《ちち》の時盛《ときもり》から懇々《こんこん》と小国《しょうこく》の生《い》き残《のこ》り策《さく》を言《い》い聞《き》かされていた。この弱肉《じゃくにく》強食《きょうしょく》の時代《じだい》に小国《しょうこく》が生《い》き残《のこ》るには、大国《たいこく》に従《したが》うしか方法《ほうほう》がなかった。輝盛《てるもり》は父《ちち》の言《げん》に従《したが》って、謙信《けんしん》から依頼《いらい》があれば越後《えちご》に靡《なび》き、信玄《しんげん》から便《たよ》りがあれば甲斐《かい》に従《したが》って、大国《だいこく》には逆《さか》らわぬよう「柳《やなぎ》に風《かぜ》」（逆らわずにやり過ごす例え）の気配《きくば》りをした。信玄《しんげん》は江馬《えま》を通《つう》じて三木良頼《みきよしより》にも呼《よ》びかけて、一向宗徒《いっこうしゅうと》に味方《みかた》して謙信《けんしん》に敵対《てきたい》するよう説《と》き伏《ふ》せた。

飛騨国　姉小路家の興亡と三木家と江馬家

この頃《ころ》の飛騨国《ひだこく》は室町時代《むろまちじだい》には珍《めずら》しく、国司《こくし》（朝廷の地方行政官）が国《くに》を統治《とうじ》した。もっとも守護《しゅご》がいなかった訳《わけ》ではない。時代《じだい》が少《すこ》し前後《ぜんご》するが、嘉吉《かきつ》元年（一四四一年）に当時《とうじ》の飛騨国守護《ひだこくしゅご》の京極高数《きょうごくたかかず》は将軍義教《しょうぐんよしのり》と共《とも》に赤松満祐《あかまつみつすけ》の屋形《やかた》で殺《ころ》された（5頁4行目参照）。跡《あと》を継《つ》いだ京極持清《きょうごくもちきよ》は応仁《おうにん》の乱《らん》で細川方《ほそかわがた》に味方《みかた》してその名《な》を残《のこ》したが、持清《もちきよ》の没後《ぼつご》に家督争《かとくあらそ》いが生《しょう》じて家《いえ》は衰微没落《すいびぼつらく》し、飛騨《ひだ》から京極家《きょうごくけ》の名《な》が消《き》えた。同時《どうじ》に飛騨国《ひだこく》では守護《しゅご》もいなくなった。

文明年間《ぶんめいねんかん》の飛騨国《ひだこく》は国司《こくし》の姉小路基綱《あねこうじもとつな》が飛騨一国《ひだいっこく》を統治《とうじ》して小康状態《しょうこうじょうたい》を保《たも》った。この飛騨国《ひだこく》は大《おお》きく三分割《さんぶんかつ》されていて、中央部《ちゅうおうぶ》の大野郡《おおのぐん》は元々朝廷《もともとちょうてい》から任《にん》じられた国司《こくし》の姉小路基綱《あねこうじもとつな》が領《りょう》有《ゆう》して、美濃《みの》に接《せっ》する益田郡《ますだぐん》は三木家《みきけ》が領有《りょうゆう》し、越中《えっちゅう》と接《せっ》する吉城郡《よしきぐん》は江馬家《えまけ》が支配《しはい》した。また白川郷《しらかわごう》には内島家《うちじまけ》が一向宗《いっこうしゅう》の照蓮寺《しょうれんじ》と手《て》を組《く》んで文明年間《ぶんめいねんかん》から勢力《せいりょく》を蓄《たくわ》えた。

永正《えいしょう》元年（一五〇四年）、姉小路基綱《あねこうじもとつな》が天寿《てんじゅ》を全《まっと》うした。姉小路家《あねこうじけ》の支配力《しはいりょく》が落《お》ちたのを見《み》て益《ます》田郡《だぐん》の三木重頼《みきしげより》は匿《かくま》っていた元《もと》・守護家《しゅごけ》の京極一族《きょうごくいちぞく》を益田郡《ますだぐん》から追《お》い出《だ》し、独立《どくりつ》した勢力《せいりょく》を確立《かくりつ》した。永正《えいしょう》十三年（一五一六年）、その三木重頼《みきしげより》も病没《びょうぼつ》した。飛騨国実力者《ひだこくじつりょくしゃ》の基綱《もとつな》と重頼《しげより》が共《とも》に亡《な》くなった。

飛騨国《ひだこく》の江馬家《えまけ》は古《ふる》くから吉城郡《よしきぐん》にあって勢力《せいりょく》を蓄《たくわ》えていた。この時《とき》、実力者《じつりょくしゃ》の重圧《じゅうあつ》から解《かい》放《ほう》された江馬時経《えまときつね》は、飛騨一国《ひだいっこく》を乗《の》っ取《と》ろうと野心《やしん》を起《お》こして挙兵《きょへい》した。

永正《えいしょう》十四年（一五一七年）、姉小路基綱《あねこうじもとつな》の跡《あと》を継《つ》いだ子《こ》の姉小路済継《あねこうじなりつぐ》は朝廷《ちょうてい》に出仕《しゅっし》して京《きょう》都に居《い》たが、報《しら》せを受《う》けて直《す》ぐに家臣《かしん》を飛騨大野郡《ひだおおのぐん》に帰《かえ》して防戦《ぼうせん》し、隣《となり》の益田郡《ますだぐん》の新領主《しんりょうしゅ》三木直頼《みきなおより》にも援軍《えんぐん》を依頼《いらい》した。そして済継自身《なりつぐじしん》も飛騨《ひだ》に帰国《きこく》して江馬時経《えまときつね》に対抗《たいこう》した。江馬時経《えまときつね》はかなわぬと見《み》て軍《ぐん》を引《ひ》き、姉小路家《あねこうじけ》に和議《わぎ》を求《もと》めて恭順《きょうじゅん》の意《い》を表《あらわ》した。
姉小路済継《あねこうじなりつぐ》は乱《らん》を平定《へいてい》した翌年《よくねん》（永正十五年）、上洛《じょうらく》しようとした矢先《やさき》に病《やまい》を得《え》て急死《きゅうし》した。

姉小路家《あねこうじけ》は当時《とうじ》、宗家《そうけ》の古川姉小路家《ふるかわあねこうじけ》（以後、古川）と小島姉小路家《こじまあねこうじけ》（以後、小島）、小鷹利《こたかり》にいた向姉小路家《むかいあねこうじけ》（以後、向家）の三家《さんけ》があった（いずれも古川町）。この度《たび》、宗家《そうけ》の古川済継《ふるかわなりつぐ》が急死《きゅうし》した。済継《なりつぐ》の嫡男済俊《ちゃくなんなりとし》は未《ま》だ十二歳で京都《きょうと》に居《い》た。向家当主《むかいけとうしゅ》の向宗熙《むかいむねひろ》も漸《ようや》く成人《せいじん》したばかりだ。

姉小路一族《あねこうじいちぞく》の長老《ちょうろう》になった小島時秀《こじまときひで》は益田郡《ますだぐん》の三木《みき》と手《て》を組《く》んで宗家乗《そうけの》っ取《と》りを企《くわだ》てた。

大永《たいえい》元年（一五二一年）、古川済継《ふるかわなりつぐ》が没《ぼっ》して三年後《ご》、三木直頼《みきなおより》は小島時秀《こじまときひで》の誘《さそ》いを幸《さいわ》いに姉小路《あねこうじ》家《け》を脅《おど》して三家《さんけ》の内紛《ないふん》に軍事介入《ぐんじかいにゅう》した。姉小路家《あねこうじけ》は三家《さんけ》とも三木直頼《みきなおより》の軍門《ぐんもん》に下《くだ》った。
享禄《きょうろく》三年（一五三〇年）、姉小路宗家《あねこうじそうけ》の古川済俊《ふるかわなるとし》は、京都《きょうと》から離《はな》れた飛騨国《ひだこく》に帰《かえ》る気《き》をなくして家《か》督《とく》を弟《おとうと》の重継《しげつぐ》に譲《ゆず》った。

古川重継《ふるかわしげつぐ》は飛騨古川《ひだふるかわ》に在住《ざいじゅう》して姉小路家《あねこうじけ》の再興《さいこう》を図《はか》った。そして先《ま》ず古川姉小路家《ふるかわあねこうじけ》を覆《くつがえ》した小《こ》島時秀《じまときひで》を誅伐《ちゅうばつ》しようと挙兵《きょへい》して小島屋形《こじまやかた》に討《う》ち入《い》った。小島時秀《こじまときひで》は三木直頼《みきなおより》に援軍《えんぐん》を依頼《いらい》した。

三木直頼《みきなおより》はこの機《き》に乗《じょう》じて古川城《ふるかわじょう》に討《う》ち入《い》った。古川重継《ふるかわしげつぐ》は敵《かな》わず白川郷《しらかわごう》へ逃《に》げた。直頼《なおより》は重継《しげつぐ》を小鳥口《ことりぐち》に追《お》い詰《つ》めて古川姉小路家《ふるかわあねこうじけ》の一族郎党《いちぞくろうとう》を悉《ことごと》く討《う》ち滅《ほろ》ぼした。

飛騨国《ひだこく》は三木直頼《みきなおより》の天下《てんか》になった。天文《てんぶん》二十三年（一五五四年）、三木直頼《みきなおより》が病没《びょうぼつ》して家督《かとく》の良頼《よしより》が跡《あと》を継《つ》いだ。

この頃《ころ》の越中国《えっちゅうこく》は越後《えちご》の上杉家《うえすぎけ》（長尾家に同じ）と能登《のと》の畠山家《はたけやまけ》の統治下《とうじか》にあった。越後《えちご》の上杉《うえすぎ》勢《ぜい》は飛騨《ひだ》にも勢力《せいりょく》を伸《の》ばそうと計《はか》って、親戚《しんせき》の誼《よしみ》がある越中国城生城《えっちゅうこくじょうおじょう》（八尾町）の斎藤藤次郎《さいとうとうじろう》を伝《つて》に、隣接《りんせつ》する飛騨吉城郡《ひだよしきぐん》の江馬時盛《えまときもり》・輝盛《てるもり》父子《ふし》と友好関係《ゆうこうかんけい》を結《むす》んだ。

飛騨国吉城郡高原郷《ひだこくよしきぐんたかはらごう》には一向宗聞名寺《いっこうしゅうもんみょうじ》があった。聞名寺《もんみょうじ》は白川郷《しらかわごう》の一向宗《いっこうしゅう》照蓮寺《しょうれんじ》と勢力《せいりょく》を争《あらそ》って一向宗《いっこうしゅう》の布教《ふきょう》に努《つと》めた。そして次第《しだい》に飛騨街道《ひだかいどう》を下《くだ》って、越中《えっちゅう》に出《で》てきた。

甲斐《かい》の武田信玄《たけだしんげん》は加賀金沢堂《かがかなざわどう》に越中国内《えっちゅうこくない》で一向宗《いっこうしゅう》を禁《きん》ずる越後上杉勢《えちごうえすぎぜい》を越中《えっちゅう》から追《お》い出《だ》そうと同盟《どうめい》を申《もう》し込《こ》んだ。更《さら》に永禄《えいろく》二年（一五五九年）六月、信玄《しんげん》は山県昌景《やまがたあきかげ》と馬場景政《ばばかげまさ》、甘利晴吉《あまりはるよし》を飛騨高原郷領主《ひだたかはらごうりょうしゅ》の江馬時盛《えまときもり》の下《もと》に送《おく》って、飛騨一国領有《ひだいっこくりょうゆう》の援助《えんじょ》を申《もう》し出《で》た。

江馬時盛《えまときもり》は信濃国《しなののこく》の情勢《じょうせい》を具《つぶさ》に入手《にゅうしゅ》して、信玄《しんげん》こそがやがて天下《てんか》を制《せい》する人《ひと》だと信《しん》じた。それで一人《ひとり》武田軍《たけだぐん》に下《くだ》って、飛騨《ひだ》の諸将《しょしょう》に反旗《はんき》を翻《ひるがえ》した。江馬時盛《えまときもり》の嫡子《ちゃくし》の輝盛《てるもり》は信義《しんぎ》に背《そむ》く父《ちち》の命《めい》を受《う》けることが出来《でき》ずに、父《ちち》に背《そむ》いて三木良頼《みきよしより》と提携《ていけい》して武田軍《たけだぐん》に備《そな》えた。

飛騨高原郷《ひだたかはらごう》で江馬家《えまけ》の内乱《ないらん》が起《お》こった。江馬時盛《えまときもり》は息子《むすこ》の輝盛《てるもり》と三木良頼《みきよしより》の連合軍《れんごうぐん》に攻《せ》められて降参《こうさん》し、家督《かとく》を輝盛《てるもり》に譲《ゆず》って蟄居《ちっきょ》した。その動乱《どうらん》の余波《よは》を受《う》けて時盛《ときもり》に味方《みかた》した一向宗《いっこうしゅう》の聞名《もんみょう》寺《じ》が炎上《えんじょう》した。聞名寺《もんみょうじ》はこの機会《きかい》に越中《えっちゅう》に移《うつ》った。

越中国城生《えっちゅうこくじょうお》（八尾町）の斎藤《さいとう》は近年《きんねん》、領民《りょうみん》・家臣《かしん》が雪崩《なだれ》を打《う》って一向宗門徒《いっこうしゅうもんと》になるのを目《ま》の当《あ》たりにし、謙信《けんしん》には内緒《ないしょ》で自《みずか》らも寺領《じりょう》を寄進《きしん》して一向宗《いっこうしゅう》を保護《ほご》し、飛騨《ひだ》からの聞名寺《もんみょうじ》移築《いちく》に手《て》を貸《か》した。永禄《えいろく》七年（一五六四年）、武田信玄《たけだしんげん》は山県昌景《やまがたあきかげ》に軍勢《ぐんぜい》を付《つ》けて飛騨《ひだ》に送《おく》り込《こ》んだ。

飛騨《ひだ》の諸将《しょしょう》は上杉謙信《うえすぎけんしん》に援軍《えんぐん》を要請《ようせい》した。謙信《けんしん》は越中《えっちゅう》の守備《しゅび》に充《あ》てた若林采女丞《わかばやしうねめのじょう》に飛騨《ひだ》救援《きゅうえん》を命《めい》じ、自《みずか》らも越後《えちご》の大軍《たいぐん》を率《ひき》いて信玄《しんげん》の留守《るす》になった信濃国《しなののこく》の川中島《かわなかじま》に出陣《しゅつじん》した。

武田信玄《たけだしんげん》は謙信出陣《けんしんしゅつじん》を聞《き》いて飛騨派兵《ひだはへい》を中断《ちゅうだん》し、全軍《ぜんぐん》を率《ひき》いて川中島《かわなかじま》に陣《じん》を返《かえ》した。

飛驒国《ひだこく》は事無《ことな》きを得《え》た。謙信《けんしん》と信玄《しんげん》の川中島《かわなかじま》での睨《にら》み合《あ》いは六ヶ月に及《およ》んだ。両軍《りょうぐん》は敵《てき》の力《ちから》を知《し》り尽《つ》くしていて迂闊《うかつ》に軍《ぐん》を動《うご》かすことなく、やがて和睦《わぼく》して双方共《そうほうとも》に軍《ぐん》を引《ひ》いた。

この頃《ころ》永禄《えいろく》八年（一五六五年）、尾張《おわり》の織田信長《おだのぶなが》は信玄《しんげん》に養女《ようじょ》を質《しち》に出《だ》して東方《とうほう》からの脅威《きょうい》を解消《かいしょう》した。そして翌《よく》九年（一五六六年）、信長《のぶなが》は舅《しゅうと》の斉藤道三《さいとうどうさん》の仇討《かたきう》ちを口実《こうじつ》にして美濃国《みのこく》に攻《せ》め込《こ》み、翌年《よくねん》、年来《ねんらい》の願望《がんぼう》であった美濃国《みのこく》を乗《の》っ取《と》って天下布武《てんかふぶ》（天下制覇）を公言《こうげん》した。

六．越相同盟

謙信の関東出兵並びに北条・今川同盟と武田・織田同盟の抗争

永禄《えいろく》八年（一五六五年）二月、上野国箕輪城《こうずけこくみのわじょう》（高崎市）の長野左衛門《ながのさえもん》が甲斐勢《かいぜい》に攻撃《こうげき》された。上総国《かずさこく》士気城《しきじょう》（千葉市）の酒井治胤《さかいはるたね》も北条氏康《ほうじょううじやす》に攻《せ》められて、共《とも》に上杉謙信《うえすぎけんしん》に急《きゅう》を告《つ》げた。謙信《けんしん》は関東諸将《かんとうしょしょう》の救援依頼《きゅうえんいらい》に応《おう》じて上野国厩橋城《こうずけこくうまやばしじょう》（前橋市）に出張《でば》った。

武田信玄《たけだしんげん》は、北条《ほうじょう》と上杉《うえすぎ》が対峙《たいじ》している間《あいだ》は甲《こう》・信《しん》は侵《おか》されず安泰《あんたい》だと見《み》て取《と》り、この時《とき》を捉《とら》えて甲《こう》・駿《すん》・相《そう》の三国同盟《さんごくどうめい》を破棄《はき》して駿河国《するがこく》に攻《せめ》め込《こ》み、いとも易《やす》く駿河国《するがこく》を乗《の》っ取《と》った。今川氏真《いまがわうじざね》は家臣《かしん》の裏切《うらぎ》りに遭《あ》って駿府城《すんぷじょう》から遠江国掛川城《とおとうみこくかけがわじょう》(掛川市)に逃《に》げ込《こ》んで籠城《ろうじょう》した。

北条氏康《ほうじょううじやす》は甲《こう》・駿《すん》・相《そう》の三国同盟《さんごくどうめい》を破《やぶ》った武田信玄《たけだしんげん》を見《み》て愕然《がくぜん》とした。駿府《すんぷ》を手《て》に入《い》れると次《つぎ》は必《かなら》ず相模《さがみ》も取《と》ろうとするに違《ちが》いない。その証拠《しょうこ》に、甲斐《かい》に送《おく》って信玄《しんげん》の養子《ようし》にした氏康《うじやす》の末《まっ》子《し》の氏秀《うじひで》が甲斐《かい》から追《お》い返《かえ》されて来《き》た。北条氏康《ほうじょううじやす》は迷《まよ》わず娘婿《むすめむこ》の今川氏真《いまがわうじざね》に味方《みかた》して駿河国境《するがこっきょう》に出兵《しゅっぺい》し、信玄《しんげん》に敵対《てきたい》した。そして目前《もくぜん》の敵《てき》である謙信《けんしん》に軍使《ぐんし》を送《おく》って、信玄《しんげん》に対《たい》する軍事同盟《ぐんじどうめい》を申《もう》し込《こ》んだ。上杉謙信《うえすぎけんしん》は今当《いままさ》に戦《いくさ》を始《はじ》めようとしている敵《てき》から同盟《どうめい》の話《はなし》を受《う》けて面食《めんく》らった。氏康《うじやす》の話《はなし》はとても素直《すなお》に信《しん》じられるものではなかったが北条氏康《ほうじょううじやす》は今川氏真《いまがわうじざね》を助《たす》けるために関《かん》東諸国《とうしょこく》に出《だ》した軍《ぐん》を収《おさ》めて相模《さがみ》に引上《ひきあ》げ、全力《ぜんりょく》を駿河国《するがこく》に傾注《けいちゅう》するようになった。

関東《かんとう》は次第《しだい》に平穏《へいおん》になって、謙信《けんしん》は一旦《いったん》、越後《えちご》に帰国《きこく》した。

能登畠山七人衆の抗争　並びに越中神保長職・長住の父子対立

この頃《ころ》しばらく越中《えっちゅう》では大《おお》きな争《あらそ》いはなかった。けれども広《ひろ》く深《ふか》く一向宗《いっこうしゅう》が浸透《しんとう》して、諍《いさか》い事《ごと》は絶《た》えなかった。この頃《ころ》、能登国《のとこく》では…。

永禄《えいろく》九年（一五六六年）、能登国《のとこく》畠山七人衆《はたけやましちにんしゅう》の長続連《ちょうつぐつら》と遊佐続光《ゆさつぐみつ》は主君《しゅくん》の畠山義綱《はたけやまよしつな》の弾圧《だんあつ》に耐《た》えかねて、義綱《よしつな》の子《こ》で未《ま》だ幼《おさな》い義慶《よしのり》を擁立《ようりつ》して、義綱《よしつな》を国外《こくがい》に追放《ついほう》した。この錯乱《さくらん》に温井景隆《ぬくいかげたか》も加《か》担《たん》した。温井景隆《ぬくいかげたか》は父続宗《ちちつぐむね》と共《とも》に義綱《よしつな》に国外追放《こくがいついほう》されていたが、義綱《よしつな》に入《い》れ替《か》わって能登《のと》に復帰《ふっき》した。

上杉謙信《うえすぎけんしん》は能登国畠山家《のとこくはたけやまけ》とは同盟関係《どうめいかんけい》にあった。謙信《けんしん》は能登《のと》の畠山家《はたけやまけ》を気遣《きづか》って越中放生《えっちゅうほうじょう》津《づ》（新湊）まで出馬《しゅつば》した。けれども北条《ほうじょう》との同盟問題《どうめいもんだい》で関東《かんとう》の諸将《しょしょう》が動揺《どうよう》し、再《ふたた》び関東《かんとう》に出馬《しゅつば》する必要《ひつよう》が生《しょう》じた。能登錯乱《のとさくらん》に加担《かたん》した遊佐続光《ゆさつぐみつ》は幼児期《ようじき》に父《ちち》と一緒《いっしょ》に越後《えちご》に亡命《ぼうめい》していて謙信《けんしん》とは幼馴染《おさななじみ》だった。続光《つぐみつ》は畠山義綱《はたけやまよしつな》の嫡子《ちゃくし》の義慶《よしのり》を畠山家《はたけやまけ》の後継《こうけい》に戴《いただ》くことを謙信《けんしん》に誓約《せいやく》して能登《のと》出馬《しゅつば》を見送《みおく》らせた。謙信《けんしん》も能登《のと》より関東《かんとう》が気掛《きが》かりだ。それで遊佐続光《ゆさつぐみつ》の意見《いけん》を入《い》れて、能登《のと》は続光《つぐみつ》に委《ゆだ》ねて関東《かんとう》に出馬《しゅつば》した。そして、今後《こんご》も北条《ほうじょう》が関東諸将《かんとうしょしょう》に戦《いくさ》を仕掛《しか》ければ、即刻北条《そっこくほうじょう》討伐軍《とうばつぐん》を出《だ》すと誓《ちか》い、厩橋城《うまやばしじょう》に北条監視《ほうじょうかんし》の遊撃隊《ゆうげきたい》を残《のこ》して帰国《きこく》した。

永禄《えいろく》十一年（一五六八年）、越中婦負《えっちゅうねい》・射水両郡《いみずりょうぐん》の一向宗坊主門徒《いっこうしゅうぼうずもんと》は神保長職《じんぼながもと》の迫害《はくがい》に耐《た》えかねて守山城《もりやまじょう》（高岡市）に立《た》て籠《こも》った。長職《ながもと》の一向宗門徒家臣団《いっこうしゅうもんとかしんだん》も長職《ながもと》と手《て》を切《き》って守山城《もりやまじょう》に入《はい》った。元々越中婦負《もともとえっちゅうねい》・射水両郡《いみずりょうぐん》は一向宗《いっこうしゅう》の盛《さか》んな土地柄《とちがら》だ。領主《りょうしゅ》の神保長職《じんぼながもと》も一向宗《いっこうしゅう》を保護《ほご》したが、永禄五年《えいろくごねん》の呉服山合戦《ごふくやまがっせん》で上杉謙信《うえすぎけんしん》に討《う》ち取《と》られる寸前《すんぜん》を能登国守護《のとこくしゅご》の畠山義綱《はたけやまよしつな》の助命嘆願《じょめいたんがん》を得《え》て九死《きゅうし》に一生《いっしょう》を得《え》た。以来神保長職《いらいじんぼながもと》は老齢《ろうれい》で判断力《はんだんりょく》が急速《きゅうそく》に落《お》ち、越後《えちご》の恩義《おんぎ》のみを心掛《こころが》け、謙信《けんしん》の命《めい》に忠実《ちゅうじつ》に服《ふく》して寺坊《じぼう》の破却《はきゃく》や坊主《ぼうず》の追放《ついほう》に努《つと》めた。

ところで神保家臣団《じんぼかしんだん》には日宮城代小島職鎮《ひのみやじょうだいこじまもとしげ》（元・婦中町長沢の豪族）の越後派《えちごは》と池田城主《いけだじょうしゅ》（立山町）の寺島職定《てらしまもとさだ》の一向宗派《いっこうしゅうは》の二つの派《は》があった。寺島《てらしま》らの一向宗派《いっこうしゅうは》は越後勢《えちごぜい》に只管盲従《ひたすらもうじゅう》する主君神《しゅくんじん》保長職《ぼながもと》から次第《しだい》に心《こころ》が離《はな》れて独立《どくりつ》を志《こころざ》す者《もの》が現《あらわ》れた。この独立派《どくりつは》は長職《ながもと》の嫡子《ちゃくし》の、ようやく青年《せいねん》に成長《せいちょう》した長住《ながずみ》を抱《だ》き込《こ》んで長職《ながもと》を諫言《かんげん》した。長職《ながもと》は長住《ながずみ》を義絶《ぎぜつ》（勘当）して寺島職定一派《てらしまもとさだいっぱ》と共《とも》に富山城《とやまじょう》から追《お》い出《だ》した。長住《ながずみ》らは一向宗徒《いっこうしゅうと》が籠《こも》る守山城《もりやまじょう》に逃《のが》れた。

上杉謙信《うえすぎけんしん》は神保長職《じんぼながもと》からの報《しら》せを受《う》けて直《ただ》ちに越中《えっちゅう》に出陣《しゅつじん》し、松倉城《まつくらじょう》の椎名康胤《しいなやすたね》にも参陣《さんじん》を命《めい》じて新庄城《しんじょうじょう》（富山市）に着陣《ちゃくじん》した。そして放生津《ほうじょうづ》（新湊）に出掛《でか》けて守山城《もりやまじょう》に軍使《ぐんし》を立《た》て、神保《じんぼ》長住《ながずみ》に義絶《ぎぜつ》を伝《つた》えて国外退去《こくがいたいきょ》を迫《せま》った。長住《ながずみ》は寺島《てらしま》らに勧《すす》められて一向宗徒《いっこうしゅうと》には内密《ないみつ》で城《しろ》を抜《ぬ》け出《だ》し、美濃国《みののくに》に逃《に》げ落《お》ちて織田信長《おだのぶなが》に庇護《ひご》を求《もと》めた。信長《のぶなが》は、上杉家《うえすぎけ》は元《もと》より神保家《じんぼけ》にも調《ちょう》略《りゃく》の手《て》を廻《まわ》していた。神保長住《じんぼながずみ》の近臣《きんしん》はこれを利用《りよう》して信長《のぶなが》の調略《ちょうりゃく》に乗《の》った。

椎名康胤《しいなやすたね》は家臣《かしん》の小幡早韻《おばたそういん》や内山時忠《うちやまときただ》・溝口知春《みぞぐちともはる》・広瀬新兵衛《ひろせしんべえ》・武隈元員《たけくまもとかず》と元直父子《もとなおふし》・椎名照《しいなてる》康《やす》・寺崎半之進《てらさきはんのしん》・内山外記《うちやまげき》・稲見七郎右衛門《いなみしちろうえもん》・荻原内記《おぎわらないき》・小間惣之進《こまそうのしん》・伊藤喜内《いとうきない》・杉原源左《すぎはらげんざ》・越《こし》野兵衛《のひょうえ》・渋谷八平《しぶたにはちへい》・浅井久平《あさいきゅうへい》・前原次左衛門《まえはらじざえもん》・渡辺瀬馬平《わたなべせまへい》・城五左衛門《しろござえもん》・吉川源内《きつかわげんない》・松田清《まつだせい》五《ご》・本庄喜次郎《ほんじょうきじろう》・漆間兵衛《うるしまひょうえ》らを呼《よ》んで、謙信《けんしん》から受《う》けた参陣《さんじん》の対応《たいおう》を評定《ひょうじょう》した。

松倉城下《まつくらじょうか》には加賀金沢堂衆《かがかなざわどうしゅう》や信濃《しなの》の武田信玄《たけだしんげん》から連日《れんじつ》、寝返《ねがえ》りを勧《すす》める密使《みっし》が遣《や》って来《き》ていた。また、松倉城下《まつくらじょうか》の土民百姓《どみんひゃくしょう》や兵卒連中《へいそつれんちゅう》は挙《あ》げて一向宗《いっこうしゅう》に入信《にゅうしん》していて、法敵《ほうてき》の謙信打倒《けんしんだとう》を望《のぞ》む声《こえ》で満《み》ちていた。今《いま》、城内《じょうない》で迂闊《うかつ》に一向宗門徒討伐《いっこうしゅうもんととうばつ》などは口《くち》に出《だ》せない情勢《じょうせい》だ。松倉城《まつくらじょう》に集《あつ》まった家臣一同《かしんいちどう》は土民百姓《どみんひゃくしょう》に味方《みかた》して、一向宗側《いっこうしゅうがわ》に寝返《ねがえ》ることで一決《いっけつ》した。幸《さいわ》いに松倉城《まつくらじょう》は要害堅固《ようがいけんご》な山城《やまじろ》だ。いかな謙信《けんしん》でも易々《やすやす》と手出《てだ》し出来《でき》る城《しろ》ではない。椎名康胤《しいなやすたね》は松倉《まつくら》城《じょう》に籠《こも》って、謙信《けんしん》の命《めい》を無視《むし》して受《う》けなかった。

越後本庄繁長の謀反　並びに謙信北条氏康と同盟

武田信玄《たけだしんげん》は越中国《えっちゅうこく》の一向一揆《いっこういっき》を助《たす》けるために、上杉謙信《うえすぎけんしん》の留守《るす》を預《あず》かる本庄繁長《ほんじょうしげなが》に謀叛《むほん》を勧《すす》める密使《みっし》を送《おく》った。繁長《しげなが》は越後国阿賀野川以北《えちごこくあがのがわいほく》を治《おさ》める揚北衆《あがきたしゅう》の筆頭領主《ひっとうりょうしゅ》だ。南越後《みなみえちご》の長尾家《ながおけ》とは元々同格《もともとどうかく》の家柄《いえがら》だという思《おも》いがあって、内心《ないしん》では謙信《けんしん》に従属《じゅうぞく》するのを快《こころよ》く思《おも》っていなかった。そこへ以前《いぜん》から同盟《どうめい》の誘《さそ》いのあった甲斐《かい》の武田信玄《たけだしんげん》から独立決起《どくりつけっき》を求《もと》める密使《みっし》が遣《や》って来《き》た。本庄繁長《ほんじょうしげなが》は好機到来《こうきとうらい》とばかりに居城《きょじょう》の本庄城《ほんじょうじょう》（村上市）に引上《ひきあ》げて謙信《けんしん》に反旗《はんき》を翻《ひるがえ》した。信《しん》玄自身《げんじしん》も信濃《しなの》の海津城《かいづじょう》（松代町）から信越国境《しんえつこっきょう》に出陣《しゅつじん》して越後勢《えちごぜい》が支配《しはい》する飯山城《いいやまじょう》（飯山市）に攻撃《こうげき》を仕掛《しか》けた。

越中在陣《えっちゅうざいじん》の謙信《けんしん》は窮地《きゅうち》に陥《おちい》った。本庄繁長《ほんじょうしげなが》は隣接《りんせつ》する鮎川盛長《あゆかわもりなが》の居城《きょじょう》の鮎川城《あゆかわじょう》（村上市大場沢）を攻《せ》めた。謙信《けんしん》は越中出陣中《えっちゅうしゅつじんちゅう》の鮎川盛長《あゆかわもりなが》を即刻帰国《そっこくきこく》させた。そして松倉城《まつくらじょう》の椎名康胤《しいなやすたね》の抑《おさ》えとして魚津城《うおづじょう》に河田長親《かわたながちか》を置《お》き、守山城《もりやまじょう》の神保長住《じんぼながずみ》配下《はいか》の備《そな》えには鰺坂長実《あじさかながざね》を新庄城《しんじょうじょう》に置《お》いて抑《おさ》えを固《かた》めた後《のち》、陣《じん》を撤収《てっしゅう》し、謙信自身《けんしんじしん》も帰国《きこく》した。

謙信《けんしん》は越後《えちご》に陣《じん》を帰《かえ》し、直《ただ》ちに上杉景信《うえすぎかげのぶ》（長尾一族の筆頭家老）を関山城《せきやまじょう》（妙高市）に送《おく》って武田勢《たけだぜい》に備《そな》えさせ、自《みずか》らは本隊《ほんたい》を率《ひき》いて本庄繁長《ほんじょうしげなが》の討伐《とうばつ》に向《む》かった。繁長《しげなが》は本庄城《ほんじょうじょう》に立《た》て籠《こも》った。繁《しげ》長《なが》はこの日《ひ》があることを予期《よき》して、命《いのち》を懸《か》けて本庄城《ほんじょうじょう》を要害堅固《ようがいけんご》に造《つく》り変《か》えていた。謙信《けんしん》は攻《せ》めあぐねて見張《みは》りの兵《へい》を残《のこ》し、一旦《いったん》、春日山《かすがやま》に引上《ひきあ》げた。

飯山城《いいやまじょう》（飯山市）を攻《せ》めた武田信玄《たけだしんげん》は備《そな》えがあるのを知《し》って、即刻反転《そっこくはんてん》して駿河《するが》に向《む》かった。謙《けん》信《しん》は当面《とうめん》の危機《きき》を乗《の》り越《こ》えた。この世情騒然《せじょうそうぜん》とした時《とき》に飛騨《ひだ》の三木良頼《みきよしより》から
「尾張国《おわりこく》の織田信長《おだのぶなが》が上洛《じょうらく》して三好党《みよしとう》を京都《きょう》から放逐《ほうちく》し、足利義昭《あしかがよしあき》を将軍《しょうぐん》に推戴《すいたい》した」との急報《きゅうほう》

が謙信《けんしん》の下《もと》に入《はい》った。謙信《けんしん》は越前朝倉家《えちぜんあさくらけ》に急使《きゅうし》を送《おく》って真相《しんそう》の把握《はあく》に努《つと》め、幕府再興《ばくふさいこう》が成《な》ったことを慶《よろこ》んだ。

かくして永禄《えいろく》十一年は暮《く》れた。翌《よく》・永禄《えいろく》十二年（一五六九年）三月、雪消《ゆきげ》が進《すす》み軍隊《ぐんたい》の移動《いどう》が容易《よう い》になった頃《ころ》、本庄繁長《ほんじょうしげなが》は観念《かんねん》して会津《あいづ》の蘆名盛氏《あしなもりうじ》と米沢《よねざわ》の伊達輝宗《だててるむね》の仲介《ちゅうかい》で上杉謙信《うえすぎけんしん》に降伏《こうふく》した。謙信《けんしん》は国内《こくない》の混乱《こんらん》が長引《ながび》くのを恐《おそ》れて繁長《しげなが》の降伏《こうふく》を許《ゆる》した。

この年《とし》の永禄《えいろく》十二年（一五六九年）春《はる》三月、越後《えちご》の内乱《ないらん》もようやく治《おさ》まった頃《ころ》に相模《さがみ》の北条氏《ほうじょううじ》康《やす》が謙信《けんしん》に氏康《うじやす》の子《こ》を人質《ひとじち》に差《さ》し出《だ》すことを条件《じょうけん》に加《くわ》えて、重《かさ》ねて同盟《どうめい》を申《もう》し込《こ》んできた。

将軍義昭《しょうぐんよしあき》も織田信長《おだのぶなが》の同意《どうい》を得《え》て智光院頼慶《ちこういんらいけい》を使者《ししゃ》に立《た》て、越後《えちご》と相模《さがみ》の和睦《わぼく》を斡旋《あっせん》した。信長自身《のぶながじしん》も遜《へりくだ》って謙信《けんしん》に尾張《おわり》と越後《えちご》の同盟《どうめい》を求《もと》めた。何《いず》れも武田信玄《たけだしんげん》を恐《おそ》れてその対応《たいおう》に必死《ひっし》だった。謙信《けんしん》は信長《のぶなが》の幕府再興《ばくふさいこう》の労《ろう》を讃《たた》えて尾張《おわり》との同盟《どうめい》を許諾《きょだく》した。相模《さがみ》との和睦《わぼく》については関東諸将《かんとうしょしょう》の意見《いけん》を聞《き》いた上《うえ》で同年《どうねん》、古河公方《こがくぼう》を主君《しゅくん》として推戴《すいたい》する事《こと》を条件《じょうけん》に越相同盟《えつそうどうめい》を内諾《ないだく》した。北条氏康《ほうじょううじやす》の使僧《しそう》は謙信《けんしん》の許諾《きょだく》の書《しょ》を手《て》にして、喜《よろこ》び勇《いさ》んで帰国《きこく》した。

同年《どうねん》四月、北条氏康《ほうじょううじやす》・氏政《うじまさ》・父子《おやこ》は足利藤氏《あしかがふじうじ》（四代古河公方足利晴氏の長男）の子《こ》の義氏《よしうじ》を古河公《こがく》方《ぼう》に立《た》てて関東《かんとう》の統治《とうじ》を委《ゆだ》ねることに加《くわ》えて、氏政《うじまさ》の子《こ》（国増丸）を謙信《けんしん》の養子《ようし》に差《さ》し出《だ》すことで越相同盟《えつそうどうめい》に同意《どうい》するよう謙信《けんしん》に求《もと》めた。謙信《けんしん》は許諾《きょだく》した。越相同盟《えつそうどうめい》は成立《せいりつ》した。

同年《どうねん》十月、謙信《けんしん》は国内《こくない》を鎮圧《ちんあつ》して、再《ふたた》び越中《えっちゅう》に出兵《しゅっぺい》して富山城《とやまじょう》に入《はい》り、さらに進《すす》んで神通川《じんづうがわ》を渡《わた》った。この時《とき》も椎名康胤《しいなやすたね》は松倉城《まつくらじょう》に籠《こも》って、謙信《けんしん》には服従《ふくじゅう》しなかった。

武田信玄《たけだしんげん》は謙信《けんしん》の越中出陣《えっちゅうしゅつじん》を見《み》て上野国《こうずけこく》に兵《へい》を出《だ》し越後勢《えちごぜい》を牽制《けんせい》した。

謙信《けんしん》は椎名康胤《しいなやすたね》を見限《みかぎ》って、替《かわ》って魚津城《うおづじょう》の河田長親《かわたながちか》を越中新川郡《えっちゅうにいかわぐん》の目代《もくだい》に取《と》り立《た》てた。そして長親《ながちか》に一層厳重《いっそうげんじゅう》な康胤《やすたね》の抑《おさ》えを命《めい》じて軍《ぐん》を返《かえ》し、上野国沼田《こうずけこくぬまた》に出兵《しゅっぺい》して越年《えつねん》した。

永禄《えいろく》十三年改元《かいげん》して元亀《げんき》元年（一五七〇年）春《はる》、謙信《けんしん》は関東《かんとう》の上野国《こうずけこく》にいた。北条氏康《ほうじょううじやす》は氏政《うじまさ》の子《こ》に替《か》えて、氏政《うじまさ》の弟《おとうと》の氏秀《うじひで》を人質《ひとじち》に出《だ》すことで謙信《けんしん》に同意《どうい》を求《もと》めた。氏秀《うじひで》は元《もと》、甲斐《かい》の武田《たけだ》信玄《しんげん》の人質《ひとじち》になって武田三郎氏秀《たけださぶろううじひで》を名乗《なの》り、信玄《しんげん》の養子《ようし》になっていた。この間氏秀《かんうじひで》は武田四郎勝《たけだしろうかつ》頼《より》の義兄《ぎけい》になっていた。ところが永禄《えいろく》十一年（一五六八年）に信玄《しんげん》が駿河《するが》に討《う》ち入《い》って、甲《こう》・駿《すん》・

相三国同盟《そうさんごくどうめい》が破棄《はき》された。氏秀《うじひで》は甲斐国《かいこく》から相模国《さがみこく》へ送《おく》り返《かえ》されたが、今度《こんど》は越後《えちご》に人質《ひとじち》に出《だ》されることになった。北条氏康《ほうじょううじやす》は氏秀《うじひで》を謙信《けんしん》が滞在中《たいざいちゅう》の上野国《こうずけこく》に送《おく》った。謙信《けんしん》は上野国沼田城《こうずけこくぬまたじょう》で氏秀《うじひで》と体面《たいめん》して氏秀《うじひで》に謙信《けんしん》の少年《しょうねん》の頃《ころ》の景虎《かげとら》を名乗《なの》らせ、長尾政景《ながおまさかげ》の娘《むすめ》を嫁《よめ》に与《あた》えて謙信《けんしん》の養子《ようし》にした。謙信自身《けんしんじしん》もこれまで書類《しょるい》の署名《しょめい》には輝虎《てるとら》の名《な》を用《もち》いていたが、景虎《かげとら》を養子《ようし》にしてからは書面《しょめん》の署名《しょめい》にも「謙信《けんしん》」の道号《どうごう》を用《もち》いて紛《まぎ》らわしさを避《さ》ける気配《きくば》りをした。

関東管領上杉謙信《かんとうかんれいうえすぎけんしん》は古河公方《こがくぼう》に推戴《すいたい》した足利義氏《あしかがよしうじ》の求《もと》めに応《おう》じて、義氏《よしうじ》に関東《かんとう》の統治《とうじ》を委《ゆだ》ねた。そして養子《ようし》にした景虎《かげとら》を伴《ともな》って越後《えちご》に帰国《きこく》した。この秋《あき》、謙信《けんしん》は中風《ちゅうふう》（脳卒中）を患《わずら》い床《とこ》に伏《ふ》したが、間《ま》も無《な》く全快《ぜんかい》した。

元亀《げんき》元年四月、織田信長《おだのぶなが》は将軍義昭《しょうぐんよしあき》の命《めい》に服《ふく》さぬことを名目《めいもく》に越前国《えちぜんこく》に出兵《しゅっぺい》して、朝倉義景《あさくらよしかげ》を攻撃《こうげき》した。信長《のぶなが》の妹《いもうと》を正室《せいしつ》（正妻）にしていた北近江《きたおうみ》の浅井長政《あさいながまさ》は、信長《のぶなが》に反旗《はんき》を翻《ひるがえ》して朝倉方《あさくらがた》に寝返《ねがえ》った。浅井長政《あさいながまさ》の父《ちち》の久政《ひさまさ》が、長年《ながねん》の越前朝倉《えちぜんあさくら》との同盟関係《どうめいかんけい》を重《おも》んじて長政《ながまさ》に信長《のぶなが》と絶交《ぜっこう》するよう強要《きょうよう》したのだ。浅井長政《あさいながまさ》は父《ちち》の命《めい》を重《おも》んじて、越前《えちぜん》に侵入《しんこう》した信長軍《のぶながぐん》の退路《たいろ》を絶《た》って挟《はさ》み撃《う》ちした。織田信長《おだのぶなが》は窮地《きゅうち》に陥《おちい》って命辛々《いのちからがら》京都《きょう》に逃《に》げ帰《かえ》った。同年《どうねん》六月、信長《のぶなが》は反撃《はんげき》に出《で》て、姉川《あねがわ》（滋賀県長浜）の合戦《かっせん》で浅井《あさい》・朝倉連合軍《あさくられんごうぐん》に大勝《たいしょう》した。朝倉義景《あさくらよしかげ》は手勢《てぜい》の主力《しゅりょく》を討《う》ち取《と》られて越前《えちぜん》に逃《に》げ帰《かえ》った。

将軍義昭《しょうぐんよしあき》は己《おのれ》を蔑《ないがし》ろにして天下《てんか》の諸公《しょこう》を討伐《とうばつ》する信長《のぶなが》を憎《にく》んだ。それで信長《のぶなが》に隠《かく》れて、武田信玄《たけだしんげん》・朝倉義景《あさくらよしかげ》・浅井長政《あさいながまさ》・六角義賢《ろっかくよしかた》や本願寺《ほんがんじ》・延暦寺《えんりゃくじら》等に呼《よ》びかけて信長包囲網《のぶながほういもう》を作《つく》り協力《きょうりょく》して信長《のぶなが》を討《う》つよう密命《みつめい》した。朝倉義景《あさくらよしかげ》は勢力挽回《せいりょくばんかい》を図《はか》って一向宗徒《いっこうしゅうと》と和睦《わぼく》した。

七．加賀・越中平定

北条氏政　謙信と絶交し信玄と同盟

この頃《ころ》の越中《えっちゅう》では、元亀《げんき》二年（一五七一年）春《はる》　謙信《けんしん》は雪消《ゆきげ》を待《ま》たずに越中魚津《えっちゅううおづ》に出陣《しゅつじん》して椎名康胤《しいなやすたね》を囲《かこ》んだ。康胤《やすたね》は松倉城《まつくらじょう》に逃《に》げ込《こ》んだ。謙信《けんしん》は城下《じょうか》を焼《や》き尽《つ》くして松倉城《まつくらじょう》を裸城《はだかじろ》にした。

康胤《やすたね》はそれでも謙信《けんしん》に服従《ふくじゅう》する気配《けはい》を見《み》せなかった。謙信《けんしん》は富山城《とやまじょう》に移《うつ》って神保長職《じんぼながもと》らを使《つか》い、一向一揆《いっこういっき》が支配《しはい》する守山城《もりやまじょう》も裸城《はだかじろ》にして出城《でじろ》は全《すべ》て制圧《せいあつ》した。そして松倉城《まつくらじょう》と守山城《もりやまじょう》の攻撃《こうげき》を魚津城《うおづじょう》の河田長親《かわたながちか》と新庄城《しんじょうじょう》の鯵坂長実《あじさかながざね》に任《まか》せて一旦《いったん》、越後《えちご》に引上《ひきあ》げた。

この頃《ころ》、相模国《さがみこく》の北条氏康《ほうじょううじやす》は老衰《ろうすい》で再起不能《さいきふのう》になった。信玄《しんげん》は北条氏康《ほうじょううじやす》の子《こ》の氏政《うじまさ》に密使《みっし》を送《おく》って盛《さか》んに和睦《わぼく》を求《もと》め、同盟《どうめい》して謙信《けんしん》に当《あ》たろうと口説《くど》いた。謙信《けんしん》は関東《かんとう》の不穏《ふおん》な空気《くうき》を察《さっ》して居《い》た堪《たま》れなくなって関東《かんとう》に出陣《しゅつじん》した。

同年《どうねん》四月、飛騨《ひだ》の塩屋秋貞《しおやあきさだ》ら三木良頼《みきよしより》の家臣団《かしんだん》は、上杉謙信《うえすぎけんしん》が越中《えっちゅう》から引《ひ》き上《あ》げたのを見《み》て神《じん》保長職《ぼながもと》の下《もと》から抜《ぬ》け出《だ》した。良頼《よしより》は神保長職《じんぼながもと》に手《て》を貸《か》して越中《えっちゅう》の一向宗徒《いっこうしゅうと》を排斥《はいせき》していたが、既《すで》に越前朝倉《えちぜんあさくら》が将軍義昭《しょうぐんよしあき》の仲介《ちゅうかい》で一向一揆衆《いっこういっきしゅう》と和睦《わぼく》し、近江《おうみ》でも六角義賢《ろっかくよしかた》が本願寺顕如《ほんがんじけんにょ》と同盟《どうめい》した。今《いま》、一向一揆衆《いっこういっきしゅう》に敵対《てきたい》しているのは謙信《けんしん》と織田信長《おだのぶなが》だけだ。何時《いつ》までも越中《えっちゅう》に出張《でば》っていて、それが基《もと》で信玄《しんげん》や飛騨《ひだ》の一向宗徒《いっこうしゅうと》に恨《うら》まれるのが怖《こわ》かった。他《ほか》にも三木良頼《みきよしより》は越中出兵《えっちゅうしゅっぺい》以前《いぜん》から、謙信《けんしん》を裏切《うらぎ》って一向一揆衆《いっこういっきしゅう》に加担《かたん》するよう信玄《しんげん》から密《ひそ》かに脅迫《きょうはく》されていた。三木良頼《みきよしより》は神保長職《じんぼながもと》の下《もと》の塩屋秋貞《しおやあきさだ》に使者《ししゃ》を送《おく》って、一向一揆討伐《いっこういっきとうばつ》から足《あし》を抜《ぬ》くよう命《めい》じた。塩屋秋貞《しおやあきさだ》は飛騨国境《ひだこっきょう》に近《ちか》い越中婦負平野《えっちゅうねいへいや》を一望《いちぼう》できる猿倉山《さるくらやま》（大沢野町）に城《しろ》を築《きず》いて立《た》て籠《こも》った。江馬《えま》の家臣《かしん》の河上富信《かわかみとみのぶ》も神保勢《じんぼぜい》から抜《ぬ》け出《だ》して、有峰街道《ありみねかいどう》の入口《いりくち》の中地山《なかちやま》（大山町）に登《のぼ》って城《しろ》を築《きず》いた。この年元亀《としげんき》二年（一五七一年）十月、北条氏康《ほうじょううじやす》が五十七歳の生涯《しょうがい》を閉《と》じて子《こ》の氏政《うじまさ》が跡《あと》を継《つ》いだ。北条氏政《ほうじょううじまさ》の正室《せいしつ》（正妻）は信玄《しんげん》の娘《むすめ》だ。甲斐《かい》の武田信玄《たけだしんげん》は相模国《さがみこく》を味方《みかた》に引《ひ》き入《い》れようと懸命《けんめい》になって氏政《うじまさ》に和睦《わぼく》して同盟《どうめい》するよう求《もと》めた。氏政《うじまさ》にとって信玄《しんげん》は舅《しゅうと》だ。氏政《うじまさ》の心《こころ》が次第《しだい》に甲斐《かい》に傾《かたむ》き、越相同盟《えつそうどうめい》は再度怪《ふたたびあや》しくなった。

元亀《げんき》三年（一五七二年）一月、相模国《さがみこく》の北条氏政《ほうじょううじまさ》は遂《つい》に信玄《しんげん》と同盟《どうめい》して、謙信《けんしん》と絶交《ぜっこう》した。

同年《どうねん》三月、信玄《しんげん》の下《もと》に将軍義昭《しょうぐんよしあき》から「天下《てんか》を平定《へいてい》せよ」との御内書《ごないしょ》が届《とど》いた。信玄《しんげん》は上洛遠征《じょうらくえんせい》を志《こころざ》したが、その留守《るす》を謙信《けんしん》に突《つ》かれないかと恐《おそ》れた。

本願寺顕如　金沢堂衆に越後勢一掃を指令

武田信玄《たけだしんげん》は本願寺顕如《ほんがんじけんにょ》に加賀一向宗門徒《かがいっこうしゅうもんと》を使《つか》って越中《えっちゅう》にいる越後勢《えちごぜい》を討《う》つよう要請《ようせい》した。信玄《しんげん》にとって顕如《けんにょ》は妻同士《つまどうし》が姉妹《しまい》の相婿《あいむこ》だ。顕如《けんにょ》は加賀金沢堂《かがかなざわどう》に杉浦玄任《すぎうらげんにん》を派遣《はけん》した。玄任《げんにん》は加賀《かが》に下《くだ》って越中《えっちゅう》の瑞泉寺《ずいせんじ》や勝興寺《しょうこうじ》に顕如《けんにょ》の命《めい》を伝《つた》えた。七里頼周《しちりらいしゅう》もすでに前年加賀《ぜんねんかが》に派遣《はけん》されていて一揆《いっき》の準備万端《じゅんびばんたん》が整《ととの》った。

元亀《げんき》三年（一五七二年）五月、加賀一向宗門徒《かがいっこうしゅうもんと》が蜂起《ほうき》した。加賀一揆衆《かがいっきしゅう》に越中一向一揆衆《えっちゅういっこういっきしゅう》が呼応《こおう》した。杉浦玄任《すぎうらげんにん》に率《ひき》いられた一揆勢《いっきぜい》合《あ》わせて二万五千が、大挙《たいきょ》して砺波郡五位庄《となみぐんごいしょう》（高岡市福岡町）に押《お》し出《だ》した。そして神保長職《じんぼながもと》勢が詰《つ》める射水郡日宮《いみずぐんひのみや》（射水市小杉町）に攻《せ》め寄《よ》せた。

日宮城《ひのみやじょう》は増山城《ますやまじょう》（砺波市）の支城《しじょう》であって北陸道《ほくりくどう》の要衝《ようしょう》だ。城主《じょうしゅ》の神保覚広《じんぼただひろ》は新庄城《しんじょうじょう》の鰺坂長実《あじさかなが》に急使《きゅうし》を送《おく》って救援《きゅうえん》を求《もと》めた。神保家臣《じんぼかしん》で願海寺城主《がんかいじじょうしゅ》（富山市願海寺）の寺崎盛永《てらさきもりなが》は城兵《じょうへい》を引《ひ》き連《つ》れて日宮城《ひのみやじょう》に駆《か》け付《つ》けた。鰺坂長実《あじさかながざね》は魚津城《うおづじょう》の河田長親《かわたながちか》と相談《そうだん》して日宮《ひのみや》の後詰《ごづ》めをしようと呉《ご》服山《ふくやま》（呉羽山）に人数《にんずう》を送《おく》り込《こ》んだ。一揆勢《いっきぜい》の大軍《たいぐん》は怒涛《どとう》の如《ごと》くに出撃《しゅつげき》して、苦《く》もなく日宮城《ひのみやじょう》と呉《ご》服山《ふくやま》を圧《お》し潰《つぶ》した。日宮城《ひのみやじょう》の神保覚広《じんぼただひろ》や安藤職張《あんどうもとはる》・水越職勝《みずこしもとかつ》・小島職鎮《こじまもとしげ》らは手向《てむ》かう気力《きりょく》もなく、城《しろ》を捨《す》てて能登国《のとこく》の石動山天平寺《せきどうさんてんぴょうじ》に逃《に》げ落《お》ちた。呉服山《ごふくやま》に出張《でば》った鯵坂長実《あじさかながざね》はやむなく神《じん》通川《づうがわ》まで退《の》いた。鋭気盛《えいきさか》んな一揆勢《いっきぜい》は鯵坂勢《あじさかぜい》を神通川原《じんづうがわら》で撃《う》ち破《やぶ》り、神通川以西《じんづうがわいせい》を支配《しはい》して、富《と》山城《やまじょう》も乗《の》っ取《と》った。鯵坂長実《あじさかながざね》は新庄城《しんじょうじょう》まで退却《たいきゃく》して上杉謙信《うえすぎけんしん》に出兵《しゅっぺい》を要請《ようせい》した。謙信《けんしん》は越後《えちご》から直江景綱《なおえかげつな》を救援《きゅうえん》に向《む》かわせた。景綱《かげつな》は一揆勢《いっきぜい》の鋭気《えいき》に触《ふ》れて万一《まんいち》を恐《おそ》れ謙信《けんしん》にも出馬《しゅつば》を要請《ようせい》した。

元亀《げんき》三年（一五七二年）八月、謙信《けんしん》は越中新庄城《えっちゅうしんじょうじょう》に出馬《しゅつば》した。謙信《けんしん》が出馬《しゅつば》しただけで越後勢《えちごぜい》は見違《みちが》える様《よう》に勇《いさ》ましくなって苦《く》も無《な》く富山城《とやまじょう》を奪還《だっかん》した。謙信《けんしん》は富山城《とやまじょう》に入《はい》って飛騨《ひだ》に軍使《ぐんし》を送《おく》り、援軍《えんぐん》の派遣《はけん》を命《めい》じた。飛騨《ひだ》の江馬輝盛《えまてるもり》は謙信《けんしん》の命《めい》には逆《さか》らえず自《みずか》ら出馬《しゅつば》して謙信《けんしん》に謁見《えっけん》した。三木良頼《みきよしより》は不起《ふき》の病《やまい》で伏《ふ》せっていた上《うえ》に、信玄《しんげん》の属将《ぞくしょう》の木曽義昌《きそよしまさ》が信玄上洛軍《しんげんじょうらくぐん》の先触《さきぶ》れとして木曽《きそ》から奥美濃《おくみの》に出《で》て飛騨《ひだ》を窺《うかが》ったので自綱《よりつな》（良頼の子）は木曽勢《きそぜい》の侵入《しんにゅう》に備《そな》えて威徳寺《いとくじ》（下呂市）から動《うご》くことが出来《でき》ず、謙信《けんしん》の要求《ようきゅう》には応《こた》えられなかった。幸《さいわ》い同年秋《どうねんあき》に木曽勢《きそぜい》が引《ひ》き上《あ》げたので自綱《よりつな》は自《みずか》ら越中《えっちゅう》に駆《か》け付《つ》けて謙信《けんしん》に謁見《えっけん》した。そして父《ちち》良頼《よしより》の病状《びょうじょう》が眼《め》の離《はな》せない状《じょう》態《たい》である事《こと》を伝《つた》えて謙信《けんしん》の許《ゆる》しを乞《こ》い、越中《えっちゅう》に在陣《ざいじん》ぜずに帰国《きこく》した。良頼《よしより》は同年暮《く》れに没《ぼっ》した。

一方《いっぽう》、越中一揆勢《えっちゅういっきぜい》の大将《たいしょう》の杉浦玄任《すぎうらげんにん》は加賀《かが》の坪坂伯耆《つぼさかほうき》に援軍《えんぐん》を要請《ようせい》して勢力《せいりょく》を補強《ほきょう》した。そして神通川《じんづうがわ》を挟《はさ》んで両軍《りょうぐん》が睨《にら》み合《あ》った。元亀《げんき》三年（一五七二年）九月、謙信《けんしん》は増山城《ますやまじょう》（砺波市）の支《し》城《じょう》の滝山城《たきやまじょう》（婦中町）を焼《や》き払《はら》った。滝山城《たきやまじょう》は当時《とうじ》、神保家臣《じんぼかしん》の水越職勝《みずこしもとかつ》が居城《きょじょう》にしていたが、謙《けん》信《しん》はこの滝山城《たきやまじょう》を手中《しゅちゅう》にした。同年《どうねん》十月、信玄《しんげん》は上洛遠征《じょうらくえんせい》の軍勢《ぐんぜい》を集《あつ》めた。将軍義昭《しょうぐんよしあき》は信玄《しんげん》上《じょう》洛《らく》の手助《てだす》けになるよう信長《のぶなが》に命《めい》じて甲越和睦《こうえつわぼく》を斡旋《あっせん》した。信長《のぶなが》はこれ幸《さいわ》いに和睦《わぼく》を斡旋《あっせん》して信玄《しんげん》に恩《おん》を売《う》ろうとしたが、信玄《しんげん》は当《まさ》にその信長《のぶなが》を征伐《せいばつ》しようとしている処《ところ》だ。信長《のぶなが》の斡旋《あっせん》など受《う》ける筈《はず》もなかった。信長《のぶなが》は謙信《けんしん》に我《わ》が子《こ》を養子《ようし》に差《さ》し出《だ》すことを条件《じょうけん》に同盟《どうめい》を求《もと》めた。信長《のぶなが》は何《なん》としても謙信《けんしん》を味方《みかた》にして信玄《しんげん》に当《あ》たろうと必死《ひっし》だ。信長《のぶなが》は越中新庄城《えっちゅうしんじょうじょう》にいた謙信《けんしん》と誓書《せいしょ》を交《か》わして共《とも》に信玄《しんげん》に当《あ》たることの了解《りょうかい》を得《え》た。

相前後《あいぜんご》して加賀一向一揆勢《かがいっこういっきぜい》も又《また》、朝倉義景《あさくらよしかげ》に斡旋《あっせん》を依頼《いらい》して、謙信《けんしん》に和睦《わぼく》を求《もと》めた。この頃《ころ》、一向一揆勢《いっこういっきぜい》は将軍義昭《しょうぐんよしあき》の意《い》を受《う》けた本願寺顕如《ほんがんじけんにょ》の薦《すす》めで朝倉勢《あさくらぜい》に味方《みかた》して、越前《えちぜん》や近江《おうみ》で織田信長《おだのぶなが》と交戦《こうせん》し、戦況《せんきょう》が逼迫《ひっぱく》していた。朝倉義景《あさくらよしかげ》も姉川《あねがわ》の合戦《かっせん》で信長《のぶなが》に敗《やぶ》れた後《あと》は威力《いりょく》が地《ち》に落《お》ちたので、勢力拡大《せいりょくかくだい》を図《はか》り一向宗《いっこうしゅう》に迎合して味方《みかた》に引《ひ》き込《こ》んでいたのだ。

魚津松倉城陥落と椎名家没落

魚津松倉城主《うおづまつくらじょうしゅ》の椎名康胤《しいなやすたね》は世間《せけん》の風《かぜ》が皆《みな》、謙信《けんしん》に靡《なび》くのを見《み》て怖気付《おじけづ》いた。家老達《かろうたち》も今《いま》が潮時《しおどき》と和睦《わぼく》を進言《しんげん》した。そこで謙信《けんしん》に敵対《てきたい》するのを止《や》めて降伏《こうふく》を願《ねが》い出《で》た。だが謙信《けんしん》は降伏《こうふく》を許《ゆる》さなかった。それで康胤《やすたね》はやむなく籠城《ろうじょう》を続《つづ》けた。

椎名康胤《しいなやすたね》の松倉城《まつくらじょう》は三方《さんぽう》が絶壁《ぜっぺき》に囲《かこ》まれた要害堅固《ようがいけんご》な山城《やまじろ》だ。如何《いか》な謙信《けんしん》でも容易《たやす》く手出《てだ》しの出来《でき》る城《しろ》ではない。食糧《しょくりょう》も豊富《ほうふ》に持《も》ち込《こ》んでいた。

元亀《げんき》三年（一五七二年）十一月、武田信玄《たけだしんげん》は甲斐国《かいこく》を立《た》って上洛遠征軍《じょうらくえんせいぐん》を興《おこ》した。

同年《どうねん》十二月、信玄《しんげん》は三方ヶ原《みかたがはら》（浜松市）で信長《のぶなが》に味方《みかた》する徳川家康《とくがわいえやす》を一蹴《いっしゅう》した。

織田信長《おだのぶなが》は非常事態《ひじょうじたい》になって謙信《けんしん》に使者《ししゃ》を送《おく》り「信玄《しんげん》は上洛《じょうらく》の大軍《たいぐん》を催《もよお》して味方《みかた》の徳川軍《とくがわぐん》を一蹴《いっしゅう》」と知《し》らせて謙信《けんしん》に信州出撃《しんしゅうしゅつげき》を要請《ようせい》した。謙《けん》信《しん》は何時《いつ》までも越中《えっちゅう》に留《とど》まっておれなくなった。明《あ》けて元亀《げんき》四年（一五七三年）正月、謙信《けんしん》は椎名《しいな》康胤《やすたね》の降伏《こうふく》を許《ゆる》して信濃《しなの》に出陣《しゅつじん》しようと急《いそ》ぎ越後《えちご》に軍《ぐん》を返《かえ》し始《はじ》めた。

松倉城下《まつくらじょうか》の一向宗徒《いっこうしゅうと》は謙信《けんしん》に降伏《こうふく》したことを知《し》らされて快《こころよ》く思《おも》わず、不穏《ふおん》な空気《くうき》に満《み》ち溢《あふ》れた。城下《じょうか》の百姓《ひゃくしょう》土民《どみん》は残《のこ》らず一向宗門徒《いっこうしゅうもんと》だ。城内《じょうない》の兵卒《へいそつ》も一向宗徒《いっこうしゅうと》だ。その兵卒《へいそつ》を手足《てあし》とする諸将《しょしょう》は一向宗徒《いっこうしゅうと》に逆《さか》らっては何《なに》も出来《でき》ないし、逆《ぎゃく》に敵《てき》に廻《まわ》るかもしれないことを知《し》っていたので、謙信《けんしん》への降伏《こうふく》を可《よし》としなかった。それで一向宗家臣団《いっこうしゅうかしんだん》は寄《よ》り集《あつ》まって勝手《かって》に「これぞ天佑《てんゆう》（天の助け）。敵《てき》に後《うし》ろを見《み》せるは我《われ》らが勝利《しょうり》」と談合《だんごう》して、退却《たいきゃく》する越後勢《えちごぜい》の背後《はいご》を突《つ》いて城外《じょうがい》に出《で》た。家老達《かろうたち》もこの空気《くうき》には逆《さか》らえずに、強《し》いて止《と》めようとはしなかった。

城主《じょうしゅ》の椎名《しいな》康胤《やすたね》は既《すで》に五十歳《ごじゅっさい》を過《す》ぎて体力《たいりょく》が落《お》ち、気力《きりょく》・胆力《たんりょく》も萎《な》えていた。ただ城内《じょうない》が割《わ》れることのみを恐《おそ》れて家臣団《かしんだん》を一喝《いっかつ》するのを躊躇《ちゅうちょ》した。

城内《じょうない》の一向宗徒《いっこうしゅうと》と家臣団《かしんだん》は城主《じょうしゅ》の黙認《もくにん》を得《え》たと気《き》を良《よ》くして、勇《いさ》んで謙信《けんしん》の背後《はいご》を衝《つ》いて出《で》た。謙信《けんしん》は椎名康胤《しいなやすたね》の不実《ふじつ》を怒《いか》り、越後《えちご》に帰《かえ》る途中《とちゅう》から軍勢《ぐんぜい》を魚津《うおづ》の天神山城《てんじんやまじょう》に返《かえ》した。天神山《てんじんやま》城《じょう》は謙信《けんしん》が椎名《しいな》に養子《ようし》に出《だ》した長尾小四郎景直《ながおこしろうかげなお》の居城《きょじょう》だ。謙信《けんしん》は配下《はいか》を手分《てわ》けして松倉城下《まつくらじょうか》の土民百姓《どみんひゃくしょう》を残《のこ》らず狩《か》り集《あつ》めて、城内《じょうない》の兵糧《ひょうりょう》（将兵の食糧）や城兵《じょうへい》の様子《ようす》を聞《き》き出《だ》した。けれども百姓《ひゃくしょう》は皆《みな》、親兄弟《おやきょうだい》が城内《じょうない》に詰《つ》めていたり、城主《じょうしゅ》や城兵《じょうへい》に縁故《えんこ》や恩義《おんぎ》があったりして、誰《だれ》も様子《ようす》を告《つ》げ口《ぐち》する者《もの》はいなかった。ところが松倉《まつくら》の在郷《ざいごう》（田舎）に手《て》に負《お》えない捻《ひね》くれ者《もの》の老婆《ろうば》が一《ひと》人《り》いた。普段《ふだん》村人《むらびと》や城兵《じょうへい》に嫌《いや》がらせを受《う》けていたことを恨《うら》んでこっそりと

「松倉城《まつくらじょう》は山城《やまじろ》ゆえに水《みず》は何処《どこ》からも湧《わ》いてオランノダヨ。遠《とお》くの山間《やまあい》から樋《とい》を伏《ふ》せて城《しろ》まで引《ひ》いてオルンジャ。だから水源《すいげん》の取《と》り入《い》れ口《ぐち》に草鞋《わらじ》の一つも当《あ》てれば水《みず》は止《と》まって、城《しろ》は干上《ひあ》がってしまうダヨ」と密告《みっこく》した。

謙信《けんしん》は水《みず》の取《と》り入《い》れ口《ぐち》を壊《こわ》した。松倉城《まつくらじょう》の水《みず》は止《と》まった。水《みず》が無《な》くては籠城《ろうじょう》できない。椎名康胤《しいなやすたね》は涙《なみだ》をのんで城《しろ》に火《ひ》を懸《か》け、井波《いなみ》の瑞泉寺《ずいせんじ》を頼《たの》んで逃《に》げ落《お》ちた。松倉城《まつくらじょう》は永禄《えいろく》十一年以来《いらい》、五

年間《かん》も籠城《ろうじょう》したが、水源《すいげん》を絶《た》たれて呆気《あっけ》なく落城《らくじょう》した。謙信《けんしん》は一旦《いったん》、越後《えちご》に帰国した。

八・信玄病没と室町幕府崩壊及び本願寺顕如と謙信の和解同盟

相前後《あいぜんご》して元亀《げんき》四年（一五七三年）四月十二日、武田信玄《たけだしんげん》は上洛遠征《じょうらくえんせい》の途上《とじょう》で突如《とつじょ》、腫《しゅ》（ガン）を発症《はっしょう》して病没《びょうぼつ》した。享年《きょうねん》五十三歳。甲斐軍《かいぐん》は信玄《しんげん》の死《し》を隠《かく》した。だが噂《うわさ》は羽《はね》が生《は》えたように飛《と》び出《だ》して忽《たちま》ち全国《ぜんこく》に知《し》れ渡《わた》った。同月、飛騨国《ひだこく》の江馬輝盛《えまてるもり》は信玄死去《しんげんしきょ》の噂《うわさ》を魚津城《うおづじょう》の河田長親《かわたながちか》に報《しら》せた。長親《ながちか》は謙信《けんしん》の居城《きょじょう》の春日山《かすがやま》に信玄死去《しんげんしきょ》を注進《ちゅうしん》した。謙信《けんしん》は織田信長《おだのぶなが》と三河《みかわ》の徳川家康《とくがわいえやす》に使者《ししゃ》を送《おく》って真相《しんそう》を確《たし》かめた。

将軍義昭《しょうぐんよしあき》は信玄死没《しんげんしぼつ》は織田方《おだがた》が流《なが》した謀略《ぼうりゃく》だと信《しん》じて同月に二条城《にじょうじょう》を占拠《せんきょ》し、七月には宇治《うじ》の巨椋池《おぐらいけ》（当時の山城国宇治にあった巨大な池）の中島《なかじま》に建《た》つ槇島城《まきしまじょう》（山城国守護所）に移《うつ》り立《た》て籠《こも》って信長《のぶなが》に叛旗《はんき》を翻《ひるがえ》した。

信長《のぶなが》は直《ただ》ちに軍勢《ぐんぜい》を従《したが》えて京都《きょう》に入《はい》り、二条城《にじょうじょう》を落《おと》してその足《あし》で宇治《うじ》の槙島城《まきしまじょう》に向《む》かった。義昭《よしあき》は信玄《しんげん》の死没《しぼつ》が真《まこと》であったと悟《さと》って震《ふる》え上《あ》がり、二歳の嫡子《ちゃくし》を人質《ひとじち》に出《だ》して降伏《こうふく》した。

信長《のぶなが》は既《すで》に己自身《おのれじしん》を「天下人《てんかびと》」に祭《まつ》り上《あ》げていたので今更義昭《いまさらよしあき》に何《なに》が出来《でき》ると達観《たっかん》して将軍《しょうぐん》を廃《はい》した。だが世間《せけん》の眼《め》も気《き》にして義昭《よしあき》を京都《きょう》から放逐《ほうちく》するのみで事《こと》を済《す》ませた。そして七月二十八日、信長《のぶなが》は自《みずか》らの名《な》で朝廷《ちょうてい》に改元《かいげん》を願《ねが》い出《で》、元号《げんごう》は天正《てんしょう》に改《あらた》まった。後《のち》の世《よ》はこの日《ひ》をもって室町幕府滅亡《むろまちばくふめつぼう》の日《ひ》とした。

本願寺顕如《ほんがんじけんにょ》は七里頼周《しちりらいしゅう》を加賀《かが》に送《おく》って謙信《けんしん》と和《わ》して連盟《れんめい》し、共《とも》に織田《おだ》を討《う》つよう加賀《かが》の金沢堂《かなざわどう》衆《しゅう》に命《めい》じ、越後《えちご》の謙信《けんしん》に対《たい》しても一向宗徒《いっこうしゅうと》と和睦《わぼく》して速《すみ》やかに上洛《じょうらく》して信長《のぶなが》を討《う》ち取《と》るよう廃《はい》将軍《しょうぐん》の足利義昭《あしかがよしあき》を通《とお》して要請《ようせい》した。けれどもこの頃《ころ》の加賀国内《かがこくない》は、一向一揆《いっこういっき》の長衆《おさしゅう》の鏑木《かぶらぎ》や奥《おく》などが織田軍《おだぐん》に意《い》を通《つう》じて保身《ほしん》を図《はか》るとの噂《うわさ》が実《まこと》しやかに流《なが》れていて不穏《ふおん》だった。謙信《けんしん》はこの加《か》賀《が》の噂《うわさ》を伝《つた》え聞《き》いたので、顕如《けんにょ》からの和睦《わぼく》の申《もう》し出《で》は素直《すなお》に受《う》けることが出来《でき》ないでいた。加賀《かが》に下《くだ》った七里頼周《しちりらいしゅう》は独断《どくだん》で軍勢《ぐんぜい》を集《あつ》めて鏑木《かぶらぎ》の居城《きょじょう》の松任城《まっとうじょう》（松任市）を囲《かこ》んだ。

加賀《かが》一向一揆《いっこういっき》の長衆《おさしゅう》は、事《こと》の真偽《しんぎ》を確《たし》かめもしないで本願寺《ほんがんじ》の意向《いこう》を嵩《かさ》にきて鏑木《かぶらぎ》を攻《せ》める頼《らい》周《しゅう》に反抗《はんこう》した。本願寺顕如《ほんがんじけんにょ》は新《あら》たに下間頼純《しもつまらいじゅん》を加賀《かが》に送《おく》って、七里頼周《しちりらいしゅう》と一向一揆長衆《いっこういっきおさしゅう》の間《あいだ》を取《と》り持《も》った。鏑木《かぶらぎ》や奥《おく》の無実《むじつ》が判明《はんめい》した。顕如《けんにょ》はこの事実《じじつ》を謙信《けんしん》に説明《せつめい》して納得《なっとく》させ、加賀一向一《かがいっこういっ》揆衆《きしゅう》と謙信《けんしん》との連盟《れんめい》の話《はなし》が纏《まと》まった。天正《てんしょう》四年（一五七六年）五月、加賀一向一揆衆《かがいっこういっきしゅう》は謙信《けんしん》に降《こう》伏《ふく》した。越中《えっちゅう》の瑞泉寺《ずいせんじ》や勝興寺《しょうこうじ》が率《ひき》いる越中門徒衆《えっちゅうもんとしゅう》も、加賀門徒衆《かがもんとしゅう》に倣《なら》って謙信《けんしん》に降伏《こうふく》した。謙信《けんしん》は加賀《かが》・越中《えっちゅう》の一向宗門徒《いっこうしゅうもんと》の降伏《こうふく》を受《う》け入《い》れた。

加賀《かが》・越中《えっちゅう》は残《のこ》らず謙信《けんしん》の傘下《さんか》に下《くだ》って侵攻《しんこう》してくる信長《のぶなが》に備《そな》えた。

九．能登平定

謙信能登国に畠山義綱を擁立　並びに謙信急逝

能登国《のとこく》では天正《てんしょう》二年（一五七四年）、幼君畠山義慶《ようくんはたけやまよしのり》が毒《どく》に中《あた》って亡《な》くなった。替《か》わって立《た》った弟《おとうと》の義隆《よしたか》も二年後《ご》に病没《びょうぼつ》して能登《のと》畠山家《はたけやまけ》の跡《あと》が絶《た》えた。畠山七人衆《はたけやましちにんしゅう》の長続連《ちょうつぐつら》は密《ひそ》かに織田信長《おだのぶなが》と意《い》を通《つう》じて、河内国《かわちこく》から畠山家《はたけやまけ》の末裔《まつえい》の則高《のりたか》を迎《むか》えた。そして信長《のぶなが》の支援《しえん》を得《え》て、能登国《のとこく》の実《じっ》権《けん》を牛耳《ぎゅうじ》った。世間《せけん》は長続連《ちょうつぐつら》が義慶《よしのり》を毒殺《どくさつ》して主家《しゅけ》を乗《の》っ取《と》ったと噂《うわさ》した。

上杉謙信《うえすぎけんしん》は同盟国《どうめいこく》の能登《のと》が敵《てき》の織田信長方《おだのぶながた》に乗《の》っ取《と》られて黙《だま》っておれなくなった。

天正《てんしょう》四年（一五七六年）十一月、謙信《けんしん》は上条義春《じょうじょうよしはる》を能登畠山家《のとはたけやまけ》に送《おく》り込《こ》んだ。義春《よしはる》は畠山義綱《はたけやまよしつな》の実弟《じってい》だ。義綱《よしつな》は嘗《かつ》て永禄《えいろく》九年（一五六六年）の遊佐続光《ゆさつぐみつ》との争《あらそ》いの時《とき》に（196頁4～11行目参照）、弟《おとうと》の義春《よしはる》を越後《えちご》に送《おく》って謙信《けんしん》に援軍《えんぐん》を要請《ようせい》した。義春《よしはる》はそのまま越後《えちご》に残《のこ》って上条上杉家《じょうじょううえすぎけ》の婿《むこ》になっていた。謙信《けんしん》はこの上条義春《じょうじょうよしはる》を担《かつ》いで、海陸《かいりく》から総勢《そうぜい》三万の大軍《たいぐん》を催《もよお》して能登国《のとこく》に攻《せ》め込《こ》み、能登国内《のとこくない》に軍勢《ぐんぜい》を分《わ》かって苦《く》も無《な》く全土《ぜんど》を平定《へいてい》した。けれども歴代畠山家居城《れきだいはたけやまけきょじょう》の七尾城《ななおじょう》は天下《てんか》の名城《めいじょう》だ。一人孤塁《ひとりこるい》を守《まも》って落《お》ちる気配《けはい》を見《み》せなかった。

長続連《ちょうつぐつら》は弟《おとうと》の連竜《つらたつ》を織田家《おだけ》に送《おく》って援軍《えんぐん》を求《もと》めた。信長《のぶなが》は柴田勝家《しばたかついえ》に能登救援《のときゅうえん》を命《めい》じた。能登勢《のとぜい》は織田信長《おだのぶなが》の援軍《えんぐん》を待《ま》った。籠城《ろうじょう》が長引《ながび》いた。天正《てんしょう》五年（一五七七年）九月、遊佐続光《ゆさつぐみつ》は長《ちょう》続連《つぐつら》を見限《みかぎ》って温井景隆《ぬくいかげたか》と三宅長盛《みやけながもり》を誘《さそ》い、越後方《えちごがた》に寝返《ねがえ》って七尾城《ななおじょう》の城門《じょうもん》を開《ひら》き越後勢《えちごぜい》を呼《よ》び入《い》れた。七尾城《ななおじょう》に籠《こも》った長続連《ちょうつぐつら》一族《いちぞく》百余名《よめい》は残《のこ》らず捕縛《ほばく》されて、市中《しちゅう》に引《ひ》き出《だ》され首打《くびう》たれた。
このとき、長続連《ちょうつぐつら》の弟《おとうと》の長連竜《ちょうつらたつ》は援軍《えんぐん》を求《もと》めに織田信長《おだのぶなが》の下《もと》に出向《でむ》いて難《なん》を免《まぬが》れ、柴田勝家軍《しばたかついえぐん》に同行《どうこう》して越前《えちぜん》から加賀《かが》に戻《もど》って来《き》たところだった。謙信《けんしん》は戦勝《せんしょう》　祝賀《しゅくが》の宴《うたげ》を取《と》り止《や》めて急《いそ》ぎ手勢《てぜい》を引《ひ》き連《つ》れ加賀《かが》に出軍《しゅつぐん》して、手取川《てどりかわ》を挟《はさ》んで北上《ほくじょう》する柴田勝家軍《しばたかついえぐん》と対峙《たいじ》した。夜《よる》になった。謙信《けんしん》は夜陰《やいん》に紛《まぎ》れて川《かわ》を渡《わた》り勝家《かついえ》の陣《じん》を急襲《きゅうしゅう》した。柴田勝家《しばたかついえ》は夜討《ようち》を直前《ちょくぜん》に察知《さっち》したが、敵勢《てきぜい》の規模《きぼ》を計《はか》りかねた。また自軍《じぐん》の羽柴秀吉勢《はしばひでよしぜい》が勝手《かって》に軍勢《ぐんぜい》から離脱《りだつ》する不祥事《ふしょうじ》が生《しょう》じて気勢《きせい》が揚《あ》がらなかったので、軍勢《ぐんぜい》に損失《そんしつ》が出《で》ぬうちに総退却《そうたいきゃく》した。
謙信《けんしん》は織田勢《おだぜい》を加賀《かが》から追《お》い返《かえ》して能登《のと》に帰《かえ》り、七尾城《ななおじょう》に初《はじ》めて足《あし》を踏《ふ》み入《い》れた。七尾城《ななおじょう》は聞《き》きしに優《まさ》る名城《めいじょう》だ。天主《てんしゅ》から眺《なが》める視界《しかい》は山《やま》あり　谷《たに》あり　海《うみ》あり　島《しま》あり　凡《およ》そこの世《よ》の景色《けしき》とも思《おも》えぬ素晴《すば》らしさだった。謙信《けんしん》は余《あま》りの美《うつく》しさに見惚《みほ》れて
「当地《とうち》　七尾城《ななおじょう》は聞《き》き及《およ》ぶよりも　遙《はる》かに景勝《けいしょう》の地《ち》なり。加《か》・越《えつ》・能《のう》　金目《きんもく》の地形《ちけい》・要害《ようがい》・山海《さんかい》

相応《あいおう》じ、海面《うみつら》・島々《しまじま》の態《すがた》までも絵像《えぞう》に写《うつ》し難《がた》き素晴《すば》らしき地《ち》にて候《そうろう》」と戦勝報告《せんしょうほうこく》に一筆《いっぴつ》書《か》き添《そ》えて越後《えちご》の留守元《るすもと》に書《か》き送《おく》った。謙信《けんしん》は七尾城《ななおじょう》で、観月《かんげつ》を兼《か》ねて盛大《せいだい》な戦勝祝賀《せんしょうしゅくが》の宴《うたげ》を催《もよお》した。謙信《けんしん》は美酒《びしゅ》に酔《よ》い、居並《いなら》ぶ諸将《しょしょう》と談笑《だんしょう》しながら即興《そっきょう》の詩《うた》を作《つく》りそして謡《うた》った。

「霜《しも》は軍営《ぐんえい》に満《み》ちて秋気清《しゅうききよ》し。数行《すうこう》の過雁月三更《かがんつきさんこう》。越山併《えつざんあわ》せ得《え》たり能州《のうしゅう》の景《けい》。さもあらばあれ家郷遠征《かきょうえんせい》を憶《おも》ふを」（出典は頼山陽の日本外史・巻十一）謙信《けんしん》は諸将《しょしょう》に、和《わ》して謡《うた》うよう求《もと》めた。将士《しょうし》は皆《みな》、越後衆《えちごしゅう》も越中《えっちゅう》・能登衆《のとしゅう》も区別《くべつ》なく謡《うた》い舞《ま》った。宴《うたげ》は何時果《いつは》てるともなく続《つづ》いた。

翌日《よくじつ》、謙信《けんしん》は七尾城代《ななおじょうだい》に遊佐続光《ゆさつぐみつ》を置《お》き、鰺坂長実《あじさかながざね》に目付《めつけ》を命《めい》じて帰国《きこく》した。

天正《てんしょう》六年（一五七八年）、謙信《けんしん》は三月十五日を期《き》し、春日山《かすがやま》に軍勢《ぐんぜい》を揃《そろ》えて集《あつ》まるよう言《い》い渡《わた》した。諸将《しょしょう》は「上洛《じょうらく》の軍勢《ぐんぜい》か」「関東出馬《かんとうしゅつば》か」と噂《うわさ》した。同十三日、上杉輝虎謙信入道《うえすぎてるとらけんしんにゅうどう》は突如《とつじょ》中風《ちゅうふう》（脳卒中）を再発《さいはつ》して「四十九年一睡夢《いっすいむ》　一期栄華《いちごえいが》　一杯酒《いっぱいのさけ》　嗚呼《ああ》　柳緑《やなぎはみどり》　花紅《はなはくれない》」の辞世《じせい》の句《く》を残《のこ》して他界《たかい》した。享年《きょうねん》四十九歳。「謙信逝《けんしんゆ》く」の報《しら》せが全国《ぜんこく》に飛《と》んだ。

十．跡目争い

謙信《けんしん》は生涯《しょうがい》、妻帯《さいたい》せず子《こ》がなかった。替《か》わりに養子《ようし》が二人《ふたり》いた。一人《ひとり》は実姉《じっし》が越後上田《えちごうえだ》（六日町）の長尾政景《ながおまさかげ》に嫁《とつ》いで生《う》まれた景勝《かげかつ》。他《た》の一人《ひとり》は相模国《さがみこく》の北条氏政《ほうじょううじまさ》の弟《おとうと》で、謙信《けんしん》の入道前《にゅうどうまえ》の俗名《ぞくみょう》を貰《もら》った景虎《かげとら》だ。この二人《ふたり》の養子《ようし》の内《うち》、重臣《じゅうしん》の直江兼続《なおえかねつぐ》と本庄繁長《ほんじょうしげなが》、上条義春《じょうじょうよしはる》の三人《さんにん》は上《うえ》杉家《すぎけ》の血筋《ちすじ》を引《ひ》く景勝《かげかつ》を春日山城《かすがやまじょう》に迎《むか》え入《い》れた。今一人《いまひとり》の養子《ようし》の景虎《かげとら》は春日山城《かすがやまじょう》を脱出《だっしゅつ》して府《ふ》中城下《ちゅうじょうか》の前《ぜん》・関東管領上杉憲政《かんとうかんれいうえすぎのりまさ》居城《きょじょう》の御館城《おたてじょう》（上越市直江津）に逃《に》げ込《こ》み、相模国領主《さがみこくりょうしゅ》で実兄《じっけい》の北条氏政《ほうじょううじまさ》に助《たす》けを求《もと》めた。氏政《うじまさ》は同盟《どうめい》する甲斐《かい》の武田勝頼《たけだかつより》に弟《おとうと》の景虎救援《かげとらきゅうえん》を要請《ようせい》した。氏政《うじまさ》の妹《いもうと》は勝頼《かつより》の妻《つま》で二人《ふたり》は義兄弟《ぎきょうだい》の仲《なか》だ。勝頼《かつより》は氏政《うじまさ》の要請《ようせい》を受《う》けて二万の軍勢《ぐんぜい》を率《ひき》いて信越国《しんえつこっ》境《きょう》に出張《でば》った。

上杉景勝《うえすぎかげかつ》は背腹《はいふく》に敵《てき》を受《う》けて進退《しんたい》に窮《きゅう》し、軍議《ぐんぎ》を開《ひら》いて諸将《しょしょう》に意見《いけん》を求《もと》めた。そして斎藤朝《さいとうとも》信《のぶ》の意見《いけん》を入《い》れて武田勝頼《たけだかつより》の下《もと》に軍使《ぐんし》を送《おく》り、勝頼《かつより》に「上杉景虎《うえすぎかげとら》は御屋形様《おやかたさま》と元《もと》は義兄弟《ぎきょうだい》なれど、若《も》しこれを助《たす》けて勝《か》てば、北条《ほうじょう》は相模《さがみ》から越後《えちご》まで領地《りょうち》が地続《じつづ》きになりますぞ。これは君《きみ》を包囲《ほうい》・圧迫《あっぱく》する形勢《けいせい》では御座《ござ》らぬか。御屋形様《おやかたさま》にとっては利《り》にあらざる形《かたち》になり、納得致《なっとくいた》しかねまする」と言《い》わしめた。武田勝頼《たけだかつより》は自分《じぶん》が出兵《しゅっぺい》したのに当《とう》の相模《さがみ》の北条氏政《ほうじょううじまさ》が動《うご》かないことに疑念《ぎねん》を持《も》って、景勝《かげかつ》の要求《ようきゅう》を入《い》れて和睦《わぼく》し、陣《じん》を払《はら》って帰国《きこく》した。そして逆《ぎゃく》に上杉景勝《うえすぎかげかつ》に勝頼《かつより》の妹《いもうと》の菊姫《きくひめ》を送《おく》って娶《めあわ》せ同盟《どうめい》して甲《こう》・越《えつ》の絆《きずな》を確実《かくじつ》にした。

御館城《おたてじょう》の景虎《かげとら》は、相模軍《さがみぐん》の出兵《しゅっぺい》を強《つよ》く迫《せま》り、ようやく北条氏政《ほうじょううじまさ》は弟《おとうと》の氏照《うじてる》と氏邦《うじくに》に関東軍《かんとうぐん》を率《ひき》いて越後《えちご》に向《む》かわせた。

翌天正《よくてんしょう》七年（一五七九年）、上杉景勝《うえすぎかげかつ》は景虎《かげとら》の御館城《おたてじょう》を急襲《きゅうしゅう》した。大将《たいしょう》の直江兼続《なおえかねつぐ》は「城内《じょうない》の皆々《みなみな》に申《もう》す。元《もと》は皆《みな》、上杉家中《うえすぎかちゅう》の者《もの》。降伏《こうふく》する者《もの》はその責《せめ》を問《と》わず」と宣言《せんげん》して府中《ふちゅう》城下《じょうか》（直江津）に火《ひ》を放《はな》たせた。火《ひ》は風《かぜ》に煽《あお》られて城下《じょうか》九千軒《けん》が灰塵《かいじん》に帰《き》した。城内《じょうない》の兵士《へいし》は動《どう》揺《よう》して一人二人《ひとりふたり》と次々城《つぎつぎしろ》を抜《ぬ》け出《で》て降伏《こうふく》した。城内《じょうない》の勢《ぜい》は城兵《じょうへい》が抜《ぬ》け落《お》ちて気勢《きせい》が上《あ》がらず次第《しだい》に劣勢《れっせい》になった。相模勢《さがみぜい》も関東《かんとう》に逃《に》げ去《さ》った。元《もと》・関東管領《かんとうかんれい》の上杉憲政《うえすぎのりまさ》は景虎《かげとら》の嫡男《ちゃくなん》・道満丸《どうまんまる》を伴《ともな》い、和議《わぎ》を求《もと》めて春日山《かすがやま》に向《む》かった。その途中《とちゅう》を兵卒《へいそつ》の刃《やいば》に掛《か》かって殺《ころ》された。

景虎《かげとら》は鮫《さめ》が尾城《おじょう》（新井市）へ逃《のが》れるところを城主《じょうしゅ》の堀江宗親《ほりえむねちか》の謀叛《むほん》に遇《あ》って、逃《のが》れ通《とお》せぬと覚悟《かくご》して三月二十四日に自刃《じじん》した。上杉景勝《うえすぎかげかつ》は越後国内《えちごこくない》を統一《とういつ》して謙信《けんしん》の跡《あと》を継《つ》いだ。

第六章　織田軍団　北陸一帯制覇と天下席巻

本書《ほんしょ》は直接《ちょくせつ》・間接《かんせつ》に越中国《えっちゅうこく》に拘《かか》わりのある事象《じしょう》を歴史《れきし》の流《なが》れに沿《そ》って伝《つた》えているので、越中《えっちゅう》国《こく》に拘《かか》わりのない信長《のぶなが》の天下席巻《てんかせっけん》の基《もと》いとなった桶狭間《おけはざま》の合戦《がっせん》や美濃国平定《みのこくへいてい》、足利義昭《あしかがよしあき》を将軍《しょうぐん》に擁立《ようりつ》などは省略《しょうりゃく》した。だが室町幕府《むろまちばくふ》消滅《しょうめつ》の事象《じしょう》は日ノ本《ひのもと》の歴史《れきし》に関《かか》わる重大事項《じゅうだいじこう》であるので前《ぜん》章《しょう》（213頁8行目〜214頁6行目参照）で既《すで》に伝《つた》え終《お》えた。本章《ほんしょう》では幕府《ばくふ》消滅直後《しょうめつちょくご》から伝《つた》える。

一・越前近江両国平定

越前朝倉家滅亡

織田信長《おだのぶなが》は洛中洛外《らくちゅうらくがい》を平定《へいてい》し終《お》えて岐阜《ぎふ》への帰路《きろ》、浅井長政家臣《あさいながまさかしん》の小谷城支城城主《おだにじょうしじょうじょうしゅ》で江北《こうほく》高島郡《たかしまぐん》の浅見景親《あさみかげちか》や阿閉貞征《あとじさだゆき》の他《ほか》、月ヶ瀬《つきがせ》の城々《しろじろ》にも立《た》ち寄《よ》って降伏《こうふく》を迫《せま》った。この頃《ころ》は信長《のぶなが》の度々《たびたび》の侵略《しんりゃく》を受《う》けて佐和山《さわやま》（彦根市）城主《じょうしゅ》の磯野員昌《いそのかずまさ》は既《すで》に信長《のぶなが》に降伏《こうふく》した。他《た》の浅井長政家臣《あさいながまさかしん》の小谷城支城城主《おだにじょうしじょうじょうしゅ》も誰《だれ》もが皆《みな》　信長《のぶなが》の調略《ちょうりゃく》に乗《の》って小谷城《おだにじょう》からの離反《りはん》を思《おも》っていた。

改元直後《かいげんちょくご》の天正《てんしょう》元年（一五七三年）八月、朝倉義景《あさくらよしかげ》は改元直前《かいげんちょくぜん》に将軍義昭《しょうぐんよしあき》から受《う》けた求《もと》めに応《おう》じて二万の軍勢《ぐんぜい》と共《とも》に居城《きょじょう》の一乗谷城《いちじょうだにじょう》を出陣《しゅつじん》して上洛《じょうらく》の道《みち》を取《と》った。途中《とちゅう》、信長《のぶなが》が義昭《よしあき》を京都《きょうと》から追放《ついほう》して、江北高島郡《こうほくたかしまぐん》に向《む》かうとの注進《ちゅうしん》を得《え》て小谷城《おだにじょう》に進路《しんろ》を変《か》えた。

織田信長《おだのぶなが》は朝倉出陣《あさくらしゅつじん》を受《う》けて、即刻《そっこく》三万の軍勢《ぐんぜい》を従《したが》えて江北《こうほく》に出陣《しゅつじん》した。浅井長政《あさいながまさ》は五千の一族郎党《ろうとう》と共《とも》に小谷城《おだにじょう》に籠城《ろうじょう》した。天正《てんしょう》元年八月十二日の風雨《ふうう》の激《はげ》しい夜《よる》、信長自《のぶながみずか》らが朝倉《あさくら》の先陣《せんじん》が入《はい》った小谷山山頂《おだにやまさんちょう》の大嶽城《おおづくじょう》と丁野城《ちょうのじょう》を襲撃《しゅうげき》した。江北《こうほく》の浅見景親《あさみかげちか》や阿閉貞征《あとじさだゆき》らが浅井《あさい》を裏《うら》切《ぎ》って織田軍《おだぐん》に内応《ないおう》した。両城《りょうじょう》は瞬時《しゅんじ》に陥落《かんらく》した。間髪《かんはつ》を容《い》れずに翌朝《よくちょう》、信長《のぶなが》は朝倉義景《あさくらよしかげ》の本陣《ほんじん》の木之本《きのもと》に攻《せ》め込《こ》んだ。義景《よしかげ》は既《すで》に先陣《せんじん》から

「浅井家臣《あさいかしん》らの裏切《うらぎ》りに会《あ》い、小谷山《おだにやま》の大嶽《おおづく》と丁野《ちょうの》の両城《りょうじょう》が陥落《かんらく》」の注進《ちゅうしん》を受《う》けて

「浅井長政《あさいながまさ》も信長《のぶなが》に寝返《ねがえ》ったか」と疑《うたが》い、朝倉義景自《あさくらよしかげみずか》ら木之本《きのもと》の本陣《ほんじん》を抜《ぬ》け出《だ》して越前目指《えちぜんめざ》して逃《に》げ出《だ》した。信長《のぶなが》は義景《よしかげ》が逃《に》げて混乱《こんらん》する越前軍《えちぜんぐん》の後《あと》を追《お》い、近江《おうみ》・越前国境《えちぜんこっきょう》の柳ケ瀬《やながせ》で追《お》い付《つ》いて柳ケ瀬《やながせ》から刀根《とね》（敦賀市）までの街道《かいどう》で越前軍《えちぜんぐん》二万の大半《たいはん》を討《う》ち取《と》った。越前軍《えちぜんぐん》は壊滅《かいめつ》した。

朝倉義景《あさくらよしかげ》は敦賀《つるが》から府中《ふちゅう》（武生：現越前市）を経《へ》て一乗谷城《いちじょうだにじょう》（福井市）に逃《に》げ込《こ》んだ。一乗谷城《いちじょうだにじょう》には留守《るす》を預《あず》かる小者《こもの》がいるだけで、軍兵《ぐんぺい》などはいなかった。留守《るす》を預《あず》かった大野郡司《おおのぐんし》の朝倉景《あさくらかげ》鏡《あきら》は義景《よしかげ》に大野《おおの》（大野市）に逃《に》げて隠《かく》れるよう薦《すす》めた。八月十六日、義景《よしかげ》は急《いそ》ぎ大野郡洞雲寺《おおのぐんどううんじ》に隠《かく》れた。信長《のぶなが》は義景《よしかげ》の後《あと》を追《お》って敦賀《つるが》から府中《ふちゅう》に入《はい》り、龍門寺《りゅうもんじ》に陣《じん》を取《と》った。一乗谷城《いちじょうだにじょう》は信長《のぶなが》の命《めい》で無残《むざん》に破壊《はかい》された。同《どう》月十九日、景鏡《かげあきら》は義景《よしかげ》を大野郡山田荘《おおのぐんやまだそう》の六坊賢松寺《ろくぼうけんしょうじ》に誘《さそ》った。翌《よく》

二十日《はつか》、義景《よしかげ》は景鏡《かげあきら》から自害《じがい》を迫《せま》られて自刃《じじん》した。

朝倉景鏡《あさくらかげあきら》は義景《よしかげ》の首《くび》と義景《よしかげ》の母《はは》と妻子《さいし》の身柄《みがら》を信長《のぶなが》に差《さ》し出《だ》して降伏《こうふく》した。妻子《さいし》は丹羽長秀《にわながひで》により南条郡《なんじょうぐん》帰《かえる》の里《さと》で殺《ころ》された。朝倉家《あさくらけ》五代《だい》百年の家系《かけい》が絶《た》えた。織田信長《おだのぶなが》は朝倉家《あさくらけ》を族滅《ぞくめつ》した後《のち》、越前《えちぜん》に僅《わず》か十二日間《かん》留《とど》まっただけで急《いそ》ぎ陣《じん》を江北《こうほく》に返《かえ》した。

越前国《えちぜんこく》には滝川一益《たきがわかずます》と明智光秀《あけちみつひで》の二将《にしょう》を残《のこ》して当座《とうざ》の仕置《しおき》（残務整理）を任《まか》せた。二人《ふたり》は程《ほど》なく仕置《しおき》を終《お》えて信長《のぶなが》の下《もと》に帰陣《きじん》した。

織田信長《おだのぶなが》は越前国《えちぜんこく》に別途《べっと》、明智光秀《あけちみつひで》の名代《みょうだい》の三沢秀次《みさわひでつぐ》と滝川一益《たきがわかずます》の名代《みょうだい》の津田元嘉《つだもとよし》に加《くわ》えて羽柴秀吉《はしばひでよし》の名代《みょうだい》の木下祐久《きのしたひろひさ》を付《つ》けて、この三人《さんにん》に越前国《えちぜんこく》の奉行《ぶぎょう》を命《めい》じ足羽郡北ノ庄《あすわぐんきたのしょう》に置《お》いた。また、朝倉《あさくら》から寝返《ねがえ》った降将《こうしょう》の前波長俊《まえばながとし》を越前守護代《えちぜんしゅごだい》に任《にん》じた。朝倉景鏡《あさくらかげあきら》（織田勢に降って土橋信鏡に改名）や安居景健《あごかげたけ》（朝倉景健）織田七郎《おだしちろう》らの本領《ほんりょう》は安堵《あんど》した。

北近江浅井家滅亡

話《はなし》は江北《こうほく》に戻《もど》る（前頁3〜4行目の続き）。織田勢《おだぜい》は天正《てんしょう》元年（一五七三年）八月二十六日、虎御前《とらごぜん》山《やま》に帰陣《きじん》した。すると小谷城《おだにじょう》　京極丸守将《きょうごくまるしゅしょう》の浅井七郎《あさいしちろう》や三田村《みたむら》・大野《おおの》等が語《かた》り合《あ》って織田勢《おだぜい》に投《とう》降《こう》した。翌《よく》二十七日、小谷城《おだにじょう》の京極丸《きょうごくまる》に羽柴秀吉《はしばひでよし》が攻《せ》め登《のぼ》って無抵抗《むていこう》の京極丸《きょうごくまる》を占拠《せんきょ》した。京極《きょうごく》丸《まる》は浅井長政《あさいながまさ》の籠《こも》る本丸《ほんまる》と父《ちち》　久政《ひさまさ》の籠《こも》る小丸《こまる》の中間《ちゅうかん》にある出丸《でまる》だ。長政《ながまさ》の本丸《ほんまる》と久政《ひさまさ》の小丸《こまる》の連絡《れんらく》が絶《た》たれた。秀吉《ひでよし》は諸卒《しょそつ》に小谷城《おだにじょう》に籠《こも》る敵《てき》を一兵《いっぺい》も城外《じょうがい》に漏《も》らさぬよう命《めい》じて備《そな》えを固《かた》めた上《うえ》で、信長《のぶなが》の指示《しじ》に従《したが》い浅井長政《あさいながまさ》の籠《こも》る本丸《ほんまる》へ軍使《ぐんし》として不破光治《ふわみつはる》を送《おく》り、「当方数年《とうほうすうねん》に渡《わた》って戦《たたか》いに及《およ》ぶは越前朝倉《えちぜんあさくら》の故《ゆえ》にて長政殿《ながまさどの》には遺恨御座《いこんござ》らぬ。当城《とうじょう》を明《あ》け渡《わた》して下《くだ》され」と信長《のぶなが》の口《こう》上《じょう》を伝《つた》えた。長政《ながまさ》は口上《こうじょう》を聞《き》いて

「信長卿《のぶながきょう》の思《おぼ》し召《め》しは有難《ありがた》く存《ぞん》ずれども、かくの如《ごと》く成果《なりは》てた上《うえ》は今《いま》は只々討死《ただただうちじに》を遂《と》げたし」と言《い》って一向《いっこう》に信長《のぶなが》の口上《こうじょう》を聞《き》き入《い》れようとはしなかった。不破《ふわ》は立《た》ち帰《かえ》って、長政《ながまさ》の返事《へんじ》とその時《とき》の様子《ようす》を信長《のぶなが》に伝《つた》えた。信長《のぶなが》は不破《ふわ》を重《かさ》ねて軍使《ぐんし》に立《た》てて

「先《さき》ほどの口上《こうじょう》は我《われ》ら空事《そらごと》にて申《もう》すと思《おも》うのか。今《いま》までの長政《ながまさ》はその方《ほう》の命《いのち》。これからの長政《ながまさ》は我《われ》らが命《いのち》なり。以後《いご》、忠節《ちゅうせつ》を尽《つ》くせ。大和一国《やまといっこく》はその方《ほう》に宛《あて》がうべし」と長政《ながまさ》に再度《さいど》言《い》い送《おく》った。けれども長政《ながまさ》は遂《つい》に承諾《しょうだく》しなかった。翌朝《よくあさ》もまた、信長《のぶなが》は不破《ふわ》を長政《ながまさ》の下《もと》に送《おく》って昨日《さくじつ》の口《こう》上《じょう》を又々言《またまたい》わせた。長政《ながまさ》は不破《ふわ》に

「貴殿《きでん》のご厚情《こうじょう》は彼《か》の世《よ》に行《い》っても忘《わす》れはせぬ。我《われ》は当城《とうじょう》にて腹《はら》を切《き》る」と言《い》って遂《つい》に信長《のぶなが》の口《こう》上《じょう》を受《う》けなかった。長政《ながまさ》は奥《おく》に入《はい》って妻《つま》の市《いち》を脇《わき》に呼《よ》び寄《よ》せ

「其方《そなた》は信長卿《のぶながきょう》の妹《いもうと》なれば信長卿《のぶながきょう》の下《もと》へ送《おく》るに何《なん》の仔細《しさい》も無《な》かるべし。若《も》し其方命長《そなたいのちなが》らえれば菩提《ぼだい》を弔《とむら》ってくれ給《たま》え」と言《い》って名残《なごり》を惜《おし》しんだ。市《いち》は

「妾一人《わらわひとり》が世《よ》に残《のこ》れば、あれは浅井《あさい》の女房《にょうぼう》かと人々《ひとびと》から後《うし》ろ指差《ゆびさ》されるのも悔《くや》しく思《おも》えば、只共《ただとも》に妾《わらわ》が命《いのち》も絶《た》って下《くだ》され」と泣《な》き付《つ》いた。長政《ながまさ》は

「其方《そなた》の言葉《ことば》は尤《もっと》もなれども、娘共《むすめども》も女子《おなご》の事《こと》なれば、信長《のぶなが》もさして恨《うら》みは持《も》たぬと思《おも》えり。もし娘等《むすめら》にも助命《じょめい》があれば、我《われ》らの亡《な》き後《あと》の菩提《ぼだい》を弔《とむら》ってくれるというもの」と言《い》い

「我《われ》は今花《いまはな》のようなる姫共《ひめども》を害《がい》することは如何《いか》にも不憫《ふびん》。曲《ま》げて逃《のが》れてくれたまえ」と再三《さいさん》口説《くど》いて市《いち》を聞《き》き分《わ》けさせた。この時長政《ときながまさ》に子《こ》が五人《ごにん》あり内三人《うちさんにん》は女子《じょし》、二人《ふたり》は男子《だんし》だった。嫡子《ちゃくし》の万福丸《まんぷくまる》には木村喜内《きむらきない》を付《つ》けて

「国内《こくない》には知《し》る者《もの》が多《おお》い故《ゆえ》、越前敦賀《えちぜんつるが》の知人《ちじん》を頼《たよ》って忍《しの》び暮《くら》らし、成人《せいじん》させてくれたまえ」と命《めい》じてその日《ひ》の夜中《よなか》に忍《しの》び出《だ》させた。次男《じなん》は未《ま》だ当年《とうねん》の五月《ごがつ》に生《う》まれたばかり。近江《おうみ》の福田寺《ふくだじ》に与《あた》えることにして、乳母《うば》の他《ほか》に小川伝四郎《おがわでんしろう》と中島左近《なかじまさこん》を添《そ》えて忍《しの》び落《お》とした。長政《ながまさ》の妻《つま》の市《いち》と三人《さんにん》の姫《ひめ》は、女年寄《おんなとしより》らに藤掛三河守《ふじかけみかわのかみ》を添《そ》えて信長《のぶなが》の下《もと》に送《おく》り届《とど》けた。信長《のぶなが》は市《いち》と姫《ひめ》が送《おく》り届《とど》けられて大《おお》いに喜《よろこ》び、弟《おとうと》の織田信包《おだのぶかね》に預《あず》けた。

織田信長《おだのぶなが》は妹《いもうと》の市《いち》と姫《ひめ》を我《わ》が手《て》にして

「長政《ながまさ》は城《しろ》を枕《まくら》に腹《はら》を切《き》る覚悟《かくご》。この上《うえ》は一刻《いっこく》も間《ま》を置《お》かずに城《しろ》を揉《も》み潰《つぶ》すべし」と小谷《おだに》の四方《しほう》を囲《かこ》む諸将《しょしょう》に言《い》い付《つ》けた。天正《てんしょう》元年（一五七三年）九月一日、京極丸《きょうごくまる》の羽柴秀吉《はしばひでよし》は先《ま》ず小丸《こまる》に攻《せ》め入《い》った。長政《ながまさ》の父《ちち》　久政《ひさまさ》は自刃《じじん》した。秀吉《ひでよし》は久政《ひさまさ》の頸《くび》を取《と》って虎御前山《とらごぜんやま》の陣中《じんちゅう》の信長《のぶなが》の前《まえ》に差《さ》し

出《だ》した。翌日《よくじつ》、信長《のぶなが》は京極丸《きょうごくまる》に登《のぼ》って、秀吉《ひでよし》に本丸《ほんまる》を攻《せ》めさせた。長政《ながまさ》は本丸《ほんまる》の五百の勢《ぜい》と共《とも》に猛然《もうぜん》と反撃《はんげき》した。攻《せ》め手《て》は一旦《いったん》引《ひ》き退《の》いた。羽柴勢《はしばぜい》に加《くわ》わった柴田《しばた》・前田《まえだ》・佐々《さっさ》の諸将《しょしょう》は城《しろ》の後《うしろ》に廻《まわ》って攻《せ》め立《た》てた。長政《ながまさ》は戦《いくさ》もこれまでと悟《さと》って浅井日向守《あさいひゅうがのかみ》に介錯《かいしゃく》を命《めい》じて切腹《せっぷく》した。享年《きょうねん》二十九歳。浅井日向守《あさいひゅうがのかみ》を始《はじ》め中島新兵衛《なかじましんべえ》・同九郎次郎《どうくろうじろう》・木村太郎次郎《きむらたろうじろう》・同興次《どうおきつぐ》・浅井《あさい》オキク・脇《わき》坂左介《さかさすけ》らが長政《ながまさ》の後《あと》を追《お》って殉死《じゅんし》した。信長《のぶなが》は久政《ひさまさ》と長政父子《ながまさふし》の頸《くび》を京都《きょう》に送《おく》って獄門《ごくもん》に掛《か》けた。

信長《のぶなが》は浅井一族《あさいいちぞく》から降人《こうじん》の磯野員昌《いそのかずまさ》に高島郡一郡《たかしまぐんいちぐん》を与《あた》え、阿閉貞征《あとじさだゆき》には伊香郡一郡《いかぐんいちぐん》を授《さず》けた。また姉川《あねがわ》の合戦以前《かっせんいぜん》から織田方《おだがた》に与《くみ》した元《もと》・浅野家《あさのけ》重臣《じゅうしん》の堀家《ほりけ》の嗣子次郎《ししじろう》は未《ま》だ幼少《ようしょう》だったので、家臣《かしん》の樋口三郎兵衛《ひぐちさぶろうべえ》に堀家《ほりけ》の分《ふん》として坂田郡半郡《さかたぐんはんぐん》を預《あず》けた。

小谷城《おだにじょう》の戦《たたか》いで、織田家中第一《おだかちゅうだいいち》の戦功《せんこう》を挙《あ》げた羽柴秀吉《はしばひでよし》には小谷城《おだにじょう》と江北《こうほく》の守護所《しゅごしょ》（上平寺城）がある浅井郡全郡及《あさいぐんぜんぐんおよ》び坂田郡半郡《さかたぐんはんぐん》に加《くわ》えて犬上郡全郡《いぬかみぐんぜんぐん》が与《あた》えられた。

織田信長《おだのぶなが》はまた、朱印《しゅいん》を羽柴秀吉《はしばひでよし》に下《くだ》して、江北《こうほく》の仕置《しお》き（統治）の裁量《さいりょう》を任《まか》せた。秀吉《ひでよし》は一《いち》国一城《こくいちじょう》の大名《だいみょう》に成《な》り上《あ》がって、信長《のぶなが》から筑前守《ちくぜんのかみ》が付与《ふよ》された。羽柴筑前守秀吉《はしばちくぜんのかみひでよし》は小勢《こぜい》では小谷《おだに》は守《まも》り難《がた》いと見《み》て取《と》り、城《しろ》を今浜《いまはま》に移《うつ》し地名《ちめい》を長浜《ながはま》と改《あらた》めて江北《こうほく》を支配《しはい》した。

越前錯乱

話《はなし》は越前国《えちぜんこく》に戻《もど》る。（225頁9〜10行目の続き）越前《えちぜん》は天正《てんしょう》元年八月に朝倉家《あさくらけ》が亡《ほろ》び、織田《おだ》に降《くだ》った前《ぜん》・朝倉家《あさくらけ》重臣《じゅうしん》の前波長俊《まえばながとし》が守護代《しゅごだい》になり一乗谷《いちじょうだに》に入《はい》った。織田軍《おだぐん》は越前《えちぜん》から去《さ》った。

明《あ》けて天正《てんしょう》二年（一五七四年）正月《しょうがつ》、越前国府中《えちぜんこくふちゅう》（越前市）を領《りょう》した富田長繁《とだながしげ》は前波長俊《まえばながとし》一人《ひとり》が成《な》り上《あ》がったのを面白《おもしろ》からず思《おも》い、越前国一向一揆衆《えちぜんこくいっこういっきしゅう》と語《かた》らって一乗谷城《いちじょうだにじょう》を襲《おそ》い、前波《まえば》を討《う》ち取《と》った。余勢《よせい》を駆《か》って北ノ庄《きたのしょう》の三沢《みさわ》と木下《きのした》、津田《つだ》の織田家三人衆《おだけさんにんしゅう》も攻《せ》めて越前国《えちぜんこく》から追い出《だ》した。越前一向一揆衆《えちぜんいっこういっきしゅう》は今《いま》まで共《とも》に戦《たたか》った真宗専修寺派寺院《しんしゅうせんしゅうじはじいん》も攻《せ》め滅《ほろ》ぼして一向宗《いっこうしゅう》徒《と》惣国《そうこく》を作《つく》り上《あ》げようとした。一向一揆衆《いっこういっきしゅう》は信長《のぶなが》の反撃《はんげき》を恐《おそ》れて加賀《かが》の大寺《たいじ》の本覚寺《ほんかくじ》や石山本願寺《いしやまほんがんじ》に助勢《じょせい》を求《もと》めた。求《もと》めに応《おう》じて加賀《かが》から七里頼周《しちりらいしゅう》が本覚寺門徒《ほんかくじもんと》と共《とも》にやって来《き》て、府中《ふちゅう》の富田長繁《とだながしげ》を討《う》ち取《と》った。更《さら》に顕如《けんにょ》も若林長門守《わかばやしながとのかみ》を越前《えちぜん》に送《おく》って、下間頼照《しもつまらいしょう》や杉浦玄任《すぎうらげんにん》らと共《とも》に金津《かなづ》の旧朝倉家《きゅうあさくらか》臣《しん》の溝江《みぞえ》や大野郡《おおのぐん》の朝倉景鏡《あさくらかげあきら》、平泉寺白山神社《へいせんじはくさんじんじゃ》を攻め滅《せほろ》ぼして同年《どうねん》四月には越前国全土《えちぜんこくぜんど》を領国化《りょうごくか》した。本願寺顕如《ほんがんじけんにょ》は下間頼照《しもつまらいしょう》を越前国守護《えちぜんこくしゅご》に、杉浦玄任《すぎうらげんにん》を大野郡郡司《おおのぐんぐんし》に、下間和泉守《しもつまいずみのかみ》を足羽郡郡《あすわぐんぐん》司《し》に任《にん》じて七里頼周《しちりらいしゅう》には府中《ふちゅう》を治《おさ》めさせた。

越前《えちぜん》の在地坊主《ざいちぼうず》や百姓門徒《ひゃくしょうもんと》は加賀《かが》の「一向宗徒惣国《いっこうしゅうとそうこく》」（93頁2～4行目参照）のような地元《じもと》の坊《ぼう》主《ず》・門徒《もんと》持ちの惣国《そうこく》を夢見《ゆめみ》て懸命《けんめい》に戦《たたか》った。ところが何時《いつ》の間《ま》にか石山本願寺《いしやまほんがんじ》の大坊主《だいぼうず》や坊官《ぼうかん》が武家領主《ぶけりょうしゅ》に替《か》わって百姓《ひゃくしょう》を支配《しはい》した。在地坊主《ざいちぼうず》は本願寺《ほんがんじ》に在地領民《ざいちりょうみん》持《も》ちの惣国《そうこく》にするよう要《よう》求《きゅう》した。だが顕如《けんにょ》は無視《むし》した。次第《しだい》に在地坊主《ざいちぼうず》・門徒百姓《もんとひゃくしょう》の心《こころ》は本願寺大坊主《ほんがんじだいぼうず》や坊官《ぼうかん》から離《はな》れて遂《つい》には逆《ぎゃく》に「討《う》つべきは大坊主共《だいぼうずども》なり」と敵視《てきし》し始《はじ》めた。

長島一向一揆と長篠の戦い

ここで前項《ぜんこう》の「越前錯乱《えちぜんさくらん》」の間《あいだ》に行《おこな》っていた織田勢《おだぜい》の動向《どうこう》を略記《りゃっき》する。

信長《のぶなが》が元亀元年《げんきがんねん》（一五七〇年）に石山本願寺《いしやまほんがんじ》と戦《いくさ》を始《はじ》めて以来《いらい》、苦《くる》しめられ続《つづ》けた伊勢長島《いせながしま》の一《いっ》向一揆勢《こういっきぜい》を天正《てんしょう》二年（一五七四年）九月に陸海《りくかい》から攻《せ》めて兵糧攻《ひょうろうぜ》めにし、降伏《こうふく》は許《ゆ》さず一揆勢《いっきぜい》を一人残《ひとりのこ》らず皆殺《みなごろ》しにして逃《に》げ出《だ》そうとした者《もの》も柵《さく》を作《つく》って閉《と》じ込《こ》め焼《や》き殺《ころ》した。翌《よく》三年（一五七五年）五月、奥三河長篠城《おくみかわながしのじょう》（新城市）の奥平貞昌《おくだいらさだまさ》（後に改名して信昌）が武田家《たけだけ》を見《み》限《かぎ》って徳川方《とくがわがた》に寝返《ねがえ》った。これを咎《とが》めて甲斐国《かいこく》の武田勝頼《たけだかつより》が奥三河《おくみかわ》に攻《せ》め込《こ》んだ。徳川家康《とくがわいえやす》は長篠城《ながしのじょう》からの救援要請《きゅうえんようせい》を受《う》けて出陣《しゅつじん》し、城《しろ》の裏《うら》に聳《そび》える鳶《とび》の巣文殊山《すもんじゅやま》に布陣《ふじん》した武《たけ》田方《だがた》の先陣《せんじん》を攻《せ》め落《お》として貞昌《さだまさ》を救《すく》い出《だ》した。

徳川《とくがわ》と同盟《どうめい》する織田勢《おだぜい》は長篠城下《ながしのじょうか》の豊川《とよかわ》（旧名吉田川）下流《かりゅう》に広《ひろ》がる設楽《したら》が原《はら》に陣取《じんど》った。そして鳳来寺山《ほうらいじさん》から同所《どうしょ》を横断《おうだん》して豊川《とよかわ》に流《なが》れ下《くだ》る連吾川《れんごかわ》を堀《ほり》に見立《みた》てて、右岸《うがん》を設楽《したら》が原《はら》の端《はし》から端《はし》まで三十町《さんじゅうちょう》（一町は約100m）を削《けず》り取《と》って急峻《きゅうしゅん》な堀《ほり》に仕立《した》てた。更《さら》にはその堀《ほり》の縁《へり》に削《けず》り取《と》った土《つち》を積《つ》み上《あ》げて土塁《どるい》に仕立《した》て、土塁《どるい》の上《うえ》には丸太《まるた》を組《く》んで柵《さく》を作《つく》った。武田軍《たけだぐん》が得意《とくい》とする騎《き》馬軍団《ばぐんだん》を自由《じゆう》に突入《とつにゅう》させない防御《ぼうぎょ》の堀《ほり》と柵《さく》が出来上《できあ》がった。設楽《したら》が原《はら》は丘陵地《きゅうりょうち》と鳳来寺山《ほうらいじさん》から流《なが》れ下《くだ》る河川《かせん》が重《かさ》なり合《あ》って低《ひく》い河川地《かせんち》は丘陵地《きゅうりょうち》の高台《たかだい》に遮《さえぎ》られて、遠《とお》くからは見通《みとお》せない複《ふく》雑《ざっ》な地形《ちけい》だ。信長《のぶなが》は武田勢《たけだぜい》の侵入《しんにゅう》に備《そな》えて事前《じぜん》に地形《ちけい》を調《しら》べ上《あ》げていた。そして敵《てき》に判《わか》らぬように素早《すばや》く堀《ほり》と柵《さく》を作《つく》り上《あ》げて敵《てき》の攻撃《こうげき》を待《ま》ち受《う》けた。

同年《どうねん》五月二十一日、武田軍《たけだぐん》は一丸《いちがん》となって織田陣《おだじん》に攻《せ》め込《こ》んだ。織田軍《おだぐん》は柵《さく》の内《うち》の鉄砲隊《てっぽうたい》に三千挺《ちょう》の鉄砲《てっぽう》を持《も》たせて武田《たけだ》の騎馬軍団《きばぐんだん》を狙《ねら》い撃《う》たせた。武田軍《たけだぐん》は連吾川《れんごかわ》の堀《ほり》と柵《さく》を超《こ》すこと能《あた》わず徒《いたずら》に弾《たま》に撃《う》たれて騎馬軍団《きばぐんだん》は為《な》す術《すべ》もなく壊滅《かいめつ》した。

織田《おだ》・徳川軍団《とくがわぐんだん》は圧勝《あっしょう》した。武田軍《たけだぐん》は総崩《そうくず》れになって高遠城《たかとおじょう》（伊那市）に退却《たいきゃく》した。

織田軍《おだぐん》は総力戦《そうりょくせん》が続《つづ》いて、ここまで軍勢《ぐんぜい》を越前《えちぜん》に割《さ》くゆとりがなかった。

越前平定

天正《てんしょう》三年（一五七五年）八月、織田信長《おだのぶなが》は越前《えちぜん》の様子《ようす》を調《しら》べ尽《つ》くして十万《じゅうまん》の大軍《たいぐん》を催《もよお》し越前敦賀《えちぜんつるが》に出陣《しゅつじん》した。敦賀《つるが》は織田勢《おだぜい》の武藤舜秀《むとうひさひで》が統治《とうじ》して本願寺勢《ほんがんじぜい》や越前各地《えちぜんかくち》の一向一揆衆《いっこういっきしゅう》の侵入《しんにゅう》を防《ふせ》ぎ、物見《ものみ》を放《はな》って情報収集《じょうほうしゅうしゅう》を続《つづ》けていた。信長《のぶなが》は敦賀《つるが》に入《はい》って、木《き》ノ芽《め》峠口《とうげぐち》から越前府中《えちぜんふちゅう》（越前市）を窺《うかが》った。越前《えちぜん》を支配《しはい》する大坊主《だいぼうず》は信長《のぶなが》の再侵入《さいしんにゅう》を予想《よそう》して、敦賀《つるが》から府中《ふちゅう》に入《はい》る各口《かくくち》に柵《さく》を築《きず》いて出入《でい》りを塞《ふさ》いだ。だが百姓門徒《ひゃくしょうもんと》や在地坊主《ざいちぼうず》の協力《きょうりょく》は得《え》られなかった。やむなく本願《ほんがん》寺《じ》の大坊主《だいぼうず》らは自《みず》らが率《ひき》いて来《き》た軍勢《ぐんぜい》と共《とも》に守備《しゅび》についた。

信長《のぶなが》は明智光秀《あけちみつひで》に浜街道《はまかいどう》を杉津《すいづ》経由《けいゆ》で府中《ふちゅう》（武生市）に入《はい》り、逃《に》げ帰《かえ》る坊主共《ぼうずども》を迎《むか》え討《う》つよう命《めい》じた。羽柴秀吉《はしばひでよし》は先年《せんねん》木ノ芽峠《きのめとうげ》を取《と》られたのを恨《うら》み、事前《じぜん》に明智光秀《あけちみつひで》と打《う》ち合《あ》わせて、総攻撃《そうこうげき》に先立《さきだ》ち敵《てき》に気付《きづ》かれぬよう間道伝《かんどうつた》いに二千の軍勢《ぐんぜい》と共《とも》に密《ひそ》かに府中《ふちゅう》に紛《まぎ》れ込《こ》んで、逃《に》げ帰《かえ》る坊主《ぼうず》らを待《ま》ち受《う》けた。

同年八月十五日、明智光秀《あけちみつひで》は杉津《すいづ》を守《まも》る坊主衆《ぼうずしゅう》を蹴散《けち》らして敦賀街道《つるがかいどう》を府中《ふちゅう》に向《む》かって行軍《こうぐん》し、その間《かん》、栃川西光寺《とちかわさいこうじ》了珍《りょうちん》や円宮寺《えんぐうじ》了一《りょういち》を始《はじ》め二千の首《くび》を討《う》ち取《と》った。同日《どうじつ》、織田信長《おだのぶなが》の本《ほん》隊《たい》も総攻撃《そうこうげき》に入《はい》り、木ノ芽峠《きのめとうげ》を越《こ》えて越前《えちぜん》の守備軍《しゅびぐん》を一蹴《いっしゅう》した。敦賀境《つるがさかい》を守《まも》った本願寺坊主《ほんがんじぼうず》らの軍勢《ぐんぜい》は信長《のぶなが》の本隊《ほんたい》に攻《せ》められて、同日夜《どうじつよる》に入《はい》って二百人、五百人と雪崩《なだれ》を打《う》って府中《ふちゅう》に逃《に》げ込《こ》んだ。羽柴秀吉勢《はしばひでよしぜい》は府中《ふちゅう》の街中《まちなか》で待《ま》ち受《う》けていて、押《お》し包《つつ》んで首《くび》を撫《な》で切《き》った。

この戦《いくさ》で、橋立真宗寺《はしだてしんしゅうじ》順誓《じゅんせい》や石田西光寺《いしださいこうじ》真敬《しんけい》　砂子田徳勝寺《すなこたとくしょうじ》祐寿《ゆうじゅ》　下間和泉守《しもつまいずみのかみ》らが討死《うちじに》した。府中《ふちゅう》の街中《まちなか》は死骸《しがい》ばかりで足《あし》の踏《ふ》み場《ば》もなくなった。

信長《のぶなが》は越前全土《えちぜんぜんど》で残党狩《ざんとうが》りを行《おこな》い、総勢《そうぜい》三、四万を捕縛《ほばく》して首《くび》を撫《な》で切《き》った。残党狩《ざんとうが》りの兵卒《へいそつ》は死骸《しがい》の鼻《はな》を切《き》り取《と》って持《も》ち帰《かえ》り、討《う》ち取《と》った数《かず》の証《あかし》として恩賞《おんしょう》にあり付《つ》いた。信長《のぶなが》は越前一国《えちぜんいっこく》を制圧《せいあつ》した。余勢《よせい》を駆《か》って稲葉良通《いなばよしみち》や明智光秀《あけちみつひで》、羽柴秀吉《はしばひでよし》らは加賀国《かがこく》にも侵入《しんにゅう》して江沼《えぬま》・能美《のみ》両郡《りょうぐん》を占領《せんりょう》した。

同・天正《てんしょう》三年（一五七五年）九月、信長《のぶなが》は越前北ノ庄《えちぜんきたのしょう》に城《しろ》を築《きず》かせ柴田勝家《しばたかついえ》を入《い》れて越前一国《えちぜんいっこく》の統治《とうじ》を委《ゆだ》ねた。加《くわ》えて北陸探題《ほくりくたんだい》も兼《か》ねさせて、一向宗徒《いっこうしゅうと》が支配《しはい》する加賀国《かがこく》や能登《のと》・越中《えっちゅう》両《りょう》国《こく》と越後《えちご》の上杉謙信《うえすぎけんしん》の抑《おさ》えとした。

別途《べっと》、信長《のぶなが》は越前国内《えちぜんこくない》の敦賀《つるが》に武藤舜秀《むとうきよひで》を置《お》いて敦賀郡《つるがぐん》を支配《しはい》させた。また大野郡《おおのぐん》には金森長近《かなもりながちか》と原彦次郎《はらひこじろう》を置《お》き、府中《ふちゅう》には不破光治《ふわみつはる》と佐々成政《さっさなりまさ》・前田利家《まえだとしいえ》の三人《さんにん》を置《お》いて今立南条《いまだてなんじょう》二郡《ぐん》の十万石《じゅうまんごく》を均等《きんとう》に分《わ》け与《あた》え、北陸探題《ほくりくたんだい》を命《めい》じた柴田勝家《しばたかついえ》に与力《よりき》させた。加賀国代官《かがこくだいかん》には明智光秀《あけちみつひで》を任《にん》じたが、間《ま》もなく光秀《みつひで》に代《か》わって佐久間盛政《さくまもりまさ》（盛政の母は勝家の姉）に加賀国《かがこく》を治《おさ》めさせ、この後《のち》、信長《のぶなが》は岐阜《ぎふ》へ帰城《きじょう》した。翌《よく》・天正《てんしょう》四年（一五七六年）、丹羽長秀《にわながひで》を召《め》し出《だ》して近江国安土山《おうみこくあづちやま》（近江八幡市）に壮大《そうだい》な城普請《しろふしん》を命《めい》じた。長秀《ながひで》は尾張《おわり》・美濃《みの》・伊勢《いせ》・三河《みかわ》・越前《えちぜん》・若狭《わかさ》と畿内《きない》の諸 侍《しょざむらい》と大工《だいく》や石工《いしく》・諸職人《しょしょくにん》を召《め》し出《だ》して大掛《おおが》かりな城普請《しろふしん》を始《はじ》めた。

翌《よく》・天正《てんしょう》五年（一五七七年）二月、信長《のぶなが》は新築成《しんちくな》った安土城《あづちじょう》に入城《にゅうじょう》した。そして従来《じゅうらい》の居城《きょじょう》だった岐阜城《ぎふじょう》は家督《かとく》の信忠《のぶただ》に譲《ゆず》って信長《のぶなが》は以後安土《いごあづち》に常在《じょうざい》した。

二　加賀・能登平定と越中状勢

織田越前衆と上杉勢の対峙

既《すで》に第四章で上杉謙信側《うえすぎけんしんがわ》に立《た》って能登平定《のとへいてい》を伝《つた》えたが（能登平定215頁以降参照）、この節《せつ》では織田《おだ》信長側《のぶながかわ》の動《うご》きを中心《ちゅうしん》にして伝《つた》える。多少《たしょう》、内容《ないよう》の重複《ちょうふく》もあるがお許《ゆる》し願《ねが》いたい。

能登《のと》では守護《しゅご》畠山家《はたけやまけ》の家督《かとく》の幼君義慶《ようくんよしのり》が毒《どく》に中《あた》って死没《しぼっ》し、替《かわ》って立《た》った弟《おとうと》の義隆《よしたか》も病死《びょうし》して能登《のと》畠山家《はたけやまけ》の跡《あと》が絶《た》えた。世間《せけん》は畠山《はたけやま》七人衆《しゅう》の一人の長続連《ちょうつぐつら》が主家《しゅけ》を滅《ほろ》ぼしたと噂《うわさ》した。続《つぐ》連《つら》は織田信長《おだのぶなが》に取《と》り入《い》って、河内国《かわちこく》から畠山総本家《はたけやまそうほんけ》の末裔《まつえい》の則高《のりたか》を迎《むか》えて守護《しゅご》に据《す》え、信長《のぶなが》を後《うし》ろ盾《だて》にして能登国《のとこく》の実権《じっけん》を牛耳《ぎゅうじ》った。越後《えちご》の上杉謙信《うえすぎけんしん》はこれを咎《とが》めて越後《えちご》に亡命中《ぼうめいちゅう》の元《もと》・能登国《のとこく》守護《しゅご》の畠山義綱《はたけやまよしつな》の実弟《じってい》に将兵《しょうへい》を付《つ》けて能登《のと》に送《おく》り込《こ》み、自《みずか》らも陸海《りくかい》から大軍《たいぐん》を従《したが》え能登国《のとこく》に攻《せ》め込《こ》んだ。天正《てんしょう》五年（一五七七年）九月、能登国《のとこく》の長連竜《ちょうつらたつ》が安土城《あづちじょう》に駆《か》け込《こ》んで「越後《えちご》の上杉謙信《うえすぎけんしん》が大軍《たいぐん》を率《ひき》いて能登《のと》に攻《せ》め来《き》たる」と至急《しきゅう》の救援《きゅうえん》を求《もと》めた。

信長《のぶなが》は能登国経略《のとこくけいりゃく》の先手《さきて》と頼《たの》む長続連《ちょうつぐつら》の弟《おとうと》の連竜《つらたつ》からの救援依頼《きゅうえんいらい》を受《う》けて、直《ただ》ちに北陸探題《ほくりくたんだい》の柴田勝家《しばたかついえ》に命《めい》じて北陸勢《ほくりくぜい》の不破光治《ふわみつはる》・前田利家《まえだとしいえ》・佐々成政《さっさなりまさ》・金森長近《かなもりながちか》・原彦次郎《はらひこじろう》・滝川一益《たきがわかずます》や羽《は》柴秀吉《しばひでよし》・丹羽長秀《にわながひで》に加《くわ》えて斎藤進五《さいとうしんご》（信長家督の信忠の家臣）も助勢《じょせい》に付《つ》け、北陸勢《ほくりくぜい》の総勢《そうぜい》挙《あ》げての能登《のと》への出陣《しゅつじん》を命《めい》じた。柴田軍《しばたぐん》は越前府中《えちぜんふちゅう》から加賀国御幸塚城《かがこくみゆきづかじょう》（小松市）を経《へ》て松任《まっとう》から金沢尾山《かなざわおやま》を目指《めざ》す途中《とちゅう》で一向一揆衆《いっこういっきしゅう》の待《ま》ち伏《ぶ》せに遭《あ》った。総大将《そうだいしょう》の勝家《かついえ》は先手《さきて》の佐久間盛政勢《さくまもりまさぜい》と共《とも》に一揆《いっき》衆《しゅう》を蹴散《けち》らした。この不意《ふい》の合戦《かっせん》出来《しゅったい》の報《しら》せは殿《しんがり》に回《まわ》された羽柴秀吉《はしばひでよし》にまでは伝《つた》わらなかった。

近年《きんねん》、北近江国《きたおうみこく》浅井長政《あさいながまさ》の小谷城《おだにじょう》を攻《せ》め落《お》とす手柄《てがら》を挙《あ》げて信長《のぶなが》の覚《おぼ》えが目出度《めでた》く、頓《とみ》に鼻息《はないき》が荒《あら》い秀吉《ひでよし》は、勝家《かついえ》の己《おのれ》を無視《むし》した扱《あつか》いに不満《ふまん》と不信《ふしん》を抱《いだ》いて、勝手《かって》に袂《たもと》を分《わ》かち七千の手勢《てぜい》を引連《ひきつ》れて近江長浜《おうみながはま》に引《ひ》き揚《あ》げた。能登国《のとこく》へ出陣途中《しゅつじんとちゅう》の柴田軍内《しばたぐんない》に動揺《どうよう》が走《はし》った。（後に信長はこの事態を知って激怒し、秀吉に長浜での蟄居謹慎を命じた）

柴田軍《しばたぐん》は引《ひ》き続《つづ》き進軍《しんぐん》したが、軍内《ぐんない》には蟠《わだかま》りが残《のこ》って士気《しき》は一向《いっこう》に揚《あ》がらなかった。

同《どう》・天正《てんしょう》五年（一五七七年）同九月、柴田軍《しばたぐん》の動《うご》きに呼応《こおう》して直《ただ》ちに謙信《けんしん》も能登《のと》から加賀《かが》に陣《じん》を移《うつ》した。両軍《りょうぐん》は手取川《てどりがわ》を挟《はさ》んで対峙《たいじ》した。その夜《よ》、謙信《けんしん》は柴田軍《しばたぐん》に夜討《ようち》を仕掛《しか》けた。勝家《かついえ》は自《じ》軍内《ぐんない》に蟠《わだかま》りがあって意気《いき》が揚《あ》がらぬ上《うえ》に、能登七尾城《のとななおじょう》が既《すで》に謙信《けんしん》の手《て》に落《お》ちたのを知《し》って

「今《いま》は戦《たたか》う時《とき》に非《あら》ず」と悟《さと》って、夜陰《やいん》に紛《まぎ》れて被害《ひがい》の出《で》ぬうちに大聖寺《だいしょうじ》まで退却《たいきゃく》した。謙信《けんしん》も地理《ちり》に不案内《ふあんない》の上《うえ》に夜中《よなか》でもあるので深追《ふかお》いはせずに能登《のと》へ引《ひ》き上《あ》げた。

謙信《けんしん》は畠山《はたけやま》七人衆《しゅう》の一人の遊佐続光《ゆさつぐみつ》を七尾城代《ななおじょうだい》に任《にん》じ、鰺坂長実《あじさかながざね》に目付《めつけ》を命《めい》じて越後《えちご》に引《ひ》き揚《あ》げた。長連竜《ちょうつらたつ》は神保長住《じんぼながずみ》を頼《たよ》って越中守山城《えっちゅうもりやまじょう》に隠《かく》れた。

荒木村重謀反　及び本願寺と和睦　並びに織田越前衆　加賀国平定

この頃《ころ》、越中国《えっちゅうこく》に直接《ちょくせつ》には関《かか》わりない事《こと》だが、天正《てんしょう》六年（一五七八年）十月に織田軍団《おだぐんだん》の猛《もう》将《しょう》の荒木村重《あらきむらしげ》が突如謀反《とつじょむほん》を起《お》こした。

驚《おどろ》いた信長《のぶなが》は謀反《むほん》の鎮圧《ちんあつ》とその騒動《そうどう》の飛《と》び火《ひ》防止《ぼうし》を兼《か》ねて、諸国《しょこく》に出張《でば》った織田軍団諸将《おだぐんだんしょしょう》を皆《みな》、村重居城《むらしげきょじょう》の摂津国《せっつこく》に急遽集《きゅうきょあつ》め、反乱鎮圧《はんらんちんあつ》に全力《ぜんりょく》を注《そそ》いだので北陸《ほくりく》の織田軍団《おだぐんだん》の諸将《しょしょう》も皆《みな》摂《せっ》津国《つこく》に出向《でむ》き、一時的《いちじてき》に当地北陸《とうちほくりく》での戦《いくさ》は収《おさ》まった。

天正《てんしょう》七年（一五七九年）の初《はじ》め、荒木勢《あらきぜい》に与力《よりき》した安芸国毛利《あきこくもうり》の水軍《すいぐん》が織田水軍《おだすいぐん》の南蛮仕込《なんばんしこ》みの鋼鉄軍艦《こうてつぐんかん》に完敗《かんぱい》して荒木勢《あらきぜい》の勢《いきお》いが消滅《しょうめつ》し、九月に入《はい》って村重一人《むらしげひとり》が毛利《もうり》を頼《たよ》って安芸国《あきこく》に逃《とう》亡《ぼう》した。置《お》き去《ざ》りにされた妻妾《さいしょう》初《はじ》め家族《かぞく》・一族《いちぞく》数百名は信長勢《のぶながぜい》に捉《とら》えられて虐殺《ぎゃくさつ》された。

同年四月、不破《ふわ》や前田《まえだ》ら越前衆《えちぜんしゅう》の諸将《しょしょう》が摂津《せっつ》から越前《えちぜん》に帰《かえ》って来《き》た。これを契機《けいき》に柴田勝家《しばたかついえ》は加賀《かが》の安宅《あたか》と本折《もとおり》、小松《こまつ》（共に小松市）にまで軍勢《ぐんぜい》を進《すす》めた。

御舘《おたて》の乱《らん》を制《せい》して謙信《けんしん》の跡《あと》を継《つ》いだ上杉景勝《うえすぎかげかつ》（221頁3行目参照）は能登末森城《のとすえもりじょう》の土肥親真《どいちかざね》に金沢《かなざわ》堂《どう》の下間頼純《しもつまらいじゅん》と協力《きょうりょく》して柴田勢《しばたぜい》に対峙《たいじ》するよう命《めい》じた。親真《ちかざね》は景勝《かげかつ》にも出馬《しゅつば》を要請《ようせい》したが、未《ま》だ上野国《こうずけこく》との境《さかい》が不穏《ふおん》で越後《えちご》を留守《るす》に出来《でき》ず、出馬《しゅつば》は見合《みあ》わせた。

天正《てんしょう》八年（一五八〇年）三月、本願寺顕如《ほんがんじけんにょ》は正親町天皇《おおぎまちてんのう》の斡旋《あっせん》を受《う》けて、元通《もとどお》り加賀《かが》での布教《ふきょう》を認《みと》める条件《じょうけん》で石山《いしやま》の本願寺境内《ほんがんじけいだい》を明《あ》け渡《わた》すことにして織田信長《おだのぶなが》と和睦《わぼく》した。

同三月、柴田勝家《しばたかついえ》は佐久間盛政《さくまもりまさ》や能登《のと》の長連竜《ちょうつらたつ》を傘下《さんか》に加《くわ》えて北加賀《きたかが》の宮腰《みやこし》（金沢市金石町）に陣取《じんど》り、野々市《ののいち》や白山麓《はくさんろく》・越中《えっちゅう》・能登国境辺《のとこっきょうあた》りの一向宗寺院《いっこうしゅうじいん》を放火《ほうか》した。加賀一向宗大寺《かがいっこうしゅうたいじ》は軒並《のきな》み焼失《しょうしつ》した。

四月、本願寺顕如《ほんがんじけんにょ》は金沢堂衆《かなざわどうしゅう》に信長《のぶなが》との和議《わぎ》を伝《つた》えて、織田勢《おだぜい》とは休戦和睦《きゅうせんわぼく》するよう命《めい》じた。ところが顕如《けんにょ》の子《こ》の教如《きょうにょ》は抗戦派《こうせんは》の坊主《ぼうず》・坊官《ぼうかん》に唆《そそのか》されて信長《のぶなが》との和睦《わぼく》には同意《どうい》せず、顕如《けんにょ》が大《おお》阪石山《さかいしやま》を退去《たいきょ》した後《のち》も石山本願寺《いしやまほんがんじ》に籠《こも》って信長《のぶなが》に対峙《たいじ》した。そして金沢堂衆《かなざわどうしゅう》と加賀四郡《かがよんぐん》の一向一揆衆《いっこういっきしゅう》に対《たい》して、織田勢《おだぜい》に徹底抗戦《てっていこうせん》するよう命《めい》じた。

六月、白山山麓山内庄《はくさんさんろくやまうちしょう》の一向一揆衆《いっこういっきしゅう》は教如《きょうにょ》の命《めい》に応《おう》じて、犀川口《さいかわぐち》と山内口《やまうちくち》に陣取《じんど》る柴田勢《しばたぜい》を撃《う》ち破《やぶ》った。

七月、信長《のぶなが》は教如《きょうにょ》に加賀返還《かがへんかん》を誓約《せいやく》したので、教如《きょうにょ》は石山《いしやま》を退去《たいきょ》することになった。顕如《けんにょ》は加賀一向一揆衆《かがいっこういっきしゅう》に停戦《ていせん》して織田勢《おだぜい》に降《くだ》るよう厳命《げんめい》した十一月、勝家《かついえ》は最後《さいご》まで反抗《はんこう》を繰《く》り返《かえ》す金沢《かなざわ》堂衆《どうしゅう》の若林長門守《わかばやしながとのかみ》と宇津呂丹波守《うつろたんばのかみ》、加賀一向一揆衆《かがいっこういっきしゅう》の首領《しゅりょう》十九人の首《くび》を刎《は》ねて、その首《くび》を安土《あづち》の信長《のぶなが》の下《もと》に送《おく》った。柴田勢《しばたぜい》は加賀一国《かがいっこく》を完全制覇《かんぜんせいは》した。

勝家《かついえ》は信長《のぶなが》の意向《いこう》を受《う》けて、佐久間盛政《さくまもりまさ》を金沢《かなざわ》に置《お》いて加賀一国《かがいっこく》の統治《とうじ》を委《ゆだ》ねた。

長連竜　織田越前衆の与力を得て能登国平定と前田利家　能登国領有

話《はなし》は多少前後《たしょうぜんご》する。能登畠山七人衆《のとはたけやましちにんしゅう》が上杉方《うえすぎかた》へ寝返《ねがえ》って長一族《ちょういちぞく》を族滅《ぞくめつ》したので、一人《ひとり》生《い》き

残《のこ》った連竜《つらたつ》は神保長住《じんぼながずみ》を頼《たよ》って越中国守山城《えっちゅうこくもりやまじょう》に隠《かく》れた。（239頁2行目参照）

天正《てんしょう》八年（一五八〇年）三月、その連竜《つらたつ》が、柴田勢《しばたぜい》が加賀一国《かがいっこく》を完全制覇《かんぜんせいは》したと越中《えっちゅう》で知《し》って即刻《そっこく》、能登国《のとこく》の敷波《しきなみ》（宝達志水町）に移《うつ》り、旧臣《きゅうしん》を集《あつ》めながら信長《のぶなが》に織田軍《おだぐん》の出陣《しゅつじん》を求《もと》めた。信長《のぶなが》は織田軍総目付《おだぐんそうめつけ》の菅谷長頼《すがやながより》を能登征伐軍総目付《のとせいばつぐんそうめつけ》に任《にん》じて越前《えちぜん》の柴田勝家《しばたかついえ》の下《もと》に送《おく》り、能登《のと》征伐軍《せいばつぐん》の大将《たいしょう》には織田越前衆《おだえちぜんしゅう》の中《なか》から前田利家《まえだとしいえ》を選《えら》んで連竜《つらたつ》の助勢《じょせい》に向《む》かわせた。

能登国《のとこく》では上杉謙信《うえすぎけんしん》の没後《ぼつご》、上杉勢《うえすぎぜい》は皆《みな》能登《のと》から越後《えちご》に引《ひ》き上《あ》げて、七尾城内《ななおじょうない》は遊佐続光《ゆさつぐみつ》や温井景隆《ぬくいかげたか》、三宅長盛《みやけながもり》らの旧畠山家臣《きゅうはたけやまかしん》のみになっていた。

同年、長連竜《ちょうつらたつ》は織田勢《おだぜい》の先手《さきて》を受《う》けて遊佐《ゆさ》・温井《ぬくい》らに一族皆殺《いちぞくみなごろ》しにされた恨《うら》みと怒《いか》りをこの一《いっ》戦《せん》に込《こ》め、能登《のと》の長家一門《ちょうけいちもん》　全軍火《ぜんぐんひ》の玉《たま》となって戦《たたか》って遊佐《ゆさ》・温井軍《ぬくいぐん》を大破《たいは》した。七尾城《ななおじょう》の旧《きゅう》畠山家臣《はたけやまかしん》は織田信長宛《おだのぶながあて》に礼物《れいもつ》を献上《けんじょう》して降伏《こうふく》を願《ねが》い出《で》た。織田軍《おだぐん》は降伏《こうふく》を受《う》け入れて七尾城《ななおじょう》に入城《にゅうじょう》した。

翌《よく》・九年、前田利家《まえだとしいえ》は能登国全域《のとこくぜんいき》を平定《へいてい》した上《うえ》で、更《さら》に能登全域《のとぜんいき》の諸将《しょしょう》・豪族等《ごうぞくら》から織田家《おだけ》に臣従《しんじゅう》を誓《ちか》う起請文《きしょうもん》を取《と》って安土城《あづちじょう》の信長《のぶなが》の下《もと》に送《おく》った。

信長《のぶなが》は報告《ほうこく》を受《う》けて利家《としいえ》に能登一国《のといっこく》の統治《とうじ》を委《ゆだ》ね、長連竜《ちょうつらたつ》には別途《べっと》能登国鹿島一郡《のとこくかしまいちぐん》を与《あた》えた。

利家《としいえ》は信長《のぶなが》から能登一国《のといっこく》の統治《とうじ》を任《まか》されて越前衆《えちぜんしゅう》から独立《どくりつ》した。

信長《のぶなが》は菅谷長頼《すがやながより》を七尾城代《ななおじょうだい》に任《にん》じて、織田軍《おだぐん》に下《くだ》った加賀《かが》・能登両国《のとりょうこく》の諸将《しょしょう》・豪族《ごうぞく》や越中《えっちゅう》国人《こくじん》の素性《すじょう》を徹底調査《てっていちょうさ》させた。この北陸三国《ほくりくさんこく》は今迄《いままで》、上杉謙信《うえすぎけんしん》の支配下《しはいか》にあって謙信《けんしん》を慕《した》う者《もの》が多《おお》かった。この者《もの》らは何時《いつ》寝返《ねがえ》って織田勢《おだぜい》に背《そむ》くか判《わか》らない誠《まこと》に危険極《きけんきわ》まりない連中《れんちゅう》だ。だが力《ちから》のある者《もの》が心《こころ》を入《い》れ替《か》えて織田《おだ》に尽《つ》くしてくれればこれに過《す》ぎるものはない。今《いま》は一人《ひとり》でも多《おお》くの力《ちから》のある武将《ぶしょう》が必要《ひつよう》な時《とき》なのだ。

菅谷長頼《すがやながより》は面従腹背《めんじゅうふくはい》の恐《おそ》れのある不審者《ふしんもの》は有無《うむ》を言《い》わさず七尾《ななお》に登城《とじょう》を命《めい》じて取《と》り調《しら》べた。判断《はんだん》に迷《まよ》う者《もの》は新《あたら》しく信長《のぶなが》の居城《きょじょう》になった安土城《あづちじょう》に送《おく》って、直接信長《ちょくせつのぶなが》の裁断《さいだん》を仰《あお》がせた。

能登《のと》では遊佐続光兄弟《ゆさつぐみつきょうだい》が疑《うたが》いを晴《は》らせず、信長《のぶなが》の命《めい》を受《う》けて切腹《せっぷく》させられた。温井景隆《ぬくいかげたか》と三宅長盛《みやけながもり》は遊佐続光《ゆさつぐみつ》の最期《さいご》を知《し》り、我《わ》が身《み》に災《わざわ》いが及《およ》ぶのを恐《おそ》れて人知《ひとし》れず姿《すがた》を晦《くら》ました。

長頼《ながより》はこの直後《ちょくご》に上杉勢《うえすぎぜい》が越中《えっちゅう》に侵攻《しんこう》したので越中勢《えっちゅうぜい》の助勢《じょせい》を兼《か》ねて越中国《えっちゅうこく》へ移《うつ》った。

佐々成政　越中領有と越中諸将の動向

若干時代《じゃっかんじだい》が遡《さかのぼ》って天正《てんしょう》六年（一五七八年）四月、信長《のぶなが》は謙信《けんしん》の死没《しぼつ》を知《し》り、越中《えっちゅう》から亡命《ぼうめい》して来《き》た神保長住《じんぼながずみ》を二条城《にじょうじょう》に呼《よ》び出《だ》して「佐々長穐《さっさながあき》（成政の一族）を伴《ともな》い、三木自綱《みきよりつな》（謙信の没後、信長と提携）が領有《りょうゆう》する飛騨国《ひだこく》を経由《けいゆ》して越中国《えっちゅうこく》に入《はい》り、越中国諸将《えっちゅうこくしょしょう》を調略《ちょうりゃく》せよ」と命《めい》じた。

長住《ながずみ》にとって越中入国《えっちゅうにゅうこく》は永禄《えいろく》十一年（一五六八年）、に出奔《しゅっぽん》して以来《いらい》だ（198頁4〜6行目参照）。長住《ながずみ》は越中《えっちゅう》に入《はい》って先《ま》ずは神保家旧臣《じんぼけきゅうしん》で元《もと》・池田城主《いけだじょうしゅ》の寺島職定一族《てらしまもとさだいちぞく》を頼《たよ》り、神保家《じんぼけ》の再興《さいこう》に取《と》り組《く》んだ。神保家《じんぼけ》の家臣《かしん》らは越前国《えちぜんこく》で行《おこな》われた織田軍団《おだぐんだん》の殺戮行為《さつりくこうい》を皆《みな》、我《わ》が事《こと》のように記憶《きおく》していた。そこに織田《おだ》に通《つう》じる元領主《もとりょうしゅ》の嫡子《ちゃくし》・神保長住《じんぼながずみ》が現《あらわ》れた。婦負《ねい》・射水両郡《いみずりょうぐん》の諸将《しょしょう》や豪族《ごうぞく》は織田軍団《おだぐんだん》を恐《おそ》れて表向《おもてむ》きは排斥《はいせき》・追放《ついほう》などの言動《げんどう》は控《ひか》えて様子見《ようすみ》を決《き》め込《こ》んだ。元神保家臣《もとじんぼかしん》で永禄《えいろく》十一年に長住《ながずみ》と袂《たもと》を分《わ》かった小島職鎮《こじまもとしげ》も傘下《さんか》に加《くわ》わった。長住《ながずみ》は然《さ》したる抵抗《ていこう》も受《う》けずに婦《ね》負《い》・射水《いみず》両郡《りょうぐん》に君臨《くんりん》した。

嘗《かつ》て天正《てんしょう》四年には越中《えっちゅう》・加賀《かが》の一向一揆衆《いっこういっきしゅう》は挙《あ》げて上杉謙信《うえすぎけんしん》に降伏《こうふく》して謙信《けんしん》の傘下《さんか》に入《はい》り、織田勢《おだぜい》の侵攻《しんこう》に備《そな》えた。ところがその頼《たよ》りの謙信《けんしん》が没《ぼっ》して越後《えちご》では跡目《あとめ》争《あらそ》いが起《お》こったので越《えっ》中《ちゅう》砺波郡《となみぐん》や婦負郡《ねいぐん》に出張《でば》っていた上杉家《うえすぎけ》諸将《しょしょう》の多《おお》くは越後《えちご》に引上《ひきあ》げてしまい、神保長住《じんぼながずみ》が越中《えっちゅう》に入部《にゅうぶ》した頃《ころ》には僅《わず》かに魚津城《うおづじょう》の河田長親《かわたながちか》と、謙信《けんしん》から目付役《めつけやく》として椎名康胤《しいなやすたね》の養子《ようし》に入《はい》った元《もと》・長尾一族《ながおいちぞく》の椎名小四郎《しいなこしろう》の二組《ふたくみ》の城代勢《じょうだいぜい》だけになっていた。

天正《てんしょう》六年（一五七八年）、織田信長《おだのぶなが》の家督《かとく》の信忠《のぶただ》は佐々長穐《さっさながあき》の求《もと》めに応《おう》じて、家臣《かしん》の斎藤進五《さいとうしんご》に美濃《みの》と尾張《おわり》の軍勢《ぐんぜい》を付《つ》けて越中新川郡《えっちゅうにいかわぐん》に送《おく》り込《こ》んだ。神保長住《じんぼながずみ》は斎藤進五《さいとうしんご》の加勢《かせい》を得《え》て、越後《えちご》勢《ぜい》が支配《しはい》する太田保《おおたほ》（富山市）の津毛城《つげじょう》を乗《の》っ取《と》った。

魚津《うおづ》の河田《かわた》・椎名勢《しいなぜい》は太田保《おおたほ》の今泉《いまいずみ》に討《う》って出《で》た。斎藤進五《さいとうしんご》は今泉《いまいずみ》（富山市）を焼《や》き討《う》ちした。河田《かわた》と椎名《しいな》は月岡《つきおか》（富山市）に逃《のが》れた。斎藤進五《さいとうしんご》は月岡《つきおか》を急襲《きゅうしゅう》して河田《かわた》・椎名勢《しいなぜい》三百の首《くび》を討《う》ち取《と》り、常願寺川《じょうがんじかわ》以西《いせい》から越後《えちご》上杉勢《うえすぎぜい》を追《お》い出《だ》した後《のち》に神保長住《じんぼながずみ》に津毛城《つげじょう》を譲《ゆず》り渡《わた》した。

この年《とし》の十月、織田勢《おだぜい》の猛将《もうしょう》荒木村重《あらきむらしげ》が居城《きょじょう》の摂津国《せっつこく》伊丹城《いたみじょう》で突如《とつじょ》石山本願寺《いしやまほんがんじ》側《がわ》に寝返《ねがえ》ったので（239頁4～5行目以降参照）、斎藤新五《さいとうしんご》は主君信忠《しゅくんのぶただ》の命《めい》で越中《えっちゅう》から岐阜城《ぎふじょう》へ急《いそ》ぎ引《ひ》き揚《あ》げた。

天正《てんしょう》八年（一五八〇年）、信長《のぶなが》は越前国《えちぜんこく》府中三人衆《ふちゅうさんにんしゅう》の一人《ひとり》の佐々成政《さっさなりまさ》を呼《よ》び出《だ》して越中国平定《えっちゅうこくへいてい》を命《めい》じ、明年雪消《みょうねんゆきげ》と同時《どうじ》に越中《えっちゅう》に下《くだ》って一国《いっこく》を制覇《せいは》するよう支度《したく》させた。

天正《てんしょう》九年（一五八一年）二月、織田信長《おだのぶなが》は荒木村重《あらきむらしげ》の謀反《むほん》に懲《こ》りて、全国《ぜんこく》に出張《でば》る織田諸将《おだしょしょう》の忠誠心《ちゅうせいしん》と士気《しき》を高《たか》めようと京都内裏《きょうとだいり》の東側《ひがしがわ》に八町余《はっちょうあま》り（一町は約109ｍ）の馬場《ばば》を造営《ぞうえい》した。そして天覧《てんらん》（天皇臨席の催物）馬揃《うまそろ》えを行《おこな》うとの触《ふ》れを出《だ》し、全国《ぜんこく》の諸将《しょしょう》に衣装《いしょう》を凝《こ》らして行列《ぎょうれつ》に加《くわ》わるよう命《めい》じた。命《めい》に応《おう》じて北陸衆《ほくりくしゅう》の諸将《しょしょう》は総《すべ》て騎馬武者《きばむしゃ》や弓持《ゆみも》ち衆《しゅう》を揃《そろ》えるなどして上洛《じょうらく》を始《はじ》めた。この時《とき》、越中《えっちゅう》で異変《いへん》が起《お》こった。

織田軍北陸衆《おだぐんほくりくしゅう》が上洛《じょうらく》する隙《すき》を衝《つ》いて、越後上杉勢《えちごうえすぎぜい》が越中《えっちゅう》へ向《む》け進軍中《しんぐんちゅう》との注進《ちゅうしん》が佐々成政《さっさなりまさ》の下《もと》に飛《と》び込《こ》んだのだ。成政《なりまさ》は信長《のぶなが》に急使《きゅうし》を送《おく》って馬揃《うまそろ》えから外《はず》れることを伝《つた》え、越中平定《えっちゅうへいてい》の出陣《しゅつじん》準備《じゅんび》済《す》みの家臣《かしん》と共《とも》に急《いそ》ぎ越中《えっちゅう》へ急行《きゅうこう》した。上杉景勝《うえすぎかげかつ》の越後勢《えちごぜい》は既《すで》に松倉城《まつくらじょう》の支城《しじょう》の魚津城《うおづじょう》に入《はい》り、松倉城主《まつくらじょうしゅ》の河田長親《かわたながちか》と共《とも》に婦負《ねい》・射水《いみず》両郡《りょうぐん》に向《む》けて軍勢《ぐんぜい》を進《すす》めていた。

佐々成政《さっさなりまさ》は急行《きゅうこう》して越中国《えっちゅうこく》に入《はい》り、神保長住勢《じんぼながずみぜい》と合流《ごうりゅう》して常願寺川《じょうがんじがわ》左岸《さがん》の新庄城《しんじょうじょう》に入《はい》った。越後勢《えちごぜい》は常願寺川《じょうがんじがわ》右岸《うがん》の小出城《こいでじょう》に入《はい》った。小出城《こいでじょう》は前年《ぜんねん》、成政《なりまさ》が越中《えっちゅう》支配《しはい》を信長《のぶなが》に命《めい》ぜられたときに、直《す》ぐに常願寺川《じょうがんじがわ》右岸《うがん》の小出城《こいでじょう》に先遣隊《せんけんたい》を送《おく》り込《こ》み、新川郡《にいかわぐん》を支配《しはい》する上杉勢《うえすぎぜい》の情報収集《じょうほうしゅうしゅう》に努《つと》めたが、越後勢出陣《えちごぜいしゅつじん》を聞《き》いて川《かわ》を背《せ》にしては守《まも》り難《がた》く、衝突《しょうとつ》を避《さ》けようと被害《ひがい》の出《で》ぬうちに小出城《こいでじょう》を引《ひ》き退《の》いていた。

同《どう》九年四月、柴田勝家《しばたかついえ》を始《はじ》め佐久間盛政《さくまもりまさ》・前田利家《まえだとしいえ》も馬揃《うまそろ》えを終《お》えて佐々勢《さっさぜい》に合流《ごうりゅう》した。

小出《こいで》に出陣《しゅつじん》した越後勢《えちごぜい》は佐々軍《さっさぐん》の素早《すばや》い動《うご》きを見《み》て戦況《せんきょう》良《よ》からずと判断《はんだん》した。また頼《たの》みとする松倉城主《まつくらじょうしゅ》の河田長親《かわたながちか》がこの頃《ころ》、年老《としお》いて患《わずら》っていたが、この度《たび》の出陣《しゅつじん》で病状急変悪化《びょうじょうきゅうへんあっか》した。それで一戦《いっせん》も交《まじ》えずに魚津城《うおづじょう》に引《ひ》き上《あ》げた。魚津《うおづ》に引《ひ》き上《あ》げて間《ま》も無《な》く長親《ながちか》は死没《しぼっ》した。景勝《かげかつ》は魚津城主《うおづじょうしゅ》の須田満親《すだみつちか》に河田長親《かわたながちか》の跡《あと》を継《つ》がせて守備体制《しゅびたいせい》を整《ととの》え、越後《えちご》に引《ひ》き上《あ》げた。

神保長住《じんぼながずみ》が越中《えっちゅう》に入部《にゅうぶ》して以来《いらい》、織田《おだ》に付《つ》くか上杉《うえすぎ》に付《つ》くかで様子見《ようすみ》を決《き》め込《こ》んでいた越中《えっちゅう》各地《かくち》の諸将《しょしょう》のうち、元《もと》・小出城《こいでじょう》の唐人親房《からとちかふさ》と元《もと》・日宮城《ひのみやじょう》の神保信包《じんぼのぶかね》は越後勢《えちごぜい》に加《くわ》わって共《とも》に越後《えちご》に去《さ》った。柴田《しばた》らの越前衆《えちぜんしゅう》も佐々助勢《さっさじょせい》の任《にん》を終《お》えて越前《えちぜん》に引《ひ》き上《あ》げた。

織田信長《おだのぶなが》はこの度《たび》、長住《ながずみ》が何《なん》の防御《ぼうぎょ》も行《おこな》わずに越後勢《えちごぜい》を越中《えっちゅう》に侵入《しんにゅう》させた上《うえ》に、唐人《からと》や神保《じんぼ》を止《と》めること無《な》く越後《えちご》に与《あた》えた事《こと》で頼《たよ》りにならずと断《だん》じて長住《ながずみ》を成政《なりまさ》の家臣《かしん》に落《お》とした。そして成《なり》政《まさ》に射水《いみず》・婦負《ねい》両郡《りょうぐん》の直接支配《ちょくせつしはい》を命《めい》じ、加《くわ》えて新川郡攻略《にいかわぐんこうりゃく》も急《いそ》がせた。

佐々成政《さっさなりまさ》は織田軍《おだぐん》の総目付《そうめつけ》で、この度《たび》、能登七尾城代《のとななおじょうだい》になった菅谷長頼《すがやながより》からの依頼《いらい》を受《う》けて越後勢《えちごぜい》の討《う》ち入《い》りを誘《さそ》い、越後《えちご》に媚《こび》を売《う》った越中諸将《えっちゅうしょしょう》を厳《きび》しく調《しら》べ上《あ》げた。その中《なか》の一人《ひとり》が寺《てら》崎盛永《さきもりなが》で、越後勢《えちごぜい》を手引《てび》きした疑《うたが》いが出《で》た。盛永《もりなが》は願海寺《がんかいじ》（富山市願海寺）城主《じょうしゅ》だ。

菅屋長頼《すがやながより》も七尾《ななお》で越後勢《えちごぜい》を越中《えっちゅう》に引《ひ》き入《い》れた寺崎盛永《てらさきもりなが》の噂《うわさ》を耳《みみ》にしていた。それで佐々《さっさ》の助勢《じょせい》に越中《えっちゅう》へ出陣《しゅつじん》した折《おり》に、有無《うむ》を言《い》わさず願海寺城《がんかいじじょう》を攻《せ》め落《お》とした。その後《ご》、越中《えっちゅう》の見聞《けんぶん》を済《す》ませて安土《あづち》に引《ひ》き上《あ》げる際《さい》に盛永父子《もりながふし》を安土《あづち》に送《おく》るよう成政《なりまさ》に伝《つた》えた。成政《なりまさ》は寺崎盛永《てらさきもりなが》に「主君信長《しゅくんのぶなが》の裁可《さいか》を仰《あお》げ」と命《めい》じて新築成《しんちくな》った近江国安土城《おうみこくあづちじょう》に出向《でむ》かせた。

寺崎盛永《てらさきもりなが》は嫡子《ちゃくし》の喜六郎《きろくろう》と二人《ふたり》で無実《むじつ》の罪《つみ》の弁明《べんめい》に近江国安土《おうみこくあづち》に出向《でむ》いた。近江国《おうみこく》に入《はい》ると丹《に》羽長秀《わながひで》の佐和山城《さわやまじょう》に預《あず》けられて、先《ま》ずは長秀《ながひで》から吟味《ぎんみ》を受《う》けることになった。この吟味中《ぎんみちゅう》に砺波《となみ》郡木舟《ぐんきふね》（高岡市）城主《じょうしゅ》の石黒成綱《いしぐろなりつな》の一族一門《いちぞくいちもん》三十余人《よにん》が同《おな》じく無実《むじつ》の弁明《べんめい》にやって来《き》た。成綱《なりつな》はこの年《とし》、砺波郡安養寺《となみぐんあんようじ》（小矢部市）にある一向宗大寺《いっこうしゅうだいじ》の勝興寺《しょうこうじ》を焼《や》き討《う》ちして、勝手《かって》に荘園横領《しょうえんおうりょう》を働《はたら》いたと疑《うたが》われたのだ。石黒《いしぐろ》は近江国長浜《おうみこくながはま》まで遣《や》って来《き》たときに

「佐和山《さわやま》で丹羽長秀《にわながひで》が切腹《せっぷく》させようと待《ま》ち構《かま》えている」との噂《うわさ》を耳《みみ》にした。それで一同《いちどう》は恐《おそ》れをなして足《あし》が前《まえ》に進《すす》まなくなった。これを見《み》た丹羽《にわ》の家臣団《かしんだん》は長秀《ながひで》に

「石黒一行《いしぐろいっこう》に逃亡《とうぼう》の恐《おそ》れあり」と注進《ちゅうしん》した。丹羽長秀《にわながひで》は長浜《ながはま》に討手《うって》を向《む》けて町家《まちや》に隠《かく》れた石黒一《いしぐろいっ》行《こう》を囲《かこ》い込《こ》み、討《う》ち合《あ》って成綱《なりつな》をはじめ歴々《れきれき》十七名を討《う》ち殺《ころ》した。

この件《けん》があって十日後《ご》、寺崎父子《てらさきふし》は疑《うたが》いが晴《は》らせず切腹《せっぷく》を命《めい》じられて先《ま》ず父《ちち》の盛永《もりなが》が腹《はら》を切《き》った。子《こ》の喜六郎《きろくろう》は未《ま》だ眉目秀麗《びもくしゅうれい》な十七歳。父《ちち》の流《なが》れ出《で》る血《ち》を手《て》で受《う》けて飲《の》み干《ほ》し、

「お伴仕《ともつかまつ》る」と一礼《いちれい》して諸式《しょしき》に則《のっと》り平然《へいぜん》と腹《はら》を切《き》った。この話《はなし》が城下《じょうか》に伝《つた》わって多《おお》くの同情《どうじょう》を

引《ひ》き、後《のち》の世《よ》に語《かた》り継《つ》がれた。

三．武田家滅亡

織田・徳川連合軍　甲斐・信濃平定

織田信長《おだのぶなが》には天下《てんか》に怖《こわ》いものがなくなった。武田信玄《たけだしんげん》は既《すで》に亡《な》くなり、上杉謙信《うえすぎけんしん》の脅威《きょうい》からも開放《かいほう》されて加賀《かが》・越中《えっちゅう》・能登《のと》の大半《たいはん》は既《すで》に制圧《せいあつ》した。信長《のぶなが》に敵対《てきたい》する信長包囲網《のぶながほういもう》の核心《かくしん》であった本願寺《ほんがんじ》も、その本願寺《ほんがんじ》がもっとも頼《たよ》りとしていた紀伊国雑賀衆《きいこくさいかしゅう》は既《すで》に滅《ほろ》ぼした。海上《かいじょう》から石山本《いしやまほん》願寺《がんじ》に味方《みかた》した毛利水軍《もうりすいぐん》も信長《のぶなが》が新造《しんぞう》した南蛮仕込《なんばんしこ》みの巨大《きょだい》な甲鉄軍艦《こうてつぐんかん》には歯《は》が立《た》たず、織田勢《おだせい》が玩具《がんぐ》（おもちゃ）を潰《つぶ》すが如《ごと》きにひねり潰《つぶ》した。信長《のぶなが》にとってこれから後《のち》は地方《ちほう》に孤立《こりつ》する敵《てき》を一つずつ潰《つぶ》せば済《す》むことだ。天下統一《てんかとういつ》は成《な》ったに等《ひと》しかった。

天正《てんしょう》九年（一五八一年）、徳川家康《とくがわいえやす》は遠江国《とおとうみこく》の奥深《おくふか》くに入《はい》り込《こ》んだ所《ところ》に建《た》つ甲斐国武田家所有《かいこくたけだけしょゆう》の高天神城《たかてんじんじょう》（掛川市）に出陣《しゅつじん》して城《しろ》を取《と》り巻《ま》き兵糧攻《ひょうろうぜ》めにした。

この遠江国《とおとうみこく》は今川義元《いまがわよしもと》が桶狭間《おけはざま》で滅亡後《めつぼうご》に家督《かとく》の氏真《うじざね》が後《あと》を継《つ》いだが、国力《こくりょく》が衰《おとろ》えて結局《けっきょく》は徳川家《とくがわけ》に臣従《しんじゅう》したので戦国大名《せんごくだいみょう》としての家名《かめい》が消《き》えた。そして今川家《いまがわけ》が治《おさ》めていた遠江国《とおとうみこく》は徳川《とくがわ》・武田《たけだ》の両家《りょうけ》で領土《りょうど》の奪《うば》い合《あ》いを繰《く》り返《かえ》し、高天神城《たかてんじんじょう》は信玄《しんげん》が没《ぼっ》した翌《よく》・天正《てんしょう》二年（一五七四年）に二万の軍勢《ぐんぜい》を率《ひき》いた武田勝頼《たけだかつより》に攻《せ》め取《と》られていた。これをこの度《たび》、徳川家康《とくがわいえやす》が取《と》り戻《もど》そうとしたのだ。高天神城《たかてんじんじょう》城主《じょうしゅ》の岡部元信《おかべもとのぶ》は武田勝頼《たけだかつより》に至急《しきゅう》の援軍《えんぐん》を求《もと》めた。だが勝頼《かつより》は動《うご》かなかった。高天神城《たかてんじんじょう》の兵糧《ひょうろう》は欠乏《けつぼう》して軍兵《ぐんぺい》は餓《が》死寸前《しすんぜん》になった。岡部元信《おかべもとのぶ》を始《はじ》め諸将軍兵《しょしょうぐんぺい》は今《いま》はこれまでと全軍一丸《ぜんぐんいちがん》となって城外《じょうがい》に撃《う》って出《で》て玉砕《ぎょくさい》した。

武田勝頼《たけだかつより》は嘗《かつ》て天正《てんしょう》三年の長篠《ながしの》の敗戦《はいせん》で多《おお》くの武将《ぶしょう》と支城《しじょう》を失《うしな》い、信玄当時《しんげんとうじ》の戦力《せんりょく》も財力《ざいりょく》もすっかり無《な》くしていた。ただ虚勢《きょせい》だけは張《は》っていた。今《いま》、敵中《てきちゅう》の奥深《おくふか》くに位置《いち》する高天神城《たかてんじんじょう》の救援《きゅうえん》に軍勢《ぐんぜい》を繰《く》り出《だ》せば、徳川《とくがわ》・織田《おだ》の両勢《りょうぜい》と全面衝突《ぜんめんしょうとつ》になるのは必定《ひつじょう》だ。勝頼《かつより》の心中《しんちゅう》には長《なが》篠《しの》の敗戦《はいせん》が瞼《まぶた》に鮮明《せんめい》に残《のこ》っていて、この危険《きけん》を冒《おか》す決心《けっしん》が付《つ》かずに高天神城《たかてんじんじょう》を見殺《みごろ》しにした。甲《か》斐《い》の諸将《しょしょう》はこの高天神城《たかてんじんじょう》の無残《むざん》な敗戦《はいせん》を目《ま》の当《あ》たりにして動揺《どうよう》し、勝頼《かつより》は諸将《しょしょう》から「頼《たよ》りにならず」と信頼《しんらい》を失《うしな》い見放《みはな》された。

家康《いえやす》と信長《のぶなが》は配下《はいか》の物見《ものみ》や坊主《ぼうず》を多数《たすう》信濃《しなの》や甲斐《かい》に放《はな》って、宿々辻々《しゅくしゅくつじつじ》で勝頼《かつより》の不義《ふぎ》と無能《むのう》を吹聴《ふいちょう》して廻《まわ》らせた。また別途《べっと》、武田《たけだ》一門《いちもん》に縁《ゆかり》のある家臣《かしん》らを甲斐《かい》や信濃《しなの》に送《おく》って、武田家《たけだけ》支《し》城《じょう》の城主《じょうしゅ》や武将《ぶしょう》に、勝頼《かつより》から離《はな》れて徳川《とくがわ》・織田方《おだがた》に寝返《ねがえ》るよう手《て》を尽《つ》くして勧《すす》めた。

天正《てんしょう》十年（一五八二年）二月早々《そうそう》、信濃国《しなのこく》木曽谷《きそだに》領主《りょうしゅ》の木曽義昌《きそよしまさ》から織田方《おだがた》の美濃国《みののこく》苗木《なえき》城《じょう》主《しゅ》（恵那郡）の苗木久兵衛《なえききゅうべえ》の仲立《なかだ》ちを得《え》て「織田家《おだけ》に仕《つか》えたい」と人質《ひとじち》を差《さ》し出《だ》してきた。

武田勝頼《たけだかつより》は義昌《よしまさ》の謀反《むほん》を知《し》って、誅殺《ちゅうさつ》しようと一万五千の軍兵《ぐんぺい》を引《ひ》き連《つ》れて甲斐《かい》の新府城《しんぷじょう》（山梨県韮崎市）を出馬《しゅつば》した。甲斐《かい》・信濃《しなの》の支城《しじょう》の諸将《しょしょう》は言《げん》を左右《さゆう》にして出兵《しゅっぺい》を見合《みあ》わせた。

織田信長《おだのぶなが》は木曽義昌《きそよしまさ》からの救援要請《きゅうえんようせい》を受《う》けて「好機到来《こうきとうらい》」と喜《よろこ》び、徳川軍《とくがわぐん》を誘《さそ》って武田軍撲滅《たけだぐんぼくめつ》に乗《の》り出《だ》した。武田勝頼軍《たけだかつよりぐん》は織田《おだ》・徳川連合軍総攻撃《とくがわれんごうぐんそうこうげき》の報《しら》せを受《う》けて、敵《てき》の姿《すがた》が見《み》えぬうちに脆《もろ》くも崩《くず》れた。武田勝頼《たけだかつより》は居城《きょじょう》の新府城《しんぷじょう》（山梨県韮崎市）に逃《に》げ帰《かえ》って城《しろ》に火《ひ》を掛《か》け、小山田信茂《おやまだのぶしげ》の岩殿城《いわとのじょう》（大月市）目指《めざ》して逃《に》げた。その途上《とじょう》で「信茂寝返《のぶしげねがえ》り」を聴《き》き、笹子峠《ささごとうげ》付近《ふきん》の武田家《たけだけ》縁《ゆかり》の天目山栖雲寺《てんもくさんせいうんじ》（甲州市大和町）に行《ゆ》き先《さき》を変《か》えたが、その途中《とちゅう》の田野《たの》（大和町）で追《お》っ手《て》に追《お》い詰《つ》められた。武田勝頼《たけだかつより》は逃《のが》れられぬと覚悟《かくご》して、嫡男信勝《ちゃくなんのぶかつ》や北条夫人《ほうじょうふじん》を始《はじ》め近臣《きんしん》ら一同《いちどう》と共《とも》に自害《じがい》した。享年《きょうねん》三十七歳。甲斐《かい》の武田家《たけだけ》は滅亡《めつぼう》した。

信長《のぶなが》は信濃《しなの》から甲斐《かい》に入《はい》って関東一帯《かんとういったい》の仕置《しおき》（取り締まり）を行《おこな》い、諸国《しょこく》の大名《だいみょう》・領主《りょうしゅ》に臣従《しんじゅう》を誓《ちか》わせ、関東《かんとう》に浸透《しんとう》した武田家《たけだけ》の影響力《えいきょうりょく》を一掃《いっそう》した。次《つ》いで論功行賞《ろんこうこうしょう》を行《おこな》い、功績第一《こうせきだいいち》の徳川《とくがわ》家康《いえやす》に駿河国《するがこく》と遠江国《とおとうみこく》を与《あた》え、戦《いくさ》の根回《ねまわ》しをした河尻与兵衛《かわじりよへえ》（信忠の家臣）と穴山梅雪《あなやまばいせつ》（武田の降将）には甲斐国《かいこく》を分《わ》け与《あた》えた。そして滝川一益《たきかわかずます》には上野一国《こうずけいっこく》と信濃国《しなのこく》の二郡《にぐん》を与《あた》えて関東探題《かんとうたんだい》を兼《か》ねさせた。信長《のぶなが》は家康《いえやす》と共《とも》に甲府《こうふ》から中道往環《なかみちおうかん》（富士川沿いの街道）を経《へ》て駿河国《するがこく》に入《はい》り安土《あづち》に帰還《きかん》した。その沿道《えんどう》の宿所《しゅくしょ》には関東一円《かんとういちえん》の領主《りょうしゅ》から、祝勝《しゅくしょう》の贈物《おくりもの》が山《やま》と積《つ》まれた。相模国《さがみこく》の北条氏政《ほうじょううじまさ》も沿道《えんどう》の宿々《やどやど》に贈物攻勢《おくりものこうせい》を仕掛《しか》けたが信長《のぶなが》は意《い》にも介《かい》さなかった。

四．越中魚津城の戦いと能登荒山合戦

魚津城の戦い

天正《てんしょう》十年（一五八二年）二月、織田信長《おだのぶなが》が武田勝頼《たけだかつより》を征伐《せいばつ》しに諏訪《すわ》に出陣《しゅつじん》した直後《ちょくご》の越中国内《えっちゅうこくない》で、織田軍《おだぐん》が武田《たけだ》の大軍《たいぐん》に襲《おそ》われて大敗《たいはい》したとの風聞《ふうぶん》が伝《つた》わった。

この頃《ころ》の戦国時代《せんごくじだい》は諜報《ちょうほう》・調略《ちょうりゃく》の全盛時代《ぜんせいじだい》だ。今回《こんかい》は武田方《たけだがた》の手《て》の者《もの》（配下）が、越中《えっちゅう》に侵入《しんにゅう》した織田勢《おだぜい》の混乱《こんらん》を狙《ねら》って噂《うわさ》を撒《ま》き散《ち》らしたのだ。噂《うわさ》も時《とき》には風《かぜ》を起《お》こし時流《じりゅう》となって世《よ》を変革《へんかく》する。越中《えっちゅう》の諸将《しょしょう》はこの風聞《ふうぶん》を真《ま》に受《う》けた。越中一向宗勝興寺門徒《えっちゅういっこうしゅうしょうこうじもんと》は織田勢一掃《おだぜいいっそう》の一揆《いっき》を起《お》こそうと元《もと》・日宮城主《ひのみやじょうしゅ》の神保覚広《じんぼただひろ》を担《かつ》いで無住《むじゅう》の守山城《もりやまじょう》を乗《の》っ取《と》った。

佐々成政《さっさなりまさ》は一揆衆《いっきしゅう》から守山城《もりやまじょう》を取《と》り戻《もど》そうと守山城《もりやまじょう》に出陣《しゅつじん》して富山城《とやまじょう》を空《あ》けた。小島職鎮《こじまもとしげ》は願《がん》海寺城主《かいじじょうしゅ》の寺崎盛永《てらさきもりなが》や木舟城主《きふねじょうしゅ》の石黒左近《いしぐろさこん》が信長《のぶなが》に疑《うたが》われて安土《あづち》に呼《よ》び付《つ》けられ自害《じがい》させられて以来《いらい》、我《わ》が身《み》も何時《いつ》如何《いか》なる嫌疑《けんぎ》が掛《か》けられるか判《わか》らぬと不安《ふあん》に苛《さいな》まれていた。丁度《ちょうど》その時《とき》に

織田軍壊滅《おだぐんかいめつ》の風聞《ふうぶん》が流《なが》れた。今《いま》、幸《さいわ》いに佐々成政《さっさなりまさ》は守山城《もりやまじょう》に出陣《しゅつじん》して富山城《とやまじょう》にはいない。富山《とやま》城《じょう》には小島職鎮《こじまもとしげ》の古主《こしゅ》の神保長住《じんぼながずみ》が成政《なりまさ》の城代《じょうだい》として留守《るす》を預《あず》かっているだけだ。小島職鎮《こじまもとしげ》は諏《す》訪《わ》で織田勢《おだぜい》が大敗《たいはい》したからには佐々成政《さっさなりまさ》等の北陸織田勢《ほくりくおだぜい》は主家救援《しゅけきゅうえん》に急《いそ》ぎ諏訪《すわ》へ馳《は》せ向《む》かうものと思《おも》い込《こ》んで前後《ぜんご》の見境《みさかい》もなく富山城《とやまじょう》を乗《の》っ取《と》った。

佐々成政《さっさなりまさ》は小島《こじま》の謀反《むほん》を聞《き》くや即刻軍勢《そっこくぐんぜい》を富山《とやま》に返《かえ》した。小島《こじま》は織田勢《おだぜい》の壊滅《かいめつ》が誤報《ごほう》だったと悟《さと》って佐々軍《さっさぐん》が帰城《きじょう》するより先《さき》に、慌《あわ》てて神保長住《じんぼながずみ》を伴《ともな》い上杉家《うえすぎけ》を頼《たよ》って越後《えちご》に逃《のが》れた。

同年三月、織田軍美濃勢《おだぐんみのぜい》の武田討伐《たけだとうばつ》に期《き》を合《あ》わせて、北陸探題《ほくりくたんだい》の柴田勝家《しばたかついえ》は越後征伐《えちごせいばつ》の手始《てはじ》めに、越中国内《えっちゅうこくない》の上杉支城《うえすぎしじょう》一掃《いっそう》に乗《の》り出《だ》した。越後勢《えちごぜい》が甲斐武田《かいたけだ》の助勢《じょせい》に信濃《しなの》へ出陣出来《しゅつじんでき》ないようにとの思惑《おもわく》もあって、事前《じぜん》に武田討伐軍先陣総大将《たけだとうばつぐんせんじんそうだいしょう》の織田信忠《おだのぶただ》との間《あいだ》に打《う》ち合《あ》わせが出来《でき》ていた。丁度《ちょうど》その時《とき》、富山城《とやまじょう》の小島《こじま》の謀反《むほん》と越後《えちご》への逃亡《とうぼう》の報《しら》せが相次《あいつ》いで柴田勝家《しばたかついえ》の下《もと》に飛《と》び込《こ》んだ。勝家《かついえ》は越中《えっちゅう》に進軍《しんぐん》して、能登《のと》から馳《は》せ付《つ》けた前田利家《まえだとしいえ》や越中《えっちゅう》の佐々成政《さっさなりまさ》との軍勢《ぐんぜい》を合《あ》わせて

同年同月、四万の軍勢《ぐんぜい》で越後上杉勢最前線《えちごうえすぎぜいさいぜんせん》の魚津城《うおづじょう》を囲《かこ》んだ。城内《じょうない》に籠《こも》る軍兵《ぐんぺい》は三千八百だ。

魚津《うおづ》城守将《じょうしゅしょう》の中条《なかじょう》景泰《かげやす》は越後国《えちごこく》春日山《かすがやま》の上杉景勝《うえすぎかげかつ》に「越前国《えちぜんこく》の柴田勝家《しばたかついえ》が織田《おだ》北陸勢《ほくりくぜい》の四万を率《ひき》いて魚津城《うおづじょう》を囲《かこ》む」と伝《つた》えて至急《しきゅう》の援軍《えんぐん》を要請《ようせい》した。丁度《ちょうど》この時《とき》は、武田勝頼《たけだかつより》が滅《ほろ》んで滝川《たきがわ》一益《かずます》が甲斐《かい》と信濃《しなの》を領有《りょうゆう》し、信長《のぶなが》の命《めい》を受《う》けて越後《えちご》侵入《しんにゅう》を窺《うかが》っていた時《とき》だ。それで上杉景勝《うえすぎかげかつ》も信《しな》濃対策《のたいさく》に追《お》われて居城《きょじょう》の春日山城《かすがやまじょう》を空《あ》けることが出来《でき》ないでいた。

越後《えちご》に亡命中《ぼうめいちゅう》の長景連《ちょうかげつら》（奥能登黒滝長氏の一族で、長続連や長連竜兄弟とは別系統）は上杉景勝《うえすぎかげかつ》に「前田利家《まえだとしいえ》が能登《のと》を空《あ》けたこの期《き》に織田勢《おだぜい》を能登《のと》から追《お》い出《だ》して能登畠山家《のとはたけやまけ》を再興《さいこう》したく聞《き》届《とど》けて下《くだ》され」と申《もう》し出《で》た。景勝《かげかつ》は織田勢《おだぜい》の後方攪乱《こうほうかくらん》が出来《でき》ると喜《よろこ》んで、長景連《ちょうかげつら》に軍勢《ぐんぜい》を付《つ》けて奥能登《おくのと》の宇出津《うしつ》に送《おく》り出《だ》した。長景連《ちょうかげつら》は宇出津《うしつ》の棚木城《たなきじょう》に入《はい》って、能登《のと》の旧畠山家臣《きゅうはたけやまかしん》や一向一揆《いっこういっきしゅう》衆に「能登《のと》から織田勢《おだぜい》を一掃《いっそう》しようではないか」と呼《よ》びかけた。織田《おだ》が能登《のと》に入部《にゅうぶ》して以来《いらい》、織田勢《おだぜい》に領地《りょうち》を横奪《おうだつ》されて苦《くる》しむ能登《のと》の豪族《ごうぞく》や寺社仏閣《じしゃぶっかく》は景連《かげつら》の支援《しえん》に回《まわ》って瞬《また》く間《ま》に反《はん》・織田《おだ》勢《ぜい》の一大勢力《いちだいせいりょく》が出来上《できあ》がった。

七尾城《ななおじょう》の留守《るす》を預《あず》かる前田利家《まえだとしいえ》の兄《あに》の前田安勝《まえだやすかつ》は事態《じたい》急変《きゅうへん》に恐《おそ》れ戦《おのの》き、魚津《うおづ》に出陣中《しゅつじんちゅう》の利家《としいえ》に事態急変《じたいきゅうへん》を伝《つた》えた。利家《としいえ》は柴田勝家《しばたかついえ》の了解《りょうかい》を得《え》て、自陣《じじん》にいた能登出身《のとしゅっしん》の長連竜《ちょうつらたつ》を帰国《きこく》させて長景連《ちょうかげつら》の鎮圧《ちんあつ》に当《あた》らせた。長連竜《ちょうつらたつ》と長景連《ちょうかげつら》の攻防戦《こうぼうせん》が能登全域《のとぜんいき》で始《はじ》まった。

同年四月、織田信長《おだのぶなが》が武田家《たけだけ》を滅《ほろ》ぼし諏訪《すわ》から安土《あづち》へ帰還《きかん》して信濃国内《しなのこくない》の緊張《きんちょう》が緩《ゆる》んだ。

上杉景勝《うえすぎかげかつ》はこの機《き》を捉《とら》えて魚津城救援《うおづじょうきゅうえん》に赴《おもむ》く旨《むね》を魚津松倉城《うおづまつくらじょう》の須田満親《すだみつちか》に伝《つた》えた。魚津城《うおづじょう》は既《すで》にこのとき籠城《ろうじょう》四十日を過《す》ぎ、城内《じょうない》三千七百の十倍《ばい》を超《こ》す四万の大軍《たいぐん》に囲《かこ》まれて蟻《あり》の這《は》い出《で》る隙《すき》も無《な》かった。須田満親《すだみつちか》の使者《ししゃ》は半月後《はんつきご》の夜間《やかん》に漸《ようや》く攻《せ》め手《て》の隙《すき》を衝《つ》いて城内《じょうない》に忍《しの》び込《こ》みこの朗報《ろうほう》を伝《つた》えた。籠城《ろうじょう》して援軍《えんぐん》を待《ま》つ中条景泰《なかじょうかげやす》・竹俣慶綱《たけまたよしつな》・寺島長資《てらしまながすけ》・蓼沼泰重《たてぬまやすしげ》・吉江信景《よしえのぶかげ》・若林家長《ばやしいえなが》・亀田長乗《かめだながのり》・石口広宗《いしぐちひろむね》・藤丸勝俊《ふじまるかつとし》・長興次《ちょうおきつぐ》・安部政吉《あべまさよし》・吉江宗信《よしえむねのぶ》・山本寺景長《やまもとでらかげなが》の守将《しゅしょう》十三名にとって、この主君出陣《しゅくんしゅつじん》の報《しらせ》は何物《なにもの》にも替《か》え難《がた》い吉報《きっぽう》で一同《いちどう》の喜《よろこ》びは一入《ひとしお》だった。同年五月、上杉景勝《うえすぎかげかつ》は魚津《うおづ》に出陣《しゅつじん》して魚津城《うおづじょう》を見下《みお》ろす天神山城《てんじんやまじょう》に入《はい》ったが、その時《とき》、「織田勢《おだぜい》の関東《かんとう》探題《たんだい》滝川一益《たきがわかずます》が三国峠《みくにとうげ》を越《こ》えて越後《えちご》の様子《ようす》を窺《うかが》う。加《くわ》えて森長可《もりながよし》も信濃国海津城《しなのこくかいづじょう》（松代町）を出《しゅっ》立《たつ》して春日山《かすがやま》を衝《つ》く気配《きはい》」という注進《ちゅうしん》が景勝《かげかつ》が逗留《とうりゅう》する天神山城《てんじんやまじょう》に飛《と》び込《こ》んだ。織田勢《おだぜい》に越後《えちご》を侵略《しんりゃく》されては上杉家《うえすぎけ》の存亡《そんぼう》に係《かか》わる。
月《つき》が変《か》わって六月一日、上杉景勝《うえすぎかげかつ》は直江兼続《なおえかねつぐ》と諮《はか》って、魚津城《うおづじょう》で忠義《ちゅうぎ》を貫《つらぬ》く守将《しゅしょう》らを救《すく》うために柴田勝家《しばたかついえ》の陣《じん》に軍使《ぐんし》を立《た》てて
「貴軍《きぐん》も既《すで》に足《あし》かけ三カ月に及《およ》ぶ長陣《ながじん》。当方《とうほう》は今《いま》、決死《けっし》の決戦《けっせん》は望《のぞ》まぬ。魚津城《うおづじょう》の囲《かこ》みを解《と》いて守将《しゅしょう》と城兵《じょうへい》を解《と》き放《はな》せば魚津城《うおづじょう》と松倉城《まつくらじょう》は明《あ》け渡《わた》そう」と和議《わぎ》を申《もう》し出《で》た。
柴田勝家《しばたかついえ》は上杉景勝《うえすぎかげかつ》からの申《もう》し出《で》を受《う》けて
「松倉城《まつくらじょう》は謙信《けんしん》が数年《すうねん》かけても落《お》とせなかった北陸道第一《ほくりくどうだいいち》の堅城《けんじょう》。しかもこの麓《ふもと》は越中七金《えっちゅうななかね》の内《うち》の四金山《よんきんざん》（下田金山、虎谷金山、河原波金山、松倉金山）を有《ゆう》する誠《まこと》に宝《たから》の山《やま》。今《いま》は眼《め》を瞑《つむ》ってでも和議《わぎ》を受《う》け入《い》れて松倉城《まつくらじょう》を手《て》に入《い》れるべし」と佐々《さっさ》と前田《まえだ》らの諸将《しょしょう》と談合《だんごう》して和議《わぎ》を受《う》け入《い》れ、受《う》け入《い》れの証拠《しょうこ》として勝家《かついえ》の従兄弟《いとこ》の柴田専斎《しばたせんさい》と佐々成政《さっさなりまさ》の甥《おい》の佐々新右衛門《さっさしんうえもん》を人質《ひとじち》として差《さ》し出《だ》した。和議《わぎ》が成《な》ったその夜《よ》、上杉景勝《うえすぎかげかつ》は松倉城《まつくらじょう》を開城《かいじょう》して城将《じょうしょう》の須田満親《すだみつちか》を殿軍《しんがり》に据《す》え、魚津《うおづ》城《じょう》には人質《ひとじち》としてやって来《き》た柴田《しばた》と佐々《さっさ》の両名《りょうめい》を送《おく》り、

「明朝《みょうちょう》を期《き》して開城《かいじょう》し、挙《あ》げて春日山《かすがやま》に引《ひ》くべし」と云《い》い送《おく》って全軍越後《ぜんぐんえちご》に引《ひ》き上《あ》げた。

魚津城《うおづじょう》はこのとき既《すで》に二《に》の丸《まる》が落《お》とされ、残《のこ》るは本丸《ほんまる》一つになっていた。その上《うえ》に長期《ちょうき》の籠《ろう》城《じょう》で兵糧《ひょうろう》も底《そこ》を衝《つ》いていた。この日《ひ》の夕刻《ゆうこく》、景勝《かげかつ》から開城《かいじょう》の命令《めいれい》と和議《わぎ》の証拠《しょうこ》の人質《ひとじち》がやって来《き》た。魚津城《うおづじょう》の守将《しゅしょう》は明日《あす》の早朝《そうちょう》には退城《たいじょう》と決《き》め、城内《じょうない》を清《きよ》めて朝《あさ》を待《ま》った。

明《あ》けて天正《てんしょう》十年（一五八二年）六月三日早朝《そうちょう》、予期《よき》せぬ事態《じたい》が出来《しゅったい》した。城内《じょうない》の諸卒《しょそつ》は退城《たいじょう》の準備《じゅんび》を始《はじ》めた。この音《おと》を二の丸《まる》に陣取《じんど》った織田勢《おだぜい》が聞《き》き、城内《じょうない》の異常《いじょう》な音《おと》に興奮《こうふん》して、城内《じょうない》に向《む》かって勝手《かって》に鬨《とき》の声《こえ》を挙《あ》げた。この興奮状態《こうふんじょうたい》が伝播《でんぱ》して瞬《また》く間《ま》に城外《じょうがい》の寄《よ》せ手全体《てぜんたい》が声《こえ》を合《あ》わせて鬨《とき》を挙《あ》げた。寄《よ》せ手《て》の織田勢《おだぜい》は手《て》を伸《の》ばせば届《とど》く本丸《ほんまる》を目前《もくぜん》にして、手柄《てがら》を挙《あ》げようと諸《しょ》将諸卒《しょうしょしょつ》は皆《みな》　気《き》が昂《たかぶ》り身体《からだ》が勝手《かって》に動《うご》き出《だ》して和議《わぎ》の盟約《めいやく》は吹《ふ》き飛《と》んでしまった。

本丸《ほんまる》の堀《ほり》と石垣《いしがき》を挟《はさ》んで各地《かくち》で小競《こぜ》り合《あ》いが始《はじ》まった。興奮《こうふん》した諸卒《しょしょつ》は無理遣《むりや》り本丸《ほんまる》に討《う》ち入《い》った。不測《ふそく》の討《う》ち合《あ》いが始《はじ》まって収拾《しゅうしゅう》が付《つ》かなくなった。魚津《うおづ》の守将《しゅしょう》らは

「兎《と》にも角《かく》にも主君《しゅくん》に忠義《ちゅうぎ》を尽《つ》くすは臣《しん》たる者《もの》の道《みち》。かくなる上《うえ》は一丸《いちがん》となって討《う》って出《で》て、討《う》

ち死《じに》するは至上《しじょう》の忠義《ちゅうぎ》。幸《さいわ》いに命《いのち》長《なが》らえれば春日山《かすがやま》に馳《は》せ還《かえ》ってこの戦《いくさ》の顛末《てんまつ》を報告《ほうこく》し、後《のち》は主君《しゅくん》の命《めい》に従《したが》うべし」と評定《ひょうじょう》した。そして和議《わぎ》の盟約《めいやく》に背《そむ》いた罪《つみ》を人質《ひとじち》に着《き》せて首《くび》を刎《は》ね、守《しゅ》将《しょう》と城兵一同《じょうへいいちどう》は一斉《いっせい》に喚《おめ》き立《た》てて城外《じょうがい》に討《う》って出《で》た。寄《よ》せ手《て》の織田勢《おだぜい》は城兵《じょうへい》を十重二十重《とえはたえ》に包《つつ》み込《こ》んだ。城兵《じょうへい》は一丸《いちがん》となって激《はげ》しく戦《たたか》ったが、何《なに》しろ多勢《たぜい》に無勢《ぶぜい》。城兵《じょうへい》は尽《ことごと》く討《う》ち取《と》られた。魚《うお》津城守将《づじょうしゅしょう》の十三将《しょう》も見事《みごと》に一人残《ひとりのこ》らず討《う》ち死《じに》した。

織田勢《おだぜい》は魚津城《うおづじょう》に加《くわ》えて松倉城《まつくらじょう》も手《て》に入《い》れた。それだけではなく越中新川郡《えっちゅうにいかわぐん》から越後勢《えちごぜい》を追《お》い出《だ》して越中国全域《えっちゅうこくぜんいき》を制圧《せいあつ》し終《お》えたのだ。同夜《どうや》、戦勝祝《せんしょういわ》いの宴《うたげ》を催《もよお》して「明日《あす》からは越後《えちご》へ向《む》けて出陣《しゅつじん》だ」と気勢《きせい》を挙《あ》げた。越前領主《えちぜんりょうしゅ》で北陸探題《ほくりくたんだい》の柴田勝家《しばたかついえ》や加賀領《かがりょう》主《しゅ》の佐久間盛政《さくまもりまさ》・能登領主《のとりょうしゅ》の前田利家《まえだとしいえ》・越中領主《えっちゅうりょうしゅ》の佐々成政《さっさなりまさ》はじめ諸将一同《しょしょういちどう》はやがて美酒《びしゅ》の酔《よ》いに長陣《ながじん》の疲《つか》れが加《くわ》わって深《ふか》い眠《ねむ》りに落《お》ちた。

明《あ》けて六月四日、未《ま》だ戦勝《せんしょう》に浮《う》かれる一同《いちどう》の下《もと》に、京《きょう》都から急使《きゅうし》が飛《と》び込《こ》んだ。主君信長《しゅくんのぶなが》の横《おう》死《し》、世《よ》に伝《つた》わる「本能寺《ほんのうじ》の変《へん》」の注進《ちゅうしん》だ。本能寺《ほんのうじ》の変《へん》は六月二日早朝《そうちょう》に起《お》こった。急使《きゅうし》は京《きょう》都から魚津《うおづ》まで約百里《やくひゃくり》（400km）の道程《みちのり》を僅《わず》か二日で駆《か》け込《こ》んだ。急使《きゅうし》は「明智光秀《あけちみつひで》の謀反《むほん》に遭《あ》い、信長公《のぶながこう》のみならず織田家家督《おだけかとく》の信忠公《のぶただこう》も落命《らくめい》」と伝《つた》えた。織田家《おだけ》が崩壊《ほうかい》したも同然《どうぜん》だ。諸将《しょしょう》は皆《みな》、胆《きも》を潰《つぶ》して為《な》す術《すべ》を失《うしな》い、兎《と》にも角《かく》にも一刻《いっこく》も早《はや》く各々《おのおの》領内《りょうない》に戻《もど》って国《くに》を鎮《しず》めるのが第一《だいいち》と談合《だんごう》して急《いそ》ぎ陣《じん》を畳《たた》んだ。

越前国領主《えちぜんこくりょうしゅ》の柴田勝家《しばたかついえ》は加賀国領主《かがこくりょうしゅ》の佐久間盛政《さくまもりまさ》と陸路《りくろ》を金沢《かなざわ》まで同行《どうこう》し、柴田一行《しばたいっこう》は盛政《もりまさ》の接待《せったい》で食事《しょくじ》を摂《と》ったのみで更《さら》に領国《りょうごく》の越前北ノ庄《えちぜんきたのしょう》へ急《いそ》いだ。北ノ庄城《きたのしょうじょう》に入《はい》ってからも休息《きゅうそく》する間《ま》を惜《お》しんで領国《りょうごく》の守《まも》りを固《かた》め終《お》え、明智討伐《あけちとうばつ》に向《む》けて軍勢《ぐんぜい》を率《ひき》いて京《きょう》都へ急《いそ》いだ。

荒山合戦と石動山天平寺　焼討

佐々成政《さっさなりまさ》は柴田《しばた》・佐久間《さくま》両勢《りょうぜい》を魚津城外《うおづじょうがい》まで出《で》て見送《みおく》った後《のち》、出兵中《しゅっぺいちゅう》の将兵《しょうへい》と共《とも》に富山城《とやまじょう》に入《はい》って地元《じもと》の元《もと》・神保《じんぼ》・椎名一門《しいないちもん》や諸豪族等《しょごうぞくなど》　各諸将《かくしょしょう》の動《うご》きを監視《かんし》した。

そしてもう一人の能登国領主《のとこくりょうしゅ》の前田利家《まえだとしいえ》は…。これより少《すこ》し前《まえ》、魚津《うおづ》に出陣中《しゅつじんちゅう》の利家《としいえ》の下《もと》に長連竜《ちょうつらたつ》から長景連《ちょうかげつら》勢《ぜい》を平定《へいてい》して目下《もっか》景連《かげつら》を援助《えんじょ》した能登《のと》の豪族《ごうぞく》や坊主《ぼうず》・豪商《ごうしょう》を一網打尽《いちもうだじん》に捉《とら》えて見《み》せしめに磔《はりつけ》の刑《けい》に処《しょ》しているとの朗報《ろうほう》が入《はい》っていた。だが魚津《うおづ》から陣《じん》を返《かえ》す直前《ちょくぜん》になって七尾《ななお》で留守《るす》を預《あず》かる兄《あに》の前田安勝《まえだやすかつ》から「能登石動山《のとせきどうさん》（中能登町）天平寺《てんぴょうじ》の悪僧《あくそう》らが織田家滅亡《おだけめつぼう》を知《し》り、越後《えちご》に逃《のが》れた遊佐実正《ゆささねまさ》（続光の弟）が温井景隆《ぬくいかげたか》や三宅長盛《みやけながもり》を誘《さそ》って織田《おだ》勢《ぜい》を能登《のと》から追《お》い出《だ》し能登《のと》を我《わ》が物《もの》にせんと石動山《いするぎやま》に城砦《じょうさい》を作事中《さくじちゅう》（建築中）」との注進《ちゅうしん》が飛《と》び込《こ》んだ。

前田利家《まえだとしいえ》は急《きゅう》を聞《き》いて柴田勝家《しばたかついえ》や佐久間盛政《さくまもりまさ》とは別行動《べつこうどう》を取《と》り、魚津《うおづ》から舟《ふね》で七尾《ななお》を目指《めざ》したが途中《とちゅう》、嵐《あらし》に遭《あ》って海老江《えびえ》（射水市）に一旦避難《いったんひなん》し、波《なみ》が静《しず》まるのを待《ま》って再度舟《さいどふね》にて大境《おおざかい》（氷見市）まで進《すす》んで舟《ふね》を捨《す》てた。そして大境《おおざかい》から能《のう》・越国境《えつこっきょう》の峠《とうげ》越《ご》えで七尾《ななお》に駆《か》け戻《もど》った。利家《としいえ》が七尾《ななお》の小丸山《こまるやま》（七尾港の近隣）に着《つ》くと守城《しゅじょう》の家臣《かしん》が急《せ》き込《こ》んで利家《としいえ》に

「石動山《いするぎやま》（中能登町）の般若院快存《はんにゃいんかいそん》や大宮坊《おおみやぼう》・火宮坊《ひのみやぼう》・大和坊《やまとぼう》などの悪僧《あくそう》と、越後《えちご》から戻《もど》った遊佐《ゆさ》や温井《ぬくい》・三宅《みやけ》の先遣隊《せんけんたい》の兵卒《へいそつ》合《あ》わせて四千余《あまり》が石動山《いするぎやま》と峰続《みねつづ》きの荒山《あらやま》（枡形山：中能登町）に目下《もっか》、砦《とりで》を築《きず》いて御座《ござ》る」と告《つ》げた。

越後《えちご》の軍勢《ぐんぜい》が真言宗石動山天平寺《しんごんしゅうせきどうざんてんぴょうじ》の僧徒《そうと》と組《く》んで七尾《ななお》を見下《みお》ろす荒山《あらやま》に城砦《じょうさい》を築《きず》き、前田《まえだ》に敵対《てきたい》すれば前田勢《まえだぜい》は進退窮《しんたいきゅう》する。天平寺は石動山《いするぎやま》に三百六十余《よ》の院坊《いんぼう》を持《も》ち三千の僧徒《そうと》を持《も》つ北陸屈指《ほくりくくっし》の山岳信仰《さんがくしんこう》の霊場《れいじょう》だ。天平寺は能登《のと》の寺領《じりょう》を根《ね》こそぎ織田勢《おだぜい》に横領《おうりょう》されたのを恨《うら》んで「不《ふ》倶戴天《ぐたいてん》の仲《なか》」（共には天を仰げぬ殺すか殺されるかの憎い仲）になっていた。

天正《てんしょう》十年六月、前田利家《まえだとしいえ》は加賀《かが》の佐久間盛政《さくまもりまさ》と越前《えちぜん》の柴田勝家《しばたかついえ》に状況《じょうきょう》を急報《きゅうほう》して援軍《えんぐん》を要請《ようせい》した。柴田勝家《しばたかついえ》は明智《あけち》を討伐《とうばつ》しようと急《いそ》ぎ京都《きょう》へ出陣《しゅつじん》するところだ。能登《のと》にまでは手《て》が回《まわ》らない。そこで佐久間盛政《さくまもりまさ》に越前衆《えちぜんしゅう》の分《ぶん》まで合《あ》わせて充分《じゅうぶん》に加勢《かせい》するよう依頼《いらい》した。能登《のと》に異変《いへん》が起《お》これば加賀《かが》も無事《ぶじ》では済《す》まされない。盛政《もりまさ》は能登《のと》の危急《ききゅう》を受《う》けて、

「能登《のと》より至急《しきゅう》の援軍要請《えんぐんようせい》があった。能登《のと》と加賀《かが》とは唇歯《しんし》の間柄《あいだがら》。古語《こご》にも「唇亡《くちびるほろ》びて歯寒《はさむ》し」とある。即刻能登《そっこくのと》へ助勢《じょせい》に向《む》かうべし」と家臣一同《かしんいちどう》に命《めい》じて、自《みずか》ら二千五百の軍勢《ぐんぜい》を率《ひき》いて能登《のと》へ急《いそ》いだ。そして荒山《あらやま》の麓《ふもと》の高畠《たかばたけ》（中能登町）に陣取《じんど》り、七尾《ななお》の前田利家《まえだとしいえ》に出陣《しゅつじん》を知《し》らせた。その一方《いっぽう》で近辺《きんぺん》の百姓衆《ひゃくしょうしゅう》を呼《よ》び出《だ》して石動山《いするぎやま》や荒山《あらやま》の様子《ようす》を聞《き》き出《だ》した。

利家《としいえ》も加賀《かが》の佐久間《さくま》勢《ぜい》と連絡《れんらく》を取《と》り合《あ》いながらこの日《ひ》の夕刻《ゆうこく》に七尾《ななお》を出陣《しゅつじん》し、軍兵《ぐんぺい》三千を石動《いするぎ》山《やま》と荒山《あらやま》の中間《ちゅうかん》の柴峠《しばとうげ》に隠《かく》して、翌朝《よくちょう》石動山《いするぎやま》から荒山《あらやま》へ城砦《じょうさい》普請《ふしん》に出向《でむ》く越後《えちご》の雑兵《ぞうひょう》や天平《てんぴょう》寺《じ》の悪僧《あくそう》らを待《ま》ち構《かま》えた。

この時《とき》、越後《えちご》の遊佐《ゆさ》実正《さねまさ》と温井《ぬくい》景隆《かげたか》、三宅《みやけ》長盛《ながもり》の先遣隊《せんけんたい》が、石動山《せきどうざん》般若院《はんにゃいん》快存《かいそん》や大和《やまと》坊《ぼう》覚笑《かくしょう》らと共《とも》に三、四千の人足《にんそく》を雇《やと》って石動山《いするぎやま》から続《つづ》く荒山《あらやま》に城砦《じょうさい》を築《きず》いている最中《さいちゅう》だった。

翌朝《よくちょう》、越後《えちご》の雑兵《ぞうひょう》や悪僧《あくそう》らと人足《にんそく》三、四千が柴峠《しばとうげ》にやってきた。そこへ、前田《まえだ》勢《ぜい》が横合《よこあ》いから飛《と》び出《だ》して討《う》ちかかった。予期《よき》せぬ攻撃《こうげき》を受《う》けて、雑兵《ぞうひょう》・悪僧《あくそう》や人足共《にんそくども》三千は我先《われさき》に荒山《あらやま》の城砦《じょうさい》目指《めざ》して逃《に》げ出《だ》した。前田《まえだ》利家《としいえ》は鼓《つづみ》を打《う》ち鳴《なら》らし、鬨《とき》の声《こえ》を掛《か》け合《あ》いながら敵《てき》が城砦《じょうさい》に逃《に》げ走《はし》る後《あと》を追《お》い掛《か》けた。城砦《じょうさい》の裏《うら》では利家《としいえ》と打《う》ち合《あ》わせの上《うえ》で待伏《まちぶ》せしていた佐久間《さくま》勢《ぜい》が、前田《まえだ》勢《ぜい》と意《い》気《き》を合《あ》わせて城砦《じょうさい》に飛《と》び込《こ》んだ敵勢《てきぜい》を包《つつ》み込《こ》んだ。越後《えちご》の雑兵《ぞうひょう》は敵《てき》の攻撃《こうげき》があるとは思《おも》ってもいなかった。手《て》には普請《ふしん》用《よう》の道具《どうぐ》があるだけで、ただ驚《おどろ》き恐《おそ》れて慌《あわ》てふためくばかりだ。瞬《また》く間《ま》に荒山《あらやま》は死骸《しがい》の山《やま》になって一人《ひとり》残《のこ》らず息絶《いきた》えた。

翌日未明《よくじつみめい》、攻《せ》め取《と》った荒山砦《あらやまとりで》の守備《しゅび》は佐久間《さくま》勢《ぜい》に任《まか》せて、前田利家《まえだとしいえ》は全軍《ぜんぐん》三千の兵《へい》を率《ひき》いて石《せき》動山天平寺《どうざんてんぴょうじ》に押《お》し寄《よ》せた。天平寺《てんぴょうじ》は広大《こうだい》な石動山《いするぎやま》に三百六十余《よ》の院坊《いんぼう》を構《かま》え、三千の僧徒《そうと》が修《しゅ》行《ぎょう》に励《はげ》む真言宗《しんごんしゅう》の一大寺院《いちだいじいん》だ。だがこの日《ひ》の朝《あさ》は石動山一帯《いするぎやまいったい》に朝霧《あさぎり》が立《た》ち込《こ》めて、咫尺《しせき》（周尺の1尺。30㎝弱）の視界《しかい》もなかった。全軍《ぜんぐん》は誰《だれ》に気付《きづ》かれることもなく易々《やすやす》と境内《けいだい》に入《はい》り込《こ》んだ。利家《としいえ》は三千の軍兵《ぐんぺい》を三手に分《わ》け、峰《みね》の東側《ひがしがわ》の大行院《だいぎょういん》の東谷《ひがしたに》からは先手《さきて》の高畠定吉《たかはたさだよし》、中央《ちゅうおう》の仁王門《におうもん》からは利家《としいえ》の本隊《ほんたい》、荒山側《あらやまがわ》からは奥村永福《おくむらながとみ》がそれぞれ鉄砲《てっぽう》の音《おと》を合図《あいず》に全軍鬨《ぜんぐんとき》の声《こえ》を張《は》り挙《あ》げて一《いっ》斉《せい》に攻《せ》め込《こ》んだ。

一方《いっぽう》の天平寺《てんぴょうじ》では遊佐実正《ゆさされまさ》や温井景隆《ぬくいかげたか》、三宅長盛《みやけながもり》らが越後《えちご》から辿《たど》り着《つ》いたばかりで未《ま》だ深《ふか》い眠《ねむ》りの中《なか》にあった。坊主《ぼうず》や宗徒共《しゅうとども》もこの神聖《しんせい》な霊場《れいじょう》が荒武者共《あらむしゃとも》に蹂躙《じゅうりん》されるとは夢《ゆめ》にも思《おも》っていなかった。

前田利家《まえだとしいえ》は天平寺《てんぴょうじ》が能登統治《のととうじ》に「百害《ひゃくがい》あって一利《いちり》なし」と断《だん》じて、信長《のぶなが》の「叡山焼《えいざんや》き討《う》ち」に倣《なら》い、石動山天平寺《せきどうざんてんぴょうじ》を徹底破壊《てっていはかい》するよう全軍《ぜんぐん》に言《い》い渡《わた》した。寺内《じない》の到《いた》る所《ところ》の僧坊《そうぼう》からは火《ひ》の手《て》が上《あ》がった。坊主共《ぼうずども》は只《ただ》うろたえなが坊《ぼう》から這《は》い出《だ》して来《き》た。そこを誰彼構《だれかれかま》わず女子供《おんなこども》の区別《くべつ》も無《な》く、見付《みつ》け次第《しだい》に首《くび》を撫《な》で切《き》った。全山《ぜんざん》は地獄絵図《じごくえず》そのままの有様《ありさま》になった。越後《えちご》から帰《かえ》った温井《ぬくい》、三宅《みやけ》や遊佐《ゆさ》らも乱戦《らんせん》の中《なか》で落命《らくめい》した。石動山《いするぎやま》は一宇《いちう》も残《のこ》らず焼《や》け落《お》ちた。利家《としいえ》は後《のち》の憂《うれ》いを残《のこ》さぬ様《よう》に石動山《いするぎやま》の住人《じゅうにん》を一人残《のこ》らず討《う》ち殺《ころ》した上《うえ》で、千数百の首《くび》を山門《さんもん》の両側《りょうがわ》に晒《さら》して反《はん》逆《ぎゃく》を企《くわだ》てる領民《りょうみん》への見《み》せしめにした。

五．本能寺の変

この節《せつ》は越中国《えっちゅうこく》と直接《ちょくせつ》には無縁《むえん》の事象《じしょう》であるがこの後《あと》、越中国《えっちゅうこく》のみならず日ノ本全体《ひのもとぜんたい》が大《おお》きく変革《へんかく》する原因《げんいん》となった事象《じしょう》であるので、ここに頁《ぺーじ》を裂《さ》いて要旨《ようし》を伝《つた》える。

明智光秀　西国へ出兵準備

話《はなし》は甲斐《かい》・信濃《しなの》平定《へいてい》まで戻《もど》る（253頁9～11行目の続き）

天正《てんしょう》十年（一五八二年）、織田信長《おだのぶなが》は徳川家康《とくがわいえやす》と共《とも》に甲斐《かい》から富士川《ふじがわ》沿《ぞ》いに駿河国《するがこく》に入《はい》り、東海《とうかい》道《どう》を経《へ》て、四月下旬《げじゅん》に安土《あづち》に帰還《きかん》した。

同年《どうねん》五月、徳川家康《とくがわいえやす》は穴山梅雪《あなやまばいせつ》を伴《ともな》い、京《きょう》都や堺《さかい》で調《ととの》えた珍品《ちんぴん》を持参《じさん》して駿河《するが》と遠江《とおとうみ》の両国《りょうこく》を譲《ゆず》り受《う》けた礼《れい》を言《い》いに安土《あづち》に遣《や》って来《き》た。信長《のぶなが》は城下《じょうか》の大宝院《だいほういん》を家康《いえやす》の宿所《しゅくしょ》に充《あ》てて明智光秀《あけちみつひで》に接待役《せったいやく》を命《めい》じ、家康《いえやす》に道中《どうちゅう》の疲《つか》れを癒《いや》させながら、その間《かん》に諸国《しょこく》から能《のう》や田楽《でんがく》・散楽《さんがく》などの名《な》のある謡手《うたいて》や舞手《まいて》を呼《よ》び寄《よ》せて安土《あづち》での饗応《きょうおう》の準備《じゅんび》を始《はじ》めた。

同月、信長《のぶなが》は安土城《あづちじょう》に一族《いちぞく》・重臣一同《じゅうしんいちどう》を列席《れっせき》させて家康饗応《いえやすきょうおう》の宴《うたげ》を行《おこな》う丁度《ちょうど》その日《ひ》の朝《あさ》、備《びっ》中国《ちゅうごく》（岡山県）の清水宗治《しみずむねはる》が籠《こも》る高松城《たかまつじょう》を水攻《みずぜ》めしていた羽柴秀吉《はしばひでよし》から信長《のぶなが》の下《もと》に「輝元《てるもと》、高松《たかまつ》（岡山市）へ出陣《しゅつじん》。至急《しきゅう》出馬《しゅつば》を請《こ》う」の出馬要請《しゅつばようせい》が届《とど》いた。秀吉《ひでよし》からの出馬要請《しゅつばようせい》を受《う》けた信長《のぶなが》は暫《しば》し瞑目《めいもく》した後《のち》、眼光鋭《がんこうするど》く明智光秀《あけちみつひで》を呼《よ》び寄《よ》せて、西国《さいごく》の因幡《いなば》（鳥取県）と石見《いわみ》（島根県）両国《りょうこく》への至急《しきゅう》の出陣《しゅつじん》を命《めい》じ、併《あわ》せてその二国《にこく》討《う》ち取《と》り次第《しだい》の国替《くにが》えを言《い》い渡《わた》して、速《すみ》やかに出馬《しゅつば》するよう即刻《そっこく》の退城《たいじょう》を命《めい》じた。信長《のぶなが》は毛利《もうり》出陣《しゅつじん》の報《しら》せを受《う》けて即刻《そっこく》の対応《たいおう》に迫《せま》られたが、信長《のぶなが》はここで「これぞ天祐《てんゆう》。この機《き》に乗《じょう》じて毛利《もうり》を滅《ほろ》ぼして西国諸国《さいごくしょこく》を制覇《せいは》してくれよう」と、日頃《ひごろ》から思《おも》い描《えが》いた天下《てんか》制覇《せいは》は今《いま》この時《とき》だと閃《ひらめ》き、先《ま》ず第一《だいいち》に光秀《みつひで》にその命《めい》を下《くだ》したのだ。

次《つ》いで光秀《みつひで》の遊軍《ゆうぐん》（戦列外の軍）を兼《か》ねて畿内《きない》に所領《しょりょう》を持《も》ち、畿内《きない》の警護役《けいごやく》を担《にな》う細川忠興《ほそかわただおき》・池田《いけだ》恒興《つねおき》・塩河吉大夫《しおかわきつだいふ》や高山右近《たかやまうこん》・中川清秀《なかがわきよひで》にも中国《ちゅうごく》や四国《しこく》への出陣《しゅつじん》を命《めい》じた。

光秀《みつひで》は命《めい》を受《う》けて家康《いえやす》饗応《きょうおう》の宴《うたげ》に加《くわ》わることなく、即刻《そっこく》居城《きょじょう》の坂本《さかもと》（大津市）に帰《かえ》った。そして西国《さいごく》出陣《しゅつじん》後《ご》の留守中《るすちゅう》の坂本城《さかもとじょう》の備《そな》えの手配《てくば》りを済《す》ませた後《のち》、先年《せんねん》光秀《みつひで》の領国《りょうごく》になったばかりの丹波《たんば》に入《はい》り、愛宕山神社《あたごやまじんじゃ》に参拝《さんぱい》して戦勝《せんしょう》祈願《きがん》をした。次《つ》いで居城《きょじょう》の亀山城《かめやまじょう》（京都府亀岡）に入《はい》って家臣一同《かしんいちどう》と共《とも》に出陣《しゅつじん》の支度《したく》に取《と》り掛《かか》った。

ところで光秀《みつひで》にとってはこの唐突《とうとつ》な出陣《しゅつじん》と領地替《りょうちが》えの命《めい》は「青天《せいてん》の霹靂《へきれき》」（予期せぬ出来事の例え）で、今回《こんかい》の出陣命令《しゅつじんめいれい》に大《おお》きな不安《ふあん》を持《も》ち、不満《ふまん》が募《つの》った。光秀《みつひで》は織田家中《おだかちゅう》では新参者《しんざんもの》だ。元《もと》は室《むろ》町幕府《まちばくふ》の幕府衆《ばくふしゅう》（幕府の事務官）の職《しょく》にあって、上流《じょうりゅう》公家《くげ》や武家《ぶけ》と交《まじ》わり礼儀作法《れいぎさほう》に長《た》けていた。後《のち》に足利義昭《あしかがよしあき》の越前逃避《えちぜんとうひ》や美濃国入《みのこくい》りの供廻衆《ともまわりしゅう》として同行《どうこう》して信長《のぶなが》に見染《みそ》められた。それで将《しょう》軍義昭《ぐんよしあき》の命《めい》を受《う》けて織田家《おだけ》の家臣《かしん》に移《うつ》ったのだ。織田家《おだけ》に移《うつ》って朝廷《ちょうてい》や幕府《ばくふ》への取次役《とりつぎやく》になったが、比叡山《ひえいざん》焼《や》き討《う》ちでは朝廷《ちょうてい》の批判《ひはん》を未然《みぜん》に封《ふう》じる根回《ねまわ》しをして手柄《てがら》を挙《あ》げ、近江国坂本《おうみこくさかもと》の城《じょう》主《しゅ》に取《と》り立《た》てられた。その後《ご》も丹波国《たんばこく》の平定《へいてい》などで引《ひ》き続《つづ》き手柄《てがら》を挙《あ》げて、近江滋賀郡《おうみしがぐん》に加《くわ》えて丹波一国《たんばいっこく》も拝領《はいりょう》した。そしてまた、石山本願寺《いしやまほんがんじ》攻《せ》めと荒木村重《あらきむらしげ》の乱《らん》で手柄《てがら》を挙《あ》げ、無為《むい》に過《す》ごした近畿探題《きんきたんだい》の佐久間信盛《さくまのぶもり》に替《かわ》って近畿探題《きんきたんだい》に取《と》り立《た》てられ、光秀《みつひで》は織田家最右翼《おだけさいうよく》の重鎮《じゅうちん》の一人《ひとり》に成《な》り上《あ》がった。

信長《のぶなが》の家臣《かしん》に対《たい》する待遇《たいぐう》は何事《なにごと》も手柄次第《てがらしだい》だ。新参者《しんざんもの》でも譜代《ふだい》の重臣《じゅうしん》でも差別《さべつ》はなかった。手《て》柄《がら》がなければ譜代《ふだい》の重鎮《じゅうちん》でも左遷《させん》された。織田家《おだけ》の筆頭家老《ひっとうかろう》であった佐久間信盛《さくまのぶもり》の失脚《しっきゃく》はその極《きょく》端《たん》な例《れい》だ。織田家臣《おだかしん》は家臣同士《かしんどうし》の熾烈《しれつ》な手柄合戦《てがらがっせん》に否応《いやおう》なく立《た》ち向《む》かわされていた。

光秀《みつひで》は思《おも》い悩《なや》んだ。今《いま》、西国安芸《さいごくあき》の鞆《とも》の浦《うら》には元《もと》・将軍足利義昭《しょうぐんあしかがよしあき》が毛利家《もうりけ》に養《やしな》われて隠棲《いんせい》している。光秀《みつひで》にとって義昭《よしあき》はまだ恩義《おんぎ》ある元《もと》・主君《しゅくん》だ。敵対等《てきたいなど》出来《でき》る相手《あいて》でない。その義昭《よしあき》からは屡《しばしば》謀叛《むほん》を促《うなが》す密書《みっしょ》が送《おく》られていた。

この頃《ころ》は調略《ちょうりゃく》合戦《がっせん》が花盛《はなさか》りで、敵方《てきがた》の家臣《かしん》に寝返《ねがえ》りを勧《すす》める密書《みっしょ》を送《おく》るのは当《あ》たり前《まえ》の世《よ》の中《なか》だ。だが光秀《みつひで》はこれが信長《のぶなが》に疑《うたが》われた結果《けっか》の西国左遷《さいごくさせん》ではないかと気《き》になった。まだある。土佐国領主《とさこくりょうしゅ》の長宗我部元親《ちょうそかべもとちか》は信長《のぶなが》と同盟《どうめい》して四国平定《しこくへいてい》を委《ゆだ》ねられた。この同盟《どうめい》は光秀《みつひで》が仲介《ちゅうかい》した。ところが愈々《いよいよ》阿波国《あわこく》（徳島県）を平定《へいてい》すれば四国統一《しこくとういつ》が成《な》る矢先《やさき》になって、阿波国領主《あわこくりょうしゅ》の三《み》好康長《よしやすなが》が羽柴秀吉《はしばひでよし》に取《と》り入《い》り、秀吉《ひでよし》の仲介《ちゅうかい》で信長《のぶなが》と誼《よしみ》を結《むす》んだ。信長《のぶなが》は長宗我部元親《ちょうそかべもとちか》の急激《きゅうげき》な勢《せい》力拡大《りょくかくだい》を恐《おそ》れて三好康長《みよしやすなが》に元親《もとちか》の勢力《せいりょく》を殺《そ》がせようとしたのだ。織田家《おだけ》の四国同盟《しこくどうめい》は長宗我部《ちょうそかべ》から三好《みよし》に代《か》わった結果《けっか》、織田家中《おだかちゅう》での秀吉《ひでよし》の株《かぶ》が上《あ》がって光秀《みつひで》の株《かぶ》が下《さ》がった。光秀《みつひで》は自他共《じたとも》に認《みと》める織田家第一《おだけだいいち》の有職故実《ゆうそくこじつ》（朝廷や公家・武家の行事・制度や仕来り・風俗・習慣）に通《つう》じた織田家《おだけ》の筆頭執事《ひっとうしつじ》だ。また軍事面《ぐんじめん》でも織田家有数《おだけゆうすう》の手柄《てがら》を挙《あ》げて、己《おのれ》ほど畿内警護《きないけいご》を掌《つかさど》る近畿探題《きんきたんだい》に相応《ふさわ》しい武将《ぶしょう》はいないと自負《じふ》していた。だから光秀《みつひで》はこの地《ち》を離《はな》れるのが辛《つら》かった。だがこの度《たび》、西《さい》国《ごく》に出陣《しゅつじん》して因幡《いなば》（鳥取県）、石見《いわみ》（島根県）の両国《りょうこく》を平定《へいてい》し次第《しだい》に、両国領主《りょうこくりょうしゅ》になって畿内《きない》を立《た》ち退《の》くよう国替《くにが》えの内命《ないめい》まで受《う》けたのだ。

また光秀《みつひで》と秀吉《ひでよし》は共《とも》に織田家中《おだかちゅう》では新参者《しんざんもの》だ。その光秀《みつひで》は元《もと》・幕府衆《ばくふしゅう》の経歴《けいれき》を持《も》つ上流階級《じょうりゅうかいきゅう》の出《で》で、秀吉《ひでよし》は水飲《みずの》み百姓上《びゃくしょうあ》がり。双方《そうほう》、両極端《りょうきょくたん》の出自《しゅつじ》で、これが何時《いつ》しか織田家中《おだかちゅう》で皆《みな》から注目《ちゅうもく》される出世争《しゅっせあらそ》いを演《えん》じなければならない羽目《はめ》に立《た》たされていた。今《いま》、その秀吉《ひでよし》に与力《よりき》するために西国《さいごく》に出陣《しゅつじん》して、その後《あと》はその西国《さいごく》への国替《くにが》えだ。西国諸国《さいごくしょこく》は既《すで》に大方《おおかた》、秀吉《ひでよし》の調略《ちょうりゃく》に乗《の》って、何所《どこ》も皆《みな》、秀吉《ひでよし》の唾《つば》が付《つ》いた地盤《じばん》だ。そこへの出陣《しゅつじん》であり、そこへの国替《くにが》えだ。

光秀《みつひで》はこの国替《くにが》えは単《たん》なる国替《くにが》えには思《おも》えなくなった。佐久間信盛《さくまのぶもり》の織田家追放《おだけついほう》の図《ず》が目《め》に浮《う》かんだ。荒木村重《あらきむらしげ》の一族惨殺《いちぞくざんさつ》も瞼《まぶた》に浮《う》かんで焼《や》き付《つ》いた。自分《じぶん》は村重《むらしげ》以上《いじょう》に元将軍《もとしょうぐん》の義昭《よしあき》や毛利家《もうりけ》からの密書《みっしょ》を屡《しばしば》受《う》けていた。信長《のぶなが》の自分《じぶん》に対《たい》する様子《ようす》が最近《さいきん》、頓《とみ》に険《けわ》しく苛立《いらだ》ってきたのも何《なに》か思惑《おもわく》がありそうだ。光秀《みつひで》の心《こころ》は愈々塞《いよいよふさ》がった。

天下《てんか》を取《と》った後《のち》の天下人《てんかびと》にとっては有能《ゆうのう》な家臣《かしん》ほど目《め》の上《うえ》の瘤《こぶ》となり、危険極《きけんきわ》まりない存在《そんざい》に映《うつ》るものだ。信長《のぶなが》には己《おのれ》がそのように映《うつ》ったのだとの思《おも》いに至《いた》った。その様《よう》に思《おも》えばその昔《むかし》、異《い》国《こく》では、呉《ご》（中国春秋時代の国）の夫差《ふさ》が「臥薪嘗胆《がしんしょうたん》」して春秋《しゅんじゅう》の覇者《はしゃ》になったが、覇者《はしゃ》になった途端《とたん》に宰相《さいしょう》兼軍師《けんぐんし》の呉子胥《ごししょ》に属鏤《しょくる》の剣《けん》を贈《おく》って自決《じけつ》させた。漢《かん》の劉邦《りゅうほう》は「国士無双《こくしむそう》」と評判《ひょうばん》をとって功績第一《こうせきだいいち》の将軍韓信《しょうぐんかんしん》を惨殺《ざんさつ》した。我《わ》が日本《にほん》でも源頼朝《みなもとよりとも》が平家討伐最大《へいけとうばつさいだい》の功臣《こうしん》であり、実《じっ》弟《てい》でもあった義経《よしつね》を追討《ついとう》して討《う》ち滅《ほろ》ぼした。足利尊氏《あしかがたかうじ》も弟《おとうと》の直義《なおよし》を毒殺《どくさつ》した。

和漢《わかん》の帝王学《ていおうがく》を説《と》く故事《こじ》には、天下《てんか》を取《と》った後《のち》の君臣《くんしん》の身《み》の処《しょ》し方《かた》を示《しめ》した実話《じつわ》が目白押《めじろお》しだ。そう思《おも》うと光秀《みつひで》は信長《のぶなが》に安土《あづち》を退城《たいじょう》させられて以来《いらい》、これらの故事《こじ》が己《おのれ》の今《いま》の状況《じょうきょう》と重《かさ》なり合《あ》って心《こころ》が塞《ふさ》がり、一層《いっそう》の不安《ふあん》に苛《さいな》まれて毎晩眠《まいばんねむ》れぬ夜《よる》が続《つづ》き、世間《せけん》の道理《どうり》や事《こと》の重軽《じゅうけい》が判《わか》らなくなった。

織田信長横死

信長《のぶなが》は光秀《みつひで》に西国出陣《さいごくしゅつじん》を命《めい》じて安土《あづち》を退城《たいじょう》させた後《のち》、五月十九日と二十日の両日《りょうじつ》に織田家《おだけ》を挙《あ》げて家康《いえやす》に馳走《ちそう》の限《かぎ》りを尽《つく》し饗応《きょうおう》した上《うえ》で、京都《きょう》・堺《さかい》・奈良《なら》への物見遊山《ものみゆさん》の旅《たび》に送《おく》り出《だ》した。信長《のぶなが》はその後《のち》　西国出陣《さいごくしゅつじん》に向《む》けて安土《あづち》を発《た》ち、五月二十九日に入洛《じゅらく》して宿所《しゅくしょ》の本能寺《ほんのうじ》に投宿《とうしゅく》した。

六月一日、光秀《みつひで》は出陣《しゅつじん》の朝《あさ》、本丸下《ほんまるした》の広場《ひろば》で軍兵《ぐんぺい》が機敏《きびん》に出陣《しゅつじん》の準備《じゅんび》をしているのを見《み》た途端《とたん》に鬱《うつ》が吹《ふ》き飛《と》んで気《き》が晴《は》れた。ここ暫《しばら》く安土《あづち》では鬱々《うつうつ》とした執事《しつじ》の仕事《しごと》に追《お》われ過《す》ぎていた。自《じ》分《ぶん》に従《したが》う軍卒《ぐんそつ》を見《み》た途端《とたん》に武将《ぶしょう》の性《さが》が芽《め》を吹《ふ》き出《だ》した。今《いま》、畿内《きない》と近畿《きんき》を見渡《みわた》して自分《じぶん》ほどの軍《ぐん》勢《ぜい》を持《も》つ武将《ぶしょう》は何処《どこ》にもいない。信長《のぶなが》と共《とも》に西国《さいごく》に出陣《しゅつじん》する畿内《きない》の遊軍諸将《ゆうぐんしょしょう》は自領《じりょう》で出陣準備《しゅつじんじゅんび》中《ちゅう》だが、皆《みな》、近畿探題《きんきたんだい》を任《にん》ずる己《おのれ》の配下《はいか》だ。加《くわ》えて皆《みな》、自分《じぶん》の縁戚《えんせき》か親《した》しい友人《ゆうじん》かの何《いず》れかだ。気《き》になる武将《ぶしょう》は一人《ひとり》もいない。京《きょう》都には既《すで》に信長《のぶなが》と信忠《のぶただ》が入《はい》ったのに僅《わず》かな近習《きんしゅう》が供《とも》をしているだけだ。安土《あづち》にも兵《へい》はいない。この様《よう》なことは信長《のぶなが》が将軍義昭《しょうぐんよしあき》を擁《よう》して上洛《じょうらく》して以来《いらい》、一度《いちど》も無《な》かったことだ。

光秀《みつひで》は「これぞ天祐《てんゆう》」と気付《きづ》いた。天《てん》が光秀《みつひで》に天下《てんか》を授《さず》けてくれたのだ。「天《てん》の与《あた》えを取《と》らざれば、却《かえ》ってその咎《とが》を受《う》く」とは今《いま》この事《こと》、古語《こご》も教《おし》えるところだと気《き》を引《ひ》き締《し》め直《なお》した。

光秀《みつひで》の懐《ふところ》には都落《みやこお》ちして落《お》ちぶれたとはいえ、歴《れっき》とした元《もと》・将軍義昭《しょうぐんよしあき》から届《とど》いた「信長追討《のぶながついとう》」の御内書《ごないしょ》があった。織田家総領《おだけそうりょう》の信長《のぶなが》と家督《かとく》の信忠《のぶただ》の二人《ふたり》を討《う》ち取《と》れば織田家《おだけ》は滅《ほろ》ぶ。織田《おだ》の家《か》臣《しん》がいくら騒《さわ》いでも朝廷《ちょうてい》を取《と》り込《こ》んで将軍義昭《しょうぐんよしあき》を担《かつ》ぎ、天下《てんか》に信長《のぶなが》の罪業《ざいごう》を披歴《ひれき》して幕府復古《ばくふふっこ》を宣言《せんげん》するのに一月《ひとつき》もあれば事《こと》は成《な》る。世間《せけん》が納得《なっとく》せぬ筈《はず》がない。朝廷《ちょうてい》と義昭《よしあき》を担《かつ》げば事《こと》が成《な》るのだ。それでも刃向《はむか》う者《もの》は朝敵《ちょうてき》の汚名《おめい》を着《き》せて天下《てんか》に布告《ふこく》し、討《う》ち取《と》るだけだ。光秀《みつひで》はそれ程《ほど》に思《おも》い詰《つ》めて、既《すで》に天下《てんか》を手《て》にした気分《きぶん》になった。それで先《ま》ずは土佐国領主《とさこくりょうしゅ》の長宗我部元親《ちょうそかべもとちか》の下《もと》に織田軍《おだぐん》の四国征伐《しこくせいばつ》が一両日《いちりょうじつ》に迫《せま》ったことを知《し》らせて軍事同盟《ぐんじどうめい》を求《もと》める密書《みっしょ》を送《おく》った。次《つ》いで娘《むすめ》の舅《しゅうと》の丹後国領主《たんごこくりょうしゅ》の細川忠興《ほそかわただおき》や娘婿《むすめむこ》の北近江国高島郡領主《きたおうみこくたかしまぐんりょうしゅ》の織田信澄《おだのぶずみ》（信長の弟の信行の子）、義《よし》昭《あき》の娘婿《むすめむこ》の大和国領主《やまとこくりょうしゅ》の筒井順慶《つついじゅんけい》にも信長《のぶなが》の罪状《ざいじょう》を並《なら》べ、謀反《むほん》を起《お》こす大義《たいぎ》と正当性《せいとうせい》を訴《うった》えて同盟《どうめい》を求《もと》める密書《みっしょ》を送《おく》った。光秀《みつひで》は順慶《じゅんけい》とは義昭《よしあき》に仕《つか》えていた頃《ころ》からの昵懇《じっこん》の間柄《あいだがら》だ。諸将《しょしょう》への密書《みっしょ》を書《か》きあげると益々気分《ますますきぶん》が高揚《こうよう》して、信長《のぶなが》に追《お》われた畿内《きない》の豪族《ごうぞく》や信長《のぶなが》に敵対《てきたい》する毛利《もうり》や上《うえ》杉《すぎ》、北条《ほうじょう》などの諸大名《しょだいみょう》、羽柴秀吉《はしばひでよし》が囲《かこ》む高松城《たかまつじょう》の清水宗治《しみずむねはる》らにも事《こと》が成《な》った後《のち》に送《おく》る織田一門《おだいちもんとう》討伐《ばつ》の「檄文《げきぶん》」を練《ね》りながら既《すで》に天下《てんか》を取《と》った気分《きぶん》に浸《ひた》った。

光秀《みつひで》は家族《かぞく》との別《わか》れの盃《さかずき》や出陣式《しゅつじんしき》を済《す》ませた後《のち》、一万三千の軍兵《ぐんぺい》を従《した》えて涼《すず》しくなった夕刻《ゆうこく》を選《えら》んで亀山《かめやま》を立《た》ち、一路《いちろ》京都《きょう》への路《みち》をとった。光秀《みつひで》は京都《きょう》への出陣《しゅつじん》の道中《どうちゅう》で「時《とき》は今天《いまあめ》が下知《したし》る五月哉《さつきかな》」（土岐《とき》は明智の別姓、その土岐は今天下を支配する五月哉）と口《くち》ずさんで悦《えつ》に入《い》った。

光秀《みつひで》の家臣《かしん》は西国《さいごく》への出陣《しゅつじん》と聞《き》いて西国《さいごく》へ直行《ちょっこう》するには道《みち》が逆方向《ぎゃくほうこう》だと気付《きづ》いたが、何処《どこ》を経由《けいゆ》するかまでの知《し》らされておらず気《き》にも留《と》めなかった。

一行《いっこう》は京都《きょう》に近付《ちかづ》いたところで社《やしろ》の杜《もり》に入《はい》り、休息《きゅうそく》と仮眠《かみん》をとった。天正《てんしょう》十年（一五八二年）六月二日、明智光秀《あけちみつひで》は未《ま》だ夜明《よあ》けには間《ま》がある時刻《じこく》に皆《みな》を起《お》こし、食事《しょくじ》を充分取《じゅうぶんと》らせた後《のち》、行軍《こうぐん》を始《はじ》めた。歩《ある》き出《だ》して軍兵《ぐんぺい》の体《からだ》が温《あたた》まり心身《しんしん》ともに体調《たいちょう》が整《ととの》ったころを見計《みはか》らって小休止《しょうきゅうし》を取《と》り、諸隊《しょたい》の将《しょう》を集《あつ》めて命令《めいれい》した。

「敵《てき》は本能寺《ほんのうじ》にあり」と…。皆《みな》は驚《おどろ》き息《いき》を呑《の》んで一瞬《いっしゅん》、静《しず》まりかえった。そして次《つぎ》の瞬間《しゅんかん》、一斉《いっせい》に鬨《とき》をつくって心《こころ》を鼓舞《こぶ》し、光秀《みつひで》に従《したが》うことを態度《たいど》で示《しめ》した。光秀《みつひで》はそれほどに普段《ふだん》から隊将《たいしょう》や軍卒《ぐんそつ》には眼《め》をかけていたので皆《みな》から慕《した》われていたのだ。

光秀軍《みつひでぐん》の一万三千が本能寺《ほんのうじ》に近《ちか》づき空《そら》が白《しら》んで来《き》た頃《ころ》、一斉《いっせい》に鬨《とき》の声《こえ》を張《は》り上《あ》げて本能寺《ほんのうじ》を囲《かこ》み火矢《ひや》を射《い》かけた。信長《のぶなが》に従《したが》う家臣《かしん》・近習《きんしゅう》は僅《わず》かに二、三十人だ。信長《のぶなが》が弓《ゆみ》と槍《やり》を持《も》って縁側《えんがわ》に現《あらわ》れたが、直《す》ぐに姿《すがた》が消《き》えて、間《ま》を置《お》かずに寺《てら》の中《なか》から火《ひ》の手《て》が上《あ》がった。後世《こうせい》になって、「信長《のぶなが》は小姓《こしょう》の森蘭丸《もりらんまる》に火《ひ》を掛《か》けさせ、桶狭間《おけはざま》出陣《しゅつじん》の際《さい》に謡《うた》った幸若舞《こうわかまい》・敦盛《あつもり》の「人間《にんげん》五十年、化天《けてん》の内《うち》に比《くら》ぶれば夢幻《ゆめまぼろし》の如《ごと》くなり、一度生《ひとたびしょう》を得《え》て滅《めっ》せぬ者《もの》のあるべきか」（人間界の50年は天界の一日に同じでほんの夢幻の内だの意）を舞《ま》い謡《うた》って自害《じがい》した。森蘭丸《もりらんまる》はその信長《のぶなが》の遺体《いたい》が敵《てき》の手《て》に渡《わた》らぬように遺体《いたい》を炎《ほのお》に包《つつ》み、その炎《ほのお》に飛《と》び込《こ》んで自害《じがい》したのだ」と噂《うわさ》した。信長《のぶなが》の享年《きょうねん》四十九歳。

明智光秀の三日天下

明智光秀《あけちみつひで》は軍《ぐん》を二手《ふたて》に分《わ》け、一手《ひとて》は本能寺《ほんのうじ》に残《のこ》して寺《てら》の消火《しょうか》や寺内《じない》の遺体《いたい》の検分《けんぶん》、信長《のぶなが》の遺体《いたい》捜索《そうさく》などに当《あ》て、他《ほか》の一手《ひとて》は信長《のぶなが》の家督《かとく》の織田信忠《おだのぶただ》が逃《に》げ込《こ》んだ二条《にじょう》御所《ごしょ》に向《む》かわせた。この御所《ごしょ》は信長《のぶなが》が宿所《しゅくしょ》にしていた元《もと》、二条家《にじょうけ》の屋敷《やしき》を修築《しゅうちく》して誠仁親王《さねひとしんのう》に進呈《しんてい》したものだ。

織田信忠《おだのぶただ》は妙覚寺《みょうかくじ》に宿《やど》をとっていたが、異変《いへん》の注進《ちゅうしん》を受《う》けて信長《のぶなが》の宿所《しゅくしょ》に急《いそ》ぎ向《むか》った。その途《と》中《ちゅう》で京師守護《けいししゅご》の村井貞勝《むらいさだかつ》と出会《であ》い、本能寺《ほんのうじ》が既《すで》に落《お》ちたと知《し》って皆《みな》と共《とも》に二条《にじょう》御所《ごしょ》に入《はい》った。時《とき》を置《お》かず光秀《みつひで》の大軍《たいぐん》も二条《にじょう》御所《ごしょ》を囲《かこ》んで討《う》ち入《い》る構《かま》えを取《と》った。信忠《のぶただ》は敵《てき》の様子《ようす》を見《み》て

「この城《しろ》を例《たと》え逃《に》げ落《お》ちても京《きょう》都《と》の出口《でぐち》を敵勢《てきぜい》が固《かた》めているのは必定《ひつじょう》。そこで見苦《みぐる》しく捉《とら》えられては末代《まつだい》の恥《はじ》となる。ならばここで自決《じけつ》するのが武士《ぶし》の道《みち》」と己《おのれ》に言《い》い聞《き》かせて前田玄以《まえだげんい》を呼《よ》び

「汝《なんじ》は急《いそ》ぎ岐阜《ぎふ》へ帰《かえ》って我《わ》が妻子《さいし》を清洲《きよす》へ移《うつ》し、長谷川丹波守《はせがわたんばのかみ》と相談《そうだん》して守《も》り立《た》てよ」と命《めい》じて前田《まえだ》を二条《にじょう》御所《ごしょ》から落《お》とした。その上《うえ》で軍使《ぐんし》を光秀軍《みつひでぐん》に送《おく》り、誠仁親王一行《さねひとしんのういっこう》の宮中《きゅうちゅう》への渡《わた》りの警護《けいご》を依頼《いらい》した。親王一行《しんのういっこう》は二条《にじょう》御所《ごしょ》を落《お》ちて宮中《きゅうちゅう》へ難《なん》を避《さ》けた。城内《じょうない》での緊急処理《きんきゅうしょり》を終《お》えた

信忠《のぶただ》は自刃《じじん》して果《は》てた。信忠《のぶただ》の享年《きょうねん》二十六歳。朝日《あさひ》が高《たか》くなる頃《ころ》には全《すべ》てが終《お》わっていた。

この頃《ころ》、織田軍団《おだぐんだん》は日《ひ》ノ本《もと》の各地《かくち》に散《ち》ってそれぞれが戦《たたか》っていた。羽柴秀吉《はしばひでよし》は西国備中高松《さいごくびっちゅうたかまつ》城《じょう》（岡山市）を水攻《みずぜ》め中《ちゅう》。北陸探題《ほくりくたんだい》の柴田勝家《しばたかついえ》は前田利家《まえだとしいえ》や佐々成政《さっさなりまさ》、佐久間盛政《さくまもりまさ》らと共《とも》に越中《えっちゅう》魚津城《うおづじょう》を攻撃中《こうげきちゅう》（255頁11行目以降の魚津城の戦いを参照）。関東探題《かんとうたんだい》の滝川一益《たきがわかずます》は上野国厩橋《こうずけこくうまやばし》（前橋市）に、信濃国川中島領主《しなのこくかわなかじまりょうしゅ》の森長可《もりながよし》は海津《かいづ》（長野市松代町）にいてこの二人は共《とも》に越後《えちご》へ出撃《しゅつげき》の準備《じゅんび》中《ちゅう》。織田家重鎮《おだけじゅうちん》で若狭国領主《わかさこくりょうしゅ》の丹羽長秀《にわながひで》は伊勢《いせ》の神戸信孝《かんべのぶたか》（織田信長の三男）と共《とも》に摂津国大阪《せっつこくおおさか》から四国《しこく》へ向《む》けて当《まさ》に出陣直前《しゅつじんちょくぜん》だ。

徳川家康《とくがわいえやす》は穴山梅雪《あなやまばいせつ》（元・武田家臣）と共《とも》に安土《あづち》で大歓待《だいかんたい》を受《う》けた後《のち》、五月二十一日には安土《あづち》を辞《じ》し、京《きょう》都から堺《さかい》に入《はい》って物見遊山中《ものみゆさんちゅう》。随行《ずいこう》は遊興《ゆうきょう》の者《もの》ばかりで警護《けいご》の供《とも》はいなかった。

信長《のぶなが》が滅《ほろ》んだ瞬間《しゅんかん》に二人《ふたり》は落《お》ち武者《むしゃ》の身《み》になった。この二人《ふたり》を討《う》ち取《と》れば、光秀《みつひで》から莫大《ばくだい》な恩《おん》賞《しょう》が貰《もら》える。仕官《しかん》も夢《ゆめ》でない。野盗《やとう》・野武士《のぶし》は二人《ふたり》を捕《つか》まえようと一斉《いっせい》に動《うご》き出《だ》した。

徳川家康《とくがわいえやす》は信長横死《のぶながおうし》の報《しら》せを「本能寺《ほんのうじ》の変《へん》」の当日《とうじつ》、堺《さかい》で受《う》けて直《ただ》ちに伊賀《いが》（三重県西部）に逃《のが》れ、伊賀《いが》の豪族《ごうぞく》一団《いちだん》の助《たす》けを得《え》て伊勢《いせ》に入《はい》り伊勢国白子《いせこくしろこ》（鈴鹿市東南部）から船《ふね》を漕《こ》ぎ出《だ》し船中泊《せんちゅうはく》して、六月五日に本領《ほんりょう》三河《みかわ》に無事《ぶじ》逃《に》げ帰《かえ》った。穴山梅雪《あなやまばいせつ》は事態《じたい》急変《きゅうへん》の対処《たいしょ》を誤《あやま》って、野盗《やとう》に囲《かこ》まれ落命《らくめい》した。世間《せけん》は金品《きんぴん》を多《おお》く持《も》ち帰《かえ》ろうとして逃《に》げ遅《おく》れたのだと噂《うわさ》した。

織田信長《おだのぶなが》横死《おうし》の急使《きゅうし》は全国各地《ぜんこくかくち》に飛《と》んだ。京都《きょう》から約百里《やくひゃくり》（400km）離《はな》れた越中魚津《えっちゅううおづ》の柴田勝《しばたかつ》家《いえ》の下《もと》には二日後の四日に届《とど》き、五十里《ごじゅうり》（約200km）離《はな》れた備中高松《びっちゅうたかまつ》の羽柴秀吉《はしばひでよし》の下《もと》には翌日《よくじつ》の夜《よる》に届《とど》いた。織田軍団《おだぐんだん》は信《しん》じ難《がた》い程《ほど》に完璧《かんぺき》な情報伝達網《じょうほうでんたつもう》を作《つく》り上《あ》げていた。

明智光秀《あけちみつひで》は信長《のぶなが》を滅《ほろ》ぼして第一関門《かんもん》を突破《とっぱ》した。次《つぎ》は織田一門《おだいちもん》からの反撃《はんげき》をどう防《ふせ》ぐかだ。光《みつ》秀《ひで》は「変《へん》」の六月二日から四日までの三日間《かん》、在京《ざいきょう》し、先《ま》ずは朝廷対策《ちょうていたいさく》に乗《の》り出《だ》して罪深《つみふか》い信長《のぶなが》を誅伐《ちゅうばつ》した状況《じょうきょう》と朝廷《ちょうてい》を奉《たてまつ》る旨《むね》を上奏《じょうそう》して朝廷《ちょうてい》を従来通《じゅうらいどお》りに安堵《あんど》した。次《つ》いで天下《てんか》の諸大名《しょだいみょう》に親《しん》書《しょ》を発《はっ》し、織田家滅亡《おだけめつぼう》と新体制《しんたいせい》の構築《こうちく》を伝《つた》える等《など》、戦後処理《せんごしょり》に時間《じかん》を費《つい》やした。

次《つ》いで五日から八日までは安土城《あづちじょう》に入《はい》って近江一帯《おうみいったい》の織田家一族一門《おだけいちぞくいちもん》の仕置《しおき》（戦後処理）に費《つい》やし、居城《きょじょう》の近江坂本城《おうみさかもとじょう》と安土城《あづちじょう》には攻撃《こうげき》を受《う》けても籠城《ろうじょう》して守《まも》り通《とお》せる精鋭《せいえい》を置《お》いた。

更《さら》には朝廷《ちょうてい》に対《たい》して光秀《みつひで》に参内《さんだい》を請《こ》うよう働《はたら》きかけて朝廷《ちょうてい》が光秀《みつひで》に味方《みかた》したと天下《てんか》に知《し》らしめようと画策《かくさく》した。光秀《みつひで》は勅使《ちょくし》を受《う》けて九日《ここのか》に参内《さんだい》した。

公家衆《くげしゅう》は光秀《みつひで》の歓心《かんしん》を買《か》おうと総出《そうで》で光秀《みつひで》の入洛《にゅうらく》を出迎《でむか》えた。

第七章　豊臣秀吉　天下統一

一．山崎合戦

この章《しょう》は信長《のぶなが》に代《かわ》って天下《てんか》を取《と》る秀吉《ひでよし》の動向《どうこう》と越中国領主《えっちゅうこくりょうしゅ》の佐々成政《さっさなりまさ》や後《のち》に能登《のと》・加賀《かが》に加《くわ》えて越中《えっちゅう》も領《りょう》する前田利家等《まえだとしいえなど》を中心《ちゅうしん》に伝《つた》える。但《ただ》しこれからの数節《すうせつ》は秀吉《ひでよし》が天下人《てんかびと》になるまでの事象《じしょう》であって越中国《えっちゅうこく》には関《かか》わり無《な》いので、歴史《れきし》の流《なが》れが判《わか》る程度《ていど》に絞《しぼ》って伝《つた》える。

中国大返しと明智家滅亡

天正《てんしょう》十年（一五八二年）六月二日、明智光秀《あけちみつひで》は「本能寺《ほんのうじ》の変《へん》」を思《おも》い通《どお》りに遣《や》り終《お》えた。加《くわ》えて既《すで》に娘《むすめ》の舅《しゅうと》の細川忠興《ほそかわただおき》（南丹後国領主）や娘婿《むすめむこ》の津田信澄《つだのぶすみ》（信長の甥・北近江高島郡領主）や将軍義昭《しょうぐんよしあき》の娘《むすめ》の舅《しゅうと》の筒井順慶《つついじゅんけい》（天正五年松永久秀父子を滅ぼし、同六年から大和国領主）などの畿内《きない》の諸将《しょしょう》へは信《のぶ》長誅滅《ながちゅうめつ》を密書《みっしょ》に認《したた》めて伝《つた》え終《お》えた。その密書《みっしょ》には信長《のぶなが》を朝敵《ちょうてき》と逆賊《ぎゃくぞく》に仕立《した》てた「朝敵《ちょうてき》・逆賊《ぎゃくぞく》を討《う》つ」との大義名分《たいぎめいぶん》が謳《うた》ってあった。光秀《みつひで》はこの大義名分《たいぎめいぶん》に惚《ほ》れ込《こ》んで、信長《のぶなが》を討《う》ち取《と》った後《あと》の再度《さいど》の支援要請《しえんようせい》を怠《おこた》った。「朝敵《ちょうてき》・逆族《ぎゃくぞく》を討《う》つ」と認《したた》めた密書《みっしょ》が送《おく》ってある。己《おのれ》は近畿探題《きんきたんだい》であって畿内《きない》の諸将《しょしょう》も皆《みな》、我《わ》が探題《たんだい》の配下《はいか》であり一族《いちぞく》でもある。皆《みな》は必《かなら》ず先《さき》を争《あらそ》って参陣《さんじん》して来《く》るものと思《おも》い込《こ》んでいた。

一方《いっぽう》の羽柴秀吉《はしばひでよし》は、天正《てんしょう》十年（一五八二年）六月三日夜《よる》に信長横死《のぶながおうし》の急報《きゅうほう》を備中国高松《びっちゅうこくたかまつ》（岡山市）で受《う》けた。秀吉《ひでよし》は信長横死《のぶながおうし》に衝撃《しょうげき》を受《う》けて、全《すべ》てを失《うしな》ってしまった思《おも》いになり気《き》が塞《ふさ》がった。だが軍師《ぐんし》と仰《あお》ぐ黒田孝高《くろだよしたか》（官兵衛）に諌《いさ》められて目《め》が覚《さ》め、信長《のぶなが》の遺志《いし》を継《つ》ごうと決心《けっしん》した。そこで毛利勢《もうりぜい》には信長《のぶなが》の死《し》を隠《かく》しながら、水攻《みずぜ》め中《ちゅう》の高松城主《たかまつじょうしゅ》清水宗治《しみずむねはる》の切腹《せっぷく》と備中《びっちゅう》・美作《みまさか》・伯耆《ほうき》各国《かっこく》の一部割譲《いちぶかつじょう》を条件《じょうけん》に城《しろ》と城兵《じょうへい》は解放《かいほう》して軍《ぐん》を引《ひ》くとの停戦交渉《ていせんこうしょう》を成立《せいりつ》させた。秀吉《ひでよし》は毛利輝《もうりてる》元《もと》が織田軍《おだぐん》と和議《わぎ》を結《むす》びたがっているのを黒田孝高《くろだよしたか》の情報《じょうほう》で既《すで》に知《し》っていたのだ。

秀吉《ひでよし》は宗治切腹《むねはるせっぷく》を確認《かくにん》した後《のち》、六日に高松《たかまつ》を立《た》って五十里《り》（約200km）の道《みち》を僅《わず》か六日間《むいかかん》の強行軍《きょうこうぐん》で十二日には摂津国富田《せっつこくとんだ》（高槻市）に入《はい》った。後世《こうせい》これを「秀吉《ひでよし》の中国大返《ちゅうごくおおがえ》し」と称《しょう》して驚《おどろ》きをもって伝《つた》えた。

他方《たほう》、明智光秀《あけちみつひで》はこの頃《ころ》、畿内《きない》の縁戚《えんせき》に連《つら》なる諸将《しょしょう》の参陣《さんじん》を待《ま》ったが、幾《いく》ら待《ま》っても誰《だれ》も来《こ》なかった。実《じつ》は津田信澄《つだのぶすみ》は四国出陣中《しこくしゅつじんちゅう》の若狭国《わかさこく》の丹羽長秀《にわながひで》に光秀助勢《みつひでじょせい》を疑《うたが》われて討《う》ち殺《ころ》されていた。筒井順慶《つついじゅんけい》は光秀《みつひで》と秀吉《ひでよし》の両者《りょうしゃ》から参陣《さんじん》を求《もと》められて動《うご》きが取《と》れなくなった。それで洞《ほら》が峠《とうげ》（国道一号線の京都と大阪の府境）まで出陣《しゅつじん》して、そこで様子見《ようすみ》を決《き》め込《こ》んだ。後世《こうせい》、順慶《じゅんけい》の「洞《ほら》が峠《とうげ》を決《き》め込《こ》む」は様子見《ようすみ》の代名詞《だいめいし》となって世間《せけん》から嘲《あざけ》られることになった。

そうこうする内《うち》、光秀《みつひで》の下《もと》に「秀吉《ひでよし》が備中《びっちゅう》から軍《ぐん》を返《かえ》して摂津《せっつ》に入国《にゅうこく》」との注進《ちゅうしん》が飛《と》び込《こ》んだ。光秀《みつひで》は意表《いひょう》を突《つ》かれて驚《おどろ》いた。光秀《みつひで》は心中《しんちゅう》で「織田一門《おだいちもん》は先《ま》ず信長《のぶなが》の後継《あとつ》ぎを選《えら》び、次《つ》いで安土城《あづちじょう》を取《と》り返《かえ》し、その後《のち》に光秀《みつひで》の居城《きょじょう》の近江坂本城《おうみさかもとじょう》や丹波亀山城《たんばかめやまじょう》を襲《おそ》う」と思《おも》い込《こ》んでいた。

いきなり織田家中《おだかちゅう》の一家臣《いちかしん》が京都《きょう》に単独《たんどく》で攻《せ》め込《こ》むなどとは、光秀《みつひで》の常識《じょうしき》には無《な》いことだった。

明智光秀《あけちみつひで》の思惑《おもわく》は外《はず》れた。だがここ畿内《きない》は明智一門《あけちいちもん》の地盤《じばん》だ。秀吉《ひでよし》に味方《みかた》する者《もの》などいる筈《はず》がないと信《しん》じた。そこで急遽《きゅうきょ》、在洛中《ざいらくちゅう》の全軍《ぜんぐん》を山崎街道《やまざきかいどう》（西国街道）の京都《きょう》の入口《いりくち》の要衝《ようしょう》の地《ち》の山崎《やまざき》に向《む》かわせ、そこで軍《ぐん》を二手《ふたて》に分《わ》けて近《ちか》くの淀城《よどじょう》と勝竜寺城《しょうりゅうじじょう》に入《い》れた。羽柴軍《はしばぐん》は備中《びっちゅう》から強行《きょうこう》軍《ぐん》を強《し》いられていた。疲《つか》れ切《き》り、戦《いくさ》など出来《でき》る状態《じょうたい》ではない。その羽柴軍《はしばぐん》が天王山麓《てんのうざんろく》の山崎《やまざき》から無理攻《むりぜ》めして来《く》れば、そこを待《ま》ち受《う》けて一網打尽《いちもうだじん》に討《う》ち取《と》る作戦《さくせん》だ。だが、光秀《みつひで》の作戦《さくせん》には致命《ちめい》的《てき》な欠陥《けっかん》があった。信長《のぶなが》を朝敵《ちょうてき》・逆族《ぎゃくぞく》に仕立《した》てて討《う》てと命《めい》じた当《とう》の本人《ほんにん》も、光秀《みつひで》が頼《たよ》りとした諸将《しょしょう》も皆《みな》　その信長《のぶなが》の下《もと》で立身出世《りっしんしゅっせ》した者達《ものたち》ばかりで光秀《みつひで》の大義名分《たいぎめいぶん》に素直《すなお》に耳《みみ》を貸《か》す者《もの》など一人《ひとり》もいなかったのだ。

羽柴秀吉《はしばひでよし》は配下《はいか》の将《しょう》を近畿《きんき》の諸将《しょしょう》の下《もと》に送《おく》って明智光秀《あけちみつひで》に「弑逆《しいぎゃく》（主殺し）の罪《つみ》」を着《き》せ、秀吉《ひでよし》軍《ぐん》に参陣《さんじん》するよう強要《きょうよう》した。そして四国出陣《しこくしゅつじん》を見合《みあ》わせて河内国《かわちこく》に留《とど》まった丹羽軍《にわぐん》には態《わざ》と合《ごう》流《りゅう》せず、直接敵《ちょくせつてき》と接《せっ》する富田《とんだ》（高槻市）にまで攻《せ》め入《い》って陣《じん》を張《は》り、そこから諸将《しょしょう》に使者《ししゃ》を出《だ》して呼《よ》び付《つ》けた。これが見事《みごと》に成功《せいこう》した。京都《きょうと》に接《せっ》する摂津国《せっつこく》茨木城主《いばらきじょうしゅ》の中川清秀《なかがわきよひで》や高槻城主《たかつきじょうしゅ》の高山右近《たかやまうこん》、池田城主《いけだじょうしゅ》の池田恒興《いけだつねおき》らの勢《ぜい》は皆《みな》、秀吉《ひでよし》の下《もと》に参集《さんしゅう》した。

十三日には、河内国《かわちこく》にいた織田家重鎮《おだけじゅうちん》の丹羽長秀《にわながひで》の一軍《いちぐん》も参集《さんしゅう》した。秀吉軍《ひでよしぐん》に参集《さんしゅう》した諸将《しょしょう》は皆信長《みなのぶなが》の横死《おうし》に誰《だれ》もが胆《きも》を潰《つぶ》し、明日《あす》の不安《ふあん》に慄《おのの》いていた。同日《どうじつ》、信長《のぶなが》の三男で伊勢《いせ》の神戸家《かんべけ》に養子《ようし》に入《はい》った信孝《のぶたか》も富田《とんだ》の秀吉陣《ひでよしじん》に加《くわ》わってきた。「弑逆《しいぎゃく》の罪《つみ》」はそれ程《ほど》に諸将《しょしょう》の心《こころ》を揺《ゆ》り動《うご》かした。

明智光秀《あけちみつひで》は羽柴秀吉軍《はしばひでよしぐん》が自軍《じぐん》の一万五千に倍加《ばいか》する軍勢《ぐんぜい》になったのに焦《あせ》りを感《かん》じて、敵勢《てきぜい》が集《あつ》まり始《はじ》めたばかりのまだ烏合《うごう》の衆《しゅう》の内《うち》に攻《せ》め潰《つぶ》そうと思《おも》い立《た》った。

天正《てんしょう》十年（一五八二年）六月十三日夕刻《ゆうこく》、明智光秀《あけちみつひで》は淀城《よどじょう》に詰《つ》めた軍勢《ぐんぜい》を山崎《やまざき》に向《む》かわせて、秀吉陣《ひでよしじん》に攻《せ》め込《こ》む態勢《たいせい》を取《と》った。これを見《み》た池田恒興《いけだつねおき》は同《おな》じ地元勢《じもとぜい》の中川清秀《なかがわきよひで》と高山右近《たかやまうこん》を誘《さそ》って天王山《てんのうざん》から明智軍《あけちぐん》の脇《わき》を衝《つ》いて襲《おそ》い掛《かか》った。明智軍《あけちぐん》にとって一味同心《いちみどうしん》と信《しん》じた摂津勢《せっつぜい》が敵方《てきがた》に回《まわ》って襲《おそ》い懸《かか》って来《き》たのだ。結果《けっか》は明《あき》らかだ。明智軍《あけちぐん》は不意討《ふいう》ちを食《く》らって浮足立《うきあしだ》ち、吾先《われさき》に勝《しょう》竜寺城《りゅうじじょう》目指《めざ》して一目散《いちもくさん》に逃《に》げ出《だ》した。あっけない総崩《そうくず》れになった。

光秀《みつひで》も一旦《いったん》、勝竜寺城《しょうりゅうじじょう》に逃《のが》れて、夜中《よなか》に僅《わず》かの近習《きんしゅう》と共《とも》に近江坂本城《おうみさかもとじょう》を目指《めざ》して城《しろ》を抜《ぬ》け出《だ》したが、その途中《とちゅう》の小栗栖《おぐるす》（京都市伏見区）で野盗《やとう》に襲《おそ》われ落命《らくめい》した。光秀《みつひで》の筆頭家老《ひっとうかろう》の斎藤利三《さいとうとしみつ》も坂本城《さかもとじょう》を目指《めざ》して退却《たいきゃく》したが、これも堅田《かただ》（大津市）で生《い》け捕《ど》られて洛中《らくちゅう》引《ひ》き回《まわ》しのうえ斬首《ざんしゅ》された。明智一門《あけちいちもん》は脆《もろ》くも壊滅《かいめつ》した。羽柴秀吉《はしばひでよし》は焼《や》け落《お》ちた本能寺《ほんのうじ》に入《はい》って遺体《いたい》や遺骨《いこつ》を集め丁重《ていちょう》に葬《ほうむ》った上《うえ》で、明智《あけち》の縁者《えんじゃ》を探《さが》し出《だ》して一々《いちいち》に首《くび》を刎《は》ねて見《み》せしめにした。

二．清洲会議と賤ケ岳合戦

織田家の家督に三法師を推戴

織田家一門《おだけいちもん》は皆《みな》、主君信長《しゅくんのぶなが》の横死《おうし》に驚《おどろ》き悲《かな》しんで、何《なに》はともあれ織田家一族一門《おだけいちぞくいちもん》の旗下《きか》に馳《は》せ参《さん》じようと京都《きょうと》を目指《めざ》した。だがその頃《ころ》には既《すで》に羽柴秀吉《はしばひでよし》が明智光秀《あけちみつひで》を討《う》ち取《と》っていた。

安土城《あづちじょう》は明智《あけち》一族《いちぞく》の明智秀満《あけちひでみつ》が守備《しゅび》していたが、山崎敗戦《やまざきはいせん》を受《う》けて城《しろ》を空《あ》けて逃《に》げ落《お》ちた。その混乱《こんらん》に乗《じょう》じて盗賊《とうぞく》が押《お》し入《い》り、城《しろ》は焼《や》け落《お》ち城下《じょうか》も混乱《こんらん》の巷《ちまた》となって壊滅《かいめつ》した。

これより先《さき》、織田信忠《おだのぶただ》の嫡男《ちゃくなん》で三歳の三法師《さんほうし》は信忠《のぶただ》の家臣《かしん》の前田玄以《まえだげんい》に伴《ともな》われて岐阜城《ぎふじょう》から清《きよ》洲城《すじょう》に住《す》まいを移《うつ》した。清洲城主《きよすじょうしゅ》は信長《のぶなが》の弟《おとうと》の織田信包《おだのぶかね》で、岐阜中将《ぎふちゅうじょう》織田信忠《おだのぶただ》（織田家の家督）の副将《ふくしょう》だ。信包《のぶかね》は小谷城落城《おだにじょうらくじょう》の折《おり》、信長《のぶなが》の命《めい》で浅井長政《あさいながまさ》の室《しつ》の市《いち》と市《いち》の娘《むすめ》の三姉妹《さんしまい》を伊勢国上野《いせこくうえの》で匿《かくま》っていたが、この市《いち》と三姉妹《さんしまい》も万一《まんいつ》に備《そな》えて清洲《きよす》に呼《よ》び寄《よ》せた。玄以《げんい》は明智勢《あけちぜい》の急襲《きゅうしゅう》を恐《おそ》れて織田家《おだけ》の面々《めんめん》に

「三法師様《さんほうしさま》は清洲《きよす》に御着城《ごちゃくじょう》につき、至急守護《しきゅうしゅご》に参《まい》られたし」と各地《かくち》の諸将《しょしょう》に急使《きゅうし》を使《つか》わした。

織田家筆頭家老《おだけひっとうかろう》の柴田勝家《しばたかついえ》は京《きょう》都を目指《めざ》して急《いそ》いだが、その途中《とちゅう》で「光秀滅《みつひでほろ》ぶ」の報《しら》せが飛《と》び込《こ》み、敦賀《つるが》を過《す》ぎたところで清洲《きよす》からの急使《きゅうし》を受《う》けて尾張国清洲城《おわりこくきよすじょう》に進路《しんろ》を変《か》えた。

織田家一門《おだけいちもん》の面々《めんめん》は続々《ぞくぞく》と清洲城《きよすじょう》に参集《さんしゅう》して三法師《さんほうし》を弔問《ちょうもん》しながら、織田家《おだけ》の跡《あと》を継《つ》ぐ者《もの》は誰《だれ》かと噂《うわさ》し合《あ》った。

信長三男《のぶながさんなん》の信孝《のぶたか》は伊勢国《いせこく》の神戸家《かんべけ》に養子《ようし》に入《はい》って神戸家《かんべけ》を継《つ》いでいたが、本能寺《ほんのうじ》の変《へん》の直前《ちょくぜん》の四国攻《しこくぜ》めに際《さい》して、信長《のぶなが》に与《くみ》する三好康長《みよしやすなが》の養子《ようし》になることになっていた。ところがこの本能寺《ほんのうじ》の変《へん》が起《お》こって天下《てんか》が急変《きゅうへん》したので、信孝《のぶたか》は姓《せい》を織田《おだ》に戻《もど》した（以後、織田信孝）。信孝《のぶたか》は才気《さいき》に溢《あふ》れて織田家《おだけ》の跡《あと》を継《つ》ぐのは己以外《おのれいがい》にいないと確信《かくしん》していた。

二男で伊勢国国司《いせこくこくし》の北畠家《きたばたけけ》の養子《ようし》に入《はい》った信雄《のぶかつ》（信雄も本能寺の変の後に姓を織田に戻した。以後、織田信雄）は、性向惰弱《せいこうだじゃく》で天下《てんか》を取《と》る気力胆力《きりょくたんりょく》は持《も》ち合《あ》わせていなかったが、家臣団《かしんだん》は己《おのれ》等の出世《しゅっせ》を図《はか》って信孝《のぶたか》の兄《あに》であることから「長幼《ちょうよう》の序《じょ》」を楯《たて》に取《と》り、信雄《のぶかつ》を担《かつ》いで信孝《のぶたか》に対抗《たいこう》した。

両家《りょうけ》の家臣団《かしんだん》は織田家家老《おだけかろう》に日参《にっさん》して主君《しゅくん》を売《う》り込《こ》み、軍卒《ぐんそつ》も募《つの》って勢力《せいりょく》を誇示《こじ》した。

織田家筆頭家老《おだけひっとうかろう》の勝家《かついえ》は面々《めんめん》の意《い》を酌《く》んで急遽《きゅうきょ》、織田信雄《おだのぶかつ》・信孝兄弟《のぶたかきょうだい》と織田家重臣《おだけじゅうしん》の丹羽長秀《にわながひで》・滝川一益《たきがわかずます》・羽柴秀吉《はしばひでよし》と山崎合戦功労者《やまざきがっせんこうろうしゃ》の池田恒興《いけだつねおき》に呼《よ》び掛《か》け、六月二十七日を期《き》して清洲城《きよすじょう》にて会議《かいぎ》を催《もよお》すと伝《つた》えた。この内《うち》、関東探題《かんとうたんだい》の一益《かずます》は信長横死後《のぶながおうしご》の対処《たいしょ》を誤《あやま》って相模国《さがみこく》の北条《ほうじょう》氏政《うじまさ》に攻《せ》められ関東《かんとう》から追《お》い出《だ》されたので面目《めんぼく》を失《うしな》い参加《さんか》を辞退《じたい》した。会議《かいぎ》は筆頭家老《ひっとうかろう》の勝《かつ》家《いえ》が主宰《しゅさい》し、光秀討伐参戦《みつひでとうばつさんせん》の功《こう》を認《みと》めて信孝《のぶたか》を後継者《こうけいしゃ》に挙《あ》げた。一同《いちどう》も同意《どうい》しそうになった。秀《ひで》吉《よし》は「これでは織田一門《おだいちもん》の今後《こんご》は勝家《かついえ》の意《い》の儘《まま》になる」と面白《おもしろ》からず思《おも》い、

「しばらくお待《ま》ちを」と声《こえ》を上《あ》げた。秀吉《ひでよし》と勝家《かついえ》は、天正《てんしょう》五年に加賀国手取川《かがこくてどりがわ》で上杉謙信《うえすぎけんしん》と対《たい》峙《じ》した時《とき》の軍議以来《ぐんぎいらい》、互《たが》いの間《あいだ》に溝《みぞ》が出来《でき》ていた。（217頁7～8行目及び238頁4～7行目参照）

一同《いちどう》は秀吉《ひでよし》が信長《のぶなが》から養子《ようし》にもらった信長《のぶなが》の四男秀勝《ひでかつ》を推《お》すと言《い》い出《だ》すのではないかと気《き》を揉《も》み顔色《かおいろ》を変《か》えた。だが秀吉《ひでよし》は落《お》ち着《つ》き払《はら》って

「織田家《おだけ》の家督《かとく》は既《すで》に御嫡男《ごちゃくなん》の信忠様《のぶただきま》であると亡《な》き信長公《のぶながこう》がお決《き》めになって御座《ござ》る。その信忠《のぶただ》公《こう》もお亡《な》くなりになったが、御子《おこ》の三法師様《さんほうしさま》がここに居《い》て御座《おわ》す。三法師様《さんほうしさま》に継《つ》いで戴《いただ》くことこそ筋《すじ》では御座《ござ》らぬか。元服《げんぷく》なさるまでは我《われ》ら一同《いちどう》で後見《こうけん》すればそれで済《す》むこと」と意見《いけん》した。

丹羽《にわ》や池田《いけだ》が秀吉《ひでよし》の意見《いけん》に賛同《さんどう》した。勝家《かついえ》も特《とく》に反論《はんろん》はせず、「そうすれば信雄《のぶかつ》と信孝《のぶたか》との勢《せい》力争《りょくあらそ》いも治《おさ》まる」と思案《しあん》して納得《なっとく》し、織田家《おだけ》の後継者《こうけいしゃ》を三法師《さんほうし》に決定《けってい》した。そうせざるを得《え》ないほどに信雄《のぶかつ》と信孝《のぶたか》の兄弟間《きょうだいかん》は後継争《こうけいあらそ》いで一触即発《いっしょくそくはつ》の危険《きけん》な状態《じょうたい》になっていた。

織田家所領の仕置と市　柴田勝家に婚嫁

清洲《きよす》会議《かいぎ》は次《つ》いで明智領《あけちりょう》と主家《しゅけ》の織田家《おだけ》の領地《りょうち》の仕置《しおき》（処理）に話《はなし》が移《うつ》った。この会議《かいぎ》で家督《かとく》について三法師《さんほうし》（このとき三歳）の守役《もりやく》には信長《のぶなが》の側近《そっきん》だった堀秀政《ほりひでまさ》を付《つ》け、養育代《よういくだい》として近江国《おうみこく》坂田郡《さかたぐん》二万五千石《ごく》と安土城《あづちじょう》を得《え》て貰《もら》うことにした。信長《のぶなが》と信忠《のぶただ》が領《りょう》した織田家《おだけ》の旧領《きゅうりょう》は、三法師《さんほうし》が元服《げんぷく》した時《とき》に返《かえ》す事《こと》にして、それまでは会議《かいぎ》に加《くわ》わった一同《いちどう》で預《あず》かり管理《かんり》することになった。

そこで引《ひ》き続《つづ》き談合《だんごう》して、信長《のぶなが》の次男《じなん》の信雄《のぶかつ》は旧領《きゅうりょう》の南伊勢《みなみいせ》に加《くわ》えて尾張《おわり》を、三男《さんなん》の信孝《のぶたか》は同《おな》じく北伊勢《きたいせ》に加《くわ》えて美濃《みの》を、四男《よんなん》で秀吉《ひでよし》の養子《ようし》になっている秀勝《ひでかつ》は明智領《あけちりょう》の丹波《たんば》を取《と》った。

勝家《かついえ》は越前《えちぜん》に加《くわ》えて長浜城《ながはまじょう》を含《ふく》む江北三郡《こうほくさんぐん》を強《し》いて求《もと》めて越前《えちぜん》から一体《いったい》の領地《りょうち》にした。

丹羽長秀《にわながひで》は若狭《わかさ》に加《くわ》えて近江国滋賀《おうみこくしが》・高島両郡《たかしまりょうぐん》を得《え》た。

秀吉《ひでよし》は長浜《ながはま》を勝家《かついえ》に譲《ゆず》り、替《か》わって旧領《きゅうりょう》の播磨《はりま》に加《くわ》えて山城国《やましろこく》と河内国《かわちこく》を取《と》った。

池田恒興《いけだつねおき》は摂津一国《せっついっこく》を領有《りょうゆう》した。柴田《しばた》・羽柴《はしば》・丹羽《にわ》・池田《いけだ》の四人の宿老《しゅくろう》は三法師《さんほうし》の後見役《こうけんやく》になったが、間《ま》もなく各々《おのおの》は居城《きょじょう》に帰《かえ》って名前《なまえ》だけの後見役《こうけんやく》になった。結果《けっか》として一同《いちどう》は体《てい》よく主《しゅ》家《け》の領土《りょうど》を分捕《ぶんど》った形《かたち》になったが、下克上《げこくじょう》の戦国時代《せんごくじだい》ではこれが当《あ》たり前《まえ》の仕置《しおき》だった。

秀吉《ひでよし》は表向《おもてむ》きは勝家《かついえ》を立《た》てて北近江三郡《きたおうみさんぐん》と長浜城《ながはまじょう》を譲《ゆず》った形《かたち》になった。だがその一方《いっぽう》で京師《けいし》（首都）を取《と》り巻《ま》く山城《やましろ》・河内《かわち》両国《りょうこく》と養子《ようし》の秀勝《ひでかつ》が得《え》た丹波国《たんばこく》を領国化《りょうごくか》した。京《きょう》都を包《つつ》み込《こ》めば洛中洛外《らくちゅうらくがい》の政治《せいじ》・経済《けいざい》・治安《ちあん》の全《すべ》てが我《わ》が手中《しゅちゅう》に落《お》ちると深謀遠慮《しんぼうえんりょ》して、勝家《かついえ》の要求《ようきゅう》した長浜《ながはま》城《じょう》と江北《こうほく》は無条件《むじょうけん》で譲《ゆず》り、勝家《かついえ》には意識《いしき》して逆《さか》らわぬように心配《こころくば》りした。

伊勢上野城《いせうえのじょう》（三重県津市）に隠棲《いんせい》した市《いち》は、上野城主《うえのじょうしゅ》の織田信包《おだのぶかね》に今後《こんご》の我《わ》が身《み》の処《しょ》し方《かた》を相《そう》談《だん》した。信包《のぶかね》はこの清洲会議《きよすかいぎ》の結果《けっか》、織田家《おだけ》の今後《こんご》は秀吉《ひでよし》か勝家《かついえ》のどちらかに委《ゆだ》ねられるだろうと判断《はんだん》して、どちらかに嫁《か》して今後《こんご》の身《み》を立《た》てるように勧《すす》めた。

市《いち》は浅井長政《あさいながまさ》との間《あいだ》に出来《でき》た万福丸《まんぷくまる》を磔《はりつけ》にした秀吉《ひでよし》が許《ゆる》せなかった。これに比《くら》べて勝家《かついえ》は亡《な》き信長第一《のぶながだいいち》の重鎮《じゅうちん》で文武両道《ぶんぶりょうどう》に通《つう》じ、人情《にんじょう》にも厚《あつ》いと見《み》た。信包《のぶかね》は勝家《かついえ》を訪《たず》ねて市《いち》の意《い》を話《はな》し、市《いち》の今後《こんご》を勝家《かついえ》に委《ゆだ》ねたいと伝《つた》えた。勝家《かついえ》は驚《おどろ》き喜《よろこ》んで了承《りょうしょう》した。しかし今《いま》は信長《のぶなが》が亡《ほろ》び、家督《かとく》の信忠《のぶただ》も他界《たかい》した直後《ちょくご》だ。市《いち》は勝家《かついえ》の許《ゆる》しを得《え》て信孝《のぶたか》と相談《そうだん》し、岐阜城《ぎふじょう》に入《はい》って勝家《かついえ》と親《した》しい織《お》田一族《だいちぞく》の信孝《のぶたか》、三法師《さんほうし》、信包《のぶかね》などを招《まね》いただけで、細《ささ》やかな婚儀《こんぎ》を執《と》り行《おこな》った。

秀吉と勝家の反目

清洲会議《きよすかいぎ》の後《のち》、秀吉《ひでよし》は主君弑逆《しゅくんしいぎゃく》の大罪《たいざい》を犯《おか》した光秀《みつひで》を討《う》ち取《と》った手柄《てがら》を誇示《こじ》して織田家《おだけ》を乗《の》っ取《と》る勢《いきお》いを示《しめ》した。他方《たほう》、織田一族《おだいちぞく》と織田家《おだけ》の宿老《しゅくろう》らは織田家《おだけ》の将来《しょうらい》を危《あや》ぶんで対抗意識《たいこういしき》を高《たか》めた。両者間《りょうしゃかん》には抜《ぬ》き差《さ》しならぬ勢力争《せいりょくあらそ》いが急速《きゅうそく》に顕在化《けんざいか》した。

天正《てんしょう》十年九月、勝家《かついえ》はこのままでは織田一門《おだいちもん》が分裂《ぶんれつ》すると心配《しんぱい》して市《いち》と相談《そうだん》し、織田家故地《おだけこち》の尾張《おわり》・美濃《みの》からしばらく離《はな》れて冷却期間《れいきゃくきかん》を取《と》ることにした。それで市《いち》と共《とも》に妙心寺《みょうしんじ》（右京区）で信長《のぶなが》の百箇日法要《ひゃっかにちほうよう》を済《す》ませた上《うえ》で北国《ほっこく》の越前北ノ庄《えちぜんきたのしょう》に引《ひ》き上《あ》げた。

一方《いっぽう》の秀吉《ひでよし》は山城国《やましろこく》の本圀寺《ほんこくじ》（山科区）を拠点《きょてん》にして新《あら》たに領有《りょうゆう》した領国《りょうごく》の仕置《しおき》を行《おこな》った。すると京都《きょう》の公家《くげ》や諸国《しょこく》の大名《だいみょう》が引《ひ》きも切《き》らずに本圀寺詣《ほんこくじもうで》を始《はじ》めた。世間《せけん》は明智光秀《あけちみつひで》を討《う》ち取《と》った秀《ひで》吉《よし》を信長《のぶなが》の実質後継者《じっしつこうけいしゃ》と見做《みな》した。秀吉《ひでよし》は気《き》を良《よ》くして山崎街道《やまざきかいどう》（西国街道）の要衝《ようしょう》で光秀《みつひで》を討《う》った天王山《てんのうざん》の麓《ふもと》に山崎城《やまざきじょう》を築《きず》いて天下《てんか》を制覇《せいは》したと世間《せけん》に知《し》らしめた。また織田家《おだけ》に有縁《うえん》の諸将《しょしょう》を集《あつ》めて京都大徳寺《きょうとだいとくじ》で盛大《せいだい》に信長《のぶなが》の葬儀《そうぎ》を執《と》り行《おこな》った。棺《ひつぎ》には信長《のぶなが》の木像《もくぞう》を入《い》れ、棺《ひつぎ》の前後《ぜんご》を秀吉《ひでよし》の養子《ようし》になった信長四男《のぶながよんなん》の秀勝《ひでかつ》と池田恒興《いけだつねおき》の嫡子《ちゃくし》の輝政《てるまさ》に担《かつ》がせた。

朝廷《ちょうてい》は信長《のぶなが》に従一位《じゅいちい》太政大臣《だじょうだいじん》を追贈《ついぞう》した。秀吉《ひでよし》は大徳寺《だいとくじ》に位牌所《いはいしょ》を建立《こんりゅう》して自分《じぶん》が信長《のぶなが》の後継者《こうけいしゃ》であることを世間《せけん》に誇示《こじ》した。織田家《おだけ》の家臣《かしん》の内《うち》、新参《しんざん》の家臣《かしん》や下級家臣《かきゅうかしん》から成《な》り上《あ》がった家臣等《かしんら》は織田一族《おだいちぞく》や織田家代々《おだけだいだい》の宿老《しゅくろう》らの旧体制派《きゅうたいせいは》に加《くわ》わるよりは時流《じりゅう》に乗《の》った新参《しんざん》で成《な》り上《あ》がりの秀吉《ひでよし》に加《くわ》わった方《ほう》が得策《とくさく》と考《かんが》えて、我《われ》も我《われ》もと秀吉側《ひでよしがわ》に心《こころ》を寄《よ》せ始《はじ》めた。

秀吉《ひでよし》はさらに深謀遠慮《しんぼうえんりょ》して、柴田勝家《しばたかついえ》とは敵対関係《てきたいかんけい》にある越後《えちご》の上杉景勝《うえすぎかげかつ》とも誼《よしみ》を結《むす》んだ。また美濃国《みのこく》の領主《りょうしゅ》になった信長三男信孝《のぶながさんなんのぶたか》の筆頭家老《ひっとうかろう》・斎藤利尭《さいとうとしたか》が急死《きゅうし》した機《き》を捉《とら》えて、秀吉《ひでよし》の意《い》に添《そ》うように岐阜城内《ぎふじょうない》の重臣《じゅうしん》らに付《つ》け届《とど》けをして取《と》り入《い》った。また秀吉《ひでよし》は織田信雄《おだのぶかつ》とも同盟《どうめい》して自陣《じじん》に取《と》り込《こ》んだ。

天正《てんしょう》十年十一月、柴田勝家《しばたかついえ》は越前大野《えちぜんおおの》領主《りょうしゅ》の金森長近《かなもりながちか》と越前府中《えちぜんふちゅう》領主《りょうしゅ》の不破勝光《ふわかつみつ》、能登国《のとこく》領主《りょうしゅ》の前田利家《まえだとしいえ》の三人《さんにん》を和平使節《わへいしせつ》として羽柴秀吉《はしばひでよし》の下《もと》に送《おく》り、世間《せけん》に京師《けいし》（首都）制覇《せいは》を誇示《こじ》して見《み》せる目障《めざわ》りな山崎城《やまざきじょう》を破却《はきゃく》することと、織田信孝《おだのぶたか》が領《りょう》する岐阜城《ぎふじょう》への干渉《かんしょう》は行《おこな》わぬよう申《もう》し入《い》れた。秀吉《ひでよし》は時《とき》を稼《かせ》ごうと謀《はか》って三人を迎《むか》え入《い》れ、使節団《しせつだん》を刺激《しげき》せぬよう聞《き》き役《やく》に徹《てっ》して、卒《そっ》なく和平会談《わへいかいだん》を済《す》ませた。その一方《いっぽう》で、供応《きょうおう》の席《せき》では世情《せじょう》談議《だんぎ》に花《はな》を咲《さ》かせて、さりげなく勝《かっ》家《いえ》が崇《あが》める織田家《おだけ》に天下《てんか》の仕置《しおき》を任《まか》せたときの各界《かくかい》の反応《はんのう》を披歴《ひれき》して、時流《じりゅう》の必然《ひつぜん》を解説《かいせつ》して見《み》せた。さらに加《くわ》えて秀吉《ひでよし》が織田家《おだけ》に仕官《しかん》して以来《いらい》の「水魚《すいぎょ》の交《まじ》わり」（切っても切れない親しい交わり）の仲《なか》の前田利家《まえだとしいえ》を訪《たず》ねて、旧交《きゅうこう》を温《あたた》めようと密談《みつだん》の一時《いっとき》を持《も》った。同《おな》じく金森《かなもり》や不破《ふわ》にも格別《かくべつ》の付《つ》け届《とど》けをして気脈《きみゃく》を通《つう》じた。秀吉《ひでよし》は人《ひと》たらしの天才《てんさい》と云《い》われる行動《こうどう》に出《で》て、使節団《しせつだん》を心行《こころゆ》くまで供応《きょうおう》した後《のち》に、木枯《こが》らしの吹《ふ》き始《はじ》めた北陸《ほくりく》に送《おく》り返《かえ》した。続《つづ》いて長浜城主《ながはまじょうしゅ》になった柴田勝豊《しばたかつとよ》（勝家の甥）に、勝家《かついえ》から離《はな》れて秀吉《ひでよし》に与《くみ》するよう頻《しき》りに調略《ちょうりゃく》した。

市《いち》が柴田家《しばたけ》に嫁《か》して以来《いらい》、勝家《かついえ》や家老《かろう》の関心《かんしん》は市《いち》に移《うつ》って、勝豊《かつとよ》を柴田家《しばたけ》の家族《かぞく》として見《み》る眼《め》が無《な》きに等《ひと》しくなった。秀吉《ひでよし》はそこを突《つ》いて寝返《ねがえ》りを勧《すす》めたのだ。

同年《どうねん》十二月、秀吉《ひでよし》は北陸《ほくりく》に雪《ゆき》が降《ふ》り始《はじ》めるのを待《ま》って柴田勝豊《しばたかつとよ》の長浜城《ながはまじょう》に出陣《しゅつじん》した。勝豊《かつとよ》は無《む》抵抗《ていこう》で降伏《こうふく》した。秀吉《ひでよし》は長浜城《ながはまじょう》と北近江《きたおうみ》を労《ろう》せずして手《て》に入《い》れ、長浜城《ながはまじょう》の城兵《じょうへい》も残《のこ》らず自軍《じぐん》の配《はい》下《か》に収《おさ》めた。秀吉《ひでよし》は長浜城《ながはまじょう》を手《て》に入《い》れた勢《いきお》いに乗《の》って岐阜城《ぎふじょう》を囲《かこ》んだ。城内《じょうない》の重臣《じゅうしん》らは既《すで》に秀吉《ひでよし》に籠絡《ろうらく》されていて秀吉軍《ひでよしぐん》を撃退《げきたい》しようとはせず、逆《ぎゃく》に主君《しゅくん》の織田信孝《おだのぶたか》に降伏《こうふく》を勧《すす》めた。信孝《のぶたか》は進《しん》退極《たいきわま》って、岐阜城《ぎふじょう》にいた三法師《さんほうし》と信孝《のぶたか》の生母《せいぼ》を秀吉《ひでよし》に差《さ》し出《だ》して降伏《こうふく》した。

秀吉《ひでよし》は三法師《さんほうし》を安土《あづち》に迎《むか》えて浅野長政《あさのながまさ》を北近江《きたおうみ》の木之本《きのもと》に向《む》かわせ、安土築城《あづちちくじょう》を名目《めいもく》に付近《ふきん》の木材《もくざい》を伐採《ばっさい》し、越前《えちぜん》から近江《おうみ》へ入国《にゅうこく》する街道沿《かいどうぞ》いに柵《さく》や砦《とりで》を築《きず》いた。そして羽柴秀長《はしばひでなが》や堀秀政《ほりひでまさ》らの軍勢《ぐんぜい》二万五千を余呉湖《よごこ》周辺《しゅうへん》に配置《はいち》して勝家《かついえ》の不意《ふい》の出陣《しゅつじん》に備《そな》えた。

賤ヶ岳の合戦

天正《てんしょう》十年（一五八二年）二月、秀吉《ひでよし》はこの春《はる》には柴田勝家《しばたかついえ》との決戦《けっせん》が避《さ》けられぬと見込《みこ》んで、その時《とき》に背後《はいご》を滝川一益《たきがわかずます》に襲《おそ》われぬよう未《ま》だ北陸《ほくりく》が雪深《ゆきふか》い内《うち》に総勢《そうぜい》七万の軍勢《ぐんぜい》を率《ひき》いて伊勢国桑《いせこくくわ》名《な》に出兵《しゅっぺい》し、軍勢《ぐんぜい》を三手《さんて》に分《わ》けて峰城《みねじょう》と亀山城《かめやまじょう》を囲《かこ》んだ。戦《いくさ》はしばらく膠着《こうちゃく》状態《じょうたい》になったが、三月に入《はい》って漸《ようや》く亀山城《かめやまじょう》が落城《らくじょう》した。次《つ》いで秀吉《ひでよし》は一益《かずます》の居城《きょじょう》の伊勢長島城《いせながしまじょう》に向《む》かった。

一方《いっぽう》の柴田勝家《しばたかついえ》は前年《ぜんねん》の暮《く》れに秀吉《ひでよし》の下《もと》に和平使節《わへいしせつ》を送《おく》ると同時《どうじ》に伊勢《いせ》の滝川一益《たきがわかずます》や廃将軍《はいしょうぐん》の足利義昭《あしかがよしあき》、安芸国《あきこく》の毛利輝元《もうりてるもと》に同盟《どうめい》を求《もと》めて秀吉包囲網《ひでよしほういもう》を構築《こうちく》しようと呼《よ》び掛《か》けた。

天正《てんしょう》十一年（一五八三年）三月三日、羽柴秀吉《はしばひでよし》が伊勢国亀山城《いせこくかめやまじょう》を落《お》とした丁度《ちょうど》その日《ひ》に、勝家《かついえ》は佐久間盛政《さくまもりまさ》を先陣《せんじん》として前田利家《まえだとしいえ》や不破勝光《ふわかつみつ》・原政茂《はらまさしげ》・金森長近《かなもりながちか》・徳山秀現《とくやまひであき》ら北陸勢《ほくりくぜい》二万八千を率《ひき》いて柳ケ瀬《やながせ》に向《む》けて出陣《しゅつじん》した。

秀吉《ひでよし》は勝家出陣《かついえしゅつじん》を伊勢《いせ》で聞《き》き織田信雄《おだのぶかつ》に軍勢《ぐんぜい》一万五千を授《さず》けて一益《かずます》の抑《おさ》えを委《ゆだ》ねた上《うえ》で、五万の軍勢《ぐんぜい》を率《ひき》いて江北木之本《こうほくきのもと》に陣《じん》を返《かえ》し、柴田軍《しばたぐん》に対峙《たいじ》した。両軍《りょうぐん》の睨《にら》み合《あ》いが始《はじ》まった。

四月に入《はい》って秀吉《ひでよし》に降伏《こうふく》したはずの岐阜城《ぎふじょう》の織田信孝《おだのぶたか》が寝返《ねがえ》り、秀吉《ひでよし》に与《くみ》した美濃国清水城《みのこくしみずじょう》の稲葉良通《いなばよしみち》（道号一鉄）や大垣城《おおがきじょう》の氏家直道《うじいえなおみち》の所領《しょりょう》に攻《せ》め入《い》った。

秀吉《ひでよし》は膠着《こうちゃく》状態《じょうたい》が続《つづ》く北国街道《ほっこくかいどう》の余呉川《よごかわ》沿《そ》いの睨《にら》み合《あ》いから柴田軍《しばたぐん》を引《ひ》き出《だ》す天与《てんよ》の機会《きかい》が

来《き》たと捉《とら》えて、柴田軍《しばたぐん》にも伝《つた》わるように態《わざ》と信孝討伐《のぶたかとうばつ》の軍議《ぐんぎ》を催《もよお》した。そして信孝《のぶたか》が人質《ひとじち》に差《さ》し出《だ》した実母《じつぼ》を磔《はりつけ》にして、四月十六日、秀吉自《ひでよしみずか》ら一万五千の軍勢《ぐんぜい》を率《ひき》いて岐阜《ぎふ》に出張《でば》った。柴田勝家《しばたかついえ》の物見《ものみ》は即刻《そっこく》これを柴田本陣《しばたほんじん》に伝《つた》えた。

佐久間盛政《さくまもりまさ》は叔父《おじ》の勝家《かついえ》（盛政の母は勝家の姉）に賤ヶ岳《しずがだけ》の大岩山《おおいわやま》を守《まも》る秀吉《ひでよし》の武将中川清秀《ぶしょうなかがわきよひで》を奇襲攻撃《きしゅうこうげき》したいと申《もう》し出《で》て、四月二十日の丑刻《うしのこく》（午前二時）、陣所《じんしょ》の行市山《ぎょういちやま》を出発《しゅっぱつ》して未明《みめい》に四千の軍勢《ぐんぜい》と共《とも》に大岩山《おおいわやま》の中川清秀《なかがわきよひで》の陣所《じんしょ》を襲《おそ》った。就寝中《しゅうしんちゅう》を襲《おそ》われた中川陣《なかがわじん》は戦《たたか》う間《ま》もなく全滅《ぜんめつ》して、清秀自身《きよひでじしん》も陣没《じんぼつ》した。次《つ》いで近《ちか》くの高山右近《たかやまうこん》の岩崎山《いわさきやま》の陣所《じんしょ》を襲《おそ》った。右近《うこん》の陣《じん》も総崩《そうくず》れになって、右近《うこん》は木之本《きのもと》に敗走《はいそう》した。賤ヶ岳《しずがだけ》を守《まも》る桑山重晴《くわやましげはる》は砦《とりで》を明《あ》け渡《わた》して海津《かいづ》へ撤退《てったい》した。盛政《もりまさ》は襲撃《しゅうげき》の大成功《だいせいこう》に酔《よ》い痴《し》れて秀吉《ひでよし》が岐阜《ぎふ》に出撃《しゅつげき》して留守《るす》であることに気《き》を許《ゆる》し、秀吉《ひでよし》からの反撃《はんげき》などは夢想《むそう》だにもせずに柳ケ瀬《やながせ》には戻《もど》らず勝利《しょうり》の余韻《よいん》に浸《ひた》ったまま大岩山《おおいわやま》での夜《よ》を迎《むか》えた。

一方《いっぽう》の秀吉《ひでよし》は十六日に岐阜城攻撃《ぎふじょうこうげき》に向《む》かったが豪雨《ごうう》に遭《あ》い、揖斐川《いびがわ》や長良川《ながらがわ》が増水《ぞうすい》して渡《わた》れず大垣城《おおがきじょう》で待機《たいき》していた。そして二十日の昼《ひる》に大岩山《おおいわやま》の砦《とりで》が落《お》ちた報《しら》せを受《う》けた。

秀吉《ひでよし》は柴田軍《しばたぐん》の襲撃《しゅうげき》があることを予感《よかん》し、それを密《ひそ》かに期待《きたい》していたのだ。即刻《そっこく》、秀吉《ひでよし》は木之本《きのもと》への帰陣《きじん》を全軍《ぜんぐん》に命《めい》じ、その一方《いっぽう》で石田三成《いしだみつなり》に命《めい》じて足軽《あしがる》を先《さき》に走《はし》らせ、村人《むらびと》に軍兵《ぐんぺい》への握《にぎ》り飯《めし》の提供《ていきょう》と、夕刻《ゆうこく》から北国街道《ほっこくかいどう》を松明《たいまつ》で明《あか》るく照《て》らすように手配《てはい》させた。そして全軍《ぜんぐん》一万五千に木之本《きのもと》までの十三里（52㎞）を走《はし》らせて、「中国大返《ちゅうごくおおがえ》し」にも勝《まさ》る僅《わず》か二時半《ふたときはん》（一時は二時間）で全《ぜん》軍《ぐん》を帰《かえ》り着《つ》かせた。秀吉《ひでよし》は柴田軍《しばたぐん》に隙《すき》を見《み》せて奇襲《きしゅう》を掛《か》けさせ、戦線《せんせん》が伸《の》び切《き》ったところを討《う》とうとしたのだ。

佐久間勢《さくまぜい》は麓《ふもと》の木之本方面《きのもとほうめん》が騒《さわ》がしくなって背筋《せすじ》に冷《つめ》たいものを感《かん》じた。それで賤ヶ岳《しずがだけ》の頂《いただき》に登《のぼ》って麓《ふもと》を見下《みお》ろし眺《なが》めて驚《おどろ》いた。遠《とお》くは長浜《ながはま》から木之本《きのもと》まで街道《かいどう》は松明《たいまつ》で明《あか》るく照《て》らし出《だ》されて、次《つぎ》から次《つぎ》と幾《いく》千万とも判《わか》らぬ大軍《たいぐん》が掛《か》け声《ごえ》を掛《か》け合《あ》いながら賤ヶ岳《しずがだけ》に迫《せま》って来《き》ていた。

天正《てんしょう》十一年（一五八三年）、四月二十一日深夜丑刻《しんやうしのこく》（午前二時）、秀吉《ひでよし》は僅《わず》かの休息《きゅうそく》を取《と》っただけで佐久間盛政勢《さくまもりまさぜい》四千への追撃戦《ついげきせん》を一万五千の軍兵《ぐんぺい》に命《めい》じた。秀吉近臣《ひでよしきんしん》の福島正則《ふくしままさのり》や脇坂安治《わきさかやすはる》・加藤嘉明《かとうよしあき》・加藤清正《かとうきよまさ》・平野長泰《ひらのながやす》・片桐且元《かたぎりかつもと》・糟屋武則《かすやたけのり》の七人は佐久間勢《さくまぜい》を追《お》い掛《か》けて右往左往《うおうさおう》する殿《しんがり》の柴田勝政《しばたかつまさ》（母は勝家の姉）勢《ぜい》と激《はげ》しく渡《わた》り合《あ》って壊滅《かいめつ》させた。この働《はたら》きが後《のち》の世《よ》に伝《つた》わる「賤ヶ岳《しずがだけ》の七本槍《ななほんやり》」だ。これが基《もと》になって佐久間勢《さくまぜい》は総崩《そうくず》れになった。

越前柴田家滅亡と織田信孝自害

前田利家《まえだとしいえ》は余呉川《よごかわ》沿《ぞ》いの別所山《べっしょやま》と茂山《しげやま》（余呉町）の間《あいだ》に陣《じん》を張《は》ったが、佐久間《さくま》の敗走《はいそう》を受《う》けて二千の軍兵《ぐんぺい》を纏《まと》めて戦線《せんせん》を離脱《りだつ》し、柳ヶ瀬《やながせ》から敦賀《つるが》へは向《む》かわずに直接北国街道《ちょくせつほっこくかいどう》の栃《とち》の木峠《きとうげ》を越《こ》えて越前府中《えちぜんふちゅう》（越前市武生）に引《ひ》き挙《あ》げた。金森長近《かなもりながちか》と不破勝光《ふわかつみつ》も前田勢《まえだぜい》に倣《なら》って戦線離脱《せんせんりだつ》した。この三人は何《いず》れも前年初冬《ぜんねんしょとう》に秀吉《ひでよし》の下《もと》へ和平使節《わへいしせつ》として出向《でむ》いた仲《なか》だった

この三人は出陣《しゅつじん》はしたが、勝家《かついえ》の家臣《かしん》としての出陣《しゅつじん》ではなく、亡《な》き織田信長《おだのぶなが》の命《めい》で勝家《かつより》に与力《よりき》した織田家《おだけ》重臣《じゅうしん》としての出陣《しゅつじん》であった。勝家《かついえ》とは君臣《くんしん》の仲《なか》ではなく織田家家臣《おだけかしん》の武将《ぶしょう》と武将《ぶしょう》との仲《なか》だ。この当時《とうじ》、武将間《ぶしょうかん》の規範《きはん》は互《たが》いに義理《ぎり》を果《は》たせばよかった。だから柴田軍《しばたぐん》の出陣《しゅつじん》に際《さい》して、義理《ぎり》で参陣《さんじん》した。今《いま》、前田《まえだ》や金森《かなもり》、不破《ふわ》らは既《すで》に義理《ぎり》を果《は》たした。佐久間勢《さくまぜい》の敗戦《はいせん》を受《う》け

た後《あと》は大将《たいしょう》に加勢《かせい》するか、離脱《りだつ》するかは各武将《かくぶしょう》に勝手《かって》が許《ゆる》されていた。

この前哨戦《ぜんしょうせん》とも云《い》える賤ケ岳《しずがだけ》での一撃《いちげき》を受《う》けて前田《まえだ》や金森《かなもり》・不破《ふわ》は戦線《せんせん》を離脱《りだつ》し、柴田軍団《しばたぐんだん》は脆《もろ》くも四分五裂《しぶごれつ》した。丁度《ちょうど》この頃《ころ》に、丹羽長秀《にわながひで》は秀吉《ひでよし》の支援《しえん》に坂本城《さかもとじょう》から琵琶湖《びわこ》を渡《わた》り海津《かいづ》に上陸《じょうりく》した。そこで賤ケ岳《しずがだけ》から退避《たいひ》した桑山重晴《くわやましげはる》と出会《であ》い、両隊《りょうたい》が合体《がったい》して一《ひと》つになり、「秀吉勢《ひでよしぜい》に勝《まさ》る手柄《てがら》を挙《あ》げよう」と大声《おおごえ》を張《は》り上《あ》げながら励《はげ》まし合《あ》って賤ケ岳《しずがだけ》に攻《せ》め上《のぼ》った。

前田《まえだ》と金森《かなもり》、不破《ふわ》の軍《ぐん》が引《ひ》き退《の》いたのを見《み》て、余呉川《よごかわ》沿《ぞ》いに対峙《たいじ》していた秀吉勢《ひでよしぜい》の守備軍《しゅびぐん》二万五千は柳ケ瀬《やながせ》の柴田本陣《しばたほんじん》に向《む》かって一斉攻撃《いっせいこうげき》を開始《かいし》した。柴田本陣《しばたほんじん》では友軍《ゆうぐん》の撤退《てったい》に浮足《うきあし》立《だ》ち兵《へい》卒《そつ》の脱走《だっそう》が相次《あいつ》いだ。勝家《かついえ》は毛受勝照《めんじゅかつてる》の必死《ひっし》の懇願《こんがん》を受《う》けて柴田家《しばたけ》の金《きん》の御幣《ごへい》の馬標《うまじるし》を勝照《かつてる》に渡《わた》して影武者《かげむしゃ》（身代わり）とし、勝家《かついえ》は越前北ノ庄《えちぜんきたのしょう》（福井市）へ逃《のが》れた。

秀吉《ひでよし》は利家《としいえ》とは織田家《おだけ》に仕《つか》えた頃《ころ》からの「刎頸《ふんけい》の交《まじ》わり」（首を切られても悔いない親しい仲）の仲《なか》だったので勝家《かついえ》を追《お》う途中《とちゅう》の府中《ふちゅう》（越前市）に入《はい》り、護衛《ごえい》も付《つ》けずに府中城《ふちゅうじょう》に出向《でむ》いて戦線離脱《せんせんりだつ》した利家《としいえ》を訪《たず》ねた。利家《としいえ》は秀吉《ひでよし》に全面降伏《ぜんめんこうふく》して柴田勝家追討軍《しばたかついえついとうぐん》に加《くわ》わることを了承《りょうしょう》した。

翌《よく》二十三日、秀吉《ひでよし》は当時《とうじ》の習《なら》いで降伏《こうふく》した前田利家《まえだとしいえ》を先鋒《せんぽう》とし、北ノ庄城《きたのしょうじょう》（福井市：城址は現柴田神社）に籠《こも》る勝家《かついえ》を囲《かこ》んだ。秀吉自身《ひでよしじしん》も足羽川《あすわがわ》を挟《はさ》んで愛宕山《あたごやま》（足羽山）に陣取《じんど》った。

二十四日、北ノ庄城《きたのしょうじょう》では夜明《よあ》けと同時《どうじ》に猛烈《もうれつ》な攻防戦《こうぼうせん》が始《はじ》まった。勝家《かついえ》の北ノ庄城《きたのしょうじょう》は近《ちか》くに後詰《ごづめ》の軍《ぐん》はなく、援軍《えんぐん》も期待《きたい》できなかった。日《ひ》が傾《かたむ》き城《しろ》に火《ひ》が掛《か》けられるに及《およ》んで勝家《かついえ》は覚悟《かくご》を固《かた》め、家臣《かしん》を集《あつ》めて脱留《だつりゅう》の自由《じゆう》を言《い》い渡《わた》し、最期《さいご》の酒宴《しゅえん》を催《もよお》した。そして妻《つま》となった市《いち》と浅井《あさい》の三姉妹《さんしまい》を城《しろ》から落《おと》そうとしたが、市《いち》は

「三姉妹《さんしまい》はともかく、妾《わらわ》は殿《との》と共《とも》に黄泉路《よみじ》を旅《たび》したい」と云《い》って聞《き》かなかった。勝家《かついえ》は止《や》むを得《え》ず浅井《あさい》の三姉妹付《さんしまいつ》きの老女《ろうじょ》に姉妹《しまい》を託《たく》して後《のち》の手筈《てはず》を言《い》い付《つ》けた後《のち》、それでは、と皆《みな》の前《まえ》で

「切腹《せっぷく》の見本《みほん》とせよ」と言《い》い置《お》いて市《いち》の自刃《じじん》を見届《みとどけ》けながら、自《みずか》らも作法《さほう》に則《のっと》り壮絶《そうぜつ》に腹《はら》を切《き》って相果《あいは》てた。一族一門《いちぞくいちもん》八十余名も主君《しゅくん》に倣《なら》って切腹《せっぷく》した。柴田勝家《しばたかついえ》の命《めい》を受《う》けた老女《ろうじょ》は柴田一族《しばたいちぞく》一門《いちもん》の最期《さいご》を見届《みとど》けた後《のち》に、浅井《あさい》の三姉妹《さんしまい》に付《つ》き添《そ》って城外《じょうがい》に抜《ぬ》け出《で》て羽柴秀吉《はしばひでよし》の陣《じん》に降《くだ》った。柴田家《しばたけ》の最期《さいご》はこの老女《ろうじょ》の口《くち》から詳《くわ》しく伝《つた》えられて後世《こうせい》に語《かた》り継《つ》がれた。

賤ヶ岳《しずがだけ》の羽柴軍《はしばぐん》に夜襲《やしゅう》を仕掛《しか》けた佐久間盛政《さくまもりまさ》は、賤ヶ岳《しずがだけ》から柳ヶ瀬《やながせ》に逃《のが》れるところを丹羽《にわ》と桑《くわ》山連合軍《やまれんごうぐん》に遭遇《そうぐう》して討《う》ち破《やぶ》られ、加賀《かが》に逃《のが》れる途中《とちゅう》を郷民《ごうみん》に捉《とら》えられた。盛政《もりまさ》は秀吉軍《ひでよしぐん》に突《つ》き出《だ》されて洛中《らくちゅう》を引《ひ》き回《まわ》しの上《うえ》、宇治《うじ》の槇島《まきしま》で斬首《ざんしゅ》された。

秀吉《ひでよし》は勝家《かついえ》を討《う》ち取《と》った後《のち》に仕置《しおき》（戦後処理）を行《おこな》った。先《ま》ず、山崎合戦《やまざきがっせん》以来《いらい》、秀吉《ひでよし》に与力《よりき》してくれた丹羽長秀《にわながひで》には所領《しょりょう》の若狭国《わかさこく》を安堵《あんど》（保証）した上《うえ》で勝家《かついえ》の所領《しょりょう》の越前国《えちぜんこく》と南加賀国《みなみかがこく》を加増《かぞう》した。秀吉《ひでよし》は織田家《おだけ》の席次《せきじ》では自分《じぶん》より上席《じょうせき》の長秀《ながひで》には心《こころ》を尽《つく》して恩《おん》に報《むく》いた。そしてまた前田《まえだ》利家《としいえ》には所領《しょりょう》の能登国《のとこく》を安堵《あんど》した上《うえ》で、北加賀半国《きたかがはんこく》を加増《かぞう》した。利家《としいえ》は以後《いご》、居城《きょじょう》を能登《のと》の七尾《ななお》から加賀国《かがこく》の尾山《おやま》（金沢）に移《うつ》した。

織田信孝《おだのぶたか》は秀吉《ひでよし》が賤ヶ岳《しずがだけ》の合戦《かっせん》に向《む》かった頃《ころ》から秀吉《ひでよし》の命《めい》を受《う》けた兄《あに》の信雄《のぶかつ》に攻《せ》め込《こ》まれて、居城《きょじょう》の岐阜城《ぎふじょう》に籠城《ろうじょう》していたが、勝家《かついえ》の自刃《じじん》を受《う》けて落胆《らくたん》し、城《しろ》を明《あ》け渡《わた》して尾張国野間《おわりこくのま》に落《お》ち大御堂寺《おおみどうじ》で自刃《じじん》した。滝川一益《たきがわかずます》も秀吉《ひでよし》に降伏《こうふく》して北伊勢《きたいせ》の所領《しょりょう》を失《うしな》った。

秀吉《ひでよし》は信孝《のぶたか》と一益《かずます》の所領《しょりょう》の仕置《しおき》を行《おこな》い、織田信雄《おだのぶかつ》には所領《しょりょう》の南伊勢《みなみいせ》に加《くわ》え一益《かずます》の北伊勢《きたいせ》も合《あ》わせて伊勢一国《いせいっこく》を領有《りょうゆう》させた上《うえ》で伊賀《いが》の一部《いちぶ》も加増《かぞう》した。清洲会議《きよすかいぎ》に参加《さんか》した池田恒興《いけだつねおき》には摂津国《せっつこく》から大国《たいこく》の美濃一国《みのいっこく》に移封加増《いほうかぞう》した。恒興領《つねおきりょう》だった摂津国《せっつこく》は秀吉自身《ひでよしじしん》が領《りょう》した。

その他《た》、賤ケ岳《しずがだけ》で戦功《せんこう》を挙《あ》げた秀吉子飼《ひでよしこが》いの諸将《しょしょう》には近江《おうみ》の諸郡《しょぐん》や丹波《たんば》・但馬《たじま》・摂津《せっつ》・播磨《はりま》・淡路等《あわじとう》の各地各郡《かくちかくぐん》の所領《しょりょう》を与《あた》えて、京《きょう》都から摂津播磨一帯《せっつはりまいったい》は秀吉《ひでよし》の一族一門《いちぞくいちもん》で占有《せんゆう》した。

三．小牧　長久手の合戦

織田信雄　徳川・佐々・長宗我部等を頼んで秀吉と反目

摂津国《せっつこく》を手《て》に入《い》れた秀吉《ひでよし》は大阪《おおさか》の旧石山本願寺跡《きゅういしやまほんがんじあと》に広大《こうだい》な城《しろ》を築《きず》き始《はじ》めた。この地《ち》は本願寺顕如《ほんがんじけんにょ》が退去《たいきょ》した後《あと》に不心得者《ふこころえもの》が火《ひ》を掛《か》けたので、城砦化《じょうさいか》した寺院《じいん》は一宇残《いちうのこ》らず焼《や》け落《お》ちた。この難攻不落《なんこうふらく》の石山《いしやま》は信長《のぶなが》が嘗《かつ》て入手《にゅうしゅ》に拘《こだわ》った所《ところ》だが、焼《や》け落《お》ちた後《あと》は秀吉《ひでよし》が築城《ちくじょう》を始《はじ》めるまでは放置《ほうち》されて廃墟《はいきょ》になっていた。秀吉《ひでよし》は、信長《のぶなが》がこの地《ち》を拠点《きょてん》にして世界《せかい》と交易《こうえき》しようとしていたのを知《し》っていたので、これを自領《じりょう》にしようと池田恒興《いけだつねおき》に大国《たいこく》の美濃《みの》を与《あた》えて領地替《りょうちが》えしたのだ。

（大阪城（旧名は大坂城）は以後十六年の年月を要して秀吉死後の慶長四年（一五九九年）に難攻不落の城郭全体が完成した）

秀吉《ひでよし》は織田家最長老《おだけさいちょうろう》の柴田勝家《しばたかついえ》と信長直系《のぶながちょっけい》の織田信孝《おだのぶたか》を滅《ほろ》ぼして、己《おのれ》に敵対《てきたい》する織田一門《おだいちもん》の制圧《せいあつ》は為《な》し終《お》えたと思《おも》った。ところがここでまた、秀吉《ひでよし》に今一《いまひと》つの目障《めざわ》りが生《しょう》じた。それは織田《おだ》信雄《のぶかつ》だ。清洲会議《きよすかいぎ》以来《いらい》、信雄《のぶかつ》は秀吉《ひでよし》に与《くみ》して弟《おとうと》の信孝《のぶたか》と反目《はんもく》していた。その信孝《のぶたか》が滅《ほろ》んだ今《いま》は信《のぶ》雄《かつ》が信長直系《のぶながちょっけい》の第一人者《だいいちにんしゃ》だ。当然信雄自身《とうぜんのぶかつじしん》が安土城《あづちじょう》に入《はい》って三法師《さんほうし》を後見《こうけん》し、織田一族一門《おだいちぞくいちもん》の主《あるじ》になるものと思《おも》い込《こ》んでいた。ところが秀吉《ひでよし》は信雄《のぶかつ》の思《おも》いを全《まった》く無視《むし》して、信孝《のぶたか》を討《う》ち滅《ほろ》ぼした後《のち》の仕置《しおき》に於《お》いても信雄《のぶかつ》には何《なに》も与《あた》えずに、秀吉自身《ひでよしじしん》が安土城《あづちじょう》を取《と》って三法師《さんほうし》を後見《こうけん》した。加《くわ》えて信雄《のぶかつ》には新築《しんちく》なった大阪城《おおさかじょう》への登城《とじょう》を命《めい》じた。

織田信雄《おだのぶかつ》は今《いま》にして漸《よう》く織田家《おだけ》が秀吉《ひでよし》に乗《の》っ取《と》られたことに気《き》が付《つ》いた。秀吉《ひでよし》には信雄《のぶかつ》に臣《しん》従《じゅう》する気《き》などなかったのだ。信雄《のぶかつ》は秀吉《ひでよし》に利用《りよう》されただけだったと悟《さと》ってこのままでは何時《いつ》かは殺《ころ》されると思《おも》った。秀吉《ひでよし》は信雄《のぶかつ》の異様《いよう》な様子《ようす》を耳《みみ》にして信雄《のぶかつ》三家老《さんかろう》の津川義冬《つがわよしふゆ》と岡田重孝《おかだしげたか》、浅井《あさい》長時《ながとき》の三人を招《まね》き、不測《ふそく》の事態《じたい》を起《お》こさぬように諭《さと》した。これが信雄《のぶかつ》の家臣《かしん》に洩《も》れ伝《つた》わって「織《お》田家《だけ》三家老《さんかろう》が秀吉《ひでよし》に織田家《おだけ》を売《う》る」との噂《うわさ》が広《ひろ》まった。

天正《てんしょう》十二年（一五八四年）三月、信雄《のぶかつ》は三家老《さんかろう》を伊勢長島城《いせながしまじょう》に呼《よ》び付《つ》けて秀吉《ひでよし》に内通《ないつう》した罪《つみ》を着《き》せ、土方雄久《ひじかたかつひさ》に命《めい》じて謀殺《ぼうさつ》した。雄久《かつひさ》はこの功《こう》により尾張犬山城《おわりいぬやまじょう》が与《あた》えられた。

信雄《のぶかつ》はこの度《たび》の騒動《そうどう》によって秀吉《ひでよし》とは戦《いくさ》になると覚悟《かくご》して徳川家康《とくがわいえやす》に与力《よりき》を求《もと》めて攻守同盟《こうしゅどうめい》を結《むす》び、諸国《しょこく》の諸将《しょしょう》に檄《げき》を飛《と》ばして挙兵《きょへい》した。

徳川家康《とくがわいえやす》はこの頃《ころ》、関東探題《かんとうたんだい》だった滝川一益《たきがわかずます》の所領《しょりょう》を北条氏政《ほうじょううじまさ》と分《わ》け合《あ》い、家康《いえやす》は信濃《しなの》と甲《か》斐《い》の二国《にこく》を、氏政《うじまさ》は上野国《こうずけこく》を自領《じりょう》に加《くわ》えて同盟《どうめい》を結《むす》んだ。家康《いえやす》は今《いま》また信雄《のぶかつ》からも同盟《どうめい》を求《もと》められて、これぞ天祐《てんゆう》「貴貨居《きかお》くべし（意味は99頁7～8行目参照）」と歓《よろこ》び、家康《いえやす》も天下取《てんかと》りに乗《の》り出《だ》した。それで信雄《のぶかつ》の挙兵《きょへい》を受《う》けて即刻重臣《そっこくじゅうしん》の松平家忠《まつたいらいえただ》を先手《さきて》に立《た》てて信雄《のぶかつ》の居城《きょじょう》の清洲城《きよすじょう》に送《おく》り、家康自身《いえやすじしん》も十三日に清洲《きよす》に着陣《ちゃくじん》した。

織田信雄《おだのぶかつ》は清洲会議《きよすかいぎ》に加《くわ》わった池田恒興《いけだつねおき》に加《くわ》えて越中《えっちゅう》の佐々成政《さっさなりまさ》や四国《しこく》の長宗我部元親《ちょうそかべもとちか》、相模《さがみ》の北条氏政《ほうじょううじまさ》や紀伊《きい》の雑賀衆《さいがしゅう》と根来衆《ねごろしゅう》にも同盟《どうめい》を求《もと》めて秀吉包囲網形成《ひでよしほういもうけいせい》を画策《かくさく》した。

越中国《えっちゅうこく》の佐々成政《さっさなりまさ》は、元《もと》は尾張国支城《おわりこくしじょう》の比良《ひら》（名古屋市西区）の城主《じょうしゅ》で織田家宿老《おだけしゅくろう》の一人《ひとり》だ。秀吉《ひでよし》は信長《のぶなが》に引《ひ》き立《た》てられて小者《こもの》から大将《たいしょう》にまで成《な》り上《あ》がれたのに、その恩《おん》を忘《わす》れて主家《しゅけ》に弓《ゆみ》を引《ひ》くようになった秀吉《ひでよし》が許《ゆる》せなかった。それで成政《なりまさ》は信雄《のぶかつ》の同盟《どうめい》の誘《さそ》いを受《う》けて秀吉《ひでよし》に与《くみ》する前《まえ》田利家《だとしいえ》を見動《みうご》きが出来《でき》ぬように牽制《けんせい》し、併《あわ》せてこの機会《きかい》に利家《としいえ》を北陸《ほくりく》から放逐《ほうちく》して北陸一円《ほくりくいちえん》を我《わ》が所領《しょりょう》にしようと目論《もくろ》み、加賀《かが》との国境《くにざかい》の倶梨伽羅峠《くりからとうげ》に砦《とりで》を築《きず》き能登《のと》との国境《くにざかい》の荒山峠《あらやまとうげ》にも砦《とりで》を築《きず》いて軍勢《ぐんぜい》を送《おく》り込《こ》んだ。

土佐国《とさこく》の長宗我部元親《ちょうそかべもとちか》も今一歩《いまいっぽ》で四国統一《しこくとういつ》が成《な》るところを秀吉《ひでよし》が阿波国《あわこく》の三好康長《みよしやすなが》に肩入《かたい》れして信長《のぶなが》と三好《みよし》との同盟《どうめい》が成《な》り、己《おのれ》が逆《ぎゃく》に織田勢《おだぜい》に攻《せ》められて四国統一《しこくとういつ》が出来《でき》なくなった。それで元親《もとちか》も秀吉《ひでよし》を恨《うら》んで「倶《とも》に天《てん》を戴《いただ》かぬ仲《なか》」になっていた。

小牧　長久手合戦

四国《しこく》の長宗我部元親《ちょうそかべもとちか》は織田信雄《おだのぶかつ》の誘《さそ》いに乗《の》って紀州《きしゅう》の雑賀衆《さいかしゅう》や根来衆《ねごろしゅう》と連携《れんけい》し、摂津沖《せっつおき》に軍船《ぐんせん》を出《だ》して海上《かいじょう》から新築中《しんちくちゅう》の大阪城《おおさかじょう》を攻撃《こうげき》した。

羽柴秀吉《はしばひでよし》はその海上《かいじょう》からの防備《ぼうび》に思《おも》わぬ日数《にっすう》を要《よう》して大阪《おおさか》を開《あ》けることが出来《でき》なかった。

秀吉《ひでよし》は片桐且元《かたぎりかつもと》と尾藤清兵衛《びとうせいべえ》を池田恒興《いけだつねおき》と恒興《つねおき》の娘婿《むすめむこ》の森長可《もりながよし》の下《もと》に送《おく》って、同盟《どうめい》を申《もう》し込《こ》んだ。恒興《つねおき》は明智討伐《あけちとうばつ》では戦功第一《せんこうだいいち》の織田家家臣《おだけかしん》で清洲会議《きよすかいぎ》にも加《くわ》わっていた。それで織田家《おだけ》から受《う》けた恩義《おんぎ》を重《おも》んじて秀吉《ひでよし》に与《くみ》することを拒《こば》んだ。だが秀吉子飼《ひでよしこが》いの片桐《かたぎり》や尾藤《びとう》は世間《せけん》が既《すで》に秀吉《ひでよし》の天下《てんか》になるのを見越《みこ》して、北《きた》は奥州《おうしゅう》から南《みなみ》は九州《きゅうしゅう》まで日ノ本国中《ひのもとくにじゅう》の大名《だいみょう》・豪族《ごうぞく》・寺社《じしゃ》・豪商《ごうしょう》らが秀吉《ひでよし》に誼《よしみ》を求《もと》めようと秀吉《ひでよし》の下《もと》に使者《ししゃ》を送《おく》り込《こ》んで「門前市《もんぜんいち》を成《な》す（賑わう様の例え）」様子《ようす》を話《はな》して

「古語《こご》にも「天《てん》に口《くち》なし。人《ひと》を以《もっ》て言《い》わしむ」とあり、また「天《てん》に順《したが》う者《もの》は存《ぞん》し、天《てん》に逆《さか》らう者《もの》は亡《ほろ》ぶ」とも伝《つた》えて人々《ひとびと》を戒《いまし》めて御座《ござ》る。末長《すえなが》く先祖《せんぞ》を祀《まつ》り舊功《きゅうこう》の者共《ものども》を取《と》り立《た》てて労《ろう》に報《むく》いよ

うとはなさらぬか」と恒興《つねおき》を諫《いさ》めた。そして加《くわ》えて
「美濃《みの》・尾張《おわり》・三河《みかわ》の三カ国《さんかこく》を領納《りょうのう》なされよと秀吉公《ひでよしこう》は申《もう》されてこれに誓紙《せいし》も御座《ござ》る」と誓紙《せいし》を取《と》り出《だ》して気《き》を引《ひ》いた。恒興《つねおき》はこの後《のち》、森長可《もりながよし》と語《かた》らって共《とも》に秀吉側《ひでよしがわ》に寝返《ねがえ》った。

恒興《つねおき》は賤ヶ岳《しずがだけ》の合戦《かっせん》で秀吉《ひでよし》から美濃国《みのこく》を賞賜《しょうし》されていた。だが美濃国内《みのこくない》には未《いま》だ織田家一門《おだけいちもん》の旧勢力《きゅうせいりょく》が居残《いのこ》っていた。この機会《きかい》に皆《みな》を追《お》い払《はら》ってしまえば美濃一国《みのいっこく》は丸々手中《まるまるしゅちゅう》にできると考《かんが》えた。秀吉《ひでよし》もそれを認《みと》めた。それでその手始《てはじ》めとして美濃国《みのこく》に木曽川《きそがわ》を挟《はさ》んで接《せっ》する尾張《おわり》の犬山《いぬやま》城《じょう》の乗《の》っ取《と》りを考《かんが》えた。犬山城《いぬやまじょう》は織田信雄《おだのぶかつ》の主要《しゅよう》な支城《しじょう》だ。今《いま》、犬山城《いぬやまじょう》を乗《の》っ取《と》れば美濃国内《みのこくない》に根《ね》を張《は》る織田家勢力《おだけせいりょく》への威圧《いあつ》は絶大《ぜつだい》だ。何《なに》よりも秀吉側《ひでよしがわ》は初戦《しょせん》に大勝利《だいしょうり》して、その一番手柄《いちばんてがら》を恒興《つねおき》が挙《あ》げることになる。これは一挙《いっきょ》して両得《りょうとく》だ。

恒興《つねおき》は家臣《かしん》の日置三蔵《ひおきさんぞう》を使《つか》って犬山城内《いぬやまじょうない》の様子《ようす》を探《さぐ》らせたところ、城主《じょうしゅ》の土方雄久《ひじかたかつひさ》は主君《しゅくん》の信雄《のぶかつ》の命《めい》で伊勢国《いせこく》の峰城《みねじょう》（亀山市）防備《ぼうび》の与力《よりき》に出陣《しゅつじん》していて犬山《いぬやま》には不在《ふざい》だと判《わか》った。

恒興《つねおき》は別途《べっと》、城内《じょうない》の兵《へい》と親《した》しい者《もの》を探《さが》し出《だ》して木曽川《きそがわ》に連《つら》なる水門《すいもん》の守兵《しゅへい》に過分《かぶん》の銭《ぜに》を渡《わた》して

買収《ばいしゅう》し、水門《すいもん》を開《ひら》いて池田勢《いけだぜい》を城内《じょうない》に入《い》れる段取《だんど》りを整《ととの》えた。

天正《てんしょう》十二年（一五八四年）三月の夜《よる》、池田恒興《いけだつねおき》は犬山城《いぬやまじょう》の対岸《たいがん》の鵜沼《うぬま》から十数艘《じゅうすうそう》の船《ふね》を連《つら》ねて密《ひそ》かに木曽川《きそがわ》を渡《わた》り、水《みず》の手口《てぐち》の水門《すいもん》から城内《じょうない》に入《はい》った。

犬山城内《いぬやまじょうない》では誰《だれ》もこの事態《じたい》に気付《きづ》く者《もの》はいなかった。突然《とつぜん》に敵兵《てきへい》が目《め》の前《まえ》に現《あらわ》れて城兵《じょうへい》はただ狼狽《うろた》え騒《さわ》ぐだけで多《おお》くは討《う》ち取《と》られた。十四日の夜明《よあ》けには総《すべ》てが終《お》わっていた。

家康《いえやす》は犬山城《いぬやまじょう》を乗《の》っ取《と》った恒興《つねおき》に備《そな》えるために、清洲城《きよすじょう》に落《お》ち着《つ》く間《ま》もなく、二万の軍勢《ぐんぜい》を率《ひき》いて信長《のぶなが》が嘗《かつ》ての美濃《みの》攻《ぜ》めの拠点《きょてん》にした小牧山《こまきやま》（小牧市）に陣《じん》を取《と》り、廃城《はいじょう》となっていた城砦《じょうさい》を修《しゅう》復《ふく》した。

同年同月、家康家臣《いえやすかしん》の酒井忠次《さかいただつぐ》の下《もと》に物見《ものみ》から恒興《つねおき》の娘婿《むすめむこ》の森長可《もりながよし》が三千の兵《へい》を率《ひき》いて犬山《いぬやま》城《じょう》と小牧山《こまきやま》の中間点《ちゅうかんてん》にある八幡林《やはたばやし》に布陣《ふじん》したとの報《しら》せを受《う》けた。

忠次《ただつぐ》は密《ひそ》かに松平家忠《まつだいらいえただ》や奥平信昌《おくだいらのぶまさ》と共《とも》に五千の兵《へい》を率《ひき》いて早朝《そうちょう》に森長可《もりながよし》の陣《じん》を急襲《きゅうしゅう》した。森《もり》長可勢《ながよしぜい》は不意《ふい》を突《つ》かれて犬山城《いぬやまじょう》を目指《めざ》して引《ひ》き退《の》いたが、途中《とちゅう》の羽黒《はぐろ》で徳川家臣《とくがわかしん》の奥平信昌《おくだいらのぶあき》の待《ま》ち伏《ぶ》せに遭《あ》って陣《じん》は壊滅《かいめつ》。兵卒《へいそつ》は我先《われさき》に犬山城《いぬやまじょう》や犬山《いぬやま》から三里程《さんりほど》（約12㎞）木曽川上流《きそがわじょうりゅう》の長可《ながよし》の居城《きょじょう》の兼山城《かねやまじょう》（可児市）目指《めざ》して逃《に》げ出《だ》した。徳川軍《とくがわぐん》は深追《ふかお》いは避《さ》けて引《ひ》き上《あ》げた。

秀吉《ひでよし》は森長可《もりながよし》敗北《はいぼく》の報《ほう》を受《う》けて、徳川軍《とくがわぐん》に六倍する十二万の大軍《たいぐん》を率《ひき》いて大阪城《おおさかじょう》を出陣《しゅつじん》して犬《いぬ》山城《やまじょう》に着陣《ちゃくじん》した。根来《ねごろ》・雑賀衆《さいかしゅう》は秀吉《ひでよし》が大阪城《おおさかじょう》を空《あ》けたことを知《し》って二万挺《ちょう》の鉄砲《てっぽう》を携《たずさ》えて中村《なかむら》一氏《かずうじ》の岸和田城《きしわだじょう》を攻《せ》め、余勢《よせい》を駆《か》って大阪城《おおさかじょう》間近《まぢか》にまで攻《せ》め込《こ》んだ。大阪城内《おおさかじょうない》の守兵《しゅへい》は大混乱《だいこんらん》に陥《おちい》ったが、中村一氏《なかむらかずうじ》や蜂須賀家政《はちすかいえまさ》　黒田長政《くろだながまさ》（孝高（通称官兵衛）の長男）ら守将《しゅしょう》の必死《ひっし》の防戦《ぼうせん》で、ようやく根来《ねごろ》・雑賀衆《さいかしゅう》を追《お》い返《かえ》した。

秀吉《ひでよし》は漸《ようや》く家康《いえやす》との対陣《たいじん》に専念《せんねん》できるようになって、犬山城《いぬやまじょう》の前面《ぜんめん》に多《おお》くの城砦《じょうさい》を築《きず》いた。そしてその内《うち》の一つで家康《いえやす》の本陣《ほんじん》の小牧山《こまきやま》から僅《わず》か二十町《ちょう》（約2㎞）余《あま》りの楽田《がくでん》（犬山市樂田）に陣《じん》を移《うつ》して秀吉《ひでよし》の本陣《ほんじん》とした。徳川軍《とくがわぐん》と羽柴軍《はしばぐん》の睨《にら》み合《あ》いが延々《えんえん》と続《つづ》いた。人数《にんずう》に於《お》いて圧倒的《あっとうてき》に優《ゆう》勢《せい》を誇《ほこ》る秀吉側《ひでよしがわ》には何《なに》もしないで居《い》ることへの不満《ふまん》が募《つの》った。池田恒興《いけだつねおき》は宿老《しゅくろう》らを集《あつ》めて

「今《いま》、家康勢《いえやすぜい》は三河《みかわ》から小牧山《こまきやま》へ兵卒《へいそつ》を日々《ひび》集《あつ》めているようだが、ここで唯《ただ》、睨《にら》み合《あ》っているこ

とに不満《ふまん》の者《もの》を募《つの》って敵国《てきこく》の三河《みかわ》に忍《しの》び入《い》り、在々所々《ざいざいしょしょ》に放火《ほうか》して廻《まわ》るのは如何《いかが》。小牧山《こまきやま》にいる三河《みかわ》と遠江《とおとうみ》の諸将《しょしょう》は居《い》た堪《たま》れなくなって総敗軍《そうはいぐん》になるのは必定《ひつじょう》。面々《めんめん》は如何《いか》に思《おぼ》し召《め》すか」と呼《よ》び掛《か》けた。一同《いちどう》は目《め》を輝《かがや》かせて

「如何《いか》にも宜《よろ》しいかと存《ぞん》ずる」と賛同《さんどう》した。池田恒興《いけだつねおき》は秀吉《ひでよし》の本陣《ほんじん》を訪《たず》ねて思《おも》いを打《う》ち明《あ》けたが、秀吉《ひでよし》は睨《にら》み合《あ》いが続《つづ》くときは焦《じ》れたり弛《たる》んだりした方《ほう》が負《ま》けると知《し》っていたので、良《よ》い返事《へんじ》はしなかった。何《なに》しろこの頃《ころ》は諜報合戦《ちょうほうがっせん》が熾烈《しれつ》な時代《じだい》で物見《ものみ》の者《もの》も完璧《かんぺき》に組織化《そしきか》されていた。

「口《くち》から出《で》た言葉《ことば》には羽《はね》がある」何所《どこ》まで飛《と》んで行《い》くか判《わか》らない。「壁《かべ》に耳《みみ》あり、障子《しょうじ》に目《め》あり」だ。幾《いく》ら隠《かく》しても敵《てき》に知《し》れるのだ。大抵《たいてい》は先《さき》に動《うご》いた方《ほう》が分《ぶ》が悪《わる》い。

池田恒興《いけだつねおき》は己《おのれ》の策《さく》に酔《よ》って戦功《せんこう》を焦《あせ》り、翌《よく》五日の早朝《そうちょう》にも秀吉《ひでよし》を訪《たず》ねて

「この策《さく》を今《いま》、行《おこな》わねば勝利《しょうり》は望《のぞ》めませぬぞ」と断行《だんこう》を迫《せま》った。秀吉《ひでよし》にとって恒興《つねおき》は清洲会議《きよすかいぎ》での恩義《おんぎ》がある。この度《たび》の戦《いくさ》でも犬山城《いぬやまじょう》を落《お》としてくれたからこそ今《いま》があるのだ。秀吉《ひでよし》は逡巡《しゅんじゅん》した。これを見《み》た甥《おい》の羽柴秀次《はしばひでつぐ》（秀吉の実姉の子。信長の死後に自分の養子にした）は

「某《それがし》も一隊《いったい》の大将《たいしょう》に任《にん》じて戴《いただ》きたい」と恒興《つねおき》に助《たす》け船《ぶね》を出《だ》した。秀吉《ひでよし》も漸《ようや》く折《お》れて了承《りょうしょう》した。

天正《てんしょう》十二年（一五八四年）四月、羽柴秀次《はしばひでつぐ》は池田恒興《いけだつねおき》と森長可《もりながよし》、堀秀政《ほりひでまさ》と共《とも》に四隊《よんたい》に別《わか》れて兵《へい》卒合計《そつごうけい》一万六千を率《ひき》い、敵《てき》に悟《さと》られぬよう夜中《よなか》になってから密《ひそ》かに三河《みかわ》に向《む》かい南下《なんか》した。第一隊《たい》は恒興《つねおき》、最後尾《さいこうび》の第四隊《たい》は秀次《ひでつぐ》だ。

家康《いえやす》は事前《じぜん》に秀次《ひでつぐ》ら第四隊《たい》の動《うご》きを察知《さっち》して、榊原康政《さかきばらやすまさ》と大須賀康高《おおすがやすたか》らに四千五百の兵卒《へいそつ》を付《つ》けて秀次《ひでつぐ》らの第四隊《たい》に気付《きづ》かれぬように後《あと》を追《お》い、翌日《よくじつ》の夜《よる》には徳川軍《とくがわぐん》の本隊《ほんたい》も秀次《ひでつぐ》らの後《あと》を追《お》い、気付《きづ》かれぬように小牧山《こまきやま》を出《で》て小幡城《おばたじょう》（名古屋市守山区）に移《うつ》った。

未明《みめい》になって池田恒興《いけだつねおき》の第一隊《たい》が長久手《ながくて》（長久手町）近《ちか》くを通過《つうか》すると、近《ちか》くの岩崎山《いわさきやま》の城砦《じょうさい》から守兵《しゅへい》が鉄砲《てっぽう》を撃《う》ちかけて、その弾《たま》が恒興《つねおき》の馬《うま》に当《あ》たった。恒興《つねおき》は激怒《げきど》して城砦《じょうさい》に攻《せ》め込《こ》み、一気《いっき》に砦《とりで》を陥落《かんらく》させた。そこに第二隊《たい》の森長可勢《もりながよしぜい》がやって来《き》て共《とも》に長久手《ながくて》で休息《きゅうそく》を取《と》った。

徳川勢《とくがわぜい》は互《たが》いに連絡《れんらく》を取《と》り合《あ》い、長久手《ながくて》に休息《きゅうそく》する第一隊《たい》の恒興《つねおき》と第二隊《たい》の長可勢《ながよしぜい》を挟《はさ》み撃《う》ちした。両隊《りょうたい》は不意《ふい》を突《つ》かれて大混乱《だいこんらん》に陥《おちい》り全滅《ぜんめつ》した。池田恒興《いけだつねおき》や森長可《もりながよし》も戦死《せんし》した。

丁度《ちょうど》この戦乱《せんらん》の最中《さいちゅう》に第四隊《たい》の羽柴秀次勢《はしばひでつぐぜい》も白山林《はくさんばやし》（尾張旭市と守山区の境）で休息《きゅうそく》を取《と》っていたところを水野忠重勢《みずのただしげぜい》の急襲《きゅうしゅう》を受《う》けて壊滅《かいめつ》した。秀次《ひでつぐ》は供回《ともまわ》りの馬《うま》に飛《と》び乗《の》って辛《から》くも逃《に》げ返《かえ》った。第三隊《たい》の堀秀政勢《ほりひでまさぜい》は第四隊《たい》からの注進《ちゅうしん》を受《う》けて引《ひ》き返《かえ》し、秀次隊《ひでつぐたい》を吸収《きゅうしゅう》して松ケ根《まつがね》（長久手町）で迫《せま》り来《く》る家康軍《いえやすぐん》に備《そな》えた。そこへ戦果《せんか》を挙《あ》げた榊原康政隊《さかきばらやすまさたい》が通《とお》り掛《か》かった。待《ま》ち構《かま》えていた新手《あらて》の堀秀政隊《ほりひでまさたい》の攻撃《こうげき》を受《う》けて康政隊《やすまさたい》は受《う》け切《き》れずに退却《たいきゃく》した。堀秀政《ほりひでまさ》は敗残兵《はいざんへい》を吸収《きゅうしゅう》しながら軍《ぐん》を返《かえ》した。

秀吉《ひでよし》の下《もと》にも「池田《いけだ》、森《もり》の両公《りょうこう》が長久手《ながくて》にて敗死《はいし》」の注進《ちゅうしん》が入《はい》ったので、秀吉自《ひでよしみずか》ら二万の兵卒《へいそつ》を従《したが》えて急《いそ》ぎ救援《きゅうえん》に出馬《しゅつば》した。後世《こうせい》これらの戦《いくさ》を総称《そうしょう》して小牧長久手《こまきながくて》の合戦《かっせん》と言《い》い伝《つた》えた。小牧《こまき》での対陣《たいじん》はこの後《のち》も続《つづ》いた。

織田信雄　秀吉に降伏

同十二年五月、秀吉《ひでよし》は楽田《がくでん》の本陣《ほんじん》に二重《にじゅう》の堀《ほり》と高《たか》さが二間半《にけんはん》（4.5ｍ）の土塁《どるい》を築《きず》いて防備《ぼうび》を固《かた》めた。兵数《へいすう》では羽柴軍《はしばぐん》の十二万に対《たい》して徳川軍《とくがわぐん》は僅《わず》かに二万だ。初戦《しょせん》に家康軍《いえやすぐん》は大勝《たいしょう》したが、これは奇襲戦《きしゅうせん》での戦果《せんか》だ。正攻法《せいこうほう》での睨《にら》み合《あ》いに移《うつ》って、徳川軍《とくがわぐん》は大軍《たいぐん》の羽柴軍《はしばぐん》に手《て》も足《あし》も出《だ》せなくなった。

同年同月、秀吉《ひでよし》もこの度《たび》の敗戦《はいせん》で無理攻《むりぜ》めは懲《こ》りた。そこで陣中《じんちゅう》に家康勢《いえやすぜい》を上回《うわまわ》る軍兵《ぐんぺい》を残《のこ》し、秀吉自身《ひでよしじしん》は数万《すうまん》の軍勢《ぐんぜい》を率《ひき》いて織田信雄配下《おだのぶかつはいか》の大将《たいしょう》が籠《こ》もる城塞《じょうさい》を虱潰《しらみつぶ》しに攻撃《こうげき》することにして先《ま》ずは木曽川《きそがわ》を渡《わた》り信雄支城《のぶかつしじょう》の加賀井城《かがのいじょう》（羽島市下中町）を攻撃《こうげき》して城兵《じょうへい》の過半《かはん》を討取《うちと》り城《しろ》を陥落《かんらく》させた。次《つ》いで竹ガ鼻城《たけがはなじょう》（羽島市竹鼻町）を囲《かこ》み、秀吉《ひでよし》が得意《とくい》とする土手《どて》を築《きず》いて長良川《ながらがわ》の水《みず》を引《ひ》き込《こ》み水攻《みずぜ》めにした。城内《じょうない》の兵《へい》は攻《せ》め手《て》の数万《すうまん》に対《たい》して数千《すうせん》と余《あま》りに小勢《こぜい》だ。

城主《じょうしゅ》は織田信雄《おだのぶかつ》に救援《きゅうえん》を求《もと》めたが、信雄《のぶかつ》の軍勢《ぐんぜい》も竹ガ鼻《たけがはな》を囲《かこ》む羽柴軍《はしばぐん》に比《くら》べて余《あま》りにも小勢《こぜい》で脆弱《ぜいじゃく》だ。家康《いえやす》に頼《たの》もうにも家康《いえやす》も対陣中《たいじんちゅう》で動《うご》けない。信雄《のぶかつ》には開城《かいじょう》して降伏《こうふく》を命《めい》じる以外《いがい》に救《すく》う手《て》はなく城内《じょうない》の将兵《しょうへい》には開城《かいじょう》して降伏《こうふく》するよう命《めい》じた。城主《じょうしゅ》は開城《かいじょう》して降伏《こうふく》した。秀吉《ひでよし》は小牧長《こまきなが》久手《くて》で受《う》けた敗戦《はいせん》の痛手《いたで》の少《すこ》しは取《と》り返《かえ》して大阪城《おおさかじょう》に戻《もど》った。

秀吉《ひでよし》は一旦《いったん》、大阪城《おおさかじょう》に戻《もど》ったが、八月には再度《さいど》　大軍《たいぐん》を催《もよお》して楽田《がくでん》の本陣《ほんじん》に入《はい》り、軍勢《ぐんぜい》は合計《ごうけい》十六万に膨《ふく》れ上《あ》がった。

家康《いえやす》も秀吉《ひでよし》の帰還《きかん》に合《あ》わせて小牧山《こまきやま》の陣《じん》を酒井忠次《さかいただつぐ》に任《まか》せ、清洲城《きよすじょう》に引《ひ》き挙《あ》げていた。だが秀吉《ひでよし》の再度《さいど》の出陣《しゅつじん》を知《し》って、家康《いえやす》も今度《こんど》は兵数《へいすう》でも対抗《たいこう》できるように三河《みかわ》や遠江《とおとうみ》の百姓《ひゃくしょう》衆《しゅう》を大量《たいりょう》動員《どういん》して、小牧山《こまきやま》の近《ちか》くの岩倉城《いわくらじょう》に入《はい》った。小牧一帯《こまきいったい》には一触即発《いっしょくそくはつ》の緊迫感《きんぱくかん》が漂《ただよ》った。だがどちらも先《さき》に動《うご》けば不利《ふり》と判断《はんだん》して緊迫《きんぱく》した様子見《ようすみ》が延々《えんえん》と続《つづ》いた。

秀吉《ひでよし》は家康《いえやす》を力攻《ちからぜ》めするのは無理《むり》と悟《さと》った。そこで家康《いえやす》よりは織田信雄《おだのぶかつ》を攻《せ》めて、信雄《のぶかつ》から講和《こうわ》を言《い》い出《だ》させようと思《おも》い立《た》ち、蒲生氏郷《がもううじさと》に命《めい》じて六月以来《いらい》攻《せ》め続《つづ》けていた木造具政《こづくりともまさ》が守《まも》る伊勢国戸木城《いせこくへきじょう》（久居市）の城下《じょうか》の住民《じゅうみん》を蹂躙《じゅうりん》して、此見《これみ》よがしに隅《すみ》から隅《すみ》まで徹底《てってい》して荒《あ》らし回《まわ》らせた。九月に入《はい》った夜《よる》、蒲生勢《がもうぜい》の横暴《おうぼう》な振《ふ》る舞《ま》いに我慢《がまん》が出来《でき》なくなった具政《ともまさ》は城《しろ》から討《う》って出《で》たが、それを待《ま》っていた氏郷《うじさと》の集中攻撃《しゅうちゅうこうげき》に遭《あ》って城《しろ》は落《お》ち、具政《ともまさ》は消息不明《しょうそくふめい》になった。

信雄《のぶかつ》は頼《たよ》りの戸木城《へきじょう》が落《お》ち、具政《ともまさ》の生死《せいし》も判《わか》らなくなって落胆《らくたん》したところに、秀吉《ひでよし》から講和《こうわ》の話《はなし》が舞《ま》い込《こ》んだ。信雄《のぶかつ》は無視《むし》したが、その後《ご》も伊勢国内《いせこくない》は秀吉《ひでよし》からの各個攻撃《かっここうげき》を受《う》けて状況《じょうきょう》は悪《あっ》化《か》の一方《いっぽう》だ。信雄《のぶかつ》はこのままでは伊勢国《いせこく》を失《うしな》い、家臣《かしん》も離《はな》れて結局《けっきょく》は弟《おとうと》の信孝《のぶたか》と同《おな》じ運命《うんめい》を辿《たど》ることになると肌《はだ》で感《かん》じた。天正《てんしょう》十二年（一五八四年）十一月十五日、信雄《のぶかつ》は家康《いえやす》に無断《むだん》で秀吉《ひでよし》の求《もと》めに応《おう》じて伊勢国桑名《いせこくくわな》で会見《かいけん》して、人質《ひとじち》を出《だ》すことと尾張《おわり》の犬山《いぬやま》と河田《かわだ》（一の宮市浅井町）を割《かつ》譲《じょう》することで単独講和《たんどくこうわ》した。家康《いえやす》は同盟《どうめい》を求《もと》められてこの戦《いくさ》に加《くわ》わったが、その同盟《どうめい》を求《もと》めた信《のぶ》雄《かつ》が独断《どくだん》で戦《いくさ》から手《て》を引《ひ》いてしまった。戦《いくさ》を続《つづ》ける大義名分《たいぎめいぶん》を失《うしな》って、家康《いえやす》も秀吉《ひでよし》と講和《こうわ》して共《とも》に陣《じん》を引《ひ》いた。このとき講和《こうわ》の証《あかし》として、家康《いえやす》は次男《じなん》で側室《そくしつ》の子《こ》の秀康《ひでやす》を人質《ひとじち》として秀吉《ひでよし》に差《さ》し出《だ》した。小牧長久手《こまきながくて》の合戦《かっせん》は勝敗《しょうはい》の決着《けっちゃく》が着《つ》かぬままに終結《しゅうけつ》した。

秀吉《ひでよし》は家康《いえやす》の次男《じなん》の秀康《ひでやす》を養子《ようし》にして、羽柴秀康《はしばひでやす》と改姓《かいせい》させた。その後《ご》の天正《てんしょう》十七年、秀吉《ひでよし》に実子《じっし》の鶴松《つるまつ》が誕生《たんじょう》したのを契機《けいき》に家康《いえやす》との融和《ゆうわ》を考《かんが》えて関東《かんとう》の名家《めいけ》で元《もと》・下野国守護《しもつけこくしゅご》であった結城家《ゆうきけ》の養子《ようし》に入《い》れ、結城秀康《ゆうきひでやす》（後の初代福井藩主）と名乗《なの》らせた。

四．末森合戦と富山の役

佐々成政　加賀・能登侵攻

小牧長久手合戦《こまきながくてがっせん》の最中《さいちゅう》に北陸《ほくりく》でも織田信雄《おだのぶかつ》に与《くみ》する佐々成政《さっさなりまさ》と羽柴秀吉《はしばひでよし》に与《くみ》する前田利家《まえだとしいえ》の間《あいだ》で潰《つぶ》すか潰《つぶ》されるかの戦《いくさ》が始《はじ》まった。

話《はなし》は少《すこ》し前後《ぜんご》し、（306頁5～6行目の続き）重複《ちょうふく》するが、佐々成政《さっさなりまさ》は信長次男《のぶながじなん》の織田信雄《おだのぶかつ》の同盟《どうめい》の求《もと》めに応《おう》じた。そして家康《いえやす》が織田家《おだけ》に味方《みかた》して秀吉《ひでよし》を討《う》つ軍勢《ぐんぜい》を催《もよお》した今《いま》この時《とき》に、秀吉《ひでよし》に味方《みかた》する前田利家《まえだとしいえ》を加賀《かが》・能登《のと》から追《お》い出《だ》して北陸一帯《ほくりくいったい》を支配《しはい》したいという夢《ゆめ》を膨《ふく》らませた。

その夢《ゆめ》を実現《じつげん》させる手始《てはじ》めに加越国境《かえつこっきょう》の倶梨伽羅峠《くりからとうげ》に砦《とりで》を築《きず》いて、佐々政元《さっさまさもと》（成政の叔父の養子）と野々村主水《ののむらもんど》に二千の兵卒《へいそつ》を付《つ》けて加賀国《かがこく》への前線基地《ぜんせんきち》とし、能越国境《のうえつこっきょう》の荒山城《あらやまじょう》には神保氏張《じんぼうじはる》（守護代神保家の庶流で元守山城主）の家臣《かしん》の袋井隼人《ふくろいはやと》を入《い》れて能登七尾城《のとななおじょう》に対峙《たいじ》する前線基地《ぜんせんきち》とした。

そして井波城《いなみじょう》（南砺市）には前野小兵衛《まえのしょうべえ》に二千の兵卒《へいそつ》を付《つ》けて倶梨伽羅砦《くりからとりで》の後詰《ごづめ》とし、阿尾城《あおじょう》（氷見市）には土着《どちゃく》の菊池十郎《きくちじゅうろう》に一千の兵卒《へいそつ》を付《つ》けて荒山城《あらやまじょう》の後詰《ごづめ》とした。

成政《なりまさ》は守山城《もりやまじょう》（高岡市）に娘婿《むすめむこ》の神保清十郎《じんぼせいじゅうろう》（神保氏張の子）に四千の兵卒《へいそつ》を付《つ》け、成政本人《なりまさほんにん》は富《と》山城《やまじょう》に居住《きょじゅう》して守山《もりやま》と連絡《れんらく》をとりながら各砦《かくとりで》に加賀《かが》と能登《のと》の様子《ようす》を探《さぐ》らせた。

天正《てんしょう》十二年（一五八四年）八月、利家《としいえ》は成政《なりまさ》が倶梨伽羅《くりから》に砦《とりで》を築《きず》き始《はじ》めたのを知《し》って対抗上《たいこうじょう》、利家《としいえ》も村井長頼《むらいながより》を総大将《そうだいしょう》に任《にん》じて鉄砲大将《てっぽうたいしょう》四人と千五百の兵卒《へいそつ》を投入《とうにゅう》し、内山峠《うちやまとうげ》（小矢部市）の麓《ふもと》の朝日山《あさひやま》（加賀朝日町）に城砦《じょうさい》を築《きず》いた。

同年同月、越中《えっちゅう》側《がわ》の佐々政元《さっさまさもと》は井波城《いなみじょう》に入《はい》った佐々《さっさ》家宿老《けしゅくろう》の前野小兵衛《まえのしょうべえ》と談合《だんごう》し、五千の兵卒《へいそつ》を率《ひき》いて朝日山攻撃《あさひやまこうげき》に乗《の》り出《だ》した。そして内山峠《うちやまとうげ》に登《のぼ》って朝日山砦《あさひやまとりで》を見下《みお》ろし「俄《にわ》か造《つく》りの砦《とりで》など何程《なにほど》の事《こと》かある。加越合戦《かえつがっせん》の門出《かどで》としようぞ。励《はげ》めや者共《ものども》」と奮《ふる》い立《た》たせて、二手《ふたて》に分《わ》かれて討《う》ち寄《よ》せた。このとき朝日山《あさひやま》では砦《とりで》が出来上《できあ》がって一旦金沢《いったんかなざわ》に戻《もど》る者《もの》が出《で》て、城砦《じょうさい》の兵卒《へいそつ》は七、八百程《ほど》しか残《のこ》っていなかった。佐々勢《さっさぜい》の攻撃《こうげき》があるとの急報《きゅうほう》を受《う》けて、守《しゅ》将《しょう》の村井長頼《むらいながより》は城砦《じょうさい》の外《そと》の堀切《ほりきり》まで出《で》た方《ほう》が防御《ぼうぎょ》し易《やす》いと判断《はんだん》した。そこで城砦《じょうさい》から城兵《じょうへい》を堀切《ほりきり》まで押《お》し出《だ》そうとした時《とき》に、金沢《かなざわ》から利家《としいえ》の馬廻《うままわ》りの阿波加藤八郎《あわかとうはちろう》と江見藤十郎《えみとうじゅうろう》が馬《うま》を飛《と》ばして見回《みまわ》りにやって来《き》た。阿波加《あわか》と江見《えみ》は長頼《ながより》に向《む》かって
「今日《きょう》、この場《ば》に立《た》ち会《あ》ったは冥加《みょうが》に尽《つ》きる」と勇躍《ゆうやく》して戦《いくさ》の先頭《せんとう》に立《た》とうとした。村井長頼《むらいながより》は
「はや戦《いくさ》が始《はじ》まったのだぞ。急《いそ》ぎ帰《かえ》って援軍《えんぐん》の手配《てはい》を頼《たの》む」と金沢《かなざわ》に即刻戻《そっこくもど》れと命《めい》じた。阿波加《あわか》と江見《えみ》は時《とき》を過《す》ごして大事《だいじ》に至《いた》れば末代《まつだい》までの恥辱《ちじょく》と納得《なっとく》して、馬《うま》に飛《と》び乗《の》り脇目《わきめ》も振《ふ》らずに四《よ》里半《りはん》（18㎞）の道程《みちのり》を僅《わず》か一刻《いっこく》（30分）余《あま》りで駆《か》け戻《もど》った。利家《としいえ》は朝日山《あさひやま》の危急《ききゅう》の注進《ちゅうしん》を受《う》けて
「長頼《ながより》の戦上手《いくさじょうず》を見込《みこ》んで朝日山《あさひやま》に送《おく》り込《こ》んだが、ここは即刻後詰《そっこくごづめ》せずばなるまい。不破彦三《ふわひこぞう》と田野村三郎四郎《たのむらさぶろうしろう》・片山内膳《かたやまないぜん》・岡嶋喜三郎《おかじまきさぶろう》・原隠岐《はらおき》・武部助十郎《たけべすけじゅうろう》は先手《さきて》となって即刻《そっこく》、士卒《しそつ》を引《ひ》き連《つ》れて打《う》ち立《た》て」と触《ふ》れを出《だ》した。そして利家自身《としいえじしん》も小姓《こしょう》と馬廻《うままわ》りの者《もの》五、六十騎《き》を供《とも》に連《つ》れて、小原口《おはらくち》まで急《いそ》ぎ出立《しゅったつ》した。
丁度《ちょうど》この頃越中勢《ころえっちゅうぜい》が麓《ふもと》の朝日山近《あさひやまちか》くまで攻《せ》め込《こ》んできた。だが砦《とりで》の村井長頼《むらいながより》の気迫《きはく》に押《お》されて出足《であし》が躊躇《ちゅうちょ》した。加《くわ》えて俄《にわ》かに黒雲《くろくも》が全天《ぜんてん》を覆《おお》い、突風《とっぷう》が吹《ふ》き出《だ》して眼《め》も開《あ》けられぬ豪雨《ごうう》にな

り、加《くわ》えて足下《あしもと》も泥濘《ぬかる》んで歩《ある》くことさえ不自由《ふじゆう》になった。越中勢《えっちゅうぜい》はこれでは戦《いくさ》にならぬと悟《さと》って、一合戦《ひとがっせん》もせずに内山峠《うちやまとうげ》に引《ひ》き返《かえ》した。前田勢《まえだぜい》にとっての朝日山《あさひやま》の急難《きゅうなん》は去《さ》った。だが逆《ぎゃく》に不《ふ》安《あん》が膨《ふく》らんだ。見渡《みわた》せば越中《えっちゅう》との国境《くにざかい》は軒並《のきな》み佐々勢《さっさぜい》に抑《おさ》えられていた。利家《としいえ》は成政《なりまさ》の動《うご》きを秀《ひで》吉《よし》に伝《つた》えて与力《よりき》を要請《ようせい》した。

秀吉《ひでよし》は家康《いえやす》・信雄《のぶかつ》同盟軍《どうめいぐん》との合戦中《かっせんちゅう》で今《いま》は兵力《へいりょく》を割《さ》くゆとりがなかった。そこで「翌年《よくねん》には自《みずか》ら出陣《しゅつじん》する故《ゆえ》、それまでは全面衝突《ぜんめんしょうとつ》は避《さ》けて時節《じせつ》を待《ま》て」と言送《いいおく》った。利家《としいえ》は引《ひ》き続《つづ》き与力《よりき》を要請《ようせい》しながら、越中佐々勢《えっちゅうさっさぜい》の加賀出撃《かがしゅつげき》に対《たい》する備《そな》えを急《いそ》いだ。

加賀《かが》・能登《のと》両国《りょうこく》に接《せっ》する越中国《えっちゅうこく》との国境線《こっきょうせん》は長大《ちょうだい》だ。加《くわ》えてこの加賀《かが》・能登国境《のとこっきょう》付近《ふきん》は日《に》本海《ほんかい》と越中国《えっちゅうこく》に挟《はさ》まれて首元《くびもと》の様《よう》に縊《くび》れて狭《せま》い。既《すで》に佐々勢《さっさぜい》はこの加越能三国国境《かえつのうさんごくこっきょう》の荒山《あらやま》の廃《はい》城《じょう》にも士卒《しそつ》を送《おく》り込《こ》んでいた。

この首元《くびもと》にも似《に》た加賀《かが》・能登国境《のとこっきょう》を佐々勢《さっさぜい》に抑《おさ》えられては加賀《かが》と能登《のと》が分断《ぶんだん》される。今《いま》、能登《のと》国《こく》の七尾城《ななおじょう》には利家《としいえ》の実兄《じっけい》の前田安勝《まえだやすかつ》が城代《じょうだい》を務《つと》め、高畠織部《たかはたおりべ》や中河清六《なかがわせいろく》と土着《どちゃく》の長綱連《ちょうつなつら》（長続連の嫡子）が城代《じょうだい》を補佐《ほさ》して三千の軍兵《ぐんぺい》と共《とも》に主《あるじ》に代《か》わって能登《のと》を統治《とうじ》していた。

そこで利家《としいえ》は越中《えっちゅう》佐々勢《さっさぜい》の備《そな》えとして加賀国《かがこく》から能登国《のとこく》に入《はい》る末森山《すえもりやま》（宝達志水町）の廃城《はいじょう》に奥村永福《おくむらながとみ》と土肥茂次《どいもちつぐ》・千秋主殿助《ちあきもんどのすけ》の三名の大将《たいしょう》に千五百の兵卒《へいそつ》を付《つ》けて送《おく》り出《だ》し、佐々勢《さっさぜい》の侵入《しんにゅう》に備《そな》える城《しろ》を普請《ふしん》した。同時《どうじ》に前田右近《まえだうこん》（津幡城主で利家の弟）に倶梨伽羅峠《くりからとうげ》に出現《しゅつげん》する越中勢《えっちゅうぜい》に備《そな》えて峠《とうげ》の麓《ふもと》の鳥越《とりごえ》（津幡町）に砦《とりで》を造《つく》らせ、目賀田又右衛門《めがたまたうえもん》と丹羽源十郎《にわげんじゅうろう》に五百の兵卒《へいそつ》を付《つ》けて右近《うこん》を補佐《ほさ》させ守《まも》らせた。

天正《てんしょう》十二年（一五八四年）九月、佐々成政《さっさなりまさ》はこの俄《にわ》か造《づく》りの末森城《すえもりじょう》を奪《うば》おうと軍勢《ぐんぜい》一万二千を率《ひき》いて加越国境《かえつこっきょう》の宝達山《ほうたつさん》を越《こ》え、末森《すえもり》から二里《にり》（８㎞）の坪山《つぼやま》（宝達志水町）に着陣《ちゃくじん》した。そして「又左《またざ》（又左衛門：利家の通称）は必《かなら》ず金沢《かなざわ》から末森救援《すえもりきゅうえん》に駆《か》け付《つ》ける。この抑《おさ》えが必要《ひつよう》だが、清十郎《せいじゅうろう》（神保氏張の子）よ。お主《ぬし》が大将《たいしょう》となり四千の士卒《しそつ》を率《ひき》いて北河尻《きたかわじり》（宝達志水町）の浜辺《はまべ》に山取《やまと》り（山辺に陣取り）して加賀《かが》・能登《のと》の往来《おうらい》を塞《ふさ》げ」と言《い》い付《つ》け、北河尻《きたかわしり》に砦《とりで》を作《つく》らせて海岸通《かいがんどお》りから末森《すえもり》への道《みち》を遮断《しゃだん》させた。こうして金沢《かなざわ》から能登《のと》への往来《おうらい》を塞《ふさ》ぐ陣所《じんしょ》を北川尻《きたかわじり》と坪山《つぼやま》との両所《りょうしょ》に築《きず》いて、金沢《かなざわ》からの援軍《えんぐん》を末森《すえもり》に通《とお》さぬよう手配《てはい》した。

翌日《よくじつ》、成政《なりまさ》は末森城《すえもりじょう》攻撃《こうげき》に向《む》けて先手《さきて》の佐々政元《さっさまさもと》（成政の養子）山下甚八《やましたじんはち》・前野小兵衛《まえのしょうべえ》・野々村主水《ののむらもんど》・菊池伊予守《きくちいよのかみ》・同《どう》　十六郎《じゅうろくろう》・寺島甚助《てらしまじんすけ》・本庄市兵衛《ほんじょういちべえ》・野入平右衛門《のいりへいうえもん》・斎藤半右衛門《さいとうはんうえもん》・佐々与左衛門《さっさよざえもん》・堀田四郎右衛門《ほりたしろううえもん》・桜勘助《さくらかんすけ》の諸将《しょしょう》と共《とも》に総勢《そうぜい》八千で末森城《すえもりじょう》を囲《かこ》んだ。

越中勢《えっちゅうぜい》は手始《てはじ》めに末森山付近《すえもりやまふきん》の民家《みんか》に放火《ほうか》して気勢《きせい》を上《あ》げ、勢《いきお》いに乗《の》って総懸《そうがか》りで末森山《すえもりやま》に攻《せ》め登《のぼ》った。末森山城《すえもりやまじょう》の兵《へい》は僅《わず》かに一千余《よ》。奥村永福《おくむらながとみ》は諸将《しょしょう》を手配《てくば》りして持《も》ち場《ば》を固《かた》めたので落《らく》城《じょう》は免《まぬが》れた。だが終日《しゅうじつ》の戦《いくさ》で出丸《でまる》も三の丸《まる》も落《お》とされた。その上《うえ》に本丸直下《ほんまるちょっか》の二の丸《まる》までもが落《お》とされて、残《のこ》るは本丸《ほんまる》一つになった。また大将《たいしょう》の一人の土肥茂次《どいもちつぐ》も戦没《せんぼつ》して、城兵《じょうへい》は負傷者《ふしょうしゃ》も含《ふく》めて残《のこ》り僅《わず》かに三百余《よ》になった。

前田利家　末森城救援

この時《とき》、末森城《すえもりじょう》から救援依頼《きゅうえんいらい》の注進《ちゅうしん》を受《う》けた前田利家《まえだとしいえ》は即刻近《そっこくちか》くにいた実兄《じっけい》の前田利久《まえだとしひさ》と魚《うお》住隼人《ずみはやと》に金沢城《かなざわじょう》の留守《るす》を命《めい》じ、不破直光《ふわなおみつ》（通称彦三）と村井長頼《むらいながより》（通称又兵衛）の両人《りょうにん》には先手《さきて》の大将《たいしょう》に任《にん》じて昼前《ひるまえ》には金沢《かなざわ》を立《た》たせた。松任城主《まっとうじょうしゅ》の利長《としなが》（利家の嫡子）にも急使《きゅうし》を出《だ》して末森《すえもり》への至急《しきゅう》の後詰《ごづめ》を命《めい》じ、加《くわ》えて能登《のと》の七尾城《ななおじょう》にも急使《きゅうし》を送《おく》って前田安勝《まえだやすかつ》（利家の兄）父子《ふし》に留守《るす》を任《まか》せて、他《ほか》は一人残《ひとりのこ》らず末森《すえもり》に馳《は》せ参《さん》ずるように命《めい》じた。利家《としいえ》は他《た》の支城《しじょう》の城主《じょうしゅ》らにも末森《すえもり》の後詰《ごづめ》を命《めい》じる手配《てはい》をした後《のち》、自《みずか》らも諸将《しょしょう》の準備《じゅんび》を待《ま》たずに急《いそ》ぎ金沢《かなざわ》を出立《しゅったつ》して末森《すえもり》を目指《めざ》し、その途中《とちゅう》の津幡城下《つばたじょうか》に入《はい》った。津幡城主《つばたじょうしゅ》は利家《としいえ》の実弟《じってい》の前田右近《まえだうこん》だ。右近《うこん》は街外《まちはず》れまで利家《としいえ》を出迎《でむか》えて

「当城《とうじょう》にてしばらく休息《きゅうそく》なされ。その間《あいだ》に士卒《しそつ》を集《あつ》めながら松任《まっとう》の孫四郎殿《まごしろうどの》（利長の通称名）の到着《とうちゃく》を待《ま》ち、それからの出陣《しゅつじん》になされては如何《いかが》」と忠告《ちゅうこく》した。利家《としいえ》は右近《うこん》の進言《しんげん》を受《う》けて、取《と》り敢《あ》えず津幡城《つばたじょう》に入《はい》って休息《きゅうそく》した。夜《よる》に入《はい》って嫡子《ちゃくし》の利長《としなが》が津幡《つばた》に到着《とうちゃく》した。

利家《としいえ》は津幡城《つばたじょう》に先手《さきて》の村井《むらい》と不破《ふわ》やその他《た》の家老《かろう》を呼《よ》び集《あつ》めて評定《ひょうじょう》を持《も》った。村井長頼《むらいながより》は

「軽々《かるがる》と本城《ほんじょう》を空《あ》けて殿一人《とのひとり》で津幡《つばた》まで御出《おで》になるとは何《なん》たる事《こと》と申《もう》し上《あ》げたいところだが、

これは常時《じょうじ》の事《こと》。今《いま》は存亡《ぞんぼう》を懸《か》けた非常時《ひじょうじ》であればこの度《たび》の殿《との》のご決断《けつだん》は天晴《あっぱれ》。殿《との》の様子《ようす》を見《み》て、軍士共《ぐんしども》は皆心《みなこころ》勇《いさ》めて奮《ふる》い立《た》って御座《ござ》る」と利家《としいえ》の戦《いくさ》の方便《ほうべん》に感心《かんしん》して語《かた》った。一同《いちどう》は、
「皆《みな》は大将《たいしょう》と共《とも》に討死《うちじに》を覚悟《かくご》し、一命《いちめい》は露程《つゆほど》にも惜《お》しまぬと勇《いさ》んで御座《ござ》る」と、利家《としいえ》の家臣《かしん》を思《おも》う心情《しんじょう》を汲《く》んで同心《どうしん》した。利家《としいえ》は一同《いちどう》に
「内蔵助《くらのすけ》（佐々成政の通称名）とは若《わか》い頃《ころ》から度々《たびたび》の合戦《かっせん》を共《とも》にしたが、この利家《としいえ》を越《こ》すことは一度《いちど》としてなく、ただ見《み》てくれを構《かま》えているだけだった。敵《てき》が如何《いか》に多勢《たぜい》であろうとも、夜中《よなか》に後詰《ごづめ》して我《わ》が下知《げち》に従《したが》えば、小勢《こぜい》にても只《ただ》の一戦《いっせん》にして大勝利《だいしょうり》を得《う》る策《さく》は持《も》っておる。構《かま》えて我《わ》が下知《げち》に従《したが》って大勝利《だいしょうり》を得《え》よ」と自信《じしん》を漲《みなぎ》らせて宣言《せんげん》し、一同《いちどう》が不安《ふあん》を抱《いだ》かぬように気配《きくば》りした。
津幡城主《つばたじょうしゅ》の前田右近《まえだうこん》は寺西次兵衛《てらにしじへえ》と相談《そうだん》して兄《あに》の利家《としいえ》に
「恐《おそ》らく今頃《いまごろ》、末森《すえもり》の出城《でじろ》は落《お》ちたのでは御座《ござ》らぬか。そこを無理《むり》に佐々勢《さっさぜい》が押《お》さえる末森《すえもり》への道《みち》を進《すす》めば、味方《みかた》は利《り》を失《うしな》うのみ。それよりは末森《すえもり》を捨《す》ててここ津幡《つばた》を堅持《けんじ》し、秀吉公《ひでよしこう》に注進《ちゅうしん》すれば急《いそ》ぎの出馬《しゅつば》もあるべし。身《み》を全《まっと》うして大利《たいり》を得《え》たまえ」と申《もう》し出《で》た。利家《としいえ》はこれを聞《き》いて、

「左様《さよう》な情《なさ》け無《な》き異見《いけん》は兵士《へいし》の士気《しき》を失《うしな》うのみ。「人《ひと》は一代《いちだい》　名《な》は末代《まつだい》。」奥村《おくむら》を始《はじ》め土肥《どい》、千秋《ちあき》を捨《す》て殺《ごろ》しにしたと後《のち》の世《よ》に嘲《あざけ》りを受《う》けるようでは如何《いかが》するぞ。喩《たと》え内蔵助《くらのすけ》（佐々成政の通称名）が数万騎《すうまんき》を擁《よう》し、此方《こなた》は小姓《こしょう》と馬廻《うままわ》りのみであろうとも我《われ》は一合戦《ひとがっせん》して勝負《しょうぶ》をつけるぞ」と言《い》い放《はな》った。そして村井長頼《むらいながより》に声《こえ》を掛《か》けて

「其方《そち》は今《いま》、合戦《かっせん》することを如何《いか》に思《おも》うぞ」と尋《たず》ねた。長頼《ながより》は

「御意御尤《ぎょいごもっと》。合戦《かっせん》を遂《と》げるは然《しか》るべきこと」と答《こた》えた。利家《としいえ》は笑《え》みを含《ふく》んで

「我《わ》が心《こころ》と同《おな》じは又兵衛《またべえ》（長頼）に及《し》くは無《な》し」と言《い》って即刻出立《そっこくしゅったつ》しようとした。城主《じょうしゅ》の前田右《まえだう》近《こん》は湯漬《ゆづ》けの食事《しょくじ》を差《さ》し出《だ》して、重《かさ》ねて

「上手《じょうず》の博士《はかせ》が来《き》て申《もう》すには、今《いま》の出立《しゅったつ》は不吉《ふきつ》と申《もう》して御座《ござ》る」と伝《つた》えて山伏《やまぶし》を呼《よ》び入《い》れた。

「上手《じょうず》の博士《はかせ》とは其方《そのほう》か」と利家《としいえ》は尋《たず》ね、改《あらた》めて末森《すえもり》への出立《しゅったつ》の吉凶《きっきょう》を尋《たず》ねた。山伏《やまぶし》は懐《ふところ》から巻《まき》物《もの》を取《と》り出《だ》そうとすると、利家《としいえ》は間髪《かんはつ》を容《い》れず

「これより末森《すえもり》の後詰《ごづめ》に向《む》かう。その吉凶《きっきょう》を見《み》よ」と声《こえ》を張《は》って言《い》い付《つ》けた。山伏《やまぶし》は恐《おそ》れ畏《かしこ》まって

「時《とき》も宜《よろ》しく御座候《ござそうろう》」と利家《としいえ》の顔色《かおいろ》を窺《うかが》いながら畏《かしこ》まって申《もう》し出《で》た。利家《としいえ》は

「さても心得《こころえ》たる上手《じょうず》かな。大利《たいり》を得《え》て帰陣《きじん》の折《おり》には褒美《ほうび》を遣《つか》わす」と言《い》い終《お》えて、快《こころよ》げに出立《しゅったつ》した。俄《にわ》かの出立《しゅったつ》に付《つ》き従《したが》った大将《たいしょう》は先手《さきて》の不破直光《ふわなおみつ》と村井長頼《むらいながより》だけだった。他《た》の同席《どうせき》の原長頼《はらながより》や前田又次郎《まえだまたじろう》・田野村三郎四郎《たのむらさぶろうしろう》・武部助十郎《たけべすけじゅうろう》・片山内膳《かたやまないぜん》・岡嶋喜三郎《おかしまきさぶろう》・前田慶次郎《まえだけいじろう》・近藤善右《こんどうぜんう》衛門《えもん》・青山与三右衛門《あおやまよそうえもん》らは慌《あわ》てて準備《じゅんび》もそこそこに利家《としいえ》の後《あと》を追《お》った。利家《としいえ》の出立《しゅったつ》を止《と》めようとした前田右近《まえだうこん》らは唯《ただ》、呆気《あっけ》にとられて見送《みおく》るばかりだった。真夜中《まよなか》になった。利家《としいえ》は越中《えっちゅう》の神保《じんぼ》勢《ぜい》が柵《さく》を築《きず》いて街道《かいどう》を塞《ふさ》いだ北川尻《きたかわじり》より一里《いちり》（4㎞）手前《てまえ》の高松《たかまつ》まで来《き》て立《た》ち止《ど》まり草鞋《わらじ》の緒《お》を強《つよ》く締《し》め直《なお》してその余《あま》りを切《き》り捨《す》てた。これを見《み》た諸将《しょしょう》は

「殿《との》は今日《きょう》を限《かぎ》りと思《おぼ》し召《め》すと思《おも》えたり」と互《たが》いを見交《みか》わして、皆《みな》は決死《けっし》の戦《いくさ》を覚悟《かくご》した。

利家《としいえ》は不破直光《ふわなおみつ》と村井長頼《むらいながより》を呼《よ》んで街道《かいどう》を塞《ふさ》ぐ柵《さく》を指差《ゆびさ》し、

「将兵《しょうへい》に枚《ばい》を噛《か》ませた馬《うま》を与《あた》えて柵《さく》を迂回《うかい》し、浜辺《はまべ》から河口《かこう》を一気《いっき》に駆《か》け渡《わた》らせてその時《とき》の北川《きたかわ》尻《じり》の陣内《じんない》の動《うご》きを確《たし》かめよ」と言《い》って将兵《しょうへい》に川《かわ》を渡《わた》らせた。物見《ものみ》は陣内《じんない》の様子《ようす》を調《しら》べて

「敵《てき》は只《ただ》の一人《ひとり》も出《で》て来《き》ませぬ。川《かわ》には杭《くい》が沢山《たくさん》打《う》ち込《こ》んであり、人《ひと》のように見《み》せかけて御座《ござ》る」と報《ほう》じた。利家《としいえ》はこれを確《たし》かめ、闇夜《やみよ》に紛《まぎ》れて何事《なにごと》もなく北川尻《きたかわじり》の神保勢《じんぼぜい》の陣《じん》を潜《くぐ》り抜《ぬ》けた。

これより先《さき》、北川尻《きたかわじり》の神保陣内《じんぼじんない》では物見《ものみ》を津幡《つばた》に出《だ》して前田勢《まえだぜい》の様子《ようす》を探《さぐ》らせていたが、津幡《つばた》城《じょう》の前田右近《まえだうこん》を始《はじ》め、諸将《しょしょう》は挙《こぞ》って末森《すえもり》への救援《きゅうえん》を止《と》めに掛《かか》っていた。金沢《かなざわ》から利家《としいえ》を追《お》って駆《か》け付《つ》けた将兵《しょうへい》も僅《わず》かに数百《すうひゃく》だ。これでは末森《すえもり》の救援《きゅうえん》などありえないと早合点《はやがてん》して陣《じん》に戻《もど》り一部《いちぶ》始《し》終《じゅう》を報告《ほうこく》したので北川尻《きたかわじり》の陣《じん》では上《かみ》は大将《たいしょう》から下《しも》は兵卒《へいそつ》まで油断《ゆだん》して警戒《けいかい》を怠《おこた》った。

神保清十郎《じんぼせいじゅうろう》が利家《としいえ》の軍勢《ぐんぜい》の通過《つうか》を知《し》ったのは夜《よ》が明《あ》けてからだった。北川尻《きたかわじり》の軍勢《ぐんぜい》は慌《あわ》てて前田勢《まえだぜい》を追《お》い掛《か》けた。

前田勢《まえだぜい》は海岸沿《かいがんぞ》いを今浜《いまはま》（宝達志水町）まで進《すす》んだところで夜《よ》が仄《ほの》かに白《しら》み始《はじ》めた。利家《としいえ》はここで軍勢《ぐんぜい》凡《およ》そ千五百であるのを確認《かくにん》して、各々《おのおの》に兵糧《ひょうろう》を取《と》らせながら「この軍勢《ぐんぜい》が散《ち》らず一手《いって》に結束《けっそく》した「車懸《くるまがか》り」の戦法《せんぽう》で臨《のぞ》めば勝利《しょうり》間違《まちが》いなし」と戦法《せんぽう》を指図《さしず》して励《はげ》ました。利家《としいえ》は佐々勢《さっさぜい》が末森城《すえもりじょう》攻《ぜ》めに陣《じん》を進《すす》めた竹生野《たこの》（宝達志水町）を避《さ》けて今浜《いまはま》から末《すえ》森城《もりじょう》の搦手《からめて》（裏門）に繋《つな》がる長坂《ながさか》の道《みち》を目指《めざ》した。末森山頂《すえもりさんちょう》への長坂《ながさか》の登《のぼ》り道《みち》では、佐々勢《さっさぜい》も総《そう》攻《ぜ》めに向《む》けて登《のぼ》り口《ぐち》から今《いま》、当《まさ》に登《のぼ》り始《はじ》めるところだった。

前田勢《まえだぜい》は城《しろ》に攻《せ》め登《のぼ》り始《はじ》める佐々勢《さっさぜい》の背後《はいご》から、散《ち》らず一手《いって》になって襲《おそ》い掛《かか》った。佐々勢《さっさぜい》は予期《よき》せぬ後巻《うしろまき》（後からの攻め）に遭《あ》って浮足立《うきあした》った。そこに救援《きゅうえん》を受《う》けて奮《ふる》い立《た》った城内《じょうない》の奥村勢《おくむらぜい》が討《う》って出《で》た。両軍入《りょうぐんい》り乱《みだ》れての激戦《げきせん》になったが、前田勢《まえだぜい》は初志貫徹《しょしかんてつ》して末森城《すえもりじょう》への入城《にゅうじょう》を果《は》たした。利家《としいえ》も本丸《ほんまる》に入《はい》った。情勢《じょうせい》は一変《いっぺん》した。加賀《かが》の諸将《しょしょう》は本丸《ほんまる》から続《つづ》く二の丸《まる》に押《お》し出《だ》して、ここでも激戦《げきせん》になった。この頃《ころ》には利家《としいえ》が加賀《かが》・能登《のと》の支城《しじょう》に伝《つた》えた末森救援《すえもりきゅうえん》の命《めい》に応《おう》じて、続々《ぞくぞく》と諸将《しょしょう》が末森《すえもり》に参着《さんちゃく》した。前田家家督《まえだけかとく》の利長《としなが》も軍勢《ぐんぜい》を率《ひき》いて本丸《ほんまる》に登《のぼ》って来《き》た。加賀勢《かがぜい》は奮《ふん》戦《せん》して多《おお》くの将兵《しょうへい》を失《うしな》いながらも遂《つい》に末森《すえもり》から越中勢《えっちゅうぜい》を追《お》い落《お》とした。

坪山《つぼやま》の本陣《ほんじん》で戦況《せんきょう》を見《み》ていた佐々成政《さっさなりまさ》は末森《すえもり》に総大将《そうだいしょう》の利家《としいえ》が入《はい》ったのを知《し》って早急《そうきゅう》の越中《えっちゅう》帰陣《きじん》を決断《けつだん》した。成政《なりまさ》は秀吉《ひでよし》に与《くみ》する利家《としいえ》と戦《いくさ》を構《かま》えたが、いつの間《ま》にか加賀《かが》の前田《まえだ》だけでなく越後《えちご》の上杉《うえすぎ》も秀吉《ひでよし》に与《くみ》して共《とも》に越中侵入《えっちゅうしんにゅう》の態勢《たいせい》を取《と》っていた。今現在《いまげんざい》の越中勢《えっちゅうぜい》は加賀国境《かがこっきょう》に集《しゅう》結《けっ》して富山《とやま》はガラ空《あ》きだ。一刻《いっこく》を争《あらそ》って帰陣《きじん》しなければ国《くに》を失《うしな》う。成政《なりまさ》は未練《みれん》を断《た》ち切《き》り坪山《つぼやま》を陣払《じんはら》いして帰途《きと》に付《つ》いた。

その途上《とじょう》、倶梨伽羅峠《くりからとうげ》の麓《ふもと》の鳥越城《とりごえじょう》（津幡町）が空城《あきじろ》になっているとの知《し》らせを受《う》けた。それで「これぞ天《てん》の与《あた》え」と喜《よろこ》んで一軍《いちぐん》を向《む》かわせ、鳥越城《とりごえじょう》を無血《むけつ》で奪《うば》い取《と》った。この鳥越城《とりごえじょう》は目賀田《めがた》又右衛門《またうえもん》と丹羽源十郎《にわげんじゅうろう》が五百の兵卒《へいそつ》を従《したが》えて越中勢《えっちゅうぜい》に備《そな》えていたが、末森落城《すえもりらくじょう》の誤報《ごほう》を受《う》けて城《しろ》を空《あ》けて逃《に》げ出《だ》したのだ。成政《なりまさ》は末森《すえもり》の代《か》わりに鳥越《とりごえ》を奪《うば》って富山《とやま》に帰陣《きじん》した。一ケ月後《ご》に利家《としいえ》は鳥越《とりごえ》に兵卒《へいそつ》を繰《く》り出《だ》して不破《ふわ》や村井《むらい》、多野村《たのむら》に向《む》かって「この鳥越城《とりごえじょう》を取《と》り戻《もど》すには如何《いか》にすべきか」と尋《たず》ねた。三人は顔《かお》を見合《みあ》わせた。村井《むらい》は「この山城《やましろ》は中々《なかなか》の切所《せっしょ》（要害の地）。加《くわ》えて二千もの兵《へい》が城内《じょうない》に控《ひか》えている由故《よしゆえ》一万の軍勢《ぐんぜい》を用《もち》いてその三の一は失《うしな》ってもよければ落《お》とせましょう」と答《こた》えた。不破《ふわ》が後《あと》を引《ひ》き取《と》って「内蔵助《くらのすけ》（佐々成政の通称名）は富山城《とやまじょう》に将兵《しょうへい》一万を置《お》いて御座《ござ》れば、これ程《ほど》の小城《こじろ》に拘《こだわ》るのは如何《いかが》か」と諫《いさ》めた。利家《としいえ》は納得《なっとく》して城攻《しろぜ》めを諦《あきら》め、せめて城兵《じょうへい》をおびき出《だ》して一泡吹《ひとあわふ》かせてやろうと態《わざ》と弱兵《じゃくへい》を前面《ぜんめん》に出《だ》して城攻《しろぜ》めの勢《いきお》いを見《み》せ、城兵《じょうへい》の誘《おび》き出《だ》しに掛《かか》った。たが、城《しろ》の守将《しゅしょう》の久瀬《くせ》但馬守《たじまのかみ》は利家《としいえ》の魂胆《こんたん》を読《よ》み取《と》って誘《さそ》いには乗《の》らず、諸卒《しょそつ》に命《めい》じて固《かた》く城《しろ》を守《まも》った。

季節《きせつ》は晩秋《ばんしゅう》に差《さ》し掛《かか》かって寒《さむ》さが日《ひ》に日《ひ》に募《つの》った。やがて利家《としいえ》は為《な》す術《すべ》もなく金沢《かなざわ》に引《ひ》き上《あ》げた。

佐々成政厳冬期の飛騨山脈を越え家康を訪問

天正《てんしょう》十二年（一五八四年）、北陸一帯《ほくりくいったい》が冬籠《ふゆごも》りに入《はい》った頃《ころ》、尾張《おわり》から佐々成政《さっさなりまさ》の下《もと》に織田信雄《おだのぶかつ》が伊勢国桑名《いせこくくわな》で秀吉《ひでよし》に降伏《こうふく》して和睦《わぼく》したとの報《しら》せが入《はい》った。続《つづ》いて徳川家康《とくがわいえやす》からも秀吉《ひでよし》と講和《こうわ》して小牧山《こまきやま》から兵《へい》を引《ひ》いたとの注進《ちゅうしん》が飛《と》び込《こ》んだ。

成政《なりまさ》は突然《とつぜん》に織田信雄《おだのぶかつ》と徳川家康《とくがわいえやす》から同盟《どうめい》の梯子《はしご》を外《はず》された状態《かたち》になって切羽《せっぱ》詰まった。信雄《のぶかつ》の誘《さそ》いに乗《の》って羽柴軍団《はしばぐんだん》を相手《あいて》取《ど》り、先《ま》ずは前田利家《まえだとしいえ》と戦《いくさ》を始《はじ》めたのだ。このまま時《とき》を過《す》ごせば利家《としいえ》を後押《あとお》しする秀吉《ひでよし》が大軍《たいぐん》を率《ひき》いて押《お》し寄《よ》せて来《く》る。北陸《ほくりく》には雪《ゆき》が降《ふ》り始《はじ》めた。雪《ゆき》が積《つ》もって

は戦《いくさ》は起《おこ》こせない。攻《せ》め手《て》が絶対不利《ぜったいふり》だからだ。成政《なりまさ》は雪《ゆき》を見《み》て閃《ひらめ》き宿将《しゅくしょう》を集《あつ》めて

「この雪《ゆき》の間《あいだ》を利用《りよう》して遠州浜松《えんしゅうはままつ》（浜松市）の徳川屋形《とくがわやかた》まで出掛《でか》けたい」と云《い》い出《だ》した。そして

「今《いま》、越中《えっちゅう》の西《にし》は加賀《かが》の前田《まえだ》と敵対《てきたい》し、東《ひがし》は越後《えちご》の上杉《うえすぎ》に塞《ふさ》がれている。だが、南《みなみ》の飛騨《ひだ》は織田《おだ》方《がた》の姉小路自綱殿《あねこうじよりつなどの》（三木自綱）の所領《しょりょう》だ。だがその一方《いっぽう》で、飛騨《ひだ》から逃《に》げ落《お》ちた牛丸《うしまる》や塩谷《しおや》、江馬《えま》の残党《ざんとう》が越前大野《えちぜんおおの》の金森長近《かなもりながちか》を頼《たよ》って再起《さいき》を謀《はか》り、その金森《かなもり》は秀吉《ひでよし》の助勢《じょせい》を得《え》て飛騨国《ひだこく》に虎視《こし》眈々《たんたん》と狙《ねら》いを定《さだ》めている。今《いま》この僅《わず》かな平穏時《へいおんじ》を利用《りよう》して困難《こんなん》は承知《しょうち》の上《うえ》で、先《ま》ずは姉小路殿《あねこうじどの》を頼《たよ》って飛騨国入《ひだこくい》りする。飛騨《ひだ》から徳川殿《とくがわどの》の三河《みかわ》・遠江《とおとうみ》両国《りょうこく》へは美濃国経由《みのこくけいゆ》が一番良《いちばんよ》いが、ここには秀吉《ひでよし》に与《くみ》する池田恒興《いけだつねおき》が押《お》さえて居《い》て入《はい》れない。そこで雪嶺《せつれい》を踏《ふ》み越《こ》えて信濃国安曇野《しなのこくあずみの》の深《ふか》志城下《しじょうか》（松本城下）に出《で》る。深志《ふかし》は徳川方《とくがわがた》の小笠原貞慶殿《おがさわらさだよしどの》の所領《しょりょう》。以下《いか》、伊那《いな》を経《へ》て遠江国浜松《とおとうみこくはままつ》に出《で》る。ここで家康公《いえやすこう》に対面《たいめん》し、次《つ》いで織田信雄公《おだのぶかつこう》を訪《たず》ねて両公《りょうこう》に再度《さいど》の決起《けっき》を何《なん》としても説得《せっとく》したい」と熱《あつ》く語《かた》って実行《じっこう》に移《うつ》した。天正《てんしょう》十二年十一月二十三日、佐々成政《さっさなりまさ》は越中富山《えっちゅうとやま》を出《しゅっ》立《たつ》した。一行《いっこう》は三十余名《よめい》。佐々平左衛門《さっさへいざえもん》の他《ほか》に寺島甚助《てらしまじんすけ》・佐々與左衛門《さっさよざえもん》・前野小兵衛《まえのしょうべえ》・同又五《どうまたご》

郎《ろう》・久世又助《くせまたすけ》・神保越中《じんぼえっちゅう》の重臣一同《じゅうしんいちどう》とその郎党《ろうとう》。飛騨《ひだ》から剣山雪峰《けんざんせっぽう》（野麦峠か？）を越《こ》えて信濃国《しなのこく》安曇野《あずみの》の深志《ふかし》（松本市）に入《はい》り、深志《ふかし》から馬《うま》を飛《と》ばして十二月四日に家康《いえやす》の居城《きょじょう》の遠江国浜松城《とおとうみこくはままつじょう》に入《はい》った。浜松《はままつ》で一行《いっこう》の応対《おうたい》に当《あ》たった門番《もんばん》は後《のち》に「一行《いっこう》は熊《くま》の毛皮《けがわ》の胴着《どうぎ》に熊皮《くまがわ》の半袴《はんばかま》を佩《は》き、野太刀《のたち》を背負《せお》い熊皮《くまがわ》の頭巾《ずきん》を冠《かむ》った出立《いでた》ち（身なり）で、髭面《ひげづら》の中《なか》に眼光鋭《がんこうするど》く頬《ほお》はこけ落《お》ち、誰《だれ》が誰《だれ》だか判《わか》らぬ容貌《ようぼう》だった」と伝《つた》えて後《のち》の世《よ》の噂《うわさ》になった。

佐々成政《さっさなりまさ》は徳川家康《とくがわいえやす》に対面《たいめん》して

「織田家《おだけ》を興《おこ》して秀吉《ひでよし》を討《う》つべし」と熱《あつ》く語《かた》ったが家康《いえやす》は

「この度《たび》の和議《わぎ》は織田信雄公《おだのぶかつこう》から為《な》されたことであれば、某《それがし》は信雄公《のぶかつこう》の御本意《ごほんい》に従《したが》うのみ。信雄《のぶかつ》公《こう》に意見《いけん》なされよ。我《わ》が心中《しんちゅう》もお察《さっ》し下《くだ》され」と言《い》って織田信雄《おだのぶかつ》に和戦《わせん》の選択《せんたく》を預《あず》けた。成政《なりまさ》は翌朝《よくちょう》、浜松《はままつ》を立《た》って途中《とちゅう》、生駒八右衛門宅《いこまはちうえもんたく》（信長正妻の実家）を訪《おとず》れて織田家《おだけ》への取次《とりつぎ》を乞《こ》い清洲《きよす》城《じょう》に入《はい》った。成政《なりまさ》は信雄《のぶかつ》に対面《たいめん》して語気鋭《ごきするど》く熱弁《ねつべん》を奮《ふる》って織田家再興《おだけさいこう》と秀吉討伐《ひでよしとうばつ》を説《と》いた。だが信雄《のぶかつ》の宿老《しゅくろう》らは既《すで》に信雄《のぶかつ》が人質《ひとじち》として娘《むすめ》を秀吉《ひでよし》に差《さ》し出《だ》したところであり、信雄《のぶかつ》の心中《しんちゅう》を察《さっ》して和議《わぎ》を解消《かいしょう》して戦《いくさ》をするのに同調《どうちょう》する者《もの》は一人《ひとり》もなく、逆《ぎゃく》に成政《なりまさ》に「世間《せけん》の風《かぜ》は押《お》し並《な》べて羽柴方《はしばがた》に向《む》かっており、当方《とうほう》は如何《いか》にも不利《ふり》。ここは一旦《いったん》、羽柴勢《はしばぜい》に和議《わ ぎ》を申《もう》し出《で》られて降伏《こうふく》なさるが上策《じょうさく》」と和議《わぎ》を勧《すす》めた。信雄《のぶかつ》は宿老《しゅくろう》らに対応《たいおう》を任《まか》せたが、真意《しんい》は戦《いくさ》を好《この》まず、安《やす》らかな新年《しんねん》を迎《むか》えたいと願《ねが》っていた。そこで宿老《しゅくろう》らは信雄《のぶかつ》の意《い》を忖度《そんたく》（推し計る）して、議論《ぎろん》は停戦和議《ていせんわぎ》に終始一貫《しゅうしいっかん》した。

成政《なりまさ》は願《ねが》いが叶《かな》わず意気消沈《いきしょうちん》して退城《たいじょう》した。清洲《きよす》の城下《じょうか》は武家《ぶけ》や町家等《ちょうかなど》を問《と》わず何処《いずこ》も軒先《のきさき》に門松《かどまつ》を飾《かざ》り立《た》てて新年《しんねん》を迎《むか》える準備《じゅんび》に余念《よねん》がなかった。成政《なりまさ》は「何事《なにごと》も変《か》わり果《は》てたる世《よ》の中《なか》に知《し》らでや雪《ゆき》の白《しろ》く降《ふ》るらん」と嘆《なげ》いて又来《またき》た深雪《しんせつ》の山路《やまみち》を辿《たど》り越中《えっちゅう》への帰途《きと》に着《つ》いた。

利家と成政　加越国境で小競り合い

明《あ》けて天正《てんしょう》十三年（一五八五年）の雪消《ゆきげ》も進《すす》んだ二月（旧暦）に入《はい》って利家《としいえ》は村井長頼《むらいながより》を呼《よ》び「昨年《さくねん》の末森合戦《すえもりがっせん》の折《おり》に目賀田《めがた》と丹羽《にわ》が鳥越城《とりごえじょう》を空《あ》けた隙《すき》を突《つ》かれて越中勢《えっちゅうぜい》に奪取《だっしゅ》されたは如《い》

何《か》にも残念《ざんねん》。越中《えっちゅう》深《ふか》くに押《お》し入《い》ってこの仇《かたき》を取《と》りたいものだが何処《いずこ》がよかろう」と相談《そうだん》した。

長頼《ながより》は承《うけたまわ》って執事《しつじ》を呼《よ》び、利家《としいえ》の無念《むねん》の思《おも》いを伝《つた》えて心当《こころあ》たりを尋《たず》ねた。執事《しつじ》は越中出自《えっちゅうしゅつじ》（生まれ）の小林某《こばやしなにがし》と屋後某《やごなにがし》を呼《よ》んで良《よ》い思案《しあん》はないかと相談《そうだん》した。二人は顔《かお》を見合《みあわ》せたが

「越中《えっちゅう》の蓮沼《はすぬま》（小矢部市）の地《ち》は昔《むかし》から船便《ふなびん》で小矢部川《おやべがわ》を往来《おうらい》し、越中国府《えっちゅうこくふ》（高岡市伏木）と砺波郡《となみぐん》一帯《いったい》や加賀国《かがこく》を結《むす》ぶ往来《おうらい》の拠点《きょてん》の地《ち》で御座《ござ》る。その昔《むかし》は守護代《しゅごだい》の遊佐家《ゆさけ》の城下《じょうか》でも御座《ござ》った。近年《きんねん》、この蓮沼城《はすぬまじょう》には神保一族《じんぼいちぞく》が入《はい》ったが、上杉謙信《うえすぎけんしん》に攻《せ》められて先年落城《せんねんらくじょう》。今《いま》はこの城址《じょうし》を木舟城《きふねじょう》（高岡市福岡町）の佐々平左衛門《さっさへいざえもん》の雑兵《ぞうひょう》が留守居《るすい》しているのみで御座《ござ》る。この地《ち》を焼《や》き立《た》てては如何《いかが》」と申《もう》し出《で》た。利家《としいえ》は村井長頼《むらいながより》からこの案《あん》を聞《き》いて大《おお》いに喜《よろこ》び

「又兵衛《またべえ》（長頼）よ。お主《ぬし》が千余《せんよ》の兵《へい》を率《ひき》いて先手《さきて》を受《う》けよ。二番手《にばんて》は松任《まっとう》の孫四郎《まごしろう》（前田利長）に命《めい》じる。近藤善右衛門《こんどうぜんうえもん》や山崎将兵衛《やまざきしょうべえ》も大将《たいしょう》となり八百の軍兵《ぐんぺい》を率《ひきい》いて、他《ほか》にも岡嶋喜三郎《おかじまきさぶろう》や片山内膳《かたやまないぜん》　多野村三郎四郎《たのむらさぶろうしろう》も大将《たいしょう》に加《くわ》えて八百の兵《へい》を付《つ》ける。早々《そうそう》に支度《したく》して越中境《えっちゅうさかい》に繰《く》り出《だ》せ」と命《めい》じた。天正《てんしょう》十三年（一五八五年）二月、村井長頼《むらいながより》は一千余《よ》の兵《へい》と共《とも》に加賀《かが》・越中境《えっちゅうさかい》の倶梨伽《くりか》

羅峠《らとうげ》から蓮沼《はすぬま》に押《お》し出《だ》して街《まち》に火《ひ》を掛《か》け、城内《じょうない》に雪崩《なだれ》込《こ》んで城《しろ》にも火《ひ》を掛《か》けた。城《しろ》から飛《と》び出《だ》してきた兵《へい》は手当《てあ》たり次第《しだい》に撫《な》で切《き》り、城兵《じょうへい》三百を残《のこ》らず討《う》ち取《と》った。この騒《さわ》ぎを聞《き》き付《つ》けて木舟《きふね》城《じょう》の佐々《さっさ》平左衛門《へいざえもん》が家臣《かしん》と共《とも》に蓮沼《はすぬま》に駆《か》け付《つ》けた。だがその時《とき》には既《すで》に村井長頼《むらいながより》勢《ぜい》は全《すべ》てをやり終《お》えて、意気揚々《いきようよう》と国境《こっきょう》の峠《とうげ》を越《こ》えていた。

この後《のち》、三月には成政《なりまさ》が加賀《かが》の鷹《たか》の巣《す》へ攻《せ》め込《こ》んで焼《や》き働《ばたら》きを行《おこな》い、蓮沼《はすぬま》の意趣返《いしゅがえ》しを行《おこな》った。四月には利家《としいえ》が鳥越城《とりごえじょう》を囲《かこ》み、五月には成政《なりまさ》が前田領《まえだりょう》の今石動《いまいするぎ》を焼《や》くなど互《たが》いに相手《あいて》の手《て》の内《うち》、出方《でかた》や兵力《へいりょく》の探《さぐ》り合《あ》いを行《おこな》って、加越両国間《かえつりょうこくかん》の争《あらそ》いが延々《えんえん》と絶《た》え間《ま》なく続《つづ》いた。

六月、越中守山城主《えっちゅうもりやまじょうしゅ》の神保氏張《じんぼうじはる》は成政《なりまさ》の命《めい》を受《う》けて五千の軍兵《ぐんぺい》を引《ひ》き連《つ》れ、阿尾城《あおじょう》（氷見市）を囲《かこ》んだ。阿尾城《あおじょう》はこの頃《ころ》は加賀国前田《かがこくまえだ》の支城《しじょう》で前田惣兵衛《まえだそうべえ》と片山内膳《かたやまないぜん》・高畠九蔵《たかばたけくぞう》・菊池伊豆《きくちいず》守《のかみ》父子《ふし》が大将《たいしょう》となって二千の城兵《じょうへい》と共《とも》に守備《しゅび》していた。

神保氏張《じんぼうじはる》は城下《じょうか》の民家《みんか》を焼《や》き討《う》ちした。菊池父子《きくちふし》は焼《や》かせてならじと城《しろ》から討《う》って出《で》たが神保《じんぼ》勢《ぜい》は多勢《たぜい》。四方から討《う》ち掛《かか》られて突《つ》き崩《くず》されそうになった。これを見《み》た阿尾城足軽大将《あおじょうあしがるたいしょう》の小塚《こづか》

藤十郎《とうじゅうろう》は高台《たかだい》に鉄砲隊《てっぽうたい》を移《うつ》して氏張勢目《うじはるぜいめ》掛《が》けて一斉射撃《いっせいしゃげき》し、菊池父子《きくちおやこ》を援助《えんじょ》した。神保氏張《じんぼうじはる》は一瞬怯《いっしゅんひる》んだが

「菊池《きくち》を逃《のが》すな。組討《くみう》って生《い》け捕《ど》れば日ノ本一《ひのもといち》の忠功《ちゅうこう》なるぞ」と声《こえ》を涸《か》らして兵《へい》を励《はげ》ました。

丁度《ちょうど》この時《とき》、支城見回《しじょうみまわ》り中《ちゅう》の村井長頼《むらいながより》が阿尾城《あおじょう》の危急《ききゅう》を知《し》って、三百の兵卒《へいそつ》を従《したが》え阿尾《あお》に急行《きゅうこう》した。そして三百の兵《へい》を二手《ふたて》に分《わ》けて神保勢《じんぼぜい》の横手《よこて》から馬印《うまじるし》を振《ふ》りかざして突《つ》きかかった。神保勢《じんぼぜい》は思《おも》わぬ攻撃《こうげき》を受《う》けて浮足立《うきあしだ》ち、逆《ぎゃく》に菊池勢《きくちぜい》は生気《せいき》を取《と》り戻《もど》して反撃《はんげき》に出《で》た。神保氏張《じんぼうじはる》は村井《むらい》の馬印《うまじるし》を見《み》て肝《きも》を潰《つぶ》し、深手《ふかで》を負《お》わぬ内《うち》にと軍勢《ぐんぜい》を纏《まと》めて守山《もりやま》へ引《ひ》き退《の》いた。

村井《むらい》らの加賀勢《かがぜい》は阿尾城《あおじょう》が安泰《あんたい》になったのを確《たし》かめた上《うえ》で能登《のと》に向《むか》った。その道中《どうちゅう》で、荒山《あらやま》峠《とうげ》の城《しろ》に陣取《じんど》る越中勢《えっちゅうぜい》が何《なに》か相談事《そうだんごと》が出来《しゅったい》したとかで城《しろ》の主《おも》だった者《もの》は皆《みな》越中《えっちゅう》に帰《かえ》り、今《いま》は僅《わず》かに雑兵《ぞうひょう》三百が留《とど》まるだけだと物見《ものみ》からの報《しら》せがあった。村井又兵衛《むらいまたべえ》は阿尾城《あおじょう》の仕返《しかえ》しにと荒山峠《あらやまとうげ》に立《た》ち寄《よ》って城《しろ》に押《お》し入《い》り、雑兵《ぞうひょう》を追《お》い出《だ》して荒山城《あらやまじょう》を乗《の》っ取《と》った。

四国の役と関白宣下　並びに富山の役

この頃《ころ》、前田利家《まえだとしいえ》から援軍要請《えんぐんようせい》を受《う》けた羽柴秀吉《はしばひでよし》は…。（320頁3～4行目参照）

秀吉《ひでよし》は小牧長久手《こまきながくて》の合戦《かっせん》で織田信雄《おだのぶかつ》の降伏《こうふく》を受《う》けて和議《わぎ》を結《むす》び、徳川家康《とくがわいえやす》とも和睦《わぼく》して足下《そっか》の愁《うれ》いを無《な》くした。そこで秀吉《ひでよし》は先《ま》ず、己《おのれ》と同盟《どうめい》する阿波《あわ》の三好康長《みよしやすなが》の求《もと》めに応《おう》じて四国征伐《しこくせいばつ》に乗《の》り出《だ》した。四国《しこく》は今《いま》、当《まさ》に長宗我部元親《ちょうそかべもとちか》に全土《ぜんど》を制覇《せいは》されそうになっていたが、北陸《ほくりく》の加《か》・越合《えつがっ》戦《せん》では前田《まえだ》は未《ま》だ阿波《あわ》の三好《みよし》程《ほど》の危機的状態《ききてきじょうたい》ではないと判断《はんだん》したのだ。

天正《てんしょう》十三年（一五八五年）五月、秀吉《ひでよし》は黒田孝高《くろだよしたか》（官兵衛）に先鋒《せんぽう》を命《めい》じて二万の軍勢《ぐんぜい》を付《つ》け讃《さ》岐《ぬき》（香川県）に攻《せ》め込《こ》ませた。宇喜多秀家《うきたひでいえ》（秀吉の猶子）も備前《びぜん》（岡山県東南部）・美作《みまさか》（岡山県東北部）の軍勢《ぐんぜい》を引連《ひきつ》れて黒田勢《くろだぜい》に加《くわ》わり、蜂須賀正勝《はちすかまさかつ》や仙石秀久《せんごくひでひさ》も黒田勢《くろだぜい》に加《くわ》わった。六月には秀吉《ひでよし》の弟《おとうと》の羽柴秀長《はしばひでなが》も三万の軍勢《ぐんぜい》と共《とも》に堺《さかい》から船出《ふなで》して阿波《あわ》に攻《せ》め込《こ》んだ。秀吉《ひでよし》の養子《ようし》の秀次《ひでつぐ》（秀吉の姉の子）も明石《あかし》から淡路《あわじ》（兵庫県淡路島）を経《へ》て、三万の軍勢《ぐんぜい》と共《とも》に秀長軍《ひでながぐん》に加《くわ》わった。

この四国征伐《しこくせいばつ》で秀吉《ひでよし》に臣従《しんじゅう》した西国《さいごく》の雄《ゆう》の毛利一族《もうりいちぞく》も三万の軍勢《ぐんぜい》を引連《ひきつ》れて加《くわ》わり、安芸国《あきこく》

(広島県西部)の安芸浦《あきのうら》と三原《みはら》から船出《ふなで》して伊予国《いよこく》(愛媛県)に攻《せ》め込《こ》んだ。

秀吉自身《ひでよしじしん》は家康《いえやす》などの未《ま》だ秀吉《ひでよし》に臣従《しんじゅう》していない諸大名《しょだいみょう》に備《そな》える必要《ひつよう》があって遠征《えんせい》は出来《でき》ず、大阪城近《おおさかじょうちか》くの和泉国《いずみこく》(大阪府南西部)岸和田城《きしわだじょう》まで出陣《しゅつじん》するに留《とど》めて、後詰《ごづめ》した。

長宗我部元親勢《ちょうそかべもとちかぜい》は四国《しこく》の各地《かくち》から攻《せ》め込《こ》まれて兵力《へいりょく》の分散《ぶんさん》を余儀《よぎ》なくし、次第《しだい》に戦《いくさ》は不利《ふり》になって支城《しじょう》は次々《つぎつぎ》に落城《らくじょう》した。同年《どうねん》七月、元親《もとちか》は遂《つい》に降伏《こうふく》を願《ねが》い出《で》た。秀吉《ひでよし》は降伏《こうふく》を許《ゆる》し、土佐《とさ》一国《いっこく》に削《けず》って元親《もとちか》に与《あた》えた。また、毛利家《もうりけ》の功《こう》に報《むく》いて秀吉《ひでよし》は伊予国《いよこく》を毛利一門《もうりいちもん》に与《あた》えた。讃岐《さぬき》と阿波両国《あわりょうこく》は直参《じきさん》を置《お》くことにして、讃岐《さぬき》の聖通寺城《せいつうじじょう》には仙石秀久《せんごくひでひさ》、阿波《あわ》の徳島城《とくしまじょう》には蜂須賀《はちすか》正勝《まさかつ》が入《はい》った。また淡路国《あわじこく》の洲本城《すもとじょう》には脇坂安治《わきさかやすはる》、志知城《しちじょう》には加藤嘉明《かとうよしあき》を入《い》れた。

秀吉《ひでよし》は四国《しこく》を平定《へいてい》した。この四国平定《しこくへいてい》を後世《こうせい》の人《ひと》は「四国《しこく》の役《えき》」と呼《よ》んだ。

相前後《あいぜんご》して同年七月、秀吉《ひでよし》は近衛前久《このえさきひさ》の猶子《ゆうし》になって、朝廷《ちょうてい》から関白《かんぱく》の宣下《せんげ》を受《う》けた。(以後、関白秀吉)朝廷《ちょうてい》は秀吉《ひでよし》に天下《てんか》の統治《とうじ》を委《ゆだ》ねたのだ。

話《はなし》は元《もと》に戻《もど》る(320頁3~4行目参照)。同・天正十三年(一五八五年)八月八日、関白羽柴秀吉《かんぱくはしばひでよし》(以後

関白秀吉）は利家《としいえ》の求《もと》めに応《おう》じて越中平定《えっちゅうへいてい》を目指《めざ》し、数万《すうまん》の大軍《たいぐん》を催《もよお》して京都《きょう》を出立《しゅったつ》した。同月十八日、秀吉《ひでよし》が加賀国金沢《かがこくかなざわ》に到着《とうちゃく》した頃《ころ》に秀吉《ひでよし》の北陸平定《ほくりくへいてい》の大軍《たいぐん》は未《ま》だ越前北ノ庄《えちぜんきたのしょう》（福井市）に在《あ》った。越中《えっちゅう》の成政勢《なりまさぜい》は関白秀吉《かんぱくひでよし》の大軍《たいぐん》に恐《おそ》れをなして、加越国境《かえつこっきょう》の出城《でじろ》や守山《もりやま》に詰《つ》めた軍勢《ぐんぜい》を全《すべ》て撤退《てったい》させ、全軍《ぜんぐん》を富山城《とやまじょう》に集《あつ》めて籠城《ろうじょう》した。

同二十日、関白秀吉《かんぱくひでよし》は越中《えっちゅう》に入国《にゅうこく》して呉服山麓《ごふくさんろく》の山頂《さんちょう》（呉羽山麓の城山）に本陣《ほんじん》を取《と》り、富山城《とやまじょう》を見下《みお》ろしながら成政《なりまさ》の様子《ようす》を窺《うかが》った。また先陣《せんじん》を同山麓《どうさんろく》の安養坊坂上《あんようぼうさかうえ》の砦《とりで》に入《い》れて日夜《にちや》、呉服《ごふく》山麓《さんろく》から神通川《じんづうがわ》までの間《あいだ》を見回《みまわ》り佐々勢《さっさぜい》に内通《ないつう》する者《もの》の摘発《てきはつ》に努《つと》めた。

全国《ぜんこく》の諸大名《しょだいみょう》が関白秀吉勢《かんぱくひでよしぜい》に続々《ぞくぞく》と加《くわ》わった。日《ひ》を経《へ》ずして八万を超《こ》す大軍《たいぐん》に膨《ふく》れ上《あ》がった。越後《えちご》の上杉景勝《うえすぎかげかつ》も八千の軍勢《ぐんぜい》を率《ひき》いて越中生地《えっちゅういくじ》（黒部市）に出馬《しゅつば》し、佐々勢《さっさぜい》を挟《はさ》み撃《う》ちした。

富山城《とやまじょう》は関白秀吉勢《かんぱくひでよしぜい》の軍勢《ぐんぜい》で十重二十重《とえはたえ》に囲《かこ》まれた。成政《なりまさ》が頼《たよ》りとした織田信雄《おだのぶかつ》と徳川家康《とくがわいえやす》は、秀吉《ひでよし》と既《すで》に和睦《わぼく》してしまっていた。飛騨《ひだ》の姉小路自綱《あねこうじよりつな》（三木頼綱）勢《ぜい》も秀吉《ひでよし》の命《めい》を受《う》けた越前《えちぜん》大野《おおの》の金森長近《かなもりながちか》に攻《せ》め込《こ》まれて、この八月二十日に壊滅《かいめつ》した。既《すで》に頼《たよ》れる同盟者《どうめいしゃ》はいなくなっていた。富山城下《とやまじょうか》は今《いま》、当《まさ》に「四面楚歌《しめんそか》」（味方であった郷土の楚の民が皆、敵に下りこの城に攻めて来て、楚の歌を城の四面で歌っているのを聞いたときの楚の将軍の心情）だ。何所《どこ》に目《め》を遣《や》っても敵方《てきがた》の軍兵《ぐんぺい》ばかりだ。成政《なりまさ》は一夜《いちや》にして全国《ぜんこく》の大名《だいみょう》が己《おのれ》の敵《てき》になったと実感《じっかん》して衝撃《しょうげき》を受《う》けた。この現実《げんじつ》を見《み》せ付《つ》けられては夢《ゆめ》も希望《きぼう》も消《き》え失《う》せて、万事休《ばんじきゅう》したと悟《さと》った。成政《なりまさ》は憔悴《しょうすい》しきって宿将《しゅくしょう》を集《あつ》め

「このまま徒《いたずら》に時間《とき》を過《す》ごせば一族一門皆殺《いちぞくいちもんみなごろ》しの憂《う》き目《め》に遭《あ》うは必定《ひつじょう》。織田《おだ》・徳川両家《とくがわりょうけ》の与力《よりき》が得《え》られぬ今《いま》は、既《すで》に天《てん》も我《われ》を見放《みはな》したと見《み》たが、各々《おのおの》は如何《いか》に」と尋《たず》ねた。諸将《しょしょう》には答《こた》える言葉《ことば》もなかった。寡黙《かもく》の時間《じかん》が続《つづ》いた。成政《なりまさ》は言葉《ことば》を継《つ》いで

「今《いま》は未《ま》だ戦《いくさ》は始《はじ》まっておらぬ。今《いま》を措《お》いて降伏《こうふく》の時《とき》は無《な》い。今《いま》であれば藤吉郎《とうきちろう》（秀吉）も心《こころ》を動《うご》かしてくれよう」と呟《つぶや》き、一族《いちぞく》の佐々権左衛門《さっさごんざえもん》と同《どう》・平左衛門《へいざえもん》、前野吉泰《まえのよしやす》の三人に向《むか》って

「お主《ぬし》ら藤吉郎《とうきちろう》の本陣《ほんじん》へ使《つか》いを頼《たの》まれてくれぬか。我《われ》は藤吉郎《とうきちろう》に神文誓紙《しんもんせいし》を差《さ》し出《だ》し、頭《あたま》を丸《まる》めて降伏致《こうふくいた》そうと決《き》めた」と命《めい》じて三人《さんにん》に誓紙《せいし》に添《そ》えて信雄《のぶかつ》から貰《もら》った和睦《わぼく》の仲介状《ちゅうかいじょう》を預《あず》けた。この和睦《わぼく》の仲介状《ちゅうかいじょう》は昨年末《さくねんまつ》に飛騨《ひだ》の雪峰《せっぽう》を越《こ》えて清洲城《きよすじょう》に出向《でむ》いたときに織田信雄《おだのぶかつ》から受《う》けたもの

だった（333頁2～3行目参照）。佐々《さっさ》権左衛門《ごんざえもん》と同平左衛門《どうへいざえもん》、前野吉泰《まえのよしやす》の三人は軍使《ぐんし》に立《た》って呉服山《ごふくやま》（呉羽山）の敵方本陣《てきがたほんじん》に出向《でむ》いた。そして関白秀吉《かんぱくひでよし》の前《まえ》に進《すす》み出《で》て
「我《われ》らが主《あるじ》の成政《なりまさ》は一身《いっしん》を公《こう》に委《ゆだ》ね、一族一門《いちぞくいちもん》の総《すべ》てを公《こう》に捧《ささ》げて降参《こうさん》したいと申《もう》して御座《ござ》る」
と口上《こうじょう》を述《の》べ、神文誓紙《しんもんせいし》と織田信雄《おだのぶかつ》の仲介状《ちゅうかいじょう》を差《さ》し出《だ》した。
天正《てんしょう》十三年（一五八五年）八月二十九日、佐々成政《さっさなりまさ》は剃髪《ていはつ》して関白秀吉《かんぱくひでよし》の下《もと》に現《あらわ》れた。秀吉《ひでよし》は成政《なりまさ》の降伏《こうふく》を許《ゆる》して所領《しょりょう》の越中国《えっちゅうこく》を新川一郡《にいかわいちぐん》のみに削《けず》って成政《なりまさ》に与《あた》えた。他《た》の婦負《ねい》・射水《いみず》・砺《と》波《なみ》の三郡《さんぐん》は利家《としいえ》の嫡子《ちゃくし》の前田利長《まえだとしなが》に譲《ゆず》り与《あた》えた。世間《せけん》は関白秀吉《かんぱくひでよし》の佐々討伐《さっさとうばつ》を「富山《とやま》の役《えき》」と呼《よ》んで後世《こうせい》に伝《つた》えた。

秀吉の北陸・飛騨一円を平定

佐々成政《さっさなりまさ》は越中国新川郡《えっちゅうこくにいかわぐん》を安堵《あんど》されたが、成政自身《なりまさじしん》は妻子諸共大阪《さいしもろともおおさか》へ出仕《しゅっし》して秀吉《ひでよし》の御伽衆《おとぎしゅう》（政治や軍事の相談役）になるよう命《めい》じられた。秀吉《ひでよし》は無血《むけつ》で越中《えっちゅう》を平定《へいてい》した。全国《ぜんこく》から馳《は》せ参《さん》じた

諸大名《しょだいみょう》は三々五々に陣払《じんばら》いして帰国《きこく》した。越後《えちご》の上杉景勝《うえすぎかげかつ》も越後《えちご》への帰途《きと》についた。

秀吉《ひでよし》は景勝《かげかつ》が引《ひ》き上《あ》げるのを知《し》って追《お》い掛《か》けて景勝《かげかつ》と対面《たいめん》したいと言《い》い出《だ》した。一座《いちざ》の諸将《しょしょう》は越後勢《えちごぜい》に取《と》り籠《こ》められないかと驚《おどろ》いて、止《と》めに掛《かか》ったが秀吉《ひでよし》は聞《き》かず

「景勝《かげかつ》は卑怯《ひきょう》を厭《いと》う武士《もののふ》の鏡《かがみ》。真《まこと》の武士《もののふ》は此方《こなた》が得物《えもの》（武器）を構《かま》えれば彼方《かなた》も怯《ひる》まず立《た》ち向《む》かえども、丸腰《まるごし》（武器を持たず）赤心《せきしん》（真心）で臨《のぞ》めば彼方《かなた》も丁重《ていちょう》に臨《のぞ》むものなり。古語《ここ》にも「虎穴《こけつ》に入《い》らずんば虎子《こじ》を得《え》ず」とある。我《われ》は今《いま》この期《とき》この場《ば》でなければ出来《でき》ぬ話《はなし》を是非《ぜひ》とも景勝公《かげかつこう》と腹《はら》を割《わ》って語《かた》り合《あ》いたい」と言《い》って諸将《しょしょう》の諫《いさ》めには耳《みみ》を貸《か》そうともせず、石田三成《いしだみつなり》と木村英俊《きむらひでとし》の二《に》将《しょう》の他《ほか》は野盗《やとう》に備《そな》えて兵卒僅《へいそつわず》かに三十八人を付《つ》けただけで景勝《かげかつ》の後《あと》を追《お》った。

関白秀吉《かんぱくひでよし》の一行《いっこう》は越後《えちご》の落水《おちみず》（糸魚川市市振）付近《ふきん》で景勝《かげかつ》に追《お》い付《つ》いた。景勝《かげかつ》は何事《なにごと》かと驚《おどろ》き、秀吉一行《ひでよしいっこう》を近《ちか》くの落水城《おちみずじょう》に案内《あんない》して丁重《ていちょう》に応対《おうたい》した。そして秀吉《ひでよし》の意《い》を受《う》けて密談《みつだん》に臨《のぞ》んだ。この密談《みつだん》に秀吉側《ひでよしがわ》は石田三成《いしだみつなり》一人が同席《どうせき》し、景勝側《かげかつがわ》は直江兼続《なおえかねつぐ》一人が同席《どうせき》した。上杉景勝《うえすぎかげかつ》は密談《みつだん》を行《おこな》った翌《よく》・天正《てんしょう》十四年（一五八六年）に上洛《じょうらく》し、秀吉《ひでよし》に謁見《えっけん》して臣従《しんじゅう》の盟約《めいやく》を交《かわ》わした。

丹羽《にわ》長秀《ながひで》の跡《あと》を継《つ》いだ長重《ながしげ》もこの度《たび》の秀吉《ひでよし》の佐々成政征伐《さっさなりまさせいばつ》に加《くわ》わった。話《はなし》は少《すこ》し前後《ぜんご》するが、若狭《わかさ》・越前《えちぜん》・南加賀国《みなみかがこく》を領《りょう》した百二十万石《まんごく》の大々名《だいだいみょう》の丹羽長秀《にわながひで》は腫《しゅ》（ガン）を患《わず》って〝終《つい》の床《とこ》〟に臥《ふ》し、小牧《こまき》・長久手合戦《ながくてがっせん》には長秀《ながひで》に代《か》わって家督《かとく》の長重《ながしげ》が参陣《さんじん》した。長秀《ながひで》は小牧長久手合戦《こまきながくてがっせん》の翌《よく》・天正《てんしょう》十三年（一五八五年）四月に死没《しぼつ》した。丹羽長秀《にわながひで》が没《ぼっ》して、秀吉《ひでよし》の寵臣《ちょうしん》は、

「丹羽殿《にわどの》は死《し》に臨《のぞ》んで「秀吉《ひでよし》は主君信長公《しゅくんのぶながこう》の恩《おん》を忘《わす》れて幼君《ようくん》（三法師）を見下《みくだ》し、織田家再興《おだけさいこう》には意《い》に介《かい》そうともせぬ。我《われ》は秀吉《ひでよし》を見損《みそこ》なった」と呻《うめ》いて亡《な》き信長公《のぶながこう》に詫《わ》びを言《い》い、腹《はら》を掻《か》き切《き》って果《は》てたそうな」と讒言《ざんげん》した。丹羽家《にわけ》は長重《ながしげ》が長秀《ながひで》の跡《あと》を継《つ》いだが、跡《あと》を継《つ》いだ長重《ながしげ》にとっては先代《せんだい》から丹羽家《にわけ》に仕《つか》える重臣《じゅうしん》らが何《なに》かと疎《うと》ましく感《かん》じ、重臣《じゅうしん》らも又《また》、新君主《しんくんしゅ》を何《なに》かにつけて先代《せんだい》と比《くら》べることが多《おお》くなって丹羽家《にわけ》の重臣《じゅうしん》と長重《ながしげ》の間《あいだ》が次第《しだい》に気拙《きま》ずくなった。秀吉《ひでよし》は丹羽家《にわけ》の不《ふ》和《わ》に付《つ》け込《こ》んで、重臣《じゅうしん》らを籠絡《ろうらく》して引《ひ》き抜《ぬ》いた。

話《はなし》は元《もと》に戻《もど》って、関白秀吉《かんぱくひでよし》は越中国佐々成政征伐《えっちゅうこくさっさなりまさせいばつ》の陣中《じんちゅう》で

「丹羽《にわ》の軍中《ぐんちゅう》に、成政《なりまさ》に内通《ないつう》する者《もの》がいる」との讒言《ざんげん》を受《う》けた。そこで秀吉《ひでよし》は丹羽軍《にわぐん》に君臣間《くんしんかん》に

齟齬《そご》が生《しょう》じて軍律違反《ぐんりついはん》があったことを咎《とが》め、越前《えちぜん》・南加賀《みなみかが》両国《りょうこく》を召《め》し上《あ》げて旧領《きゅうりょう》の若狭一国《わかさいっこく》に減封《げんぽう》した。後《のち》の話《はなし》になるが、天正《てんしょう》十五年には九州《きゅうしゅう》の役参陣《えきさんじん》の際《さい》に、軍内《ぐんない》で狼藉《ろうぜき》を起《お》こして改易《かいえき》され、領地《りょうち》は加賀国松任《かがこくまっとう》のみの四万石《ごく》に減封《げんぽう》され、主《おも》だった家臣《かしん》らは秀吉《ひでよし》に引《ひ》き抜《ぬ》かれた。（慶長二年、丹羽長重には小松領が加増されて十二万石になった）

天正《てんしょう》十四年（一五八六年）、秀吉《ひでよし》はこの「富山《とやま》の役《えき》」に併《あわ》せて飛騨国《ひだこく》を平定《へいてい》した金森長近《かなもりながちか》に恩《おん》賞《しょう》として飛騨一国《ひだいっこく》を与《あた》え、元《もと》の越前国大野領《えちぜんこくおおのりょう》と国替《くにがえ》えした。丹羽長秀《にわながひで》の没後数年《ぼつごすうねん》にして越前《えちぜん》・若《わか》狭両国《さりょうこく》は秀吉《ひでよし》の近臣《きんしん》らに分《わ》け与《あた》えられて細分化《さいぶんか》された。

五．天下統一

九州の役と佐々成政自害

薩摩国《さつまこく》（鹿児島県）の島津義久《しまづよしひさ》が九州全域《きゅうしゅうぜんいき》を席捲《せっけん》して竜造寺孝信《りゅうぞうじたかのぶ》の肥後国《ひごこく》（熊本県）や大友義鎮《おおともよししげ》

（道号宗麟）の豊後国《ぶんごこく》（大分県）にも攻《せ》め入《い》った。豊後《ぶんご》の大友宗麟《おおともそうりん》は関白秀吉《かんぱくひでよし》に至急《しきゅう》の救援《きゅうえん》を求《もと》めた。天正《てんしょう》十三年（一五八五年）十月、秀吉《ひでよし》は島津義久《しまづよしひさ》に九州《きゅうしゅう》全域《ぜんいき》を支配《しはい》されるのを恐《おそ》れて九州《きゅうしゅう》諸大名《しょだいみょう》に「惣無事令《そうぶじれい》」（争奪禁止令）を言《い》い渡《わた》した。島津義久《しまづよしひさ》はこれを無視《むし》した。

関白秀吉《かんぱくひでよし》は島津《しまづ》を討伐《とうばつ》したいと思《おも》ったが、九州《きゅうしゅう》に出陣《しゅつじん》すれば留守《るす》になる畿内《きない》が心配《しんぱい》だ。特《とく》に近《ちか》くに停戦和睦《ていせんわぼく》はしたものの、未《いま》だに己《おのれ》に従《したが》おうとしない徳川家康《とくがわいえやす》が虎視眈々《こしたんたん》と天下《てんか》を狙《ねら》っている。だから家康《いえやす》を服従《ふくじゅう》させないことには遠隔《えんかく》の九州《きゅうしゅう》へは下《くだ》れない。

関白秀吉《かんぱくひでよし》は世間《せけん》から嘗《かつ》ては「人《ひと》たらし」と揶揄《やゆ》された程《ほど》の籠絡《ろうらく》の天才《てんさい》だ。家康《いえやす》の思想《しそう》や人柄《ひとがら》を熟慮《じゅくりょ》して途轍《とてつ》もない奇策《きさく》を考《かんが》え出《だ》し、それを直《ただ》ちに実行《じっこう》した。

家康《いえやす》がその昔《むかし》、駿河《するが》の今川家《いまがわけ》で暮《く》らしていた頃《ころ》、今川一族《いまがわいちぞく》の鶴姫《つるひめ》（今川義元の妹の娘）を正室《せいしつ》に迎《むか》えて築山殿《つきやまどの》と呼《よ》んでいた。そして嫡子《ちゃくし》が生《う》まれて、やがて元服《げんぷく》して信康《のぶやす》と名乗《なの》った。信長《のぶなが》は信康《のぶやす》に長女《ちょうじょ》の徳姫《とくひめ》を嫁《よめ》に与《あた》えた。だが築山殿《つきやまどの》はこの嫡子《ちゃくし》の嫁《よめ》に悋気《りんき》（やきもち）を起《お》こして諍《いさか》いを起《お》こした。その結果《けっか》信長《のぶなが》から謀反《むほん》の嫌疑《けんぎ》が掛《かか》って天正《てんしょう》七年（一五七九年）、家康《いえやす》は築山殿《つきやまどの》諸共《もろとも》に信康《のぶやす》まで誅殺《ちゅうさつ》しなければならなくなった。だからこの頃《ころ》、家康《いえやす》に正室《せいしつ》（正妻）はいなかった。

秀吉《ひでよし》には実《じつ》の妹《いもうと》の朝日姫《あさひひめ》がいた。秀吉《ひでよし》はこの朝日姫《あさひひめ》に突然《とつぜん》に離縁《りえん》を迫《せま》って夫婦《ふうふ》を引《ひ》き離《はな》し、家《いえ》康《やす》に嫁《か》すよう命《めい》じた。朝日姫《あさひひめ》は激《はげ》しく動揺《どうよう》して床《とこ》に伏《ふ》す日《ひ》が続《つづ》いた。

天正《てんしょう》十四年（一五八六年）四月、春闌《はるたけなわ》を待《ま》って関白秀吉《かんぱくひでよし》は朝日姫《あさひひめ》を家康《いえやす》の後添《のちぞ》いとして浜松《はままつ》城《じょう》に差《さ》し出《だ》した。家康《いえやす》は秀吉《ひでよし》の妹《いもうと》を嫁《よめ》に押《お》し付《つ》けられて戸惑《とまど》ったが、ここで関白《かんぱく》に逆《さか》らい朝日姫《あさひひめ》を追《お》い返《かえ》しては、秀吉《ひでよし》に家康追討《いえやすついとう》の格好《かっこう》の口実《こうじつ》を与《あた》えることになると思《おも》った。

同年五月、家康《いえやす》は朝日姫《あさひひめ》を嫁《よめ》に受《う》け入《い》れて正室《せいしつ》として丁重《ていちょう》に持成《もてな》したが、その実態《じったい》は人質《ひとじち》で、嫁《よめ》にはしたが秀吉《ひでよし》に伏《ふく》す気《き》などは更《さら》になく、大阪城《おおさかじょう》への伺候《しこう》は無視《むし》した。そこで秀吉《ひでよし》は更《さら》に実母《じつぼ》の大政所《おおまんどころ》を朝日姫《あさひひめ》の見舞《みまい》と称《しょう》して浜松城《はままつじょう》に送《おく》った。実母《じつぼ》も人質《ひとじち》として差《さ》し出《だ》したのだ。

十月、徳川家康《とくがわいえやす》は遂《つい》に折《お》れた。これ以上秀吉《いじょうひでよし》の要求《ようきゅう》を無視《むし》すれば、世間《せけん》から、家康《いえやす》は人情《にんじょう》の薄《うす》い人非人《にんぴにん》だと誹《そし》りを受《う》ける。何《なに》しろ相手《あいて》は朝廷《ちょうてい》から天下《てんか》の統治《とうじ》を委《ゆだ》ねられた関白《かんぱく》だ。

秀吉《ひでよし》の奇策《きさく》は見事《みごと》に成就《じょうじゅ》した。家康《いえやす》は大阪城《おおさかじょう》へ伺候《しこう》して諸大名列座《しょだいみょうれつざ》の中《なか》で秀吉《ひでよし》に臣従《しんじゅう》を誓《ちか》った。秀吉《ひでよし》は以後《いご》、家康《いえやす》を義兄弟《ぎきょうだい》として篤《あつ》く遇《ぐう》した。

話《はなし》は戻《もど》って、この頃《ころ》の九州《きゅうしゅう》は島津《しまづ》と大友《おおとも》、竜造寺《りゅうぞうじ》の三家《さんけ》が鼎立《ていりつ》して九州《きゅうしゅう》諸国《しょこく》を支配《しはい》していた。ところが薩摩《さつま》（鹿児島県）の島津義久《しまづよしひさ》が九州《きゅうしゅう》全域《ぜんいき》制覇《せいは》を目指《めざ》して豊後《ぶんご》（大分県）の大友宗麟《おおともそうりん》を攻《せ》め破《やぶ》り、肥前《ひぜん》（佐賀・長崎両県）の竜造寺孝信《りゅうぞうじたかのぶ》にも打《う》ち勝《か》って、当《まさ》に九州《きゅうしゅう》全域《ぜんいき》の制覇《せいは》を目前《もくぜん》にした。九州《きゅうしゅう》の諸大名《しょだいみょう》は挙《あ》げて関白秀吉《かんぱくひでよし》に窮状《きゅうじょう》を訴《うった》えて島津征伐《しまづせいばつ》を要請《ようせい》した。

同十四年（一五八六年）、秀吉《ひでよし》はこのとき始《はじ》めて関白《かんぱく》の特権《とっけん》を利用《りよう》し、勅定《ちょくじょう》（天皇の裁定）であると宣言《せんげん》して島津家《しまづけ》と大友家《おおともけ》に「惣無事令《そうぶじれい》」と称《しょう》する停戦命令《ていせんめいれい》を言《い》い渡《わた》した。この惣無事令《そうぶじれい》は広《ひろ》く世間《せけん》にも知《し》れ渡《わた》った。だが島津義久《しまづよしひさ》は秀吉《ひでよし》の惣無事令《そうぶじれい》を再度《さいど》無視《むし》して大友宗麟《おおともそうりん》の所領《しょりょう》の肥後国《ひごこく》八代《やつしろ》に攻《せ》め込《こ》んだ。同年七月、関白秀吉《かんぱくひでよし》は大友宗麟《おおともそうりん》の求《もと》めに応《おう》じて島津征伐《しまづせいばつ》に乗《の》り出《だ》した。だがこのときは未《ま》だ家康《いえやす》が秀吉《ひでよし》に臣従《しんじゅう》を拒否《きょひ》している頃《ころ》だった。そこで先《ま》ずは平定《へいてい》直後《ちょくご》の土佐国《とさこく》（高知県）の長宗我部元親《ちょうそかべもとちか》・信親《のぶちか》父子《ふし》に加《くわ》えて讃岐国《さぬきこく》（香川県）十河《そごう》の十河存保《そごうまさやす》（三好長慶の甥）と、軍監《ぐんかん》として讃岐国《さぬきこく》の高松城主《たかまつじょうしゅ》になったばかりの秀吉直臣《ひでよしじきしん》 仙石秀久《せんごくひでひさ》を付《つ》けて総勢《そうぜい》二万の四国勢《しこくぜい》を九州《きゅうしゅう》へ下《くだ》らせた。だがこの四国勢《しこくぜい》は寄《よ》せ集《あつ》めだったので軍監《ぐんかん》の仙石秀久《せんごくひでひさ》の命《めい》が行《ゆ》き届《とど》かず、統率《とうそつ》が取《と》れていなかった。対《たい》する薩摩側《さつまがわ》の勢《いきお》いは凄《すさ》まじく、同年《どうねん》十二月、秀吉《ひでよし》の四国勢《しこくぜい》は島津勢《しまづぜい》に大敗《たいはい》して長宗我部信親《ちょうそかべのぶちか》（元親の嫡男）と十河存保《そごうまさやす》は戦没《せんぼつ》し、仙石秀久《せんごくひでひさ》は領国《りょうごく》の讃岐《さぬき》へ逃《に》げ返《かえ》った。

翌《よく》十五年（一五八七年）正月元旦《しょうがつがんたん》、年賀《ねんが》の席《せき》で関白秀吉《かんぱくひでよし》は九州《きゅうしゅう》への再度《さいど》の陣触《じんふ》れを行《おこな》った。

この頃《ころ》には既《すで》に家康《いえやす》が秀吉《ひでよし》に臣従《しんじゅう》していたので留守中《るすちゅう》の京《きょう》都を狙《ねら》う仮想敵《かそうてき》はいなくなっていた。同年三月、秀吉《ひでよし》は京師《けいし》の留守《るす》を前田利家《まえだとしいえ》に委《ゆだ》ねて自《みずか》ら二十万の大軍《たいぐん》を催《もよお》し、島津義久討伐軍《しまづよしひさとうばつぐん》を起《お》こして九州《きゅうしゅう》へ出陣《しゅつじん》した。利家《としいえ》の家督《かとく》の前田利長《まえだとしなが》は三千の軍勢《ぐんぜい》を従《したが》えて関白秀吉軍《かんぱくひでよしぐん》に随行《ずいこう》した。西国《さいごく》の雄《ゆう》の毛利輝元《もうりてるもと》も一族一門《いちぞくいちもん》を挙《あ》げて参陣《さんじん》した。これを見《み》て九州《きゅうしゅう》の諸大名《しょだいみょう》は残《のこ》らず秀吉軍《ひでよしぐん》に加《くわ》わった。同年《どうねん》四月、関白秀吉《かんぱくひでよし》の二十万の軍勢《ぐんぜい》が九州《きゅうしゅう》に入《はい》った。対《たい》する島津勢《しまづぜい》は凡《およ》そ二万。「衆寡敵《しゅうかてき》せず」。島津勢《しまづぜい》は追《お》い込《こ》まれた。筑前国《ちくぜんこく》（福岡県西部）を領《りょう》した秋月種実《あきつきたねざね》（大友に抗して島津に加担）の臣《しん》の熊谷久重《くまがいひさしげ》や芥田六兵衛《あくたろくべえ》は降伏《こうふく》を潔《いさぎよ》しとはせず、豊前国《ぶぜんこく》（福岡県東部と大分県北部）の厳《がん》石城《じゃくじょう》に立《た》て籠《こも》った。

前田利長《まえだとしなが》は蒲生氏郷《がもううじさと》と共《とも》に城《しろ》を総攻《そうぜ》めし、利長《としなが》の将《しょう》の岡嶋一吉《おかじまかずよし》や長連竜《ちょうつらたつ》・奥村永福《おくむらながとみ》・山崎長徳《やまざきながのり》らが搦《から》め手《て》から入《はい》り外城《がいじょう》（本丸の周りの城）を落《お》とした。敵方《てきがた》は本丸《ほんまる》を死守《ししゅ》したが、更《さら》に前田勢《まえだぜい》の横山長知《よこやまながとも》や陰山三右衛門《かげやまさんうえもん》・大平宗左衛門《おおひらそうざえもん》・松平泰定《まつだいらやすさだ》らが本丸《ほんまる》に火《ひ》を掛《か》けて突進《とっしん》し、大手《おおて》から攻《せ》め込《こ》んだ蒲生勢《がもうぜい》と共《とも》に本丸《ほんまる》に攻《せ》め込《こ》んだ。城内《じょうない》の熊谷《くまがい》、芥田《あくた》らの敵方《てきがた》の諸将《しょしょう》は「今《いま》はこれまで」と観念《かんねん》して自刎《じふん》して果《は》てて城《しろ》は陥落《かんらく》した。

関白秀吉《かんぱくひでよし》は増田長盛《ましたながもり》を遣《つか》わして利長《としなが》に感状《かんじょう》を授《さず》けた。島津勢《しまづぜい》は各地《かくち》で敗戦《はいせん》を重《かさ》ねて遂《つい》に薩摩国《さつまこく》に押《お》し込《こ》められた。同年《どうねん》五月、島津義久《しまづよしひさ》は観念《かんねん》して降伏《こうふく》した。秀吉《ひでよし》は九州諸大名《きゅうしゅうしょだいみょう》の領国《りょうごく》を旧態《きゅうたい》通《どお》りに安堵《あんど》し、義久《よしひさ》には攻《せ》め取《と》った領国《りょうごく》を削《けず》って旧領《きゅうりょう》の薩摩一国《さつまいっこく》のみを安堵《あんど》した。

関白秀吉《かんぱくひでよし》は九州全域《きゅうしゅうぜんいき》を平定《へいてい》した。後世《こうせい》この合戦《かっせん》を「九州の役《きゅうしゅうえき》」と云《い》った。

佐々成政《さっさなりまさ》は秀吉《ひでよし》の命《めい》に従《したが》ってこの「役《えき》」に随行《ずいこう》した。秀吉《ひでよし》はこの九州《きゅうしゅう》の地《ち》に己《おのれ》の代理が務《つと》まる気心《きごころ》の知《し》れた大将《たいしょう》を置《お》く必要《ひつよう》に迫《せま》られていた。その第一人者《だいいちにんしゃ》として成政《なりまさ》を考《かんが》えて、その行動《こうどう》を注《ちゅう》意深《いぶか》く観察《かんさつ》した。成政《なりまさ》は元々秀吉《もともとひでよし》が藤吉郎《とうきちろう》と称《しょう》した頃《ころ》からの旧知《きゅうち》の仲《なか》だ。成政《なりまさ》は富山《とやま》の役《えき》では織《お》田家《だけ》への忠義《ちゅうぎ》を第一《だいいち》に思《おも》って秀吉《ひでよし》に敵対《てきたい》したに過《す》ぎない。秀吉《ひでよし》に降《くだ》って臣従《しんじゅう》した今《いま》は織田家《おだけ》と同《どう》様《よう》にこの秀吉《ひでよし》にも忠義《ちゅうぎ》を尽《つ》くしてくれれば、これ程頼《ほどたよ》りになる男《おとこ》はないと思《おも》った。

関白秀吉《かんぱくひでよし》は肥後《ひご》（熊本県）の国人衆《こくじんしゅう》の荘園領地《しょうえんりょうち》は旧態通《きゅうたいどお》りに安堵《あんど》した上《うえ》で、成政《なりまさ》を九州諸大《きゅうしゅうしょだい》名《みょう》への目付《めつけ》を兼《か》ねる肥後国大名《ひごこくだいみょう》に任《にん》じた。そして同年七月、京師《けいし》に凱旋《がいせん》した。

佐々一門《さっさいちもん》が肥後《ひご》に移《うつ》って越中新川郡《えっちゅうにいかわぐん》は前田家《まえだけ》の預《あず》かりとなり前田家《まえだけ》が新川郡《にいかわぐん》も統治《とうじ》した。

関白秀吉《かんぱくひでよし》は成政《なりまさ》を肥後国《ひごこく》に転封《てんぽう》（国替え）する際《さい》に、成政《なりまさ》に肥後国内《ひごこくない》の検地《けんち》（太閤検地）を命《めい》じた。

だがその折《おり》、成政《なりまさ》に念《ねん》を押《お》して「肥後《ひご》の国人衆《こくじんしゅう》の力《ちから》を借《か》りて統治《とうじ》せよ。己一人《おのれひとり》の国《くに》に非《あら》ず。検地《けんち》は国人衆《こくじんしゅう》の懐具合《ふところぐあい》に係《かか》わる故《ゆえ》、慎重《しんちょう》の上《うえ》にも慎重《しんちょう》を期《き》せ」と諫《いさ》めた。

だが成政《なりまさ》は秀吉《ひでよし》の諫《いさ》めを無視《むし》して肥後国入部直後《ひごこくにゅうぶちょくご》から検地《けんち》を強行《きょうこう》して領国経営《りょうごくけいえい》に励《はげ》んだ。その独断《どくだん》の領国経営《りょうごくけいえい》が国人衆《こくじんしゅう》の反感《はんかん》を買《か》って一揆蜂起《いっきほうき》し、瞬《また》く間《ま》に隣国《りんごく》にも一揆《いっき》が広《ひろ》がった。

秀吉《ひでよし》はこの事態《じたい》を見《み》て己《おのれ》に従《したが》わぬ成政《なりまさ》に激怒《げきど》して改易《かいえき》し、摂津国尼崎《せっつこくあまがさき》の法園寺《ほうおんじ》に蟄居謹慎《ちっきょきんしん》させた。だがその後《ご》も益々不信《ますますふしん》が昂《こう》じて遂《つい》には危険人物《きけんじんぶつ》と見做《みな》し始《はじ》め、翌《よく》・天正《てんしょう》十六年閏《うるう》五月に切腹《せっぷく》を命《めい》じた。成政《なりまさ》は命《めい》を受《う》けて尼崎《あまがさき》の法園寺《ほうおんじ》で五十二歳《さい》の生涯《しょうがい》を閉《と》じた。

太政大臣就任と小田原出陣

天正《てんしょう》十四年（一五八六年）九月、関白秀吉《かんぱくひでよし》は九州《きゅうしゅう》の役《えき》の最中《さいちゅう》に朝廷《ちょうてい》から国政《こくせい》を司《つかさど》る最高権威者《さいこうけんいしゃ》に与《あた》えられる豊臣姓《とよとみせい》が下賜《かし》されて（以後、豊臣秀吉）十二月には太政大臣《だじょうだいじん》に就任《しゅうにん》した。（国政の最高権威者に与えられる臨時の名誉職、当時は平《たいら》、源《みなもと》、藤原《ふじわら》と橘《たちばな》の四姓を持つ者のみに与えられた。秀吉は信長に倣《なら》って平を称して関白になった。豊臣《とよとみ》は後に秀吉が朝廷に奏上して追加になった姓。）

天正《てんしょう》十五年（一五八七年）、豊臣秀吉《とよとみひでよし》は旧《きゅう》・平安京大内裏跡《へいあんきょうだいだいりあと》に豊臣姓《とよとみせい》に相応《ふさわ》しい公家《くげ》の邸宅《ていたく》を造《つく》って聚楽第《じゅらくだい》と名付《なづ》けた。そして翌《よく》・天正《てんしょう》十六年に後陽成天皇《ごようぜいてんのう》を迎《むか》えて盛大《せいだい》に宴《うたげ》を催《もよお》した。宴《うたげ》には徳川家康《とくがわいえやす》や上杉景勝《うえすぎかげかつ》、織田信雄《おだのぶかつ》を始《はじ》め全国《ぜんこく》の諸大名《しょだいみょう》にも残《のこ》らず上洛《じょうらく》を命《めい》じて陪席《ばいせき》させ、抜《ぬ》け目《め》なく己《おのれ》への忠誠《ちゅうせい》を誓《ちか》わせた。毛利輝元《もうりてるもと》を始《はじ》め四国《しこく》・九州《きゅうしゅう》・中国《ちゅうごく》の諸大名《しょだいみょう》は皆《みな》、豊臣秀吉《とよとみひでよし》の命《めい》に応《おう》じ上洛《じょうらく》して秀吉《ひでよし》への臣従《しんじゅう》を誓《ちか》ったが、相模国《さがみこく》の北条氏政《ほうじょううじまさ》と陸奥《むつ》・出羽《でわ》両国《りょうこく》の伊達政宗《だてまさむね》・南部《なんぶ》信直《のぶなお》・津軽為信《つがるためのぶ》と最上義光《もがみよしみつ》は上洛《じょうらく》せず、秀吉《ひでよし》の命《めい》に従《したが》わなかった。

徳川家康《とくがわいえやす》は豊臣秀吉《とよとみひでよし》の意《い》を受《う》けて、北条氏政《ほうじょううじまさ》の家督《かとく》の氏直《うじなお》に娘《むすめ》の督姫《とくひめ》を嫁《とつ》がせていることから氏政《うじまさ》に上洛《じょうらく》して秀吉《ひでよし》に伺候《しこう》するよう再三促《さいさんうなが》した。だが氏政《うじまさ》は家康《いえやす》の忠告《ちゅうこく》を無視《むし》した。

豊臣秀吉《とよとみひでよし》は津田隼人佑《つだはやとのじょう》と富田左近将監《とみたさこんしょうかん》を北条氏政《ほうじょううじまさ》の下《もと》に送《おく》って「上洛《じょうらく》して然《しか》るべく参内《さんだい》しなければ君恩《くんおん》を知《し》らぬ人非人《にんぴにん》と世間《せけん》から誇《そし》りを受《う》けますぞ」と氏政《うじまさ》に上洛《じょうらく》を促《うなが》した。だが両使《りょうし》の言《げん》などは聞《き》く耳《みみ》を持《も》たず、対応《たいおう》も至《いた》って粗略《そりゃく》に扱《あつか》った。

北条氏政《ほうじょううじまさ》はこの頃《ころ》、安房国《あわこく》（千葉県南部）の里見家《さとみけ》を降服《こうふく》させた勢《いきお》いに乗《の》って、更《さら》には宇都宮城《うつのみやじょう》の宇都宮国綱《うつのみやくにつな》も攻撃《こうげき》して下野国《しもつけこく》（栃木県）の小山家《おやまけ》を滅《ほろ》ぼし佐野家《さのけ》の唐沢山城《からさわやまじょう》も乗《の》っ取《と》って、更《さら》には宇都宮城《うつのみやじょう》の宇都宮国綱《うつのみやくにつな》も攻撃《こうげき》していた。そして出羽国《でわこく》（山形・秋田両県）米沢《よねざわ》の伊達政宗《だてまさむね》が蘆名家《あしなけ》の陸奥国会津領《むつこくあいづりょう》（福島県会津地方）を乗《の》っ取《と》ったのを契機《けいき》に同盟《どうめい》を結《むす》んで常陸国《ひたちこく》（茨城県）も狙《ねら》うなど、当《まさ》に関東全域制覇《かんとうぜんいきせいは》を目前《もくぜん》にして鼻息《はないき》が荒《あら》く、家康《いえやす》や秀吉《ひでよし》の忠告《ちゅうこく》は無視《むし》した。秀吉《ひでよし》の下《もと》には関東諸将《かんとうしょしょう》から氏政《うじまさ》の無謀《むぼう》を訴《うった》える上申《じょうしん》や氏政追討《うじまさついとう》の訴《うった》えが絶《た》えなかった。

話《はなし》は多少前後《たしょうぜんご》するが、北条氏政《ほうじょううじまさ》は本能寺《ほんのうじ》の変《へん》の後《のち》、織田家《おだけ》が領《りょう》した旧《きゅう》・武田領《たけだりょう》を徳川家康《とくがわいえやす》と分《わ》け合《あ》って、家康《いえやす》は信濃《しなの》と甲斐《かい》（長野と山梨）を、氏政《うじまさ》は上野国《こうずけこく》（群馬県）を取《と》ることで不戦協定《ふせんきょうてい》を結《むす》んだ。ところがこの徳川《とくがわ》・北条《ほうじょう》の領地分割《りょうちぶんかつ》に信濃国上田城《しなのこくうえだじょう》の真田昌幸《さなだまさゆき》が納得《なっとく》せずに徳川《とくがわ》と北《ほう》条《じょう》に逆《さか》らい、天正《てんしょう》十三年に上田城《うえだじょう》に徳川勢《とくがわぜい》を迎《むか》えて千三百を討《う》ち取《と》る大勝利《だいしょうり》を得《え》た。昌幸《まさゆき》はこの後《のち》秀吉《ひでよし》の傘下《さんか》に入《はい》って秀吉《ひでよし》に徳川《とくがわ》との仲介《ちゅうかい》を依頼《いらい》した。秀吉《ひでよし》は家康《いえやす》に信濃国上田《しなのこくうえだ》が真田領《さなだりょう》と認《みと》めさせて両家《りょうけ》の和睦《わぼく》が成《な》った。

話《はなし》は戻《もど》って天正《てんしょう》十五年（一五八七年）、上野国沼田《こうずけこくぬまた》では真田家墳墓《さなだけふんぼ》の地《ち》である名胡桃城《なくるみじょう》（みなかみ町下津）を支城《しじょう》に持《も》つ沼田城《ぬまたじょう》に真田昌幸《さなだまさゆき》の嫡男《ちゃくなん》の信幸《のぶゆき》が入《はい》って、沼田《ぬまた》の割譲《かつじょう》を迫《せま》る北条氏政《ほうじょううじまさ》に対《たい》抗《こう》した。豊臣秀吉《とよとみひでよし》は太政大臣関白《だじょうだいじんかんぱく》の権限《けんげん》を用《もち》いて真田家墳墓《さなだけふんぼ》の地《ち》の名胡桃城下《なくるみじょうか》に限《かぎ》っては真田《さなだ》領《りょう》とし、他《た》は沼田城《ぬまたじょう》を含《ふく》めて北条領《ほうじょうりょう》とすると裁定《さいてい》し、以後争《いごあらそ》いを禁《きん》ずる「関東惣無事令《かんとうそうぶじれい》」を言《い》い渡《わた》した。同時《どうじ》に伊達政宗《だてまさむね》と佐竹義重《さたけよししげ》らとの奥羽《おうう》（奥州・陸奥と出羽の両国）合戦《かっせん》にも「奥両国惣無《おくりょうこくそうぶ》事令《じれい》」を発布《はっぷ》した。また天下《てんか》の百姓衆《ひゃくしょうしゅう》には「刀狩令《かたながりれい》」を布告《ふこく》して、天下《てんか》の隅々《すみずみ》まで戦乱《せんらん》を終息《しゅうそく》させようと勉《つと》めた。

豊臣秀吉《とよとみひでよし》の裁定《さいてい》により真田昌幸《さなだまさゆき》は沼田城《ぬまたじょう》を北条《ほうじょう》に明《あ》け渡《わた》した後《のち》、名胡桃城《なくるみじょう》に鈴木重則《すずきしげのり》を送《おく》った。北条氏政《ほうじょううじまさ》は沼田城《ぬまたじょう》に宿将《しゅくしょう》の猪俣範直《いのまたのりなお》を入《い》れた。これで上野国《こうずけこく》の争《あらそ》いは落着《らくちゃく》したかに見《み》えたが、猪俣《いのまた》は氏政《うじまさ》の命《めい》を受《う》けて秀吉《ひでよし》の裁定《さいてい》を無視《むし》して名胡桃城《なくるみじょう》も乗《の》っ取《と》ってしまった。

天正《てんしょう》十七年（一五八九年）十月、秀吉《ひでよし》は全国《ぜんこく》の諸大名《しょだいみょう》に「関東惣無事令《かんとうそうぶじれい》」を破《やぶ》ったことを名目《めいもく》に北条氏政討伐《ほうじょううじまさとうばつ》の触《ふ》れを出《だ》し、翌《よく》十八年三月を期《き》しての出陣《しゅつじん》を命《めい》じた。加《くわ》えて石高《こくだか》に応《おう》じて段銭《だんせん》を課《か》し、長束正家《ながつかまさいえ》に命《めい》じて二十万石の兵糧《ひょうろう》を駿河国《するがこく》の江尻《えじり》と清水《しみず》の両浦《りょううら》に集積《しゅうせき》させた。

豊臣秀吉《とよとみひでよし》は紀伊《きい》・尾張両国《おわりりょうこく》を領《りょう》する織田信雄《おだのぶかつ》に先鋒《せんぽう》を命《めい》じて、三月一日には一万五千の軍勢《ぐんぜい》を率《ひき》いて出立《しゅったつ》させた。同《おな》じく駿河《するが》（静岡県中部）・遠江《とおとうみ》（静岡県西部）・三河《みかわ》（愛知県東部）・甲斐《かい》（山梨県）・信濃《しなの》（長野県）の五ヵ国を領《りょう》する徳川家康《とくがわいえやす》にも先鋒《せんぽう》として二万五千を率《ひき》いて三月一日に出陣《しゅつじん》するよう命《めい》じた。その他《ほか》、九州《きゅうしゅう》の島津義久《しまづよしひさ》や大友宗麟《おおともそうりん》、四国《しこく》の長宗我部元親《ちょうそかべもとちか》を始《はじ》め五畿七道《ごきななどう》の諸《しょ》国大名《こくだいみょう》にも銘々《めいめい》に併《あわ》せて二十二万の軍勢《ぐんぜい》の参陣《さんじん》を命《めい》じた。毛利輝元《もうりてるもと》には留守《るす》になる京師《けいし》（首都）

の守護《しゅご》を命《めい》じた。

先鋒《せんぽう》を命《めい》じられた織田信雄《おだのぶかつ》と徳川家康《とくがわいえやす》は三月一日に出陣《しゅつじん》して富士川《ふじがわ》を前《まえ》にした由比《ゆい》・蒲原《かんばら》の辺《あた》りに一旦陣取《いったんじんど》り、敵勢《てきぜい》に備《そな》えて陣形《じんけい》を整《ととの》え直《なお》して物見《ものみ》を四方《しほう》に放《はな》ち、敵勢《てきぜい》の様子《ようす》を探《さぐ》らせると共《とも》に富士川《ふじがわ》に舟《ふね》を繋《つな》ぎ並《なら》べて板《いた》を張《は》り合《あ》わせた舟橋《ふなばし》を作《つく》り、秀吉本隊《ひでよしほんたい》の行軍《こうぐん》の便《べん》を図《はか》るなどをしながら箱根山登山口《はこねやまとざんぐち》の三島《みしま》に陣《じん》を進《すす》めて街道一帯《かいどういったい》の露払《つゆはら》いをした。

豊臣秀吉《とよとみひでよし》は紀伊半島《きいはんとう》の九鬼嘉隆《くきよしたか》や四国《しこく》の長宗我部元親《ちょうそかべもとちか》の水軍《すいぐん》に羽柴家《はしばけ》宿老《しゅくろう》の脇坂安治《わきさかやすはる》と加藤《かとう》嘉明《よしあき》を付《つ》けて都合《つごう》一万を海上《かいじょう》から小田原《おだわら》に向《む》かわせた。

北陸道《ほくりくどう》（若狭・越前・加賀・能登・越中・越後・佐渡七ヶ国の総称）の諸国《しょこく》には前田利家《まえだとしいえ》を総督《そうとく》にして上《うえ》杉景勝《すぎかげかつ》や丹羽長重《にわながしげ》（長秀の後継）らを加《くわ》えた総勢《そうぜい》三万五千の軍勢《ぐんぜい》に、東山道《とうざんどう》（近江・美濃・飛騨・信濃・上野・下野・陸奥・出羽の八カ国総称。今回の場合は主に信濃国と関東の諸国を指す）を経《へ》て関東一円《かんとういちえん》の北条勢《ほうじょうぜい》を平定《へいてい》するよう命《めい》じた。

豊臣秀吉《とよとみひでよし》の本隊《ほんたい》は九州《きゅうしゅう》・西国《さいごく》の勢《ぜい》を加《くわ》えて総勢《そうぜい》十七万が東海道《とうかいどう》（伊賀・伊勢・志摩・尾張・三河・遠

江・駿河・伊豆・相模・甲斐・武蔵・安房・上総・下総・常陸十五カ国の総称）を下《くだ》って小田原《おだわら》を目指《めざ》した。

箱根山中・足柄、伊豆韮山の各支城陥落

一方《いっぽう》の北条氏政《ほうじょううじまさ》は秀吉《ひでよし》が九州征伐《きゅうしゅうせいばつ》を始《はじ》めた頃《ころ》から次《つぎ》は関東《かんとう》が標的《ひょうてき》になると読《よ》んで、その防御《ぼうぎょ》体制《たいせい》を整《ととの》え始《はじ》めていた。先《ま》ずは酒匂川《さかわがわ》と早川沿《はやかわぞ》いに小田原城《おだわらじょう》と小田原市街《おだわらしがい》の全域《ぜんいき》を包《つつ》み込《こ》む外《そと》回《まわ》り数里《すうり》（一里は４㎞）に及《およ》ぶ長大《ちょうだい》な堀《ほり》と土塁《どるい》を築《きず》いた。そして籠城《ろうじょう》に備《そな》えて関東一円《かんとういちえん》の諸大名《しょだいみょう》や在々所々津々浦々《ざいざいしょしょつづうらうら》の豪族《ごうぞく》・寺院《じいん》・村長《むらおさ》に段銭《だんせん》を課《か》して、兵卒《へいそつ》七万と兵糧《ひょうろう》一年分を小田原城《おだわらじょう》に集《あつ》めた。北条氏政《ほうじょううじまさ》は上杉謙信《うえすぎけんしん》や武田信玄《たけだしんげん》に攻《せ》められたときでさえも備《そな》えなかった、考《かんが》え得《う》る全《すべ》ての防備《ぼうび》を行《おこな》って、何時秀吉軍《いつひでよしぐん》の何十万が攻《せ》めて来《こ》ようとも何所《どこ》からも手出《てだ》し出来《でき》ない鉄壁《てっぺき》の城《しろ》に作《つく》り変《か》えた。

小田原城主《おだわらじょうしゅ》の北条氏政《ほうじょううじまさ》と氏直父子《うじなおふし》や北条一族一門《ほうじょういちぞくいちもん》の諸将《しょしょう》は皆一致《みないっち》して豊臣秀吉《とよとみひでよし》の率《ひき》いる大《たい》軍《ぐん》が押《お》し寄《よ》せたときは無用《むよう》な討《う》ち合《あ》いや手出《てだ》しは控《ひか》え、嵐《あらし》が過《す》ぎ去《さ》るまで唯只管《ただひたすら》、時《とき》を待《ま》つ持《じ》

久戦法《きゅうせんぽう》を取《と》ることに決《き》めた。大軍同士《たいぐんどうし》の睨《にら》み合《あ》いは焦《あせ》って先《さき》に動《うご》いた方《ほう》が負《ま》けだ。また敵地《てきち》に攻《せ》め入《い》っての長期戦《ちょうきせん》は寄《よ》せ手《て》が不利《ふり》と相場《そうば》が決《き》まっていた。

北条氏政《ほうじょううじまさ》は秀吉勢《ひでよしぜい》の出陣《しゅつじん》が避《さ》けられないと見《み》て、小田原《おだわら》への入口《いりくち》の箱根峠《はこねとうげ》には山中城《やまなかじょう》、足柄《あしがら》峠《とうげ》には足柄城《あしがらじょう》を築《きず》き三島《みしま》から伊豆《いず》へ向《む》かう韮山《にらやま》にも城《しろ》を築《きず》いた。そして山中城《やまなかじょう》には奉行衆《ぶぎょうしゅう》で宿《しゅく》老《ろう》の松田康長《まつだやすなが》に四千の兵卒《へいそつ》を付《つ》け、足柄城《あしがらじょう》にも下野国唐沢山城主《しもつけこくからさわやまじょうしゅ》の北条氏忠《ほうじょううじただ》（氏政の弟）を入《い》れた。また韮山城《にらやまじょう》には北条氏規《ほうじょううじのり》（氏政の弟）に三千六百の城兵《じょうへい》を付《つ》けて進軍《しんぐん》してくる豊臣勢《とよとみぜい》の様子《ようす》を探《さぐ》らせながらの攻撃《こうげき》に備《そな》えた。そして過去《かこ》の謙信《けんしん》や信玄《しんげん》に攻《せ》め込《こ》まれたときの経験《けいけん》を踏《ふ》まえて攻《せ》め込《こ》まれた時《とき》には備《そな》えを固《かた》めて唯々籠城《ただただろうじょう》するのが一番《いちばん》と一決《いっけつ》した。

天正《てんしょう》十八年（一五九〇年）三月二十八日、秀吉《ひでよし》の本隊《ほんたい》が沼津《ぬまづ》に到着《とうちゃく》した。そこで諸将《しょしょう》と箱根《はこね》の絵図面《えずめん》を見《み》ながら初評定《はつひょうじょう》して

「明日《あす》は先《ま》ず秀次《ひでつぐ》（秀吉の実姉の子。阿波国三好康長の養子になったが信長の死後秀吉の養子に移った）よ。其方《そなた》、大将《たいしょう》となり五万の兵《へい》を率《ひき》いて箱根峠《はこねとうげ》の山中城《やまなかじょう》を攻《せ》め落《お》とせ。家康殿《いえやすどの》は足柄城《あしがらじょう》に向《む》かい、織《お》

田信雄殿《だのぶかつどの》は細川忠興《ほそかわただおき》や蒲生氏郷《がもううじさと》・中川秀政《なかがわひでまさ》・森右近《もりうこん》らの勢《ぜい》を引連《ひきつ》れて韮山城《にらやまじょう》を囲《かこ》み、この三つの支城《しじょう》が互《たが》いに連携出来《れんけいでき》ぬようにして下《くだ》され」と命《めい》じて、明日《あす》の戦《いくさ》の手配《てくば》りをした。

対《たい》する山中城《やまなかじょう》では城主《じょうしゅ》の松田康長《まつだやすなが》に加《くわ》えて小田原城《おだわらじょう》から北条氏勝《ほうじょううじかつ》（北条家傍流の出自）や間宮好高《まみやよしたか》、朝倉能登守《あさくらのとのかみ》らの加勢《かせい》が加《くわ》わり、四千の城兵《じょうへい》と共《とも》に城《しろ》を固《かた》く守《まも》って籠城《ろうじょう》した。

翌《よく》二十九日、戦《いくさ》は双方《そうほう》からの鉄砲《てっぽう》の撃《う》ち合《あ》いで始《はじ》まった。山々《やまやま》には鉄砲《てっぽう》の音《おと》が木霊《こだま》して鳴《な》り響《ひび》き硝煙《しょうえん》が谷々《たにたに》に棚引《たなび》いた。寄《よ》せ手《て》は敵《てき》に十倍する軍勢《ぐんぜい》と鉄砲《てっぽう》の数《かず》で圧倒《あっとう》した。守《まも》り手《て》は手負《てお》いや死人《しにん》に溢《あふ》れて追《お》い立《た》てられ、出丸《でまる》が一つ、また一つと落《お》ちて数刻後《すうこくご》には本丸《ほんまる》一つが残《のこ》るのみになった。山中城《やまなかじょう》の松田康長《まつだやすなが》と間宮好高《まみやよしたか》は「最早《もはや》これまで」と観念《かんねん》して自刃《じじん》して果《は》てた。北条氏勝《ほうじょううじかつ》も切腹《せっぷく》を覚悟《かくご》したが、腹心《ふくしん》に諫《いさ》められて山中城《やまなかじょう》を抜《ぬ》け落《お》ちて氏勝《うじかつ》の居城《きょじょう》の玉縄城《たまなわじょう》（鎌倉市）に籠城《ろうじょう》した。同日夕刻《どうじつゆうこく》までには箱根山中《はこねさんちゅう》から北条勢《ほうじょうぜい》が消《き》え去《さ》って豊臣秀吉勢《とよとみひでよしぜい》のみが犇《ひし》めいた。徳川家康《とくがわいえやす》の軍勢《ぐんぜい》は足柄城《あしがらじょう》に向《む》かう途中《とちゅう》で鷹ノ巣城《たかのすじょう》（箱根町鷹ノ巣山）を攻《せ》め落《お》とした。このため足柄城《あしがらじょう》に到着《とうちゃく》した頃《ころ》には山中城《やまなかじょう》は既《すで》に陥落《かんらく》した後《あと》だった。足柄城主《あしがらじょうしゅ》の北条氏忠《ほうじょううじただ》は山中落城《やまなからくじょう》の注進《ちゅうしん》を受《う》けて、城《しろ》を空《から》にして手勢《てぜい》を引連《ひきつ》れ小田原《おだわら》城《じょう》に引《ひ》き退《の》いた。家康勢《いえやすぜい》が足柄城《あしがらじょう》に着《つ》いたときには城内《じょうない》は既《すで》に蛻《もぬけ》の殻《から》だった。

韮山《にらやま》に向《む》かった織田信雄《おだのぶかつ》を総大将《そうだいしょう》とする蒲生氏郷《がもううじさと》・細川忠興《ほそかわただおき》・蜂須賀家政《はちすかいえまさ》・中川秀政《なかがわひでまさ》・生駒《いこま》一正《かずまさ》・福島正則《ふくしままさのり》の軍勢《ぐんぜい》四万四千が同二十九日に城兵《じょうへい》四千と共《とも》に城《しろ》に籠《こも》る城主《じょうしゅ》の北条氏規《ほうじょううじのり》を囲《かこ》んだ。韮山城《にらやまじょう》は伊豆国《いずこく》への入口《いりくち》の重要拠点《じゅうようきょてん》だが、小田原《おだわら》には通《つう》じていない所《ところ》だ。また城主《じょうしゅ》の氏規《うじのり》は北条一族《ほうじょういちぞく》では唯《ただ》一人の親《しん》・秀吉派《ひでよしは》だった。先年《せんねん》の聚楽第《じゅらくだい》への伺候《しこう》の命《めい》を受《う》けたときにも宗家当《そうけとう》主《しゅ》の氏政《うじまさ》の名代《みょうだい》として上洛《じょうらく》した。だから秀吉《ひでよし》は韮山《にらやま》の城兵《じょうへい》とは戦《たたか》いたくなくて氏規《うじのり》には只城《しろ》に籠《こも》っていてくれることを望《のぞ》んだ。

城主《じょうしゅ》の北条氏規《ほうじょううじのり》は徳川家康《とくがわいえやす》とも昵懇《じっこん》の仲《なか》であったので、秀吉《ひでよし》は寄《よ》せ手《て》の諸将《しょしょう》に「厳重《げんじゅう》に外回《そとまわ》りを固《かた》めて城《しろ》から城兵《じょうへい》を一人《ひとり》も外《そと》へ出《だ》すな。但《ただ》し、籠城《ろうじょう》する者《もの》に手出《てだ》しは一切無用《いっさいむよう》」と言《い》い渡《わた》した。ところが織田信雄《おだのぶかつ》に従《したが》う秀吉軍《ひでよしぐん》の諸将《しょしょう》は皆《みな》、未《ま》だ年《とし》が若《わか》くて誰《だれ》もが戦功《せんこう》を挙《あ》げようと勇《いさ》み立《た》っていた。大将《たいしょう》の信雄《のぶかつ》にとっても小牧長久手《こまきながくて》の戦《いくさ》の後《のち》、秀吉《ひでよし》と和睦《わぼく》して以来《いらい》の戦《いくさ》で手柄《てがら》が欲《ほ》しかった。攻《せ》め手《て》の諸将《しょしょう》には「敵《てき》に手出《てだ》し無用《むよう》」の我慢《がまん》は出来《でき》ない相談《そうだん》だった。攻《せ》め手《て》は大将《たいしょう》の信雄《のぶかつ》を始《はじ》め諸将《しょしょう》は皆《みな》、功《こう》を焦《あせ》って各自勝手《かくじかって》に韮山城《にらやまじょう》を囲《かこ》む砦《とりで》を攻《せ》め始《はじ》めた。砦《とりで》の守《まも》り手《て》は城攻《しろぜ》めに対《たい》する充分《じゅうぶん》な備《そな》えがあって砦《とりで》から撃《う》ち出《だ》される鉄砲《てっぽう》に当《あ》たり攻《せ》め手《て》はただ徒《いたずら》に討死《うちじに》、手負《てお》いの者《もの》が増《ふ》えるばかりで砦《とりで》は一つも落《お》とせなかった。

これを知《し》った豊臣秀吉《とよとみひでよし》は大将《たいしょう》の織田信雄《おだのぶかつ》を戦列《せんれつ》から外《はず》し、替《かわ》って駿府城《すんぷじょう》（静岡市）留守居役《るすいやく》で豊《とよ》臣家《とみけ》宿老《しゅくろう》の前野長康《まえのながやす》を呼《よ》んで韮山《にらやま》攻《ぜ》めの大将《たいしょう》にした。長康《ながやす》は韮山《にらやま》に着陣《ちゃくじん》して諸将《しょしょう》を集《あつ》め、「某《それがし》、御元《おもと》らの父御《ててご》と共《とも》に秀吉公《ひでよしこう》に従《したが》って二十有余《ゆうよ》の城攻《しろぜ》めに加《くわ》わったが、秀吉公《ひでよしこう》は決《けっ》して力攻《ちからぜ》めは為《な》さらなかった。城《しろ》を遮《さえぎ》る森《もり》があれば切《き》り開《ひら》き、川《かわ》があれば城《しろ》に水《みず》を注《そそ》ぎ込《こ》み、谷《たに》を埋《う》め堀《ほり》を穿《うが》ち通路《つうろ》は切《き》り取《と》って城《しろ》の糧道《りょうどう》を断《た》ち、堅累《けんるい》があれば地下《ちか》を掘《ほ》り進《すす》んで中《なか》に潜《もぐ》り込《こ》む。然《さ》れば抜《ぬ》けぬ城《しろ》は無《な》い。これが秀吉公《ひでよしこう》の城攻《しろぜ》めの術《すべ》で御座《ござ》った。これよりは御元《おもと》らにも秀吉公《ひでよしこう》に倣《なら》って槍刀《やりかたな》を鋤鍬《すきくわ》に持《も》ち替《か》えて柵《さく》を設《もう》け堤《つつみ》を切《き》り、川《かわ》を堰《せ》き止《と》めてこれからの雨期《うき》に備《そな》えようでは御座《ござ》らぬか。各々手前勝手《おのおのてまえかって》な功名争《こうみょうあらそ》いは罷《まか》りならぬ。徒《いたずら》に兵卒《へいそつ》を失《うしな》うのみと心得《こころえ》なされよ」と命《めい》じて諸将《しょしょう》に割符《わりふ》を与《あた》え、分担《ぶんたん》と日限《にちげん》を定《さだ》めて近郷諸村《きんごうしょそん》から人足《にんそく》を集《あつ》め、城《しろ》の出入《でい》りの一切《いっさい》を止《と》める手立《てだ》てを始《はじ》めた。

人足《にんそく》には一人《ひとり》一日米六合《こめろくごう》を配給《はいきゅう》したので、男衆《おとこしゅう》のみならず女子供《おんなこども》までもが集《あつ》まって立《た》ち働《はたら》いた。日《ひ》を経《へ》ずして韮山城《にらやまじょう》は蟻一匹《ありいっぴき》這《は》い出《で》る隙《すき》も這入《はい》り込《こ》む隙《すき》もなくなって孤立無援《こりつむえん》になり、小田《おだ》原《わら》との連絡《れんらく》が絶《た》たれた。

この後旧暦《のちきゅうれき》の六月近《ちか》くになって、韮山城内《にらやまじょうない》の兵卒《へいそつ》らは田植《たう》えが遅《おく》れ作付《さくつ》けが出来《でき》なくなるのを心配《しんぱい》し出《だ》したので、士気《しき》は乱《みだ》れて城内《じょうない》の意気《いき》は消沈《しょうちん》した。城主《じょうしゅ》の北条氏規《ほうじょううじのり》は城内《じょうない》の雰囲気《ふんいき》を察《さっ》して、城《しろ》を守《まも》り切《き》ることの不可《ふか》を悟《さと》った。そこで諸将《しょしょう》とも語《かた》り合《あ》って攻《せ》め手《て》の本陣《ほんじん》に軍使《ぐんし》を立《た》て、城内《じょうない》の諸将《しょしょう》の命《いのち》の保証《ほしょう》と兵卒《へいそつ》の解放《かいほう》を条件《じょうけん》にして開城《かいじょう》を申《もう》し出《で》た。攻《せ》め手《て》の大将《たいしょう》の前野長康《まえのながやす》は豊臣秀吉《とよとみひでよし》の下《もと》に、北条氏規《ほうじょううじのり》の降伏《こうふく》と開城《かいじょう》の申《もう》し出《で》を注進《ちゅうしん》して下知《げち》を待《ま》った。

同年《どうねん》六月二十四日、秀吉《ひでよし》は注進《ちゅうしん》を受《う》けて喜《よろこ》んで降伏《こうふく》を受《う》け入《い》れ、韮山城《にらやまじょう》の北条氏規《ほうじょううじのり》と諸将《しょしょう》を徳川家康《とくがわいえやす》の陣《じん》に送《おく》って身柄《みがら》を預《あず》けた。

前田利家　関東諸城を攻略

この頃《ころ》、北陸道《ほくりくどう》（若狭・越前・加賀・能登・越中・越後・佐渡七ケ国の総称）の前田利家《まえだとしいえ》を総督《そうとく》とする越後《えちご》の上杉景勝《うえすぎかげかつ》や松任城《まっとうじょう》の丹羽長重《にわながしげ》（344頁3～4行目参照）らの軍勢《ぐんぜい》三万余《よ》は信濃国《しなのこく》に入《はい》って上田城《うえだじょう》の真田昌幸《さなだまさゆき》（幸村の父）の軍勢《ぐんぜい》三千を加《くわ》え、同年《どうねん》三月に碓井峠《うすいとうげ》を越《こ》えて北条領域《ほうじょうりょういき》の関東《かんとう》に入《はい》った。

三月二十八日、上野国松井田城《こうずけこくまついだじょう》の守兵《しゅへい》は北陸勢《ほくりくぜい》の勢《いきお》いに押《お》されて城《しろ》に逃《に》げ込《こ》み籠城《ろうじょう》した。前田《まえだ》利家《としいえ》は守将《しゅしょう》の大道寺政繁《だいどうじまさしげ》に降伏《こうふく》を勧《すす》めたが拒否《きょひ》されたので総攻撃《そうこうげき》に出《で》た。政繁《まさしげ》は固《かた》く守《まも》った。利《とし》家《いえ》は無理《むり》攻めしても効果《こうか》が薄《うす》いと見《み》て、一転《いってん》して長期戦《ちょうきせん》に切《き》り替《か》えた。そして気長《きなが》に城内《じょうない》の緊《きん》張《ちょう》が解《と》け士気《しき》が緩《ゆる》んで乱《みだ》れるのを待《ま》って、四月下旬《げじゅん》に一気《いっき》に総攻撃《そうこうげき》に出《で》た。

前田家《まえだけ》宿将《しゅくしょう》の長連竜《ちょうつらたつ》・奥村永福《おくむらながとみ》・山崎長徳《やまざきながのり》と上杉勢《うえすぎぜい》は水道《すいどう》を断《た》ち櫓《やぐら》には火矢《ひや》を放《はな》って焼《や》き立《た》てた。松井田城《まついだじょう》では遂《つい》に守《まも》り切《き》れないと観念《かんねん》して、守将《しゅしょう》の大道寺政繁《だいどうじまさしげ》は降伏《こうふく》を願《ねが》い出《で》、子《こ》の直重《なおしげ》を人質《ひとじち》に差《さ》し出《だ》した。利家《としいえ》は降伏《こうふく》を許《ゆる》し、大道寺《だいどうじ》を先鋒《せんぽう》に立《た》てて軍《ぐん》を進《すす》めた。

翌日《よくじつ》、武蔵国《むさしこく》（埼玉・東京と神奈川の一部）に入《はい》って松山城《まつやまじょう》（埼玉・吉見町）を囲《かこ》んだ。城主《じょうしゅ》の上田朝《うえだとも》廣《ひろ》は小田原城《おだわらじょう》に在《あ》り、難波田憲次《なにわたのりつぐ》が守将《しゅしょう》となって城《しろ》に籠《こも》ったが、多勢《たぜい》の寄《よ》せ手《て》を前《まえ》にして戦《たたか》わずして城《しろ》を開《あ》けて降伏《こうふく》した。利家《としいえ》は難波田《なにわた》も大道寺《だいどうじ》と同《おな》じ先鋒《せんぽう》に組《く》み込《こ》んで更《さら》に軍《ぐん》を進《すす》めた。

同年《どうねん》五月、豊臣秀吉《とよとみひでよし》は前田利家《まえだとしいえ》を関東総督《かんとうそうとく》に任《にん》じた。利家《としいえ》は北陸勢《ほくりくぜい》三万五千を率《ひき》いて武蔵国《むさしこく》の鉢形城《はちがたじょう》（埼玉・寄居町）を囲《かこ》み、三千の城兵《じょうへい》と共《とも》に城《しろ》に籠《こも》る城代《じょうだい》の黒沢上野介《くろさわこうずけのすけ》を一戦《いっせん》にして下《くだ》した。城主《じょうしゅ》の北条氏邦《ほうじょううじくに》（氏政の弟）は小田原《おだわら》から急遽《きゅうきょ》引《ひ》き帰《かえ》したが、北陸勢《ほくりくぜい》を前《まえ》にして抵抗出来《ていこうでき》ずに降伏《こうふく》した。北陸勢《ほくりくぜい》は次《つ》いで北条氏照居城《ほうじょううじてるきょじょう》の八王子城《はちおうじじょう》（八王子市）に向《む》かった。城主《じょうしゅ》の氏照《うじてる》は小《お》田原城《だわらじょう》にあって兄《あに》の氏政《うじまさ》と共《とも》に籠《こも》っていたので、八王子城《はちおうじじょう》は家臣《かしん》の横地吉信《よこちよしのぶ》と中山家範《なかやまいえのり》・狩野一《かのういち》庵《あん》・金子家重《かねこいえしげ》・近藤助重《こんどうすけしげ》らが守将《しゅしょう》となって籠城《ろうじょう》していた。

六月、北陸勢《ほくりくぜい》は軍勢《ぐんぜい》を手分《てわ》けして、それぞれ上野《こうずけ》・武蔵《むさし》の二国《にこく》の降将《こうしょう》に先導《せんどう》させて八王子《はちおうじ》城《じょう》下《か》に入《はい》った。そして再度《さいど》、各隊《かくたい》を手分《てわ》けして降将《こうしょう》の大道寺《だいどうじ》を山下曲輪《やましたくるわ》に、越後《えちご》の上杉勢《うえすぎぜい》は城東《じょうとう》の大手《おおて》に、前田本隊《まえだほんたい》は城北《じょうほく》の搦《から》め手《て》に取《と》り付《つ》いた。

丁度《ちょうど》この日《ひ》は朝《あさ》から一寸先《いっすんさき》が見《み》えない濃霧《のうむ》で、城兵《じょうへい》は北陸勢《ほくりくぜい》が迫《せま》り来《く》るのを攻撃《こうげき》が始《はじ》まるまで気付《きづ》かなかった。ために城内《じょうない》は混乱《こんらん》を極《きわ》めて城将《じょうしょう》の横地《よこち》・狩野《かのう》・金子《かねこ》・近藤《こんどう》らは次々《つぎつぎ》と討《う》ち取《と》られた。だが、唯一人《ただひとり》中山家範《なかやまいえのり》は僅《わず》かに十数人《じゅうすうにん》の兵卒《へいそつ》を従《したが》えて獅子奮迅《ししふんじん》の働《はたら》きをして、敵《てき》ながらに前田利家《まえだとしいえ》を感嘆《かんたん》させた。そこで家範《いえのり》に親《した》しい者《もの》を探《さが》し出《だ》して前田勢《まえだぜい》に招致《しょうち》しようとしたが、使者《ししゃ》が出向《でむ》いた頃《ころ》には既《すで》に自刃《じじん》して果《は》てた後《あと》だった。八王子城《はちおうじじょう》での攻防《こうぼう》は短時間《たんじかん》で決《けっ》して、一千余《よ》の首級《くび》と三百余人《よにん》の捕虜《ほりょ》を得《え》る大成果《だいせいか》を挙《あ》げた。

北陸勢《ほくりくぜい》は数《すう》十人の死傷者《ししょうしゃ》を出《だ》しただけの完勝《かんしょう》だった。前田利家《まえだとしいえ》は八王子《はちおうじ》で得《え》た敵《てき》の首級《くび》を車《くるま》に積《つ》み、捕虜《ほりょ》を率《ひき》いて小田原《おだわら》の豊臣秀吉《とよとみひでよし》の下《もと》に送《おく》り届《とど》けた。

小田原評定と落城

話《はなし》は前々項《ぜんぜんこう》まで遡《さかのぼ》る。天正《てんしょう》十八年（一五九〇年）三月二十九日に箱根《はこね》の山中城《やまなかじょう》が落城《らくじょう》した（358頁3～9行目参照）。秀吉《ひでよし》は間髪《かんはつ》を容《い》れず四月一日に本陣《ほんじん》を箱根山《はこねやま》に移《うつ》して翌《よく》二日には箱根湯本《はこねゆもと》に陣《じん》を進《すす》め、小田原城下《おだわらじょうか》に先遣隊《せんけんたい》を送《おく》って弓鉄砲《ゆみてっぽう》で攻撃《こうげき》を仕掛《しか》けたが、敵《てき》の応戦《おうせん》も激《はげ》しくて大軍《たいぐん》を以《もっ》てしても城下《じょうか》に攻《せ》め入《い》るのは難《むつか》しいと断《だん》じた。そこで無理攻《むりぜ》めは控《ひか》えて、替《かわ》って小田原《おだわら》に通《つう》じる街道《かいどう》全《すべ》てに軍勢《ぐんぜい》を出《だ》して完全封鎖《かんぜんふうさ》し、小田原城下《おだわらじょうか》を世間《せけん》から隔離《かくり》した。

豊臣秀吉《とよとみひでよし》は元々《もともと》、今回《こんかい》の小田原攻《おだわらぜ》めは短兵急《たんぺいきゅう》では成就《じょうじゅ》せぬと読《よ》んでいた。だから殊更《ことさら》に気長《きなが》に構《かま》えて、小田原城《おだわらじょう》を見下《みお》ろす笠懸山《かさがけやま》（現・石垣山）に登《のぼ》り、城下《じょうか》の様子《ようす》を窺《うかが》ったりもした。笠懸山《かさがけやま》は小田原城《おだわらじょう》とは早川《はやかわ》を挟《はさ》んで対岸《たいがん》の山《やま》だ。秀吉《ひでよし》は長期戦《ちょうきせん》には向《む》かい城《しろ》（敵の城に対抗する城）が必要《ひつよう》であると気付《きづ》き小田原勢《おだわらぜい》に気付《きづ》かれぬよう笠懸山頂《かさがけさんちょう》に敵《てき》の攻撃《こうげき》に耐《た》え得《う》る城《しろ》を築《きず》き始《はじ》めた。

天正《てんしょう》十八年（一五九〇年）の六月に入《はい》り、膠着《こうちゃく》していた戦況《せんきょう》が一気《いっき》に動《うご》き出《だ》した。その初《はじ》めが同月五日、北条家《ほうじょうけ》と同盟《どうめい》する奥羽《おうう》の伊達政宗《だてまさむね》が秀吉《ひでよし》の軍門《ぐんもん》に下《くだ》って豊臣陣《とよとみじん》に身《み》を投《とう》じて来《き》た。政宗《まさむね》は秀吉《ひでよし》の「奥両国惣無事令《おくりょうこくそうぶじれい》」を無視《むし》して蘆名義広《あしなよしひろ》が領《りょう》する会津《あいづ》を乗《の》っ取《と》るなど奥羽諸国《おううしょこく》に覇《は》を唱《とな》えたが、豊臣陣《とよとみじん》の浅野長政《あさのながまさ》や上杉景勝《うえすぎかげかつ》からの説得《せっとく》と孤立無援《こりつむえん》の小田原《おだわら》の状況《じょうきょう》を知《し》って秀《ひで》吉《よし》に降伏《こうふく》して来《き》た。その直後《ちょくご》の八日、小田原城家老《おだわらじょうかろう》の松田憲秀《まつだのりひで》が主君《しゅくん》を見限《みかぎ》り堀秀政《ほりひでまさ》を頼《たよ》って一人《ひとり》で降参《こうさん》を願《ねが》い出《で》たが、城《しろ》から落《お》ちる直前《ちょくぜん》に事件《じけん》が発覚《はっかく》して小田原城内《おだわらじょうない》に監禁《かんきん》されるという異変《いへん》が起《お》きた。更《さら》に続《つづ》いて同月二十三日、新《あら》たに関東総督《かんとうそうとく》になった前田利家《まえだとしいえ》から秀吉《ひでよし》の本陣《ほんじん》に北《ほう》条《じょう》氏照《うじてる》の居城《きょじょう》の八王子城《はちおうじじょう》を屠《ほふ》ったときの首級《しるし》一千余と捕虜《ほりょ》三百が送《おく》られて来《き》た。またその翌《よく》二十四日、韮崎城《にらさきじょう》の北条氏規《ほうじょううじのり》が降伏《こうふく》して韮崎城《にらさきじょう》を開城《かいじょう》した。秀吉《ひでよし》は氏規《うじのり》と諸将《しょしょう》の身柄《みがら》を徳川家康《とくがわいえやす》に預《あず》けた。（361頁7〜12行目参照）

同《どう》六月二十六日には笠懸山《かさがけやま》に石垣《いしがき》を積《つ》み上《あ》げて白壁《しらかべ》も巡《めぐ》らせた本格的《ほんかくてき》な城《しろ》が完成《かんせい》した。秀吉《ひでよし》は諸卒《しょそつ》に命《めい》じて一斉《いっせい》に城《しろ》の周《まわ》りの樹木《じゅもく》を伐採《ばっさい》させた。小田原城《おだわらじょう》に籠《こも》る城兵《じょうへい》は目《め》と鼻《はな》の先《さき》の笠懸山《かさがけやま》に突然《とつぜん》に敵《てき》の城《しろ》が現《あらわ》れたので驚愕《きょうがく》した。後世《こうせい》、小田原《おだわら》の人々《ひとびと》は一夜《いちや》にして石垣《いしがき》を配《はい》した城《しろ》が出現《しゅつげん》したのでこの山《やま》を石垣山《いしがきやま》と呼《よ》んだ。秀吉《ひでよし》は敵《てき》の城兵《じょうへい》を更《さら》に意気消沈《いきしょうちん》させようとして、籠城《ろうじょう》する城《じょう》兵《へい》に良《よ》く見《み》えるように八王子《はちおうじ》から送《おく》られてきた首級《しるし》を竿《さお》に刺《さ》し、高《たか》く掲《かか》げて晒《さら》して見《み》せた。また、未《ま》だ何年《なんねん》も戦《たたか》い続《つづ》ける用意《ようい》があることを判《わか》らせようと聚楽第《じゅらくだい》や伏見《ふしみ》・淀城《よどじょう》から側室《そくしつ》の淀《よど》や女《にょう》御《ご》を呼《よ》び寄《よ》せ、更《さら》には能役者《のうやくしゃ》も呼《よ》んで諸将《しょしょう》を持成《もてな》して見《み》せて、何不自由《なにふじゆう》なく過《す》ごしている様子《ようす》を城内《じょうない》の諸将《しょしょう》に見《み》せ付《つ》けた。

小田原《おだわら》城内《じょうない》に動揺《どうよう》が広《ひろ》がった。秀吉《ひでよし》はここが勝負所《しょうぶどころ》と嵩《かさ》に掛《かか》かってこの六月二十四日に降伏《こうふく》したばかりの韮山《にらやま》の降将《こうしょう》を小田原城《おだわらじょう》に送《おく》って北条一族《ほうじょういちぞく》・一門《いちもん》に降伏《こうふく》するよう説得《せっとく》させた。

小田原《おだわら》城内《じょうない》では諸将《しょしょう》が集《あつ》まって評定《ひょうじょう》を持《も》った。だが今《いま》まで関八州《かんはっしゅう》を領有《りょうゆう》する大々名《だいだいみょう》が、唯《ただ》の一戦《いっせん》にして敵《てき》の軍門《ぐんもん》に下《くだ》ることなどはあり得《え》ないことだし、ましてやこの度《たび》の戦《いくさ》は未《ま》だその一戦《いっせん》すら行《おこな》っていない無傷《むきず》の軍兵《ぐんぴょう》を何万《なんまん》と手元《てもと》に擁《よう》しているのだ。評定《ひょうじょう》は積《つ》んでは崩《くず》し、崩《くず》しては積《つ》んで、何時《いつ》果《は》てるとも知《し》れなかった。後世《こうせい》これを「小田原評定《おだわらひょうじょう》」と呼《よ》んで嘲《あざけ》った。

兎《と》にも角《かく》にも城内《じょうない》の軍兵《ぐんぴょう》は諸将《しょしょう》の様子《ようす》を目《め》にして戦意《せんい》を失《な》くした。農村《のうそん》から駆《か》り集《あつ》められた軍《ぐん》卒《そつ》は五月雨《さみだれ》（梅雨）の時期《じき》が疾《と》うに過《す》ぎて田植《たう》えが無事出来《ぶじでき》たかと気《き》になり出《だ》した。今《いま》まで口《くち》に出《だ》きなかった心配事《しんぱいごと》が一気《いっき》に軍卒《ぐんそつ》の口《くち》から溢《あふ》れ出《で》て里心《さとごころ》が付《つ》き、戦《いくさ》どころでなくなった。

秀吉《ひでよし》は黒田孝高《くろだよしたか》（官兵衛）を小田原城《おだわらじょう》に送《おく》って講和《こうわ》の交渉《こうしょう》に当《あ》たらせた。孝高《よしたか》は北条氏政《ほうじょううじまさ》・氏《うじ》直《なお》父子《ふし》に直談判《じかだんぱん》した。氏政《うじまさ》は孝高《よしたか》の説得《せっとく》を受《う》けて心《こころ》が動《うご》いたが、講和《こうわ》の条件《じょうけん》については関八州《かんはっしゅう》を統《す》べた自負《じふ》が邪魔《じゃま》して降参《こうさん》の屈辱《くつじょく》に耐《た》えられず、自決《じけつ》を条件《じょうけん》に講和《こうわ》しようかと思《おも》い悩《なや》んだ。

同年七月六日、北条《ほうじょう》氏直《うじなお》は父《ちち》氏政《うじまさ》の毎日《まいにち》の悩《なや》みに接《せっ》して意《い》を決《けっ》し、山上郷《やまかみごう》右衛門《うえもん》一人《ひとり》を従《したが》えて徳川家康《とくがわいえやす》の陣《じん》に出向《でむ》き

「某一人《それがしひとり》の命《いのち》と引《ひ》き換《か》えに小田原城内《おだわらじょうない》総《すべ》ての命《いのち》を救《すく》い給《たま》え」と北条一門《ほうじょういちもん》の降伏《こうふく》を願《ねが》い出《で》た。

加《くわ》えて

「城《しろ》は明日《あす》の朝《あさ》を期《き》して明《あ》け渡《わた》す」と伝《つた》えた。秀吉《ひでよし》は喜《よろこ》んで氏直《うじなお》の申《もう》し出《で》を受《う》け入《い》れた。

翌《よく》七日、脇坂安治《わきさかやすはる》と片桐直盛《かたぎりなおもり》、榊原康政《さかきばらやすまさ》の三人《さんにん》に小田原城《おだわらじょう》の受取《うけと》り役《やく》を命《めい》じた。三人《さんにん》は城内《じょうない》に入《はい》って、同日《どうじつ》から九日に掛《か》けて総《すべ》ての城兵《じょうへい》を城外《じょうがい》に移《うつ》した。城下《じょうか》に於《お》いても不測《ふそく》の事態《じたい》に対処《たいしょ》出《で》来《き》るよう諸所《しょしょ》に軍勢《ぐんぜい》を配《はい》して見張《みは》りを厳重《げんじゅう》にした。

北条氏政《ほうじょううじまさ》・氏照兄弟《うじてるきょうだい》は小田原城《おだわらじょう》を開城《かいじょう》した七日に城下《じょうか》の御抱《おかか》え医師《いし》の屋敷《やしき》に移《うつ》された。

豊臣秀吉《とよとみひでよし》は天下人《てんかびと》になった己《おのれ》を卑下《ひげ》して「関東惣無事令《かんとうそうぶじれい》」を無視《むし》し、小田原討伐《おだわらとうばつ》に抗戦《こうせん》した北《ほう》条《じょう》氏政《うじまさ》と弟《おとうと》の氏照《うじてる》を降伏《こうふく》した後《のち》も尚《なお》、許《ゆる》す気《き》になれずに改《あらた》めて切腹《せっぷく》を命《めい》じた。氏政《うじまさ》は

「雨雲《あまぐも》の覆《おお》える月《つき》も胸《むね》の霧《きり》も払《はら》えにけりな秋《あき》の夕風《ゆうかぜ》」と辞世《じせい》の句《く》を詠《よ》み、氏照《うじてる》は

「我身今消《わがみいまき》ゆとは如何《いか》に思《おも》うべき空《くう》より来《きた》り空《くう》に帰《かえ》れば」と詠《よ》んで共《とも》に割腹《かっぷく》して果《は》てた。

また同《おな》じく徹底抗戦《てっていこうせん》を主張《しゅちょう》した首謀者《しゅぼうしゃ》の一人でありながら主君《しゅくん》を裏切《うらぎ》って、ただ一戦《いっせん》しただけで北陸勢《ほくりくぜい》に降《くだ》った松井田城《まついだじょう》の大道寺政繁《だいどうじまさしげ》と小田原城《おだわらじょう》を抜《ぬ》けて逃《に》げ出《だ》そうとした家老《かろう》の松田憲秀《まつだのりひで》にも武士《ぶし》の本分《ほんぶん》に外《はず》れた行為《こうい》をしたと咎《とが》めて、この二人《ふたり》にも見《み》せしめの切腹《せっぷく》を命《めい》じた。「小田原《おだわら》の役《えき》」は然《さ》したる戦《いくさ》もなく、これにて一件落着《いっけんらくちゃく》した。秀吉《ひでよし》は北条氏直《ほうじょううじなお》の一命《いちめい》を許《ゆる》して高野山《こうやさん》での隠棲《いんせい》を命《めい》じた。

関東《かんとう》に覇《は》をなした北条家《ほうじょうけ》は滅《ほろ》んだ。秀吉《ひでよし》は小田原城《おだわらじょう》に入《はい》って論功行賞《ろんこうこうしょう》を行《おこな》った。

徳川家康《とくがわいえやす》は小田原討伐《おだわらとうばつ》の功労第一《こうろうだいいち》と認《みと》められて北条家《ほうじょうけ》の遺領《いりょう》の伊豆《いず》・相模《さがみ》・上野《こうずけ》・下野《しもつけ》・武《む》蔵《さし》・上総《かずさ》・下総《しもうさ》の七《なな》か国《こく》の総《すべ》てが与《あた》えられた。だが替《かわ》って自領《じりょう》の三河《みかわ》・遠江《とおとうみ》・駿河《するが》・甲斐《かい》・信濃《しなの》の五カ国《ごかこく》は召《め》し上《あ》げられた。家康《いえやす》は加増《かぞう》になったが、体《てい》よく遠国《えんごく》に国替《くにが》えされて、見方《みかた》によっては左遷《させん》の憂《う》き目《め》にあったが、咄嗟《とっさ》に佐々成政《さっさなりまさ》の最期《さいご》を思《おも》って（350頁11行目～351頁1行目参照）、同《おな》じ轍《てつ》を踏《ふ》まぬよう有難《ありがた》く秀吉《ひでよし》からの加増《かぞう》を喜《よろこ》んでみせた。

織田信雄《おだのぶかつ》には家康《いえやす》の旧領《きゅうりょう》の五ケ国《ごかこく》を与《あた》え、替《かわ》って尾張《おわり》・伊勢《いせ》両国《りょうこく》を召《め》し上《あ》げた。信雄《のぶかつ》は織田《おだ》家代々《けだいだい》の地《ち》から離《はな》れ難《がた》くて秀吉《ひでよし》からの加増辞退《かぞうじたい》を申《もう》し出《で》た。すると秀吉《ひでよし》は顔色《かおいろ》を変《か》えて「関白《かんぱく》の裁定《さいてい》に従《したが》わぬは不届《ふとど》き」と怒《いか》り、信雄《のぶかつ》の旧領《きゅうりょう》も召《め》し上《あ》げて下野国那須《しもつけこくなす》に流《なが》し、蟄居《ちっきょ》を命《めい》じて家康《いえやす》に以後《いご》の監視《かんし》を委《ゆだ》ねた。空《あ》いた織田信雄《おだのぶかつ》と徳川家康《とくがわいえやす》の旧領《きゅうりょう》は秀吉《ひでよし》子飼《こが》いの諸将《しょしょう》に分《わ》け与《あた》えた。関白秀吉《かんぱくひでよし》は前田利家《まえだとしいえ》には加増《かぞう》ではなく、参議《さんぎ》の位《くらい》（中納言に次ぐ朝廷の位）を与《あた》えるよう朝廷《ちょうてい》に上申《じょうしん》することで労《ろう》に報《むく》いた。

奥羽平定

天正《てんしょう》十八年（一五九〇年）七月、秀吉《ひでよし》は小田原《おだわら》から奥羽《おうう》（陸奥と出羽の二国）に出張《でば》った。その途《と》中《ちゅう》、下野国《しもつけこく》の宇都宮《うつのみや》に入《はい》って奥羽《おうう》両国《りょうこく》と北関東《きたかんとう》の諸大名《しょだいみょう》に出頭《しゅっとう》を命《めい》じ、第一次の北関東《きたかんとう》と奥羽《おうう》諸侯《しょこう》の仕置《しおき》を行《おこな》った。次《つ》いで白河《しらかわ》を経《へ》て同月《どうげつ》に伊達政宗《だてまさむね》が蘆名家《あしなけ》の後継問題《こうけいもんだい》に乗《じょう》じて乗《の》っ取《と》った会津《あいづ》に入《はい》り、黒川《くろかわ》（会津若松）で第二次奥羽《おうう》の仕置《しおき》を行《おこな》った。

これにより「両国惣無事令《りょうごくそうぶじれい》」に違反《いはん》して秀吉《ひでよし》の命《めい》に服《ふく》さなかった諸将《しょしょう》は勿論《もちろん》、小田原《おだわら》の役《えき》に参《さん》陣《じん》しなかった諸将《しょしょう》の領地《りょうち》は没収《ぼっしゅう》された。代《か》わって小田原《おだわら》の役《えき》に参陣《さんじん》した諸将《しょしょう》には領地《りょうち》が加増《かぞう》された。中《なか》でも伊達政宗《だてまさむね》は陸奥国会津《むっこくあいづ》から陸奥国仙台《むっこくせんだい》に減封左遷《げんぽうさせん》になった。秀吉《ひでよし》は空地《あきち》になった会津《あいづ》領《りょう》に気心《きごころ》の知《し》れた蒲生氏郷《がもううじさと》を入《い》れて伊達政宗《だてまさむね》や最上義光《もがみよしみつ》を始《はじ》め、奥羽諸侯《おううしょこう》に対《たい》する目付《めつけ》として睨《にら》みを効《き》かせた。

秀吉《ひでよし》が奥羽両国《おううりょうこく》の仕置《しおき》を終《お》えて京都《きょう》へ引《ひ》き上《あ》げた同年《どうねん》十月、領地《りょうち》を召《め》し上《あ》げられた葛西晴信《かさいはるのぶ》や大崎義隆《おおさきよしたか》を始《はじ》め和賀信親《わがのぶちか》、稗貫輝家《ひえぬきてるいえ》らが不満《ふまん》を爆発《ばくはつ》させて陸奥国各地《むっこくかくち》で一揆《いっき》を起《お》こした。これを見《み》て出羽国《でわこく》で行《おこな》われた太閤検地《たいこうけんち》に不満《ふまん》を持《も》つ百姓《ひゃくしょう》らも刺激《しげき》されて一揆蜂起《いっきほうき》した。

蒲生氏郷《がもううじさと》は伊達政宗《だてまさむね》に与力《よりき》を求《もと》めて鎮圧《ちんあつ》に乗《の》り出《だ》したが、元々氏郷《もともとうじさと》は政宗《まさむね》とは反《そ》り（気心）が合《あ》わず互《たが》いを疑《うたが》って一揆鎮圧《いっきちんあつ》は遅々《ちち》として進《すす》まなかった。

話《はなし》は多少前後《たしょうぜんご》するが、天正《てんしょう》十年に陸奥国南部家総領《むっこくなんぶけそうりょう》（宗家の当主）の南部晴政《なんぶはるまさ》と嗣子《しし》の晴継《はるつぐ》が相次《あいつ》いで死没《しぼつ》した。一族《いちぞく》は談合《だんごう》して石川信直《いしかわのぶなお》に跡《あと》を継《つ》がせた。一族《いちぞく》の九戸政実《くのへまささね》はこの決定《けってい》に反発《はんぱつ》したが、秀吉《ひでよし》はこの度《たび》の奥州《おうしゅう》仕置《しお》きで信直《のぶなお》に南部領《なんぶりょう》（北上市から下北半島一帯）を安堵《あんど》した。

天正《てんしょう》十九年（一五九一年）三月、九戸《くのへ》は秀吉《ひでよし》が奥州《おうしゅう》仕置《しお》きを終《お》えて京都《きょう》へ帰《かえ》るのを待《ま》ち、不満《ふまん》分子《ぶんし》を集《あつ》めて石川討伐《いしかわとうばつ》の乱《らん》を起《お》こした。石川《いしかわ》は秀吉《ひでよし》に援軍《えんぐん》を求《もと》めた。秀吉《ひでよし》は九戸《くのへ》討伐軍《とうばつぐん》を起《お》こして羽柴秀次《はしばひでつぐ》を総大将《そうだいしょう》に任《にん》じ、徳川《とくがわ》・上杉《うえすぎ》・佐竹《さたけ》ら関東以北《かんとういほく》の諸大名《しょだいみょう》に出陣《しゅつじん》を命《めい》じた。討伐軍《とうばつぐん》は九戸《くのへ》だけでなく奥羽《おうう》で一揆《いっき》蜂起《ほうき》した諸将《しょしょう》の居城《きょじょう》も攻《せ》め落《お》として南部領《なんぶりょう》に攻《せ》め入《い》った。

同年《どうねん》九月四日、九戸政実《くのへまさざね》は観念《かんねん》して剃髪《ていはつ》し、降伏《こうふく》して城《しろ》を出《で》た。だが秀吉《ひでよし》は降伏《こうふく》を許《ゆる》さず、九戸城《くのへじょう》の百余名の守将《しゅしょう》と共《とも》に身柄《みがら》を三迫《みさこ》（宮城県三迫町）に移《うつ》して斬首《ざんしゅ》した。一揆《いっき》を起《お》こした諸将《しょしょう》や首謀者《しゅぼうしゃ》らも軒並《のきなみ》み斬首《ざんしゅ》の刑《けい》に処《しょ》した。

秀吉《ひでよし》は奥羽《おうう》一帯《いったい》を鎮圧平定《ちんあつへいてい》した。海内《かいだい》は南《みなみ》は九州《きゅうしゅう》から北《きた》は奥州《おうしゅう》まで秀吉《ひでよし》の意《い》に従《したが》わぬ者《もの》は無《な》くなった。天下統一《てんかとういつ》が成《な》って秀吉《ひでよし》は名実共《めいじつとも》に「天下人《てんかびと》」に上《のぼ》り詰《つ》めた。

六、文禄・慶長の役と浪速の夢

この節《せつ》は秀吉《ひでよし》の朝鮮出兵《ちょうせんしゅっぺい》（文禄・慶長の役）が主題《しゅだい》であるが、越中国《えっちゅうこく》をはじめ北陸一帯《ほくりくいったい》の諸将《しょしょう》に朝鮮出征《ちょうせんしゅっせい》は無《な》かった。（ただ大々名の前田や上杉、徳川、伊達は本邦最前線基地の名護屋（佐賀県唐津市）にまでは陣を出して出征に花《はな》を添《そ》えた）それ故《ゆえ》、越中諸将《えっちゅうしょしょう》の事象《じしょう》はないので、秀吉《ひでよし》の心《こころ》の動《うご》きで生《しょう》じた事象《じしょう》と主要《しゅよう》な合戦及《かっせんおよ》び、関ヶ原合戦《せきがはらかっせん》に影響《えいきょう》した事象《じしょう》に絞《しぼ》って伝《つた》える。

天下《てんか》は果《は》てしなく続《つづ》いた合戦《かっせん》から解放《かいほう》された。世間《せけん》の人々《ひとびと》は平和《へいわ》になって喜《よろこ》ばぬ者《もの》はいなかった。だが秀吉一人《ひでよしひとり》はその逆《ぎゃく》で、疑心暗鬼《ぎしんあんき》に苛《さいな》まれて激《はげ》しい不安《ふあん》に襲《おそ》われた。「孤高《ここう》の地位《ちい》」に上《のぼ》り詰《つ》めた者《もの》の心《こころ》にのみ芽生《めば》える疑念《ぎねん》と妄想《もうそう》だ。秀吉《ひでよし》の回《まわ》りは皆《みな》、恩賞《おんしょう》を得《え》ようと命《いのち》を投《な》げ出《だ》して戦《たたか》った猛将《もうしょう》ばかりだ。今《いま》、泰平《たいへい》の世《よ》になって命懸《いのちが》けの戦場《いくさば》が無《な》くなった。「天下取《てんかと》りしか知《し》らない猛将《もうしょう》らが次《つぎ》に狙《ねら》うのはこの秀吉《ひでよし》だ」と気付《きつ》いて、誰《だれ》一人として信用出来《しんようでき》なくなった。秀吉《ひでよし》は思《おも》い悩《なや》んだ末《すえ》に決心《けっしん》した。「豊臣家《とよとみけ》の功臣《こうしん》や諸国《しょこく》の大名《だいみょう》らの心《こころ》を繋《つな》ぎ留《と》めるには戦《いくさ》を続《つづ》ける以外《いがい》にない。だがこの日ノ本《ひのもと》に戦場《いくさば》は無《な》くなった。唐《から》・天竺《てんじく》（中国・インド）へ攻《せ》め込《こ》もう。これしかない」。このように思《おも》い付《つ》いた途端《とたん》に秀吉《ひでよし》は昔《むかし》を思《おも》い出《だ》して気鬱《きうつ》が吹き飛《と》んだ。この構想《こうそう》は亡《な》き主君《しゅくん》の信長公《のぶながこう》が晩年《ばんねん》呟《つぶや》いていたと噂《うわさ》になったことだ。己《おのれ》もまた、嘗《かつ》て小田原《おだわら》討伐《とうばつ》の陣中《じんちゅう》で徳川家康《とくがわいえやす》と「連《つ》れ小便《しょうべん》」したとき

「やがては秀次《ひでつぐ》に関白《かんぱく》を譲《ゆず》って我《われ》は新羅《しらぎ》・百済《くだら》や高麗《こうらい》に渡海《とかい》し、唐《から》・天竺《てんじく》を退治《たいじ》して舊功《きゅうこう》の諸《しょ》将《しょう》の爵禄《しゃくろく》を厚《あつ》くしたいと思《おも》うが如何《いかが》」と言《い》ったことを思《おも》い出《だ》した。思《おも》い付《つ》いたが吉日《きつじつ》。早速実行《さっそくじっこう》に移《うつ》そうと気《き》が逸《はや》った。だがここでまた一つ、突然《とつぜん》に大《おお》きな悩《なや》みが生《しょう》じた。

天正《てんしょう》十九年（一五九一年）八月、側室《そくしつ》の淀《よど》との間《あいだ》に生《う》まれた鶴松《つるまつ》が僅《わず》か三歳で病没《びょうぼつ》した。後継《あとつ》ぎを失《うしな》って秀吉《ひでよし》は我《わ》が命《いのち》が消《き》え失《う》せたように憔悴《しょうすい》して思考《しこう》が停止《ていし》した。だがやがて、今《いま》は悲《かな》しんでいる時《とき》ではないと気《き》が付《つ》いて我《われ》に返《かえ》った。

秀吉《ひでよし》は思《おも》い出《だ》した。その昔《むかし》、鎌倉府《かまくらふ》を開《ひら》いた源頼朝《みなもとのよりとも》は実弟《じってい》で勲功第一《くんこうだいいち》の義経《よしつね》に謀反《むほん》の疑念《ぎねん》を抱《いだ》いて討《う》ち滅《ほろ》ぼしその結果《けっか》やがて北条家《ほうじょうけ》に天下《てんか》を奪《うば》われた。鎌倉府《かまくらふ》を平《たい》らげて王政復古《おうせいふっこ》を遂《と》げ

た後醍醐天皇《ごだいごてんのう》も皇子《おうじ》の護良親王《もりながしんのう》に疑念《ぎねん》を抱《いだ》いて刑死《けいし》させ、その結果《けっか》　足利尊氏《あしかがたかうじ》に天下《てんか》を奪《うば》われて吉野《よしの》に逃《のが》れる憂《う》き目《め》を見《み》た。その尊氏《たかうじ》も実弟《じってい》の直義《なおよし》と争《あらそ》い和睦《わぼく》に託《かこつ》け騙《だま》して毒殺《どくさつ》した。主君《しゅくん》の信《のぶ》長公《ながこう》も「股肱《ここう》の臣《しん》」の光秀《みつひで》に殺《ころ》された。諸国《しょこく》の外様大名《とざまだいみょう》だけでなくて身近《みじか》な家臣《かしん》も何時《いつ》謀反《むほん》を起《お》こすか判《わか》らぬ非常《ひじょう》時《じ》なのだと気《き》を引《ひ》き締《し》め直《なお》した。

同年《どうねん》十一月、秀吉《ひでよし》は甥《おい》で養子《ようし》の秀次《ひでつぐ》に豊臣姓《とよとみせい》を名乗《なの》らせて同年《どうねん》十二月関白《かんぱく》を譲《ゆず》った。そして自《みずか》らは太閤《たいこう》（前関白の敬称）を名乗《なの》り、名護屋《なごや》（唐津市）に朝鮮出征《ちょうせんしゅっせい》の拠点《きょてん》となる御座所《ござしょ》を造《つく》らせた。秀吉《ひでよし》は鶴松《つるまつ》を失《うしな》った悲《かな》しみを乗《の》り越《こ》えようと朝鮮《ちょうせん》・明国《みんこく》への出征計略《しゅっせいけいりゃく》に没頭《ぼっとう》した。

翌《よく》・天正《てんしょう》二十年（一五九二年）正月《しょうがつ》、太閤秀吉《たいこうひでよし》は豊臣秀次《とよとみひでつぐ》に国内《こくない》の政治《せいじ》を任《まか》せて自《みずか》らも出征《しゅっせい》しようと決意《けつい》し、豊臣家《とよとみけ》宿老《しゅくろう》の諸将《しょしょう》らは勿論《もちろん》、九州《きゅうしゅう》・四国《しこく》と山陽《さんよう》・山陰《さんいん》地方《ちほう》の大名《だいみょう》を中心《ちゅうしん》に肥前《ひぜん》国名護屋《こくなごや》への出陣《しゅつじん》を命《めい》じた。更《さら》には全国《ぜんこく》でも名《な》のある大々名《だいだいみょう》の前田利家《まえだとしいえ》や上杉景勝《うえすぎかげかつ》、関東《かんとう》の徳川《とくがわ》家康《いえやす》や陸奥《むつ》の伊達政宗《だてまさむね》にも名護屋《なごや》への出陣《しゅつじん》を命《めい》じた。秀吉自身《ひでよしじしん》も三月、京都《きょうと》を発《た》って名護屋《なごや》に出《しゅつ》陣《じん》した。

太閤秀吉《たいこうひでよし》は小西行長《こにしゆきなが》に一番隊《いちばんたい》の大将《たいしょう》を命《めい》じて対馬《つしま》に渡《わた》らせた。また対馬国領主《つしまこくりょうしゅ》の宗義智《そうよしとも》には朝鮮国《ちょうせんこく》に渡《わた》らせて明国《みんこく》への先導《せんどう》を言《い》い渡《わた》した。秀吉《ひでよし》はこの頃《ころ》、朝鮮《ちょうせん》とは度々使者《たびたびししゃ》を取《と》り交《か》わしていて、この時《とき》の朝鮮国使節《ちょうせんこくしせつ》の応対《おうたい》や佞臣《ねいしん》らの甘言《かんげん》を受《う》け、既《すで》に朝鮮国《ちょうせんこく》は属国視《ぞっこくし》していた。

朝鮮国《ちょうせんこく》は創建当時《そうけんとうじ》より明国《みんこく》の属国《ぞっこく》となっていて、当時《とうじ》は李氏《りし》が朝鮮国全土《ちょうせんこくぜんど》を支配《しはい》していた。朝鮮国王《ちょうせんこくおう》は秀吉《ひでよし》の要求《ようきゅう》を無視《むし》した。太閤秀吉《たいこうひでよし》は小西行長《こにしゆきなが》から伝《つた》えられた宗義智《そうよしとも》の報告《ほうこく》を豊前国《ぶぜんこく》の小倉《こくら》で受《う》けて予定《よてい》を変更《へんこう》し、先《ま》ずは朝鮮李王朝《ちょうせんりおうちょう》の誅伐《ちゅうばつ》から始《はじ》めることにした。

太閤秀吉《たいこうひでよし》は朝鮮《ちょうせん》に出征《しゅっせい》する軍勢《ぐんぜい》として宇喜多秀家《うきたひでいえ》を総大将《そうたいしょう》にして、小西行長《こにしゆきなが》・加藤清正《かとうきよまさ》・黒田長政《くろだながまさ》・福島正則《ふくしままさのり》・細川忠興《ほそかわただおき》の秀吉子飼《ひでよしこが》いの勢《ぜい》に加《くわ》えて九州《きゅうしゅう》・四国《しこく》・中国各地《ちゅうごくかくち》の島津義久《しまづよしひさ》・毛利輝元《もうりてるもと》・小早川隆景《こばやかわたかかげ》の勢《ぜい》と、渡航《とこう》を担《にな》う九鬼嘉隆《くきよしたか》・藤堂高虎《とうどうたかとら》の舟手勢《ふなてぜい》の都合《つごう》二十五万の軍勢《ぐんぜい》を仕立《した》てた。更《さら》には控《ひか》えの勢《ぜい》として名護屋《なごや》の秀吉本陣《ひでよしほんじん》に富田知信《とみたとものぶ》・金森長近《かなもりながちか》・蜂谷大膳《はちやだいぜん》の二万余《よ》、他《ほか》にも名護屋在陣衆《なごやざいじんしゅう》として徳川家康《とくがわいえやす》・前田利家《まえだとしいえ》・上杉景勝《うえすぎかげかつ》ら諸国《しょこく》の軍勢《ぐんぜい》七万三千余《よ》の総勢《そうぜい》三十数万《すうまん》にも及《およ》ぶ前代未聞《ぜんだいみもん》の大軍団《だいぐんだん》を造《つく》り上《あ》げた。

天正《てんしょう》二十年（一五九二年）三月、小西行長《こにしゆきなが》の率《ひき》いる一番隊《いちばんたい》二万が出征《しゅっせい》に備《そな》えて事前《じぜん》に対馬《つしま》に渡《わた》り、同年《どうねん》四月には朝鮮国《ちょうせんこく》釜山《プサン》を目指《めざ》して対馬《つしま》を船出《ふなで》した。名護屋《なごや》に控《ひか》えた二番隊《たい》以降《いこう》も一番隊《たい》の出航《しゅっこう》に合《あ》わせて総勢《そうぜい》二十五万が次々《つぎつぎ》と船出《ふなで》して対馬経由《つしまけいゆ》で釜山《プサン》を目指《めざ》した。

同年四月、一番隊《たい》の小西行長《こにしゆきなが》は釜山《プサン》に上陸《じょうりく》して、後続《こうぞく》を待《ま》たずに釜山城下《プサンじょうか》に出撃《しゅつげき》し、殲滅作戦《せんめつさくせん》に出《で》て釜山一帯《プサンいったい》を瞬《また》く間《ま》に制圧《せいあつ》した。総大将《そうだいしょう》の宇喜多秀家《うきたひでいえ》は全隊《ぜんたい》に釜山上陸《プサンじょうりく》を命《めい》じて朝鮮国府《ちょうせんこくふ》の漢城《ハンソン》（ソウル特別市）制圧《せいあつ》の軍議《ぐんぎ》を持《も》った。漢城城内《ハンソンじょうない》は動揺《どうよう》して日本軍《にほんぐん》が押《お》し寄《よ》せる前《まえ》に平壌《ピョンヤン》へ逃《のが》れた。日本軍《にほんぐん》は労《ろう》せずして漢城《ハンソン》に入城《にゅうじょう》し、引《ひ》き続《つづ》き平壌王宮《ピョンヤンおうきゅう》も入手《にゅうしゅ》した。

ただこの間《かん》に藤堂高虎《とうどうたかとら》の軍船《ぐんせん》五十艘《そう》が釜山《プサン》の西《にし》に浮《う》かぶ巨済島《コジェド》の玉浦《オクポ》で敵艦《てきかん》に急襲《きゅうしゅう》され完敗《かんぱい》したので秀吉《ひでよし》が望《のぞ》む朝鮮《ちょうせん》への渡航《とこう》は危険《きけん》と判断《はんだん》され、秀吉《ひでよし》に替《かわ》って軍監《ぐんかん》として石田三成《いしだみつなり》と増田長盛《ましたながもり》、大谷吉継《おおたによしつぐ》の三名が渡《わた》った。

加藤清正《かとうきよまさ》は軍監《ぐんかん》として加《くわ》わった石田光成《いしだみつなり》らと軍議《ぐんぎ》し、日本勢全隊《にほんぜいぜんたい》が手分《てわ》けして朝鮮全道《ちょうせんぜんどう》の鎮圧《ちんあつ》に乗《の》り出《だ》すことにした。そして先《ま》ず清正《きよまさ》は漢城《ハンソン》から北進《ほくしん》して咸興《ハムフン》（咸鏡南道の道都）を制圧《せいあつ》した後《のち》、更《さら》に北進《ほくしん》して七月には朝鮮国最北端《ちょうせんこくさいほくたん》の会寧《フェリョン》で、咸鏡道《ハムギョンド》観察使《かんさつし》（監察官）や朝鮮王子《ちょうせんおうじ》の二名《にめい》を捕縛《ほばく》して咸鏡道《ハムギョンド》全土《ぜんど》を支配《しはい》した。

清正《きよまさ》を除《のぞ》く各隊《かくたい》も漢城《ハンソン》から手分《てわ》けして各道《かくどう》に出陣《しゅつじん》した。だがこれが朝鮮国民《ちょうせんこくみん》の祖国愛《そこくあい》に火《ひ》を付《つ》けて、各地《かくち》で義勇軍《ぎゆうぐん》が立《た》ち上《あ》がり一斉蜂起《いっせいほうき》した。各地《かくち》に向《む》かった朝鮮討伐隊《ちょうせんとうばつたい》は義勇軍《ぎゆうぐん》の神出鬼没《しんしゅつきぼつ》の奇襲攻撃《きしゅうこうげき》に遇《あ》って何《いず》れも窮地《きゅうち》に陥《おちい》り、この朝鮮全道鎮圧作戦《ちょうせんぜんどうちんあつさくせん》は中止《ちゅうし》になった。

同年七月、朝鮮王《ちょうせんおう》からの救援要請《きゅうえんようせい》を受《う》けた明国軍《みんこくぐん》五千が、平壌王宮《ピョンヤンおうきゅう》を占拠《せんきょ》する日本軍《にほんぐん》を急襲《きゅうしゅう》したが、小西行長《こにしゆきなが》が力戦《りきせん》して明国軍《みんこくぐん》を撃退《げきたい》した。明国軍《みんこくぐん》は日本軍《にほんぐん》に軍使《ぐんし》を送《おく》って朝廷《ちょうてい》の許可《きょか》を得《う》るまでの仮《かり》の和議《わぎ》を申《もう》し込《こ》んだ。小西行長《こにしゆきなが》はこの和議《わぎ》を受《う》け入《い》れた。

講和成立と諸将帰還

天正《てんしょう》二十年（一五九二年）十二月、改元《かいげん》があって文禄《ぶんろく》元年同月、明軍《みんぐん》四万余が鴨緑江《アムノックガン》を渡《わた》って朝鮮《ちょうせん》に入国《にゅうこく》し、平壌《ピョンヤン》に偽《いつわ》りの使者《ししゃ》を送《おく》って明国朝廷《みんこくちょうてい》の和睦使節到着《わぼくしせつとうちゃく》を伝《つた》えた。

小西行長《こにしゆきなが》は喜《よろこ》んで明国使節団《みんこくしせつだん》を受《う》け入《い》れる準備《じゅんび》に入《はい》ったが、年《とし》が明《あ》けた文禄《ぶんろく》二年（一五九三年）一月、平壌城《ピョンヤンじょう》は明軍《みんぐん》に急襲《きゅうしゅう》された。黒田長政《くろだながまさ》は小西隊《こにしたい》を救出《きゅうしゅつ》して開城《ケソン》を経《へ》て漢城《ハンソン》に退却《たいきゃく》した。漢城《ハンソン》の小早川隆景《こばやかわたかかげ》と宇喜多秀家《うきたひでいえ》は漢城《ハンソン》から出撃《しゅつげき》して明軍《みんぐん》を撃退《げきたい》した。

だがこの後《のち》、朝鮮義勇軍《ちょうせんぎゆうぐん》の奇襲《きしゅう》に苦《くる》しめられた。三月には龍山《ヨンサン》の食糧倉庫《しょくりょうそうこ》が焼《や》き討《う》ちされ、漢城《ハンソン》に籠《こも》る将兵《しょうへい》の食糧《しょくりょう》は欠乏《けつぼう》して餓死者《がししゃ》が出始《ではじ》めた。今回《こんかい》の戦乱《せんらん》で朝鮮全土《ちょうせんぜんど》は何処《いずこ》も極度《きょくど》に荒廃《こうはい》して釜山《プサン》からも食糧《しょくりょう》が届《とど》かない。漢城《ハンソン》に集《あつ》まった諸将《しょしょう》に厭戦気分《えんせんきぶん》が蔓延《まんえん》した。咸鏡道《ハムキョンド》を統治《とうじ》する加藤清正《かとうきよまさ》は最北辺《さいほくへん》の咸鏡道《ハムキョンド》に取《と》り残《のこ》されそうになって、止《や》む無《な》く極寒《ごくかん》の中《なか》を凍傷《とうしょう》と朝鮮義勇軍《ちょうせんぎゆうぐん》の奇襲《きしゅう》に苦《くる》しめられながら漢城《ハンソン》へ引《ひ》き上《あ》げてきた。

明軍《みんぐん》にとっても損害《そんがい》は甚大《じんだい》だった。それで沈惟敬将軍《ちんいけいしょうぐん》は朝鮮李朝廷《ちょうせんりちょうてい》の了解《りょうかい》なく一存《いちぞん》で講和使節《こうわしせつ》を仕立《した》てて漢城《ハンソン》に派遣《はけん》し、石田三成及《いしだみつなりおよ》び小西行長《こにしゆきなが》と交渉《こうしょう》させて講和《こうわ》を成立《せいりつ》させた。

同年五月、明軍《みんぐん》の沈将軍《ちんしょうぐん》は朝鮮李王朝《ちょうせんりおうちょう》が派遣《はけん》する使節団《しせつだん》であると偽《いつわ》って明軍配下《みんぐんはいか》で作《つく》り挙《あ》げた講和使節《こうわしせつ》を石田三成《いしだみつなり》と小西行長《こにしゆきなが》の案内《あんない》で名護屋《なごや》にいる秀吉《ひでよし》の下《もと》に送《おく》った。

秀吉《ひでよし》は明国《みんこく》に降伏《こうふく》を求《もと》めた。明国使節《みんこくしせつ》は秀吉《ひでよし》の要求《ようきゅう》を拒否《きょひ》した。三成《みつなり》は勝《か》ち目《め》のない無益《むえき》な朝《ちょう》鮮征伐《せんせいばつ》を一刻《いっこく》も早《はや》く終《お》わらせるには何《なん》としてもこの講和《こうわ》を成《な》し遂《と》げなければならぬと心《こころ》に決《き》めて偽《にせ》の明国使節《みんこくしせつ》と密議《みつぎ》し、明国朝廷《みんこくちょうてい》には日ノ本《ひのもと》の降伏《こうふく》を受《う》け入《い》れる代《か》わりに、明国使節《みんこくしせつ》には秀吉《ひでよし》の要求《ようきゅう》である明《みん》の降伏《こうふく》と勘合貿易再開《かんごうぼうえきさいかい》を仮《かり》に受《う》け入《い》れるよう説得《せっとく》した。

加藤清正《かとうきよまさ》はこの講和交渉《こうわこうしょう》での三成《みつなり》の姑息《こそく》な策謀《さくぼう》を知《し》って怒《いか》り狂《くる》った。三成《みつなり》はこの策《さく》が漏《も》れるのを恐《おそ》れて秀吉《ひでよし》に清正《きよまさ》を讒訴《ざんそ》した。怒《いか》り狂《くる》った秀吉《ひでよし》は清正《きよまさ》を蟄居《ちっきょ》させた。

交渉《こうしょう》は曲折《きょくせつ》を重《かさ》ねて、日本軍《にほんぐん》が朝鮮《ちょうせん》に漢城《ハンソン》を明《あ》け渡《わた》して撤退《てったい》し、更《さら》には清正《きよまさ》が咸鏡道《ハムキョンド》で捉《とら》えた王子《おうじ》二名も朝鮮《ちょうせん》に返還《へんかん》することを条件《じょうけん》に、朝鮮使節《ちょうせんしせつ》は日本《にほん》の慶尚《キョンサン》・全羅《チョルラ》両道領有《りょうどうりょうゆう》を認《みと》めた上《うえ》で、改《あらた》めて明国《みんこく》から講和使節《こうわしせつ》を日本国《にほんこく》へ派遣《はけん》することも受《う》け入《い》れさせた。

同文禄《どうぶんろく》二年（一五九三年）六月、講和交渉《こうわこうしょう》が成立《せいりつ》して明国使節《みんこくしせつ》は名護屋《なごや》から出国《しゅっこく》した。後世《こうせい》この朝鮮征伐《ちょうせんせいばつ》を「文禄《ぶんろく》の役《えき》」と呼《よ》んだ。けれども所詮《しょせん》は、朝鮮国王《ちょうせんこくおう》や明国朝廷《みんこくちょうてい》の預《あず》かり知《し》らぬ偽《いつわ》りの和平交渉《わへいこうしょう》であった。この後《のち》、朝鮮南部《ちょうせんなんぶ》二道《にどう》の在番《ざいばん》を新《あら》たに命《めい》ぜられた加藤清正《かとうきよまさ》や小西行長《こにしゆきなが》・宗《そう》義智《よしとも》・島津義久《しまづよしひさ》・蜂須賀家政《はちすかいえまさ》・毛利輝元《もうりてるもと》などの九州《きゅうしゅう》・四国《しこく》・中国勢《ちゅうごくぜい》を除《のぞ》いて、他《た》の諸大名《しょだいみょう》には帰《き》還命令《かんめいれい》が下《くだ》った。諸将《しょしょう》の軍勢《ぐんぜい》は続々《ぞくぞく》と名護屋《なごや》に向《む》かって船出《ふなで》した。加藤清正《かとうきよまさ》と小西行長《こにしゆきなが》も朝鮮在《ちょうせんざい》番《ばん》の軍勢《ぐんぜい》を残《のこ》して戦況報告《せんきょうほうこく》のために帰還《きかん》した。

秀頼誕生と秀次自害

丁度《ちょうど》この時《とき》、文禄《ぶんろく》二年（一五九三年）八月、淀城《よどじょう》（伏見区）で側室《そくしつ》の淀《よど》（茶々）が秀頼《ひでより》（幼名は捨丸、以後秀頼）を生《う》んだ。この報《しら》せが名護屋《なごや》に届《とど》くや秀吉《ひでよし》は踊《おど》り上《あ》がって喜《よろこ》び、朝鮮《ちょうせん》から帰還《きかん》する諸《しょ》将《しょう》の慰労《いろう》さえも雲散霧消《うんさんむしょう》して前田利家《まえだとしいえ》に後《あと》を託《たく》して伏見《ふしみ》へ飛《と》ぶように帰《かえ》った。

秀吉《ひでよし》の関心事《かんしんじ》は朝鮮国《ちょうせんこく》から秀頼《ひでより》に移《うつ》った。秀吉《ひでよし》は秀頼《ひでより》を溺愛《できあい》して、何《なん》としても秀頼《ひでより》を後継《あとつ》ぎにしようと誕生《たんじょう》したばかりの秀頼《ひでより》に豊臣秀次《とよとみひでつぐ》の娘《むすめ》を娶《めあわ》せた。これで秀頼《ひでより》は秀次《ひでつぐ》の跡《あと》を継《つ》いで豊臣家《とよとみけ》の主《あるじ》になれると思《おも》ったが、今度《こんど》は自分《じぶん》の死後《しご》に秀次《ひでつぐ》が心変《こころが》わりしないかと不安《ふあん》になった。

淀《よど》も秀次《ひでつぐ》から家督《かとく》を取《と》り上《あ》げて秀頼《ひでより》に豊臣家《とよとみけ》の跡《あと》を継《つ》がせようと必死《ひっし》になり、石田三成《いしだみつなり》に秀頼《ひでより》を直《す》ぐにも豊臣家《とよとみけ》の家督《かとく》にしたいと心情《しんじょう》を訴《うった》えた。三成《みつなり》は淀《よど》の吐露《とろ》を受《う》けて秀吉《ひでよし》に「秀次殿《ひでつぐどの》は淀殿《よどどの》を疎《うと》んじて「秀頼様《ひでよりさま》は大野治長《おおのはるなが》（淀の乳母の子）と密通《みっつう》して生《う》まれた子《こ》だ」と噂《うわさ》を撒《ま》いているそうで…」と讒言《ざんげん》した。秀吉《ひでよし》の秀次《ひでつぐ》を見《み》る眼《め》が厳《きび》しくなった。

文禄《ぶんろく》四年（一五九五年）七月、秀吉《ひでよし》は己《おのれ》の眼《め》の黒《くろ》いうちに秀次《ひでつぐ》を亡《な》き者《もの》にしようと思《おも》い詰《つ》めて、同七月、謀反《むほん》の疑《うたが》いを秀次《ひでつぐ》に掛《か》けて総《すべ》ての官職《かんしょく》を召《め》し上《あ》げ、高野山《こうやさん》に追放《ついほう》して秀次《ひでつぐ》に自害《じがい》を命《めい》じた。更《さら》には秀次《ひでつぐ》の妻妾《さいしょう》子供《こども》も一人《ひとり》残《のこ》らず三条河原《さんじょうかわら》に引《ひ》き出《だ》して斬首《ざんしゅ》した。その後《ご》も秀次《ひでつぐ》と親交《しんこう》のあった家臣《かしん》を次々《つぎつぎ》と糾明《きゅうめい》した。秀次《ひでつぐ》と親《した》しかった諸将《しょしょう》は誰《だれ》もが皆《みな》、秀吉《ひでよし》から疑《うたが》われて戸惑《とまど》い「三成《みつなり》が秀次事件《ひでつぐじけん》を引《ひ》き起《お》こした」と語《かた》りあって三成《みつなり》を深《ふか》く憎《にく》しみ且《か》つ恨《うら》んだ。

講和交渉決裂と朝鮮再出兵

翌《よく》・文禄《ぶんろく》五年（一五九六年）八月、明国使節《みんこくしせつ》の来朝話《らいちょうばなし》が整《ととの》って和泉国《いずみこく》の堺《さかい》にやって来《き》た。石田《いしだ》三成《みつなり》と小西行長《こにしゆきなが》は講和交渉《こうわこうしょう》が穏便《おんびん》に済《す》むように使節《しせつ》を供応《きょうおう》した。

秀吉《ひでよし》は未《ま》だ築城中《ちくじょうちゅう》の大阪城内《おおさかじょうない》の中《なか》で、落成《らくせい》したばかりの本丸千畳敷《ほんまるせんじょうじき》（大広間）に諸大名《しょだいみょう》を列《れつ》座《ざ》させて明国使節《みんこくしせつ》を形式《けいしき》に則《のっと》り友好裏《ゆうこうり》に謁見《えっけん》し、翌日《よくじつ》には伏見城《ふしみじょう》に会場《かいじょう》を移《うつ》して講和交渉《こうわこうしょう》を行《おこ》なった。明国側《みんこくがわ》は秀吉《ひでよし》に朝鮮《ちょうせん》で築城《ちくじょう》した城砦《じょうさい》の破却《はきゃく》と朝鮮《ちょうせん》からの完全撤退《かんぜんてったい》を求《もと》めた。秀吉《ひでよし》は頭《あたま》から湯気《ゆげ》を立《た》てて怒《いか》り狂《くる》った。秀吉《ひでよし》は明国使節《みんこくしせつ》が朝鮮国《ちょうせんこく》の割譲《かつじょう》と勘合貿易《かんごうぼうえき》を条件《じょうけん》に和《わ》議《ぎ》を求《もと》めてくるものと思《おも》い込《こ》んでいた。元々《もともと》石田三成《いしだみつなり》と沈惟敬《ちんいけい》とで取《と》り交《か》わした事前《じぜん》の講和《こうわ》条件《じょうけん》が偽《いつわ》りであったのだ。和議《わぎ》は成立《せいりつ》する筈《はず》もなかった。講和交渉《こうわこうしょう》は決裂《けつれつ》した。

（この直後の同年九月、四国と瀬戸内一帯・近畿・東海・関東・三陸を揺るがす大地震が断続的に起きて、洛中洛外も含めて日本中が大被害に見舞われた。この未曾有の大地震を鎮めるべく元号が慶長に改まった。《慶長の大地震》）

交渉決裂《こうしょうけつれつ》を受《う》けて秀吉《ひでよし》は翌《よく》・慶長《けいちょう》二年の正月《しょうがつ》を期《き》しての再度《さいど》の渡海《とかい》を命《めい》じ、九州《きゅうしゅう》・四国《しこく》・山《さん》陽《よう》・山陰《さんいん》の諸大名《しょだいみょう》にも再派兵《さいはへい》を命《めい》じた。総勢《そうぜい》十四万余《よ》の軍勢《ぐんぜい》が再度《さいど》、朝鮮《ちょうせん》に渡《わた》った。

一方《いっぽう》の明国使節《みんこくしせつ》は慶長《けいちょう》二年正月《しょうがつ》に明国《みんこく》に帰《かえ》って朝廷《ちょうてい》に参内《さんだい》し、偽《いつわ》って「秀吉《ひでよし》、封《ほう》を受《う》け和議成《わぎな》る」と報告《ほうこく》した。そして日本《にほん》からの弊物《へいもつ》と称《しょう》して、海外《かいがい》の珍宝《ちんほう》を並《なら》べ立《た》てて皇帝《こうてい》に献上《けんじょう》した。だが朝鮮在陣《ちょうせんざいじん》の明軍《みんぐん》からは既《すで》に日本軍《にほんぐん》の再渡来《さいとらい》の急報《きゅうほう》が届《とど》いていた。

明国朝廷《みんこくちょうてい》は使節団《しせつだん》の報告《ほうこく》を聞《き》かずに兵《へい》を募《つの》り大挙《たいきょ》して朝鮮国《ちょうせんこく》への再出兵《さいしゅっぺい》を命《めい》じた。この頃《ころ》の朝鮮国全土《ちょうせんこくぜんど》は、打《う》ち続《つづ》く戦乱《せんらん》に百姓《ひゃくしょう》は流浪《るろう》し、荒廃《こうはい》した田畑《でんぱた》は不毛《ふもう》の地《ち》と化《か》して極度《きょくど》の飢饉《ききん》に悩《なや》まされていた。朝鮮国《ちょうせんこく》に再上陸《さいじょうりく》した九州《きゅうしゅう》・四国《しこく》・山陽《さんよう》・山陰諸国《さんいんしょこく》の軍勢《ぐんぜい》も食糧《しょくりょう》の現地《げんち》調達《ちょうたつ》が思《おも》うに任《まか》せず、日本《にほん》からの補給《ほきゅう》も朝鮮海軍《ちょうせんかいぐん》の攻撃《こうげき》を受《う》けて儘成《ままな》らぬので食料《しょくりょう》に窮《きゅう》して進《すす》むに進《すす》めず退《の》くに退《の》けない絶体絶命《ぜったいぜつめい》の窮地《きゅうち》に陥《おちい》った。

慶長《けいちょう》二年（一五九七年）七月、釜山《プサン》で布陣《ふじん》する日本勢《にほんぜい》を朝鮮国水軍《ちょうせんこくすいぐん》が襲《おそ》ったが、事前《じぜん》に察知《さっち》して応戦《おうせん》したので事《こと》なきを得《え》、今度《こんど》は逆《ぎゃく》に釜山南西《プサンなんせい》の巨済島《コジェド》まで退《の》いて停泊《ていはく》した朝鮮国水軍《ちょうせんこくすいぐん》を日本《にほん》の水陸両軍《すいりくりょうぐん》が同時《どうじ》に攻《せ》め込《こ》んで朝鮮軍船《ちょうせんぐんせん》の大半《たいはん》を撃沈《げきちん》させた。日本勢《にほんぜい》は大勝《たいしょう》して制海権《せいかいけん》を手《て》にし、漸《よう》く生気《せいき》を取《と》り戻《もど》した。次《つ》いで日本勢《にほんぜい》は全州《チョンジュ》（全羅北道の道都）を制圧《せいあつ》しようと軍議《ぐんぎ》し、全勢《ぜんぜい》が全州《チョンジュ》を目指《めざ》した。全州城《チョンジュじょう》では日本勢《にほんぜい》が見《み》えぬうちに逃《に》げ出《だ》し、労《ろう》せずして全州《チョンジュ》を手《て》にした。そして再度軍議《さいどぐんぎ》を持《も》って今度《こんど》は全羅道《チョルラド》と忠清道《チュンチョンド》に向《むか》い瞬《またた》く間《ま》に両道全域《りょうどうぜんいき》も制圧《せいあつ》した。勢《いきお》いに乗《の》って全勢《ぜんぜい》が京畿道《キョンギド》の漢城《ハンソン》目指《めざ》して北上《ほくじょう》した。

同年《どうねん》九月、日本勢《にほんぜい》の北上《ほくじょう》を許《ゆる》すまいと南下《なんか》してきた朝鮮《ちょうせん》派遣《はけん》の明軍《みんぐん》に、黒田長政隊《くろだながまさたい》が京畿道《キョンギド》と忠清道《チュンチョンド》の道境《どうさかい》付近《ふきん》で遭遇《そうぐう》した。毛利隊《もうりたい》もこれに気付《きづ》いて助勢《じょせい》に駆《か》け付《つ》けたので明軍《みんぐん》は不利《ふり》を悟《さと》って逃《に》げ出《だ》し、漢城《ハンソン》の脇《わき》を流《なが》れる漢江《ハンガン》を王宮《おうきゅう》の堀《ほり》に見立《みた》てて防戦《ぼうせん》した。両軍《りょうぐん》は漢江《ハンガン》を挟《はさ》んで睨《にら》み合《あ》に入った。季節《きせつ》は晩秋《ばんしゅう》に入《はい》り寒《さむ》さが身《み》に沁《し》みた。

同年《どうねん》十月、諸将《しょしょう》は厳冬期《げんとうき》を迎《むか》えぬ内《うち》に出征時《しゅっせいじ》に秀吉《ひでよし》から受《う》けた命《めい》を果《は》たそうと全軍《ぜんぐん》を釜山《プサン》に返《かえ》して東西《とうざい》に位置《いち》する蔚山《ウルサン》から順天《スンチョン》までの海岸沿《かいがんぞ》いの城郭《じょうかく》を復旧《ふっきゅう》して両道《りょうどう》を完全統治《かんぜんとうち》した。そして更《さら》に日本《にほん》の足場《あしば》を固《かた》めようと談合《だんごう》して、加藤清正《かとうきよまさ》は慶尚道《キョンサンド》東南端《とうなんたん》の蔚山《ウルサン》へ、小西行長《こにしゆきなが》は全羅道《チョルラド》東《とう》南端《なんたん》の順天《スンチョン》へ、その他《た》の各将《かくしょう》も各々《おのおの》が領《りょう》する城郭《じょうかく》の補修再建《ほしゅうさいけん》に掛《かか》った。

同年《どうねん》十二月、明《みん》・朝両国諸将《ちょうりょうこくしょしょう》は日本勢《にほんぜい》が朝鮮国南端《ちょうせんこくなんたん》まで引《ひ》いたのを見《み》て軍議《ぐんぎ》して「日本勢《にほんぜい》の城郭防備《じょうかくぼうび》が整《ととの》わぬうちに討《う》ち入《い》れば、敵《てき》は混乱《こんらん》して苦《く》も無《な》く全滅《ぜんめつ》できる」との発案《はつあん》や、「諸将《しょしょう》が手分《てわ》けして日本《にほん》の各隊《かくたい》を攻撃《こうげき》するよりは加藤清正《かとうきよまさ》が将兵《しょうへい》一万と共《とも》に入《はい》った蔚山城《ウルサンじょう》は未《ま》だ防備不完《ぼうびふかん》全《ぜん》だから、この機《き》に敵勢《てきぜい》の五倍を上回《うわまわ》る五万数千の精鋭《せいえい》を率《ひき》いて総攻撃《そうこうげき》すれば多少《たしょう》の日数《にっすう》が掛《かか》ろうとも必《かなら》ず落《お》とせる。然《しか》ればその後《あと》は手《て》を加《くわ》えずとも他《た》は自壊《じかい》する」との案《あん》が出《で》て明《みん》・朝連合軍《ちょうれんごうぐん》はこれらの案《あん》を受《う》け、見《み》せ掛《か》けに虚兵《きょへい》を小西行長《こにしゆきなが》の順天城《スンチョンじょう》に向《む》かわせて、他《た》の精鋭《せいえい》五万七千は一団《いちだん》となって清正《きよまさ》の入《はい》った蔚山城《ウルサンじょう》に向《む》かった。

この頃《ころ》、加藤清正《かとうきよまさ》は蔚山領内《ウルサンりょうない》の城砦巡視《じょうさいじゅんし》に出掛《でか》けて留守《るす》で、蔚山城《ウルサンじょう》には城代《じょうだい》の加藤清兵衛《かとうせいべえ》が城郭再建《じょうかくさいけん》を指揮《しき》しているだけだったが、そこに「明《みん》・朝連合《ちょうれんごう》の大軍《たいぐん》が蔚山《ウルサン》へ向《む》って出陣《しゅつじん》」との急使《きゅうし》を受《う》けて城門《じょうもん》を慌《あわ》てて閉《と》じて守《まも》りを固《かた》めた。そこに浅野幸長《あさのゆきなが》が毛利《もうり》の太田《おおた》・宍戸《ししど》の勢《ぜい》を率《ひき》いて蔚山城巡視《ウルサンじょうじゅんし》に向《むか》う途中《とちゅう》で、間近《まぢか》に明《みん》・朝連合軍《ちょうれんごうぐん》が蔚山《ウルサン》へ向《む》い進軍《しんぐん》してくるのを目《め》にして、浅野勢《あさのぜい》は一目散《いちもくさん》で蔚山城《ウルサンじょう》目指《めざ》して駆《か》け出《だ》した。城内《じょうない》では加藤清兵衛《かとうせいべえ》が浅野勢《あさのぜい》に気付《きづ》いて急《いそ》ぎ城《じょう》門《もん》を開《あ》けて城内《じょうない》に迎《むか》え入《い》れた。明《みん》・朝連合軍《ちょうれんごうぐん》は直《す》ぐ様《さま》、蔚山《ウルサン》の城壁《じょうへき》を囲《かこ》み競《きそ》って登《のぼ》り始《はじ》めた。城《じょう》内《ない》では加藤清兵衛《かとうせいべえ》に代《か》わって浅野幸長《あさのゆきなが》が指揮《しき》を取《と》って敵《てき》を迎《むか》え討《う》ち、昼夜《ちゅうや》の区別《くべつ》なく攻防《こうぼう》が続《つづ》いた。攻防《こうぼう》が酣《たけなわ》になってきた時《とき》に、城内《じょうない》の木村某《きむらなにがし》が機張《ギジャン》を巡視《じゅんし》している加藤清正《かとうきよまさ》に急《きゅう》を告《つ》げたいと申《もう》し出《で》た。浅野幸長《あさのゆきなが》は「壮《そう》」と感激《かんげき》して申《もう》し出《で》を受《う》け、善馬《ぜんば》を与《あた》えて送《おく》り出《だ》した。城門《じょうもん》の一歩《いっぽ》外《そと》には明兵《みんぺい》が充満《じゅうまん》していたが、その中《なか》を木村《きむら》は唯一騎《ただいっき》で馬《うま》を飛《と》ばし刀《かたな》を振《ふ》り廻《まわ》して駆《か》け抜《ぬ》け、一《いっ》昼夜《ちゅうや》にして機張《ギジャン》に到着《とうちゃく》し、清正《きよまさ》に急《きゅう》を告《つ》げた。

加藤清正《かとうきよまさ》は大《おお》いに驚《おどろ》き、急遽《きゅうきょ》近《ちか》くにいた五百の兵卒《へいそつ》に命《めい》じて舟《ふね》に食糧《しょくりょう》を積《つ》み込《こ》み蔚山城《ウルサンじょう》に急《いそ》いだ。蔚山郊外《ウルサンこうがい》では明兵《みんぺい》が清正《きよまさ》の舟《ふね》に気付《きづ》いて舟《ふね》を出《だ》して取《と》り囲《かこ》んだが船首《せんしゅ》に仁王立《におうだ》ちして射竦《いすく》める（射るように睨みつける）清正《きよまさ》に恐《おそ》れをなして誰《だれ》一人舟《ふね》に近付《ちかづ》く者《もの》はいなかった。清正《きよまさ》は労《ろう》せずして蔚山城《ウルサンじょう》に入城《にゅうじょう》した。明《みん》・朝連合軍《ちょうれんごうぐん》は軍議《ぐんぎ》して「加藤清正《かとうきよまさ》は自《みずか》ら檻《おり》に入《はい》る。檻《おり》の虎《とら》を刺《さ》し殺《ころ》すはイト易《やす》きことよ」と軍議《ぐんぎ》して、翌日《よくじつ》より蔚山《ウルサン》城総攻撃《じょうそうこうげき》を仕掛《しか》け、大挙《たいきょ》して城壁《じょうへき》に取《と》り付《つ》いた。

加藤清正《かとうきよまさ》は大石《おおいし》や大木《だいぼく》を投《な》げ落《お》として敵兵《てきへい》を退《しりぞ》けた。その夜《よ》も敵軍《てきぐん》は大砲《たいほう》を打《う》ち、梯子《はしご》を掛《か》けて城攻《しろぜ》めしたが清正《きよまさ》は浅野幸長《あさのゆきなが》と堅《かた》く守《まも》って敵兵《てきへい》を寄《よ》せ付《つ》けなかった。

明《みん》・朝連合軍《ちょうれんごうぐん》は力攻《ちからぜ》めでは利《り》なしと悟《さと》って、糧道《りょうどう》を塞《ふさ》ぎ城内《じょうない》に通《つう》じる水道《すいどう》も断《た》って、城内《じょうない》が飢《き》渇《かっ》して滅《ほろ》びるのを気長《きなが》に待《ま》つ長期戦《ちょうきせん》に切《き》り替《か》えた。蔚山城《ウルサンじょう》は再建途上《さいけんとじょう》で食糧《しょくりょう》の備蓄《びちく》に乏《とぼ》しく、水《みず》も断《た》たれて飢渇《きかつ》にも苦《くる》しみ、尿《いばり》を飲《の》んで渇《かわ》きを癒《いや》し馬《うま》を殺《ころ》して空腹《くうふく》を満《み》たした。だがそれも僅《わず》かの間《あいだ》で飢餓《きが》による死人《しにん》が続出《ぞくしゅつ》した。その上《うえ》に季節《きせつ》は厳冬期《げんとうき》に入《はい》って諸将《しょしょう》や兵卒《へいそつ》の多《おお》くが凍傷《とうしょう》に苦《くる》しみ、指《ゆび》を落《お》とす者《もの》も出始《ではじ》めた。年《とし》が明《あ》けて慶長《けいちょう》三年（一五九八年）正月《しょうがつ》、梁山《ヤンサン》を守《まも》る黒田長政《くろだながまさ》が十里《じゅうり》（40㎞）程離《ほどはな》れた蔚山城《ウルサンじょう》の異変《いへん》に気付《きづ》き、諸将《しょしょう》に急使《きゅうし》を送《おく》って五万の将卒《しょうそつ》を集《あつ》め、小西行長《こにしゆきなが》も多数《たすう》の舟《ふね》を海上《かいじょう》に浮《う》かべて、軍兵《ぐんぺい》を満載《まんさい》したかに見《み》せかけて蔚山《ウルサン》に向《む》かった。

明《みん》・朝連合軍《ちょうれんごうぐん》は日本勢《にほんぜい》が大挙《たいきょ》して救援《きゅうえん》に駆《か》け付《つ》けるのを望見《ぼうけん》して我先《われさき》に算《さん》を乱《みだ》して（易の占い用の算木をまき散らしたように）逃《に》げ出《だ》した。そこを救援軍《きゅうえんぐん》が水陸《すいりく》から襲《おそ》い掛《かか》って二万を討《う》ち取《と》った。

諸将《しょしょう》は相諮《あいはか》って「寒気厳《かんききび》しい中《なか》で、何時何処《いつどこ》から義勇兵《ぎゆうへい》が飛《と》び出《だ》すか判《わか》らない異郷《いきょう》にあっては深追《ふかお》いは危険《きけん》が多《おお》すぎる」と断《だん》じて引《ひ》き揚《あ》げた。蔚山《ウルサン》の戦《いくさ》は日本勢《にほんぜい》の大勝《たいしょう》で幕《まく》を閉《と》じた。

軍監石田三成《ぐんかんいしだみつなり》の現地参謀《げんちさんぼう》は「今追撃《いまついげき》すれば敵《てき》を全滅《ぜんめつ》できる」と主張《しゅちょう》したが諸将《しょしょう》は無視《むし》した。参謀《さんぼう》は三成《みつなり》にこれを訴《うった》えた。体面《たいめん》を傷付《きずつ》けられた三成《みつなり》は秀吉《ひでよし》に讒訴《ざんそ》した。太閤《たいこう》は怒《いか》って黒田長政《くろだながまさ》と蜂須賀家政《はちすかいえまさ》を帰還《きかん》させて所領《しょりょう》を召《め》し上《あ》げ蟄居《ちっきょ》させた。他《ほか》にも加藤清正《かとうきよまさ》を始《はじ》め追撃中断《ついげきちゅうだん》の相談《そうだん》に乗《の》った諸将《しょしょう》を厳《きび》しく処分《しょぶん》した。出征中《しゅっせいちゅう》の諸将《しょしょう》は以外《いがい》な制裁《せいさい》に驚《おどろ》き、石田三成《いしだみつなり》とは「倶《とも》に天《てん》を戴《いただ》かず」と「臍《ほぞ》を噛《か》む」（臍はへそ。噛みたくても噛めなくて苛つく様）思《おも》いで深《ふか》く憎《にく》んだ。

醍醐の花見と秀吉の死　並びに朝鮮出征軍帰還

慶長《けいちょう》三年（一五九八年）三月、太閤秀吉《たいこうひでよし》は醍醐寺《だいごじ》（伏見区の寺）に泉水《せんすい》や築山《つきやま》を作《つく》り、泉水《せんすい》の周《まわ》りには名石《めいせき》の藤戸石《ふじといし》（信長が細川邸から二条城に移し、秀吉が更にその石を聚楽第に移した当代一の名石）を運《はこ》んで配《はい》した上《うえ》で（現在も醍醐寺三宝院の庭園を飾る）、全国《ぜんこく》から七百本の著名《ちょめい》な桜木《さくらぎ》を境内《けいだい》に移《うつ》し家督《かとく》の秀頼《ひでより》や正室《せいしつ》の北政所《きたのまんどころ》（ねね）、側室《そくしつ》の淀《よど》（茶々）など近親者《きんしんしゃ》を始《はじ》め全国《ぜんこく》の諸大名《しょだいみょう》千数百名を集《あつ》めて盛大《せいだい》に花見《はなみ》の宴《うたげ》を催《もよお》した。後世《こうせい》に伝《つた》わる「醍醐《だいご》の花見《はなみ》」だ。だがこれが太閤《たいこう》にとって最期《さいご》の耀《かがや》く一時《ひととき》だった。同年五月、醍醐《だいご》の花見《はなみ》の直後《ちょくご》から秀吉《ひでよし》は疾《やまい》を得《え》て次第《しだい》に悪化《あっか》し、七月には重篤《じゅうとく》に陥《おちい》った。秀吉《ひでよし》は居城《きょじょう》の伏見城《ふしみじょう》に徳川家康《とくがわいえやす》を召《め》して諭《さと》し、

「明国《みんこく》が未《いま》だ服《ふく》せぬ内《うち》に我《われ》はこのように疾《やまい》に伏《ふ》せる身《み》となる。我《われ》、亡《ほろ》びた後《のち》に天下《てんか》を震《ふる》わす騒動《そうどう》が起《お》こるやも知《し》れず。そのときは卿《けい》を措《お》いて他《ほか》に治《おさ》める者無《ものな》し。我《われ》、今日《こんにち》ただ今《いま》をもって天下《てんか》を卿《けい》に託《たく》す。卿《けい》、我《わ》がために努力《どりょく》せよ。秀頼《ひでより》はまだ幼弱《ようじゃく》。卿《けい》の保護《ほご》を煩《わずら》わす。成長《せいちょう》して、立《た》つべきか否《いな》かは卿《けい》に委《ゆだ》ねる」と没後《ぼつご》を託《たく》した。家康《いえやす》は驚《おどろ》き恐《おそ》れて

「殿下《でんか》百歳の後《のち》（死後）、誰《だれ》か嗣君《しくん》（後継）を奉《ほう》ぜざる者《もの》あらんや。某《それがし》は不才《ふさい》にしてその重任《じゅうにん》に堪《た》えず。殿下《でんか》宜《よろ》しく神算《しんさん》を運《めぐ》らして嗣君《しくん》を養育補佐《よういくほさ》する善《よ》き者《もの》を立《た》て給《たま》え」と固辞《こじ》して退《しりぞ》いた。

石田三成《いしだみつなり》と増田長盛《ましたながもり》はこれを伝《つた》え聞《き》いて驚愕《きょうがく》し

「殿下百戦《でんかひゃくせん》して今《いま》、漸《ようや》くにして天下《てんか》を取《と》る。これを一日《いちにち》にして他人《たにん》に与《あた》えるとは何事《なにごと》ぞや。今《いま》や天下《てんか》の猛将謀臣《もうしょうぼうしん》らは皆《みな》、殿下《でんか》の恩《おん》を被《こうむ》らざる者《もの》はなし。その嗣君《しくん》（後継者）を補佐《ほさ》し奉《たてまつ》るに何《なん》の障《さわ》りが御座《ござ》ろうか」と諫言《かんげん》した。

太閤秀吉《たいこうひでよし》はそこで改《あらた》めて徳川家康《とくがわいえやす》・前田利家《まえだとしいえ》・毛利輝元《もうりてるもと》・宇喜多秀家《うきたひでいえ》（秀吉の寵愛を得た猶子で元備前岡山城主）及《およ》び上杉景勝《うえすぎかげかつ》を五大老《ごたいろう》に任《にん》じ、三中老《さんちゅうろう》には中村一氏《なかむらかずうじ》・生駒親正《いこまちかまさ》・堀尾吉晴《ほりおよしはる》、五奉《ごぶ》

行《ぎょう》には浅野長政《あさのながまさ》・石田三成《いしだみつなり》・増田長盛《ましたながもり》・長束正家《ながつかまさいえ》・前田玄以《まえだげんい》を置《お》いた。また片桐且元《かたぎりかつもと》と小出秀正《こいでひでまさ》を秀頼《ひでより》の傅《ふ》に任《にん》じて二人《ふたり》を呼《よ》び
「我《われ》は人奴《じんど》より起《お》こりて関白《かんぱく》に至《いた》る。今《いま》、明国《みんこく》と兵《へい》を構《かま》えて禍《わざわい》を結《むす》び、未《いま》だに解《と》けず。深《ふか》くこれを悔《く》やむ。彼《かれ》、我《われ》が死《し》を聞《き》けば大軍《たいぐん》を率《ひき》いて攻《せ》め至《いた》るやも知《し》れず。本朝《ほんちょう》は古《いにしえ》より未《いま》だ異国《いこく》からの侵辱《しんじょく》を受《う》けず。我《われ》に至《いた》ってこれを受《う》けるは、我《われ》これを深《ふか》く恥《は》ずる。先《さき》に家康《いえやす》に天下《てんか》を託《たく》したはこの所以《ゆえん》なり。家康《いえやす》は我《われ》に背《そむ》かず。汝等《なんじら》は慎《つつし》んで秀頼《ひでより》を保護《ほご》して隙《げき》を生《う》むなかれ」と諭《さと》した。
同年《どうねん》八月、太閤秀吉《たいこうひでよし》は大老《たいろう》や奉行《ぶぎょう》の他《ほか》にも諸大名《しょだいみょう》を尽《ことごと》く伏見城《ふしみじょう》に呼《よ》び集《あつ》めて皆《みな》に
「心《こころ》を虚《むな》しゅうして謀《はか》りごとを併《あわ》せ、努《つと》めて秀頼《ひでより》を輔《たす》けて私党《しとう》を作《つく》ることなかれ。公儀《こうぎ》を忘《わす》るるなかれ。告《つ》げずして婚姻《こんいん》を結《むす》ぶなかれ。告《つ》げずして質《しち》を交《かわ》わすなかれ。秀頼《ひでより》は六歳《ろくさい》。未《ま》だ親政《しんせい》することも能《あた》わず。前田利家《まえだとしいえ》は秀頼《ひでより》を新装《しんそう》成《な》った大阪城《おおさかじょう》に移《うつ》して補佐《ほさ》し、徳川家康《とくがわいえやす》は公事《くじ》を伏見《ふしみ》で行《おこな》って、封《ほう》（領土を与える）は秀頼《ひでより》が長《ちょう》ずるまで待《ま》て」と誓《ちか》わせた。そしてまた浅野長政《あさのながまさ》と石田三《いしだみつ》成《なり》を呼《よ》び寄《よ》せて

「汝《なんじ》ら朝鮮《ちょうせん》に赴《おもむ》いて我《わ》が兵《へい》を無事《ぶじ》に収《おさ》めて帰還《きかん》させよ。収《おさ》めること能《あた》わぬ（出来ぬ）ときはすなわち家康《いえやす》を使《つか》わせ。家康《いえやす》が行《ゆ》くこと能《あた》わぬときは利家《としいえ》を遣《や》れ。この二人は何《いず》れも敵百万《てきひゃくまん》ありといえども善《よ》く事《こと》を成《な》す者《もの》なり」と命《めい》じた。

同慶長《どうけいちょう》三年（一五九八年）八月十三日、太閤秀吉《たいこうひでよし》は臨終《りんじゅう》に際《さい》して目《め》を見張《みは》り

「我《わ》が十万の兵《へい》をして異国《いこく》の鬼《おに》とならしむこと無《な》かれ」と言《い》い終《お》わって没《ぼっ》した。享年《きょうねん》六十三歳。

群臣《ぐんしん》は喪《も》を秘《ひ》し、前田玄以《まえだげんい》に密《ひそ》かに葬《そう》を任《まか》せて阿弥陀峯《あみだみね》（京都東山区）に葬《ほうむ》った。

後世《こうせい》の人《ひと》は「露《つゆ》と落《お》ち露《つゆ》と消《き》えにし我《わ》が身《み》かな浪速《なにわ》の事《こと》は夢《ゆめ》のまた夢《ゆめ》」の辞世《じせい》の句《く》を詠《よ》んで太《たい》閤秀吉《こうひでよし》を偲《しの》んだ。

同年九月、家康《いえやす》は亡《な》き太閤《たいこう》の遺命《いめい》に従《したが》い五奉行《ごぶぎょう》の内《うち》の浅野長政《あさのながまさ》と石田三成《いしだみつなり》に肥前国名護屋《ひぜんこくなごや》に赴《おもむ》かせて出征中《しゅっせいちゅう》の将兵《しょうへい》を一兵残《いっぺいのこ》らず無事帰還《ぶじきかん》させるよう命《めい》じた。

この頃《ころ》、朝鮮国《ちょうせんこく》では明国《みんこく》からの派遣軍《はけんぐん》と朝鮮軍《ちょうせんぐん》とが一体《いったい》になり、三路《さんろ》に分《わ》かれて総勢《そうぜい》十一万の大軍《たいぐん》が加藤清正《かとうきよまさ》の領《りょう》する蔚山城《ウルサンじょう》と島津義弘《しまづよしひろ》が領《りょう》する泗川城《サチョンじょう》、小西行長《こにしゆきなが》が領《りょう》する順天城《スンチョンじょう》を同時攻《どうじこう》

撃《げき》した。だが何《いず》れの城《しろ》も蔚山城《ウルサンじょう》が受《う》けた前回《ぜんかい》の苦難《くなん》に懲《こ》り、城郭《じょうかく》を堅固《けんご》に修復《しゅうふく》して食糧《しょくりょう》も充分《じゅうぶん》に貯《たくわ》え、兵卒《へいそつ》の規律《きりつ》・訓練《くんれん》も厳《きび》しく仕込《しこ》んで士気《しき》の昂揚《こうよう》に努《つと》めていたので、寄《よ》せ手《て》は為《な》す術《すべ》なく惨敗《ざんぱい》した。日本《にほん》の諸将《しょしょう》は明《みん》・朝連合軍《ちょうれんごうぐん》を撃退《げきたい》したところで各城共《かくしろとも》に帰還準備《きかんじゅんび》に取《と》り掛《か》かった。明《みん》・朝連合軍《ちょうれんごうぐん》は日本軍《にほんぐん》の撤退《てったい》を知《し》って今度《こんど》は水陸《すいりく》から順天城《スンチョンじょう》の一点《いってん》に絞《しぼ》って総攻撃《そうこうげき》を加《くわ》えた。小西行長《こにしゆきなが》は制海権《せいかいけん》を敵《てき》に取《と》られて動《うご》けなくなったが、帰還《きかん》に向《む》けて船出《ふなで》した島津義弘《しまづよしひろ》が順天城《スンチョンじょう》の危難《きなん》を知《し》り、敵《てき》の海軍《かいぐん》を撃破《げきは》して小西勢《こにしぜい》を救《すく》い出《だ》した。

出征《しゅっせい》した日本《にほん》の諸将《しょしょう》の全員帰還《ぜんいんきかん》は同《どう》・慶長《けいちょう》三年（一五九八年）の年末《ねんまつ》までを要《よう》した。全軍《ぜんぐん》が名《な》護屋《ごや》に帰還《きかん》したところで浅野長政《あさのながまさ》と石田三成《いしだみつなり》は一同《いちどう》に初《はじ》めて太閤《たいこう》の死《し》と、死《し》の間際《まぎわ》の遺言《ゆいごん》を知《し》らせて突如《とつじょ》の帰還《きかん》に至《いた》った経緯《けいい》を説《と》いた。そして先《ま》ずはこの足《あし》で伏見城《ふしみじょう》への弔問《ちょうもん》を済《す》ませるように伝《つた》えると共《とも》に、その一方《いっぽう》で諸将《しょしょう》の慰労《いろう》も行《おこな》った。

後世《こうせい》この朝鮮《ちょうせん》の役《えき》を「文禄慶長《ぶんろくけいちょう》の役《えき》」と呼《よ》んだ。明国《みんこく》と朝鮮国《ちょうせんこく》はその後《ご》、共《とも》に不穏《ふおん》な国内外《くにないがい》の事情《じじょう》を抱《かか》えて身動《みうご》きが取《と》れぬ儘《まま》に、明国《みんこく》は女真族《ジュルチンぞく》の後金《こうきん》（後の清国）に滅《ほろ》ぼされ、朝鮮李王朝《ちょうせんりおうちょう》も清《しん》国《こく》の属国《ぞっこく》に組《く》み込《こ》まれて、この戦《いくさ》は当事国《とうじこく》の何《いず》れにも当事者《とうじしゃ》がいなくなって自然消滅《しぜんしょうめつ》した。

第八章　関ヶ原の戦い

一．前田利家没し利長世襲

前田利家死没

慶長《けいちょう》三年（一五九八年）八月、太閤秀吉《たいこうひでよし》が没《ぼっ》した。その直後《ちょくご》に前田利家《まえだとしいえ》も疾《やまい》を得《え》たが、今《いま》は亡《な》き太閤《たいこう》の遺命《いめい》を守《まも》るべく、疾《やまい》を押《お》して伏見《ふしみ》から大阪《おおさか》城下《じょうか》に新築《しんちく》した邸宅《ていたく》に移《うつ》った。豊臣秀頼《とよとみひでより》も、母《はは》の淀《よど》と共《とも》に淀城《よどじょう》（伏見区淀本町）から新装成《しんそうな》った大阪城《おおさかじょう》に移《うつ》った。

全国《ぜんこく》の諸大名《しょだいみょう》は元々《もともと》伏見《ふしみ》城下《じょうか》に拵《こしら》えた邸宅《ていたく》に居住《きょじゅう》していたが、太閤《たいこう》の存命中《ぞんめいちゅう》に大阪《おおさか》城下《じょうか》への妻子《さいし》移動《いどう》の命《めい》があったので諸大名《しょだいみょう》も皆一斉《みないっせい》に妻子《さいし》を伏見《ふしみ》から大阪《おおさか》城下《じょうか》に新築《しんちく》した邸宅《ていたく》に移《うつ》した。諸侯《しょこう》の妻子《さいし》は大阪《おおさか》に移《うつ》ったが、天下《てんか》の政務《せいむ》は依然《いぜん》として伏見城《ふしみじょう》で行《おこな》われた。

慶長《けいちょう》四年（一五九九年）正月《しょうがつ》十日、前田利家《まえだとしいえ》は大阪城《おおさかじょう》に登城《とじょう》し、秀頼《ひでより》を抱《だ》いて謁見《えっけん》の間《ま》に入《はい》り、徳川家康《とくがわいえやす》以下《いか》の諸公《しょこう》から年賀《ねんが》の拝謁《はいえつ》を受《う》けた。利家《としいえ》は以後《いご》、太閤《たいこう》の遺命《いめい》に従《したが》い大阪城《おおさかじょう》に移《うつ》って豊《とよ》臣秀頼《とみひでより》を後見《こうけん》した。

徳川家康《とくがわいえやす》もまた、太閤《たいこう》の遺命《いめい》に従《したが》って伏見城《ふしみじょう》に留《とど》まり、天下《てんか》の政務《せいむ》を掌《つかさど》った。五奉行《ごぶぎょう》は大阪《おおさか》と伏見《ふしみ》を行《ゆ》き来《き》して、輪番《りんばん》で天下《てんか》の庶務《しょむ》と豊臣家《とよとみけ》の執事《しつじ》の務《つと》めを行《おこな》った。世間《せけん》はこれで戦《いくさ》のない泰平《たいへい》な世《よ》が続《つづ》くと期待《きたい》した。だが期待《きたい》に反《はん》して太閤《たいこう》が没《ぼっ》した直後《ちょくご》から、豊臣家《とよとみけ》の家臣《かしん》の間《あいだ》で抜《ぬ》き差《さ》しならぬ感情《かんじょう》の縺《もつ》れが顕在化《けんざいか》した。

文禄《ぶんろく》・慶長《けいちょう》の役《えき》が終《お》わったが、秀吉《ひでよし》が没《ぼっ》したので恩賞《おんしょう》は沙汰止《さたや》みになった。それどころか蔚山《ウルサン》城《じょう》籠城《ろうじょう》救出《きゅうしゅつ》戦《せん》に際《さい》して石田三成《いしだみつなり》から讒訴《ざんそ》を受《う》けた黒田長政《くろだながまさ》と蜂須賀家政《はちすかいえまさ》の二人は領地没収《りょうちぼっしゅう》の上《うえ》に蟄居《ちっきょ》までさせられており、加藤清正《かとうきよまさ》らその他《た》の諸将《しょしょう》にも厳《きび》しい罪科《ざいか》が科《か》されていて未《いま》だに解《と》かれていなかった（388頁12行目〜389頁3行目参照）。また嘗《かつ》て、石田三成《いしだみつなり》の讒言《ざんげん》によって豊臣秀次《とよとみひでつぐ》が謀《む》反《ほん》の罪《つみ》を着《き》せられて自決《じけつ》したが、その罪《つみ》に危《あや》うく連座《れんざ》させられそうになった豊臣家《とよとみけ》宿将《しゅくしょう》らも、深《ふか》く三成《みつなり》を恨《うら》み続《つづ》けていた。（382頁7～8行目参照）

そのような中《なか》で、石田三成《いしだみつなり》は太閤《たいこう》の命《めい》を以《も》って朝鮮派兵《ちょうせんはへい》の経費《けいひ》調達《ちょうたつ》と称《しょう》し、九州《きゅうしゅう》地方《ちほう》を中心《ちゅうしん》に全国《ぜんこく》の諸大名《しょだいみょう》に領地《りょうち》の一部《いちぶ》を献上《けんじょう》させて豊臣家《とよとみけ》の蔵入《くらい》り地《ち》とした。朝鮮《ちょうせん》に出征《しゅっせい》した諸将《しょしょう》は、この蔵入《くらい》り地《ち》を三成《みつなり》ら文治派《ぶんじは》（天下統一以降、豊臣家の支配体制確立に活躍した事務に精通する若手諸将一派）が私物化《しぶつか》したと見《み》た。

それだけでなく秀吉《ひでよし》が亡《な》くなった今《いま》、淀《よど》の贔屓《ひいき》で三成一人《みつなりひとり》が豊臣家《とよとみけ》の財政《ざいせい》を支配《しはい》した。淀《よど》は何《なに》かにつけて豊臣家《とよとみけ》の財務《ざいむ》を預《あず》かる文治派《ぶんじは》を頼《たよ》りにして、手柄《てがら》ばかりを吹聴《ふいちょう》して文治派《ぶんじは》を疎《うと》んじる武断派《ぶだんは》（賤ヶ岳・山崎の合戦など秀吉の天下統一戦で活躍した武将一派）を疎外《そがい》した。

武断派《ぶだんは》の諸将《しょしょう》は三成《みつなり》が淀《よど》を抱《だ》き込《こ》んで、やがては豊臣家《とよとみけ》を乗《の》っ取《と》るに違《ちが》いないと確信《かくしん》した。それで成《な》り上《あ》がりの三成《みつなり》を「不倶戴天《ふぐたいてん》」の敵《てき》と見做《みな》して、三成《みつなり》が最《もっと》も嫌《きら》う徳川家康《とくがわいえやす》の下《もと》に、水《みず》が低《ひく》きに流《なが》れるように自然《しぜん》と集《あつ》まった。集《あつ》まれば「三成憎《みつなりにく》し」の会話《かいわ》に花《はな》が咲《さ》いて

「奸物三成《かんぶつみつなり》、討《う》つべし」の謀議《ぼうぎ》に行《ゆ》き着《つ》いた。

徳川家康《とくがわいえやす》も淀《よど》を始《はじ》め三成《みつなり》らの文治派《ぶんじは》が家康《いえやす》を排斥《はいせき》しようと謀略《ぼうりゃく》を巡《めぐ》らすのに閉口《へいこう》して、対抗《たいこう》上《じょう》、伊達政宗《だてまさむね》や福島正則《ふくしままさのり》・蜂須賀《はちすか》三家《さんけ》の間《あいだ》で婚姻《こんいん》を結《むす》び、武断派《ぶだんは》の豊臣家《とよとみけ》諸将《しょしょう》や外様大名《とざまだいみょう》との絆《きずな》を深《ふか》めて石田三成《いしだみつなり》包囲網《ほういもう》を築《きず》くことに努《つと》めた。

前田利家《まえだとしいえ》は徳川家康《とくがわいえやす》が断《ことわ》りなく大名家《だいみょうけ》と婚姻《こんいん》を結《むす》んだのを知《し》って亡《な》き太閤《たいこう》の遺命《いめい》に背《そむ》いたと憤《いきどお》り、豊臣家《とよとみけ》の大老《たいろう》・奉行《ぶぎょう》と連署《れんしょ》して家康《いえやす》に「其処許《そこもと》の為《な》されようには疑《うたが》う者多《ものおお》し。太閤《たいこう》の遺命《いめい》に背《そむ》き密《ひそ》かに大名三家《だいみょうさんけ》と婚姻《こんいん》を結《むす》ぶとは何《なに》事《ごと》」と詰問状《きつもんじょう》を送《おく》り付《つ》けた。また伊達《だて》・福島《ふくしま》・蜂須賀《はちすか》の三家《さんけ》にも同様《どうよう》に書面《しょめん》で問《と》い質《ただ》した。だが、何《いず》れも詰問《きつもん》を無視《むし》して逆《ぎゃく》に一層《いっそう》、黒田《くろだ》や浅野《あさの》・池田《いけだ》・藤堂《とうどう》・細川《ほそかわ》・京極《きょうごく》・有馬《ありま》・金森《かなもり》・山岡《やまおか》ら、三成《みつなり》を憎《にく》む武断派《ぶだんは》の諸将《しょしょう》を誘《さそ》って党《とう》を成《な》した。

大阪城出入《おおさかじょうでい》りの諸人《もろびと》は皆《みな》、利家《としいえ》の力《ちから》に頼《たよ》って武断派《ぶだんは》と文治派《ぶんじは》の融和《ゆうわ》の執《と》り成《な》しに期待《きたい》した。

同・慶長《けいちょう》四年二月、利家《としいえ》は三成《みつなり》と武断派《ぶだんは》の対立《たいりつ》を心配《しんぱい》して病体《びょうたい》を押《お》して伏見城内《ふしみじょうない》の徳川邸《とくがわてい》を訪《おとず》れ昨今《さっこん》の世情《せじょう》諸々《もろもろ》を話《はな》し合《あ》った。その上《うえ》で家康《いえやす》が伏見城《ふしみじょう》で過《す》ごしている不便《ふべん》を気遣《きづか》って「この城《しろ》の脇《わき》の宇治川《うじがわ》の向《むこ》うに見《み》える廃城《はいじょう》に邸宅《ていたく》を新築《しんちく》なさって引《ひ》っ越《こ》されては如何《いかが》」と勧《すす》めた。徳川家康《とくがわいえやす》は遠《とお》くを慮《おもんばか》り、また利家《としいえ》の体調《たいちょう》も気遣《きづか》って、今《いま》は利家《としいえ》の意《い》に従《したが》うのが得策《とくさく》と達観《たっかん》し、利家《としいえ》の勧《すす》めに従《したが》って伏見向島《ふしみむこうじま》の廃城《はいじょう》に邸宅《ていたく》を新築《しんちく》して伏見城《ふしみじょう》を退去《たいきょ》した。

同・慶長《けいちょう》四年（一五九九年）年閏《うるう》三月、利家《としいえ》の疾《やまい》が重篤《じゅうとく》になった。家康《いえやす》は利家《としいえ》が伏見《ふしみ》の徳川邸《とくがわてい》を訪《たず》ねた返礼《へんれい》として、大阪城《おおさかじょう》に利家《としいえ》を見舞《みま》った。利家《としいえ》は家康《いえやす》を迎《むか》えて「吾《われ》、旦夕《たんせき》に逝《ゆ》かん。願《ねが》わくは公《こう》、心《こころ》を尽《つく》して嗣君《しくん》を護《まも》り援《たす》けたまえ」と遺言《ゆいごん》した。家康《いえやす》は「諾《だく》」（承知）と答《こた》えた。傍《かたわ》らに控《ひか》えた利家次男《としいえじなん》の利政《としまさ》は家康《いえやす》の豊臣武断派《よよとみぶだんは》との交際《こうさい》を訝《いぶか》って眼《め》を怒《いか》らせて睨《にら》んでいたが家督《かとく》の利長《としなが》は殊更《ことさら》に何事《なにごと》もなかったように振舞《ふるま》った。

同年同閏《うるう》三月三日、前田利家《まえだとしいえ》は臨終《りんじゅう》に臨《のぞ》んでも豊臣家《とよとみけ》を気遣《きづか》い「天下恟々《てんかきょうきょう》たり（恐れおののく）吾《われ》、嗣君《しくん》の成長《せいちょう》を見《み》ずして死《し》す。死《し》すとも瞑《めい》せず」と一声呻《いっせいうめ》いて没《ぼっ》した。享年《きょうねん》六十二歳。

前田利長謀反の噂

利家《としいえ》の跡《あと》を継《つ》いだ前田利長《まえだとしなが》は利家《としいえ》の遺命《いめい》を受《う》けて四日間喪《も》を秘《ひ》して遺骸《いがい》を長櫃《ながびつ》に納《おさ》め、加賀《かが》の金沢《かなざわ》に運《はこ》んで野田山《のだやま》に葬《ほうむ》った。京阪《けいはん》の上下《じょうげ》は世情《せじょう》の急変《きゅうへん》を予感《よかん》した。

利家《としいえ》が没《ぼっ》して豊臣家《とよとみけ》の大老《たいろう》・中老《ちゅうろう》は談合《だんごう》して、利家《としいえ》の跡《あと》を継《つ》いだ利長《としなが》を大老《たいろう》に任《にん》じた。豊臣家武断派《とよとみけぶだんは》の諸将《しょしょう》は主君太閤《しゅくんたいこう》の身代《みがわ》りとも思《おも》って心服《しんぷく》していた利家《としいえ》から解放《かいほう》されて、利家《としいえ》の死《し》没直後《ぼっちょくご》から三成討伐《みつなりとうばつ》の動《うご》きを本格化《ほんかくか》させた。この武断派《ぶだんは》の動《うご》きは三成《みつなり》にも伝《つた》わった。

三成《みつなり》は毛利《もうり》・宇喜多《うきた》・島津《しまづ》・上杉《うえすぎ》・佐竹《さたけ》らの諸大名《しょだいみょう》とは普段《ふだん》から親交《しんこう》が厚《あつ》く、三成討伐《みつなりとうばつ》の動《うご》きを知《し》って素早《すばや》く佐竹義宣《さたけよしのぶ》の下《もと》に逃《のが》れた。義宣《よしのぶ》は宇喜多秀家《うきたひでいえ》を誘《さそ》って三成《みつなり》を女物《おんなもの》の輿《こし》に乗《の》せ、五奉《ごぶ》行《ぎょう》が輪番《りんばん》で管理《かんり》する伏見城《ふしみじょう》に逃《に》げ込《こ》んだ。豊臣武断派《とよとみぶだんは》の加藤清正《かとうきよまさ》・黒田長政《くろだながまさ》・蜂須賀家政《はちすかいえまさ》・福島《ふくしま》正則《まさのり》・藤堂高虎《とうどうたかとら》・細川忠興《ほそかわただおき》・浅野幸長《あさのゆきなが》の七将《ななしょう》は急《いそ》ぎ三成《みつなり》の後《あと》を追《お》って伏見城下《ふしみじょうか》に駆《か》け付《つ》けた。

だが城内《じょうない》は既《すで》に奉行《ぶぎょう》の守兵《しゅへい》で固《かた》められていた。城内《じょうない》と城下《じょうか》で睨《にら》み合《あ》いになった。

家康《いえやす》はこの頃《ころ》は居心地《いごこち》の良《よ》い伏見城外《ふしみじょうがい》の向島《むこうじま》に居《きょ》を移《うつ》していたが、急《きゅう》を聞《き》き付《つ》けて両者《りょうしゃ》の調《ちょう》停《てい》に乗《の》り出《だ》した。これも家康《いえやす》が亡《な》き太閤《たいこう》から遺命《いめい》を受《う》けた公儀《こうぎ》の一つだ。

同閏《うるう》三月、家康《いえやす》は蔚山籠城救出戦《ウルサンろうじょうきゅうしゅつせん》後《ご》の不始末《ふしまつ》を責《せ》められて秀吉《ひでよし》から勘気《かんき》を受《う》けた黒田長政《くろだながまさ》と蜂須賀家政《はちすかいえまさ》の罪《つみ》は無実《むじつ》だったと断《だん》じて地位《ちい》と所領《しょりょう》を元《もと》に復《ふく》し、その一方《いっぽう》で三成《みつなり》には今回《こんかい》の騒動《そうどう》を起《お》こした張本人《ちょうほんにん》だと断《だん》じて役職《やくしょく》を解《と》き蟄居《ちっきょ》を命《めい》じて居城《きょじょう》の佐和山《さわやま》（滋賀県彦根市）に護送《ごそう》した。護送《ごそう》することで加藤《かとう》、黒田《くろだ》らの襲撃《しゅうげき》から三成《みつなり》を守《まも》った。

京阪《けいはん》の巷間《こうかん》（街の人々）は事無《ことな》く事件《じけん》を収《おさ》めた家康《いえやす》の手腕《しゅわん》を歓迎《かんげい》した。家康《いえやす》は世間《せけん》からの人気《にんき》を得《え》た上《うえ》に、体《てい》よく三成《みつなり》を豊臣政権《とよとみせいけん》の中枢《ちゅうすう》から追《お》い落《お》とした。大阪城内《おおさかじょうない》の諸大名《しょだいみょう》は利家《としいえ》が亡《な》くなった今《いま》、何事《なにごと》に寄《よ》らず家康《いえやす》の腹中《ふくちゅう》を意識《いしき》するようになった。家康《いえやす》は改《あらた》めて伏見城《ふしみじょう》に入《はい》って太閤《たいこう》から付託《ふたく》された天下《てんか》の諸事《しょじ》を裁《さば》いた。世間《せけん》は家康《いえやす》を新《あたら》しい「天下人《てんかびと》」と見做《みな》した。

同年五月、前田利家《まえだとしいえ》の跡《あと》を継《つ》いだ利長《としなが》は、諸侯《しょこう》を前田邸《まえだてい》に招《まね》いて襲封《しゅうほう》（領地受け継ぎ）の賀宴《がえん》を催《もよお》した。家康《いえやす》も招《まね》かれた。奉行《ぶぎょう》の増田長盛《ましたながもり》は、前田家《まえだけ》に家康《いえやす》を謀殺《ぼうさつ》しようとする噂《うわさ》があることを聞《き》き付《つ》けて「利長《としなが》に異図《いと》ありとの噂《うわさ》あり」と家康《いえやす》に報《しら》せた。諸大名《しょだいみょう》の動向《どうこう》を調《しら》べて未然《みぜん》に混乱《こんらん》を防止《ぼうし》するのが奉行《ぶぎょう》の務《つと》めだ。家康《いえやす》は三成《みつなり》とは親《した》しい長盛《ながもり》からの報告《ほうこく》と世情《せじょう》とを勘案《かんあん》して「我《われ》、俄《にわ》かに疾《やまい》に伏《ふ》す」と告《つ》げて招待《しょうたい》を辞退《じたい》した。

同年七月、家康《いえやす》は慶長《けいちょう》の役《えき》に出征《しゅせい》していた宇喜多秀家《うきたひでいえ》・毛利輝元《もうりてるもと》・加藤清正《かとうきよまさ》・細川忠興《ほそかわただおき》・黒田《くろだ》長政《ながまさ》らの諸将《しょしょう》に一年間の暇《いとま》を与《あた》えて帰国《きこく》させた。これを伝《つた》え聞《き》いた上杉景勝《うえすぎかげかつ》は前年《ぜんねん》三月の醍醐《だいご》の花見《はなみ》の席《せき》で突然《とつぜん》に今《いま》は亡《な》き太閤《たいこう》から会津《あいづ》移封《いほう》の命《めい》を受《う》けて以来《いらい》、未《ま》だ領国《りょうごく》の仕置《しおき》が済《す》んでいないと言《い》って会津《あいづ》に帰国《きこく》した。常陸国《ひたちこく》の佐竹義宣《さたけよしのぶ》も景勝《かげかつ》に同道《どうどう》したいと言《い》って水戸《みと》へ帰国《きこく》した。それではと前田利長《まえだとしなが》も利家没後《としいえぼつご》の領国《りょうごく》の仕置《しおき》をしたいと言《い》って村井長頼《むらいながより》を伏見《ふしみ》に置《お》き、奥村永福《おくむらながふく》を芳《ほう》春院《しゅんいん》（利家の正室まつ）の住《す》む大阪《おおさか》に置《お》いて帰国《きこく》した。これには家康《いえやす》の勧《すす》めもあった。利長《としなが》は亡父《ぼうふ》利家《としいえ》から向《む》こう三年間《さんねんかん》は大阪《おおさか》を離《はな》れず嗣君秀頼《しくんひでより》を補佐《ほさ》するよう遺命《いめい》を受《う》けていたが、家康《いえやす》の勧《すす》めもあったので母《はは》の芳春院《ほうしゅんいん》に相談《そうだん》した。芳春院《ほうしゅんいん》は利長《としなが》に、亡《な》き利家《としいえ》が賤ヶ岳合戦《しずがだけがっせん》で柴田勝家《しばたかついえ》から離《はな》れて秀吉《ひでよし》に与《くみ》したときの話《はな》しを聞《き》かせて

「何事《なにごと》に寄《よ》らず前田家《まえだけ》の維持存続《いじそんぞく》を第一と心得《こころえ》て身《み》を処《しょ》すべし」と諭《さと》して同年八月下旬《げじゅん》、利長《としなが》を

加賀金沢《かがかなざわ》に送《おく》り出《だ》した。この時《とき》、京阪《けいはん》の巷《ちまた》で「上杉景勝《うえすぎかげかつ》が東下《とうげ》の途中《とちゅう》で石田三成《いしだみつなり》と密会《みっかい》して徳川《とくがわ》を明年《みょうねん》、東西《とうざい》より挟《はさ》み討《う》ちにするとの密約《みつやく》をした」との噂《うわさ》が広《ひろ》がった。兎《と》にも角《かく》にも大老《たいろう》の宇喜多《うきた》と毛利《もうり》・上杉《うえすぎ》・前田《まえだ》が帰国《きこく》して、京阪《けいはん》に残《のこ》る大老《たいろう》は徳川家康唯《とくがわいえやすただ》一人になった。その家康《いえやす》について淀《よど》の周辺《しゅうへん》で秀頼《ひでより》への伺候《しこう》が途絶《とだ》えたとの噂《うわさ》が広《ひろ》まった。同・慶長《けいちょう》四年九月、家康《いえやす》はこの噂《うわさ》を気《き》にして大阪城内《おおさかじょうない》で行《おこな》われる「重陽《ちょうよう》の節句《せっく》」に伺候《しこう》すべく大阪《おおさか》に向《む》かった。その途上《とじょう》、奉行《ぶぎょう》の増田長盛《ましたながもり》と長束正家《ながつかまさいえ》が飛《と》び込《こ》んで来《き》て「領国《りょうごく》に帰《かえ》った前田利長《まえだとしなが》が奉行《ぶぎょう》の浅野長政《あさのながまさ》や土方雄久《ひじかたかつひさ》・大野治長《おおのはるなが》と語《かた》らって、大阪城内《おおさかじょうない》で家康《いえやす》を暗殺《あんさつ》しようと待《ま》ち受《う》けているとの噂《うわさ》あり」と知《し》らせた。長政《ながまさ》の嗣子《しし》の幸長《ゆきなが》は利長《としなが》の妹《いもうと》を室《しつ》にしていた。雄久《かつひさ》は利長《としなが》の母《はは》（利家の正妻芳春院）の甥《おい》だ。長盛《ながもり》と正家《まさいえ》は共《とも》に奉行《ぶぎょう》の文治派《ぶんじは》で石田三成《いしだみつなり》と親《した》しかった。奉行《ぶぎょう》は大名《だいみょう》・諸将《しょしょう》の諍《いさか》い事《ごと》は総《すべ》て大老《たいろう》に報告《ほうこく》する義務《ぎむ》を負《お》っていたので、その勤《つと》めを忠実《ちゅうじつ》に守《まも》って大老筆頭《たいろうひっとう》の家康《いえやす》にこの謀議《ぼうぎ》を知《し》らせたのだ。

利長・家康と和解

徳川家康《とくがわいえやす》は伏見《ふしみ》から家臣《かしん》を呼《よ》び寄《よ》せ警備《けいび》を厳重《げんじゅう》に整《ととの》え直《なお》して大阪城《おおさかじょう》に登城《とじょう》し、無事《ぶじ》に賀儀《がぎ》を終《お》えた。その後《のち》、高台院《こうだいいん》（秀吉の室、北政所ねねの院号）の誘《さそ》いを受《う》けて大阪城西《おおさかじょうにし》の丸《まる》に入《はい》った。

高台院《こうだいいん》は利家《としいえ》が亡《な》くなって、淀《よど》が支配《しはい》し始《はじ》めた大阪城《おおさかじょう》で暮《く》らすのが気詰《きづま》りだった。秀吉在世《ひでよしざいせい》の頃《ころ》は高台院《こうだいいん》と淀《よど》の間《あいだ》は、正室《せいしつ》と側室《そくしつ》との関係《かんけい》が歴然《れきぜん》としていた。だが今《いま》は嗣君秀頼《しくんひでより》の生母《せいぼ》として豊臣家臣《とよとみかしん》は皆《みな》、淀《よど》に靡《なび》いて今《いま》や高台院《こうだいいん》は無用《むよう》の存在《そんざい》だ。そこで来《こ》し方行《かたゆ》く末《すえ》を熟慮《じゅくりょ》して、この際《さい》に家康《いえやす》と話《はな》し合《あ》い、西《にし》の丸《まる》を譲《ゆず》って大阪城《おおさかじょう》を退去《たいきょ》した。そして世上《せじょう》から離《はな》れて仏門《ぶつもん》に帰依《きえ》し、秀《ひで》吉《よし》を弔《とむら》う毎日《まいにち》を望《のぞ》んで京都《きょう》に移《うつ》り住《す》んだ（やがて高台寺（京都市東山区）を建立して隠棲した）。

家康《いえやす》は西《にし》の丸《まる》に壮大《そうだい》な天守《てんしゅ》を築《きず》き、伏見《ふしみ》の城兵《じょうへい》と共《とも》に移《うつ》り住《す》んで大阪城内《おおさかじょうない》を威圧《いあつ》した。

同年十月、家康《いえやす》は己《おのれ》の暗殺《あんさつ》を謀《はか》ったと噂《うわさ》に上《のぼ》った奉行《ぶぎょう》の浅野長政《あさのながまさ》に、長政《ながまさ》の所領《しょりょう》の甲斐《かい》の府《ふ》中《ちゅう》に帰《かえ》らせて蟄居《ちっきょ》を命《めい》じた。また、土方雄久《ひじかたかつひさ》には常陸国《ひたちこく》の太田《おおた》（茨城県）に、大野治長《おおのはるなが》には下総国《しもうさこく》の結城《ゆうき》（茨城県）に配流《はいる》（流罪）して佐竹義宣《さたけよしのぶ》に身柄《みがら》を預《あず》けた。この噂《うわさ》が更《さら》に表沙汰《おもてざた》になって徳川《とくがわ》家康《いえやす》は、前田利長《まえだとしなが》と親交《しんこう》の深《ふか》かった細川忠興《ほそかわただおき》も疑《うたが》った。忠興《ただおき》は疑《うたが》われたことを知《し》って、居城《きょじょう》の丹後《たんご》の宮津《みやづ》から大阪《おおさか》に急行《きゅうこう》して恭順《きょうじゅん》の意《い》を表《あらわ》し、子《こ》を質《しち》として江戸《えど》に送《おく》って疑《うたが》いを解《と》いた。

同十月、家康《いえやす》は軍議《ぐんぎ》を催《もよお》して加賀《かが》小松《こまつ》城主《じょうしゅ》の丹羽長重《にわながしげ》に前田《まえだ》討伐《とうばつ》の先鋒《せんぽう》を命《めい》じた。

利長《としなが》の下《もと》には伏見《ふしみ》や大阪《おおさか》の前田邸《まえだてい》、義兄弟《ぎきょうだい》で同《おな》じ大老《たいろう》の宇喜多秀家《うきたひでいえ》（利長の異腹の妹が秀家の正室）から危急《ききゅう》を報《しら》せる急使《きゅうし》が相次《あいつ》いだ。利長《としなが》は金沢城《かなざわじょう》に譜代《ふだい》の家臣《かしん》を集《あつ》めて、雄藩《ゆうはん》の面目《めんぼく》を掛《か》けた一《いち》大決戦《だいけっせん》を挑《いど》むか、社稷《しゃしょく》滅亡《めつぼう》の危険《きけん》を避《さ》けて屈服《くっぷく》する辱《はじ》を忍《しの》ぶかの、二者択一《にしゃたくいつ》の大難問《だいなんもん》を諮《はか》る評《ひょう》定《じょう》を持《も》った。前田家《まえだけ》宿老《しゅくろう》の意見《いけん》が割《わ》れて

「先君利家公《せんくんとしいえこう》が今《いま》に居《い》ませば何《なん》と仰《おお》せか」と先代在世時代《せんだいざいせじだい》の家風《かふう》を重《おも》んじる古老《ころう》と、将来《しょうらい》の前田《まえだ》家《け》を思《おも》う宿老《しゅくろう》との間《あいだ》で激論《げきろん》が延々《えんえん》と続《つづ》いた。利長《としなが》は密使《みっし》を大阪城《おおさかじょう》に送《おく》り豊臣家《とよとみけ》を担《かつ》いで徳川《とくがわ》を討《う》とうと思《おも》ったが、豊臣家《とよとみけ》は利長《としなが》の申《もう》し出《で》を受《う》けようとはせず、中立《ちゅうりつ》して様子見《ようすみ》した。

苦渋《くじゅう》の選択《せんたく》の結果《けっか》、利長《としなが》は横山長知《よこやまながとも》と高山長房《たかやまながふさ》を大阪《おおさか》に派遣《はけん》して前田家《まえだけ》には異心《いしん》無《な》きことを弁《べん》疏《そ》（いいわけ）することにして直《ただ》ちに両名《りょうめい》を大阪《おおさか》に向《む》かわせた。

同年十一月、徳川家康《とくがわいえやす》は重臣《じゅうしん》を左右《さゆう》に侍《はべ》らせた上《うえ》で二人《ふたり》を呼《よ》び入《い》れ、尋問《じんもん》を始《はじ》めた。家康《いえやす》は威《い》丈高《たけだか》に二人《ふたり》に対《たい》して利長《としなが》の不信《ふしん》を責《せ》め立《た》てた。横山長知《よこやまながとも》は泰然《たいぜん》として威儀《いぎ》を正《ただ》し、利長《としなが》の出処進《しゅっしょしん》退《たい》を説《と》いて家康《いえやす》の誤解《ごかい》を解《と》くことに努《つと》めた。家康《いえやす》は長知《ながとも》の弁疏《べんそ》に得心《とくしん》して「しからば利長《としなが》の母《はは》（芳春院）を江戸《えど》に送《おく》り、その異図《いと》の無《な》きことを明《あ》かせ」と命《めい》じた。長知《ながとも》は「恐《おそ》らく我《わ》が主《あるじ》はこれを諾《だく》すべし。然《しか》りといえども主《あるじ》の重大問題《じゅうだいもんだい》にして、某《それがし》が応《こた》え得《う》るところにあらず」と答《こた》えてこの場《ば》の尋問《じんもん》は中断《ちゅうだん》した。その後《ご》、家康《いえやす》の家督《かとく》の秀忠《ひでただ》も交《まじ》えて三度《さんど》の協議《きょうぎ》を経《へ》て、芳春院《ほうしゅんいん》を江戸《えど》に質《しち》として送《おく》り、徳川《とくがわ》からは秀忠《ひでただ》の娘《むすめ》（珠姫）を利長《としなが》の弟《おとうと》で家督《かとく》の利常《としつね》（利長には男の子が無かった）の正室《せいしつ》に迎《むか》えることで双方和解《そうほうわかい》した。

翌《よく》・慶長《けいちょう》五年（一六〇〇年）六月、芳春院《ほうしゅんいん》は江戸《えど》に到着《とうちゃく》した。芳春院《ほうしゅんいん》が江戸《えど》に下《くだ》るに際《さい》して利長《としなが》に、極力争《きょくりょくあらそ》い事《ごと》は避《さ》けて家《いえ》の安泰《あんたい》を優先《ゆうせん》するよう遺言替《ゆいごんがわ》りに言《い》い付《つ》けた。この芳春院《ほうしゅんいん》の江《え》戸住《どす》みが以後《いご》、諸大名《しょだいみょう》が妻子《さいし》を江戸《えど》に置《お》くことで徳川《とくがわ》に対《たい》する忠誠《ちゅうせい》の証《あかし》とする前例《ぜんれい》となった。

二・徳川家康と石田三成の相克

家康　会津へ出陣

上杉景勝《うえすぎかげかつ》が石田三成《いしだみつなり》と謀《はか》って共《とも》に挙兵《きょへい》するとの噂《うわさ》や、会津《あいづ》に帰《かえ》って城砦《じょうさい》を修復《しゅうふく》し、兵力《へいりょく》を増強《ぞうきょう》しているとの注進《ちゅうしん》が相次《あいつ》いだ。徳川家康《とくがわいえやす》はこの噂《うわさ》を質《ただ》そうと景勝《かげかつ》に大阪《おおさか》への登城《とじょう》を命《めい》じた。だが景勝《かげかつ》は拒絶《きょぜつ》して家老《かろう》の直江兼続《なおえかねつぐ》に命《めい》じ、上洛不可《じょうらくふか》の理由《りゆう》と上杉《うえすぎ》謀反《むほん》を告《つ》げた密告者《みっこくしゃ》の糾明《きゅうめい》を求《もと》める返書《へんしょ》を書《か》かせた。謙続《かねつぐ》は主君景勝《しゅくんかげかつ》の命《めい》に加《くわ》えて家康《いえやす》の専横批判《せんおうひはん》の挑発文《ちょうはつぶん》を書《か》き加《くわ》えて大阪《おおさか》に送《おく》り返《かえ》した。今《いま》に伝《つた》わる「直江状《なおえじょう》」だ。家康《いえやす》はこれを見《み》て眼《め》を剥《む》いて怒《いか》った。

同・慶長《けいちょう》五年同六月、家康《いえやす》は前田利長《まえだとしなが》に上杉討伐《うえすぎとうばつ》の先鋒《せんぽう》になって津川口《つがわくち》（越後から会津へ入る阿賀野川沿いの街道口）から会津《あいづ》へ出陣《しゅつじん》せよと命《めい》じた。

利長《としなが》は江戸《えど》に居《い》る実母《じつぼ》の芳春院《ほうしゅんいん》を気遣《きづか》いながらも前田家《まえだけ》に対《たい》する世評《せひょう》や前田家《まえだけ》を見下《みくだ》す家康《いえやす》を快《こころよ》く思《おも》わぬ利政《としまさ》（利長の弟）らの反徳川派《はんとくがわは》にも心《こころ》を動《うご》かされて、家康《いえやす》の命《めい》を素直《すなお》に受《う》けることが出来《でき》なかった。何《なに》よりも亡父《ぼうふ》利家《としいえ》と上杉景勝《うえすぎかげかつ》とは共《とも》に幼君秀頼《ようくんひでより》の擁立《ようりつ》に心《こころ》を砕《くだ》いた仲《なか》だ。この度《たび》の徳川《とくがわ》との摩擦《まさつ》の経緯《けいい》も両家《りょうけ》に共通《きょうつう》していて、諸大名《しょだいみょう》の妬《ねた》みから生《しょう》じた噂《うわさ》が原因《げんいん》している。その上杉《うえすぎ》を徳川《とくがわ》の手先《てさき》になって率先《そっせん》して撃《う》つのは心《こころ》が臆《おく》して、只々様子見《ただただようすみ》をし続《つづ》けた。

同年同月、徳川家康《とくがわいえやす》は東海道以北《とうかいどういほく》の諸国《しょこく》の大名《だいみょう》に対《たい》して、豊臣秀頼《とよとみひでより》の命《めい》をもって会津討伐《あいづとうばつ》への参陣《さんじん》を命《めい》じた。豊臣恩顧《とよとみおんこ》の黒田長政《くろだながまさ》や加藤嘉明《かとうよしあき》・藤堂高虎《とうどうたかとら》・蜂須賀至鎮《はちすがよししげ》（家政の後継）らの武断派《ぶだんは》の九州《きゅうしゅう》・四国《しこく》・中国《ちゅうごく》の諸将《しょしょう》らには出陣《しゅつじん》を求《もと》めなかったが、彼《かれ》らは自《みずか》ら率先《そっせん》して徳川勢《とくがわぜい》に加《くわ》わった。家康《いえやす》は予《あらかじ》め徳川一族《とくがわいちぞく》と家臣《かしん》の家族《かぞく》を江戸《えど》へ引《ひ》っ越《こ》させて大阪城《おおさかじょう》の異変《いへん》に備《そな》え、伏見城《ふしみじょう》には強《し》いて望《のぞ》んだ鳥居元忠《とりいもとただ》を残《のこ》して、自《みずか》らも大阪《おおさか》を出立《しゅったつ》した。途中《とちゅう》近江《おうみ》の大津城《おおつじょう》に立《た》ち寄《よ》って城主《じょうしゅ》の京極高次《きょうごくたかつぐ》を訪《おとず》れ、石田三成《いしだみつなり》の監視《かんし》を依頼《いらい》した。更《さら》に三成《みつなり》が謀反《むほん》を起《お》こしたときに直《ただ》ちに成敗《せいばい》すれば、近江一国《おうみいっこく》を与《あた》えることも約《やく》して東下《とうげ》した。

同年七月、家康《いえやす》は江戸《えど》に到着《とうちゃく》した。家康《いえやす》は江戸《えど》から山形城主《やまがたじょうしゅ》の最上義光《もがみよしみつ》に使者《ししゃ》を送《おく》って前田《まえだ》利長軍《としながぐん》に属《ぞく》するよう命《めい》じた。同七月、家康《いえやす》は越後国高田城主《えちごこくたかだじょうしゅ》の堀秀治《ほりひではる》や同国本庄城主《どうこくほんじょうじょうしゅ》の村上《むらかみ》義明《よしあき》・新発田《しばた》城主《じょうしゅ》の溝口秀勝《みぞぐちひでかつ》にも前田軍《まえだぐん》に加《くわ》わって会津《あいづ》に出陣《しゅつじん》するよう命《めい》じ、前田利長《まえだとしなが》の出陣《しゅつじん》を促《うなが》した。同月、家康《いえやす》は家督《かとく》の徳川秀忠《とくがわひでただ》を会津征伐《あいづせいばつ》の総大将《そうだいしょう》に任《にん》じて江戸城《えどじょう》を先発《せんぱつ》させた。家康《いえやす》自《みずか》らも間《ま》を置《お》かずに江戸城《えどじょう》を発《た》ち、会津《あいづ》の隣国《りんごく》の下野国《しもつけこく》小山《おやま》（小山市）に入《はい》って本陣《ほんじん》を構《かま》えた。そして諸将《しょしょう》を集《あつ》めて軍評定《いくさひょうじょう》を持《も》ち諸将《しょしょう》の配置《はいち》を定《さだ》めた。

この頃《ころ》、佐和山《さわやま》で蟄居中《ちっきょちゅう》の石田三成《いしだみつなり》は密《ひそ》かに家康討伐《いえやすとうばつ》の機会《きかい》を窺《うかが》っていたところに家康《いえやす》からの出陣《しゅつじん》の命《めい》に応《おう》じて大谷吉継《おおたによしつぐ》が軍勢《ぐんぜい》を率《ひき》い、所領《しょりょう》の敦賀《つるが》から北国街道《ほっこくかいどう》を上《のぼ》り、湖北《こほく》から東山道《とうざんどう》に入《はい》って垂井《たるい》（関ヶ原の隣町）に宿営《しゅくえい》したのを知《し》った。三成《みつなり》はこの「刎頸《ふんけい》の交《まじ》わり」（友のためには首を切られても後悔しない親しい仲）の大谷吉継《おおたによしつぐ》を蟄居中《ちっきょちゅう》の佐和山城《さわやまじょう》に招《まね》き入《い》れた。そして吉継《よしつぐ》に躍《おど》る胸《むね》の内《うち》を語《かた》りながら豊臣家大老《とよとみけたいろう》の毛利《もうり》　宇喜多《うきた》との友誼《ゆうぎ》を伝《つた》え、全国諸大名《ぜんこくしょだいみょう》の妻子《さいし》を大阪城内《おおさかじょうない》に質《しち》として留《とど》め豊臣秀頼《とよとみひでより》を推戴《すいたい》して家康《いえやす》に抗《こう》すれば、全国《ぜんこく》の諸将《しょしょう》は挙《こぞ》って家康《いえやす》から我《わ》が方《ほう》に寝返《ねがえ》り戦《いくさ》の利《り》は我《われ》にあるに違《ちが》いないことを熱《あつ》く説《と》いた。

大谷吉継《おおたによしつぐ》は家康《いえやす》が豊臣秀頼《とよとみひでより》の名《な》の下《もと》に会津征伐《あいづせいばつ》の命《めい》を下《くだ》して世上《せじょう》はこれに乗《の》った。豊臣恩顧《とよとみおんこ》の

諸将《しょしょう》も皆率先《みなそっせん》して徳川方《とくがわがた》に加《くわ》わり、天下《てんか》は徳川方《とくがわがた》に味方《みかた》したと既《すで》に読《よ》んでいた。それで
「無謀《むぼう》な試《こころ》みを成《な》す時《とき》にはあらず」と三成《みつなり》の将来《しょうらい》を慮《おもんぱか》って強《つよ》く諫《いさ》めた。だが三成《みつなり》は
「家康《いえやす》は遠《とお》からず豊臣《とよとみ》を滅《ほろ》ぼして天下《てんか》を我《わ》が物《もの》としよう」と豊臣家《とよとみけ》の危機《きき》を口《くち》を極《きわ》めて説《と》いた。
吉継《よしつぐ》は三成《みつなり》の一途《いちず》に豊臣家《とよとみけ》を思《おも》う心《こころ》に打《う》たれた。それで死《し》に花《ばな》を咲《さ》かせるのは今《いま》と覚悟《かくご》して
「ここは勝敗《しょうはい》を度外視《どがいし》して貴殿《きでん》に我《わ》が身《み》を預《あず》けよう」と三成《みつなり》との一方《ひとかた》ならぬ友誼《ゆうぎ》を重《おも》んじて、生《せい》
死《し》を共《とも》にすることを誓《ちか》った。吉継《よしつぐ》は何時《いつ》の頃《ころ》からか肌《はだ》が崩《くず》れる業病《ごうびょう》（ハンセン氏病）を患《わずら》って、醜《みにく》
くなった顔《かお》を常《つね》に白布《はくふ》で覆《おお》わなければならない生活《せいかつ》を余儀《よぎ》なくされていた。三成《みつなり》は彼《かれ》の才能《さいのう》と豊《とよ》
臣家《とみけ》への忠義《ちゅうぎ》の心《こころ》に打《う》たれて吉継《よしつぐ》の疾《やまい》が染《うつ》ることなどは一切構《いっさいかま》わずに親交《しんこう》を貫《つらぬ》いていた。
「大谷吉継《おおたによしつぐ》が佐和山《さわやま》に入《はい》って三成《みつなり》と謀反《むほん》を企《くわだ》てる」との噂《うわさ》が一気《いっき》に広《ひろ》まった。奉行《ぶぎょう》の増田長盛《ましたながもり》や
長束正家《ながつかまさいえ》・前田玄以《まえだげんい》らは狼狽《ろうばい》して、亡《な》き太閤《たいこう》から課《か》せられた奉行《ぶぎょう》の勤《つと》めとして
「大谷刑部《おおたにぎょうぶ》（吉継の官名）と石田治部《いしだじぶ》（三成の官命）が共《とも》に謀反《むほん》するとの噂《うわさ》、専《もっぱ》らなり」と、江戸《えど》に
下《くだ》った大老《たいろう》の徳川家康《とくがわいえやす》や安芸《あき》に下《くだ》っていた毛利輝元《もうりてるもと》の下《もと》に急使《きゅうし》を送《おく》った。そして直《ただ》ちに大阪《おおさか》に立《た》

ち戻《もど》って事《こと》の真相《しんそう》を質《ただ》すよう要請《ようせい》した。

大阪《おおさか》で天下《てんか》の情勢《じょうせい》を窺《うかが》っていた安国寺恵瓊《あんこくじえけい》は三成挙兵《みつなりきょへい》の噂《うわさ》を聞《き》き付《つ》けて即刻《そっこく》元主君《もとしゅくん》と仰《あお》ぐ毛利輝元《もうりてるもと》の下《もと》に家臣《かしん》を走《はし》らせ、急《いそ》ぎ軍勢《ぐんぜい》を率《ひき》いて大阪《おおさか》に上《のぼ》るよう要請《ようせい》した。恵瓊《えけい》は家康《いえやす》の専横《せんおう》に不満《ふまん》だった。それで天下大乱《てんかたいらん》の兆《きざ》しの見《み》えたこの機《き》に輝元《てるもと》を総大将《そうだいしょう》に担《かつ》いで家康《いえやす》を討伐《とうばつ》し、家康《いえやす》に代《か》わって豊臣秀頼《とよとみひでより》の命《めい》の下《もと》に大阪城《おおさかじょう》を支配《しはい》して毛利《もうり》の天下《てんか》にしようと企《たくら》んだ。

三成　家康に宣戦布告と伏見城落城

佐和山城《さわやまじょう》では石田三成《いしだみつなり》が大谷吉継《おおたによしつぐ》を口説《くど》き落《お》として気分《きぶん》が高《たか》まった。そこで更《さら》に大阪城《おおさかじょう》に使者《ししゃ》を送《おく》って奉行衆《ぶぎょうしゅう》の増田長盛《ましたながもり》と長束正家《なかつかまさいえ》、前田玄以《まえだげんい》に対《たい》し、幼君秀頼《ようくんひでより》の名《な》の下《もと》に豊臣家大老《とよとみけたいろう》の上《うえ》杉景勝《すぎかげかつ》と毛利輝元《もうりてるもと》、宇喜多秀家《うきたひでいえ》と同盟《どうめい》して家康討伐軍《いえやすとうばつぐん》を起《お》こそうと説得《せっとく》した。この増田《ましだ》・長塚《ながつか》・前田《まえだ》の三人《さんにん》は元々《もともと》は三成《みつなり》と共《とも》に奉行《ぶぎょう》を拝命《はいめい》していた文治派《ぶんじは》だ。豊臣秀頼《とよとみひでより》の名《な》を悪用《あくよう》して文治派《ぶんじは》を除《のぞ》こうとする家康《いえやす》に対《たい》して、三成《みつなり》と共《とも》に豊臣武断派《とよとみぶだんは》の諸将《しょしょう》を討《う》つことには何《なん》の異存《いぞん》もなく、奉《ぶ》行衆《ぎょうしゅう》の三名《さんめい》は幼君秀頼《ようくんひでより》と淀《よど》の了解《りょうかい》を得《え》て三成《みつなり》の申《もう》し出《で》を受《う》け入《い》れた。

同・慶長《けいちょう》五年七月、毛利輝元《もうりてるもと》は奉行衆《ぶぎょうしゅう》の要請《ようせい》を受《う》け一万余《よ》の軍勢《ぐんぜい》と共《とも》に海路《かいろ》大阪《おおさか》に到着《とうちゃく》し、家康《いえやす》が去《さ》った後《のち》の大阪城西《おおさかじょうにし》の丸《まる》に入《はい》った。石田三成《いしだみつなり》は大阪城内《おおさかじょうない》の奉行衆《ぶぎょうしゅう》に加《くわ》えて毛利輝元《もうりてるもと》も取《と》り込《こ》み、豊臣秀頼《とよとみひでより》の名《な》の下《もと》に家康《いえやす》の犯《おか》した罪《つみ》を列挙《れっきょ》した「内府《ないふ》ちかい（違い）の条々《じょうじょう》」（家康の独断を断罪した個条文）を添《そ》え、全国《ぜんこく》の諸大名《しょだいみょう》に徳川討伐《とくがわとうばつ》の檄《げき》を飛《と》ばして家康《いえやす》に宣戦布告《せんせんふこく》した。

同七月、大阪城内《おおさかじょうない》の諸将《しょしょう》は家康《いえやす》に宣戦布告《せんせんふこく》すると同時《どうじ》に、徳川方《とくがわがた》に加担《かたん》した豊臣家臣《とよとみかしん》や諸国《しょこく》の大名《だいみょう》を寝返《ねがえ》らせようと城下《じょうか》に居住《きょじゅう》する諸大名《しょだいみょう》の妻子《さいし》を大阪城《おおさかじょう》に収監《しゅうかん》し始《はじ》めた。

徳川一門《とくがわいちもん》の屋敷《やしき》は既《すで》に蛻《もぬけ》の殻《から》だった。細川忠興《ほそかわただおき》の正室《せいしつ》ガラシャ（明智光秀の娘）は収監《しゅうかん》を拒絶《きょぜつ》した。三成《みつなり》は捕縛《ほばく》を命《めい》じた。するとガラシャは重臣《じゅうしん》の小笠原秀清《おがさわらひできよ》に命《めい》じて、屋敷《やしき》に火《ひ》を掛《か》けさせた上《うえ》でふすま越《ご》しに我《わ》が身《み》を槍《やり》で突《つ》かせて息《いき》絶《た》えた。キリシタンは教義《きょうぎ》で自殺《じさつ》が禁《きん》じられていたのだ。この壮絶《そうぜつ》な最期《さいご》が巷《ちまた》で噂《うわさ》になった。中立《ちゅうりつ》の諸大名《しょだいみょう》や世間《せけん》の風評《ふうひょう》を気《き》にした大阪方《おおさかがた》は妻子《さいし》の収《しゅう》監《かん》を取止《とりや》めて、城下《じょうか》の自宅《じたく》に住《す》まわせながら屋敷周《やしきまわ》りを柵《さく》で囲《かこ》って厳《きび》しく出入《でい》りを見張《みは》らせた。

西国《さいごく》の諸将《しょしょう》は大々名《だいだいみょう》の毛利家《もうりけ》が立《た》つとの報《しら》せを聞《き》いて多《おお》くが軍勢《ぐんぜい》を引連《ひきつ》れ大阪《おおさか》に上《のぼ》って来《き》た。中《なか》には徳川家康《とくがわいえやす》の上杉討伐《うえすぎとうばつ》に応《おう》じて出陣《しゅつじん》した西国《さいごく》の諸将《しょしょう》が、東進《とうしん》の途中《とちゅう》で豊臣秀頼《とよとみひでより》の名《な》の下《もと》に出《だ》された徳川討伐《とくがわとうばつ》の檄《げき》に触《ふ》れて大阪方《おおさかがた》に寝返《ねがえ》る大名《だいみょう》もいた。九州薩摩《きゅうしゅうさつま》の島津義弘《しまづよしひろ》はその代表《だいひょう》だ。何《いず》れにしても大阪城《おおさかじょう》は諸国《しょこく》から上《のぼ》って来《き》た軍勢《ぐんぜい》で盛《も》り上《あ》がった。

大阪城《おおさかじょう》に屯《たむろ》していた反徳川方《はんとくがわがた》の諸将《しょしょう》（以後、大阪方を西軍、徳川方を東軍と記す）は、同年同七月の大《たい》老毛利輝元《ろうもうりてるもと》の大阪城到着《おおさかじょうとうちゃく》と同時《どうじ》に談合《だんごう》して、西軍総大将《せいぐんそうだいしょう》に毛利輝元《もうりてるもと》を担《かつ》いだ。

総大将《そうだいしょう》に担《かつ》がれた輝元《てるもと》は奉行《ぶぎょう》の増田長盛《ましたながもり》や長束正家《ながつかまさいえ》、前田玄以《まえだげんい》ほか、全国《ぜんこく》から参集《さんしゅう》した諸大《しょだい》名《みょう》と軍評定《いくさひょうじょう》を持《も》ち、増田長盛《ましたながもり》らと共《とも》に大阪城《おおさかじょう》に控《ひか》えて幼君秀頼《ようくんひでより》を守護《しゅご》する一方《いっぽう》で、大老《たいろう》の宇喜《うき》多秀家《たひでいえ》を始《はじ》めとして他《た》の諸将《しょしょう》は近畿《きんき》・伊勢《いせ》・美濃方面在住《みのほうめんざいじゅう》の大阪城《おおさかじょう》に参陣《さんじん》しない領主平定《りょうしゅへいてい》に向《む》かうことに一決《いっけつ》した。そして各々支度《おのおのしたく》に取《と》り掛《かか》り、同《どう》七月に先《ま》ず手始《てはじ》めに毛利輝元《もうりてるもと》の名《な》の下《もと》に伏見《ふしみ》城《じょう》に使者《ししゃ》を送《おく》って守将《しゅしょう》の鳥居元忠《とりいもとただ》に城《しろ》の明《あ》け渡《わた》しを求《もと》めた。だが元忠《もとただ》はここが死場所《しにばしょ》と覚悟《かくご》を固《かた》めて家康《いえやす》から城《しろ》を預《あず》かったので、当然《とうぜん》これを拒絶《きょぜつ》した。

同月、西軍《せいぐん》は伏見城《ふしみじょう》攻《ぜ》めの総大将《そうだいしょう》に宇喜多秀家《うきたひでいえ》、副将《ふくしょう》に小早川秀秋《こばやかわひであき》（秀吉の正室ねねの姉の子）を立《た》て、毛利秀元《もうりひでもと》（輝元の甥で養嗣子）・吉川広家《きっかわひろいえ》・小西行長《こにしゆきなが》・島津義弘《しまづよしひろ》・長宗我部盛親《ちょうそかべもりちか》・鍋島勝茂《なべしまかつしげ》らも加《くわ》わり総勢《そうぜい》四万で伏見城《ふしみじょう》を包囲《ほうい》して攻撃《こうげき》を開始《かいし》した。

一方《いっぽう》の伏見城《ふしみじょう》の守《まも》り手《て》は鳥居元忠《とりいもとただ》を総大将《そうだいしょう》として僅《わず》かに千八百余《よ》。だが伏見城《ふしみじょう》は秀吉《ひでよし》が居城《きょじょう》とした堅城《けんじょう》だ。加《くわ》えて城将《じょうしょう》の鳥居元忠《とりいもとただ》とその家臣《かしん》らは今《いま》が死花《しにばな》を咲《さ》かせるときと懸命《けんめい》に応戦《おうせん》した。城《しろ》は容易《ようい》には落《お》ちなかった。

同七月、佐和山城《さわやまじょう》に籠《こも》って満《まん》を持《じ》していた石田三成《いしだみつなり》は、家康《いえやす》が会津討伐《あいづとうばつ》に向《む》かって江戸《えど》を立《た》ったとの報《しら》せを受《う》けて躍《おど》る心《こころ》を抑《おさ》えつつ佐和山《さわやま》を出《で》て伏見城《ふしみじょう》を攻撃《こうげき》し始《はじ》めた宇喜多勢《うきたぜい》の陣《じん》に立《た》ち寄《よ》った。そこで諸将《しょしょう》と諸事綿密《しょじめんみつ》な打《う》ち合《あ》わせを行《おこな》った上《うえ》で大阪城《おおさかじょう》に入《はい》った。

奉行《ぶぎょう》の長束正家《なつかまさいえ》（近江水口城主）は伏見城《ふしみじょう》に籠《こも》る甲賀衆《こうがしゅう》に面識《めんしき》があったので、妻子《さいし》を捕縛《ほばく》し磔《はりつけ》の刑《けい》に処《しょ》すと脅《おど》して西軍《せいぐん》に寝返《ねがえ》らせた。甲賀衆《こうがしゅう》は求《もと》めに応《おう》じて城《しろ》に火《ひ》を掛《か》けた。

翌《よく》八月、西軍《せいぐん》は火事《かじ》の混乱《こんらん》に乗《じょう》じて伏見城《ふしみじょう》に討《う》ち入《い》った。この討《う》ち入《い》りで今《いま》は亡《な》き秀吉子飼《ひでよしこが》いの毛利勝永《もうりかつなが》が目覚《めざ》ましい働《はたら》きをして鳥居元忠《とりいもとただ》は討死《うちじに》し、伏見城《ふしみじょう》は落城《らくじょう》した。

西軍　大垣城に集結と大津城陥落

伏見城《ふしみじょう》を落《お》とした諸将《しょしょう》は改《あらた》めて大阪城《おおさかじょう》に集結《しゅうけつ》して評定《ひょうじょう》を持《も》ち、江戸討伐《えどとうばつ》に向《む》けて東海《とうかい》（伊勢国以東の太平洋沿岸諸国）東山《とうざん》（近江国以東の内陸地帯諸国）北陸《ほくりく》（若狭国以東の日本海沿岸諸国）の三道《さんどう》に別《わか》れて徳川《とくがわ》に与《くみ》する諸国領主《しょこくりょうしゅ》を平定《へいてい》しながら東進《とうしん》することにした。東海道隊《とうかいどうたい》を受《う》けた毛利秀元《もうりひでもと》は長束正家《なつかまさいえ》や安国寺恵瓊《あんこくじえけい》を先鋒《せんぽう》に立《た》てて、先《ま》ずは手始《てはじ》めに徳川《とくがわ》に与《くみ》する伊勢方面《いせほうめん》の平定《へいてい》に当《あ》たった。北陸道隊《ほくりくどうたい》を受《う》けた大谷吉継《おおたによしつぐ》は所領《しょりょう》の越前国敦賀《えちぜんこくつるが》に帰国《きこく》して同国北《どうこくきた》ノ庄城《のしょうじょう》（福井市）の青木一矩《あおきかずのり》や丸岡城《まるおかじょう》の青木宗勝《あおきむねかつ》（豊臣家臣）、加賀国大聖寺城《かがこくだいしょうじじょう》の山口宗永《やまぐちむねなが》（元小早川秀秋の重臣）や小松城《こまつじょう》の丹羽長重《にわながしげ》を説得《せっとく》して、徳川《とくがわ》に与力《よりき》する前田利長《まえだとしなが》に対峙《たいじ》した。また東山道《とうざんどう》を受《う》けた三成《みつなり》は美濃国《みのこく》に入《はい》り、未《ま》だ旗幟《きし》を鮮明《せんめい》にしていない岐阜城《ぎふじょう》に使者《ししゃ》を送《おく》って織田秀信《おだひでのぶ》（信長の嫡孫・幼名は三法師）に美濃《みの》・尾張《おわり》二国を与《あた》える条件《じょうけん》で西軍《せいぐん》に与力《よりき》することを約《やく》させた。これを伝《つた》え聞《き》いた美濃国内《みのこくない》の支城《しじょう》の城主《じょうしゅ》は雪崩《なだれ》を打《う》って西軍《せいぐん》に靡《なび》いて石田三成《いしだみつなり》を受《う》け入《い》れた。

同・慶長《けいちょう》五年八月、三成《みつなり》は大垣城主《おおがきじょうしゅ》の伊藤盛正《いとうもりまさ》を説《と》いて大垣城《おおがきじょう》を東軍討伐《とうぐんとうばつ》の拠点《きょてん》にした。

丁度《ちょうど》この日《ひ》の十一日、東軍《とうぐん》の福島正則《ふくしままさのり》も会津征伐《あいづせいばつ》から尾張《おわり》に引《ひ》き返《かえ》して西軍攻撃《せいぐんこうげき》の準備《じゅんび》に入《はい》った。これを知《し》った三成《みつなり》は徳川勢《とくがわぜい》との決戦《けっせん》の場《ば》は此処《ここ》だと直感《ちょっかん》して方針《ほうしん》を急遽変更《きゅうきょへんこう》し、北陸《ほくりく》の敦賀《つるが》と東海《とうかい》の伊勢《いせ》に入《はい》った軍勢《ぐんぜい》を総《すべ》て大垣《おおがき》に呼《よ》び集《あつ》めて西軍《せいぐん》の拠点《きょてん》にした。

これより少《すこ》し先《さき》、三成《みつなり》は江戸《えど》討伐《とうばつ》に東山道《とうざんどう》を下《くだ》る途中《とちゅう》で近江《おうみ》の大津城《おおつじょう》に立《た》ちより城主《じょうしゅ》の京極高《きょうごくたか》次《つぐ》に西軍《せいぐん》に与力《よりき》して大谷吉継《おおたによしつぐ》に従《したが》い北陸道《ほくりくどう》に向《む》かうよう命《めい》じた。大津《おおつ》は京《きょう》都から東海《とうかい》・東山《とうざん》・北《ほく》陸《りく》の何《いず》れに向《む》かうにも通過《つうか》しなければならない瀬田橋《せたはし》を抱《かか》える最重要拠点《さいじゅうようきょてん》だ。西軍《せいぐん》は伏見城《ふしみじょう》を落《お》として意気盛《いきさか》んで十万を超《こ》す大軍《たいぐん》が東進《とうしん》して近江領内《おうみりょうない》を通過《つうか》していた。

京極高次《きょうごくたかつぐ》は家康《いえやす》に与力《よりき》を約束《やくそく》していたが、未《ま》だ戦《いくさ》の準備《じゅんび》も整《ととの》わぬ中《なか》では三成《みつなり》に逆《さか》らうこともできず、已《や》む無《な》く求《もと》められるままに兵卒《へいそつ》二千を従《したが》えて越前国敦賀《えちぜんこくつるが》に入《はい》った。城主《じょうしゅ》の高次《たかつぐ》が大津城《おおつじょう》を後《あと》にした後《のち》に東進《とうしん》してきた西軍《せいぐん》は大津《おおつ》に入《はい》って城《じょう》の明《あ》け渡《わた》しを求《もと》めた。だが大津城《おおつじょう》の守将《しゅしょう》は主君《しゅくん》の許可《きょか》がないことを理由《りゆう》に明《あ》け渡《わた》しを拒《こば》んだ。

相前後《あいぜんご》して、越前国敦賀《えちぜんこくつるが》の大谷吉継《おおたによしつぐ》の下《もと》に三成《みつなり》から至急《しきゅう》、美濃大垣城《みのおおがきじょう》に全軍集合《ぜんぐんしゅうごう》するよう報《しら》せが届《とど》いた。吉継《よしつぐ》は京極高次《きょうごくたかつぐ》に大垣城《おおがきじょう》に同道《どうどう》するよう求《もと》めた。高次《たかつぐ》は吉継《よしつぐ》から一日遅《おく》れて敦賀《つるが》を発《た》ち大垣《おおがき》へ向《む》かったが、この途上《とじょう》で東軍《とうぐん》が大挙《たいきょ》して西上《せいじょう》して来《く》ることを知《し》った。

高次《たかつぐ》は　ここは家康《いえやす》との約《やく》を果《は》たすときと思《おも》い直《なお》して、寝返《ねがえ》りを決意《けつい》した。そこで敦賀《つるが》から大《おお》垣《がき》へ向《む》かう途中《とちゅう》の北近江国塩津《きたおうみこくしおつ》で美濃《みの》への道《みち》とは逆方向《ぎゃくほうこう》の海津《かいづ》に出《で》て、海津《かいづ》から琵琶湖《びわこ》を舟《ふね》で大《おお》津《つ》に帰《かえ》った。そして西軍《せいぐん》とは袂《たもと》を分《わ》かって東軍《とうぐん》へ寝返《ねがえ》った。

三成《みつなり》は驚《おどろ》いて、大阪《おおさか》から東進《とうしん》してくる西軍《せいぐん》の一万五千を大津城攻《おおつじょうぜ》めに向《む》かわせた。

大阪城《おおさかじょう》では幼君秀頼《ようくんひでより》の母《はは》の淀《よど》も驚《おどろ》き慌《あわ》てた。京極高次《きょうごくたかつぐ》の正室《せいしつ》は淀《よど》の妹《いもうと》の初《はつ》（常高院）だ。淀《よど》は大《おお》津城《つじょう》に使者《ししゃ》を立《た》てて高次《たかつぐ》に翻意《ほんい》を促《うなが》した。しかし高次《たかつぐ》は使者《ししゃ》との面会《めんかい》を拒《こば》んだ。それで夫人《ふじん》の初《はつ》に高次《たかつぐ》を寝返《ねがえ》らせるよう説得《せっとく》を依頼《いらい》した。だが高次《たかつぐ》は翻意《ほんい》しようとはしなかった。

同《どう》五年九月、西軍《せいぐん》は大津城《おおつじょう》に昼夜《ちゅうや》分《わ》かたぬ攻撃《こうげき》を始《はじ》めて、隣接《りんせつ》する園城寺《おんじょうじ》（通称三井寺）の長《なが》等山《らやま》からも城《しろ》に向《む》かって大筒《おおづつ》を撃《う》ち込《こ》んだ。大津城《おおつじょう》では天守《てんしゅ》の柱《はしら》が折《お》れ怪我人《けがにん》が出《で》るなど、恐怖《きょうふ》と混乱《こんらん》のルツボになった。西軍《せいぐん》は翌日早朝《よくじつそうちょう》から城内《じょうない》への突入《とつにゅう》を開始《かいし》した。夕刻《ゆうこく》になって大津城《おおつじょう》家老《かろう》の黒田伊予《くろだいよ》の勧《すす》めを受《う》けて京極高次《きょうごくたかつぐ》は遂《つい》に観念《かんねん》し、降伏《こうふく》して高野山《こうやさん》に入《はい》り蟄居《ちっきょ》した。

東軍小山の陣の評定と豊臣武断派の三成討伐に先陣

ここでまた、話《はなし》は会津討伐《あいづとうばつ》に向《む》かった徳川勢《とくがわぜい》の状況《じょうきょう》に戻《もど》る（409頁2～4行目の続き）。

下野国小山《しもつけこくおやま》（小山市）本陣《ほんじん》での戦評定中《いくさひょうじょうちゅう》に大阪城《おおさかじょう》の奉行《ぶぎょう》から「石田治部《いしだじぶ》（三成）と大谷刑部《おおたにぎょうぶ》（吉継）の両名謀反《りょうめいむほん》」との報《しら》せが入《はい》った。伏見城《ふしみじょう》からも「毛利輝元《もうりてるもと》が一万余の軍勢《ぐんぜい》を従《したが》えて大阪城《おおさかじょう》に入城《にゅうじょう》し、兵《へい》を出《だ》して伏見城《ふしみじょう》を囲《かこ》む」の急使《きゅうし》が飛《と》び込《こ》んだ。

家康《いえやす》はこのことがあるのを予期《よき》していた。だが、ここで思案《しあん》をし直《なお》し、心《こころ》の中《なか》で「愈々《いよいよ》、三成《みつなり》が動《うご》き出《だ》し、毛利輝元《もうりてるもと》や西国《さいごく》の諸大名《しょだいみょう》を一味《いちみ》に加《くわ》えて幼君秀頼《ようくんひでより》も籠絡《ろうらく》し徳川討伐《とくがわとうばつ》に乗《の》り出《だ》してきた。ここは一刻《いっこく》の猶予《ゆうよ》もならぬ一大事《いちだいじ》だが、今《いま》ここの上杉討伐《うえすぎとうばつ》の陣中《じんちゅう》には豊臣恩顧《とよとみおんこ》の諸将《しょしょう》が大勢加《おおぜいくわ》わっている。迂闊《うかつ》に慌《あわ》て騒《さわ》ぐのは禁物《きんもつ》。豊臣家武将《とよとみけぶしょう》との気脈《きみゃく》も充分《じゅうぶん》に通《かよ》わしておかなければ、何時寝返《いつねがえ》りを受《う》けるか知《し》れたものではない」と思《おも》った。この時《とき》には未《ま》だ七月十七日に豊臣秀頼《とよとみひでより》の名《な》の下《もと》に書《か》かれた徳川討伐《とくがわとうばつ》の檄文《げきぶん》は（412頁3～5行目参照）小山《おやま》に届《とど》いていなかった。

家康《いえやす》は改《あらた》めて軍評定中《いくさひょうじょうちゅう》の諸将《しょしょう》に向《む》かって

「ただ今《いま》、大阪《おおさか》の奉行《ぶぎょう》より石田治部《いしだじぶ》（三成）の謀反《むほん》と、伏見《ふしみ》から毛利黄門《もうりこうもん》（輝元の官職は中納言で黄門は中納言の唐名）が多勢《たぜい》の軍勢《ぐんぜい》を引連《ひきつ》れて大阪城《おおさかじょう》に入城《にゅうじょう》したとの報《しら》せが入《はい》った。然《しか》らば徳川《とくがわ》は幼君《ようくん》を誑《たぶら》かす石田三成《いしだみつなり》とその一派《いっぱ》を討伐《とうばつ》しに西《にし》に軍《ぐん》を返《かえ》さねばならぬ。徳川《とくがわ》は豊臣家《とよとみけ》を支《ささ》えるために三成《みつなり》とその一味《いちみ》を撲滅《ぼくめつ》しようとするものなれども、ここに同席《どうせき》の皆々《みなみな》の御妻子《ごさいし》は大阪表《おおさかおもて》に御座《おわ》すことでもあれば別《べつ》なる心配《しんぱい》もおありだろうし、豊臣恩顧《とよとみおんこ》の御歴々《おれきれき》（皆様）も多数《たすう》、同席戴《どうせきいただ》いている。皆々《みなみな》の御意見《ごいけん》も承《うけたまわ》りたい」と言《い》って発言《はつげん》を求《もと》めた。一同《いちどう》はただ息《いき》を呑《の》んで黙《もく》して語《かた》らず顔《かお》を見合《みあわ》せた。その時《とき》、福島正則《ふくしままさのり》が立《た》ち上《あ》がって

「かかる時《とき》に臨《のぞ》み、妻子《さいし》に引《ひ》かれて武士《もののふ》の道《みち》を踏《ふ》み違《たが》えることある不可《べからず》。内府《ないふ》（家康の官名・内大臣

の別称）の御《おん》ためには身命《しんめい》を賭《と》してお味方仕《みかたつかまつ》る」と上気《じょうき》して言《い》い放《はな》った。すると黒田《くろだ》・浅野《あさの》・細《ほそ》川《かわ》・池田《いけだ》らの豊臣武断派《とよとみぶだんは》の諸将《しょしょう》を始《はじ》め一座《いちざ》は皆《みな》、先《さき》を争《あらそ》い声高《こえたか》らかに徳川《とくがわ》に味方《みかた》して、石田三成《いしだみつなり》討伐軍《とうばつぐん》に同道《どうどう》すると申《もう》し出《で》た。そこで家康《いえやす》は諸将《しょしょう》に謝意《しゃい》を表《ひょう》しながら

「今《いま》、会津《あいづ》に攻《せ》め入《い》って上杉景勝《うえすぎかげかつ》を当《まさ》に討《う》ち取《と》る直前《ちょくぜん》であれば、景勝《かげかつ》を討《う》ち取《と》った後《のち》に上方《かみがた》に進《しん》発《ぱつ》すべきか、景勝《かげかつ》を捨《す》て置《お》いて、今直《います》ぐ上方《かみがた》へ向《む》かうべきか」を再度尋《さいどたず》ねた。諸将《しょしょう》は皆《みな》

「上杉《うえすぎ》は枝葉《しよう》、三成《みつなり》が根本《こんぽん》なれば会津《あいづ》は捨《す》て置《お》いて石田征伐《いしだせいばつ》を急《いそ》ぐべき」と申《もう》し立《た》てて即刻上方《そっこくかみがた》へ進発《しんぱつ》することに決《けっ》した。そこで家康《いえやす》は豊臣恩顧《とよとみおんこ》の諸将《しょしょう》からの申《もう》し出《で》を受《う》けて

「池田輝政殿《いけだてるまさどの》の吉田城《よしだじょう》（豊橋市の豊橋城）と福島正則殿《ふくしままさのりどの》の清洲城《きよすじょう》（清須市）は共《とも》に敵地《てきち》に近《ちか》ければ、先《ま》ずは両将《りょうしょう》に先陣《せんじん》を委《ゆだ》ねて我《われ》ら父子《ふし》の着陣《ちゃくじん》を待《ま》たれたい」と命《めい》じた。正則《まさのり》は

「これは光栄《こうえい》。喜《よろこ》んで先陣《せんじん》を仕《つかまつ》り、我《わ》が清洲城《きよすじょう》も挙《あ》げて徳川殿《とくがわどの》に捧《ささ》げ進《しん》ぜる」と申《もう》し出《で》た。山内《やまのうち》一豊《かずとよ》も負《ま》けるものかと居城《きょじょう》の掛川城《かけがわじょう》の進呈《しんてい》を申《もう》し出《で》た。これを聞《き》いた東海道筋《とうかいどうすじ》の城持《しろも》ち諸将《しょしょう》は挙《あ》げて城《しろ》の明《あ》け渡《わた》しを申《もう》し出《で》たので、西進《せいしん》することへの支障《ししょう》は全《まった》く無《な》くなった。

家康《いえやす》は次《つ》いで現在進行中《げんざいしんこうちゅう》の上杉勢《うえすぎぜい》の抑《おさ》えは家康《いえやす》の次男《じなん》の結城秀康《ゆうきひでやす》（316頁9～11行目参照）に委《ゆだ》ねた。そして会津《あいづ》の隣国領主《りんごくりょうしゅ》の伊達《だて》や堀《ほり》・最上《もがみ》・蒲生《がもう》・相馬《そうま》らの諸将《しょしょう》を秀康《ひでやす》の属将《ぞくしょう》に加《くわ》えて秀康《ひでやす》本隊《ほんたい》を補完《ほかん》させた。次《つ》いで家督《かとく》の徳川秀忠《とくがわひでただ》に、榊原康政《さかきばらやすまさ》を始《はじ》め徳川歴代《とくがわれきだい》の宿将《しゅくしょう》と三万八千の軍勢《ぐんぜい》を付《つ》けて小山《おやま》の陣《じん》を立《た》ち、東山道《とうざんどう》の諸国《しょこく》を経略《けいりゃく》しながら西進《せいしん》するよう命《めい》じた。

同年七月には池田《いけだ》、福島《ふくしま》の先発隊《せんぱつたい》が小山《おやま》の陣《じん》を立《た》った。この後《のち》、家康自身《いえやすじしん》は俄雨《にわかあめ》に遭《あ》って小山《おやま》の陣払《じんはら》いが遅《おく》れたが、八月には江戸《えど》に帰還《きかん》した。

前田利長　北陸道を西進し大聖寺城と小松城攻撃

以後《いご》、話《はなし》は三つに分《わ》かれる。先《ま》ずは北陸道《ほくりくどう》（若狭国以東の日本海沿岸諸国）から…。慶長《けいちょう》五年七月、加賀国《かがこく》の前田利長《まえだとしなが》の下《もと》に豊臣秀頼《とよとみひでより》の名《な》で徳川追討《とくがわついとう》の檄文《げきぶん》と宇喜多秀家《うきたひでいえ》と毛利輝元連署《もうりてるもとれんしょ》の西軍《せいぐん》への参陣《さんじん》を強《し》いる檄文《げきぶん》が届《とど》いた。大阪《おおさか》の前田邸《まえだてい》からも急報《きゅうほう》が続々《ぞくぞく》と届《とど》いて、「大阪勢《おおさかぜい》に与《くみ》した大谷吉継《おおたによしつぐ》が自国《じこく》の敦賀《つるが》に戻《もど》り、北陸平定《ほくりくへいてい》に向《む》けて画策中《かくさくちゅう》」と報《しら》せてきた。

前田利長《まえだとしなが》は愈々切羽詰《いよいよせっぱつ》まった。そこで宿老《しゅくろう》らと評定《ひょうじょう》を持《も》ったが、東軍《とうぐん》に与《くみ》するか寝返《ねがえ》って西軍《せいぐん》に加《くわ》わるかでまた大激論《だいげきろん》となった。利長《としなが》は江戸《えど》へ立《た》つときの芳春院《ほうしゅんいん》（利長の母）の教《おし》えに従《したが》おうと説得《せっとく》して、東軍《とうぐん》に加勢《かせい》することで漸《よう》く評定《ひょうじょう》が定《さだ》まった。

丁度《ちょうど》このとき利長《としなが》の加賀領国内《かがりょうごくない》でありながら、前田家《まえだけ》の主権《しゅけん》が及《およ》ばない小松領主《こまつりょうしゅ》の丹羽長重《にわながしげ》と大聖寺領主《だいしょうじりょうしゅ》の山口宗永《やまぐちむねなが》が西軍《せいぐん》に加担《かたん》して、前田家《まえだけ》に敵対《てきたい》した。越前敦賀領主《えちぜんつるがりょうしゅ》の大谷吉継《おおたによしつぐ》が三成《みつなり》に進言《しんげん》して丹羽長重《にわながしげ》と山口宗永《やまぐちむねなが》の両者《りょうしゃ》に厚遇《こうぐう》を示《しめ》して西軍《せいぐん》に取《と》り込《こ》み、前田勢《まえだぜい》への備《そな》えにしたのだ。

この時《とき》また、利長《としなが》の下《もと》に家康《いえやす》から、会津征伐《あいづせいばつ》を中断《ちゅうだん》して石田征伐《いしだせいばつ》に向《む》えとの使者《ししゃ》が遣《や》って来《き》た。利長《としなが》は家康《いえやす》からの使者《ししゃ》を受《う》けたが、それでなくてもここは先《ま》ず前田家《まえだけ》に反旗《はんき》を掲《かか》げた小松《こまつ》と大聖寺《だいしょうじ》や隣国《りんごく》の越前《えちぜん》は討《う》たねばならぬし、徳川《とくがわ》に敵対《てきたい》する者《もの》は東軍《とうぐん》のためにも討《う》たねばならない。「身《み》に降《ふ》りかかる火《ひ》の粉《こ》」は何《なん》としても払《はら》わねばならぬのだ。利長《としなが》は領国《りょうごく》の備《そな》えとして、金《かな》沢城《ざわじょう》に奥村永福《おくむらながとみ》と青山吉次《あおやまよしつぐ》、加賀鶴来城《かがつるぎじょう》には高畠定吉《たかはたさだよし》、富山城《とやまじょう》には前田長種《まえだながたね》、魚津城《うおづじょう》には青山吉《あおやまよし》次《つぐ》の家臣《かしん》の寺西兵部《てらにしひょうぶ》を置《お》いて守《まも》りを固《かた》めた上《うえ》で、小松《こまつ》・大聖寺《だいしょうじ》と隣国越前《りんごくえちぜん》の討伐《とうばつ》に二万五千の軍勢《ぐんぜい》を率《ひき》いて金沢《かなざわ》を出陣《しゅつじん》した。途中《とちゅう》、利長《としなが》は丹羽長重《にわながしげ》の籠《こも》る小松《こまつ》に差《さ》し掛《か》かって陣《じん》を取《と》り軍議《ぐんぎ》を持《も》った。奥村栄明《おくむらはるあき》（永福の家督）や高山右近《たかやまうこん》・横山長知《よこやまながとも》・長連竜《ちょうつらたつ》は

「小松城《こまつじょう》は名城《めいじょう》。加《くわ》えて丹羽長重《にわながしげ》には軍略《ぐんりゃく》に長《た》けた越前《えちぜん》の長谷川秀一《はせがわひでかず》（通称東郷侍従）も加勢《かせい》している由《よし》でこの城《しろ》を落《お》とすのは容易《ようい》では御座《ござ》らぬ。小松《こまつ》は捨《す》て置《お》き、先《ま》ずは手始《てはじ》めに防備《ぼうび》の手薄《てうす》な大聖寺城《だいしょうじじょう》を攻《せ》めるべし」と進言《しんげん》して皆《みな》に納得《なっとく》させた。もし長重《ながしげ》が城《しろ》から出撃《しゅつげき》してくれば相手《あいて》は小勢《こぜい》でこちらは多勢《たぜい》。訳無《わけな》く捻《ひね》り潰《つぶ》せる。そこで小松城《こまつじょう》は素通《すどお》りして大聖寺《だいしょうじ》に軍《ぐん》を進《すす》めた。

同年八月、前田軍《まえだぐん》は大聖寺城《だいしょうじじょう》に軍使《ぐんし》を送《おく》って山口宗永《やまぐちむねなが》に降伏《こうふく》を勧《すす》めた。だが宗永《むねなが》は小松《こまつ》の丹《に》羽長重《わながしげ》や丸岡《まるおか》の青木宗勝《あおきむねかつ》、北ノ庄《きたのしょう》（福井市）の青木一矩《あおきかずのり》（豊臣家臣）に援軍《えんぐん》を頼《たの》んで降伏《こうふく》を拒絶《きょぜつ》し、城攻《しろぜ》めに備《そな》えて城下《じょうか》の桑畑《くわばたけ》に鉄砲隊《てっぽうたい》を潜《ひそ》ませ前田軍《まえだぐん》の進撃《しんげき》に備《そな》えた。

前田軍《まえだぐん》は大聖寺城《だいしょうじじょう》への援軍《えんぐん》が未《ま》だ何所《どこ》からも来《こ》ない内《うち》に城下《じょうか》に攻《せ》め入《い》ったが、城下《じょうか》に入《はい》った途端《とたん》に桑畑《くわばたけ》から鉄砲《てっぽう》での狙《ねら》い撃《う》ちに合《あ》った。前田軍《まえだぐん》は思《おも》わぬ被害《ひがい》に逢《あ》ったが、激《はげ》しく撃《う》ち合《あ》って

伏兵《ふくへい》を蹴《け》散《ち》らし、その勢《いきお》いの儘《まま》に城下《じょうか》に攻《せ》め込《こ》んで城内《じょうない》に鉄砲《てっぽう》を撃《う》ち込《こ》んだ。無勢《ぶぜい》の城内《じょうない》は乱《みだ》れて、程《ほど》なく山口宗永《やまぐちむねなが》・修弘《ながひろ》父子《ふし》は討死《うちじに》して果《は》てた。

利長《としなが》は家康《いえやす》の下《もと》に使者《ししゃ》を送《おく》って、西軍《せいぐん》に属《ぞく》した大聖寺《だいしょうじ》の山口宗永《やまぐちむねなが》を討《う》ち取《と》り大聖寺《だいしょうじ》を平定《へいてい》したことを伝《つた》えた。家康《いえやす》は北陸一帯《ほくりくいったい》を前田家《まえだけ》の裁量《さいりょう》に任《まか》すことを認《みと》めて「目出度《めでた》き事《こと》なり」と自筆《じひつ》の返書《へんしょ》を前田《まえだ》の使者《ししゃ》に託《たく》した。利長《としなが》は大聖寺《だいしょうじ》を平定《へいてい》した勢《いきお》いに乗《の》って、加越国境《かえつこっきょう》に接《せっ》する越前《えちぜん》金津《かなづ》にまで軍勢《ぐんぜい》を進《すす》めて、西軍《せいぐん》に加勢《かせい》した越前丸岡城《えちぜんまるおかじょう》の青木宗勝《あおきむねかつ》と越前北ノ庄城《えちぜんきたのしょうじょう》の青木一矩《あおきかずのり》に降伏《こうふく》を迫《せま》った。丸岡城《まるおかじょう》の宗勝《むねかつ》は金津《かなづ》の前田利長《まえだとしなが》の陣《じん》に出向《でむ》いて恭順《きょうじゅん》の意《い》を表《あらわ》した。

大谷吉継《おおたによしつぐ》は大阪城内《おおさかじょうない》で幼君秀頼《ようくんひでより》の近衆《きんしゅう》の中川宗平《なかがわそうへい》（前田一族）を捕《つか》まえて、有無《うむ》を言《い》わさず

「この度《たび》、大谷刑部《おおたにぎょうぶ》（吉継の官名）が北国筋《ほっこくすじ》を請《う》け負《お》い、四万余の大軍《たいぐん》を加賀《かが》に向《む》かわせて候《そうろう》。その内《うち》の一万七千は北ノ庄口《きたのしょうぐち》に押《お》し寄《よ》せ、三万は船手《ふなて》にて敦賀《つるが》より海路《かいろ》、加賀《かが》に着岸《ちゃくがん》して金沢《かなざわ》を攻《せ》め取《と》るべく候条《そうろうじょう》、御油断《ごゆだん》これある不可候《べからずそうろう》。恐々謹言《きょうきょうきんげん》。中川宗平《なかがわそうへい》　肥前守殿《ひぜんのかみどの》（利長の官名）」

と書状《しょじょう》を書《か》かせて利長《としなが》の下《もと》に届《とど》けさせた。これを見《み》て前田陣中《まえだじんちゅう》で動揺《どうよう》が走《はし》った。戦上手《いくさじょうず》で知《し》ら

れる大谷吉継《おおたによしつぐ》が海路《かいろ》から大軍《たいぐん》を率《ひき》いて加賀《かが》に撃《う》ち入《い》れば、加賀《かが》の留守隊《るすたい》だけでは対処《たいしょ》できない。即刻陣《そっこくじん》を返《かえ》して備《そな》えを固《かた》め直《なお》す必要《ひつよう》に迫《せま》られた。そこで軍議《ぐんぎ》を開《ひら》いて「西軍《せいぐん》が徳川追討《とくがわついとう》に向《む》けて今《いま》、伏見城《ふしみじょう》を屠《ほふ》ったところだが（414頁11行目～415頁1行目参照）、東軍《とうぐん》は漸《ようや》く会津征伐《あいづせいばつ》を中断《ちゅうだん》して江戸《えど》に帰陣《きじん》の途中《とちゅう》なり。我《われ》らは東軍《とうぐん》に与《くみ》しはしたが徳川家臣《とくがわかしん》には非《あら》ず。然《しか》らば今《いま》は東軍《とうぐん》も未《ま》だ西軍《せいぐん》との激突《げきとつ》に向《む》けての準備中《じゅんびちゅう》なれば、ここは我《われ》らも一旦金沢《いったんかなざわ》に引《ひ》き返《かえ》して東西両軍《とうざいりょうぐん》の出方《でかた》を見守《みまも》るのが最善《さいぜん》」と一決《いっけつ》した。

小松城下　浅井畷の合戦と利長の家康本陣伺候

前田利長《まえだとしなが》は即刻金沢《そっこくかなざわ》へ軍《ぐん》を返《かえ》すことにして、先発隊《せんぱつたい》の長連竜《ちょうつらたつ》と山崎長徳《やまざきながのり》・高山右近《たかやまうこん》・太田長知《おおたながとも》に小松城《こまつじょう》の丹羽長重《にわながしげ》の動《うご》きを抑《おさ》えるよう命《めい》じた。先発隊《せんぱつたい》は小松城下《こまつじょうか》への道《みち》を足場《あしば》が悪《わる》いが近道《ちかみち》の沼地《ぬまち》を選《えら》んで当日《とうじつ》は木場潟付近《きばがたふきん》の御幸塚《みゆきづか》（小松市今江町）まで進《すす》んで陣《じん》を取《と》った。

翌日《よくじつ》、小松城内《こまつじょうない》ではこの前田勢《まえだぜい》の動《うご》きを察知《さっち》して「スワ前田勢来《まえだせいきた》る」と城内外《しろないがい》は上《うえ》を下《した》への大騒動《おおそうどう》になった。丹羽長重《にわながしげ》は一族《いちぞく》の丹羽五郎助《にわごろうすけ》を城《しろ》の櫓《やぐら》に登《のぼ》らせて「敵《てき》が攻《せ》め寄《よ》せれば太鼓《たいこ》を打《う》って皆《みな》に知《し》らせよ」と言《い》い付《つ》けて、坂井若狭《さかいわかさ》には大手《おおて》を守《まも》らせ、坂《さか》井與右衛門《いようえもん》には先手《さきて》を命《めい》じて前田勢《まえだぜい》に備《そな》えた。前田《まえだ》の先発隊《せんぱつたい》は御幸塚《みゆきづか》（今江町）から木場潟尻《きばがたじり》の今《いま》井橋《いばし》（今江橋）を越《こ》えて浅井畷《あさいなわて》（細い田圃道）に差《さ》し掛《か》かった。小松城内《こまつじょうない》に控《ひか》えていた江口三郎右《えぐちさぶろうう》衛門《えもん》は前田先発隊《まえだせんぱつたい》が浅井畷《あさいなわて》に向《む》かうと聞《き》いて

「これぞ天祐《てんゆう》。前田勢《まえだぜい》は我《わ》が掌《たなごころ》に落《お》ちたり」と喜《よろこ》んで手勢《てぜい》八十余《よ》を引連《ひきつ》れ前田軍《まえだぐん》を迎《むか》え討《う》とうと城《しろ》から飛《と》び出《だ》すと同時《どうじ》に配下《はいか》を長重《ながしげ》の下《もと》にも走《はし》らせて丹羽勢《にわぜい》挙《あ》げての出撃《しゅつげき》を要請《ようせい》した。

丹羽長重《にわながしげ》は要請《ようせい》に応《こた》えて古田五郎兵衛《ふるたごろべえ》や坂井《さかい》・澤《さわ》・佐々《さっさ》・森野《もりの》・團《だん》・村松《むらまつ》らの諸将《しょしょう》を江口《えぐち》の加《か》勢《せい》に向《む》かわせた。

浅井畷《あさいなわて》の周辺《しゅうへん》で戦《いくさ》が始《はじ》まった。前田勢《まえだぜい》は細《ほそ》い田圃道《たんぼみち》を小松《こまつ》に向《む》かって進《すす》むところを前後《ぜんご》から槍《やり》で突《つ》き立《た》てられた。加《くわ》えて田圃《たんぼ》を挟《はさ》んだ畔道《あぜみち》から鉄砲《てっぽう》を撃《う》ち掛《か》けられた。前田勢《まえだぜい》は進《すす》むことも退《の》くことも出来《でき》ず、田圃《たんぼ》に足《あし》を取《と》られて散々《さんざん》に攻《せ》め立《た》てられ、多《おお》くの将兵《しょうへい》を失《うしな》い惨敗《ざんぱい》した。

前田軍本隊《まえだぐんほんたい》はこの頃《ころ》、足場《あしば》の良《よ》い木場潟《きばがた》の山手《やまて》の三堂山《さんどうやま》に陣《じん》を取《と》った。前田利長《まえだとしなが》は先発隊《せんぱつたい》の惨敗《ざんぱい》を受《う》けて敗走《はいそう》する将兵《しょうへい》を受《う》け入《い》れながら激怒《げきど》して小松城《こまつじょう》を総攻撃《そうこうげき》せよと喚《わめ》き散《ち》らした。だが宿老《しゅくろう》に金沢《かなざわ》の危急《ききゅう》を言《い》い聞《き》かされて我《われ》に返《かえ》り小松攻撃《こまつこうげき》を断念《だんねん》して金沢《かなざわ》への帰《かえ》りを急《いそ》いだ。

前田利長《まえだとしなが》が金沢《かなざわ》に帰《かえ》り着《つ》いて後《のち》の八月末《まつ》、西軍《せいぐん》に加担《かたん》した織田秀信《おだひでのぶ》（信忠の嫡男で幼名三法師《さんぼうし》）の岐阜城《ぎふじょう》が東軍《とうぐん》の攻撃《こうげき》に遭《あ》って落城《らくじょう》した。その報《しら》せが金沢《かなざわ》に舞《ま》い込《こ》み、引《ひ》き続《つづ》いて九月に家康《いえやす》が江戸城《えどじょう》を出《で》て岐阜《ぎふ》に向《む》けて西進《せいしん》したとの報《しら》せも飛《と》び込《こ》んだ。更《さら》に家康《いえやす》の使者《ししゃ》が直接金沢《ちょくせつかなざわ》に飛《と》び込《こ》んで来《き》て、利長宛《としながあ》ての岐阜《ぎふ》への至急《しきゅう》の出陣《しゅつじん》を促《うなが》す家康直筆《いえやすじきひつ》の書状《しょじょう》を差《さ》し出《だ》した。

利長《としなが》は改《あらた》めて東軍《とうぐん》への参陣《さんじん》を評定《ひょうじょう》した。前田利政《まえだとしまさ》（利長の弟）は大阪《おおさか》の前田邸《まえだてい》にいる妻子《さいし》を捨《す》てて徳川《とくがわ》に属《ぞく》するのを快《こころよ》く思《おも》わず、本領《ほんりょう》の能登《のと》に帰《かえ》って中立《ちゅうりつ》を表《ひょう》して隠棲《いんせい》した。

同年九月、前田利長《まえだとしなが》は家康《いえやす》の求《もと》めに応《おう》じて金沢《かなざわ》を出陣《しゅつじん》した。家康《いえやす》は常陸《ひたち》に蟄居《ちっきょ》させた芳春院《ほうしゅんいん》（利長の実母）の甥《おい》の土方雄久《ひじかたかつひさ》を利長《としなが》への使者《ししゃ》に立《た》てて、小松《こまつ》の丹羽長重《にわながしげ》と北ノ庄《きたのしょう》の青木一矩《あおきかずのり》が東軍《とうぐん》に降伏《こうふく》を願《ねが》い出《で》たことと美濃《みの》での「風雲急《ふううんきゅう》」（事態急変）を利長《としなが》に伝《つた》え、丹羽長重《にわながしげ》や青木一矩《あおきかずのり》と和睦《わぼく》して速《すみ》やかに軍《ぐん》を進《すす》めるように命《めい》じた。長重《ながしげ》と一矩《かずのり》は美濃《みの》での東軍《とうぐん》の圧勝《あっしょう》に恐《おそ》れをなして東《とう》軍《ぐん》に降伏《こうふく》を願《ねが》い出《で》たのだ。

利長《としなが》は小松《こまつ》に入《はい》って丹羽長重《にわながしげ》と和《わ》し、翌日《よくじつ》には北ノ庄《きたのしょう》に入《はい》って青木一矩《あおきかずのり》と和睦交渉《わぼくこうしょう》に入《はい》った。そこへ関ヶ原《せきがはら》から西軍全滅《せいぐんぜんめつ》の報《しら》せが飛《と》び込《こ》んだ。青木一矩《あおきかずのり》は西軍全滅《せいぐんぜんめつ》の報《しら》せを受《う》けて、和睦《わぼく》の条《じょう》件闘争《けんとうそう》をしても甲斐《かい》なしと悟《さと》って前田勢《まえだぜい》に全面降伏《ぜんめんこうふく》した。利長《としなが》は家康本陣《いえやすほんじん》が既《すで》に大津《おおつ》に移《うつ》ったのを知《し》って、東西両軍《とうざいりょうぐん》の激戦地《げきせんち》となった関ヶ原《せきがはら》には向《む》かわず、大津《おおつ》へ進路《しんろ》を変《か》えて家康本陣《いえやすほんじん》に出《で》向《む》いた。利長《としなが》は家康《いえやす》に謁見《えっけん》して利政《としまさ》の同道《どうどう》がなかったことで遅滞《ちたい》したことを詫《わ》びた。加《くわ》えて丹羽《にわ》長重《ながしげ》が降伏《こうふく》したことを伝《つた》えて成敗《せいばい》を免《めん》じて本領《ほんりょう》を安堵《あんど》するよう介添《かいぞ》えした。だが家康《いえやす》は利政《としまさ》と長《なが》重《しげ》二人の領地安堵《りょうちあんど》は許《ゆる》さず改易《かいえき》（没収）して利長《としなが》の領地《りょうち》に組《く》み込《こ》ませた。利政《としまさ》はその後《ご》、京都《きょう》に隠棲《いんせい》した。長重《ながしげ》は後《のち》に許《ゆる》されて常陸国古河《ひたちこくこが》に一万石が与《あた》えられた。長重《ながしげ》はさらに後年《こうねん》（寛永四年）陸奥国白河《むつこくしらかわ》十万石《ごく》の大名《だいみょう》に出世《しゅっせ》した。

徳川秀忠　上田城で真田昌幸・幸村父子と交戦し関ヶ原の戦いに遅参

次《つ》いで話《はなし》は会津《あいづ》攻《ぜ》めの小山《おやま》の陣《じん》から東山道《とうざんどう》（近江国以東の内陸部の諸国）を経《へ》て西軍討伐《せいぐんとうばつ》に向《む》かった秀忠隊《ひでただたい》に移《うつ》る。徳川秀忠《とくがわひでただ》はこのとき二十一歳。小田原《おだわら》の役《えき》に参陣《さんじん》したが戦《いくさ》には加《くわ》わらなかったので今回《こんかい》が実質上《じっしつじょう》の初陣《ういじん》だ。

慶長《けいちょう》五年（一六〇〇年）七月の小山《おやま》の評定《ひょうじょう》を受《う》けて秀忠軍《ひでただぐん》は東山道《とうざんどう》を西進《せいしん》して途中《とちゅう》で沼田《ぬまた》城主《じょうしゅ》の真田信之勢《さなだのぶゆきぜい》を加《くわ》え、九月初《はじ》めには小諸《こもろ》に着《つ》いた。これより先《さき》の上田城《うえだじょう》（上田市）には真田昌幸《さなだまさゆき》がいた。秀忠《ひでただ》は小山《おやま》の陣《じん》からの出発時《しゅっぱつじ》に父《ちち》の家康《いえやす》から「東山道平定《とうざんどうへいてい》を第一任務《だいいちにんむ》と心得《こころえ》よ」と諭《さと》され、特《とく》に真田昌幸《さなだまさゆき》には特別《とくべつ》の忠告《ちゅうこく》を受《う》けていた。

真田昌幸《さなだまさゆき》は徳川《とくがわ》の会津征伐《あいづせいばつ》に参陣《さんじん》したが、その途中《とちゅう》の下野国犬伏《しもつけこくいぬぶせ》（佐野市）で石田三成《いしだみつなり》から挙《きょ》兵《へい》の報《しら》せを受《う》けた。そこで昌幸《まさゆき》は嫡男《ちゃくなん》の信之《のぶゆき》と次男《じなん》の信繁《のぶしげ》（後世幸村と呼ばれる、以後幸村）と談合《だんごう》して、三成《みつなり》とは「刎頚《ふんけい》の交《まじ》わり」の仲《なか》の大谷吉継《おおたによしつぐ》の娘《むすめ》を娶《めと》った幸村《ゆきむら》と父《ちち》の昌幸《まさゆき》は西軍《せいぐん》に与《くみ》し、徳川《とくがわ》家宿将《けしゅくしょう》の本多忠勝《ほんだただかつ》の娘《むすめ》を娶《めと》った信之《のぶゆき》は東軍《とうぐん》に与《くみ》することで互《たが》いに袂《たもと》を分《わ》かった。世間《せけん》は真田家《さなだけ》が東西《とうざい》どちらが勝《か》っても家名《かめい》を残《のこ》すことが出来《でき》るように「苦肉《くにく》の策《さく》」（我が身（肉）を傷付け（苦しめて）敵の眼を誤魔化して苦境を乗り切る例え）を取《と》ったのだと噂《うわさ》した。昌幸《まさゆき》と幸村《ゆきむら》は会津《あいづ》討伐《とうばつ》の東軍《とうぐん》を抜《ぬ》け出《だ》して、秀忠隊《ひでただたい》より一足先《ひとあしさき》に居城《きょじょう》の上田城《うえだじょう》に舞《ま》い戻《もど》った。

徳川秀忠《とくがわひでただ》は真田昌幸《さなだまさゆき》の嫡男《ちゃくなん》の信之《のぶゆき》と、信之《のぶゆき》とは義兄弟《ぎきょうだい》の本多忠政《ほんだただまさ》の二名に命《めい》じて、上田城《うえだじょう》の開城《かいじょう》と東軍《とうぐん》への加勢《かせい》を求《もと》めた。上田城《うえだじょう》の真田《さなだ》の戦力《せんりょく》は三千五百。

昌幸《まさゆき》は三成《みつなり》から東軍《とうぐん》三万八千を一日《いちにち》でも長《なが》く上田《うえだ》に足止《あしど》めするよう命《めい》を受《う》けていたので

「会津出陣《あいづしゅつじん》の疲《つか》れから病床《びょうしょう》にあり」と言《い》って寝込《ねこ》んで見《み》せて暫時《ざんじ》の猶予《ゆうよ》を申《もう》し出《で》た。

同年同《どうねんどう》九月、昌幸《まさゆき》は配下《はいか》の兵《へい》に「開城《かいじょう》を先延《さきの》ばししたのは籠城《ろうじょう》の準備《じゅんび》のためにて、今《いま》は充分支《じゅうぶんし》度《たく》が整《ととの》った故《ゆえ》、何所《どこ》からでも御掛《おか》かりあれ。一合戦《ひとがっせん》、仕《つかまつ》ろう」と云《い》わせて兵卒等《へいそつら》に嘲笑《ちょうしょう》させ、東軍《とうぐん》に宣戦布告《せんせんふこく》した。総大将《そうだいしょう》で初陣《ういじん》の秀忠《ひでただ》は嘲笑《ちょうしょう》されて烈火《れっか》の如《ごと》く怒《いか》り、翌日早朝《よくじつそうちょう》から上田城総攻《うえだじょうそうこう》撃《げき》に掛《かか》った。榊原康政《さかきばらやすまさ》や本多正信《ほんだまさのぶ》らの歴戦《れきせん》の諸将《しょしょう》は真田《さなだ》の戦上手《いくさじょうず》を知《し》っていたので

「上田城《うえだじょう》は一日や二日で落《お》ちる城《しろ》では御座《ござ》らぬ。ここは上田《うえだ》を捨《す》て、素通《すどお》りして上方《かみがた》に向《む》かうが

上策《じょうさく》。若《も》し敵《てき》が追撃《ついげき》して来《く》れば当方《とうほう》は多勢《たぜい》。小勢《こぜい》の敵《てき》を押《お》し潰《つぶ》すのに何《なん》の手間《てま》も御座《ござ》らぬ」と秀忠《ひでただ》の城攻《しろぜ》めを諫《いさ》めた。だが嘗《かつ》て本能寺《ほんのうじ》の変《へん》の後《のち》に織田領《おだりょう》であった旧武田領《きゅうたけだりょう》を徳川《とくがわ》と北条《ほうじょう》で分《わ》け合《あ》った折《おり》に、信濃全土《しなのぜんど》が徳川領《とくがわりょう》になることに昌幸《まさゆき》が納得《なっとく》せず、上田城《うえだじょう》に籠《こも》って徳川《とくがわ》に反抗《はんこう》して徳《とく》川軍《がわぐん》を討《う》ち負《ま》かした事《こと》があった。この因縁《いんねん》があって徳川勢《とくがわぜい》には真田《さなだ》に遺恨《いこん》を持《も》つ諸将《しょしょう》が多《おお》く、総《そう》大将《だいしょう》の怒《いか》りが忽《たちま》ちに全軍《ぜんぐん》に伝播《でんぱ》して翌日早朝《よくじつそうちょう》には総攻撃《そうこうげき》の鬨《とき》の声《こえ》が一斉《いっせい》に挙《あ》がったのだ。

昌幸《まさゆき》は城《しろ》に籠《こも》って持久戦《じきゅうせん》に出《で》た。十倍を超《こ》す敵《てき》を前《まえ》にして無駄《むだ》な戦《いくさ》は禁物《きんもつ》だ。昌幸《まさゆき》にとっては秀忠《ひでただ》が率《ひき》いる東軍《とうぐん》が一日《いちにち》でも長《なが》く上田《うえだ》に留《とど》まればそれでよい。それだけ徳川本隊《とくがわほんたい》に対《たい》する防備《ぼうび》に掛《か》ける時間《じかん》が稼《かせ》げて西軍《せいぐん》の勝利《しょうり》に貢献《こうけん》できるのだ。既《すで》に六日間も東軍《とうぐん》を信濃国《しなのこく》に足止《あしど》めして、戦果《せんか》は充分《じゅうぶん》に挙《あ》がっていた。東軍《とうぐん》は千曲川《ちくまがわ》とその支流《しりゅう》の矢出沢川《やでさわかわ》に囲《かこ》まれた難攻不落《なんこうふらく》の上田城《うえだじょう》を持余《もてあま》した。天正《てんしょう》十三年のときも上田城《うえだじょう》を七千の軍勢《ぐんぜい》で攻《せ》めて大敗《たいはい》したのだ。

同・慶長《けいちょう》五年同九月、総大将《そうだいしょう》の秀忠《ひでただ》の下《もと》に東軍本隊《とうぐんほんたい》の家康《いえやす》から急使《きゅうし》が飛《と》び込《こ》み、「近《ちか》く関ヶ原《せきがはら》にて西軍《せいぐん》と開戦《かいせん》」と告《つ》げた。この急使《きゅうし》は途中《とちゅう》で豪雨《ごうう》と利根川支流《とねがわしりゅう》の増水《ぞうすい》に遮《さえぎ》られて数日遅《すうじつおく》れの上《うえ》田到着《だとうちゃく》だった。東軍《とうぐん》の秀忠隊《ひでただたい》には「寝耳《ねみみ》に水《みず》」の知《し》らせだった。小山《おやま》の陣《じん》を立《た》つときに秀忠《ひでただ》は家《いえ》康《やす》から内命《ないめい》を受《う》けていて「この会津討伐軍《あいづとうばつぐん》の中《なか》には余《あま》りにも多《おお》くの豊臣恩顧《とよとみおんこ》の諸将《しょしょう》がいる。何時《いつ》寝返《ねがえ》るかも判《わか》らない。これを思《おも》えば戦《いくさ》は地《ち》の利《り》を生《い》かして西軍《せいぐん》を関東《かんとう》まで誘《さそ》い込《こ》むしかない」と伝《つた》えられていた。東山道隊《とうざんどうたい》はそのための地均《じなら》しの役《やく》を負《お》っていたのだ。だがその後《ご》、池田《いけだ》・福島《ふくしま》らの「破竹《はちく》の勢《いきお》い」の進軍《しんぐん》があって戦況《せんきょう》が急変《きゅうへん》し、戦場《いくさば》は関東《かんとう》から尾張《おわり》・美濃《みの》に移《うつ》ったのだ。秀《ひで》忠隊《ただたい》はこの戦況《せんきょう》の変化《へんか》は知《し》っていたが東西激突《とうざいげきとつ》の時期《じき》がこれ程迄《ほどまで》に早《はや》まるとは思《おも》い至《いた》らなかった。秀忠隊《ひでただたい》は真田勢《さなだぜい》に構《かま》っておれなくなって即刻陣払《そっこくじんばら》いし、翌日和田峠《よくじつわだとうげ》（美ケ原と霧が峰の間の中山《なかせん》道《どう》の峠）を越《こ》えて木曽路《きそじ》に入《はい》り、関ケ原《せきがはら》へと急《いそ》いだ。だがここでまた豪雨《ごうう》に遭《あ》って木曽川《きそがわ》が渡《わた》れず三日間《むい》を無為《むい》に過《す》ごした。九月十七日に妻籠《つまご》（木曽街道の宿場町）に入《はい》って東軍勝利《とうぐんしょうり》の報《しら》せを受《う》けた。秀忠《ひでただ》は驚《おどろ》き慌《あわ》てて昼夜《ちゅうや》を分《わ》かたず道《みち》を急《いそ》ぎ、同月十九日に本陣《ほんじん》を近江国草津《おうみこくさつ》に移《うつ》した家康《いえやす》の下《もと》に駆《か》け付《つ》けた。家康《いえやす》は東山道隊《とうざんどうたい》の遅参《ちさん》を怒《いか》って秀忠《ひでただ》の対面《たいめん》を許《ゆる》さなかったが、宿老《しゅくろう》の執《と》り成《な》しがあって二十日に大津《おおつ》で対面《たいめん》した。

豊臣武断派　西軍に与する尾張国境の美濃国諸城を攻略

最後《さいご》に徳川家康《とくがわいえやす》の東海道本隊《とうかいどうほんたい》について。（420頁8～10行目及び421頁5～6行目の続き）

　慶長《けいちょう》五年八月、家康《いえやす》は小山《おやま》の陣《じん》で西軍討伐《せいぐんとうばつ》の先発隊《せんぱつたい》として福島正則《ふくしままさのり》と池田輝政《いけだてるまさ》に加《くわ》えて監軍《かんぐん》（軍の目付）に井伊直政《いいなおまさ》と本多忠勝《ほんだただかつ》を付《つ》けて送《おく》り出《だ》した後《のち》に江戸城《えどじょう》への帰路《きろ》に付《つ》いた。

　これより先《さき》、同年七月末《まつ》に先発隊《せんぱつたい》の福島正則《ふくしままさのり》と池田輝政《いけだてるまさ》は小山《おやま》の陣《じん》を出立《しゅったつ》した。途中《とちゅう》の東海道《とうかいどう》（伊勢国以東の太平洋沿岸諸国）は何《なん》の支障《ししょう》もなく進《すす》んで、福島正則《ふくしままさのり》は同年八月中旬《ちゅうじゅん》には居城《きょじょう》の尾張《おわり》国清洲《こくきよす》に到着《とうちゃく》した。以後《いご》同月中《どうげつちゅう》に監軍《かんぐん》の井伊直政《いいなおまさ》や本多忠勝《ほんだただかつ》が率《ひき》いる先発本隊《せんぱつほんたい》の五万も清洲城《きよすじょう》に到着《とうちゃく》して尾張国《おわりこく》は東軍《とうぐん》の軍勢《ぐんぜい》で溢《あふ》れた。それで江戸《えど》に使者《ししゃ》を立《た》てて家康《いえやす》の出陣《しゅつじん》を要請《ようせい》しながら、尾張《おわり》・美濃国境《みのこっきょう》沿《ぞ》いの城主《じょうしゅ》に東軍《とうぐん》への与力《よりき》を強要《きょうよう》した。

　丁度《ちょうど》同《おな》じ頃《ころ》、石田三成《いしだみつなり》も岐阜城主《ぎふじょうしゅ》の織田秀信《おだひでのぶ》（織田信長の嫡孫で幼名は三法師）と大垣城主《おおがきじょうしゅ》の伊藤《いとう》盛正《もりまさ》を口説《くど》き西軍《せいぐん》に取《と》り込《こ》んで大垣城《おおがきじょう》に入《はい》り、美濃国一帯《みのこくいったい》の城主《じょうしゅ》を西軍《せいぐん》の支配下《しはいか》に置《お》いた。美濃《みの》と尾張《おわり》の国境《こっきょう》（木曽川）が東軍《とうぐん》と西軍《せいぐん》の境界線《きょうかいせん》になって付近一帯《ふきんいったい》が一触即発《いっしょくそくはつ》の緊張《きんちょう》が漂《ただよ》った。清《きよ》洲城《すじょう》の東軍《とうぐん》は江戸《えど》に急使《きゅうし》を送《おく》って家康《いえやす》に即刻《そっこく》の出陣《しゅつじん》を要請《ようせい》し、その一方《いっぽう》で元《もと》・岐阜城《ぎふじょう》支城《しじょう》城主《しゅ》には東軍《とうぐん》に与《くみ》するよう強要《きょうよう》して、従《したが》わぬ城《しろ》は敵《てき》と見做《みな》して攻撃《こうげき》をし始《はじ》めた。

同年八月、福島正則《ふくしままさのり》は東軍《とうぐん》に与力《よりき》して正則《まさのり》と共《とも》に会津征伐《あいづせいばつ》に加《くわ》わった松ノ木城主《まつのきじょうしゅ》の徳永寿昌《とくながひさあき》と今尾城主《いまおじょうしゅ》の市橋長勝《いちはしながかつ》（共に海津市）に腹心《ふくしん》の横井伊織《よこいいおり》を加勢《かせい》に付《つ》けて、西軍《せいぐん》に与力《よりき》した福束城《ふくつかじょう》（岐阜県輪之内町）の丸毛兼利《まるもかねとし》を攻撃《こうげき》させた。

福束城《ふくつかじょう》は揖斐川左岸《いびがわさがん》にあって伊勢湾《いせわん》と大垣《おおがき》を結《むす》ぶ交通《こうつう》の要衝《ようしょう》だ。福束《ふくつか》の丸毛《まるも》はこの攻撃《こうげき》を察知《さっち》して大垣城《おおがきじょう》の石田三成《いしだみつなり》に援軍《えんぐん》を要請《ようせい》した。三成《みつなり》は三千の軍勢《ぐんぜい》を送《おく》って丸毛《まるも》を加勢《かせい》した。

福束勢《ふくつかぜい》は東軍《とうぐん》を迎《むか》え討《う》とうと揖斐川支流《いびがわしりゅう》の大樽川右岸《おおたるがわうがん》に軍勢《ぐんぜい》を出《だ》して東軍《とうぐん》と睨《にら》み合《あ》った。

その日《ひ》の夜《よる》、東軍《とうぐん》の市橋《いちはし》が密《ひそ》かに大樽川《おおたるがわ》の上流《じょうりゅう》に廻《まわ》って渡河《とか》し、近在《きんざい》の家々《いえいえ》に火《ひ》を掛《か》けた。西《せい》軍《ぐん》の丸毛勢《まるもぜい》は背後《はいご》に大軍《たいぐん》が襲来《しゅうらい》したかと驚《おどろ》いて、慌《あわ》てて逃《に》げ出《だ》した。そこを東軍《とうぐん》の徳永《とくなが》・福島《ふくしま》の全軍《ぜんぐん》が大樽川《おおたるがわ》を渡《わた》って攻《せ》め掛《かか》った。西軍《せいぐん》の丸毛勢《まるもぜい》は一旦《いったん》、福束城《ふくつかじょう》に逃《に》げ込《こ》んだが支《ささ》えきれぬと悟《さと》り、城《しろ》を抜《ぬ》け出《だ》して大垣城《おおがきじょう》に退去《たいきょ》した。福束城《ふくつかじょう》は東軍《とうぐん》の手《て》に落《お》ちた。

福島正則《ふくしままさのり》は兵卒《へいそつ》二百を連《つ》れて市橋長勝《いちはしながかつ》の今尾城《いまおじょう》に入《はい》り、市橋長勝《いちはしながかつ》と徳永寿昌《とくながひさあき》の戦功《せんこう》を賞《しょう》した上《うえ》で、さらに今尾城《いまおじょう》より揖斐川左岸下流一里《いびがわさがんかりゅういちり》（4km）の高須城《たかすじょう》（海津市）攻《ぜ》めを命《めい》じた。

この付近《ふきん》は木曽川《きそがわ》・長良川《ながらがわ》・揖斐川《いびがわ》が接《せっ》する水害《すいがい》の多発地帯《たはっちたい》で、高須城《たかすじょう》では揖斐川右岸《いびがわうがん》の駒野《こまの》城《じょう》（海津市）の高木帯刀《たかぎたてわき》や津屋城《つやじょう》（海津市）の高木正家《たかぎまさいえ》と運命共同体《うんめいきょうどうたい》の絆《きずな》で結《むす》ばれ、常《つね》に行動《こうどう》を共《とも》にしていたので、この度《たび》も揃《そろ》って西軍《せいぐん》に与《くみ》していた。高須攻《たかすぜ》めを命《めい》じられた徳永寿昌《とくながひさあき》と市橋長勝《いちはしながかつ》は、高須城主《たかすじょうしゅ》の高木盛兼《たかぎもりかね》に使者《ししゃ》を送《おく》って、東軍《とうぐん》へ寝返《ねがえ》って開城《かいじょう》するよう強要《きょうよう》した。

高須城主《たかすじょうしゅ》の高木《たかぎ》は何《なに》もせずに城《しろ》を明《あ》け渡《わた》しては後《のち》の言《い》い訳《わけ》に困《こま》ると思《おも》い、使者《ししゃ》に空砲《くうほう》を撃《う》ち合《あ》う仮《かり》の戦《いくさ》に付《つ》き合《あ》えば無血開城《むけつかいじょう》すると約束《やくそく》した。徳永《とくなが》・市橋勢《いちはしぜい》一千は約束《やくそく》を無視《むし》して高木勢《たかぎぜい》に実弾《じつだん》を込《こ》めた鉄砲《てっぽう》を撃《う》ち込《こ》んだ。高木盛兼《たかぎもりかね》は欺《あざむ》かれて怒《いか》ったが時既《ときすで》に遅《おそ》く、城《しろ》を捨《す》てて揖斐川《いびがわ》を渡《わた》り駒野城《こまのじょう》と津谷城《つやじょう》に散《ち》って逃《のが》れた。徳永《とくなが》・市橋勢《いちはしぜい》は軍勢《ぐんぜい》を二手《ふたて》に分《わ》けて駒野城《こまのじょう》と津谷城《つやじょう》を囲《かこ》んだ。駒野《こまの》の高木帯刀《たかぎたてわき》は東軍《とうぐん》に属《ぞく》した高木貞友《たかぎさだとも》の勧《すす》めで、無血開城《むけつかいじょう》して東軍《とうぐん》に寝返《ねがえ》った。津谷城《つやじょう》では城主《じょうしゅ》の高木正家《たかぎまさいえ》が高須《たかす》から逃《のが》れ出《で》た盛兼《もりかね》の一隊《いったい》を受《う》け入《い》れ、迫《せま》り来《く》る敵《てき》に備《そな》えた。だが備《そな》える間《ま》もなく松ノ木《まつのき》・今尾《いまお》の勢《ぜい》が押《お》し寄《よ》せて来《き》た。加《くわ》えて駒野攻略《こまのこうりゃく》に向《む》かった一手《いって》も、城《しろ》を落《お》とした勢《いきお》いに乗《の》って駆《か》け付《つ》け攻撃《こうげき》に加《くわ》わって城《しろ》に火《ひ》を掛《か》けた。高木正家《たかぎまさいえ》は高須《たかす》の高木盛兼《たかぎもりかね》を伴《ともな》い大垣《おおがき》城《じょう》に逃《に》げ出《だ》して城《しろ》は東軍《とうぐん》の手《て》に落《お》ちた。

池田輝政・福島正則の木曽川渡河と岐阜城攻撃

この頃《ころ》の家康《いえやす》は江戸《えど》城《じょう》に戻《もど》って以来《いらい》、全《まった》く動《うご》く気配《けはい》を見《み》せなかった。家康《いえやす》には迷《まよ》いがあった。「今《いま》、福島正則《ふくしままさのり》を長《おさ》とする豊臣武断派《とよとみぶだんは》が尾張《おわり》を占領《せんりょう》し、石田三成《いしだみつなり》を長《おさ》とする豊臣文治派《とよとみぶんじは》が美濃《みの》を占拠《せんきょ》して互《たが》いに睨《にら》み合《あ》っているが、何時何事《いつなにごと》が起《お》こって豊臣家臣《とよとみかしん》が一つになるか知《し》れたものではない。彼《かれ》らの主君《しゅくん》の秀頼《ひでより》が西軍《せいぐん》に担《かつ》ぎ出《だ》されて美濃《みの》に出《で》てくれれば、今東軍《いまとうぐん》に与《くみ》している福島《ふくしま》らが雪崩《なだれ》を打《う》って西軍《せいぐん》に寝返《ねがえ》るのは誰《だれ》の目《め》にも浮《う》かぶ当然《とうぜん》の成《な》り行《ゆ》きだ。彼《かれ》らは元《もと》は皆《みな》、秀吉子飼《ひでよしこが》いの一つ釜《かま》の飯《めし》で育《そだ》った仲間《なかま》なのだ」と…。東軍《とうぐん》の中《なか》で徳川歴代《とくがわれきだい》の家臣《かしん》と言《い》えば、その大半《たいはん》が家督《かとく》の秀忠《ひでただ》と共《とも》に東山道《とうざんどう》に在《あ》って江戸《えど》にはその半数《はんすう》もいない。家康《いえやす》は福島《ふくしま》ら豊臣武断派《とよとみぶだんは》の手中《しゅちゅう》に気《き》安《やす》くは飛《と》び込《こ》めなかった。そこで秀忠《ひでただ》の下《もと》に使者《ししゃ》を送《おく》り、尾張《おわり》に大至急陣《だいしきゅうじん》を進《すす》めるよう使者《ししゃ》を送《おく》ったが俄雨《にわかあめ》に祟《たた》られて道中《どうちゅう》の川《かわ》が渡《わた》れず、使者《ししゃ》が上田《うえだ》に着《つ》いたのは戦《いくさ》の始《はじ》まった九月に入《はい》ってからだった。清洲城《きよすじょう》では福島正則《ふくしままさのり》らの豊臣武断派《とよとみぶだんは》の諸将《しょしょう》は尾張《おわり》・美濃国境《みのこっきょう》の西軍与力《せいぐんよりき》の岐阜《ぎふ》城《じょう》支城《しじょう》を攻《せ》め取《と》りながらも、一向《いっこう》に動《うご》こうとせぬ家康《いえやす》に苛立《いらだ》って、

「内府《ないふ》（家康の官名）は先発隊《せんぱつたい》を捨石《すていし》（囲碁の用語）にする気《き》か」と罵《ののし》り、江戸《えど》に残《のこ》る徳川本隊《とくがわほんたい》への不信《ふしん》と反感《はんかん》が広《ひろ》がった。今《いま》、敵《てき》を目前《もくぜん》にして味方《みかた》が割《わ》れると戦《いくさ》にならない。同席《どうせき》していた徳川《とくがわ》宿将《しゅくしょう》の本多忠勝《ほんだただかつ》や井伊直政《いいなおまさ》は、家康《いえやす》の娘婿《むすめむこ》で吉田《よしだ》（豊橋市）城主《じょうしゅ》の池田輝政《いけだてるまさ》を伴《ともな》って豊臣武断派《とよとみぶだんは》の諸将《しょしょう》を取《と》りなし、機嫌《きげん》を取《と》り直《なお》そうと必死《ひっし》に宥《なだ》めた。そこへ江戸《えど》から村越直吉《むらこしなおよし》（通称茂助）が家《いえ》康《やす》の使者《ししゃ》となって清洲城《きよすじょう》に到着《とうちゃく》した。福島正則《ふくしままさのり》は怒気《どき》を含《ふく》めて使者《ししゃ》に向《む》かい、一向《いっこう》に動《うご》こうとせぬ徳川家康《とくがわいえやす》を詰《なじ》ってその存念《ぞんねん》を質《ただ》したところ、使者《ししゃ》の村越《むらこし》は泰然《たいぜん》と構《かま》えて

「先発隊《せんぱつたい》の諸将《しょしょう》は何故《なにゆえ》に動《うご》かれぬ。皆々《みなみな》が先駆《さきが》けなされれば即刻後詰致《そっこくごづめいた》す」と家康《いえやす》の口上《こうじょう》を伝《つた》え

た。家康《いえやす》は言外《げんがい》に、先発隊《せんぱつたい》が日和見《ひよりみ》を決《き》め込《こ》んでいるから本隊《ほんたい》が動《うご》けぬ、と徳川本隊《とくがわほんたい》が動《うご》かぬ理《り》由《ゆう》を先発隊《せんぱつたい》に転嫁《てんか》した。これを聞《き》いた福島正則《ふくしままさのり》は熱《いき》り立《た》って（怒り興奮して）立《た》ち上《あ》がった。一座《いちざ》は正則《まさのり》が何《なに》を云《い》い出《だ》すかと息《いき》を呑《の》んだ。だが正則《まさのり》は

「仰《おお》せ御尤《ごもっと》も。なれば早速《さっそく》と岐阜城攻撃《ぎふじょうこうげき》の先鋒《せんぽう》を賜《たまわ》り戦果《せんか》の程《ほど》を内府殿《ないふどの》（家康の官名）に報告致《ほうこくいた》す」と言《い》い放《はな》った。これを聞《き》いた池田輝政《いけだてるまさ》も先鋒《せんぽう》を受《う》けると言《い》い出《だ》した。正則《まさのり》は

「東軍《とうぐん》の最前線《さいぜんせん》はこの正則《まさのり》の居城《きょじょう》の清洲《きよす》である」と言《い》って先鋒《せんぽう》を譲《ゆず》らず、輝政《てるまさ》も

「某《それがし》は岳父《がくふ》（輝政の妻が家康の次女）より先鋒《せんぽう》の命《めい》を受《う》けておる。加《くわ》えて岐阜城《ぎふじょう》は元《もと》、我《わ》が池田家《いけだけ》の居城《きょじょう》にして、城内《じょうない》は隅々《すみずみ》まで存《ぞん》じておる」と言《い》ってこれも先鋒《せんぽう》を譲《ゆず》らない。武将《ぶしょう》にとって一番手《て》柄《がら》が生死以上《せいしいじょう》に第一の生甲斐《いきがい》の時代《じだい》であったので、互《たが》いに容易《ようい》には譲《ゆず》ろうとしなかった。

そこで監軍《かんぐん》の本多《ほんだ》と井伊《いい》が中《なか》に入《はい》って、福島正則《ふくしままさのり》には地元《じもと》である故《ゆえ》をもって木曽川下流《きそがわかりゅう》の尾越《おごし》（尾西市起《おこし》）からの渡河《とか》を言《い》い渡《わた》し、池田輝政《いけだてるまさ》には

「東軍《とうぐん》の軍略《ぐんりゃく》を乱《みだ》すは徳川《とくがわ》の婿《むこ》にあるまじきこと」と諭《さと》して正則《まさのり》の狼煙《のろし》を合図《あいず》に時《とき》を併《あわ》せて木曽《きそ》

川上流《がわじょうりゅう》の河田《かわた》（一宮市河田町）からの渡河《とか》を申《もう》し渡《わた》した。それで両名《りょうめい》も得心《とくしん》して受《う》け入《い》れた。

慶長《けいちょう》五年八月、東軍岐阜城攻《とうぐんぎふじょうぜ》めの福島隊《ふくしまたい》は正則《まさのり》の他《ほか》、細川忠興《ほそかわただおき》・加藤嘉明《かとうよしあき》・黒田長政《くろだながまさ》・藤堂高虎《とうどうたかとら》・京極高知《きょうごくたかとも》・田中吉政《たなかよしまさ》・生駒一正《いこまかずまさ》・寺沢広高《てらさわひろたか》・蜂須賀至鎮《はちすかよししげ》・井伊直政《いいなおまさ》・本多忠勝《ほんだただかつ》らの諸将《しょしょう》が兵卒《へいそつ》二万五千を率《ひき》いて、清洲城《きよすじょう》から岐阜城《ぎふじょう》を目指《めざ》して出立《しゅったつ》した。

一方《いっぽう》の西軍《せいぐん》は清洲《きよす》の動《うご》きを察知《さっち》して尾越《おごし》の渡《わた》し近《ちか》くの竹鼻城《たけはなじょう》（羽島市竹鼻町）に大垣城《おおがきじょう》から毛利《もうり》広盛《ひろもり》、岐阜城《ぎふじょう》から梶川三十郎《かじかわさんじゅうろう》と花村半左衛門《はなむらはんざえもん》が加《くわ》わって竹鼻《たけはな》の杉浦重勝《すぎうらしげかつ》に与力《よりき》した。

二十二日払暁《ふつぎょう》（明け方）、東軍《とうぐん》の福島隊《ふくしまたい》は木曽川尾越《きそがわおごし》の渡《わた》しに迫《せま》った。西軍《せいぐん》は対岸《たいがん》の大浦一帯《おおうらいったい》の河岸《かわぎし》に柵《さく》と逆茂木《さかもぎ》を立《た》て、鉄砲隊《てっぽうたい》を並《なら》べて迎撃態勢《げいげきたいせい》をとった。

福島隊《ふくしまたい》は西軍《せいぐん》の構《かま》えを見《み》て、さらに下流《かりゅう》の加賀野井城《かがのいじょう》（羽島市下中町）の対岸付近《たいがんふきん》まで下《くだ》って渡《と》河《か》した。丁度《ちょうど》その時《とき》、遥《はる》か上流《じょうりゅう》で激《はげ》しい鉄砲《てっぽう》の音《おと》がした。福島隊《ふくしまたい》の諸将《しょしょう》は皆《みな》、即時《そくじ》に池田隊《いけだたい》が盟《めい》約《やく》に背《そむ》き福島隊《ふくしまたい》を待《ま》たずに渡河《とか》したと直感《ちょっかん》して、先《さき》を越《こ》された怒《いか》りを目前《もくぜん》の敵《てき》にぶつけて、全軍《ぜんぐん》一気《いっき》に渡河《とか》して目前《もくぜん》の加賀野井城《かがのいじょう》を占拠《せんきょ》し、全軍一丸《ぜんぐんいちがん》となって竹鼻城《たけはなじょう》に攻《せ》め寄《よ》せた。

一方《いっぽう》の竹鼻城《たけはなじょう》では河岸《かわぎし》で敵《てき》の渡河《とか》を待《ま》ち伏《ぶ》せしたが、思《おも》わぬ背後《はいご》の下流《かりゅう》から敵《てき》が攻《せ》め寄《よ》せてきたので慌《あわ》てて河岸《かわぎし》の陣《じん》を捨《す》てて城《しろ》に駆《か》け戻《もど》ったが、東軍《とうぐん》も同時《どうじ》に城門前《じょうもんまえ》まで攻《せ》め込《こ》んで乱戦《らんせん》になった。竹鼻城《たけはなじょう》は夕刻《ゆうこく》までに三《さん》の丸《まる》と二《に》の丸《まる》が落《お》ちた。毛利広盛《もうりひろもり》と梶川三十郎《かじかわさんじゅうろう》は福島正則《ふくしままさのり》の投《とう》降《こう》の勧《すす》めを受《う》けて降伏《こうふく》した。この二人は正則《まさのり》とは旧知《きゅうち》の仲《なか》だった。本丸《ほんまる》に籠《こも》った竹鼻城主《たけはなじょうしゅ》の杉《すぎ》浦重勝《うらしげかつ》は投降《とうこう》せずに、残《のこ》る三十余名《よめい》と共《とも》に城《しろ》に火《ひ》を掛《か》け、車座《くるまざ》になって作法《さほう》に則《のっと》り割腹《かっぷく》して果《は》てた。竹鼻城《たけはなじょう》は二十二日《にち》の未《ま》だ日《ひ》が高《たか》い内《うち》に落城《らくじょう》した。

岐阜城《ぎふじょうぜ》攻めに向《む》かったもう一方《いっぽう》の池田隊《いけだたい》には輝政《てるまさ》の他《ほか》に浅野幸長《あさのゆきなが》・山内一豊《やまのうちかずとよ》・堀尾忠氏《ほりおただうじ》・有《あり》馬豊氏《まとようじ》・一柳直盛《ひとつやなぎなおもり》の諸将《しょしょう》各隊《かくたい》総勢《そうぜい》一万八千が二十二日未明《みめい》を期《き》して木曽川河田《きそがわかわだ》の渡《わた》し（一宮市河田町）に集合《しゅうごう》し、福島隊《ふくしまたい》からの渡河《とか》の合図《あいず》の狼煙《のろし》を待《ま》った。

対《たい》する岐阜城側《ぎふじょうがわ》では東軍《とうぐん》の動《うご》きを探知《たんち》して宿老《しゅくろう》らは城主《じょうしゅ》の織田秀信《おだひでのぶ》（信長の嫡孫・幼名三法師）に籠城《ろうじょう》を勧《すす》めた。だが若《わか》い秀信《ひでのぶ》は「無為《むい》に城《しろ》に籠《こも》るは兵《へい》の士気《しき》を失《うしな》い宜《よろ》しからず。先《ま》ずは木曽川《きそがわ》を堀《ほり》に見立《みた》てて河岸《かわぎし》に兵《へい》を伏《ふ》せ、渡河《とか》する敵《てき》を鉄砲《てっぽう》で襲《おそ》えば我《わ》が勢《ぜい》の勝利《しょうり》は疑《うたが》いなし」と思《おも》い込《こ》み、鉄砲隊《てっぽうたい》を組織《そしき》して夜半《やはん》に城下《じょうか》の米野《このめ》（羽島郡笠松町）一帯《いったい》の木曽川右岸《きそがわうがん》で待《ま》ち伏《ぶ》せた。

二十二日の暁《あかつき》、池田輝政《いけだてるまさ》は福島隊《ふくしまたい》から渡河《とか》の狼煙《のろし》が上《あ》がるのを今《いま》か今《いま》かと待《ま》ち受《う》けた。地元《じもと》の伊木《いき》（各務原市鵜沼伊木山）城主《じょうしゅ》の伊木清兵衛《いきせいべえ》は、この川《かわ》の渡河《とか》は日常茶飯《にちじょうさはん》だったので合図《あいず》を待《ま》たずに「渡河《とか》はここからが一番」と渡河《とか》の道先案内《みちさきあんない》を始《はじ》めた。諸将《しょしょう》は皆《みな》、遅《おく》れを取《と》るなと一斉《いっせい》に木曽川《きそがわ》を渡《わた》り出《だ》した。右岸《うがん》に伏《ふ》せた岐阜城《ぎふじょう》の織田勢《おだぜい》は渡河《とか》を始《はじ》めた池田隊目掛《いけだたいめが》けて鉄砲《てっぽう》を撃《う》ち始《はじ》めた。東軍《とうぐん》も渡河《とか》の援護隊《えんごたい》が鉄砲《てっぽう》で応《おう》じて激《はげ》しい銃撃戦《じゅうげきせん》になった。兵卒《へいそつ》や鉄砲《てっぽう》の数《かず》は東軍《とうぐん》が圧倒《あっとう》した。次第《しだい》に西軍《せいぐん》の河岸陣《かわぎしじん》は浮《う》き足立《あしだ》って米野《このめ》から印食《じき》（羽島郡岐南町）の第二陣《だいにじん》まで退《の》いた。だがここも追《お》い立《た》てられて遂《つい》には岐阜城《ぎふじょう》に引《ひ》き退《の》いた。

岐阜城陥落

岐阜城主《ぎふじょうしゅ》の織田秀信《おだひでのぶ》は大垣《おおがき》・犬山《いぬやま》の両城《りょうじょう》に急使《きゅうし》を立《た》てて援軍《えんぐん》を求《もと》めた。宿老《しゅくろう》らは援軍《えんぐん》が来《く》るまで防御第一《ぼうぎょだいいち》に籠城《ろうじょう》することを勧《すす》めたが秀信《ひでのぶ》は聞《き》かず、六千の将兵《しょうへい》を本丸《ほんまる》から出《だ》して惣門口《そうもんくち》（表門口）と搦《から》め手口《てぐち》（裏門口）の両道《りょうどう》に通《つう》じる道《みち》を見下《みお》ろす瑞竜寺山砦《ずいりゅうじやまとりで》や権現山砦《ごんげんやまとりで》、稲葉山砦《いなばやまとりで》に将兵《しょうへい》を分《わ》けて配置《はいち》し、攻《せ》め寄《よ》せる東軍《とうぐん》を討《う》ち取《と》る攻守兼用《こうしゅけんよう》の防御体制《ぼうぎょたいせい》を取《と》った。

この日二十二日の夜《よる》、東軍《とうぐん》の総勢《そうぜい》三万四千は岐阜城《ぎふじょう》から荒田川《あらたがわ》を挟《はさ》んだ切通《きりどおし》（岐阜市切通）付近《ふきん》で宿営《しゅくえい》した。夕刻《ゆうこく》の軍評定《いくさひょうじょう》の集《あつ》まりで福島正則《ふくしままさのり》は池田輝政《いけだてるまさ》が合図《あいず》の狼煙《のろし》をあげないうちに木曽《きそ》川《がわ》を渡河《とか》したと激《はげ》しく罵《ののし》った。軍監《ぐんかん》の本多忠勝《ほんだただかつ》と井伊直政《いいなおまさ》は仲裁《ちゅうさい》に入《はい》って、城攻《しろぜ》めの数《かず》ある攻《せ》め口《くち》の中《なか》で福島正則隊《ふくしままさのりたい》には岐阜城本丸《ぎふじょうほんまる》に通《つう》じる惣門大手口攻《そうもんおおてぐちぜ》めの大将《たいしょう》に任《にん》じ、同《おな》じく本丸《ほんまる》へ通《つう》じる搦手口《からめてぐち》の難所《なんしょ》には城内《じょうない》を熟知《じゅくち》する池田輝政《いけだてるまさ》を充《あ》てることで両者《りょうしゃ》を納得《なっとく》させた。また岐阜城《ぎふじょう》本丸《ほんまる》への大手口《おおてぐち》と搦《から》め手口《てぐち》に通《つう》じる道《みち》を見下《みお》ろす瑞竜寺山砦《ずいりゅうじやまとりで》（水道山付近）や権現山砦《ごんげんやまとりで》（伊奈波神社付近）、稲葉山砦《いなばやまとりで》（稲荷山山頂）にも浅野幸長《あさのゆきなが》や一柳直盛《ひとつやなぎなおもり》、井伊直政《いいなおまさ》らを向《む》かわせた。また犬山《いぬやま》からの援軍《えんぐん》の備《そな》えには山内一豊《やまのうちかずとよ》と堀尾忠氏《ほりおただうじ》を、大垣《おおがき》からの援軍《えんぐん》の備《そな》えには田中吉政《たなかよしまさ》や黒田長政《くろだながまさ》、藤堂《とうどう》高虎《たかとら》を向《む》かわせて手配《てくば》りを終《お》えた。岐阜城《ぎふじょう》から援軍《えんぐん》の要請《ようせい》を受《う》けた犬山城主《いぬやまじょうしゅ》の石川貞清《いしかわさだきよ》は配下《はいか》の諸将《しょしょう》と談合《だんごう》して東軍《とうぐん》の井伊直政《いいなおまさ》に投降《とうこう》を伝《つた》えて寝返《ねがえ》った。

翌日払暁《よくじつふつぎょう》、岐阜城《ぎふじょう》に向《む》けて総攻撃《そうこうげき》が始《はじ》まった。岐阜城《ぎふじょう》の各砦《かくとりで》に配属《はいぞく》された守兵《しゅへい》は東軍《とうぐん》の雲霞《うんか》の如《ごと》くに攻《せ》め来《きた》る凄《すさ》まじい勢《いきお》いに呑《の》まれて呆気《あっけ》なく逃《に》げ出《だ》した。惣門大手《そうもんおおて》に通《つう》じる七曲《ななまが》り道《みち》や搦《から》め手門《てもん》に通《つう》じる水《みず》の手道《てみち》の登《のぼ》り口守備隊《ぐちしゅびたい》も敵《てき》の姿《すがた》が見《み》えぬうちに逃《に》げ散《ち》った。

池田輝政《いけだてるまさ》は城内《じょうない》の地理《ちり》を隅々《すみずみ》まで知《し》っていて、福島正則隊《ふくしままさのりたい》に負《ま》けてなるかと搦《から》め手門《てもん》に続《つづ》く急《きゅう》峻《しゅん》な水《みず》の手道《てみち》を駆《か》け登《のぼ》った。道《みち》を塞《ふさ》ぐ守兵《しゅへい》を難《なん》なく追《お》い散《ち》らして搦《から》め手門《てもん》を攻《せ》め破《やぶ》り、本丸下《ほんまるした》に一番乗《いちばんの》りした。続《つづ》いて七曲《ななまが》り道《みち》を登《のぼ》って来《き》た福島隊《ふくしまたい》も惣門《そうもん》の一《いち》の門《もん》や二《に》の門《もん》を攻《せ》め破《やぶ》って本丸下《ほんまるした》に到着《とうちゃく》した。東軍《とうぐん》の他《た》の隊《たい》も続々《ぞくぞく》と四方八方《しほうはっぽう》から本丸目指《ほんまるめざ》して登《のぼ》って来《き》た。

岐阜城《ぎふじょう》本丸《ほんまる》はその日《ひ》の内《うち》に東軍《とうぐん》に十重二十重《とえはたえ》に取《と》り囲《かこ》まれた。岐阜城《ぎふじょう》将兵《しょうへい》の多《おお》くは砦《とりで》や大《おお》手口《てぐち》・搦《から》め手口《てぐち》に分散《ぶんさん》したので本丸《ほんまる》を守《まも》る兵数《へいすう》は心許無《こころもとな》い限《かぎ》りだった。数万の大軍《たいぐん》に囲《かこ》まれて城《じょう》主《しゅ》の織田秀信《おだひでのぶ》は自害《じがい》を決意《けつい》したが、宿老《しゅくろう》の木造具政《こづくりともまさ》は強《し》いて止《と》めて降伏《こうふく》を願《ねが》い出《で》た。

東軍《とうぐん》は秀信《ひでのぶ》に対《たい》する助命嘆願《じょめいたんがん》を受《う》けて諾否《だくひ》の意見《いけん》が分《わ》かれた。福島正則《ふくしままさのり》は秀信《ひでのぶ》が織田信長《おだのぶなが》の嫡《ちゃく》孫《そん》である故《ゆえ》をもって助命《じょめい》するよう強《つよ》く諸将《しょしょう》を説得《せっとく》して、剃髪《ていはつ》して高野山《こうやさん》（真言宗金剛峯寺）に入《はい》ることを条件《じょうけん》に助命《じょめい》が叶《かな》った。岐阜城《ぎふじょう》はただの一日で東軍《とうぐん》の手《て》に落《お》ちた。

多少《たしょう》前後《ぜんご》するが、大垣城《おおがきじょう》の石田三成《いしだみつなり》は岐阜城救援《ぎふじょうきゅうえん》に向《む》かおうとしたが、その隙《すき》を東軍《とうぐん》に衝《つ》かれるのを恐《おそ》れた。それで垂井《たるい》（不破郡垂井町）に陣取《じんど》っていた島津義弘軍《しまづよしひろぐん》を墨俣《すのまた》（墨俣町）に移動《いどう》させて清洲《きよす》の東軍《とうぐん》に備《そな》えると共《とも》に、岐阜城救援《ぎふじょうきゅうえん》に向《む》けて舞野兵庫助《まいのひょうごのすけ》や森九兵衛《もりきゅうべえ》・杉江堪兵衛《すぎえたんべえ》らに一千の兵《へい》を付《つ》けて長良川右岸《ながらがわうがん》の河渡《ごうど》（岐阜市河渡）に出陣《しゅつじん》させた。

同日払暁《ふつぎょう》の岐阜城総攻撃《ぎふじょうそうこうげき》が始《はじ》まった頃《ころ》、西軍《せいぐん》の舞野《まいの》や森《もり》らの軍勢《ぐんぜい》が長良川右岸《ながらがわうがん》の河渡辺《ごうどあた》りで朝飯《あさめし》を摂《と》った。それを長良川左岸《ながらかわさがん》を南下《なんか》してきた東軍《とうぐん》の黒田長政《くろだながまさ》や田中吉政《たなかよしまさ》、藤堂高虎《とうどうたかとら》らが見付《みつ》け、悟《さと》られぬように近付《ちかづ》いて鉄砲《てっぽう》を撃《う》ち掛《か》けた。西軍《せいぐん》は不意《ふい》を突《つ》かれて狼狽《ろうばい》した。その隙《すき》に田中《たなか》吉政《よしまさ》の一隊《いったい》が長良川《ながらがわ》を渡《わた》って突撃《とつげき》した。黒田《くろだ》・藤堂隊《とうどうたい》も後《あと》に続《つづ》いたので、西軍《せいぐん》は総崩《そうくず》れになって大垣城《おおがきじょう》に逃《に》げ返《かえ》った。

翌日《よくじつ》、岐阜城《ぎふじょう》を落《お》とした東軍《とうぐん》は全軍挙《ぜんぐんあ》げて西進《せいしん》し、大垣城《おおがきじょう》の近《ちか》くで中山道沿《なかせんどうぞ》いの赤坂《あかさか》（大垣市赤坂町）に陣《じん》を取《と》った。そして見晴《みは》らしの良《よ》い岡山《おかやま》の地《ち》を整地《せいち》し、東軍《とうぐん》の本陣《ほんじん》となるように拵《こしら》えて、家康《いえやす》の到着《とうちゃく》を待《ま》ちながら石田三成《いしだみつなり》らの西軍《せいぐん》が集結《しゅうけつ》する大垣城攻撃《おおがきじょうこうげき》の準備《じゅんび》に精《せい》を出《だ》した。

家康　美濃赤坂に着陣

慶長《けいちょう》五年八月二十七日、江戸城《えどじょう》の家康《いえやす》の下《もと》に岐阜城攻撃《ぎふじょうこうげき》と秀信降伏《ひでのぶこうふく》の報《しら》せが相次《あいつ》いだ。家康《いえやす》はこの報《しら》せを受《う》けてこれ以上《いじょう》の出陣引《しゅつじんひ》き延《の》ばしは豊臣武断派《とよとみぶだんは》の怒《いか》りを買《か》うのみと悟《さと》った。併《あわ》せて急《きゅう》に今《いま》までとは異《こと》なる不安《ふあん》に駆《か》られて「このまま様子見《ようすみ》を続《つづ》ければ、福島《ふくしま》ら豊臣武断派《とよとみぶだんは》は勝手《かって》に豊臣文治派《とよとみぶんじは》の石田三成《いしだみつなり》が主導《しゅどう》する大垣城《おおがきじょう》に攻《せ》め込《こ》むに違《ちが》いない。そうなればどちらが勝《か》っても世《せ》間《けん》は豊臣家《とよとみけ》のお家騒動《いえそうどう》の勝者《しょうしゃ》に付《つ》く。戦《いくさ》に出《で》なかった徳川《とくがわ》は豊臣家中《とよとみかちゅう》や世間《せけん》から臆病者《おくびょうもの》の謗《そし》りを受《う》けて見放《みはな》される。」と恐怖《きょうふ》にも似《に》た焦《あせ》りを覚《おぼ》えた。丁度《ちょうど》このとき近江国大津《おうみこくおおつ》の京極高次《きょうごくたかつぐ》から「内府公《ないふこう》（家康）との約《やく》に従《したが》い敦賀《つるが》から引《ひ》き返《かえ》した故《ゆえ》、以後《いご》は大津城挙《おおつじょうあ》げて西軍《せいぐん》に抗《こう》す」との報《し》らせと三成《みつなり》に強要《きょうよう》されて出陣《しゅつじん》した小早川秀秋《こばやかわひであき》（高台院ねねの姉の子）からも「今《いま》、三成《みつなり》に強要《きょうよう》されて西軍《せいぐん》に身《み》を置《お》くが、三成《みつなり》から受《う》けた恨《うら》みと内府公《ないふこう》から受《う》けた助言《じょげん》の恩義《おんぎ》は忘《わす》れておらず、いざ戦《いくさ》となれば必《かなら》ずお味方致《みかたいた》す」との密書《みっしょ》が相次《あいつ》いだ。秀秋《ひであき》は慶長《けいちょう》の役《えき》で不首《ふしゅ》尾《び》があったと三成《みつなり》に咎《とが》められて筑前国《ちくぜんこく》三十万石から越前国北《えちぜんこくきた》ノ《の》庄《しょう》領《りょう》十五万石に減封《げんぽう》された。家《いえ》康《やす》はこの裁定《さいてい》を覆《くつがえ》して秀秋《ひであき》を救《すく》っていた。併《あわ》せて毛利勢《もうりぜい》の毛利秀元《もうりひでもと》や吉川広家《きっかわひろいえ》からも内応《ないおう》の密書《みっしょ》が届《とど》いた。また大阪城《おおさかじょう》五奉行《ごぶぎょう》の前田玄以《まえだげんい》からは「立場上《たちばじょう》、西軍《せいぐん》に身《み》を置《お》いたが、この度隠居《たびいんきょ》して大阪城《おおさかじょう》を退去致《たいきょいた》す」と報《しら》せて来《き》た。家康《いえやす》は小山《おやま》に出陣《しゅつじん》して以来《いらい》、西軍《せいぐん》に加《くわ》わった諸将《しょしょう》にそれぞれ密使《みっし》を送《おく》って東軍《とうぐん》に寝返《ねがえ》るよう説得《せっとく》していた。今漸《いまようや》くその効果《こうか》が表《あらわ》れてきたのだ。

家康《いえやす》は秀忠《ひでただ》に急使《きゅうし》を送《おく》って美濃赤坂《みのあかさか》への着陣《ちゃくじん》を急《いそ》がせ、同時《どうじ》に美濃赤坂《みのあかさか》へも急使《きゅうし》を立《た》てて「即刻江戸《そっこくえど》を出立《しゅったつ》する故《ゆえ》、大垣《おおがき》への手出《てだ》しは厳《げん》に慎《つつし》むべし」との伝言《でんごん》を本多《ほんだ》・井伊《いい》の監軍《かんぐん》に送《おく》って、豊臣武断派《とよとみぶだんは》が勝手《かって》に軍勢《ぐんぜい》を動《うご》かさぬよう厳《きび》しく目配《めくば》りをさせた。

同年九月初旬《しょじゅん》の払暁《ふつぎょう》、家康《いえやす》は軍勢《ぐんぜい》三万を率《ひき》いて江戸城《えどじょう》を急《いそ》ぎ出立《しゅったつ》した。途中《とちゅう》の街道沿《かいどうぞ》いは何《なん》の支障《ししょう》もなく陣《じん》を進《すす》めて同月中旬《ちゅうじゅん》には清洲城《きよすじょう》に到着《とうちゃく》した。家康《いえやす》は木曽街道《きそかいどう》を進《すす》む秀忠隊《ひでただたい》の様子《ようす》が気《き》になった。秀忠隊《ひでただたい》に付《つ》けた三万八千は徳川軍《とくがわぐん》の主力部隊《しゅりょくぶたい》だ。これがなくては思《おも》うように戦《たたか》えない。何《なん》としても秀忠隊《ひでただたい》の到着《とうちゃく》を待とうと翌日《よくじつ》は道中《どうちゅう》の疲《つか》れと風邪気味《かぜぎみ》を理由《りゆう》に「日《ひ》がな一日《いちにち》（朝から晩まで一日中）」を清洲《きよす》で休養《きゅうよう》した。だが余《あま》りに引《ひ》き延《の》ばすのも気《き》になった。

翌《よく》十三日家康本隊《いえやすほんたい》は清洲《きよす》を立《た》って岐阜《ぎふ》城下《じょうか》に出向《でむ》き、新《あら》たに臣従《しんじゅう》を申《もう》し出《で》た尾張《おわり》・美濃《みの》の諸《しょ》将《しょう》を謁見《えっけん》した。その後《のち》、先発隊《せんぱつたい》に下《くだ》った岐阜城《ぎふじょう》や支城《しじょう》の降将《こうしょう》の仕置《しおき》にも時間《じかん》を割《さ》いた。

西軍　関ヶ原に移動

翌《よく》九月十四日朝《あさ》、家康本隊《いえやすほんたい》は岐阜《ぎふ》を立《た》って昼頃《ひるごろ》には赤坂《あかさか》に到着《とうちゃく》し、徳川家《とくがわけ》の馬標《うまじるし》の金扇《きんせん》と葵《あおい》の旌旗《せいき》を岡山本陣《おかやまほんじん》に高々《たかだか》と掲《かか》げた。

大垣城《おおがきじょう》ではこの頃《ころ》、家康《いえやす》が全《まった》く動《うご》く気配《けはい》を見《み》せないので江戸《えど》から出《で》る気《き》がないものと思《おも》い込《こ》んでいた。そこへ眼《め》の前《まえ》の赤坂《あかさか》に突然《とつぜん》降《ふ》って湧《わ》いたように家康《いえやす》が現《あらわ》れた。大垣城《おおがきじょう》の将兵《しょうへい》は動揺《どうよう》した。

石田三成《いしだみつなり》　股肱《ここう》の臣《しん》の島勝猛《しまかつたけ》（通称左近、以後島左近）は城内《じょうない》の動揺《どうよう》を憂《うれ》いて主君《しゅくん》の三成《みつなり》に「今《いま》、東軍《とうぐん》に一矢《いっし》報《むく》いなければこの動揺《どうよう》は収《おさ》まりませぬぞ」と進言《しんげん》し、五百の軍勢《ぐんぜい》を率《ひき》いて大垣《おおがき》と赤坂《あかさか》の間《あいだ》を流《なが》れる杭瀬川《くいせがわ》を渡《わた》って東軍《とうぐん》の眼《め》の前《まえ》の頭《こうべ》を垂《た》れ始《はじ》めた稲田《いなだ》に入《はい》り、稲《いね》を刈《か》り取《と》る狼藉《ろうぜき》を働《はたら》いた。赤坂《あかさか》の東軍《とうぐん》では中村一栄《なかむらかずひで》の一隊《いったい》が「西軍《せいぐん》の狼藉《ろうぜき》を許《ゆる》すな」と喚《わめ》きながら討《う》って出《で》た。島左近《しまさこん》の軍勢《ぐんぜい》は態《わざ》と逃《に》げて杭瀬川《くいせがわ》を渡《わた》った。後《あと》を追《お》う中村隊《なかむらたい》も川《かわ》を渡《わた》った。そこへ左近《さこん》の伏《ふく》兵《へい》が飛《と》び出《だ》して中村隊《なかむらたい》の背後《はいご》を突《つ》き三十余名《よめい》を討《う》ち取《と》った。東西両軍《とうざいりょうぐん》から援軍《えんぐん》が飛《と》び出《だ》して乱《らん》戦《せん》になったが、日暮《ひぐ》れになって勝敗《しょうはい》なくどちらも兵《へい》を引《ひ》いた。

この日《ひ》の夕刻《ゆうこく》、家康《いえやす》は赤坂《あかさか》の岡山本陣《おかやまほんじん》で軍評定《いくさひょうじょう》を持《も》った。家康《いえやす》は諸将《しょしょう》に「これより我《わ》が軍《ぐん》は大垣城《おおがきじょう》に巣食《すく》う石田三成勢《いしだみつなりぜい》と全面対決《ぜんめんたいけつ》致《いた》すが、城攻《しろぜ》めとなると敵《てき》に五倍する軍勢《ぐんぜい》を以《もっ》てしても勝利《しょうり》は難《むつか》しいもの。今《いま》、敵方《てきかた》は我《わ》が軍《ぐん》に二倍する。攻城戦《こうじょうせん》（城攻め）は時間《じかん》を浪費《ろうひ》するのみで益無《えきな》しと思《おも》うが如何《いかに》」と問《と》いかけた。家康《いえやす》はここで時間《じかん》を浪費《ろうひ》して大阪城《おおさかじょう》から総《そう》大将《だいしょう》の毛利輝元《もうりてるもと》が出馬《しゅつば》してくれば戦《いくさ》は徳川対毛利《とくがわたいもうり》の戦《いくさ》になる。そうなれば豊臣恩顧《とよとみおんこ》の諸将《しょしょう》は如何《どう》動《うご》くか判《わか》らない。彼《かれ》らは石田三成《いしだみつなり》を除《のぞ》きたい一心《いっしん》で戦《いくさ》をしているのだ。万一《まんいち》、幼君秀頼《ようくんひでより》の出馬《しゅつば》があればその情報《じょうほう》を得《え》た途端《とたん》に福島《ふくしま》らの豊臣武断派《とよとみぶだんは》は西軍《せいぐん》に寝返《ねがえ》ることになる。ここは一刻《いっこく》を争《あらそ》っても決着《けっちゃく》を付《つ》けなければならない。一座《いちざ》の諸将《しょしょう》は家康《いえやす》の意見《いけん》に賛同《さんどう》して「今《いま》、我《わ》が軍《ぐん》が全軍《ぜんぐん》を挙《あ》げて京《きょう》都・大阪《おおさか》を目指《めざ》せば、大垣《おおがき》の敵《てき》は慌《あわ》てて追《お》いかけるは必定《ひつじょう》。労《ろう》せずして敵《てき》を城《しろ》から誘《さそ》い出《だ》せる。そこを一斉攻撃《いっせいこうげき》すれば勝利《しょうり》は百に一つも間違《まちが》いなし」との発言《はつげん》が相次《あいつ》ぎ、東軍《とうぐん》はこの夜《よ》の内《うち》に赤坂《あかさか》を陣払《じんばら》いして西進《せいしん》すると一決《いっけつ》して即刻準備《そっこくじゅんび》に入《は》った。

西軍《せいぐん》は東軍《とうぐん》の動《うご》きを素早《すばや》く探知《たんち》した。そこで東軍《とうぐん》に先回《さきまわ》りして関ヶ原盆地《せきがはらぼんち》の周《まわ》りの高台《たかだい》に陣取《じんど》り、後《あと》から盆地《ぼんち》に入《はい》ってくる東軍《とうぐん》を包《つつ》み込《こ》んで前後左右《ぜんごさゆう》から討《う》ち取《と》ろうと即決《そっけつ》した。そして同十四日夜《よる》、暗《くら》くなるのを待《ま》って東軍《とうぐん》に悟《さと》られぬよう明《あ》かりは点《つ》けずに馬《うま》には枚《ばい》を噛《か》ませて、野口《のぐち》（大垣市野口）まで南下《なんか》して敵陣《てきじん》を迂回《うかい》し、牧田《まきた》（大垣市上石津町）経由《けいゆ》で関ヶ原《せきがはら》に入《はい》ることとして大《おお》垣城《がきじょう》を出立《しゅったつ》した。そして大垣城《おおがきじょう》には福原長堯《ふくはらながたけ》（三成の娘婿）・熊谷直棟《くまがいなおむね》・木村勝正《きむらかつまさ》・相良頼房《さがらよりふさ》らの将兵《しょうへい》七千五百を残《のこ》してこの後《のち》、関ヶ原《せきがはら》に向《む》かう東軍《とうぐん》の後《あと》を追《お》って合戦中《かっせんちゅう》の敵軍《てきぐん》を後巻《うしろま》き（後攻め）するよう段取《だんど》りを済《す》ませた。

関ヶ原《せきがはら》は四方《しほう》が小高《こだか》い山《やま》で囲《かこ》まれた盆地《ぼんち》で中山道《なかせんどう》と北国街道《ほっこくかいどう》、伊勢街道《いせかいどう》が交差《こうさ》する交通《こうつう》の要《よう》衝《しょう》だ。西軍《せいぐん》は大垣城《おおがきじょう》を出《で》る直前《ちょくぜん》から霧《きり》が立《た》ち込《こ》め雨《あめ》も降《ふ》り出《だ》したので東軍《とうぐん》に悟《さと》られることもなく大垣《おおがき》を後《あと》にし、同日深夜《どうじつしんや》には石田三成隊《いしだみつなりたい》六千余が真《ま》っ先《さき》に関ヶ原《せきがはら》に到着《とうちゃく》した。

三成《みつなり》は島左近《しまさこん》の進言《しんげん》に従《したが》って関ヶ原《せきがはら》の北国街道北側《ほっこくかいどうきたがわ》の笹尾山《ささおやま》に陣取《じんど》り、島左近《しまさこん》と蒲生郷舎《がもうさといえ》（氏郷の甥）の両将《りょうしょう》は石田陣《いしだじん》の前面《ぜんめん》（南側）に備《そな》えた。織田信高《おだのぶたか》（信長の七男）や伊藤盛正《いとうもりまさ》、岸田忠氏《きしだただうじ》らの秀頼配下《ひでよりはいか》の母衣衆《ぼろしゅう》も島《しま》・蒲生《がもう》の西隣《にしどな》りに備《そな》えた。島津義弘隊《しまづよしひろたい》千五百は翌《よく》十五日未明《みめい》の寅刻《とらのこく》（四時）に到着《とうちゃく》して、北国街道《ほっこくかいどう》を挟《はさ》んで石田隊《いしだたい》の南側《みなみがわ》に陣取《じんど》った。小西行長隊《こにしゆきながたい》六千も続《つづ》いて到着《とうちゃく》して、島津義弘《づよしひろ》の更《さら》に南隣《みなみどな》りの天満山《てんまやま》の北側《きたがわ》に陣取《じんど》った。大垣城《おおがきじょう》からは最後《さいご》に名目上《めいもくじょう》の総大将《そうだいしょう》で大老《たいろう》の宇喜多秀家隊《きたひでいえたい》一万八千が到着《とうちゃく》して、天満山《てんまやま》に陣取《じんど》った。大谷吉継隊《おおたによしつぐたい》四千はこの頃《ころ》、中山道《なかせんどう》から西進《せいしん》して来《く》る秀忠隊《ひでただたい》に備《そな》えて山中《やまなか》（関ヶ原町）に陣取《じんど》っていたが、この度《たび》の三成《みつなり》からの要請《ようせい》に応《おう》じて天《てん》満山《まやま》と松尾山《まつおやま》の間《あいだ》の中山道沿《なかせんどうぞ》いに陣《じん》を移《うつ》した。

中山道南側《なかせんどうみなみがわ》の松尾山《まつおやま》には既《すで》に小早川秀秋《こばやかわひであき》の一万三千の大軍《たいぐん》が陣取《じんど》っていた。秀秋《ひであき》は伏見城《ふしみじょう》の戦《たたか》いの後《のち》、大垣城《おおがきじょう》には入《はい》らず、この関ヶ原《せきがはら》の地《ち》に陣取《じんど》って美濃《みの》で繰《く》り広《ひろ》げられた戦《いくさ》の様子《ようす》を窺《うかが》っていた。この秀秋《ひであき》は西軍《せいぐん》の間《あいだ》で家康《いえやす》に通《つう》じているとの噂《うわさ》を立《た》てられて大垣城《おおがきじょう》には入《はい》らなかった。

そこで大谷吉継《おおたによしつぐ》はその秀秋《ひであき》にも備《そな》えて松尾山《まつおやま》の麓《ふもと》に陣《じん》を移《うつ》した。その更《さら》に東側《ひがしがわ》の伊勢街道《いせかいどう》と中山道《なかせんどう》の間《あいだ》の南宮山一帯《なんぐうざんいったい》には吉川広家《きっかわひろいえ》と毛利秀元《もうりひでもと》、安国寺恵瓊《あんこくじえけい》、長宗我部盛親《ちょうそかべもりちか》（元親の後継）らの毛利《もうり》勢《ぜい》三万が陣取《じんど》った。他《ほか》にも東軍《とうぐん》を後巻《うしろま》き（後攻め）する一隊《いったい》一万が大垣城《おおがきじょう》に残《のこ》っていた。

西軍総勢《せいぐんそうぜい》九万は関ヶ原《せきがはら》の東西《とうざい》に連《つら》なる高台《たかだい》に中山道《なかせんどう》を見下《みお》ろして敵軍《てきぐん》を包《つつ》み込《こ》むよう鶴翼《かくよく》（鶴が翼を広げた様）に陣取《じんど》って東方《とうほう》の大垣《おおがき》から西進《せいしん》して来《く》る東軍《とうぐん》を今《いま》や遅《おそ》しと待《ま》ち受《う》けた。

東軍　西軍が待ち受ける関ヶ原に入り布陣

慶長《けいちょう》五年九月十四日、赤坂《あかさか》の東軍《とうぐん》は京都《きょう》・大阪《おおさか》へ向《む》けての進軍準備《しんぐんじゅんび》の真《ま》っ最中《さいちゅう》に「大垣城《おおがきじょう》の軍勢《ぐんぜい》が野口《のぐち》から牧田《まきた》に向《む》けて行軍中《こうぐんちゅう》」の報《しら》せが家康《いえやす》のいる岡山本陣《おかやまほんじん》に飛《と》び込《こ》んだ。

家康《いえやす》は西軍《せいぐん》がこちらの仕掛《しか》けに乗《の》って大垣城《おおがきじょう》を出《で》たと手《て》を打《う》って喜《よろこ》び、出陣準備中《しゅつじんじゅんびちゅう》の諸将《しょしょう》を集《あつ》めて軍議《ぐんぎ》を開《ひら》き西軍《せいぐん》の動《うご》きを伝《つた》えた。そして決戦《けっせん》の地《ち》は関ヶ原《せきがはら》だと断言《だんげん》して関ヶ原《せきがはら》に入《はい》ってからの彼我《ひが》の陣形《じんけい》を披歴《ひれき》し、敵《てき》が何処《どこ》から飛《と》び出《だ》して来《き》ても対処《たいしょ》できるように戦《いくさ》の役割分担《やくわりぶんたん》と配置《はいち》を指図《さしず》した。そして東軍《とうぐん》の先鋒隊《せんぽうたい》が関ヶ原《せきがはら》に入《はい》った途端《とたん》に南北《なんぼく》から挟《はさ》み撃《う》ちにされぬように、中《なか》山道《せんどう》を挟《はさ》んで南側《みなみがわ》と北側《きたがわ》との二列《にれつ》に分《わ》かれて進《すす》むことにして、南側《みなみがわ》の第一隊《だいいちたい》には福島正則《ふくしままさのり》、第二隊《たい》は藤堂高虎《とうどうたかとら》と京極高知《きょうごくたかとも》、第三隊《たい》は寺沢広高《てらさわひろたか》の軍勢計《ぐんぜいけい》一万五千とし、北側《きたがわ》の第一隊《たい》には黒田長政《くろだながまさ》と竹中重門《たけなかしげかど》、第二隊《たい》は細川忠興《ほそかわただおき》と加藤嘉明《かとうよしあき》、田中吉政《たなかよしまさ》の軍勢計《ぐんぜいけい》一万六千とした。中軍《ちゅうぐん》には徳川直《とくがわじき》臣《しん》の松平忠吉《まつだいらただよし》と井伊直政《いいなおまさ》の勢《ぜい》六千。別途遊撃隊《べっとゆうげきたい》として筒井定次《つついさだつぐ》と生駒一正《いこまかずまさ》・金森長近《かなもりながちか》・古田重《ふるたしげ》勝《かつ》・織田長益《おだながます》・有馬則頼《ありまのりより》の勢《ぜい》九千を当《あ》てた。家康《いえやす》と監軍《かんぐん》の本多忠勝《ほんだただかつ》は本隊《ほんたい》の三万を従《したが》えて最後《さいご》に関ヶ原《せきがはら》に入《はい》り、後詰《ごづめ》することにして軍勢《ぐんぜい》の手配《てくば》りを終《お》えた。家康本隊《いえやすほんたい》の三万は数《かず》が多《おお》いが、江戸《えど》を立《た》つ時《とき》に寄《よ》せ集《あつ》めた兵卒《へいそつ》で戦歴《せんれき》のある者《もの》は僅《わず》かに六千だ。徳川家《とくがわけ》の実戦部隊《じっせんぶたい》は東山道《とうざんどう》を進《すす》む秀《ひで》忠隊《ただたい》の下《もと》にあった。

翌《よく》十五日の未《ま》だ夜分《やぶん》に東軍《とうぐん》は順次《じゅんじ》赤坂《あかさか》を出立《しゅったつ》して中山道《なかせんどう》を関ヶ原目指《せきがはらめざ》して進軍《しんぐん》した。先鋒《せんぽう》第一隊《たい》の福島正則《ふくしままさのり》は明《あ》け方《がた》に関ヶ原口《せきがはらぐち》に到着《とうちゃく》した。だが前夜来《ぜんやらい》の雨《あめ》が未《ま》だ降《ふ》り続《つづ》いて一面霧《いちめんきり》に包《つつ》まれ、辺《あた》りの様子《ようす》が皆目《かいもく》（全く）判《わか》らなかった。物見《ものみ》の情報《じょうほう》では、西軍《せいぐん》の軍勢《ぐんぜい》九万が既《すで》に関ヶ原《せきがはら》を見下《みお》ろす山々《やまやま》や高地《こうち》に陣取《じんど》って、東軍《とうぐん》の到着《とうちゃく》を待ち構《かま》えているとのことであった。福島正則《ふくしままさのり》は行軍《こうぐん》を止《と》めて本隊《ほんたい》の到着《とうちゃく》を待《ま》った。兎《と》にも角《かく》にも辺《あた》り一帯《いったい》が霧《きり》に包《つつ》まれて何処《どこ》が何処《どこ》だか判《わか》らない。諸隊《しょたい》が揃《そろ》ったところで家康《いえやす》は物見《ものみ》を四方《しほう》に放《はな》って様子《ようす》を探《さぐ》りながら諸将《しょしょう》と戦《いくさ》の手配《てくば》りを最終確認《さいしゅうかくにん》した。物見《ものみ》からの報告《ほうこく》では、関ヶ原《せきがはら》の東側入口《ひがしがわいりくち》の南宮山一帯《なんぐうざんいったい》には徳川《とくがわ》に寝返《ねがえ》りを約束《やくそく》した吉川《きっかわ》広家《ひろいえ》や西軍《せいぐん》に義理立《ぎりだ》てして参陣《さんじん》した毛利勢《もうりぜい》が占《し》めていて危険《きけん》が少《すく》なく、石田三成《いしだみつなり》を始《はじ》めとする合《かっ》戦相手《せんあいて》の中心《ちゅうしん》は関ヶ原《せきがはら》の中山道《なかせんどう》と伊勢街道北国街道《いせかいどうほっこくかいどう》が交《まじ》わる天満山《てんまやま》から笹尾山付近《ささおやまふきん》であると判《わか》った。それで戦《いくさ》はこの辺《あた》りが中心《ちゅうしん》になると皆《みな》で確認《かくにん》し合《あ》い、立《た》ち込《こ》める霧《きり》を利用《りよう》して敵《てき》の中心勢《ちゅうしんせい》力《りょく》である笹尾山《ささおやま》の石田三成陣《いしだみつなりじん》と天満山《てんまやま》の宇喜多秀家陣《うきたひでいえじん》の直前《ちょくぜん》まで南北両隊《なんぼくりょうたい》を進《すす》め、家康本隊《いえやすほんたい》はその後《うしろ》の桃配山《ももくばりやま》に陣取《じんど》って霧《きり》の晴《は》れるのを待《ま》った。

家康《いえやす》は兵法《へいほう》に謂《い》う「之《これ》を死地《しち》に陥《おとしい》れて然《しか》る後《のち》に生《い》く」（必死の窮地に立って初めて生き残る力が出る。）を地《じ》で行《ゆ》くしかないと覚悟《かくご》して、意識《いしき》して敵陣《てきじん》に包《つつ》み込《こ》まれる不利《ふり》な陣形《じんけい》を取《と》って味方《みかた》の発奮《はっぷん》を促《うなが》したのだ。西軍《せいぐん》には義理《ぎり》で参陣《さんじん》した諸将《しょしょう》や既《すで》に家康《いえやす》に寝返《ねがえ》りを約束《やくそく》した諸将《しょしょう》が多《おお》くいることもこの不利《ふり》な陣形《じんけい》を取《と》る決断《けつだん》の背景《はいけい》にあった。元々《もともと》徳川《とくがわ》の中枢部隊《ちゅうすうぶたい》である秀忠隊《ひでただたい》はこの戦《いくさ》に加《くわ》わっていない。今《いま》いる徳川勢《とくがわぜい》だけでは勝負《しょうぶ》にならないのだ。家康《いえやす》は豊臣武断派《とよとみぶだんは》を重用《ちょうよう》して発奮《はっぷん》させることにこの戦《いくさ》の勝敗《しょうはい》を賭《か》けたのだ。西軍《せいぐん》も東軍《とうぐん》が関ヶ原《せきがはら》の奥深《おくふか》くに入《はい》り込《こ》んだことに直《す》ぐ気《き》が付《つ》いた。これは西軍《せいぐん》にとっては敵《てき》を手中《しゅちゅう》に収《おさ》めたにも等《ひと》しく計略通《けいりゃくどお》りに事態《じたい》が推移《すいい》している。三《みっ》成《なり》は勝利《しょうり》を確信《かくしん》した。だが霧《きり》が晴《は》れなければ戦《いくさ》は出来《でき》ない。同士《どうし》討《う》ちなど何《なに》が起《お》こるか判《わか》らないのだ。両軍《りょうぐん》は霧《きり》が晴《は》れるのを息《いき》を潜《ひそ》めて只々《ただただ》待《ま》ち続《つづ》けた。

両軍激突と東軍圧勝

慶長《けいちょう》五年九月十五日、日《ひ》が高《たか》くなった辰刻《たつのこく》（八時）頃《ころ》から少《すこ》しずつ霧《きり》が薄《うす》れ出《だ》した。突如《とつじょ》福島《ふくしま》隊《たい》の脇《わき》をすり抜《ぬ》けて井伊直政《いいなおまさ》と松平忠吉《まつだいらただよし》の騎馬隊《きばたい》三十余名が西軍本隊《せいぐんほんたい》の宇喜多秀家隊《うきたひでいえたい》に突撃《とつげき》を加《くわ》えた。直政《なおまさ》と忠吉《ただよし》はこの戦《いくさ》は豊臣武断派《とよとみぶだんは》と文治派《ぶんじは》の戦《いくさ》ではなく、家康《いえやす》の指揮下《しきか》にある徳川《とくがわ》の戦《いくさ》であることを東西両軍《とうざいりょうぐん》に示《しめ》そうとしたのだ。

井伊《いい》の抜《ぬ》け駆《が》けを見《み》た東軍《とうぐん》の福島隊《ふくしまたい》は宇喜多陣営《うきたじんえい》に、藤堂《とうどう》・京極隊《きょうごくたい》は大谷吉継陣《おおたによしつぐじん》に、織田《おだ》・古《ふる》田隊《たたい》は小西行長陣《こにしゆきながじん》に、黒田《くろだ》・池田《いけだ》・細川《ほそかわ》らのその他《た》の諸隊《しょたい》は石田三成陣《いしだみつなりじん》にそれぞれ鉄砲《てっぽう》で一斉射《いっせいしゃ》撃《げき》を行《おこな》った。井伊《いい》と松平《まつだいら》は宇喜多陣《うきたじん》を素通《すどお》りして今度《こんど》は島津陣《しまづじん》へ突撃《とつげき》した。

笹尾山《ささおやま》の三成陣《みつなりじん》に向《む》かった黒田長政《くろだながまさ》は選《よ》り選《すぐ》りの一隊《いったい》を編成《へんせい》して笹尾山《ささおやま》の側面《そくめん》に廻《まわ》らせ、三成《みつなり》陣目掛《じんめが》けて鉄砲《てっぽう》を撃《う》ち込《こ》んだ。島左近《しまさこん》がこの鉄砲弾《てっぽうたま》に当《あ》たり負傷《ふしょう》して、三成陣《みつなりじん》には大《おお》きな痛手《いたで》になった。三成《みつなり》は笹尾山《ささおやま》に運《はこ》び込《こ》んだ大筒《おおづつ》を東軍《とうぐん》に撃《う》ち込《こ》んで東軍《とうぐん》の度肝《どぎも》を抜《ぬ》き、攻防《こうぼう》は一進一退《いっしんいったい》した。やがて霧《きり》が晴《は》れ上《あ》がり、天満山《てんまやま》や松尾山《まつおやま》、南宮山《なんぐうざん》の山頂《さんちょう》の諸隊《しょたい》が視界《しかい》に入《はい》るようになった。三成《みつなり》は予《かね》ての手筈通《てはずどお》りに狼煙《のろし》を上《あ》げて、小早川秀秋《こばやかわひであき》や毛利勢《もうりぜい》に参戦《さんせん》を促《うなが》した。だが小早川《こばやかわ》や毛利勢《もうりぜい》の吉川広家《きっかわひろいえ》は既《すで》に家康《いえやす》に寝返《ねがえ》りを約《やく》していたので両陣《りょうじん》は動《うご》く気配《けはい》を見《み》せず、戦《いくさ》は膠着状《こうちゃくじょう》態《たい》になった。大谷吉継《おおたによしつぐ》は苛立《いらだ》って松尾山《まつおやま》に伝令《でんれい》を送《おく》り、小早川秀秋《こばやかわひであき》の出撃《しゅつげき》を督促《とくそく》した。それでも秀秋《ひであき》は動《うご》かなかった。徳川家康《とくがわいえやす》も小早川秀秋《こばやかわひであき》に伝令《でんれい》を送《おく》って、松尾山《まつおやま》を下《くだ》って西軍《せいぐん》を攻撃《こうげき》するよう促《うなが》した。だが秀秋《ひであき》は動《うご》かない。小早川秀秋《こばやかわひであき》はこの戦《いくさ》が始《はじ》まるまでは東軍《とうぐん》の圧勝《あっしょう》だと思《おも》っていた。だから家康《いえやす》に寝返《ねがえ》りを約《やく》したのだ。あの難攻不落《なんこうふらく》の岐阜城《ぎふじょう》でさえも西軍《せいぐん》は僅《わず》か半日《はんにち》で落《お》としてしまった。だが今《いま》はあの戦下手《いくさべた》と噂《うわさ》の高《たか》い三成《みつなり》が斯《か》くも果敢《かかん》に戦《たたか》っている。秀秋《ひであき》は思《おも》わぬ西軍《せいぐん》の抵抗《ていこう》に恐《おそ》れをなして家康《いえやす》の命《めい》を素直《すなお》に受《う》けることが出来《でき》ずに只徒《ただいたずら》に様子見《ようすみ》を続《つづ》けた。家康《いえやす》はこのまま膠着状態《こうちゃくじょうたい》が続《つづ》けば、後方《こうほう》の毛利隊《もうりたい》がどの様《よう》に動《うご》くか判《わか》らないと気《き》になった。若《も》し毛利《もうり》軍《ぐん》が徳川《とくがわ》への寝返《ねがえ》りを破棄《はき》して東軍《とうぐん》を後巻《うしろま》き（後方からの攻め）すれば、東軍《とうぐん》はいとも容易《たやす》く壊滅《かいめつ》する。毛利隊《もうりたい》にとっては東軍《とうぐん》を滅《ほろ》ぼすという大功《だいこう》を挙《あ》げることが出来《でき》るのだ。この誘惑《ゆうわく》を毛利隊《もうりたい》は何時《いつ》まで抑《おさ》えられるか…。家康《いえやす》は何《なん》としても一刻《いっこく》も早《はや》く小早川秀秋《こばやかわひであき》を東軍側《とうぐんがわ》に寝返《ねがえ》らせようと苦慮《くりょ》して、伸《の》るか反《そ》るかの賭《か》けに出《で》た。小早川陣《こばやかわじん》に鉄砲《てっぽう》を撃《う》ち込《こ》むように命《めい》じたのだ。一斉《いっせい》に松尾山《おやま》に向《む》けて脅《おど》しの鉄砲《てっぽう》が撃《う》ち込《こ》まれた。未《ま》だ若《わか》い秀秋《ひであき》は家康《いえやす》の怒《いか》りに触《ふ》れて動顛《どうてん》し、老臣《ろうしん》の諫《いさ》めも聞《き》かずに全軍《ぜんぐん》に麓《ふもと》の大谷隊《おおたにたい》に向《む》かって突撃《とつげき》を命《めい》じた。大谷吉継《おおたによしつぐ》は秀秋《ひであき》の裏切《うらぎ》りを予知《よち》していて反撃《はんげき》に出《で》、小早川隊《こばやかわたい》を押《お》し返《かえ》した。そこへ藤堂高虎《とうどうたかとら》が事前《じぜん》に内応《ないおう》の約《やく》を交《か》わしていた西軍《せいぐん》の脇《わき》坂《さか》・朽木《くちき》・小川《おがわ》・赤座《あかざ》の諸勢《しょぜい》と共《とも》に一斉《いっせい》に大谷隊《おおたにたい》に襲《おそ》い掛《か》かった。大谷隊《おおたにたい》は挟《はさ》み討《う》ちに遭《あ》って壊《かい》滅《めつ》し、吉継《よしつぐ》はその場《ば》で戦没《せんぼつ》した。

戦況《せんきょう》は一気《いっき》に動《うご》いた。東軍《とうぐん》は一斉攻撃《いっせいこうげき》を開始《かいし》した。西軍《せいぐん》は浮足立《うきあしだ》って大混乱《だいこんらん》に陥《おちい》った。三成陣《みつなりじん》の島左近《しまさこん》も黒田《くろだ》・田中両隊《たなかりょうたい》との乱戦中《らんせんちゅう》に討死《うちじに》した。南宮山《なんぐうざん》の長宗我部盛親《ちょうそかべもりちか》や安国寺恵瓊《あんこくじえけい》、長束《ながつか》正家《まさいえ》は結局何《けっきょくなに》もせずに、西軍《せいぐん》の敗走《はいそう》を見《み》た途端《とたん》に伊勢方面《いせほうめん》に逃《に》げ落《お》ちた。

島津義弘《しまづよしひろ》は伊勢街道《いせかいどう》を下《くだ》って海路《かいろ》を大阪《おおさか》へ出《で》ようと、関ヶ原《せきがはら》を敵中突破《てきちゅうとっぱ》して牧田《まきた》へ向《む》かった。井伊直政《いいなおまさ》と松平忠吉《まつだいらただよし》は島津隊《しまづたい》の後《あと》を追《お》った。乱戦《らんせん》となって忠吉《ただよし》も直政《なおまさ》も傷《きず》を負《お》い、島津隊《しまづたい》も多《おお》くの損害《そんがい》を出《だ》した。夕暮《ゆうぐ》れになって家康《いえやす》は深追《ふかお》いを止《と》めた。義弘《よしひろ》は危機《きき》を脱《だっ》して伊勢国《いせこく》に落《お》ち延《の》びた。西軍《せいぐん》に加《くわ》わった他《た》の諸将《しょしょう》も皆《みな》、未《ま》だ日《ひ》が高《たか》い未刻《ひつじのこく》（午後二時）頃《ころ》には我先《われさき》に関ヶ原《せきがはら》から抜《ぬ》け落《お》ちていた。この日《ひ》、慶長《けいちょう》五年九月十五日の関ヶ原《せきがはら》は夕闇《ゆうやみ》に包《つつ》まれた。東軍《とうぐん》は西軍《せいぐん》を蹴散《けち》らして圧勝《あっしょう》の内《うち》に幕《まく》を閉《と》じた。後世《こうせい》この合戦《かっせん》を「関ヶ原《せきがはら》の戦《たたか》い」と云《い》い伝《つた》えた。

余談《よだん》になるが、大垣城《おおがきじょう》には未《ま》だ福原長堯《ふくはらながたけ》や熊谷直棟《くまがいなおむね》等《ら》の率《ひき》いる七千余の軍勢《ぐんぜい》（449頁9～11行目参照）が健在《けんざい》だったが、城内《じょうない》は降伏開城組《こうふくかいじょうぐみ》と徹底抗戦組《てっていこうせんぐみ》に割《わ》れた。降伏組《こうふくぐみ》の相良《さがら》は抗戦組《こうせんぐみ》の熊谷《くまがい》を謀殺《ぼうさつ》してその首《くび》を東軍《とうぐん》の水野勝成《みずのかつなり》に差《さ》し出《だ》し、二の丸《まる》と三の丸《まる》も明《あ》け渡《わ》して投降《とうこう》した。今《いま》一人の徹底抗戦組《てっていこうせんぐみ》の福原《ふくはら》は本丸《ほんまる》に籠《こも》って抵抗《ていこう》したが、二十三日に家康《いえやす》が送《おく》った禅僧《ぜんそう》の諭《さと》しを受《う》けて剃《てい》髪開城《はつかいじょう》して自害《じがい》して果《は》てた。この後《のち》は大垣一帯《おおがきいったい》も東軍《とうぐん》の支配下《しはいか》になった。

戦後処理

東軍《とうぐん》は関ヶ原《せきがはら》で大勝《たいしょう》した翌日《よくじつ》から一斉《いっせい》に敗残将兵《はいざんしょうへい》の探索《たんさく》に乗《の》り出《だ》した。小西行長《こにしゆきなが》は九月十九日に伊吹山中《いぶきさんちゅう》に潜伏《せんぷく》していたところを発見《はっけん》された。石田三成《いしだみつなり》も同月二十二日、近江国古橋村《おうみこくふるはしむら》（木之本町）で東軍《とうぐん》の田中吉政《たなかよしまさ》勢《ぜい》に捕縛《ほばく》された。安国寺恵瓊《あんこくじえけい》も同月二十三日に京都六条《きょうとろくじょう》の寺院《じいん》で所司《しょし》代《だい》の奥平信昌《おくだいらのぶまさ》に捕《と》えられた。この三人は十月一日、共《とも》に京《きょう》都の六条河原《ろくじょうかわら》で斬首《ざんしゅ》された。長束正《なつかまさ》家《いえ》は居城《きょじょう》の近江国水口城《おうみこくみずくちじょう》に逃《に》げ込《こ》んだ。家康《いえやす》は正家《まさいえ》に降伏《こうふく》を求《もと》めたが、正家《まさいえ》は城《しろ》から逃《のが》れて近江《おうみ》国日野《こくひの》で自害《じがい》した。宇喜多秀家《うきたひでいえ》は領国《りょうごく》の薩摩《さつま》に逃《に》げた島津義弘《しまづよしひろ》を頼《たよ》って薩摩《さつま》に逃《のが》れ、義弘《よしひろ》の庇護《ひご》を受《う》けたがその後《ご》、島津《しまづ》が徳川《とくがわ》と和解《わかい》するときにその条件《じょうけん》として秀家《ひでいえ》の存在《そんざい》が問題《もんだい》となり命《いのち》の保《ほ》証《しょう》を条件《じょうけん》に徳川《とくがわ》に引《ひ》き渡《わた》した。秀家《ひでいえ》は八丈島《はちじょうじま》に配流《はいる》になった。

話《はなし》は戻《もど》って慶長《けいちょう》五年九月十五日に合戦《かっせん》が終《お》わり、東軍本陣《とうぐんほんじん》の関ヶ原桃配山《せきがはらももくばりやま》では家康《いえやす》の下《もと》に諸《しょ》将《しょう》が集《つど》って勝利《しょうり》を賀《が》した。家康《いえやす》は

「列候《れっこう》の本日《ほんじつ》の戦《いくさ》は誠《まこと》に絶類《ぜつるい》（抜群）にして斯《か》くも勝《かち》を得《う》る。如何《いか》にも目出度《めでた》きことではあるが、皆々《みなみな》の御妻子《ごさいし》は未《いま》だに大阪《おおさか》に質《しち》として御座《ござ》れば、我《われ》もまた皆《みな》の心中《しんちゅう》を察《さっ》して甚《はなは》だ心苦《こころぐる》しい。今《いま》は一刻《いっこく》も早《はや》く大阪表《おおさかおもて》に攻《せ》め上《のぼ》って御一同《ごいちどう》に御妻子《ごさいし》を引《ひ》き渡《わた》し、その後《ご》に安心致《あんしんいた》したく御座《ござ》る」と一《いち》同《どう》からの賀《が》に応《こた》えた。一同《いちどう》は将《しょう》から卒《そつ》に至《いた》るまで皆《みな》、感動《かんどう》して尚一層《なおいっそう》の忠誠《ちゅうせい》を誓《ちか》った。

家康《いえやす》は東軍《とうぐん》に寝返《ねがえ》った小早川秀秋《こばやかわひであき》を呼《よ》んだが、関ヶ原合戦《せきがはらがっせん》で家康《いえやす》の怒《いか》りを買《か》ったのに恐《おそ》れをなして秀秋《ひであき》は膝行《しっこう》して家康《いえやす》の前《まえ》に畏《かしこ》まり敢《あ》えて家康《いえやす》を仰視出来《ぎょうしでき》なくなって一座《いちざ》からの嘲《あざけり》を買《か》った。

家康《いえやす》はこの日《ひ》は関ヶ原《せきがはら》で一夜《いちや》を過《す》ごした。合戦《かっせん》の翌々日《よくよくじつ》の慶長《けいちょう》五年九月十七日、家康《いえやす》は降将《こうしょう》の小早川秀秋《こばやかわひであき》と脇坂安治《わきさかやすはる》に井伊直政《いいなおまさ》と本多忠勝《ほんだただかつ》を軍監《ぐんかん》に付《つ》けて石田三成《いしだみつなり》の居城《きょじょう》の佐和山《さわやま》（彦根市）

を攻《せ》めさせた。佐和山城《さわやまじょう》では三成《みつなり》の一族郎党《いちぞくろうとう》が残《のこ》って城《しろ》を死守《ししゅ》した。翌日《よくじつ》、攻《せ》め手《て》は城《しろ》に火《ひ》を掛《か》けて石田一族《いしだいちぞく》を族滅《ぞくめつ》（一族皆殺し）した。琵琶湖周辺《びわこしゅうへん》から西軍《せいぐん》の影《かげ》がなくなった。

同月十九日、家康《いえやす》は本陣《ほんじん》を草津《くさつ》に移《うつ》した。本陣《ほんじん》には朝廷《ちょうてい》を始《はじ》め、公卿《くぎょう》や神社《じんじゃ》・仏閣《ぶっかく》・豪商《ごうしょう》・豪《ごう》農《のう》の諸々《もろもろ》が参賀《さんが》にやってきて、何時《いつ》までもその列《れつ》が絶《た》えなかった。

翌日《よくじつ》、草津《くさつ》の本陣《ほんじん》に東山道隊《とうざんどうたい》の徳川秀忠《とくがわひでただ》から、

「程《ほど》なく草津《くさつ》に到着《とうちゃく》」との報《しら》せが入《はい》った。だが家康《いえやす》は秀忠《ひでただ》の関ヶ原《せきがはら》への遅参《ちさん》を怒《いか》って秀忠《ひでただ》を待《ま》たずに草津《くさつ》を発《た》って京極高次《きょうごくたかつぐ》の居城《きょじょう》の大津《おおつ》に陣《じん》を移《うつ》した。その大津《おおつ》の陣《じん》に東軍北陸道隊総大将《とうぐんほくりくどうたいそうだいしょう》の前《まえ》田利長《だとしなが》が降将《こうしょう》の丹羽長重《にわながしげ》と青木一矩《あおきかずのり》の嫡男《ちゃくなん》の俊矩《としのり》を伴《ともな》って家康《いえやす》に対面《たいめん》を願《ねが》い出《で》た。家康《いえやす》は利長《としなが》と対面《たいめん》したが、利長《としなが》の助言《じょげん》は受《う》け付《つ》けずに降将《こうしょう》の両者《りょうしゃ》を共《とも》に改易《かいえき》（所領没収）した。

家康《いえやす》が利長《としなが》と対面《たいめん》したのを知《し》って、徳川宿将《とくがわしゅくしょう》の榊原康政《さかきばらやすまさ》は秀忠隊《ひでただたい》の遅《おく》れの原因《げんいん》は殿《との》（家康）にもあると必死《ひっし》に諫言《かんげん》して草津《くさつ》で叶《かな》わなかった秀忠《ひでただ》との対面《たいめん》を実現《じつげん》させた。家康《いえやす》は秀忠《ひでただ》と利長《としなが》を大《おお》阪城《さかじょう》へ向《む》かわせて毛利輝元《もうりてるもと》と大阪城《おおさかじょう》に籠《こも》る西軍諸将《せいぐんしょしょう》に和議《わぎ》と無血開城《むけつかいじょう》を迫《せま》った。

慶長《けいちょう》五年九月二十五日、西軍総大将《せいぐんそうだいしょう》の毛利輝元《もうりてるもと》は家康《いえやす》から豊臣秀頼《とよとみひでより》を従来通《じゅうらいとお》りに主君《しゅくん》に戴《いただ》くことと毛利家《もうりけ》の領国《りょうごく》も従来《じゅうらい》の如《ごと》くに安堵《あんど》するとの誓詞《せいし》を受《う》けて大阪城《おおさかじょう》から退去《たいきょ》した。

同《どう》二十七日、家康《いえやす》は大阪城《おおさかじょう》に入城《にゅうじょう》した。家康《いえやす》の大阪城 入城《おおさかじょうにゅうじょう》を賀《が》して朝廷《ちょうてい》の勅使《ちょくし》や公卿《くぎょう》を始《はじ》め畿内《きない》のあらゆる分野《ぶんや》の人々《ひとびと》が雲霞《うんか》の如《ごと》くに集《あつ》まり来駕《らいが》の列《れつ》を成《な》した。

家康《いえやす》は大阪城《おおさかじょう》に入《はい》って先《ま》ずは豊臣家《とよとみけ》の行跡《ぎょうせき》を調《しら》べ、豊臣家《とよとみけ》武断派《ぶだんは》と文治派《ぶんじは》の対立《たいりつ》の原因《げんいん》となった豊臣家《とよとみけ》蔵入地《くらいりち》を処分《しょぶん》して豊臣家《とよとみけ》の領地《りょうち》を摂津《せっつ》・河内《かわち》・和泉各国《いずみかくこく》（兵庫県東部と大阪府の全域）の六十五万石《ごく》に減封《げんぽう》した。また西軍諸将《せいぐんしょしょう》の行跡《ぎょうせき》も詳《くわ》しく調《しら》べて、毛利輝元《もうりてるもと》の徳川討伐《とくがわとうばつ》の積極関与《せっきょくかんよ》が改《あらた》めて発覚《はっかく》したので、誓約《せいやく》を破棄《はき》して毛利家《もうりけ》を改易《かいえき》（領地没収）に処《しょ》した。

両家《りょうけ》の間《あいだ》が嫌悪《けんあく》になった。家康《いえやす》は毛利一門《もうりいちもん》の吉川広家《きっかわひろいえ》が東軍《とうぐん》に内応《ないおう》して安国寺《あんこくじ》や長宗我部《ちょうそかべ》の動《うご》きを制《せい》した功《こう》を殊更《ことさら》に取《と》り上《あ》げて、周防《すおう》・長門《ながと》（山口県東部と西部）両国《りょうこく》の三十七万石を与《あた》え、これを吉川広家《きっかわひろいけ》の宗家《そうけ》の毛利輝元《もうりてるもと》に譲《ゆず》るよう内々《ないない》に取《と》り計《はか》らって徳川《とくがわ》と毛利《もうり》の和解《わかい》が成《な》った。

増田長盛《ましたながもり》は西軍総大将《せいぐんそうだいしょう》の毛利輝元《もうりてるもと》と共《とも》に大阪城《おおさかじょう》を退去《たいきょ》して所領《しょりょう》の郡山《こおりやま》（福島県）に帰《かえ》ったが後《のち》に

高野山《こうやさん》に蟄居《ちっきょ》させ、更《さら》には改易《かいえき》して岩槻《いわつき》（埼玉県）の高力忠房《こうりきただふさ》（徳川直臣）の下《もと》に配流《はいる》した。
信濃国《しなのこく》（長野県）上田城《うえだじょう》の真田昌幸《さなだまさゆき》・幸村《ゆきむら》父子《ふし》は改易《かいえき》された上《うえ》に死罪《しざい》を言《い》い渡《わた》されたが、昌幸《まさゆき》の嫡子《ちゃくし》の信之《のぶゆき》の東軍《とうぐん》での活躍《かつやく》と信之《のぶゆき》の岳父《がくふ》の本多忠勝《ほんだただかつ》の助命嘆願《じょめいたんがん》があって許《ゆる》され、父子《ふし》はこれも高野山預《こうやさんあず》けとなり、上田領《うえだりょう》は信之《のぶゆき》に与《あた》えられた。

この合戦《かっせん》の後《のち》、東軍勝利《とうぐんしょうり》の立役者《たてやくしゃ》となった豊臣武断派《とよとみぶだんは》諸将《しょしょう》には恩賞《おんしょう》として軒並《のきなみ》四国《しこく》・九州《きゅうしゅう》・西国諸国《さいごくしょこく》への移封加増《いほうかぞう》となった。軍功第一《ぐんこうだいいち》と自他共《じたとも》に認《みと》める福島正則《ふくしままさのり》は尾張国清洲領《おわりこくきよすりょう》（清須市）から旧毛利領《きゅうもうりりょう》の安芸《あき》・備後《びんご》（広島県西部と東部）の二国《にこく》へ加増移封《かぞういほう》になった。以下《いか》、加藤清正《かとうきよまさ》（清正は徳川家と姻戚を結び領国肥後に残って、九州の西軍諸将の領国を攻撃）は肥後一国《ひごいっこく》（熊本県）に加増《かぞう》、細川忠興《ほそかわただおき》は丹後国宮津領《たんごこくみやづりょう》（宮津市）から豊前国《ぶぜんこく》（福岡県東部と大分県北部地方）と豊後国杵築《ぶんごこくきつき》（杵築市）に、田中吉政《たなかよしまさ》は三河国《みかわこく》（愛知県東部）から筑後国《ちくごこく》（福岡県南部）に、黒田長政《くろだながまさ》は豊前国中津《ぶぜんこくなかつ》（中津市）から筑前国《ちくぜんこく》（福岡県北西部）に、山内一豊《やまのうちかずとよ》は遠江国掛川《とおとうみこくかけがわ》（掛川市）から土佐国《とさこく》（高知県）に各々《おのおの》が移封加増《いほうかぞう》。蜂須賀《はちすが》家政《いえまさ》は阿波一国《あわいっこく》（徳島県）に、生駒《いこま》は讃岐一国《さぬきいっこく》（香川県）に、藤堂《とうどう》は伊予国今治《いよこくいまばり》（今治市）、加藤嘉明《かとうよしあき》は伊予国松山《いよこくまつやま》（松山市）に加増《かぞう》。池田輝政《いけだてるまさ》は三河国吉田《みかわこくよしだ》（豊橋市）から播磨国《はりまこく》（兵庫県西南部）に、堀尾吉晴《ほりおよしはる》は遠江国浜松《とおとうみこくはままつ》（浜松市）から出雲国《いずもこく》（島根県東部）と隠岐国《おきこく》に、中村忠一《なかむらただかず》は駿河国府中《するがこくふちゅう》（静岡市）から伯耆国《ほうきこく》（鳥取県）に、京極高知《きょうごくたかとも》は信濃国伊那《しなのこくいな》（伊那市）から丹波国《たんばこく》（京都府中部と兵庫県東部）に、浅野幸長《あさのよしなが》（長政の後継）は甲斐国府中《かいこくふちゅう》（甲府市）から紀伊国《きいこく》（和歌山県）にそれぞれ加増移封《かぞういほう》になった。京都《きょうと》以西《いせい》の諸国《しょこく》は挙《あ》げて元《もと》・豊臣諸将《とよとみしょしょう》の領国《りょうごく》となった。

家康《いえやす》は西軍《せいぐん》から東軍《とうぐん》に寝返《ねがえ》って東軍《とうぐん》に勝利《しょうり》を導《みちび》いてくれた小早川秀秋《こばやかわひであき》には備前《びぜん》・美作《みまさか》（岡山県東南部と北東部）両国《りょうこく》の小早川家《こばやかわけ》の故地《こち》を与《あた》えた。

豊臣諸将《とよとみしょしょう》が西国《さいごく》に移《うつ》って空《あ》いた東国諸国《とうごくしょこく》は押並《おしな》べて徳川家《とくがわけ》一族一門《いちぞくいちもん》の所領《しょりょう》になった。

北陸《ほくりく》とその近辺諸国《きんぺんしょこく》で加増移封《かぞういほう》になった主《おも》な諸将《しょしょう》は、若狭国《わかさこく》（福井県西部）を京極高次《きょうごくたかつぐ》に与《あた》えた他《ほか》は、結城秀康《ゆうきひでやす》に越前国《えちぜんこく》、前田利長《まえだとしなが》に加賀《かが》・能登《のと》・越中三国《えっちゅうさんごく》、金森長近《かなもりながちか》に飛騨国《ひだこく》など従来《じゅうらい》の所領《しょりょう》の全域《ぜんいき》を安堵《あんど》するに留《とど》めた。合戦《かっせん》の翌《よく》・慶長《けいちょう》六年（一六〇一年）、徳川《とくがわ》と上杉《うえすぎ》の和睦《わぼく》が成《な》った。上杉景勝《うえすぎかげかつ》は直江兼続《なおえかねつぐ》を伴《とも》って大阪城《おおさかじょう》に出向《でむ》き秀頼《ひでより》に謁見《えっけん》した後《のち》に、結城秀康《ゆうきひでやす》に伴《とも》われて伏見《ふしみ》の徳《とく》川邸《がわてい》に出向《でむ》き会津《あいづ》討伐《とうばつ》を受《う》けたことを謝罪《しゃざい》した。家康《いえやす》は上杉家《うえすぎけ》の陸奥《むつ》・会津《あいづ》百二十万石《ごく》を米沢《よねざわ》三十万石《ごく》に移封削減《いほうさくげん》した。景勝《かげかつ》は「武名《ぶめい》の衰運《すいうん》、今《いま》に於《お》いて驚《おどろ》くに非《あら》ず」と一言呻《いちごんうめ》いて己《おのれ》に言《い》い聞《き》かせ、家康《いえやす》の断《だん》を受《う》け入《い》れた。関ヶ原《せきがはら》の戦《たたか》いに係《かかわ》る総《すべ》ての案件《あんけん》が治《おさ》まった。この時《とき》に当《あ》たり家康《いえやす》の威権《いけん》は益々高《ますますたか》まり、全国《ぜんこく》の諸将《しょしょう》は皆挙《みなこぞ》って江戸《えど》に妻子《さいし》を留《とど》めて質《しち》とした。片桐且元《かたぎりかつもと》は関ヶ原《せきがはら》の戦《たたか》いでは西軍《せいぐん》に与《くみ》したが、戦後《せんご》は娘《むすめ》を家康《いえやす》に質《しち》として差《さ》し出《だ》して家康《いえやす》の了解《りょうかい》の下《もと》に幼君秀頼《ようくんひでより》の傅《ふ》として心《こころ》を尽《つく》しながら一人豊臣《ひとりとよとみ》・徳川両家《とくがわりょうけ》の調整《ちょうせい》に力《ちから》を尽《つ》くした。

第九章　徳川家康　天下統一

一・徳川・豊臣両家相克と方広寺　鐘銘事件

家康に制夷大将軍宣下と豊臣秀頼　右大臣昇進

慶長《けいちょう》八年（一六〇三年）二月、徳川家康《とくがわいえやす》は伏見城《ふしみじょう》で朝廷《ちょうてい》から大納言《だいなごん》廣橋兼勝《ひろはしかねかつ》と権大納言《ごんだいなごん》烏《からす》丸《ま》光《みつ》廣《ひろ》を迎《むか》えて制夷大将軍《せいいたいしょうぐん》の宣下《せんげ》を受《う》けた。家康《いえやす》は二条城《にじょうじょう》に移《うつ》って衣冠束帯《いかんそくたい》を纏《まと》い、行列《ぎょうれつ》を整《ととの》えて宮中《きゅうちゅう》に参内《さんだい》し、禁中陣儀《きんちゅうじんぎ》とその後《ご》の一連《いちれん》の儀式《ぎしき》を済《す》ませた後《のち》に江戸《えど》に下《くだ》って幕府《ばくふ》を開設《かいせつ》した。同時《どうじ》に全国《ぜんこく》の諸大名《しょだいみょう》に段銭《だんせん》（臨時課税）と賦役《ふえき》（労役）を課《か》して江戸城《えどじょう》と徳川親藩《とくがわしんぱん》の諸城《しょじょう》の増改築《ぞうかいちく》を行《おこな》い名実共《めいじつとも》に天下人《てんかびと》となって地位《ちい》は豊臣家《とよとみけ》の上《うえ》に立《た》った。

同年《どうねん》四月、秀頼《ひでより》は内大臣《ないだいじん》に昇《のぼ》った。家康《いえやす》は豊臣家《とよとみけ》との融和《ゆうわ》を願《ねが》って孫娘《まごむすめ》の千姫《せんひめ》（当時七歳）を秀《ひで》頼《より》（当時十一歳）に娶《めあわ》せた。豊臣家《とよとみけ》は名代《みょうだい》として片桐且元《かたぎりかつもと》を江戸《えど》に送《おく》って千姫《せんひめ》を迎《むか》えさせた。家康《いえやす》は且元《かつもと》に大阪《おおさか》の地《ち》で一万石《ごく》に相当《そうとう》する地《ち》を封《ほう》ずると約《やく》したが、且元《かつもと》は秀頼《ひでより》の傅《ふ》であることを以《もっ》て辞退《じたい》した。だが家康《いえやす》は強《し》いて受《う》けさせた。

慶長《けいちょう》十年（一六〇五年）二月、秀頼《ひでより》は右大臣《うだいじん》に昇進《しょうしん》した。このときの秀忠《ひでただ》の官位《かんい》は内大臣《ないだいじん》だ。大阪城内《おおさかじょうない》では次《つぎ》に太政大臣《だじょうだいじん》になるのは秀頼《ひでより》だと信《しん》じた（公卿の順位は上位より左大臣、右大臣、内大臣、大納言、中納言、参議。太政大臣は左大臣より上位の名誉職）。

家康《いえやす》は将軍《しょうぐん》になって武家《ぶけ》を統率《とうそつ》する身分《みぶん》を得《え》たが、その一方《いっぽう》で豊臣家《とよとみけ》には臣下《しんか》として仕《つか》えると関ケ原《せきがはら》の戦《たたか》いに際《さい》して豊臣武断派諸将《とよとみぶだんはしょしょう》に約束《やくそく》した。東西両軍《とうざいりょうぐん》の和睦条件《わぼくじょうけん》でも豊臣秀頼《とよとみひでより》を主君《しゅくん》に頂《いただ》くと誓紙《せいし》を交《か》わしていた。この豊臣《とよとみ》・徳川両家《とくがわりょうけ》の主従《しゅじゅう》に関《かか》わる矛盾《むじゅん》が顕在化《けんざいか》した。

同十年四月、家康《いえやす》は徳川家《とくがわけ》の基盤《きばん》を盤石《ばんじゃく》にせねばならぬと悟《さと》って秀忠《ひでただ》に将軍職《しょうぐんしょく》を譲《ゆず》った。そして以後《いご》は徳川家《とくがわけ》が世襲《せしゅう》すると天下《てんか》に公言《こうげん》して秀忠《ひでただ》に朝廷《ちょうてい》から征夷大将軍《せいいたいしょうぐん》の宣下《せんげ》を受《う》けさせた。

家康《いえやす》自身《じしん》は駿府《すんぷ》（静岡市）に移《うつ》って隠居《いんきょ》した。家康《いえやす》は天下《てんか》の主《あるじ》が徳川家《とくがわけ》だと「天《てん》に二日《にじつ》なく、民《たみ》に二王《におう》なし」を天下《てんか》に示《しめ》したのだ。だが将軍職《しょうぐんしょく》は譲《ゆず》ったものの幕府《ばくふ》の実権《じっけん》は離《はな》さなかった。家康《いえやす》は世間《せけん》から「大御所《おおごしょ》」と呼《よ》ばれた。同《どう》年五月、家康《いえやす》は天下《てんか》の安寧《あんねい》を意識《いしき》して豊臣家《とよとみけ》を刺激《しげき》せぬよう穏《おだ》やかに高台院《こうだいいん》（故秀吉の正室ねねの院号）を通《とお》して秀頼《ひでより》に対《たい》し、徳川《とくがわ》には臣下《しんか》の礼《れい》を取《と》るように申《もう》し入《い》れたが秀頼《ひでより》の母《はは》の淀《よど》は即座《そくざ》に拒否《きょひ》した。徳川《とくがわ》・豊臣両家《とよとみりょうけ》の不和《ふわ》が一気《いっき》に表面化《ひょうめんか》した。家康《いえやす》は松平忠輝《まつだいらただてる》（家康の六男）を大阪城《おおさかじょう》に送《おく》り、異志《いし》（二心）の無《な》いことを示《しめ》して沈静化《ちんせいか》に努《つと》めた。

慶長《けいちょう》十六年（一六一一年）三月、家康《いえやす》は後水尾天皇《ごみずのおてんのう》の即位参列《そくいさんれつ》に上洛《じょうらく》した。その際《さい》、織田長益《おだながます》を大阪城《おおさかじょう》に送《おく》って秀頼《ひでより》を伏見城《ふしみじょう》に召《め》し出《だ》した。秀頼《ひでより》の母《はは》　淀《よど》は豊臣家《とよとみけ》が主筋《しゅすじ》であるとの理由《りゆう》でこれを拒否《きょひ》した。同席《どうせき》した加藤清正《かとうきよまさ》と片桐且元《かたぎりかつもと》は「岳父《がくふ》（秀頼の妻は秀忠の娘の千姫）への挨拶《あいさつ》は有《あ》って然《しか》るべし」と執《と》り成《な》して、伏見城《ふしみじょう》まで秀頼《ひでより》に付《つ》き添《そ》い、召見《しょうけん》（召して会見）は平和裏《へいわり》に行《おこな》われた。世間《せけん》はこの召見《しょうけん》を見《み》て、豊臣《とよとみ》・徳川両家《とくがわりょうけ》の主従争《しゅじゅうあらそ》いは公私《こうし》を使《つか》い分《わ》けることで終息《しゅうそく》したと安堵《あんど》した。

方広寺大仏殿　再建と落慶供養　準備

この年慶長《けいちょう》十六年、浅野長政《あさのながまさ》や加藤清正《かとうきよまさ》・堀尾吉晴《ほりおよしはる》が没《ぼっ》し、先年《せんねん》に結城秀康《ゆうきひでやす》も没《ぼっ》していた。更《さら》に翌々年《よくよくねん》には池田輝政《いけだてるまさ》と浅野幸長《あさのゆきなが》も没《ぼっ》して豊臣恩顧《とよとみおんこ》の重鎮《じゅうちん》は次々《つぎつぎ》とこの世《よ》から亡《な》くなった。

慶長《けいちょう》十九年（一六一四年）五月には前田利長《まえだとしなが》も没《ぼっ》した。享年《きょうねん》五十三歳。嘗《かつ》て慶長《けいちょう》十年に家康《いえやす》が秀忠《ひでただ》に将軍職《しょうぐんしょく》を譲《ゆず》って隠居《いんきょ》した際《さい》に、利長《としなが》は異母弟《いぼてい》で未《ま》だ十三歳《さい》の利常《としつね》を伴《ともな》って伏見《ふしみ》に出向《でむ》き徳《とく》川家《がわけ》に祝意《しゅくい》を表《ひょう》した。そしてその際《さい》、利常《としつね》は徳川家《とくがわけ》から秀忠《ひでただ》の娘《むすめ》の珠姫《たまひめ》（当時三歳）を正室《せいしつ》に迎《むか》えることになり、家康《いえやす》の下《もと》で元服《げんぷく》して松平姓《まつだいらせい》が与《あた》えられた。利常《としつね》はこれにて名実《めいじつ》ともに徳川《とくがわ》に服《ふく》属《ぞく》した。利長《としなが》は金沢城《かなざわじょう》を利常《としつね》に譲《ゆず》って富山城《とやまじょう》に移《うつ》り隠居《いんきょ》したが、その富山城《とやまじょう》が焼失《しょうしつ》したので高山《たかやま》右近《うこん》に命《めい》じて射水郡関野《いみずぐんせきの》に城《しろ》を築《きず》き、高岡城《たかおかじょう》と命名《めいめい》して「終《つい》の住処《すみか》」とした。

前田利長《まえだとしなが》は亡父《ぼうふ》利家《としいえ》の遺命《いめい》を受《う》けて終世《しゅうせい》、豊臣家《とよとみけ》へ忠誠《ちゅうせい》を尽《つ》くそうと誓《ちか》ったが、その一方《いっぽう》で母《はは》の芳春院《ほうしゅんいん》が質《しち》として江戸《えど》入《い》りしたこともあって、家康《いえやす》の将軍職《しょうぐんしょく》就任《しゅうにん》以降《いこう》は豊臣家《とよとみけ》と徳川家《とくがわけ》の狭間《はざま》で悩《なや》み続《つづ》けた。それで利長《としなが》は利常《としつね》に前田家《まえだけ》を譲《ゆず》って徳川家《とくがわけ》に服属《ふくぞく》させ、己《おのれ》は隠居《いんきょ》して徳川家《とくがわけ》には遠慮《えんりょ》なく豊臣家《とよとみけ》への忠誠《ちゅうせい》を尽《つ》くそうとしたのだ。けれども利常《としつね》は未《ま》だ僅《わず》かに十三歳で百二十万石《ごく》の大国《たいこく》を統《す》べる力《ちから》はなく、何事《なにごと》にも利長《としなが》の後《うし》ろ盾《だて》を必要《ひつよう》とした。

利長《としなが》は未《いま》だ嘗《かつ》て亡父《ぼうふ》利家《としいえ》の遺命《いめい》である秀頼《ひでより》擁護《ようご》を忘《わす》れたことがなく、その一方《いっぽう》で家康《いえやす》とも争《あらそ》わぬ細心《さいしん》の注意《ちゅうい》を強《し》いられた。だが此処《ここ》にきて豊臣《とよとみ》・徳川両家《とくがわりょうけ》の主従問題《しゅじゅうもんだい》が拗《こじ》れて、豊臣《とよとみ》と徳川《とくがわ》の両家《りょうけ》から伺候《しこう》の催促《さいそく》や与力《よりき》の要請《ようせい》など硬軟取《こうなんと》り混《ま》ぜた圧力《あつりょく》を受《う》け続《つづ》けて、悩《なや》み苦《くる》しみ気鬱《きうつ》が昂《こう》じて慶長《けいちょう》十九年五月二十日に死没《しぼつ》した。

徳川家《とくがわけ》にとって前田家《まえだけ》への恐《おそ》れが無《な》くなり芳春院《ほうしゅんいん》を金沢《かなざわ》に帰《かえ》した。利常《としつね》が跡《あと》を継《つ》いで改《あらた》めて将軍家《しょうぐんけ》から加賀《かが》・能登《のと》・越中《えっちゅう》三国の百二十万石の知行《ちぎょう》が与《あた》えられ、名実共《めいじつとも》に徳川将軍家《とくがわしょうぐんけ》の重《じゅう》鎮《ちん》となった。豊臣家《とよとみけ》を支《ささ》える諸国《しょこく》の大名《だいみょう》が相次《あいつ》いで没《ぼっ》して豊臣家《とよとみけ》は世間《せけん》から孤立《こりつ》した。家康《いえやす》にとっては、主家《しゅけ》の豊臣家《とよとみけ》に気遣《きづか》いしなければならない重石《おもし》が取《と》れて遠慮《えんりょ》が要《い》らなくなった。

丁度《ちょうど》この前後《ぜんご》の慶長《けいちょう》十九年（一六一四年）四月、豊臣家《とよとみけ》が亡《な》き秀吉《ひでよし》の追善供養《ついぜんくよう》として進《すす》めた方《ほう》広寺《こうじ》（京都東山区・秀吉が発願して建立した大仏殿。慶長の大地震で倒壊焼失）が再建《さいけん》された。五月には梵鐘《ぼんしょう》も出来《でき》た。梵鐘《ぼんしょう》の銘文《めいぶん》は東福寺《とうふくじ》（東山区・京都五山の一寺）の長老清韓《ちょうろうせいかん》（元・加藤清正の家臣）の選定《せんてい》だ。大阪城《おおさかじょう》では片桐且元《かたぎりかつもと》を駿府城《すんぷじょう》（静岡城・大御所家康の居城）に送《おく》って大仏開眼供養《だいぶつかいげんくよう》と大仏殿落慶供養《だいぶつでんらっけいくよう》を催《もよお》したいと家康《いえやす》に申《もう》し出《で》た。家康《いえやす》は「願主《がんしゅ》は右府《うふ》（右大臣秀頼）なれば自《みずか》ら出向《でむ》いて慶《けい》すべし」と伝《つた》えた。且元《かつもと》は喜《よろこ》んで豊臣家《とよとみけ》に復命《ふくめい》した。大阪城内《おおさかじょうない》は大《おお》いに喜《よろこ》び、京都方広寺界隈共々《きょうとほうこうじかいわいともども》その準備《じゅんび》に大忙《おおいそが》しになった。

鐘銘事件と徳川・豊臣両家の相克

大仏開眼供養《だいぶつかいげんくよう》と大仏殿落慶供養《だいぶつでんらっけいくよう》の準備《じゅんび》の最中《さいちゅう》に開眼供養《かいげんくよう》と落慶供養《らっけいくよう》の順序《じゅんじょ》や天台《てんだい》・真言両宗《しんごんりょうしゅう》の席次《せきじ》を巡《めぐ》っての宗派争《しゅうはあらそ》いが起《お》こった。加《くわ》えて七月《しちがつ》には駿府城《すんぷじょう》から「梵鐘《ぼんしょう》（方広寺に現存）の銘文《めいぶん》にある「国家安康《こっかあんこう》」は家康《いえやす》の名《な》を立《た》ち切《き》り、「君臣豊楽《くんしんほうらく》」は豊臣《とよとみ》を君《きみ》として楽《たの》しむ意《い》を含《ふく》む」との非難《ひなん》の声《こえ》が上《あ》がって、京都所司代《きょうとしょしだい》の板倉勝重《いたくらかつしげ》を通《とお》して方広寺《ほうこうじ》の供養《くよう》を中止《ちゅうし》させた。後世《こうせい》この非難《ひなん》は天海《てんかい》が漏《も》らした讒言《ざんげん》とも崇伝《すうでん》の讒言《ざんげん》から生《しょう》じたものとも噂《うわさ》した。

この天海《てんかい》と崇伝《すうでん》は共《とも》に「黒衣《こくい》の宰相《さいしょう》」として家康《いえやす》に重用《ちょうよう》された徳川《とくがわ》の重鎮《じゅうちん》だ。
開眼《かいげん》供養《くよう》が中止《ちゅうし》になって諸国《しょこく》から京《きょう》都に参集《さんしゅう》した群衆《ぐんしゅう》は興《きょう》ざめして四散《しさん》した。これを伝《つた》え聞《き》いた片桐且元《かたぎりかつもと》は驚《おどろ》いて駿府《すんぷ》（静岡市）に出向《でむ》いたが、家康《いえやす》への対面《たいめん》は叶《かな》わず
「これは右府《うふ》（右大臣・秀頼）の知《し》るところにあらず。この銘文《めいぶん》は清韓《せいかん》に託《たく》し、臣《しん》は不学《ふがく》にしてこれを工匠《こうしょう》に付《ふ》す。罪逃《つみのが》れるところなし。伏《ふ》して願《ねが》わくば銘文《めいぶん》を毀滅《きめつ》し、然《しか》る後《のち》に甘心《かんしん》（快く満足）して誅《ちゅう》に伏《ふく》すも悔《く》いなし」と書《しょ》に認《したた》めて陳謝《ちんしゃ》したが
「これは呪《のろ》いをなすものなり」と言《い》って受《う》け入《い》れなかった。且元《かつもと》は為《な》す術《すべ》もなく帰阪《きはん》した。大阪《おおさか》城《じょう》の秀頼《ひでより》母子《ぼし》は家康《いえやす》の憤《いきどお》りを伝《つた》え聞《き》いて大《おお》いに驚《おどろ》いた。秀頼《ひでより》母子《ぼし》は大野《おおの》治長《はるなが》（淀の乳母の大蔵卿局の子）と片桐且元《かたぎりかつもと》に清韓《せいかん》を伴《ともな》わせて再度《さいど》駿府《すんぷ》へ出向《でむ》かせた。家康《いえやす》は憤《いきどお》りを益々《ますます》深《ふか》めて、清韓《せいかん》を駿府《すんぷ》の町奉行《まちぶぎょう》に下《くだ》して治長《はるなが》は帰阪《きはん》させ、且元《かつもと》一人を駿府城《すんぷじょう》に呼《よ》び入《い》れて詰問《きつもん》した。
片桐且元《かたぎりかつもと》は陳謝《ちんしゃ》に努《つと》めた。秀頼《ひでより》母子《ぼし》は且元《かつもと》が駿府《すんぷ》に留《と》め置《お》かれたのを見《み》て、大蔵卿局《おおくらきょうのつぼね》（淀の乳母で大野治長の母）と正栄尼《しょうえいに》（秀頼の乳母）の二人を再度《さいど》弁疏《べんそ》（弁解）させようと駿府《すんぷ》へ送《おく》った。家康《いえやす》

は銘文《めいぶん》の話題《わだい》には触《ふ》れずに二人を歓待《かんたい》して、江戸《えど》の御台所《みだいどころ》（将軍秀忠の正室で淀の妹の江《ごう》）にも会《あ》うよう勧《すす》めて江戸《えど》に送《おく》り届《とど》けた。二人は江戸《えど》でも歓待《かんたい》を受《う》けて役目《やくめ》を忘《わす》れて浮《う》かれ喜《よろこ》び、帰路駿府《きろすんぷ》に立《た》ち寄《よ》って且元《かつもと》を伴《ともな》い帰阪《きはん》の途《と》についた。且元《かつもと》は駿府滞在中《すんぷたいざいちゅう》に天海《てんかい》や本多正純《ほんだまさずみ》から家康《いえやす》の怒《いか》りを解《と》く方策《ほうさく》を示《しめ》されていたが、帰阪《きはん》の途上《とじょう》で大蔵卿局《おおくらきょうのつぼね》と正栄尼《しょうえいに》から

「大御所《おおごしょ》は「国事《こくじ》、慮《おもんばか》るに足《た》るものなし」と仰《おお》せられた」との話《はな》しを受《う》けた。且元《かつもと》は驚愕《きょうがく》して「我《われ》の聞《き》くところは大《おお》いに異《こと》なり、大御所《おおごしょ》は「右府《うふ》（右大臣秀頼）の誠《まこと》を表《あらわ》すには三策《さんさく》あって、その一つは淀君《よどぎみ》に江戸《えど》へ下向戴《げこういただ》き妹君《いもうときみ》（秀忠の正室　江《ごう》）の下《もと》で暮《く》らして戴《いただ》くか、その二つは右府《うふ》が将軍家《しょうぐんけ》に伺候《しこう》なさるか、その三つは豊臣家《とよとみけ》が大阪城《おおさかじょう》を退去《たいきょ》なさるかの何《いず》れか一つを為《な》さねば事《こと》は治《おさ》まらず」との仰《おお》せなり」と告《つ》げた。大蔵卿局《おおくらきょうのつぼね》と正栄尼《しょうえいに》は呆《あき》れて何《なに》も語《かた》らず且元《かつもと》と別《わか》れて「且元《かつもと》は我《わ》が君《きみ》を売《う》らんとする者《もの》なり」と詰《なじ》り合《あ》って「且元《かつもと》の行跡疑《ぎょうせきうたが》うべし」と急使《きゅうし》を立《た》てて大《おお》阪《さか》に伝《つた》えた。且元《かつもと》はこれを知《し》らずに二人と別《わか》れて京都所司代《きょうとしょしだい》の板倉勝重《いたくらかつしげ》の下《もと》に立《た》ち寄《よ》った。

秀頼母子《ひでよりぼし》は大蔵卿局《おおくらきょうのつぼね》と正栄尼《しょうえいに》の密書《みっしょ》を受《う》けて

「妾《わらわ》は太閤《たいこう》の側室《そくしつ》といえども右府《うふ》（秀頼）の生母《せいぼ》なり。何故《なにゆえ》に関東《かんとう》に屈辱《くつじょく》しようや。寧《むし》ろ右府《うふ》と城《しろ》を枕《まくら》に死《し》を選《えら》ばん」と激昂《げきこう》して且元《かつもと》を誅殺《ちゅうさつ》して挙兵《きょへい》しようと同席《どうせき》の皆《みな》に同意《どうい》を求《もと》めた。近侍《きんじ》の大野治長《おおのはるなが》や織田長益《おだながます》（信長の末弟で淀の叔父）は「付和雷同《ふわらいどう》」（深く考えずに他人に同調する）した。

片桐且元《かたぎりかつもと》は大阪城《おおさかじょう》に帰《かえ》って秀頼《ひでより》に家康《いえやす》から求《もと》められた「淀《よど》の江戸住《えどず》み」か、「秀頼《ひでより》の将軍家《しょうぐんけ》への伺候《しこう》」か、または「大阪城退城《おおさかじょうたいじょう》」かの、この三策《さんさく》の内《うち》の一つを実行《じっこう》して徳川家《とくがわけ》と和睦《わぼく》するよう勧《すす》めた。秀頼《ひでより》は且元《かつもと》の勧《すす》めを母《はは》の淀《よど》に伝《つた》えた。淀《よど》は且元《かつもと》の勧《すす》めを伝《つた》え聞《き》き、激怒《げきど》して且元《かつもと》を追《お》い払《はら》わせた。後日淀《ごじつよど》に召《め》されて且元《かつもと》が参上《さんじょう》しようとすると小島荘兵衛《こじましょうべえ》が駆《か》け込《こ》んで来《き》て

「淀君《よどぎみ》は讒言《ざんげん》を信《しん》じて公《こう》に異志《いし》（二心）有《あ》るかと疑《うたが》い、兵《へい》を伏《ふ》せて大事《だいじ》を行《おこな》わんとするなり」と告《つ》げた。片桐且元《かたぎりかつもと》は「嗚呼《ああ》、年少《ねんしょう》の輩《やから》、我《わ》が君《きみ》を誤《あやま》らせ、自《みずか》ら破滅《はめつ》を招《まね》く」と嘆息《たんそく》した。

大野治長《おおのはるなが》は且元《かつもと》に参上《さんじょう》を迫《せま》ったが、且元《かつもと》は疾《やまい》と称《しょう》して断《ことわ》った。治長《はるなが》は謀《はかりごと》が漏《も》れたと気付《きづ》き、

「且元《かつもと》は役目柄《やくめがら》、城門《じょうもん》の鍵《かぎ》を管理《かんり》し、城内《じょうない》の間取《まど》りを諳《そら》んじる。若《も》し兵《へい》を起《お》こして城《しろ》を奪《うば》えば大《おお》事《ごと》なり。先《ま》ずは兵《へい》を出《だ》して誅《ちゅう》するに若《し》かず」と言《い》って且元《かつもと》を討《う》ち取《と》るよう七手組《ななてぐみ》（秀吉が創設した

警護隊）の各隊長《かくたいちょう》（速水守久・青木一重などの七名）に命《めい》じた。七手組隊長《ななてぐみたいちょう》は驚《おどろ》いて

「市正《いちのかみ》（且元の官命）は忠勇無双《ちゅうゆうむそう》。これを誅《ちゅう》するは主君《しゅくん》の手足《てあし》を絶《た》つに等《ひと》し」と言《い》って治長《はるなが》の言《げん》に逆《さか》らった。城内《じょうない》は治長派《はるながは》と且元派《かつもとは》に分《わ》かれて大《おお》いに乱《みだ》れた。治長《はるなが》は且元《かつもと》の弟《おとうと》の元重《もとしげ》を説《と》いて思《おも》いを果《は》たそうとしたが、元重《もとしげ》は「我《わ》が兄《あに》が若《も》し不敬《ふけい》を働《はたら》けば言《い》われずとも我《わ》が手《て》にて討《う》ち滅《ほろ》ぼす」と吐《は》き捨《す》てて相手《あいて》にしなかった。この緊迫《きんぱく》した中《なか》で、七手組隊長《ななてぐみたいちょう》等《ら》は密《ひそ》かに且元《かつもと》の下《もと》に出向《でむ》いて

「今夜兵《こんやへい》を潜《ひそ》めて城《しろ》を奪《うば》い、治長兄弟《はるながきょうだい》を城《しろ》から放逐《ほうちく》しては如何《いかが》」と進言《しんげん》した。だが且元《かつもと》は

「我《われ》は讒人《ざんにん》の攻《せ》め来《きた》るを待《ま》って自殺《じさつ》せんと欲《ほっ》するのみ。公《こう》の言《げん》の如《ごと》くに行《おこな》えば永《なが》く反逆《はんぎゃく》の汚名《おめい》を被《こうむ》らん」と言《い》って受《う》けなかった。翌日《よくじつ》、且元《かつもと》は七手組隊長《ななてぐみたいちょう》に諭《さと》されて城《しろ》を退《の》き、一族従臣《いちぞくじゅうしん》と共《とも》に摂津国茨木《せっつこくいばらき》（茨木市）に退去《たいきょ》した。茨木城《いばらきじょう》には既《すで》に家康《いえやす》の命《めい》で京都所司代《きょうとしょしだい》の板倉勝重《いたくらかつしげ》が且元《かつもと》の救援《きゅうえん》に駆《か》け付《つ》けていた。且元《かつもと》は以後名実共《いごめいじつとも》に豊臣《とよとみ》から徳川家臣《とくがわかしん》に鞍替《くらが》えした。

二. 大坂冬の陣

大阪方挙兵と家康出陣

慶長《けいちょう》十九年（一六一四年）十月、大阪城《おおさかじょう》では豊臣家《とよとみけ》に旧恩《きゅうおん》ある天下《てんか》の諸大名《しょだいみょう》や改易《かいえき》（家禄没収）にあった諸国《しょこく》の浪人《ろうにん》に檄《げき》を飛《と》ばして大阪《おおさか》への参陣《さんじん》を求《もと》めると共《とも》に、大阪城下《おおさかじょうか》に城兵《じょうへい》を出《だ》して徳川《とくがわ》一族一門《いちぞくいちもん》の蔵屋敷《くらやしき》の米穀《べいこく》を接収《せっしゅう》した。諸国《しょこく》からも浪人《ろうにん》が大挙《たいきょ》して大阪城《おおさかじょう》に集《あつ》まりその数《かず》十万を超《こ》えた。その中《なか》には関ケ原《せきがはら》の戦《たたか》いで改易《かいえき》になった信濃国上田《しなのこくうえだ》の真田幸村《さなだゆきむら》（高野山付近の九度山に蟄居）や土佐国《とさこく》の長宗我部元親《ちょうそかべもとちか》（京都相国寺に隠棲）等《など》の元大名《もとだいみょう》や、黒田家《くろだけ》から独立《どくりつ》した後藤基次《ごとうもとつぐ》（通称又兵衛）、毛利勝永《もうりかつなが》（秀吉子飼いの臣）等《など》の諸将《しょしょう》が多数加《たすうくわ》わった。だが檄《げき》に応《おう》じた現役《げんえき》の大名《だいみょう》は一人《ひとり》もいなかった。

大阪方《おおさかがた》は軍議《ぐんぎ》を開《ひら》いて今後《こんご》の幕府攻略《ばくふこうりゃく》を協議《きょうぎ》した。諸国《しょこく》から馳《は》せ参《さん》じた浪人衆《ろうにんしゅう》は代表《だいひょう》に真田幸《さなだゆき》村《むら》を選《えら》んだ上《うえ》で、事前《じぜん》に畿内《きない》を制圧《せいあつ》して近江国瀬田《おうみこくせた》にまで軍勢《ぐんぜい》を出《だ》し、西国諸大名《さいごくしょだいみょう》の参陣《さんじん》を待《ま》ちながら徳川軍《とくがわぐん》と対決《たいけつ》しようと話《はな》し合《あ》った。だが、大阪城内《おおさかじょうない》は秀頼母子《ひでよりぼし》の寵臣《ちょうしん》の大野治長《おおのはるなが》（淀の乳母の大蔵卿局の子）一人《ひとり》が牛耳《ぎゅうじ》り、治長《はるなが》の思《おも》いのままだ。治長《はるなが》は籠城《ろうじょう》すると云《い》い放《はな》った。浪人衆《ろうにんしゅう》の主張《しゅちょう》は烏合《うごう》の衆《しゅう》の悲《かな》しさで纏《まと》まらず、結局《けっきょく》は治長《はるなが》が主張《しゅちょう》する籠城戦《ろうじょうせん》に落《お》ち着《つ》いた。城内《じょうない》は籠城《ろうじょう》戦《せん》に備《そな》えて城《しろ》の補修《ほしゅう》や出丸《でまる》の建造《けんぞう》などで急《きゅう》に慌《あわただ》しくなった。

真田幸村《さなだゆきむら》は大野治長《おおのはるなが》の干渉《かんしょう》を受《う》けるのを嫌《きら》い、大阪城《おおさかじょう》の攻《せ》め口《くち》として重要《じゅうよう》な大阪城南東城外《おおさかじょうなんとうじょうがい》に出丸《でまる》を築《きず》くことの許《ゆる》しを得《え》て移《うつ》り住《す》んだ。世間《せけん》はこれを真田丸《さなだまる》と呼《よ》んだ。

一方《いっぽう》、江戸城《えどじょう》の徳川方《とくがわがた》（以後江戸方）では…。慶長《けいちょう》十九年十月、京都所司代《きょうとしょしだい》の板倉勝重《いたくらかつしげ》は急使《きゅうし》を駿府城《すんぷじょう》と江戸城《えどじょう》に送《おく》って「先月《せんげつ》、大阪城内《おおさかじょうない》では大野《おおの》らが七手組《ななてぐみ》（秀頼警護の七隊）を煽《あお》って片桐《かたぎり》且元《かつもと》を誅殺《ちゅうさつ》せんとするなり。且元《かつもと》はこれを知《し》って引《ひ》き籠《こも》るが故《ゆえ》に城内《じょうない》は大騒動《おおそうどう》。大阪方《おおさかがた》の謀反《むほん》、愈々急《いよいよきゅう》なり」と報《しら》せた。更《さら》にこの後《のち》、各方面《かくほうめん》から「大阪城《おおさかじょう》では浪人衆《ろうにんしゅう》を集《あつ》めて戦支度《いくさじたく》を急《いそ》ぐ」との異常事態《いじょうじたい》を知《し》らせる急使《きゅうし》が相次《あいつ》いだ。

徳川家康《とくがわいえやす》はこれらの報《しら》せを受《う》けて大《おお》いに憤《いきどお》り、徳川一門《とくがわいちもん》に加《くわ》えて東海《とうかい》・東山《とうざん》・北陸《ほくりく》の各諸国《かくしょこく》の大名《だいみょう》に出馬《しゅつば》を命《めい》じ、支度《したく》が整《ととの》い次第《しだい》に京都《きょう》・大阪《おおさか》に出陣《しゅつじん》するよう触《ふ》れを出《だ》した。

同年十月、家康《いえやす》は軍勢《ぐんぜい》一万余《よ》を率《ひき》いて駿府《すんぷ》城《じょう》を出立《しゅったつ》し、二十三日に京都二条城《きょうとにじょうじょう》に入《はい》った。

この日《ひ》、公卿《くぎょうら》等は家康上洛《いえやすじょうらく》を聞《き》き付《つ》けて大勢《おおぜい》二条城《にじょうじょう》に参詣《さんけい》した。片桐且元《かたぎりかつもと》自身《じしん》も二条城《にじょうじょう》に出向《でむ》いて大阪城内《おおさかじょうない》で起《お》こった顛末《てんまつ》を家康《いえやす》に報告《ほうこく》して沙汰《さた》を待《ま》った。家康《いえやす》は且元《かつもと》には罪《つみ》がなく、秀頼母子《ひでよりぼし》が自《みずか》ら自滅《じめつ》を招《まね》いたものだと涙《なみだ》して断《だん》じた。そして家康《いえやす》は且元《かつもと》と藤堂高虎《とうどうたかとら》に命《めい》じて、大《おお》阪城《さかじょう》の地図《ちず》を基《もと》に堀《ほり》の深浅《しんせん》や城攻《しろぜ》めの方策《ほうさく》を検討《けんとう》させた。

同日、将軍秀忠《しょうぐんひでただ》も総勢《そうぜい》二十余万《よまん》の軍勢《ぐんぜい》と共《とも》に江戸《えど》を出立《しゅったつ》し、「関ケ原《せきがはら》の戦《たたか》い」の遅参《ちさん》に懲《こ》りて道中《どうちゅう》を急《いそ》ぎ、十一月一日には岡崎《おかざき》（岡崎市）に入《はい》った。家康《いえやす》は岡崎《おかざき》に伝令《でんれい》を送《おく》って「大軍《たいぐん》の急《いそ》ぎの行軍《こうぐん》は人馬《じんば》を疲労《ひろう》させて行列《ぎょうれつ》を乱《みだ》し、軽卒《けいそつ》の心《こころ》を失《うしな》うのみ」と諫《いさ》めた。

この頃《ころ》には家康《いえやす》の求《もと》めに応《おう》じて江戸勤番《えどきんばん》の全国《ぜんこく》の諸大名《しょだいみょう》も、領国《りょうごく》から軍勢《ぐんぜい》を呼《よ》び集《あつ》めて続々《ぞくぞく》と京都《きょう》と摂津《せっつ》（大阪府北中部と兵庫県南東部）一帯《いったい》に集《あつ》まった。

加賀《かが》の前田利常《まえだとしつね》は亡兄利長《ぼうけいとしなが》の跡《あと》を継《つ》ぎ、その挨拶《あいさつ》に江戸《えど》と駿府《すんぷ》に出向《でむ》いていたが、加賀《かが》への帰《き》路《ろ》の途中《とちゅう》の越中境《えっちゅうさかい》で大阪出陣《おおさかしゅつじん》の触《ふ》れを受《う》けて十月十四日には金沢《かなざわ》を出陣《しゅつじん》した。

鴫野・今福の戦いと大阪方籠城

慶長《けいちょう》十九年（一六一四年）十一月、家康《いえやす》は二条城《にじょうじょう》に諸国《しょこく》の諸大将等《しょたいしょうら》を集《あつ》めて大阪城《おおさかじょう》の攻《せ》め口《くち》分担《ぶんたん》を決《き》める軍評定《いくさひょうじょう》を行《おこな》った。大阪城《おおさかじょう》は城《しろ》の南方《なんぽう》のみが開《ひら》けて、他《ほか》の三方《さんぽう》は淀川《よどがわ》と大和川水系《やまとがわすいけい》の水《みず》を引《ひ》いた堀《ほり》で何重《なんじゅう》にも囲《かこ》まれ更《さら》にその外側《そとがわ》には沼地《ぬまち》が広《ひろ》がる難攻不落《なんこうふらく》の巨大《きょだい》な城《しろ》だ。そこで大阪城南方《おおさかじょうなんぽう》の奈良街道《ならかいどう》と平野川《ひらのがわ》の間《あいだ》の岡山《おかやま》（生野区）に陣《じん》を築《きず》いて将軍秀忠《しょうぐんひでただ》の本陣《ほんじん》とし、その西方《せいほう》の紀伊街道沿《きいかいどうぞ》いの天王寺《てんのうじ》（四天王寺）に接《せっ》する茶臼山《ちゃうすやま》（天王寺区）を家康《いえやす》の本陣《ほんじん》にすると定《さだ》めた。茶臼山《ちゃうすやま》も岡山《おかやま》も大阪城《おおさかじょう》から南方《なんぽう》へ二十七、八町《ちょう》（一町は110ｍ）を隔《へだ》てた所《ところ》だ。その秀忠本陣《ひでただほんじん》の前面《ぜんめん》には前田利常《まえだとしつね》を置《お》いて大阪城攻《おおさかじょうぜ》めの先手《さきて》とし、その西隣《にしどなり》には榊原康勝《さかきばらやすかつ》、更《さら》にその西《にし》の奈良街道《ならかいどう》沿《ぞ》いには井伊直孝《いいなおたか》、同街道《どうかいどう》を挟《はさ》んで越前《えちぜん》の松平忠直《まつだいらただなお》と藤堂高虎《とうどうたかとら》、その西《にし》の紀州街道沿《きしゅうかいどうぞ》いには伊《だ》達《て》政宗《まさむね》と福島正則《ふくしままさのり》の子《こ》の正勝《まさかつ》の陣《じん》を次々《つぎつぎ》と置《お》き大阪城南方一帯《おおさかじょうなんぽういったい》を固《かた》めた。他《ほか》の沼地《ぬまち》が広《ひろ》がる城《しろ》の西方《せいほう》、北方《ほっぽう》、東方各地《とうほうかくち》にも大将《たいしょう》と諸将《しょしょう》を置《お》き、大阪城《おおさかじょう》の四方《しほう》を取《と》り巻《ま》いて城《しろ》の出入《でい》り口《ぐち》を塞《ふさ》ぐ各陣所《かくじんしょ》の配置《はいち》を定《さだ》めた。

同月、将軍秀忠《しょうぐんひでただ》は二条城《にじょうじょう》に到着《とうちゃく》して家康《いえやす》に対面《たいめん》した。両所《りょうしょ》（御所秀忠と大御所家康）は同月中《どうげつちゅう》には枚方《ひらかた》にまで陣《じん》を出《だ》して大阪城《おおさかじょう》を囲《かこ》む諸将各陣所《しょしょうかくじんしょ》の状況報告《じょうきょうほうこく》を受《う》けた後《のち》、秀忠《ひでただ》は河内国経由《かわちこくけいゆ》で大阪城攻《おおさかじょうぜ》め本陣《ほんじん》の岡山《おかやま》に入《はい》り、家康《いえやす》は大和国経由《やまとこくけいゆ》で茶臼山本陣《ちゃうすやまほんじん》に入《はい》った。この日《ひ》から各地《かくち》で江《え》戸方《どがた》と大阪方《おおさかがた》との小競《こぜ》り合《あ》いが始《はじ》まった。

家康《いえやす》は戦《いくさ》を始《はじ》める一方《いっぽう》で、大阪城周辺《おおさかじょうしゅうへん》の沼地《ぬまち》を乾地化《かんちか》しようと思《おも》い立《た》ち、淀川《よどがわ》の大阪城《おおさかじょう》より上流《じょうりゅう》の鳥養《とりかい》（摂津市鳥飼）に近郷《きんごう》の百姓衆《ひゃくしょうしゅう》を集《あつ》めて土俵《どひょう》二十万俵《ひょう》を作《つく》り淀川《よどがわ》に投込《なげこ》んで、流《なが》れを堰《せ》き止《と》め城《しろ》の対岸《たいがん》に流《なが》し落《おと》として城下《じょうか》に淀川《よどがわ》の水《みず》を流《なが》れ込《こ》ませぬ土木工事《どぼくこうじ》を始《はじ》めた。

同月十九日明《あ》け方《がた》、大阪城西方《おおさかじょうせいほう》に陣取《じんど》る江戸方大将《えどがたたいしょう》の蜂須賀至鎮《はちすかよししげ》が木津川河口《きづがわかこう》のエダ崎《さき》（西区南堀江付近）の砦《とりで》に繋留中《けいりゅうちゅう》の淀川一帯《よどがわいったい》の河口《かこう》を守《まも》る大阪方軍船《おおさかがたぐんせん》二十余艘《よそう》を急襲《きゅうしゅう》して、砦諸共《とりでもろとも》に乗《の》っ取《と》った。大阪方《おおさかがた》は番船《ばんせん》（見張り・警護用の舟）に乗《の》って敗走《はいそう》したが、至鎮《よししげ》は船場《せんば》（中央区）まで追《お》い掛《か》けて敵《てき》を討《う》ち取《と》った。淀川河口《よどがわかこう》一帯《いったい》は江戸方《えどがた》の手《て》に落《お》ちた。

同月二十六日払暁《ふつぎょう》、大阪城《おおさかじょう》東方《とうほう》に陣取《じんど》る江戸方上杉勢《えどがたうえすぎぜい》に加《くわ》わった秀忠側近《ひでただそっきん》の安藤《あんどう》・屋代《やしろ》・伊《い》東《とう》の監代《かんだい》（監軍代理）三人が鴫野《しぎの》（城東区）一帯《いったい》を巡察中《じゅんさつちゅう》に大阪方《おおさかがた》が作《つく》った柵《さく》に行《ゆ》き当《あ》たった。柵《さく》中《ちゅう》から大野治長《おおのはるなが》家臣《かしん》の山市《やまいち》と井上《いのうえ》が指揮《しき》する三十余《よ》の兵卒《へいそつ》が鉄砲《てっぽう》を撃《う》ちかけた。その挑戦《ちょうせん》に怒《いか》った安藤《あんどう》の家臣《かしん》が槍《やり》を振《ふ》るって柵《さく》に突進《とっしん》した。柵中《さくちゅう》の井上《いのうえ》は突進《とっしん》する敵《てき》を目掛《めが》けて槍《やり》を投《な》げ付《つ》けた。そのとき家臣《かしん》と共《とも》に柵《さく》に走《はし》り込《こ》んだ安藤《あんどう》が井上《いのうえ》を槍《やり》で突《つ》き伏《ふ》せた。井上《いのうえ》の従者《じゅうしゃ》はその槍《やり》を切《き》り折《お》って深出《ふかで》を負《お》った井上《いのうえ》を救《すく》い出《だ》した。そこを江戸方《えどがた》の屋代《やしろ》の長子《ちょうし》（長男）が僅《わず》かに十六歳の初陣《ういじん》だったが、追《お》い掛《か》けて井上《いのうえ》の首《くび》を討《う》ち取《と》った。大阪方《おおさかがた》は柵《さく》を閉《と》じて鉄砲《てっぽう》を撃《う》ち出《だ》したので安《あん》藤《どう》・屋代《やしろ》・伊東《いとう》は上杉陣《うえすぎじん》へ引《ひ》き退《の》いた。大阪方《おおさかがた》は柵《さく》から飛《と》び出《だ》して追撃《ついげき》した。それに気付《きづ》いた江《え》戸方《どがた》の丹羽長重《にわながしげ》が横手《よこて》から打《う》って出《で》て大阪方《おおさかがた》を蹴散《けち》らした。次《つ》いで上杉景勝勢《うえすぎかげかつぜい》の安田《やすだ》・須田《すだ》・長《なが》尾《お》・岩井《いわい》らの諸将《しょしょう》がこの大阪方《おおさかがた》の柵《さく》に攻《せ》め込《こ》んだ。柵中《さくちゅう》の山市《やまいち》・渡辺《わたなべ》・小早川《こばやかわ》・岡村《おかむら》・竹田《たけだ》らの諸将《しょしょう》が必死《ひっし》に防戦《ぼうせん》して上杉方《うえすぎがた》に多大《ただい》の損害《そんがい》を与《あた》えたが、遂《つい》に上杉方《うえすぎがた》の激《はげ》しい気迫《きはく》に押《お》されて柵《さく》を捨《す》てて寝屋川《ねやがわ》を渡《わた》り、今福《いまふく》（城東区）で態勢《たいせい》を立《た》て直《なお》した。そして鉄砲《てっぽう》四、五百挺《ちょう》を揃《そろ》えて川《がわ》を堀《ほり》に見立《みた》て、上杉勢《うえすぎぜい》に鉄砲《てっぽう》を撃《う》ち掛《か》けた。

この今福《いまふく》には江戸方《えどがた》の佐竹義宣勢《さたけよしのぶぜい》が陣取《じんど》っていて、河岸《かわぎし》で上杉勢《うえすぎぜい》に鉄砲《てっぽう》を撃《う》ちかける大阪方《おおさかがた》を急襲《きゅうしゅう》した。これに上杉《うえすぎ》と安藤勢《あんどうぜい》も加《くわ》わって大阪方《おおさかがた》の諸将《しょしょう》の多《おお》くを討《う》ち取《と》った。

大阪方《おおさかがた》の木村重成《きむらしげなり》（秀頼の乳母・宮内卿局の子）は佐竹勢《さたけぜい》が備前島《びぜんしま》（現・都島区片町付近にあった川の中州）辺《あた》りまで攻《せ》め寄《よ》せたのを見《み》て、豊臣家七手組《とよとみけななてぐみ》の一人《ひとり》の堀田盛高《ほりたもりたか》らと共《とも》に四千の兵《へい》を率《ひき》いて討《う》って出《で》て、佐竹勢《さたけぜい》と激戦《げきせん》になった。

このとき豊臣秀頼《とよとみひでより》は三の丸《まる》の菱櫓《ひしやぐら》に登《のぼ》ってこの戦《いくさ》の様子《ようす》を見《み》ていたが突然《とつぜん》に「木村《きむら》を討《う》たすな。援軍《えんぐん》を出《だ》せ」と叫《さけ》んだ。これを聞《き》いた後藤基次《ごとうもとつぐ》（通称　又兵衛）は急《いそ》ぎ手勢《てぜい》を引《ひ》き連《つ》れて鴫野《しぎの》に渡《わた》る京橋《きょうばし》の橋詰《はしづめ》まで駆《か》け出《だ》し、そこで具足一式《ぐそくいっしき》を素早《すばや》く身《み》に付《つ》けて木村勢《きむらぜい》の下《もと》に馳《は》せ付《つ》けた。木村《きむら》は手柄《てがら》を気《き》にして後藤《ごとう》の助勢《じょせい》を拒《こば》んだので、後藤《ごとう》は更《さら》に鴫野《しぎの》にまで進《すす》んで上《うえ》杉勢《すぎぜい》に鉄砲《てっぽう》を撃《う》ち込《こ》んだ。上杉勢《うえすぎぜい》は備《そな》えを固《かた》め直《なお》した。後藤《ごとう》は反転《はんてん》して今度《こんど》は今福《いまふく》の佐竹義宣勢《さたけよしのぶぜい》に討《う》ち掛《かか》った。木村《きむら》は後藤《ごとう》に手柄《てがら》を渡《わた》さぬと全隊《ぜんたい》挙《あ》げて佐竹勢《さたけぜい》に突撃《とつげき》した。佐竹勢《さたけぜい》の先手《さきて》は攻《せ》め立《た》てられて数十人が討死《うちじに》したが、佐竹《さたけ》は自《みずから》ら長刀《なぎなた》を揮《ふる》って全軍《ぜんぐん》を励《はげ》まし大阪勢《おおさかぜい》を追《お》い返《かえ》した。この後《のち》も互《たが》いに援軍《えんぐん》を出《だ》し合《あ》って激戦《げきせん》が続《つづ》いた。この状況《じょうきょう》を見《み》た上杉勢《うえすぎぜい》の家老《かろう》の直江兼続《なおえかねつぐ》は用意《ようい》した新式早打《しんしきはやう》ちの種子島《たねがしま》（鉄砲）百八十挺《ちょう》で大阪方《おおさかがた》を一斉射撃《いっせいしゃげき》した。大阪方《おおさかがた》は敵《かな》わず軍勢《ぐんぜい》を引《ひ》いて、これが潮目《しおめ》となって助勢《じょせい》に飛《と》び出《だ》した大阪方《おおさかがた》は残《のこ》らず大阪城内《おおさかじょうない》に引《ひ》き退《の》いた。片桐且元勢《かたぎりかつもとぜい》は大阪方《おおさかがた》が総《すべ》て城《しろ》に逃《に》げ込《こ》んだのを見《み》て備前島《びぜんしま》（前頁5行目参照）に乗《の》り込《こ》み、近《ちか》くの蘆島《あししま》や博労《ばくろう》淵《ふち》を制圧《せいあつ》した。この時《とき》未《ま》だ大阪城外《おおさかじょうがい》で大野治房《おおのはるふさ》（治長の弟）が只《ただ》一人、天満《てんま》と道頓堀《どうとんぼり》、船場《せんば》の砦《とりで》を守《まも》って動《うご》こうとしなかった。城内《じょうない》では主《おも》だった諸将《しょしょう》が集《あつ》まり評定《ひょうじょう》して、城下《じょうか》の砦《とりで》や柵《さく》に軍勢《ぐんぜい》を分《わ》けて守《まも》るのは各個攻撃《かっここうげき》されて益《えき》が無《な》いと判断《はんだん》し、軍議《ぐんぎ》に託《たく》して治房《はるふさ》を道頓堀《どうとんぼり》から呼《よ》び付《つ》けて、その隙《すき》に道頓堀《どうとんぼり》の砦《とりで》を焼《や》き払《はら》い、大阪勢全軍《おおさかぜいぜんぐん》を城内《じょうない》に取《と》り納《おさ》めた。

加賀前田勢の真田丸攻撃と惨敗　並びに越前松平勢の大阪城攻撃と惨敗

大阪城外一帯総《おおさかじょうがいいったいすべ》てが江戸方《えどがた》の手《て》に落《お》ちたのを受《う》けて家康《いえやす》は大阪城総攻撃《おおさかじょうそうこうげき》に作戦《さくせん》を変《か》えた。そこで先《ま》ずは手始《てはじ》めに大阪城南東城外《おおさかじょうなんとうじょうがい》の出丸《でまる》を攻《せ》め落《お》とすことにして、この攻撃《こうげき》の先手《さきて》に前田利常《まえだとしつね》が指名《しめい》された。この出丸《でまる》は真田幸村《さなだゆきむら》が築城《ちくじょう》した真田丸《さなだまる》だ。

丁度《ちょうど》このとき十二月初《はじ》め、大阪城内《おおさかじょうない》では新参《しんざん》の南條忠成《なんじょうただしげ》（別名・元忠、元伯耆国羽衣石城主関ヶ原の戦いで没落）が大阪方《おおさかがた》の大野治長《おおのはるなが》の人格言動《じんかくげんどう》に幻滅《げんめつ》し、十二月四日朝《あさ》に江戸方《えどがた》に下《くだ》って城内《じょうない》に江戸方《えどがた》を手引《てび》きすると申《もう》し出《で》た。この内通《ないつう》を受《う》けて、真田丸攻撃《さなだまるこうげき》と同時《どうじ》に大阪城南面《おおさかじょうなんめん》を松平忠直《まつだいらただなお》（結城秀康の後継）と井伊直孝《いいなおたか》、藤堂高虎《とうどうたかとら》の手勢《てぜい》が攻撃《こうげき》することになったが、城内《じょうない》でこの謀反《むほん》は直《す》ぐに露顕《ろけん》して南條《なんじょう》は誅殺《ちゅうさつ》されていた。だが江戸方《えどがた》はこの経緯《いきさつ》を察知出来《さっちでき》ないでいた。

同月《どうげつ》四日未明《みめい》、朝霧《あさぎり》が深《ふか》く立《た》ち込《こ》めて一寸先《いっすんさき》が判《わか》らぬ中《なか》を、前田勢《まえだぜい》一万二千が真田勢《さなだぜい》の築《きず》いた篠山《しのやま》の柵《さく》（真田丸と江戸方の岡山の陣の中間地点）に忍《しの》び込《こ》んだ。だがそこは「蛻《もぬけ》の殻《から》」（ぬけがら）だった。真田勢《さなだぜい》は今朝《けさ》の攻撃《こうげき》を察知《さっち》して、事前《じぜん》に退却《たいきゃく》したのだ。夜《よ》が明《あ》けて見通《みとお》しが効《き》くようになり、真田丸《さなだまる》から前田勢《まえだぜい》を揶揄《やゆ》（からかう）する声《こえ》が盛《さか》んに聞《き》こえてきた。

前田勢先鋒《まえだぜいせんぽう》の本多政重《ほんだまさしげ》と山崎長徳《やまざきながのり》の勢《ぜい》はこの揶揄《やゆ》に怒《いか》って前後《ぜんご》の見境《みさかい》を無《な》くし、鉄砲除《てっぽうよ》けの竹束《たば》の楯《たて》も持《も》たずに真田丸《さなだまる》に突進《とっしん》して城壁《じょうへき》を一気《いっき》に登《のぼ》り始《はじ》めた。真田丸《さなだまる》はこの時《とき》まで盛《さか》んに寄《よ》せ手《て》を嘲《あざけ》っていたが、寄《よ》せ手《て》が城壁《じょうへき》を登《のぼ》りだした途端《とたん》に、激《はげ》しく鉄砲《てっぽう》で一斉射撃《いっせいしゃげき》を始《はじ》めたので前田勢《まえだぜい》は為《な》す術《すべ》もなく討《う》ち取《と》られて、死傷者《ししょうしゃ》が続出《ぞくしゅつ》した。

大阪城《おおさかじょう》の南面攻撃《なんめんこうげき》を受《う》け持《も》った松平《まつだいら》・井伊《いい》・藤堂勢《とうどうぜい》も、東方《とうほう》から響《ひび》き出《だ》した鉄砲《てっぽう》の音《おと》を聞《き》いて前田勢《まえだぜい》が真田丸《さなだまる》に攻《せ》め込《こ》んだのを知《し》り、先《さき》を争《あらそ》って大阪本城南面城壁《おおさかほんじょうなんめんじょうへき》に押《お》し寄《よ》せた。

これを見《み》た大阪方《おおさかがた》は態《わざ》と城内《じょうない》で火薬《かやく》を爆発《ばくはつ》させた。これは南條忠成《なんじょうただしげ》の江戸方《えどがた》に伝《つた》えた手引《てびき》の合図《あいず》だった。越前国主《えちぜんこくしゅ》の松平忠直《まつだいらただなお》の一万と将軍秀忠側近《しょうぐんひでただそっきん》の井伊直孝《いいなおたか》の四千、その他《た》数千の合計《ごうけい》二万近《ちか》くの寄《よ》せ手《て》が、この合図《あいず》の爆発音《ばくはつおん》を聞《き》いて一斉《いっせい》に城壁《じょうへき》に取《と》り付《つ》いた。大阪城内《おおさかじょうない》はこれまで物音《ものおと》一つ無《な》く静《しず》まり返《かえ》っていた。だが寄《よ》せ手《て》が城壁《じょうへき》に取《と》り付《つ》き登《のぼ》り始《はじ》めた途端《とたん》に城内《じょうない》から弓矢《ゆみや》が放《はな》たれ、鉄砲《てっぽう》も激《はげ》しく撃《う》ち出《だ》された。寄《よ》せ手《て》は忽《たちま》ち死傷者《ししょうしゃ》で溢《あふ》れて大混乱《だいこんらん》に陥《おちい》った。

真田幸村《さなだゆきむら》はこの総攻撃《そうこうげき》を南條《なんじょう》から探《さぐ》り出《だ》して、本城《ほんじょう》と出丸《でまる》での戦法《せんぽう》を綿密《めんみつ》に練《ね》ったのだ。江戸方《えどがた》は幸村《ゆきむら》の策《さく》に嵌《はま》って為《な》す術《すべ》なく、大阪本城《おおさかほんじょう》でも真田丸《さなだまる》でもただ撃《う》たれるばかりだったが、城内《じょうない》は一兵《いっぺい》の損害《そんがい》も出《だ》さなかった。江戸方本陣《えどがたほんじん》の家康《いえやす》はこれを知《し》って大《おお》いに怒《いか》り、速《すみ》やかに引《ひ》き退《の》くよう命《めい》じた。寄《よ》せ手《て》の諸将《しょしょう》らは恥《はじ》を忍《しの》んで、未刻《ひつじのこく》（午後二時過ぎ）頃《ころ》までに這々《ほうほう》の体《てい》で逃《に》げ帰《かえ》った。死傷者《ししょうしゃ》は数千人《すうせんにん》に上《のぼ》り、緒戦《ちょせん》の大阪城総攻撃《おおさかじょうそうこうげき》は江戸方《えどがた》の完敗《かんぱい》に終《お》わった。家康本陣《いえやすほんじん》では各隊先鋒《かくたいせんぽう》の責任《せきにん》を問《と》う声《こえ》が姦《かしま》しく挙《あ》がったが、家康《いえやす》は「命《いのち》を捨《す》てて敵陣目掛《てきじんめが》け真先《まっさき》に突進《とっしん》する将兵《しょうへい》はそうはいないものよ。これを一々《いちいち》に罪《つみ》に落《お》とすとは如何《いかが》なものか。見《み》ぬ振《ふ》りをして棄《す》てておけ」と言《い》って取《と》り合《あ》わなかった。

大阪城を大筒で砲撃と本丸御殿破壊

この頃《ころ》十二月初《はじ》めに淀川《よどがわ》の流《なが》れを変《か》える土木工事《どぼくこうじ》が完了《かんりょう》した。以後次第《いごしだい》に城下《じょうか》の水《みず》が引《ひ》いて大《おお》阪城《さかじょう》は四方何処《しほうどこ》からでも攻撃出来《こうげきでき》るようになった。そこで家康《いえやす》は諸隊《しょたい》の大将《たいしょう》を集《あつ》めて

「総攻撃《そうこうげき》に向《む》けて城壁《じょうへき》の近《ちか》くに鉄砲玉除《てっぽうだまよ》けの土手《どて》を築《きず》き、竹束《たけたば》の楯《たて》も増強《ぞうきょう》して鉄砲玉《てっぽうだま》で一兵《いっぺい》も損《そこ》なうことのなき様《よう》に図《はか》れ」と命《めい》じて諸将《しょしょう》に城《しろ》への総攻撃《そうこうげき》の近《ちか》いことを知《し》らせ、城壁《じょうへき》を登《のぼ》る多《おお》くの梯子《はしご》も作《つく》らせた。また九鬼守隆《くきもりたか》に命《めい》じて淀川一帯《よどがわいったい》の大小河口《だいしょうかこう》に番船《ばんせん》を浮《う》かべ、海上警備《かいじょうけいび》と舟《ふね》を用《もち》いた川《かわ》から城《しろ》への出入《でい》りを遮断《しゃだん》した。

将軍秀忠《しょうぐんひでただ》は大御所家康《おおごしょいえやす》に速《すみ》やかに総攻撃《そうこうげき》を仕掛《しか》けるように勇《いさ》んで進言《しんげん》した。だが家康《いえやす》は「孫子《そんし》（孫武）の兵法《へいほう》に「百戦百勝《ひゃくせんひゃくしょう》は善《ぜん》の善《ぜん》なる者《もの》にあらず。戦《たたか》わずして人《ひと》の兵《へい》を屈《くっ》するは善《ぜん》の善《ぜん》なる者《もの》なり」とあるぞ」と秀忠《ひでただ》に諭《さと》した。そして人海戦術《じんかいせんじゅつ》で淀川《よどがわ》の流《なが》れを変《か》え、城下《じょうか》の沼地《ぬまち》や堀《ほり》を乾《かわ》かして（479頁7～9行目及び前頁11～12行目参照）多数《たすう》の大砲《たいほう》を城《しろ》の四方《しほう》に据《す》え、城壁《じょうへき》を撃《う》ち壊《こわ》して壁《かべ》を乗《の》り越《こ》え易《やす》くしたことや、これからは終夜大砲《しゅうやたいほう》を連射《れんしゃ》して城内《じょうない》を驚《おどろ》かせ、寝《ね》かせず恐怖《きょうふ》に陥《おとしい》れて戦《たたか》わずして敵《てき》の戦意《せんい》を喪失《そうしつ》させる戦術《せんじゅつ》を秀忠《ひでただ》に語《かた》り聞《き》かせた。

十二月九日、家康《いえやす》は本多正純《ほんだまさずみ》に大阪城《おおさかじょう》七手組《ななてぐみ》の青木一重《あおきかずしげ》を通《とお》して、秀頼《ひでより》に降伏《こうふく》して和議《わぎ》を結《むす》ぶよう仕向《しむ》けさせたが秀頼《ひでより》は聴《き》かなかった。そこで大阪城北側《おおさかじょうきたがわ》の本丸直下《ほんまるちょっか》に位置《いち》する備前島《びぜんしま》に大砲百門《たいほうひゃくもん》を揃《そろ》えて本丸目掛《ほんまるめが》けて撃《う》ち続《つづ》け城内《じょうない》を驚《おどろ》かせて不眠不休《ふみんふきゅう》に落《お》とす心理作戦《しんりさくせん》に切《き》り替《か》えた。そうしながらも降伏勧告《こうふくかんこく》はこの後《のち》も事《こと》ある毎《ごと》に行《おこな》った。更《さら》には鉱夫《こうふ》を集《あつ》めて城南《じょうなん》の前田陣《まえだじん》の前《まえ》から城壁《じょうへき》の下《した》を潜《くぐ》る穴《あな》を掘《ほ》らせた。城内《じょうない》も対抗《たいこう》して　この穴《あな》を崩《くず》す穴堀《あなほり》を始《はじ》めた。この日《ひ》も終《しゅう》夜大砲《やたいほう》や鉄砲《てっぽう》を打《う》ち続《つづ》ける心理戦《しんりせん》が続《つづ》いた。

家康《いえやす》は連日《れんじつ》、江戸方諸将《えどがたしょしょう》の陣所《じんしょ》を訪《たず》ねて将卒《しょうそつ》を督励《とくれい》して廻《まわ》り、総攻撃《そうこうげき》に向《む》けての鉄砲玉除《てっぽうだまよ》けの土手《どて》の構築《こうちく》などを見廻《みまわ》ったので準備《じゅんび》は遅滞《ちたい》なく進行《しんこう》して土手《どて》は日一日《ひいちにち》と城壁《じょうへき》に近付《ちかづ》いた。築山《つきやま》の構築《こうちく》も行《おこな》われて大阪城《おおさかじょう》の四方何処《しほうどこ》からでも大砲《たいほう》を撃《う》ち込《こ》み始《はじ》めた。城内《じょうない》は動揺《どうよう》した。

家康《いえやす》は十三日にも大阪城西側《おおさかじょうにしがわ》の江戸方陣所《えどがたじんしょ》に出向《でむ》き浅野長晟《あさのながあきら》（長政の後継）と松平忠義《まつだいらただよし》に

「船場《せんば》に船橋《ふなはし》を掛《か》け、堀川《ほりかわ》を土俵《どひょう》で埋《う》め立《た》てよ」と指示《しじ》した。

またこの日《ひ》に二条城《にじょうじょう》にいた阿茶局《あちゃのつぼね》（家康の側室。徳川家の奥向きを仕切った才女）を家康本陣《いえやすほんじん》の茶臼山《ちゃうすやま》に呼《よ》び寄《よ》せて、「大阪城《おおさかじょう》に出向《でむ》き淀《よど》に面会《めんかい》して和議《わぎ》の使者《ししゃ》を務《つと》めよ」と命《めい》じた。

同十二月十五日、本田正純《ほんだまさずみ》と後藤光次《ごとうみつつぐ》（家康側近）の下《もと》に、城内《じょうない》の織田長益《おだながます》と大野治長《おおのはるなが》が連書《れんしょ》し

た和議《わぎ》の書簡《しょかん》を持《も》った軍使《ぐんし》が訪《おとず》れた。家康《いえやす》は光次《みつつぐ》に城内《じょうない》の様子《ようす》を聞《き》き質《ただ》させた。軍使《ぐんし》は
「城内《じょうない》は悉《ことごと》く淀《よど》の方《かた》の裁量《さいりょう》にあり。その淀《よど》の方《かた》は自《みずか》ら江戸《えど》に下《くだ》り、大阪城《おおさかじょう》の堀《ほり》を埋《う》めて城壁《じょうへき》も崩《くず》す故《ゆえ》に、新入諸将《しんにゅうしょしょう》の召《め》し抱《かか》えと、その扶助《ふじょ》の所領《しょりょう》加増《かぞう》を請《こ》うと思《おぼ》し召《め》す」と伝《つた》えた。家康《いえやす》は
「新入《しんい》りの諸将《しょしょう》に如何《いか》なる忠節《ちゅうせつ》があって所領《しょりょう》を宛《あて》がうのか。これは単《たん》に和議《わぎ》を先延《さきの》ばして寄《よ》せ手《て》を疲労《ひろう》させる計略《けいりゃく》なり」と言《い》って申《もう》し出《で》を受《う》けなかった。
翌《よく》十六日、家康《いえやす》は備前島《びぜんしま》の菅沼正定《すがぬままささだ》に命《めい》じて大砲《たいほう》を一斉《いっせい》に打《う》ち込《こ》み、櫓《やぐら》や城壁《じょうへき》を破壊《はかい》した。片《かた》桐且元《ぎりかつもと》は城内《じょうない》の間取《まど》りに詳《くわ》しく、大砲《たいほう》を秀頼《ひでより》母子《ぼし》が居住《きょじゅう》する本丸御殿大奥《ほんまるごてんおおおく》に向《む》けても撃《う》ち込《こ》ませた。淀《よど》の居間《いま》も、柱《はしら》や梁《はり》が折《お》れ崩《くず》れて傍《かたわら》に侍《はべ》る女房衆《にょうぼうしゅう》数人《すうにん》が死傷《ししょう》した。女童《おんなわらべ》の泣《な》き叫《さけ》ぶ声《こえ》が城《じょう》内《ない》に響《ひび》いた。淀《よど》は日頃《ひごろ》の威勢《いせい》も消《き》え失《う》せて只々《ただただ》恐《おそ》れ慄《おのの》いた。大野治長《おおのはるなが》と織田長益《おだながます》も切羽《せっぱ》詰《つ》まって後藤基次《ごとうもとつぐ》（又兵衛）に和議《わぎ》を相談《そうだん》した。基次《もとつぐ》は
「豊臣恩顧《とよとみおんこ》の大名《だいみょう》にも見放《みはな》されてこのまま当《あ》ても無《な》く籠城《ろうじょう》するは武家《ぶけ》の最《もっと》も厭《いと》うところ。今幸《いまさいわ》いに江戸方《えどがた》から和議《わぎ》の申《もう》し出《で》もあれば膝《ひざ》を屈《くっ》して和《わ》し、時節《じせつ》を待《ま》つ以外《いがい》に打《う》つ手《て》は御座《ござ》らぬ。大御《おおご》

所《しょ》も七十の齢《よわい》。今《いま》を忍《しの》べば「会稽《かいけい》の恥《はじ》を雪《すす》ぐ」（中国春秋時代の呉越戦争の話。会稽山《かいけいざん》で呉王夫差《ふさ》に敗れた越王勾践《こうせん》が臥薪嘗胆《がしんしょうたん》して夫差を破った例え）機会《きかい》も訪《おとず》れようというもの」と進言《しんげん》した。治長《はるなが》は基次《もとつぐ》の進言《しんげん》を受《う》けて秀頼《ひでより》に和議《わぎ》を進《すす》めた。秀頼《ひでより》は
「今《いま》、斯様《かよう》に相《あい》なる。且元《かつもと》（片桐）の思《おも》いを入《い》れず汝《なんじ》らが拒《こば》んで我《われ》に事《こと》を進《すす》めさせたが故《ゆえ》に、斯《か》くも恥《は》ずかしきことになり果《は》てたる」と言《い》って落涙《らくるい》した。

和議成立と大阪城　外堀・内堀埋立

慶長《けいちょう》十九年（一六一四年）十二月十七日、勅使《ちょくし》として廣橋兼勝《ひろはしかねかつ》と三條西実条《さんじょうにしさねえだ》の両大納言《りょうだいなごん》が家康《いえやす》の下《もと》を訪《おとず》れて和平仲介《わへいちゅうかい》を申《もう》し出《で》た。大野治長《おおのはるなが》は秀頼《ひでより》の説得《せっとく》を済《す》ませて淀《よど》に
「天下《てんか》に援《たす》ける者《もの》なく、城内《じょうない》に異志《いし》を抱《いだ》く者多《ものおお》し。その者《もの》の兵《へい》を以《もっ》て援《たす》け無《な》き城《しろ》を守《まも》る。加《くわ》えて城内《じょうない》の兵糧《ひょうろう》は三月《みつき》を支《ささ》えるに足《た》らず。ここは講和《こうわ》して時節《じせつ》を待《ま》つに若《し》かず」と大阪城内外《おおさかじょうないがい》の状況《じょうきょう》を説《と》いて強《し》いて諫《いさ》めた。同月十九日、淀《よど》は家康《いえやす》の側室《そくしつ》の阿茶局《あちゃのつぼね》の取《と》り成《な》しもあって遂《つい》に折《お》

れ、淀《よど》に代《か》わって織田長益《おだながます》の子《こ》の尚長《ひさなが》と大野治長《おおのはるなが》の子《こ》の治徳《はるのり》を質《しち》として差《さ》し出《だ》し、更《さら》に二の丸《まる》と三の丸《まる》の破壊《はかい》と惣堀《そうぼり》（城下に廻らした外堀の通称）の埋《う》め立《た》てを容認《ようにん》した。家康《いえやす》は秀頼《ひでより》の身《み》の安全《あんぜん》と本領安堵《ほんりょうあんど》に加《くわ》えて大阪城《おおさかじょう》に集《つど》った客将《きゃくしょう》の罪《つみ》を不問《ふもん》に付《ふ》すことを容認《ようにん》して和議《わぎ》が成立《せいりつ》した。

江戸方《えどがた》と大阪方《おおさかがた》の和議《わぎ》が成《な》って翌《よく》二十日、大御所家康《おおごしょいえやす》の名代《みょうだい》の板倉重昌《いたくらしげまさ》と将軍秀忠《しょうぐんひでただ》の名代《みょうだい》の阿《あ》倍正次《べまさつぐ》の二人が大阪城《おおさかじょう》に出向《でむ》いて和議《わぎ》の誓約《せいやく》を行《おこな》った。秀頼《ひでより》は誓約書《せいやくしょ》に血判《けっぱん》した。一方《いっぽう》、秀頼《ひでより》は木村重成《きむらしげなり》（秀頼の乳母　宮内卿局の子）を茶臼山《ちゃうすやま》の家康《いえやす》の本陣《ほんじん》に送《おく》って同《おな》じく和議《わぎ》の誓約《せいやく》を行《おこな》った。家康《いえやす》は誓約書《せいやくしょ》に血判《けっぱん》した。後世《こうせい》、この戦《たたか》いを「大坂冬《おおさかふゆ》の陣《じん》」と云《い》い伝《つた》えた。

翌《よく》二十一日、江戸方《えどがた》は大阪城《おおさかじょう》の二の丸《まる》と三の丸《まる》を壊《こわ》し、惣堀《そうぼり》（外堀）を埋《う》めた。惣堀《そうぼり》を埋《う》め終《お》わって内堀《うちぼり》も埋《う》め始《はじ》めた。大野治長《おおのはるなが》は驚《おどろ》いて家臣《かしん》を出《だ》して堀《ほり》を埋《う》める監吏《かんり》を咎《とが》めた。監吏《かんり》は「盟約《めいやく》にある惣堀《そうぼり》とは総《すべ》ての堀《ほり》であって内外《ないがい》を問《と》わず」と言《い》って取《と》り合《あ》わなかった。治長《はるなが》は将軍《しょうぐん》秀忠《ひでただ》の岡山《おかやま》の陣《じん》を訪《たず》ねたが、将吏《しょうり》は大御所《おおごしょ》の命《めい》なりと言《い》って取《と》り合《あ》わない。治長《はるなが》は家康《いえやす》のいる二《に》条城《じょうじょう》に出向《でむ》いた。だがここでも板倉重昌《いたくらしげまさ》（勝重の子）が応対《おうたい》に出《で》てこれは本多正純《ほんだまさずみ》の一任事項《いちにんじこう》だと言《い》って取《と》り合《あ》わなかった。治長《はるなが》は再度大阪《さいどおおさか》に帰《かえ》って正純《まさずみ》を訪《たず》ねたが、正純《まさずみ》は疾《やまい》と称《しょう》して面会《めんかい》を断《ことわ》った。斯《か》くする内《うち》に内堀《うちぼり》も完全《かんぜん》に埋《う》め尽《つ》くされて大阪城《おおさかじょう》は本丸《ほんまる》のみの裸城《はだかじろ》になった。

翌《よく》・慶長《けいちょう》二十年（一六一五年）一月、家康《いえやす》は二条城《にじょうじょう》を発《た》って駿府《すんぷ》への帰途《きと》についた。将軍秀忠《しょうぐんひでただ》も岡山《おかやま》を陣払《じんばら》いして伏見城《ふしみじょう》に入《はい》り朝廷《ちょうてい》に参内《さんだい》して、同月下旬《げじゅん》に江戸《えど》へ帰《かえ》った。幕府軍《ばくふぐん》は江戸《えど》へ引《ひ》き上《あ》げて諸国《しょこく》の江戸方諸将《えどがたしょしょう》も皆領国《みなりょうごく》に軍勢《ぐんぜい》を帰《かえ》した。

三．大坂夏の陣

大阪方　再度挙兵

江戸方《えどがた》の軍勢《ぐんぜい》が去《さ》り、平和《へいわ》が戻《もど》って淀《よど》を始《はじ》め大阪城内《おおさかじょうない》の豊臣家臣《とよとみかしん》は喜《よろこ》んだが、諸国《しょこく》から集《あつ》まった浪人衆《ろうにんしゅう》は困《こま》り果《は》てた。浪人衆《ろうにんしゅう》は身分保障《みぶんほしょう》が無《な》いままに捨《す》て置《お》かれたので困窮《こんきゅう》した結果《けっか》、徒《と》党《とう》を組《く》んで盗《ぬす》みや乱暴狼藉《らんぼうろうぜき》を働《はたら》いたので畿内《きない》は騒然《そうぜん》とした。大阪城内《おおさかじょうない》の浪人衆《ろうにんしゅう》は淀《よど》に

「昨年《さくねん》、江戸方《えどがた》は天下《てんか》を挙《あ》げて大阪城《おおさかじょう》を攻《せ》めて而《しか》も落《お》とせず。今《いま》ここで再挙無《さいきょな》くば客兵《かくへい》は皆雲散《みなうんさん》霧消《むしょう》して、豊臣家《とよとみけ》が天下《てんか》を手《て》にすることは二度《にど》と無《な》からん」と言《い》って再挙《さいきょ》を強要《きょうよう》した。

淀《よど》は求《もと》められるままに兵《へい》を募《つの》って十数万《じゅうすうまん》を集《あつ》めた。城内《じょうない》では諸将《しょしょう》が集《あつ》まって評定《ひょうじょう》を持《も》った。だが議論《ぎろん》は積《つ》んでは崩《くず》して幾日《いくにち》たっても埒《らち》が開《あ》かなかった（柵が開かず、前に進めない例え）。真田幸村《さなだゆきむら》は

「大阪城《おおさかじょう》は今《いま》や堀《ほり》は埋《う》められ二《に》の丸《まる》と三《さん》の丸《まる》も失《うしな》い、本丸《ほんまる》一つが残《のこ》る裸城《はだかじろ》。守《まも》る不可《べからず》。出《いで》て戦《たたか》うべし。急《いそ》ぎ京師《けいし》（首都）を襲《おそ》い、天子《てんし》を挟《さしはさ》んで、以《もっ》て天下《てんか》に令《れい》するのみ」と主張《しゅちょう》したが、余《あま》りにも暴挙《ぼうきょ》が過《す》ぎて大野治長《おおのはるなが》兄弟《きょうだい》が受《う》け入《い》れなかった。結局《けっきょく》は秀頼側近《ひでよりそっきん》の七手組隊長《ななてぐみたいちょう》が

「大阪城《おおさかじょう》は三方《さんぽう》が水《みず》に囲《かこ》まれて南面《なんめん》のみが地《ち》に接《せっ》する故《ゆえ》に、敵《てき》は常《つね》に南《みなみ》より到《いた》る。故《ゆえ》に我《わ》が軍《ぐん》は全勢力《ぜんせいりょく》を以《もっ》て南《みなみ》に備《そな》え、敵《てき》の両所《りょうしょ》（御所秀忠と大御所家康）が到《いた》れば直《ただ》ちにこれを迎《むか》え討《う》つ。そしてその勝敗《しょうはい》は天《てん》に委《ゆだ》ねることにすれば如何《いかが》」と思《おも》いを披露《ひろう》して一同《いちどう》の賛同《さんどう》を得《え》た。大阪城《おおさかじょう》では慌《あわただ》しく戦《いくさ》に向《む》けて準備《じゅんび》に取《と》り掛《かか》った。そこへ「江戸方出陣《えどがたしゅつじん》」との噂《うわさ》が飛《と》び込《こ》んだ。

大阪方《おおさかがた》は再度《さいど》評定《ひょうじょう》を持《も》って迎撃体制《げいげきたいせい》の詰《つめ》を行《おこな》い、城内《じょうない》の将兵《しょうへい》を三分割《さんぶんかつ》してその一軍《いちぐん》は木村重成《きむらしげなり》（秀頼の乳母　宮内卿局の子）が大将《たいしょう》となって真田幸村《さなだゆきむら》と渡辺糺《わたなべただす》（秀頼の乳母　正栄尼の子）、明石守重《あかしもりしげ》が属《ぞく》して茶臼山《ちゃうすやま》に陣取《じんど》る。他《た》の一軍《いちぐん》は大野治房《おおのはるふさ》が大将《たいしょう》になって長宗我部盛親《ちょうそかべもりちか》と森勝長《もりかつなが》、仙石宗也《せんごくむねなり》が属《ぞく》して岡山《おかやま》に陣取《じんど》る。後詰《ごづめ》の大将《たいしょう》には大野治長《おおのはるなが》がなり、七手組隊長《ななてぐみたいちょう》と後藤基次《ごとうもとつぐ》（別名又兵衛）が属《ぞく》して毘沙門池《びしゃもんいけ》（大阪城と茶臼山と岡山の中間地点の池）に布陣《ふじん》することに決《けっ》した。そしてその陣地《じんち》の整備《せいび》を急《いそ》いだ。

豊臣秀頼《とよとみひでより》は自《みずか》ら大阪城南郊《おおさかじょうなんこう》を巡察《じゅんさつ》して、冬《ふゆ》の陣《じん》では家康《いえやす》と秀忠《ひでただ》の本陣《ほんじん》になった茶臼山《ちゃうすやま》や岡山《おかやま》、毘沙門池《びしゃもんいけ》に立《た》ち寄《よ》り三軍《さんぐん》の配置《はいち》を巡視《じゅんし》した。大阪方《おおさかがた》の士気《しき》は頗《すこぶ》る高揚《こうよう》した。だがこの頃《ころ》の大野治長《おおのはるなが》の矜持《きょうじ》（自負）は甚《はなは》だしく、淀《よど》の名《な》を以《も》って諸将《しょしょう》の意《い》を抑止《よくし》して軍議《ぐんぎ》の決定《けってい》を屡変更《しばしばへんこう》した。織田長益《おだながます》（信長の弟）は治長《はるなが》の傲慢《ごうまん》に耐《た》えかねて京《きょう》都に出奔《しゅっぽん》した。長益《ながます》がいなくなって治長《はるなが》は益々横暴《ますますおうぼう》を極《きわ》めた。ある夜《よ》、治長《はるなが》が暴漢《ぼうかん》に襲《おそ》われたが幸《さいわ》いに従卒《じゅうそつ》が防《ふせ》いで暴漢《ぼうかん》を切《き》り殺《ころ》した。翌日《よくじつ》、この暴漢《ぼうかん》が大野治房《おおのはるふさ》の卒《そつ》だと判《わか》り、城内《じょうない》は互《たが》いに互《たが》いを猜疑《さいぎ》し、軍律《ぐんりつ》はあって無《な》きが如《ごと》くに乱《みだ》れた。将卒《しょうそつ》の心《こころ》は治長《はるなが》・治房兄弟《はるふさきょうだい》から離《はな》れて木村重成《きむらしげなり》に集《あつ》まった。家康《いえやす》は密《ひそ》かに木村重成《きむらしげなり》に寝返《ねがえ》りを勧《すす》めた。だが重成《しげなり》は秀頼《ひでより》にとっては乳飲《ちの》み兄弟《きょうだい》であり且《かつ》、秀頼《ひでより》が唯一《ゆういつ》、心《こころ》を許《ゆる》した忠臣《ちゅうしん》だ。重成《しげなり》は秀頼《ひでより》の将来《しょうらい》を案《あん》じて「豊臣家《とよとみけ》の恩《おん》に報《むく》いて二心《にしん》は抱《いだ》かず。斯《か》くなる上《うえ》は唯一戦《ただいっせん》して死《し》するのみ」と覚悟《かくご》して、家康《いえやす》の誘《さそ》いを断《ことわ》った。

江戸方 再出陣

一方《いっぽう》の江戸方《えどがた》では慶長《けいちょう》二十年二月四日に大坂冬《おおさかふゆ》の陣《じん》の後処理《あとしょり》を済《す》ませて家康《いえやす》は駿府《すんぷ》に、秀忠《ひでただ》は江戸《えど》に帰着《きちゃく》した。大阪城《おおさかじょう》からは秀頼《ひでより》や大野治長《おおのはるなが》などから家康《いえやす》の下《もと》に続々《ぞくぞく》と進物《しんもつ》が届《とど》き、一見《いっけん》、徳川《とくがわ》と豊臣両家《とよとみりょうけ》は別条《べつじょう》なく和睦《わぼく》したかに見《み》えた。だが大阪城内《おおさかじょうない》では浪人衆《ろうにんしゅう》による混乱《こんらん》が日《ひ》ごとに増《ま》した。二月下旬《げじゅん》には織田長益《おだながます》の使者《ししゃ》が家康《いえやす》の下《もと》に遣《や》って来《き》て「大阪城内《おおさかじょうない》は一人大野兄弟《おおのきょうだい》（治長と治房）が上意《じょうい》を以《も》って評定《ひょうじょう》を独裁《どくさい》し、我《われ》らが申《もう》す儀《ぎ》は万事立《ばんじた》ち申《もう》さず。我《われ》らは不要《ふよう》の態《てい》にて候《そうろう》。然《しか》ればこの度《たび》、大阪《おおさか》を出《いで》て京都《きょう》に引《ひ》き籠《こも》る次第《しだい》」と書状《しょじょう》に認《したた》めて大阪城退城《おおさかじょうたいじょう》を伝《つた》えた。この一連《いちれん》の異常事態《いじょうじたい》は、雑兵《ぞうひょう》になり済《す》まして城内《じょうない》に入《はい》った多《おお》くの間《かん》者《じゃ》からも日々刻々駿府《ひびこっこくすんぷ》と江戸《えど》に伝《つた》えられた。三月には京都所司代《きょうとしょしだい》の板倉勝重《いたくらかつしげ》から「大阪方《おおさかがた》が軍《いくさ》を起《お》こして京都《きょう》に火《ひ》を掛《か》ける由《よし》の風聞《ふうぶん》あり、朝廷《ちょうてい》を始《はじ》め上下《じょうげ》は大騒動《おおそうどう》」との報《しら》せが入《はい》った。報《しら》せを受《う》けて江戸《えど》では土井利勝《どいとしかつ》を駿府《すんぷ》に出向《でむ》かせ打《う》ち合《あ》わせの上《うえ》で多数《たすう》の大砲《たいほう》・鉄砲《てっぽう》の発注《はっちゅう》を行《おこな》う一方《いっぽう》で、諸国《しょこく》から海運《かいうん》による大阪城《おおさかじょう》への物資《ぶっし》の輸送《ゆそう》の検問《けんもん》や大阪城下《おおさかじょうか》に出没《しゅつぼつ》する浪《ろう》人衆《にんしゅう》の取《と》り締《しま》まりも一段《いちだん》と強化《きょうか》させた。又《また》その一方《いっぽう》で大阪城《おおさかじょう》に和平《わへい》に向《む》けて再度《さいど》の三条件《さんじょうけん》を突《つ》き付《つ》けた。（472頁6〜9行目参照）

同二月、家康《いえやす》の意《い》を受《う》けた将軍秀忠《しょうぐんひでただ》は小笠原秀政《おがさわらひでまさ》（信濃国松本城主）に、一軍《いちぐん》を率《ひき》いて京都《きょう》に上《のぼ》らせ伏見城《ふしみじょう》の守衛《しゅえい》に当《あ》たるよう命《めい》じた。

同月、家康《いえやす》の下《もと》に大阪城《おおさかじょう》の秀頼《ひでより》から青木一重《あおきかずしげ》（七手組隊長）と常高院《じょうこういん》（淀の妹の初）と大蔵卿《おおくらきょうの》局《つぼね》、正栄尼《しょうえいに》の四人を参上《さんじょう》させたいとの使者《ししゃ》を受《う》けた。家康《いえやす》は九男義直《くなんよしなお》（尾張名古屋城主）の婚礼《こんれい》が済《す》むまで名古屋《なごや》で待《ま》つよう伝《つた》えて駿府《すんぷ》を立《た》った。その名古屋《なごや》への道中《どうちゅう》に再度《さいど》　大野治長《おおのはるなが》の使者《ししゃ》が訪《おとず》れて「豊臣家《とよとみけ》の移封等《いほうとう》の申《もう》し出《で》は辞《じ》す（講和条件は受けず）」との旨《むね》を伝《つた》えた。家康《いえやす》は「その議《ぎ》に於《お》いては是非《ぜひ》なきこと」と使者《ししゃ》に伝《つた》えて即刻道中《そっこくどうちゅう》から諸大名《しょだいみょう》へ鳥羽《とば》・伏見《ふしみ》への参陣《さんじん》を命《めい》じ、十日には名古屋《なごや》に到着《とうちゃく》した。そして名古屋城《なごやじょう》で家康《いえやす》を待《ま》った青木一重《あおきかずしげ》や常高院《じょうこういん》らには単《たん》に開戦《かいせん》の口実《こうじつ》を得《え》るために秀頼母子《ひでよりぼし》が遣《つか》わしたものだと見抜《みぬ》いて「秀頼母子《ひでよりぼし》は未《いま》だに浪人衆《ろうにんしゅう》を抱《かか》え置《お》き、剰《あまつさえ》兵卒《へいそつ》を募《つの》り集《あつ》めるとは何事《なにごと》」と立腹《りっぷく》してみせて面会《めんかい》を許《ゆる》さなかった。

同月、家康《いえやす》は九男《くなん》の義直《よしなお》の婚儀《こんぎ》に立《た》ち合《あ》った後《のち》に二条城《にじょうじょう》に入《はい》った。そして石川忠総《いしかわただふさ》を高槻《たかつき》に送《おく》って大阪方面《おおさかほうめん》の警備《けいび》に、松平利隆《まつだいらとしたか》と宮内忠雄《みやうちただお》には尼崎《あまがさき》・西宮方面《にしのみやほうめん》に送《おく》って西国諸国《さいごくしょこく》に備《そな》え松《まつ》平泰重《だいらやすしげ》と岡部長盛《おかべながもり》（以上何れも徳川一門）は丹波口《たんばぐち》に送《おく》り山陰道《さんいんどう》の警備《けいび》に当《あ》たらせた。

同二月、将軍秀忠《しょうぐんひでただ》も伏見城《ふしみじょう》に到着《とうちゃく》して翌日《よくじつ》 二条城《にじょうじょう》の家康《いえやす》の下《もと》に伺候《しこう》した。家康《いえやす》は「今度《このたび》 大阪城《おおさかじょう》では堀《ほり》が埋《う》められて籠城戦《ろうじょうせん》は不利故《ふりゆえ》、必《かなら》ずや城外《じょうがい》に討《う》って出《で》て唯一戦《ただいっせん》の雌雄《しゆう》を決《けっ》せんとしよう。我《われ》らは敵《てき》が如何程《いかほど》であろうとも速《すみ》やかに押《お》し寄《よ》せて、必《かなら》ずや片端《かたはし》から追《お》い崩《くず》すべし」と伝《つた》えた。秀忠《ひでただ》は承《うけたまわ》って伏見城《ふしみじょう》に帰《かえ》った。

同二月、諸大名《しょだいみょう》の軍勢《ぐんぜい》は悉《ことごと》く鳥羽《とば》・伏見《ふしみ》に集《あつ》まった。

後藤基次　大和各地で焼き働き　並びに大野治房　和歌山へ進軍と敗退

大阪方《おおさかがた》では常高院《じょうこういん》と大蔵卿局《おおくらきょうのつぼね》を家康《いえやす》の下《もと》に送《おく》って、その二人が未《いま》だ大阪《おおさか》に帰着《きちゃく》しない内《うち》に多《た》勢《ぜい》の江戸方軍勢《えどがたぐんぜい》が鳥羽《とば》・伏見《ふしみ》に現《あらわ》れたと知《し》って大《おお》いに驚《おどろ》いた。

豊臣秀頼《とよとみひでより》は軍列《ぐんれつ》を厳《きび》しく整《ととの》えて、江戸方《えどがた》が攻《せ》め寄《よ》せると思《おも》われる大阪城南方方面《おおさかじょうなんぽうほうめん》の天王寺《てんのうじ》・住吉辺《すみよしあた》りから岡山《おかやま》までを巡見《じゅんけん》した後《のち》、帰城《きじょう》して評定《ひょうじょう》を持《も》ち「家康《いえやす》が求《もと》める豊臣家《とよとみけ》の大阪城退城《おおさかじょうたいじょう》も大阪城《おおさかじょう》に参集《さんしゅう》願《ねが》った諸公《しょこう》の退城《たいじょう》もあり得《え》ず。それで江戸《えど》方《がた》の納得《なっとく》が得《え》られぬとなれば、その時《とき》は一合戦《ひとがっせん》して勝敗《しょうはい》を決《けっ》するも止《や》むなき事《こと》。皆諸共《みなもろとも》に城《しろ》を枕《まくら》に討死致《うちじにいた》すとも悔《く》いなしと思《おも》うが如何《いか》に」と諸将《しょしょう》に問《と》い掛《か》けた。諸将《しょしょう》に異論《いろん》などあろう筈《はず》もなく勇気百倍《ゆうきひゃくばい》して即戦《そくせん》に備《そな》えた。そこへ江戸方勢《えどがたぜい》が鳥羽《とば》・伏見《ふしみ》から大和国経由《やまとこくけいゆ》と河内国経由《かわちこくけいゆ》の二手《ふたて》に分《わ》かれて大阪《おおさか》に向《む》かうとの注進《ちゅうしん》が入《はい》った。
同慶長《けいちょう》二十年同二月、大阪勢《おおさかぜい》は軍議《ぐんぎ》を開《ひら》き、江戸勢《えどぜい》を天王寺口《てんのうじぐち》（天王寺区天王寺付近）と岡山口《おかやまぐち》（生野区役所付近）で勝敗《しょうはい》を決《けっ》する一戦《いっせん》を挑《いど》もうと発議《はつぎ》した。すると後藤基次《ごとうもとつぐ》は「今《いま》は急《いそ》ぎ大和国《やまとこく》まで軍《ぐん》を出《だ》して敵《てき》の宿営地《しゅくえいち》を焼《や》き払《はら》い険阻《けんそ》の地《ち》に柵《さく》を構《かま》えて守備兵《しゅびへい》を置《お》けば、敵《てき》の進軍《しんぐん》を数日間《すうじつかん》は遅《おく》らせることが出来《でき》る。その間《あいだ》に今少《いますこ》し各々陣所《おのおのじんしょ》の防備《ぼうび》を固《かた》めては如何《いかが》」と発言《はつげん》した。秀頼《ひでより》は後藤《ごとう》の提案《ていあん》に賛同《さんどう》して、数千の軍勢《ぐんぜい》を付《つ》けて大和国《やまとこく》に送《おく》り出《だ》した。後藤《ごとう》は大和《やまと》国郡山《こくこおりやま》（大和郡山市）に入《はい》って城下《じょうか》を焼《や》き払《はら》い、領主《りょうしゅ》の筒井定慶《つついじょうけい》（順慶の一族）を追《お》い払《はら》って一泊《いっぱく》した。翌日《よくじつ》、江戸方大和路先鋒《えどがたやまとじせんぽう》の水野勝成《みずのかつなり》は、「大阪方《おおさかがた》が大和国郡山《やまとこくこおりやま》を焼《や》き働《ばたら》きした」との報《しら》せを受《う》けて、道《みち》を急《いそ》ぎ郡山《こおりやま》を目指《めざ》した。途中《とちゅう》、奈良《なら》の代官中坊秀政《だいかんなかのぼうひでまさ》と藤林勝政《ふじばやしかつまさ》が逃《に》げてくるのに出会《であ》って、敵《てき》の様子《ようす》を聞《き》き出《だ》し夕刻《ゆうこく》には奈良《なら》に到着《とうちゃく》した。それより先《さき》、大阪方《おおさかがた》の後藤基次《ごとうもとつぐ》は「江《え》戸方先鋒《どがたせんぽう》の水野勢《みずのぜい》が奈良《なら》を急襲《きゅうしゅう》する」との報《しら》せを受《う》けて郡山《こおりやま》まで陣《じん》を引《ひ》いて、翌日《よくじつ》には斑鳩《いかるがあた》辺り
を焼《や》いた。法隆寺《ほうりゅうじ》の塔堂《とうどう》は幸《さいわ》いに被災《ひさい》しなかった。後藤基次《ごとうもとつぐ》は軍勢《ぐんぜい》が被害《ひがい》を受《う》けぬうちに更《さら》に

河内国境《かわちこっきょう》の国府峠《こくふとうげ》まで軍《ぐん》を引《ひ》いた。

丁度《ちょうど》この頃《ころ》、大野治房《おおのはるふさ》の下《もと》に紀伊国和歌山城《きいこくわかやまじょう》から「浅野長晟《あさのながあきら》（長政の後継）が江戸方別動隊《えどがたべつどうたい》として和歌山城《わかやまじょう》から大阪《おおさか》へ出陣《しゅつじん》しようと只今出立致《ただいましゅったついた》す故《ゆえ》、和歌山城《わかやまじょう》で留守《るす》を預《あず》かる大阪方家臣《おおさかがたかしん》も城下《じょうか》で蜂起《ほうき》して長晟《ながあきら》を追尾《ついび》するので、大阪《おおさか》からも出撃《しゅつげき》されたし」という報《しら》せが入《はい》った。

浅野長晟《あさのながあきら》は長政《ながまさ》の後継《あとつぎ》で亡《な》き太閤《たいこう》に最《もっと》も近《ちか》い姻戚《いんせき》だ（秀吉の正室ねねの実家の当主）。その長晟《ながあきら》が関ヶ原《せきがはら》の戦《たたか》い以来《いらい》徳川方《とくがわがた》に与力《よりき》するので、豊臣家《とよとみけ》では近親憎悪《きんしんぞうお》が昂《こう》じて「不倶戴天《ふぐたいてん》」の敵《てき》と見《み》なしていた。大阪方《おおさかがた》の軍勢《ぐんぜい》を牛耳《ぎゅうじ》る大野治長《おおのはるなが》・治房兄弟《はるふさきょうだい》はこの報《しら》せを受《う》けて「是《これ》ぞ天祐《てんゆう》。古書《こしょ》にも「天《てん》の与《あた》うるを取《と》らざれば反《かえ》って其《そ》の咎《とが》を受《うけ》く」と記《しる》す。浅野《あさの》を討《う》ち滅《ほろ》ぼすのはこのとき」とばかりに喜《よろこ》び勇《いさ》んで治房《はるふさ》に大軍《たいぐん》を与《あた》え、紀伊国目指《きいこくめざ》して出陣《しゅつじん》させた。

大野治房《おおのはるふさ》は三万余《よ》の軍勢《ぐんぜい》を率《ひき》いて進軍《しんぐん》の途中《とちゅう》、河内《かわち》・大和国境《やまとこっきょう》に出張《でば》って江戸方出撃《えどがたしゅつげき》に備《そな》え布陣《ふじん》する後藤基次《ごとうもとつぐ》勢《ぜい》を呼《よ》び付《つ》けて合流《ごうりゅう》した。そして塙直之《ばんなおゆき》（団右衛門）と岡部則綱《おかべのりつな》、淡輪重政《たんのわしげまさ》の三《さん》将《しょう》に三千の兵卒《へいそつ》を付《つ》けて和歌山《わかやま》に向《む》け先発《せんぱつ》させた。

一方《いっぽう》の和歌山城《わかやまじょう》では、親《しん》・大阪方家臣団《おおさかがたかしんだん》の蜂起直前《ほうきちょくぜん》に企《くわだ》てが領主《りょうしゅ》の浅野長晟勢《あさのながあきらぜい》に露顕《ろけん》した。知《し》らせを受《う》けた長晟《ながあきら》は急遽引《きゅうきょひ》き返《かえ》して大阪方家臣団《おおさかがたかしんだん》を一人残《ひとりのこ》らず「一網打尽《いちもうだじん》」にした。そこで大阪方《おおさかがた》が大挙《たいきょ》して紀伊《きい》に向《む》かうのを知《し》り、長晟《ながあきら》も二万の軍勢《ぐんぜい》に揃《そろ》え直《なお》して再出陣《さいしゅつじん》した。この和歌山《わかやま》の事態急変《じたいきゅうへん》は一揆勢《いっきぜい》の一網打尽《いちもうだじん》により大阪方《おおさかがた》には伝《つた》わらなかった。

同日夜《よる》、浅野勢《あさのぜい》は物見《ものみ》の報告《ほうこく》から大阪勢《おおさかぜい》が和泉国佐野《いずみこくさの》に宿営《しゅくえい》したのを知《し》り、二万の軍勢《ぐんぜい》を樫井《かしい》（泉南市の樫井川）に伏《ふ》せて大阪勢《おおさかぜい》を待《ま》つ一方《いっぽう》で、亀田高綱《かめだたかつな》に足《あし》の速《はや》い軽卒《けいそつ》を付《つ》けて大阪勢先手《おおさかぜいさきて》の目前《もくぜん》に向《む》かわせ、浅野勢《あさのぜい》が待《ま》ち伏《ぶ》せる樫井《かしい》に誘《さそ》い込《こ》む誘導作戦《ゆうどうさくせん》に出《で》た。

翌朝《よくちょう》、大阪方《おおさかがた》の塙《ばん》や岡部《おかべ》、淡輪《たんのわ》の先手《さきて》は逃《に》げ退《の》く浅野勢《あさのぜい》を見《み》て先《さき》を争《あらそ》って追《お》いかけて、浅野勢《あさのぜい》が待《ま》ち伏《ぶ》せる樫井《かしい》に入《はい》った。浅野勢《あさのぜい》二万は、大阪方先手《おおさかがたさきて》三千が樫井川《かしいがわ》を渡《わた》る途中《とちゅう》を捉《とら》えて前後《ぜんご》から襲《おそ》った。大阪勢《おおさかぜい》は陣形《じんけい》を整《ととの》える間《ま》もなく塙《ばん》・淡輪《たんのわ》をはじめ主《おも》な諸将《しょしょう》は皆《みな》、討《う》ち取《と》られて壊滅《かいめつ》した。大阪方《おおさかがた》の本隊《ほんたい》が樫井《かしい》に到着《とうちゃく》した頃《ころ》には既《すで》に浅野勢《あさのぜい》は全軍《ぜんぐん》紀伊国《きいこく》に引《ひ》き上《あ》げていた。大野治房《おおのはるふさ》は頼《たよ》りの塙直之《ばんなおゆき》らを失《うしな》い、狼狽《ろうばい》して全軍纏《ぜんぐんまと》めて大阪城《おおさかじょう》に逃《に》げ返《かえ》った。

片山・道明寺・誉田の戦いと後藤基次の死

同年五月、大阪城《おおさかじょう》では江戸方先鋒《えどがたせんぽう》が大和《やまと》から河内国《かわちこく》を望《のぞ》むとの報《しら》せを受《う》けて、大野兄弟《おおのきょうだい》は軍《いくさ》評定《ひょうじょう》を持《も》ち、天王寺口《てんのうじぐち》に陣《じん》を構《かま》えて敵《てき》を迎《むか》え討《う》とうと発議《はつぎ》した。後藤基次《ごとうもとつぐ》は「野戦《やせん》の勝敗《しょうはい》は衆寡《しゅうか》（多少）を以《も》って決《けっ》す。寡《か》を以《も》って衆《しゅう》を討《う》つには広野《こうや》で戦《たたか》う不可《べからず》。険阻《けんそ》に寄《よ》って敵《てき》を迎《むか》え討《う》つに限《かぎ》る。これしか御座《ござ》らぬ。臣《しん》、万人《まんにん》を従《したが》えて先般見定《せんぱんみさだ》めた国府峠《こくふとうげ》（499頁1行目参照）の切所《せっしょ》を押《おさ》え江戸方《えどがた》の大和路先鋒軍《やまとじせんぽうぐん》を挫《くじ》かん。先鋒《せんぽう》が崩壊《ほうかい》すれば後軍《こうぐん》は必《かなら》ずや大和国《やまとこく》郡山《こおりやま》まで退《の》く。某《それがし》その混乱《こんらん》に乗《じょう》じて勝《かち》を制《せい》せん」と言《い》い張《は》った。大野兄弟《おおのきょうだい》は了承《りょうしょう》して後藤《ごとう》の二千八百の兵《へい》に薄田兼相《すすきだかねすけ》と井上時利《いのうえときとし》の兵卒《へいそつ》を加《くわ》えた都合《つごう》一万四千を与《あた》え、真田幸村《さなだゆきむら》と毛利勝永《もうりかつなが》を後陣《こうじん》に添《そ》えて平野《ひらの》（平野区）経由《けいゆ》で大和国境《やまとこっきょう》へ向《む》かわせた。

後藤基次《ごとうもとつぐ》は河内国道明寺《かわちこくどうみょうじ》から誉田付近《こんだふきん》（藤井寺・羽曳野市境）の石川河畔《いしかわかはん》に軍《ぐん》を進《すす》めた。ところが予想《よそう》に反《はん》して江戸方《えどがた》は既《すで》に国境《こっきょう》を越《こ》えて石川河畔近《いしかわかはんちか》くまで進軍《しんぐん》していた。

後藤隊《ごとうたい》の軍兵《ぐんぺい》は川向《かわむか》いに陣取《じんど》る敵《てき》の大軍《たいぐん》を見《み》て恐懼《きょうく》した。基次《もとつぐ》は兵卒《へいそつ》を静《しず》めて「ここは林《はやし》に拠《よ》り水《みず》に臨《のぞ》む。戦《せん》・守共《しゅとも》に便《べん》なり。宜《よろ》しく馬《うま》に水飼《みずか》い、以《も》って旦《あした》を待《ま》つべし」と宥《なだ》めた。翌日早朝《よくじつそうちょう》、後藤基次《ごとうもとつぐ》は江戸方《えどがた》に不意討《ふいう》ちを掛《か》けて手柄《てがら》を挙《あ》げようと、単独《たんどく》で石川《いしかわ》を渡《わた》って兵卒《へいそつ》二千八百と共《とも》に片山付近《かたやまふきん》（柏原市玉手山付近）に屯《たむろ》する江戸方大和路先鋒《えどがたやまとじせんぽう》の水野勝成《みずのかつなり》の先手勢《さきてぜい》に鉄砲《てっぽう》を撃《う》ち込《こ》んで撃破《げきは》した。加《くわ》えて助勢《じょせい》に駆《か》け付《つ》けた松倉重政《まつくらしげまさ》（秀吉の近臣）の勢《ぜい》も撃《う》ち取《と》った。そこへ合戦開始《かっせんかいし》の報《しら》せを受《う》けた水野勝成本隊《みずのかつなりほんたい》を始《はじ》め国分《こくぶ》（柏原市）に宿営《しゅくえい》していた陸奥《むつ》・美濃《みの》・伊勢《いせ》の江戸方大和路全軍《えどがたやまとじぜんぐん》の一万二千が一斉《いっせい》に片山《かたやま》に駆《か》け付《つ》けて後藤隊目掛《ごとうたいめが》けて襲《おそ》い掛《か》かった。後藤《ごとう》隊《たい》は想《おも》わぬ反撃《はんげき》に遭《あ》って全滅《ぜんめつ》し、基次《もとつぐ》も片倉重綱勢《かたくらしげつなぜい》（仙台伊達家臣）の鉄砲《てっぽう》を受《う》けて討死《うちじに》した。後《ご》藤隊《とうたい》に遅《おく》れて道明寺《どうみょうじ》を出《で》た薄田兼相《すすきだかねすけ》と井上時利《いのうえときとし》の両勢《りょうぜい》三千六百も後藤勢《ごとうぜい》を討《う》ち取《と》って気勢《きせい》があがる水野勢《みずのぜい》と伊達勢《だてぜい》の一斉攻撃《いっせいこうげき》を受《う》けて両勢共《りょうぜいとも》に全滅《ぜんめつ》した。

この頃《ころ》、漸《ようや》く誉田《こんだ》に入《はい》った真田勢《さなだぜい》は江戸方《えどがた》の伊達家臣《だてかしん》の片倉重綱《かたくらしげつな》と石母田大膳《いしもただいぜん》の騎馬隊《きばたい》に遭遇《そうぐう》して猛攻《もうこう》を受《う》け、渡辺糺《わたなべただす》（秀頼の乳母正栄尼の子）は深手《ふかで》を負《お》った。真田幸村《さなだゆきむら》は長槍隊《ながやりたい》を前面《ぜんめん》に並《なら》べて敵《てき》の馬《うま》の腹《はら》を突《つ》くよう身《み》を低《ひく》く構《かま》えさせ、馬《うま》が槍衾《やりぶすま》に怯《おび》えたところに鉄砲《てっぽう》を撃《う》ち掛《か》けて騎馬隊《きばたい》の突撃《とつげき》を辛《かろ》うじて凌《しの》ぎ、毛利勝永勢《もうりかつながぜい》の助勢《じょせい》も得《え》て漸《ようや》く危機《きき》を脱《だっ》して軍《ぐん》を引《ひ》いた。

同日昼近《どうじつひるちか》くになって大阪方総大将《おおさかがたそうだいしょう》の大野治長《おおのはるなが》は大和路前線《やまとじぜんせん》での後藤隊《ごとうたい》の敗北《はいぼく》を知《し》り、道明寺《どうみょうじ》と誉田《こんだ》に向《む》かう真田《さなだ》と毛利隊《もうりたい》に天王寺口《てんのうじぐち》へ引《ひ》くよう伝令《でんれい》を走《はし》らせた。

八尾・若江の戦いと木村重成の死

慶長《けいちょう》二十年五月六日の早朝《そうちょう》、江戸方大和路軍《えどがたやまとじぐん》の迎撃《げいげき》に向《む》かった後藤勢《ごとうぜい》に続《つづ》いて、木村重成《きむらしげなり》と長宗我部盛親《ちょうそかべもりちか》の二隊《にたい》も江戸方河内路軍《えどがたかわちじぐん》を迎撃《げいげき》すべく、重成《しげなり》は若江《わかえ》（東大阪市）へ、盛親《もりちか》は八尾《やお》（八尾市）に出軍《しゅつぐん》した。この日《ひ》、八尾《やお》に陣《じん》を進《すす》めた長宗我部盛親勢《ちょうそかべもりちかぜい》五千は江戸方河内路先鋒軍《えどがたかわちじせんぽうぐん》の藤堂《とうどう》高虎勢《たかとらぜい》五千が進軍《しんぐん》して来《く》るのを八尾堤《やおつつみ》の上《うえ》から見付《みつ》けた。藤堂勢《とうどうぜい》も長宗我部勢《ちょうそかべぜい》が堤《つつみ》の上《うえ》を行軍《こうぐん》するのを見付《みつ》けたが直《す》ぐに堤《つつみ》から姿《すがた》を消《け》した。藤堂隊《とうどうたい》は長宗我部隊《ちょうそかべたい》が逃《に》げたと思《おも》い急《いそ》ぎ後《あと》を追《お》った。そこを待《ま》ち伏《ぶ》せした長宗我部勢《ちょうそかべぜい》が討《う》って出《で》て藤堂勢《とうどうぜい》の兵卒《へいそつ》六十を討《う》ち取《と》った。大阪方大将《おおさかがたたいしょう》の木村重成《きむらしげなり》はこの合戦《かっせん》を見《み》て六千の軍勢《ぐんぜい》と共《とも》に助勢《じょせい》に駆《か》け付《つ》けて藤堂勢《とうどうぜい》の属将《ぞくしょう》二人の首《くび》を取《と》った。そこへ井伊直孝勢《いいなおたかぜい》三千五百が藤堂勢《とうどうぜい》の助勢《じょせい》に駆《か》け付《つ》けた。

木村重成《きむらしげなり》は自軍《じぐん》の勢《ぜい》の多《おお》くが食《く》い詰《つ》め浪人《ろうにん》を集《あつ》めた烏合《うごう》の衆《しゅう》で、乱戦《らんせん》になればこちらが不利《ふり》と気付《きづ》き若江《わかえ》の自陣《じじん》に軍《ぐん》を引《ひ》いた。井伊勢《いいぜい》は後《あと》を追《お》って若江陣《わかえじん》に攻《せ》め込《こ》み木村陣《きむらじん》を壊滅《かいめつ》させた。木《き》村重成《むらしげなり》は勇猛《ゆうもう》に戦《たたか》ったが、軍兵《ぐんぺい》の多《おお》くは逃《に》げ散《ち》り、付《つ》き従《したが》う兵《へい》も残《のこ》り僅《わず》かにまで斬《き》り立《た》てられた。井伊直孝《いいなおたか》の大将《たいしょう》飯島三郎左衛門《いいじまさぶろうざえもん》は木村重成《きむらしげなり》に向《む》かい「何故《なにゆえ》に大阪《おおさか》へ退《しりぞ》かれぬか」と問《と》うたが、重成《しげなり》は頭《こうべ》を揮《ふる》って決戦《けっせん》を挑《いど》み、飯島《いいじま》の刃《やいば》に掛《かか》って討死《うちじに》した。井伊勢《いいぜい》は木村重成《きむらしげなり》の若江陣《わかえじん》を屠《ほふ》って（滅ぼす）後《のち》、八尾《やお》に戻《もど》って藤堂高虎勢《とうどうたかとらぜい》に合流《ごうりゅう》した。

これより先《さき》、藤堂勢先鋒大将《とうどうぜいせんぽうたいしょう》の渡辺勘兵衛《わたなべかんべえ》は井伊勢《いいぜい》の出撃《しゅつげき》を見《み》て、逃《に》げ出《だ》す長宗我部勢《ちょうそかべぜい》を追撃《ついげき》した。長宗我部勢《ちょうそかべぜい》は混乱《こんらん》して平野《ひらの》（平野区）へ逃《に》げた。渡辺勘兵衛《わたなべかんべえ》は長宗我部《ちょうそかべ》の旗本《はたもと》に食《く》らい付《つ》いて首《くび》三百を取《と》り、平野《ひらの》にまで攻《せ》め込《こ》んだ。そして藤堂本隊《とうどうほんたい》に使《つか》いを送《おく》り、本陣《ほんじん》を平野《ひらの》にまで進《すす》めるよう求《もと》めた。だが藤堂勢《とうどうぜい》は八尾堤《やおつつみ》での戦《いくさ》の被害《ひがい》が大《おお》きく、井伊直孝《いいなおたか》の忠告《ちゅうこく》もあって徳川本隊《とくがわほんたい》の到着《とうちゃく》を待《ま》つことにした。勘兵衛《かんべえ》は止《や》む無《な》く先手《さきて》を纏《まと》めて八尾《やお》に引《ひ》き返《かえ》した。

長宗我部盛親《ちょうそかべもりちか》は平野《ひらの》に退《の》いて真田幸村勢《さなだゆきむらぜい》と合体《がったい》し平野《ひらの》の集落《しゅうらく》を焼《や》いて大阪《おおさか》に帰城《きじょう》した。

同日、徳川家康《とくがわいえやす》は一万五千の軍勢《ぐんぜい》を率《ひき》いて枚岡《ひらおか》（東大阪市出雲井町）に本陣《ほんじん》を進《すす》めた。将軍秀忠《しょうぐんひでただ》も二万三千の軍勢《ぐんぜい》と共《とも》に千塚《ちづか》（八尾市）に本陣《ほんじん》を移《うつ》した。井伊直孝《いいなおたか》は大阪方大将《おおさかがたたいしょう》の木村重成《きむらしげなり》の頭《こうべ》を家康《いえやす》に献上《けんじょう》した。家康《いえやす》は頭《こうべ》を検視《けんし》して兜《かぶと》の緒《お》に余《あま》りなく頭髪《とうはつ》に香《こう》がたき込《こ》められているのに気付《きづ》いて「これは予《あらかじ》め死《し》を覚悟《かくご》したる者《もの》の頭《こうべ》なり」と嘆息《たんそく》して潔《いさぎよ》い若武者《わかむしゃ》の死《し》を惜《お》しんだ。

江戸方岡山口と天王寺口へ進軍

同五月六日夜、家康《いえやす》は江戸方諸将《えどがたしょしょう》を枚岡《ひらおか》に集《あつ》めて戦評定《いくさひょうじょう》を持《も》った。そして先《ま》ず藤堂高虎《とうどうたかとら》と井伊直孝《いなおたか》の本日《ほんじつ》の働《はたら》きを賞《しょう》し、激戦《げきせん》により多数《たすう》の死傷者《ししょうしゃ》が出《で》た故《ゆえ》を以《も》って明日《あす》の戦《いくさ》は前線《ぜんせん》から外《はず》して将軍秀忠《しょうぐんひでただ》の旗下《きか》に移《うつ》した。そして明朝《みょうちょう》には本陣《ほんじん》を敵《てき》の岡山口《おかやまぐち》と天王寺口《てんのうじぐち》の両陣後方《りょうじんこうほう》（南方）の平野《ひらの》（平野区）に移《うつ》し、大野治房《おおのはるふさ》が陣取《じんど》る岡山《おかやま》への先手《さきて》は加賀《かが》の前田利常勢《まえだとしつねぜい》二万七千余《よ》に命《めい》じ、真田幸村《さなだゆきむら》が陣取《じんど》る茶臼山《ちゃうすやま》と毛利勝永《もうりかつなが》が陣取《じんど》る天王寺《てんのうじ》（四天王寺）の先手《さきて》には家康重臣《いえやすじゅうしん》の本多忠朝《ほんだただとも》勢《ぜい》一万五千に命《めい》じた。また攻撃《こうげき》の準備《じゅんび》は明朝《みょうちょう》に行《おこな》う事《こと》と攻撃《こうげき》は正午《しょうご》まで待《ま》つように併《あわ》せて厳重《げんじゅう》に言《い》い渡《わた》した。

家康《いえやす》は明《みょう》七日朝《あさ》、大阪城《おおさかじょう》に最後《さいご》の軍使《ぐんし》を立《た》てて和議交渉《わぎこうしょう》を行《おこな》い、交渉決裂《こうしょうけつれつ》の時《とき》は正午《しょうご》を期《き》して岡山口《おかやまくち》と天王寺口《てんのうじくち》を一斉攻撃《いっせいこうげき》し、両陣《りょうじん》を屠《ほふ》った後《のち》に大阪城《おおさかじょう》総攻撃《そうこうげき》に移《うつ》ると手筈《てはず》を整《ととの》えた。家《いえ》康《やす》は大阪方《おおさかがた》がこの度《たび》の樫井《かしい》の戦《いくさ》で塙直之《ばんなおゆき》（別名団右衛門）を失《うしな》い、片山《かたやま》、道明寺《どうみょうじ》の戦《いくさ》では後藤基次《ごとうもとつぐ》（別名又兵衛）らを失《うしな》い、八尾《やお》・若江《わかえ》の戦《いくさ》では木村重成《きむらしげなり》を失《うしな》って意気消沈《いきしょうちん》していると思《おも》った。そこで和議交渉《わぎこうしょう》を今《いま》持《も》ち出《だ》せば例《たと》え降伏《こうふく》はせずとも戦闘意欲《せんとういよく》は萎《な》えると見《み》て、態《わざ》と戦《いくさ》の仕掛《しか》けを遅《おく》らせるように厳命《げんめい》したのだ。

越前松平家家老《えちぜんまつだいらけかろう》の本多富正《ほんだとみまさ》と本多成重《ほんだなりしげ》（後の越前丸岡初代藩主）の両人《りょうにん》は伏見城《ふしみじょう》で事前《じぜん》に将軍秀《しょうぐんひで》忠《ただ》から大阪城総攻撃《おおさかじょうそうこうげき》の先鋒《せんぽう》は主君《しゅくん》の松平忠直《まつだいらただなお》（結城秀康の長男。秀康の跡を継ぎ、松平姓に戻して越前国主）に任《まか》せるとの内命《ないめい》を受《う》けていたのに、この度《たび》の評定《ひょうじょう》で名《な》が出《で》なかったことに不審《ふしん》を抱《いだ》いて、将軍秀忠《しょうぐんひでただ》の下《もと》に出向《でむ》いて明日《あす》の軍令《ぐんれい》を再度《さいど》尋《たず》ねたところ、大御所《おおごしょ》（家康）は本日《ほんじつ》、忠直《ただなお》が河内路《かわちじ》先鋒軍《せんぽうぐん》の後詰《ごづめ》を怠《おこた》り藤堂《とうどう》・井伊《いい》の両隊《りょうたい》を危険《きけん》に晒《さら》したことに不満《ふまん》を抱《いだ》いて忠直《ただなお》に換《か》えて天王寺口《てんのうじぐち》先手大将《さきてたいしょう》に徳川直参《とくがわじきさん》の本多忠朝《ほんだただとも》に命《めい》じたとのことであった。富正《とみまさ》と成重《なりしげ》の両本多《りょうほんだ》は自陣《じじん》に戻《もど》って主君《しゅくん》の松平忠直《まつだいらただなお》に将軍秀忠《しょうぐんひでただ》から聞《き》いた大御所家康《おおごしょいえやす》の裁定《さいてい》を誤《あやま》りなく伝《つた》えた。それを聞《き》いた忠直《ただなお》は驚愕《きょうがく》して為《な》す術《すべ》を知《し》らず高野山《こうやさん》に隠遁《いんとん》したいと言《い》い出《だ》した。富正《とみまさ》と成重《なりしげ》は忠直《ただなお》を諫《いさ》めて「大御所《おおごしょ》の機嫌《きげん》を直《なお》すには何《なに》はともあれ明日《あす》は大御所家康《おおごしょいえやす》の命《めい》に逆《さか》らってでも、先《さき》の内命《ないめい》の通《とお》りに大阪城攻撃《おおさかじょうこうげき》に一番乗《いちばんの》りして手柄《てがら》を揚《あ》げる以外《いがい》に道《みち》はなく、先《ま》ずは茶臼山《ちゃうすやま》に一番乗《いちばんの》りすべき」と取成《とりな》した。

翌《よく》七日寅刻《とらのこく》（早朝四時）、将軍秀忠本隊《しょうぐんひでただほんたい》二万三千は千塚《ちづか》（八尾市）を出陣《しゅつじん》して若江《わかえ》と八尾《やお》の戦場《いくさば》を巡視《じゅんし》しながら卯刻《うのこく》（六時）に平野《ひらの》に着陣《ちゃくじん》した。老衰《ろうすい》が目立《めだ》ち始《はじ》めた家康《いえやす》は同日卯刻《どうじつうのこく》（六時）に枚岡《ひらおか》の陣《じん》を輿《こし》に乗《の》って出立《しゅったつ》し、途中道明寺《とちゅうどうみょうじ》の戦場《いくさば》を巡視《じゅんし》しながら一万五千の軍勢《ぐんぜい》を従《したが》えて巳刻《みのこく》（十時）には平野《ひらの》に到着《とうちゃく》し、秀忠本隊《ひでただほんたい》に合流《ごうりゅう》した。

敵陣岡山口《てきじんおかやまぐち》への先鋒《せんぽう》を受《う》けた加賀《かが》の前田利常勢《まえだとしつねぜい》二万七千余《よ》は久宝寺《くほうじ》（八尾市）の陣《じん》を早朝《そうちょう》に出立《しゅったつ》して平野《ひらの》に入《はい》り、岡山《おかやま》への出撃命令《しゅつげきめいれい》は何時《いつ》でも受《う》けられるように待機《たいき》した。

その頃《ころ》、天王寺口《てんのうじぐち》の先鋒《せんぽう》を受《う》けた本多忠朝勢《ほんだただともぜい》五千余《よ》は既《すで》に平野《ひらの》を発《た》って天王寺《てんのうじ》の南大門《みなみだいもん》付近《ふきん》（茶臼山の東側）に陣《じん》を進《すす》めていた。そこへ昨夜先鋒大将《さくやせんぽうたいしょう》を外《はず》された越前国主《えちぜんこくしゅ》の松平忠直《まつだいらただなお》が大和路《やまとじ》勢《ぜい》の軍勢《ぐんぜい》を併《あわ》せ三万の大軍《たいぐん》を率《ひき》いて平野《ひらの》に入《はい》り、岡山口先鋒《おかやまぐちせんぽう》の加賀前田勢《かがまえだぜい》を押《お》し分《わ》けて遮二無二《しゃにむに》天王寺口《てんのうじぐち》へ急行《きゅうこう》した。そして天王寺口先鋒《てんのうじぐちせんぽう》の本多忠朝《ほんだただとも》の左隣《ひだりとなり》に割《わ》り込《こ》んで陣取《じんど》り、茶臼山《ちゃうすやま》を南東《なんとう》方向《ほうこう》から包《つつ》み込《こ》む鶴翼《かくよく》の陣形《じんけい》を取《と》った。

本多忠朝《ほんだただとも》は松平忠直《まつだいらただなお》が家康《いえやす》の意向《いこう》に逆《さか》らってまで大和路勢《やまとじぜい》の軍勢《ぐんぜい》も率《ひき》いて出陣《しゅつじん》したのを見《み》て忠直《ただなお》の心中《しんちゅう》を察《さっ》し、茶臼山《ちゃうすやま》の真田陣攻撃《さなだじんこうげき》は忠直《ただなお》に任《まか》せて真田陣《さなだじん》に向《むか》って右側《みぎがわ》の茶臼山東面《ちゃうすやまひがしめん》に陣《じん》取《ど》る毛利勝永《もうりかつなが》・福島正守《ふくしままさもり》（正則の一族）両勢《りょうぜい》に対峙《たいじ》することにして軍勢《ぐんぜい》を右《みぎ》に移動《いどう》した。

天王寺口の攻防

一方《いっぽう》の大阪方《おおさかがた》は前日《ぜんじつ》の五月六日には既《すで》に真田幸村《さなだゆきむら》・幸信《ゆきのぶ》父子《ふし》と大谷吉胤《おおたによしたね》（吉継の子）、渡辺糺《わたなべただす》（秀頼の乳母正栄尼の子）の軍勢《ぐんぜい》八千が茶臼山《ちゃうすやま》に陣取《じんど》り、茶臼山《ちゃうすやま》と天王寺《てんのうじ》南大門《なんだいもん》の間《あいだ》には毛利勝永《もうりかつなが》、南大門前《なんだいもんまえ》の庚申堂辺《こうしんどうあた》りには福島正守《ふくしままさもり》（正則の一族）・津田信澄《つだのぶすみ》・浅井政堅《あさいまさかた》の勢《ぜい》六千五百が陣取《じんど》っていた。

もう一つの岡山陣《おかやまじん》には七日朝《あさ》に大野治房《おおのはるふさ》勢《ぜい》の四千六百が入《はい》って布陣《ふじん》し、大阪城《おおさかじょう》と天王寺《てんのうじ》の中間《ちゅうかん》点《てん》の毘沙門池《びしゃもんいけ》には大野治長《おおのはるなが》の勢《ぜい》一万五千が陣取《じんど》って岡山《おかやま》と天王寺《てんのうじ》の両陣《りょうじん》の後詰《ごづめ》をした。

真田幸村《さなだゆきむら》は今日《きょう》この戦《いくさ》が天下分《てんかわ》け目《め》と覚悟《かくご》して、豊臣秀頼《とよとみひでより》が城内《じょうない》の諸勢《しょぜい》を引連《ひきつ》れて後詰《ごづめ》して茶《ちゃ》臼山天王寺《うすやまてんのうじ》の将卒《しょうそつ》を鼓舞《こぶ》するよう強《つよ》く大野治長《おおのはるなが》に依頼《いらい》したが、治長《はるなが》は江戸《えど》に質《しち》に出《だ》した子《こ》の治徳《はるのり》から家康《いえやす》に強要《きょうよう》されて書《か》いた「大阪城内《おおさかじょうない》に謀反《むほん》の企《くわだ》てあり」の報《しら》せを受《う》けて躊躇《ちゅうちょ》した。城内《じょうない》でも秀頼《ひでより》は家康《いえやす》が送《おく》った軍使《ぐんし》との和議交渉《わぎこうしょう》に未練《みれん》があり決戦《けっせん》の決断《けつだん》が出来《でき》ないでいた。

茶臼山《ちゃうすやま》の諸将《しょしょう》は秀頼《ひでより》の出馬《しゅつば》が無《な》いのに失望《しつぼう》して、豊臣家《とよとみけ》に見捨《みす》てられたと思《おも》った。幸村《ゆきむら》はこの失意《しつい》に満《み》ちた空気《くうき》を察《さっ》し豊臣家《とよとみけ》に賭《か》けた己《おのれ》の命《いのち》もこれまでと悟《さと》り、死《し》を覚悟《かくご》して息子《むすこ》の幸信《ゆきのぶ》に

「主君《しゅくん》の出馬《しゅつば》を皆《みな》が「今《いま》か今《いま》かと待《ま》ち望《のぞ》む」と伝《つた》えよ」と言《い》い付《つ》け、更《さら》に加《くわ》えて「大阪城《おおさかじょう》に戻《もど》った後《のち》は城内《じょうない》に残《のこ》って秀頼公《ひでよりこう》から離《はな》れず護衛《ごえい》せよ」と命《めい》じた。そして尚一縷《なおいちる》の望《のぞ》みを掛《か》けて諸卒《しょそつ》の軽率《けいそつ》な暴挙《ぼうきょ》を押《おさ》えて秀頼《ひでより》の出馬《しゅつば》を待《ま》った。このように双方睨《そうほうにら》み合《あ》いが続《つづ》く中《なか》で正午頃《しょうごごろ》、茶臼山東面《ちゃうすやまとうめん》の天王寺南大門脇《てんのうじなんだいもんわき》に陣取《じんど》った毛利勝永勢《もうりかつながせい》と江戸方先鋒《えどがたせんぽう》の本多忠朝勢《ほんだただともぜい》との間《あいだ》で合戦《かっせん》が始《はじ》まった。本多忠朝《ほんだただとも》は昨夜《さくや》、家康《いえやす》から突如松平忠直《とつじょまつだいらただなお》に代《か》わって先鋒《せんぽう》が命《めい》じられた。忠朝《ただとも》は昨年末《さくねんまつ》の大坂冬《おおさかふゆ》の陣《じん》での今福《いまふく》の合戦《かっせん》の折《おり》に大酒《おおざけ》を飲《の》んで戦《いくさ》に加《くわ》われず江戸方《えどがた》を苦戦《くせん》に陥《おとしい》れて家康《いえやす》から厳《きび》しく叱責《しっせき》を受《う》けていた。それで今日《きょう》の戦《いくさ》は命《いのち》を投《な》げ出《だ》してでも家康《いえやす》の眼《め》に留《と》まる手柄《てがら》をあげる以外《いがい》に我《わ》が一門《いちもん》の将来《しょうらい》は無《な》いと覚悟《かくご》して、他勢《たぜい》を交《まじ》えず本多勢《ほんだぜい》のみで毛利勢《もうりぜい》と渡《わた》り合《あ》おうと決心《けっしん》して臨《のぞ》んだ。本多忠朝《ほんだただとも》は一町弱《いっちょうじゃく》（100ｍ余）の間《あいだ》で睨《にら》み合《あ》っていた毛利勝永《もうりかつなが》・永俊父子勢四千《ながとしふしぜい》余《よ》の軍勢《ぐんぜい》に向《むか》って突撃《とつげき》を加《くわ》えた。毛利勝永《もうりかつなが》は本多勢《ほんだぜい》の突撃《とつげき》を見《み》て軍《ぐん》を左右《さゆう》に展開《てんかい》し、本多隊《ほんだたい》が間《ま》近《ぢか》に迫《せま》ったところで一斉《いっせい》に槍《やり》を突《つ》き付《つ》けて包《つつ》み込《こ》んだ。本多忠朝《ほんだただとも》は駿馬《しゅんめ》に乗《の》り大力《たいりき》に任《まか》せて鉄棒《てつぼう》を振《ふ》り回《まわ》しながら敵《てき》の陣中《じんちゅう》を縦横無尽《じゅうおうむじん》に馳《は》せ回《まわ》り、敵《てき》数十人を打《う》ち殺《ころ》した揚句《あげく》に忠朝自身《ただともじしん》も討死《うちじに》した。本多家臣《ほんだかしん》は主《あるじ》が討《う》たれたのを見《み》て一歩《いっぽ》も引《ひ》かずに戦《たたか》い忠朝《ただとも》に続《つづ》いてその場《ば》で討死《うちじに》した。本《ほん》多忠朝勢《だただともぜい》は全滅《ぜんめつ》した。

本多忠朝《ほんだただとも》の出撃《しゅつげき》と同時《どうじ》に忠朝《ただとも》の隣《となり》にいた小笠原秀政《おがさわらひでまさ》（信濃国松本城主）も天王寺南大門《てんのうじなんだいもん》に布陣《ふじん》する大阪方《おおさかがた》の竹田永翁《たけだえいおう》（元・秀吉の家臣）勢《ぜい》に向《む》かって突進《とっしん》した。小笠原秀政《おがさわらひでまさ》も過日《かじつ》の若江《わかえ》の戦《いくさ》に出《で》遅《おく》れて江戸方《えどがた》が苦戦《くせん》に陥《おちい》ったのを家康《いえやす》から厳《きび》しく叱責《しっせき》されていた。それでこの戦《いくさ》で汚名《おめい》を雪《すす》がなければ改易《かいえき》も有《あ》り得《う》ると覚悟《かくご》して同《おな》じ立場《たちば》にあった本多忠朝《ほんだただとも》の陣《じん》を昨夜訪《さくやたず》ね、共《とも》に一命《いちめい》を投《な》げ出《だ》して戦《いくさ》に臨《のぞ》もうと誓《ちか》い合《あ》っていた。天王寺南大門《てんのうじなんだいもん》の合戦《かっせん》は秀政《ひでまさ》の一命《いちめい》を掛《か》けた気魄《きはく》に押《お》されて竹《たけ》田勢《だぜい》は総崩《そうくず》れになった。小笠原秀政《おがさわらひでまさ》は逃《に》げ出《だ》す竹田勢《たけだぜい》を追撃《ついげき》し始《はじ》めたところに本多勢《ほんだぜい》を討《う》ち破《やぶ》った毛利勝永勢《もうりかつながぜい》が横手《よこて》から突撃《とつげき》してきた。不意《ふい》を衝《つ》かれた小笠原勢《おがさわらぜい》が態勢《たいせい》を乱《みだ》したところを、更《さら》に猛攻《もうこう》を受《う》けて秀政父子《ひでまさふし》は討死《うちじに》した。竹田永翁《たけだえいおう》は毛利勢《もうりぜい》に救出《きゅうしゅつ》された。

松平忠直勢《まつだいらただなおぜい》は大軍《たいぐん》の利《り》を以《も》って茶臼山《ちゃうすやま》の敵勢《てきぜい》を威圧《いあつ》していたが、右隣《みぎとな》りの本多《ほんだ》・小笠原《おがさわら》の両《りょう》勢《ぜい》が大阪方《おおさかがた》に戦《いくさ》を仕掛《しか》け、これに茶臼山《ちゃうすやま》の毛利勝永勢《もうりかつながぜい》が応《おう》じて真田勢《さなだぜい》から一瞬離《いっしゅんはな》れた隙《すき》を衝《つ》いて松平忠直《まつだいらただなお》は茶臼山《ちゃうすやま》の真田勢《さなだぜい》に向《む》けて七、八百挺《ちょう》の鉄砲《てっぽう》を一斉《いっせい》に撃《う》ち込《こ》んだ。真田勢《さなだぜい》の陣形《じんけい》が乱《みだ》れた。これを見《み》た松平忠昌《まつだいらただまさ》（忠直の弟・越後高田藩主）は敵陣《てきじん》に飛《と》び込《こ》んで剣戟《けんげき》の名手《めいしゅ》の念流《ねんりゅう》左大夫《さたゆう》を討《う》ち取《と》った。忠昌《ただまさ》に続《つづ》いて青木新兵衛《あおきしんべえ》や乙部九郎兵衛《おとべくろべえ》・萩田主馬《はぎたしゅめ》・豊島《としま》主膳《しゅぜん》らも攻《せ》め込《こ》み、それぞれが敵将《てきしょう》を討《う》ち取《と》って真田陣《さなだじん》を大混乱《だいこんらん》に落《お》とし込《こ》んだ。

岡山口の攻防と加賀前田勢　大阪方撃破

この茶臼山合戦《ちゃうすやまがっせん》が闌《たけなわ》になった頃《ころ》、岡山口《おかやまぐち》（生野区役所付近）でも合戦《かっせん》が始《はじ》まった。岡山陣《おかやまじん》への先鋒《せんぽう》を受《う》けた前田利常勢《まえだとしつねぜい》は家康《いえやす》の出撃命令《しゅつげきめいれい》を待《ま》ち受《う》けていた正午頃《しょうごごろ》に茶臼山方向《ちゃうすやまほうこう》から鉄砲《てっぽう》を撃《う》ち合《あ》う音《おと》が聞《き》こえた。堪《たま》らず家康《いえやす》の出撃命令《しゅつげきめいれい》を待《ま》たずに前田勢《まえだぜい》の長連竜《ちょうつらたつ》・山崎長徳《やまざきながのり》・本多政重《ほんだまさしげ》・横山長知《よこやまながとも》らが率《ひき》いる三万の軍勢《ぐんぜい》が岡山《おかやま》に陣取《じんど》る大野治房勢《おおのはるふさぜい》四千六百を目指《めざ》して突撃《とつげき》を開始《かいし》した。その時《とき》、寄《よ》せ手軍勢《てぐんぜい》のド真中《まんなか》で大阪方《おおさかがた》が仕掛《しか》けた火薬函《かやくばこ》が多数爆発《たすうばくはつ》した。寄《よ》せ手《て》は意表《いひょう》を突《つ》かれて混乱《こんらん》した。これを遥《はる》か後方《こうほう》の平野本陣《ひらのほんじん》で見《み》ていた家康《いえやす》は安藤重信《あんどうしげのぶ》・本多正純《ほんだまさずみ》・加藤嘉明《かとうよしあき》・黒田長政《くろだながまさ》

ら と共《とも》に本陣《ほんじん》から飛《と》び出《だ》して、軍配団扇《ぐんばいうちわ》を打《う》ち振《ふ》りながら「掛《かか》れや。進《すす》めや」と声《こえ》を枯《か》らして張《は》り上《あ》げた。

遥《はる》か前方《ぜんぽう》の加賀前田勢《かがまえだぜい》に家康《いえやす》の突撃命令《とつげきめいれい》など聞《き》こえる筈《はず》もないが、前田勢《まえだぜい》は心《こころ》を奮《ふる》い立《た》たせて遮二無二《しゃにむに》大野治房勢《おおのはるふさぜい》に突入《とつにゅう》した。大野勢《おおのぜい》は総崩《そうくず》れになって大阪城《おおさかじょう》東門《ひがしもん》を目指《めざ》して退却《たいきゃく》し、我《われ》先《さき》に大阪城内《おおさかじょうない》に逃《に》げ込《こ》んだ。加賀勢《かがぜい》が東門《ひがしもん》に迫《せま》ると、城内《じょうない》からは無数《むすう》の矢《や》が放《はな》たれた。

加賀勢《かがぜい》は矢《や》の応戦《おうせん》を受《う》け、一旦引《いったんひ》き退《の》いて大阪城《おおさかじょう》総攻撃《そうこうげき》の準備《じゅんび》に移《うつ》った。この岡山《おかやま》の戦《いくさ》で加賀勢《かがぜい》は五十余人《よにん》の損害《そんがい》を出《だ》したが、大阪勢《おおさかぜい》の首《くび》三千二百余級《よきゅう》を得《う》る大戦果《だいせんか》をあげた。

家康本隊の危機並びに真田幸村の死と大阪方天王寺口の壊滅

家康《いえやす》は岡山口《おかやまぐち》の戦勝《せんしょう》を見定《みさだ》めた後《のち》、秀忠本陣《ひでただほんじん》を大阪方《おおさかがた》が布陣《ふじん》していた岡山《おかやま》に移《うつ》すよう指示《しじ》をして、家康自身《いえやすじしん》は天王寺南方《てんのうじなんぽう》の桑津《くわつ》（東住吉区）を経《へ》て越前松平勢《えちぜんまつだいらぜい》の後方《こうほう》まで陣《じん》を進《すす》めた。丁度《ちょうど》この移動中《いどうちゅう》に浅野長晟《あさのながあきら》も茶臼山《ちゃうすやま》の西側《にしがわ》を今宮《いまみや》（浪速区）に向《む》かって北上《ほくじょう》して来《き》た。

天王寺口《てんのうじぐち》で合戦中《かっせんちゅう》の江戸方先鋒軍《えどがたせんぽうぐん》は浅野勢《あさのぜい》の北上《ほくじょう》を見《み》て「紀州兵《きしゅうへい》（浅野隊）が大阪方《おおさかがた》へ寝返《ねがえ》る」との噂《うわさ》が広《ひろ》まり、合戦中《かっせんちゅう》の松平勢《まつだいらぜい》が動揺《どうよう》した。江戸方《えどがた》は昨夜《さくや》の枚岡《ひらおか》での軍議《ぐんぎ》で各隊《かくたい》の攻《せ》め口《くち》と相互連携《そうごれんけい》の手筈《てはず》は話《はな》し合《あ》ったが、合戦中《かっせんちゅう》の本隊《ほんたい》や部隊《ぶたい》の移動《いどう》の話《はなし》は全《まった》くなくて、予期《よき》せぬ事態《じたい》に何事《なにごと》が起《お》こったのかと動転《どうてん》したのだ。

毛利勝永《もうりかつなが》は本多《ほんだ》・小笠原《おがさわら》の両隊《りょうたい》を壊滅《かいめつ》させて気勢《きせい》が揚《あ》がるところに越前松平勢《えちぜんまつだいらぜい》の後方《こうほう》が乱《みだ》れたのが眼《め》に入《はい》り、さらにその松平勢《まつだいらぜい》の後方《こうほう》の桑津辺《くわつあた》りで、茶臼山《ちゃうすやま》を目指《めざ》す家康本隊《いえやすほんたい》を示《しめ》す金扇《きんせん》の馬印《うまじるし》が眼《め》に入《はい》った。勝永《かつなが》は間髪《かんはつ》を容《い》れずに毛利隊全軍《もうりたいぜんぐん》に家康本隊《いえやすほんたい》への突撃《とつげき》を命《めい》じた。

松平忠直《まつだいらただなお》は毛利勢《もうりぜい》に徳川本隊《とくがわほんたい》を襲《おそ》わせてなるかと必死《ひっし》に防戦《ぼうせん》したが真田勢《さなだぜい》との攻防《こうぼう》も熾烈《しれつ》で、前後《ぜんご》に敵《てき》を受《う》けて大苦戦《だいくせん》に陥《おち》った。その時《とき》、越前勢《えちぜんぜい》の左隣《ひだりとなり》に備《そな》えていた秋田実季《あきたさねすえ》や越前勢《えちぜんぜい》の後方《こうほう》にいた松下重綱《まつしたしげつな》・真田信吉《さなだのぶよし》・浅野長重《あさのながしげ》に加《くわ》えて家康本隊《いえやすほんたい》にいた本多正純《ほんだまさずみ》父子《ふし》も気付《きづ》いて駆《か》け付《つ》け越前松平勢《えちぜんまつだいらぜい》を援護《えんご》した。毛利勢《もうりぜい》は途端《とたん》に非勢《ひせい》になって、堪《たま》らず大野治長《おおのはるなが》が後詰《ごづめ》する毘沙門池《びしゃもんいけ》に向《む》かって引《ひ》き退《の》いた。

家康《いえやす》は岡山口《おかやまぐち》から天王寺口《てんのうじぐち》に移動《いどう》する途中《とちゅう》の桑津《くわづ》辺《あた》りで家康本隊《いえやすほんたい》に突撃《とつげき》を試《こころ》みた毛利勢《もうりぜい》が江戸《えど》方諸将《がたしょしょう》に反撃《はんげき》されて毘沙門池《びしゃもんいけ》の大野治長陣《おおのはるながじん》に逃《に》げ込《こ》むのを見《み》た。そこで家康《いえやす》は護衛《ごえい》に当《あ》たってくれて、この日《ひ》は未《ま》だ戦《いくさ》のない井伊《いい》・藤堂《とうどう》・水野忠清《みずのただきよ》・青山忠俊《あおやまただとし》・松平貞綱《まつだいらさだつな》・喬木正次《たかぎまさつぐ》らの諸将《しょしょう》に家康本隊《いえやすほんたい》から離《はな》れて、逃《に》げ出《だ》した毛利勝永勢《もうりかつながぜい》を追撃《ついげき》し、併《あわ》せて大野治長勢《おおのはるながぜい》も討《う》ち破《やぶ》るよう命《めい》じた。井伊《いい》・藤堂《とうどう》らの諸将《しょしょう》は勇躍《ゆうやく》して毛利勢《もうりぜい》の後《あと》を追《お》い、毘沙門池《びしゃもんいけ》に布陣《ふじん》する大野治長陣《おおのはるながじん》に雪崩《なだ》れ込《こ》んで毛利勝永勢《もうりかつながぜい》に加《くわ》え、大野治長勢《おおのはるながぜい》も討《う》ち破《やぶ》った。大野《おおの》・毛利《もうり》の両勢《りょうぜい》は追《お》い立《た》てられて大阪城《おおさかじょう》へ逃《に》げ込《こ》んだ。

話《はなし》は元《もと》の茶臼山真田陣《ちゃうすやまさなだじん》に戻《もど》る。（512頁2～4行目の続き）幸村勢《ゆきむらぜい》は越前松平勢《えちぜんまつだいらぜい》の猛攻《もうこう》を受《う》けて大苦戦《だいくせん》に陥《おちい》ったが、その松平勢《まつだいらぜい》が徳川本隊攻撃《とくがわほんたいこうげき》に向《むか》った毛利勢《もうりぜい》を撃退《げきたい》しようと軍勢《ぐんぜい》の大半《たいはん》を割《さ》いたので攻勢《こうせい》が手薄《てうす》になった。幸村《ゆきむら》は一息《ひといき》入《い》れて辺《あた》りを見渡《みわた》すと何時《いつ》の間《ま》にか家康《いえやす》の馬印《うまじるし》が茶臼山《ちゃうすやま》の目前《もくぜん》にあった。これを見《み》た幸村《ゆきむら》は即座《そくざ》に真田全軍《さなだぜんぐん》に家康本隊《いえやすほんたい》への突撃《とつげき》を命《めい》じた。

手薄《てうす》になった松平勢《まつだいらぜい》は毛利勝永《もうりかつなが》に続《つづ》いて今度《こんど》は真田勢《さなだぜい》が家康本隊《いえやすほんたい》へ向《むか》う不意《ふい》の突撃《とつげき》に遭《あ》い、

大《おお》いに慌《あわ》てながらも懸命《けんめい》に防《ふせ》いだ。家康本隊《いえやすほんたい》からも永井直勝《ながいなおかつ》・板倉重昌《いたくらしげまさ》・駒井親直《こまいちかなお》らが飛《と》び出《だ》して身《み》を捨《す》てて防戦《ぼうせん》した。

このとき、真田勢《さなだぜい》の不意《ふい》の突撃《とつげき》に狼狽《ろうばい》した家康本隊旗奉行《いえやすほんたいはたぶぎょう》衆《しゅう》が誰彼《だれかれ》なく持場《もちば》を離《はな》れて迫《せま》り来《く》る敵《てき》に向《む》かい本隊《ほんたい》の前面《ぜんめん》に飛《と》び出《だ》したので、家康《いえやす》の傍《かたわ》らには側近《そっきん》の小栗正忠《おぐりまさただ》唯一人《ただ》になった。家《いえ》康《やす》は容易《ようい》ならざる形勢《けいせい》に陥《おちい》り、馬印《うまじるし》や旌旗《せいき》を畳《たた》ませて家康自身《いえやすじしん》も逃《に》げて身《み》を隠《かく》した。

斯《か》くするうちに越前松平勢《えちぜんまつだいらぜい》は毛利勢《もうりぜい》が引《ひ》き退《の》いたのを受《う》けて、全軍《ぜんぐん》挙《あ》げて真田勢《さなだぜい》に猛攻撃《もうこうげき》を仕掛《しか》けた。そして遂《つい》に真田勢《さなだぜい》を茶臼山《ちゃうすやま》に押《お》し戻《もど》し、その真田陣内奥深《さなだじんないおくふか》くにまで追《お》い詰《つ》めた。

越前勢《えちぜんぜい》の西尾仁左衛門《にしおにざえもん》は陣内《じんない》で形勢《けいせい》を見守《みまも》る幸村《ゆきむら》を見《み》つけて槍《やり》を奮《ふる》って突《つ》き掛《かか》った。すると幸《ゆき》村《むら》は莞爾《かんじ》（微笑）として

「我《われ》は真田幸村《さなだゆきむら》なり。御辺《おへん》は相手《あいて》に不足《ふそく》なけれど今《いま》さら戦《たたか》うべきにも非《あら》ず」と兜《かぶと》を脱《ぬ》ぎ頭《こうべ》を伸《の》べて仁左衛門《にざえもん》に討《う》ち取《と》られた。幸村《ゆきむら》の享年《きょうねん》四十六歳。幸村《ゆきむら》に続《つづ》いて御宿政友《みしゅくまさとも》（元結城秀康の重臣松平忠昌と袂《たもと》を分かち大阪方に付く）や真田信就《さなだのぶつぐ》・大塚清安《おおつかきよやす》・高梨主膳《たかなししゅぜん》らの諸将《しょしょう》も幸村《ゆきむら》の左右《さゆう》で討死《うちじに》した。

本多忠政《ほんだただまさ》や松平忠明《まつだいらただあき》らの隊《たい》も越前勢《えちぜんぜい》に続《つづ》いて茶臼山《ちゃうすやま》に攻《せ》め込《こ》み大谷吉胤勢《おおたによしたねぜい》を討《う》ち破《やぶ》った。これより先《さき》、本多忠朝《ほんだただとも》と共《とも》に天王寺口《てんのうじぐち》の先鋒《せんぽう》を受《う》けた水野勝成《みずのかつなり》は、越前松平勢《えちぜんまつだいらぜい》の大軍《たいぐん》が隣《となり》に割《わ》り込《こ》んだので越前勢《えちぜんぜい》から離《はな》れて茶臼山《ちゃうすやま》を廻《まわ》り込《こ》み茶臼山西側《ちゃうすやまにしがわ》の紀州街道《きしゅうかいどう》に出《で》て陣《じん》を取《と》った。そこへ船場《せんば》で西国諸国勢《さいごくしょこくぜい》の防御《ぼうぎょ》に当《あ》たっていた大阪方大将《おおさかがたたいしょう》の明石全登《あかしたけのり》が茶臼山《ちゃうすやま》の助勢《じょせい》に駆《か》け付《つ》けたのに出会《であ》って、両軍睨《りょうぐんにら》み合《あ》いになった。だが相方《そうほう》の軍勢《ぐんぜい》に隙《すき》がなく、両軍《りょうぐん》の睨《にら》み合《あ》いが延々《えんえん》と続《つづ》いた。そこへ茶臼山《ちゃうすやま》から大阪方《おおさかがた》の軍兵《ぐんぺい》が算《さん》を乱《みだ》して逃《に》げ出《だ》すのが眼《め》に飛《と》び込《こ》んだ。明石《あかし》は茶臼山陣《ちゃうすやまじん》が壊滅《かいめつ》したのを見《み》て取《と》り　ここが死場所《しにばしょ》と覚悟《かくご》して、大阪方《おおさかがた》を追撃《ついげき》する越前松平勢《えちぜんまつだいらぜい》に突撃《とつげき》を仕《し》掛《か》けて乱戦《らんせん》のうちに討死《うちじに》した。この一連《いちれん》の合戦《かっせん》で勝利《しょうり》を収《おさ》めた松平忠直《まつだいらただなお》は越前勢《えちぜんぜい》を率《ひき》いて茶臼山《ちゃうすやま》から逃《に》げ出《だ》す大阪勢《おおさかぜい》を追《お》って大阪城惣門《おおさかじょうそうもん》（桜門）に攻《せ》め寄《よ》せた。

この日慶長《ひけいちょう》二十年五月七日、未刻《ひつじのこく》（午後二時）頃《ごろ》までには大阪城外《おおさかじょうがい》の大阪勢《おおさかぜい》は全滅《ぜんめつ》になったり城《しろ》に逃《に》げ返《かえ》ったりして大阪城外《おおさかじょうがい》に大阪勢《おおさかぜい》の姿《すがた》は消《き》えて無《な》くなった。徳川家康《とくがわいえやす》は茶臼山《ちゃうすやま》に本陣《ほんじん》を移《うつ》して将軍秀忠《しょうぐんひでただ》の詰《つ》める岡山本陣《おかやまほんじん》に使者《ししゃ》を送《おく》り、茶臼山《ちゃうすやま》に将軍秀忠《しょうぐんひでただ》を呼《よ》び寄《よ》せた。

大阪城落城と豊臣家滅亡

豊臣秀頼《とよとみひでより》はこの日《ひ》の五月七日、決戦《けっせん》に備《そな》えて早朝《そうちょう》から諸将《しょしょう》が布陣《ふじん》する陣中《じんちゅう》見回《みまわ》りに何時《いつ》でも出掛《でか》けられるよう甲冑《かっちゅう》を纏《まと》い、身支度《みじたく》を整《ととの》えていた。そこに家康《いえやす》が送《おく》った講和勧告《こうわかんこく》の軍使《ぐんし》が現《あらわ》れた。秀頼《ひでより》は軍使《ぐんし》を迎《むか》え入《い》れたが淀《よど》の勝気《かちき》な気性《きしょう》が過《す》ぎて結局《けっきょく》は相方《そうほう》が納得《なっとく》する結論《けつろん》が得《え》られぬままに時《とき》だけが過《す》ぎ去《さ》った。そして正午頃《しょうごごろ》、城外《じょうがい》が急《きゅう》に騒《さわ》がしくなった。

秀頼《ひでより》は再度《さいど》甲冑《かっちゅう》を纏《まと》って槍《やり》・鉄砲隊《てっぽうたい》を従《したが》え総門《そうもん》に出《で》て、床几《しょうぎ》（携帯用腰掛）を取《と》り寄《よ》せ城外《じょうがい》に布《ふ》陣《じん》する諸将《しょしょう》からの戦況報告《せんきょうほうこく》を受《う》けた。そして自《みずか》らも大矢倉《おおやぐら》に上《のぼ》って戦況《せんきょう》を見詰《みつ》めたりもした。大手《おおて》の大矢倉《おおやぐら》より戦場《せんじょう》を見渡《みわた》せば、寄《よ》せ手《て》は天王寺口《てんのうじぐち》より岡山口《おかやまぐち》まで寄《よ》せ手《て》の軍勢《ぐんぜい》で溢《あふ》れており、その後方《こうほう》の平野《ひらの》辺《あた》りも敵軍《てきぐん》で犇《ひし》めいていた。一見《いっけん》して彼我《ひが》の勝敗《しょうはい》は明《あき》らかだ。

秀頼《ひでより》は門前《もんぜん》の床几《しょうぎ》に腰掛《こしか》けて各隊《かくたい》から入《はい》る敗報《はいほう》を受《う》けた。やがて未刻《ひつじのこく》（午後二時）頃《ごろ》には総敗《そうはい》北《ぼく》が確実《かくじつ》になって敵軍《てきぐん》が大阪城《おおさかじょう》に急迫《きゅうはく》するに至《いた》り、敗軍《はいぐん》の将兵《しょうへい》を収容《しゅうよう》すると共《とも》に秀頼《ひでより》自身《じしん》も諸《しょ》将《しょう》と共《とも》に城内本丸《じょうないほんまる》の千畳敷《せんじょうじき》（大広間）に入《はい》った。やがて御座《ござ》の間《ま》に移《うつ》った。

寄《よ》せ手《て》は総攻撃《そうこうげき》を仕掛《しか》けた。大阪方《おおさかがた》は誰彼《だれかれ》となく狼狽《ろうばい》して、落支度《おちしたく》以外《いがい》は何《なに》も考《かんが》えられずに大《おお》野治長《のはるなが》の弟《おとうと》の治房《はるふさ》や仙石宗也《せんごくむねなり》らも大阪城《おおさかじょう》の狭間《はざま》から逃《に》げ落《お》ちた。

七手組《ななてぐみ》（秀頼警護隊）隊長《たいちょう》の郡良列《こおりよしつら》は千畳敷《せんじょうじき》に入《はい》って甲冑《かっちゅう》を脱《ぬ》ぎ、切腹《せっぷく》して果《は》てた。父《ちち》の死《し》を看取《みと》って子《こ》の兵蔵《ひょうぞう》も自刃《じじん》した。続《つづ》いて同《おな》じく七手組隊長《ななてぐみたいちょう》の真野助宗《まのすけむね》や中島氏種《なかじまうじたね》も自害《じがい》した。

この大混乱《だいこんらん》に乗《じょう》じて大台所《おおだいどころ》を預《あず》かる佐々孫介《さっさまごすけ》が豊臣家《とよとみけ》を裏切《うらぎ》って台所《だいどころ》に火《ひ》を掛《か》けた。この火《ひ》が飛《と》び火《ひ》して城内一円《じょうないいちえん》に燃《も》え広《ひろ》がった。この後《あと》も七手組隊長《ななてぐみたいちょう》の堀田正高《ほりたまさたか》と野々村吉安《ののむらよしやす》が合戦中《かっせんちゅう》に負《ふ》傷《しょう》し、半死半生《はんしはんしょう》になって大阪城《おおさかじょう》に戻《もど》って来《き》た。だが本丸《ほんまる》は猛火《もうか》に包《つつ》まれて入《はい》れず、野々村《ののむら》は二の丸《まる》の橋《はし》の上《うえ》で自決《じけつ》した。堀田《ほりた》は私宅《したく》に帰《かえ》って妻子《さいし》を刺殺《しさつ》し、玄関《げんかん》まで出《で》たところを加賀前田勢《かがまえだぜい》の手《て》に掛《かか》って討《う》ち殺《ころ》された。渡辺糺《わたなべただす》は昨日《さくじつ》の道明寺合戦《どうみょうじかっせん》で深出《ふかで》を負《お》い、秀頼《ひでより》に暇乞《いとまご》いをして自邸《じてい》で自害《じがい》した。渡辺糺《わたなべただす》の母《はは》の正栄尼《しょうえいに》も糺《ただす》の最期《さいご》を見《み》て自害《じがい》した。

秀頼正室《ひでよりせいしつ》の千姫《せんひめ》（将軍秀忠の娘）は大野治長《おおのはるなが》の計《はか》らいで、父《ちち》の将軍秀忠《しょうぐんひでただ》に秀頼母子《ひでよりぼし》の助命嘆願《じょめいたんがん》の名目《めいもく》で治長《はるなが》の家臣《かしん》の米村権右衛門《よねむらごんうえもん》と女房衆《にょうぼうしゅう》に護《まも》られて申刻《さるのこく》（午後四時）頃《ごろ》に城内《じょうない》の混乱《こんらん》の中《なか》を城外《じょうがい》に連《つ》れ出《だ》された。その知《し》らせを受《う》けた秀忠《ひでただ》の命《めい》で出迎《でむか》えに出向《でむ》いた坂崎成政《さかさきなりまさ》と出会《であ》って茶臼山《ちゃうすやま》の徳川本陣《とくがわほんじん》に入《はい》った。大野治長《おおのはるなが》は別途《べっと》、千姫《せんひめ》と共《とも》に落《お》ちた刑部卿局《ぎょうぶのきょうのつぼね》（千姫の乳母）に家臣《かしん》の南部左門《なんぶさもん》と堀内主水《ほりうちもんど》を添《そ》えて秀頼母子《ひでよりぼし》の助命嘆願《じょめいたんがん》をさせに家康《いえやす》の下《もと》に向《む》かわせた。

江戸方《えどがた》は城内《じょうない》に火《ひ》の手《て》が上《あ》がったのを見《み》て城内《じょうない》に雪崩《なだ》れ込《こ》んだ。城内《じょうない》の者《もの》は逃《に》げ惑《まど》うばかりだ。秀頼《ひでより》は淀《よど》や大野治長《おおのはるなが》と共《とも》に自害《じがい》しようと天守閣《てんしゅかく》に向《む》かったが、七手組隊長《ななてぐみたいちょう》の速水守久《はやみずもりひさ》に「戦《いくさ》の習《なら》いにて先陣《せんじん》は敗《やぶ》れても後陣《こうじん》で逆転《ぎゃくてん》すること屡《しばしば》なり。御自害《ごじがい》は総《すべ》てを見届《みとど》けてからでも遅《おそ》からず」と止《と》められた。秀頼《ひでより》は速水守之《はやみずもりゆき》に伴《ともな》われて、母《はは》の淀《よど》や大野治長《おおのはるなが》と子《こ》の治憲《はるのり》、津川左近《つかわさこん》、竹田永翁《たけだえいおう》の他《ほか》、速水傳吉《はやみずでんきち》（守之の子）や未《ま》だ年若《としわか》い秀頼近習《ひでよりきんしゅう》の数名《すうめい》、女房衆《にょうぼうしゅう》の宮内卿局《くないきょうのつぼね》や伊勢国司《いせこくし》の親族《しんぞく》の和期局《わきのつぼね》など数名《すうめい》、客将《きゃくしょう》の真田幸村《さなだゆきむら》の子息《しそく》の幸信《ゆきのぶ》、毛利勝永《もうりかつなが》とその子《こ》の勘解由《かげゆ》など、総勢《そうぜい》三十数名《すうめい》と共《とも》に月見矢倉《つきみやぐら》の下《した》から二の丸芦田曲輪《まるあしだくるわ》に出《で》て、その第三倉庫《そうこ》に隠《かく》れた。

大阪城内《おおさかじょうない》に江戸方《えどがた》の将卒《しょうそつ》が攻《せ》め込《こ》んで放火《ほうか》や殺戮《さつりく》、略奪《りゃくだつ》が横行《おうこう》し、到《いた》る所《ところ》が眼《め》の当《あ》てられぬ凄惨《せいさん》な状態《じょうたい》になった。城外《じょうがい》でも落《お》ち武者狩《むしゃが》りが行《おこな》われた。雑兵《ぞうひょう》は手柄《てがら》を挙《あ》げようと落《お》ち武者《むしゃ》と住《じゅう》民《みん》の区別《くべつ》なく片端《かたはし》から殺戮《さつりく》、陵辱《りょうじょく》や強奪《ごうだつ》を行《おこな》い、何《なん》十万の死体《したい》が城《しろ》の内外《ないがい》に横《よこ》たわった。

この日《ひ》の七日夜《よる》、片桐且元《かたぎりかつもと》は病中《びょうちゅう》であったが、大阪城内《おおさかじょうない》の勝手《かって》を知《し》る者《もの》の責任《せきにん》を感《かん》じて駕籠《かご》に乗《の》り城《しろ》に入《はい》って城内《じょうない》を隈《くま》なく調《しら》べ、芦田曲輪《あしだくるわ》の倉庫《そうこ》に大勢《おおぜい》の人《ひと》の気配《けはい》があるのに気付《きづ》いた。

慶長《けいちょう》二十年五月八日辰刻《たつのこく》（朝八時）、片桐且元《かたぎりかつもと》は使《つか》いを茶臼山《ちゃうすやま》に送《おく》って秀頼母子《ひでよりぼし》と大野《おおの》らの股肱《ここう》の臣《しん》が二の丸《まる》の倉庫《そうこ》に籠《こも》ると報《しら》せた。

将軍秀忠《しょうぐんひでただ》は家康《いえやす》の下《もと》に安藤重信《あんどうしげのぶ》を送《おく》って秀頼一行《ひでよりいっこう》を尽《ことごと》く自害《じがい》させるように意見《いけん》した。家康《いえやす》は刑部卿局《ぎょうぶきょうのつぼね》と助命《じょめい》について話《はな》し合《あ》い、芦田曲輪《あしだくるわ》を囲《かこ》む井伊直孝《いいなおたか》に助命《じょめい》を命《めい》じた。直孝《なおたか》は近藤秀用《こんどうひでもち》に家康《いえやす》の命《めい》を秀頼一行《ひでよりいっこう》に伝《つた》えるよう命《めい》じた。秀用《ひでもち》は秀頼《ひでより》の傍《かたわら》に侍《はべ》る速水守久《はやみずもりひさ》に一行《いっこう》の出城《しゅつじょう》を伝《つた》えると、守久《もりひさ》は秀頼母子《ひでよりぼし》に乗物《のりもの》を用意《ようい》するよう伝《つた》えた。秀用《ひでもち》はこの急場《きゅうば》で乗物《のりもの》などは有《あ》ろう筈《はず》もなく、馬《うま》ならば用意《ようい》できると答《こた》えた。すると守久《もりひさ》は
「右大臣御母子《うだいじんおんぼし》を馬《うま》に乗《の》せて雑兵《ぞうひょう》らに面《めん》を晒《さら》せとは何事《なにごと》。汝《なんじ》らの如《ごと》き端武者《はむしゃ》とは話《はな》すところに非《あら》ず」と怒《いか》って入口《いりくち》を閉《と》じてしまった。倉庫内《そうこない》の秀頼母子《ひでよりぼし》と大野治長《おおのはるなが》・速水守久《はやみずもりひさ》らは江戸方《えどがた》から重《じゅう》

臣《しん》の出迎《でむか》えがないことを訝《いぶか》り、何処《どこ》の誰《だれ》とも判《わか》らぬ雑兵《ぞうひょう》に縄目《なわめ》の辱《はずかし》めを受《う》けたり、乱暴狼藉《らんぼうろうぜき》を受《う》けたりするのではないかと疑《うたが》ったのだ。辱《はずかし》めを受《う》けることなど出来《でき》よう筈《はず》もない。

倉庫内《そうこない》から一斉《いっせい》に念仏《ねんぶつ》を唱《とな》える声《こえ》が聞《き》こえた。倉庫《そうこ》の外《そと》を固《かた》める江戸方《えどがた》の将兵《しょうへい》は倉庫内《そうこない》で自害《じがい》が始《はじ》まったと断《だん》じて一斉《いっせい》に鉄砲《てっぽう》を撃《う》ち掛《か》けた。内《うち》からは火《ひ》が放《はな》たれた。火《ひ》は瞬《またた》く間《ま》に倉庫全体《そうこぜんたい》に燃《も》え広《ひろ》がり炎《ほのお》が空高《そらたか》くに舞上《まいあ》がった。焼《や》け跡《あと》から秀頼母子《ひでよりぼし》とその一行《いっこう》と思《おも》われる焼死体《しょうしたい》三十数体が現《あらわ》れたが、どれも激《はげ》しく損傷《そんしょう》していて人物《じんぶつ》の特定《とくてい》は出来《でき》なかった。後世《こうせい》の人《ひと》は、「井伊直孝《いいなおたか》と安藤重信《あんどうしげのぶ》、安部正次《あべまさつぐ》が秀頼母子《ひでよりぼし》の扱《あつか》いについて談合《だんごう》し「我々後日《われわれごじつ》に如何《いか》なる咎《とが》めを被《こうむ》るとも、天下《てんか》の治乱《ちらん》には代《か》え難《がた》し」と覚悟《かくご》して倉庫《そうこ》に鉄砲《てっぽう》を撃《う》ち掛《か》けた。それで速水守久《はやみずもりひさ》も「事整《こととと》わず」と覚悟《かくご》して倉庫《そうこ》に火《ひ》を放《はな》ち君臣共《くんしんとも》に自害《じがい》したのだ」と噂《うわさ》した。

慶長《けいちょう》二十年五月八日、大阪方《おおさかがた》は全滅《ぜんめつ》して豊臣家《とよとみけ》は滅《ほろ》んだ。後世《こうせい》この戦《たたか》いを「大坂夏《おおさかなつ》の陣《じん》」と云《い》い伝《つた》えた。家康《いえやす》はこの日《ひ》の内《うち》に茶臼山《ちゃうすやま》の陣《じん》を出《で》て亥刻《いのこく》（夜八時）に二条城《にじょうじょう》に入《はい》った。将軍秀忠《しょうぐんひでただ》は家康《いえやす》を見送《みおく》った後《のち》に岡山本陣《おかやまほんじん》に戻《もど》り、翌《よく》五月九日に伏見城《ふしみじょう》に入《はい》った。

四．天下統一　泰平再来

戦《いくさ》は終《お》わったがこの後《あと》も、何時《いつ》終《お》わるとも判《わか》らぬ残党狩《ざんとうがり》が続《つづ》いた。大野治房《おおのはるふさ》は戦《いくさ》が終《お》わった五月八日に近臣《きんしん》と共《とも》に大阪城《おおさかじょう》から紀伊国《きいこく》を目指《めざ》して逃《に》げ落《お》ちるところを金森可重《かなもりありしげ》の軍勢《ぐんぜい》に出会《であ》って三百の家臣《かしん》と共《とも》に首討《くびう》たれた。生《い》け捕《ど》りになった者《もの》は茶臼山《ちゃうすやま》に送《おく》られた。

同《どう》十一日、長宗我部盛親《ちょうそかべもりちか》は蜂須賀家正《はちすかいえまさ》家臣《かしん》の長坂三郎左衛門《ながさかさぶろうざえもん》に八幡村《はちまんむら》（京都府八幡市）で生《い》け捕《ど》られて伏見《ふしみ》に送《おく》られ、面縛《めんばく》（両手を背中に廻し、顔を前に突き出すようにして縛る）されて二条城《にじょうじょう》門外《もんがい》に晒《さら》された。

その一方《いっぽう》で、手柄《てがら》を挙《あ》げたり被害《ひがい》を出《だ》したりした江戸方諸将《えどがたしょしょう》の領地《りょうち》の加増《かぞう》や転封《てんぽう》、減封《げんぽう》や改易《かいえき》などの仕置《しおき》が全国規模《ぜんこくきぼ》で行《おこな》われた。

時代《じだい》はかなり前後《ぜんご》するが、北陸諸国《ほくりくしょこく》の関ケ原《せきがはら》の戦《たたか》い以降《いこう》の仕置《しおき》の状況《じょうきょう》を纏《まと》めると、先《ま》ず越前国《えちぜんこく》では越前北ノ庄城《えちぜんきたのしょうじょう》城主《じょうしゅ》の青木一矩《あおきかずのり》は関ヶ原《せきがはら》の戦《たたか》いで西軍《せいぐん》に与《くみ》したために改易《かいえき》になり代《か》わって家康《いえやす》次男《じなん》の結城秀康《ゆうきひでやす》が松平《まつだいら》に姓《せい》を戻《もど》して城主《じょうしゅ》になった。秀康《ひでやす》が没《ぼっ》して家督《かとく》の忠直《ただなお》が跡《あと》を継《つ》いだ。大坂夏《おおさかなつ》の陣《じん》で松平忠直《まつだいらただなお》は家康《いえやす》から天王寺口《てんのうじぐち》の戦《たたか》いで「軍功莫大《ぐんこうばくだい》なり」との褒詞《ほうし》を得《え》た。だが初《はつ》花《はな》の茶壺《ちゃつぼ》（唐物肩衝茶入れ銘初花、現在重要文化財）を得《え》たのみで領地《りょうち》の加増《かぞう》は無《な》かった。忠直《ただなお》はこれが不満《ふまん》でこの後《のち》、次第《しだい》に素行《そこう》が乱《みだ》れて幕府《ばくふ》に反抗《はんこう》し、元和《げんな》七年（一六二一年）江戸《えど》への参勤《さんきん》を怠《おこた》り翌《よく》年《ねん》には正室《せいしつ》　勝姫《かつひめ》（将軍秀忠の娘）殺害《さつがい》の乱行《らんぎょう》に及《およ》んで豊後国府内藩《ぶんごこくふないはん》に配流《はいる》になった。越前藩《えちぜんはん》はこの後《のち》、越後高田藩主《えちごたかだはんしゅ》で忠直《ただなお》の従弟《いとこ》の忠昌《ただまさ》が継《つ》ぎ、別途《べっと》越前国《えちぜんこく》の丸岡《まるおか》・大野《おおの》・勝山《かつやま》・敦賀《つるが》・木之本《きのもと》にも徳川一門《とくがわいちもん》が入《はい》って各々藩《おのおのはん》を治《おさ》めた。

家康《いえやす》は前田利常《まえだとしつね》の岡山口《おかやまぐち》の戦《たたか》いでの抜群《ばつぐん》の働《はたら》きを愛《め》で、四国全土《しこくぜんど》を進呈《しんてい》しようと加賀《かが》・越中《えっちゅう》・能登三国《のとさんごく》からの移封加増《いほうかぞう》を伝《つた》えた。だが利常《としつね》は「身《み》に過《す》ぎたる褒賜《ほうし》」と応《こた》えて申《もう》し出《で》を辞退《じたい》した。家康《いえやす》は改《あらた》めて加賀《かが》・能登《のと》・越中三国《えっちゅうさんごく》の百二十万石《ごく》の全土《ぜんど》を前田利常《まえだとしつね》の所領《しょりょう》とした。

前田利常《まえだとしつね》はこの後《のち》、寛永《かんえい》十六年（一六三九年）の隠居《いんきょ》に際《さい》して越中富山領《えっちゅうとやまりょう》十万石《ごく》と加賀大聖寺領《かがだいしょうじりょう》七万石《ごく》を次男《じなん》と三男《なん》に分《わ》け与《あた》えて加賀藩《かがはん》の支藩《しはん》とした。

越後国《えちごこく》は秀吉《ひでよし》の存命中《ぞんめいちゅう》に上杉景勝《うえすぎかげかつ》が会津国《あいづこく》に移封《いほう》になった後《のち》、秀吉《ひでよし》は堀秀治《ほりひではる》を越後春日山《えちごかすがやま》四十五万石の領主《ごくりょうしゅ》にした。越後国内《えちごこくない》のその他《た》の諸藩《しょはん》にも秀吉《ひでよし》の命《めい》で諸将《しょしょう》が藩主《はんしゅ》として入城《にゅうじょう》した。堀秀《ほりひで》治《はる》は関ヶ原《せきがはら》の戦《たたか》いで東軍《とうぐん》に与《くみ》して戦後《せんご》も越後春日山《えちごかすがやま》に所領《しょりょう》を保《たも》ったが、三十一歳の若《わか》さで病没《びょうぼつ》した。子《こ》は未《ま》だ幼《おさな》く叔父《おじ》の直政《なおまさ》が執政《しっせい》した。この直政《なおまさ》も慶長《けいちょう》十三年に死没《しぼつ》。堀家《ほりけ》ではこの後《あと》、跡《あと》目争《めあらそ》いが起《お》こるなど不祥事《ふしょうじ》が続《つづ》いて堀家《ほりけ》は改易《かいえき》。慶長《けいちょう》十九年に松平忠輝《まつだいらただてる》（家康六男）が代《か》わって藩主《はんしゅ》になり高田《たかだ》（上越市）に城《しろ》を構《かま》えた。その後《ご》も高田藩主《たかだはんしゅ》は時代《じだい》と共《とも》に徳川一門《とくがわいちもん》の間《あいだ》で次々《つぎつぎ》と入《い》れ替《か》わった。

北陸《ほくりく》の隣国飛騨国《りんごくひだこく》では天正《てんしょう》十三年（一五八三年）、金森長近《かなもりながちか》が織田信雄《おだのぶかつ》に与《くみ》する姉小路自綱《あねこうじよりつな》を破《やぶ》って秀吉《ひでよし》から飛騨一国《ひだいっこく》が安堵《あんど》された。長近《ながちか》は関ヶ原《せきがはら》の戦《たたか》いで東軍《とうぐん》に与《くみ》して初代飛騨高山藩主《しょだいひだたかやまはんしゅ》となり高山《たかやま》に城《しろ》を築《きず》き居城《きょじょう》にした。以後代々金森家《いごだいだいかなもりけ》が跡《あと》を継《つ》いだ。余談《よだん》になるが時代《じだい》が下《くだ》って元禄《げんろく》五年（一六九二年）、金森家《かなもりけ》は出羽国上山藩《でわこくかみのやまはん》に移封《いほう》になり高山藩《たかやまはん》は天領《てんりょう》（幕府直轄地）となった。

大坂冬《おおさかふゆ》の陣《じん》が終《お》わった慶長《けいちょう》二十年（一六一五年）の七月十三日、家康《いえやす》の意向《いこう》を受《う》けて元号《げんごう》が元《げん》和《な》に改元《かいげん》された。幕府《ばくふ》はこの改元《かいげん》に併《あわ》せて「禁中並公家諸法度《きんちゅうならびにくげしょはっと》」と「武家諸法度《ぶけしょはっと》」を天下《てんか》に公布《こうふ》した。

元和《げんな》二年（一六一六年）四月、老齢《ろうれい》の家康《いえやす》はこの月《つき》、老衰《ろうすい》が急速《きゅうそく》に進《すす》んで危篤状態《きとくじょうたい》になった。家康《いえやす》は徳川一族一門《とくがわいちぞくいちもん》を次々《つぎつぎ》と枕元《まくらもと》に呼《よ》んで遺言《ゆいごん》を告《つ》げた。また同月四日には諸大名《しょだいみょう》を呼《よ》んで

「我《われ》、古希《こき》を超《こ》えて不起《ふき》の病《やまい》を患《わずら》い、天寿《てんじゅ》を既《すで》に終《お》えんとする。大樹《たいじゅ》（将軍の異称）が天下《てんか》の政《まつりごと》を統領《とうりょう》すれば我《われ》、亡《な》き後《あと》のことは更《さら》に憂《うれ》いとせず。但《ただ》し、大樹《たいじゅ》の政務《せいむ》に僻事《ひがごと》あれば各々代《おのおのか》わって天下《てんか》の事計《ことはか》らうべし。天下《てんか》は一人《ひとり》の天下《てんか》にあらず。天下《てんか》は天下《てんか》の天下《てんか》なれば我《われ》これを恨《うら》まず。これにより各《おのおの》に暇給《いとまたま》えば、一先《ひとま》ず封地《ほうち》に帰《かえ》りて大樹《たいじゅ》の命《めい》を待《ま》って来《きた》るべし」と命《めい》じた。

また将軍秀忠《しょうぐんひでただ》を枕元《まくらもと》に呼《よ》んで

「天下《てんか》の政《まつりごと》に於《お》いては些《いささ》かも不道《ふどう》あるべからず。諸国《しょこく》の大名《だいみょう》には大樹《たいじゅ》の政務《せいむ》に僻事《ひがごと》あれば各代《おのおのか》わりて政《まつりごと》を取《と》るべしと既《すで》に遺言《ゆいごん》しぬ。若《も》し諸国《しょこく》の大名《だいみょう》が大樹《たいじゅ》の命《めい》に背《そむ》いて参勤《さんきん》を怠《おこた》るものあれば、一門世臣《いちもんせいしん》と言《い》えども速《すみ》やかに兵《へい》を発《はっ》して誅戮《ちゅうりく》すべきなり。さらに親疎愛憎《しんそあいぞう》を以《も》って政治《せいじ》を乱《みだ》

すべからず」と遺言《ゆいごん》した。家康《いえやす》は公家《くげ》と武家《ぶけ》の両法度《りょうはっと》を公布《こうふ》した翌年《よくねん》の元和《げんな》二年（一六一六年）四月十七日に天寿《てんじゅ》を全《まっと》うした。享年《きょうねん》七十五歳。後《のち》の世《よ》に「人《ひと》の一生《いっしょう》は重荷《おもに》を負《お》うて遠《とお》き道《みち》を行《ゆ》くが如《ごと》し。急《いそ》ぐべからず。不自由《ふじゆう》を常《つね》と思《おも》えば不足《ふそく》なし。心《こころ》に望《のぞ》み起《お》こらば困窮《こんきゅう》したるときを思《おも》い出《だ》すべし。堪忍《かんにん》は無事《ぶじ》長久《ちょうきゅう》の基《もとい》。怒《いかり》は敵《てき》と思《おも》え。勝《か》つことばかり知《し》りて負《ま》くること知《し》らざれば害《がい》その身《み》に至《いた》る。己《おのれ》を責《せ》めて人《ひと》を責《せ》めるな。及《およ》ばざるは過《す》ぎたるより勝《まさ》れり」という訓辞《くんじ》は家康《いえやす》の遺訓《いくん》であると伝《つた》わった。江戸時代《えどじだい》の人々《ひとびと》は皆《みな》この遺訓《いくん》を諳《そら》んじて家康《いえやす》の人柄《ひとがら》を偲《しの》んだ。

幕府《ばくふ》は家康《いえやす》の遺志《いし》を継《つ》いで天下《てんか》の各地《かくち》で発生《はっせい》する紛争《ふんそう》の芽《め》を摘《つ》むことに全神経《ぜんしんけい》を注《そそ》ぎ、公家《くげ》と武家《ぶけ》に対《たい》する両諸法度《りょうしょはっと》を基《もと》にして諸藩《しょはん》領主《りょうしゅ》間《かん》の無届《むとど》け婚姻《こんいん》や戦備《せんび》拡大《かくだい》、城郭《じょうかく》の新改築《しんかいちく》などを厳《きび》しく制限《せいげん》して監視《かんし》した。また諸藩《しょはん》のお家騒動《いえそうどう》や不穏《ふおん》な行動《こうどう》なども幕府《ばくふ》が知《し》るところとなれば有無《うむ》を言《い》わさず改易《かいえき》や減封《げんぽう》、領地《りょうち》替《が》えに処《しょ》した。

この結果《けっか》常態化《じょうたいか》した大規模《だいきぼ》な合戦《かっせん》は大坂夏《おおさかなつ》の陣《じん》以降《いこう》の徳川《とくがわ》三百年間絶《た》えて無《な》くなった。

［著者略歴］
盛永宏太郎（もりなが・こうたろう）
昭和17年（1942年）富山県魚津市生まれ
平成21年（2009年）学校法人富山国際学園富山短期大学退職、
富山短期大学名誉教授

著書『越嵐—戦国北陸三国志』2015年、定価2,800円＋税、桂書房

戦国越中外史

発行　2020年９月20日　第１刷
定価　2,000円＋税
著者　盛永宏太郎
発行者　勝山敏一
発行所　桂書房
〒930-0103　富山市北代3683-11
電話　076-434-4600
印刷所　株式会社　すがの印刷
製本所　株式会社　渋谷文泉閣

ISBN978-4-86627-090-6